:ICHEN UND ABKÜRZUNGEN

rot
rosé
weiß
braun
lieblich
süß
trocken
n schäumend
in Klammern gesetzte Angaben bedeuten relativ bescheidene Anbaumengen

★ einfache Qualität für jeden Tag
★★ überdurchschnittliche Qualität
★★★ bekannt, berühmt
★★★ erstklassig, anspruchsvoll, teuer
besonders gut, in der betreffenden Klasse meist besonders empfehlenswert

0 91 usw.: allgemein erhältliche, empfohlene Jahrgänge
9' usw.: nach Angaben der jeweiligen Erzeuger besonders gut ausgefallener Jahrgang
5 usw.: **fettgedruckt** bedeutet, daß der betreffende Jahrgang genußreif ist (andere Jahrgänge sollten noch gelagert werden). Sind sowohl rote als auch weiße Weine angegeben, dann ist der Rotwein gemeint, wenn nicht ausdrücklich anders erwähnt.
9 1995 bevorzugt zu genießende Jahrgänge sind durch farbigen Druck hervorgehoben; sie dürften auf dem Höhepunkt sein.
9) vorläufige Bewertung
NB: Deutsche Weinjahrgänge werden nach einem anderen System geführt. Näheres siehe Seite 169 ff.
baldiger Verbrauch, d. h. möglichst jung zu trinken
meist ohne Jahrgangsangabe auf dem Etikett. Bei Champagner eine einheitlichen Geschmack garantierende Mischung mehrerer Jahrgänge.
Château (Weingut); bei den französischen Weinen

Weitere Erläuterungen auf den Seiten 170 ff., 133 ff. und 220 ff.

Eine Übersichtstabelle über Weinjahrgänge finden Sie auf den Seiten 39/40.

setzung aus dem Englischen: Wolfgang Kissel
chlaggestaltung: Alfred Aenis

eu überarbeitete, ergänzte und aktualisierte Ausgabe, 1994

ced by Mandarin Offset
d and bound in China

glische Originalausgabe ist bei Mitchell Beazley Publishers
, London, unter dem Titel «Hugh Johnson's Pocket Wine
rschienen.

444-70173-X

wag

Hugh Johnson

DER KLEIN
JOHNSON
FÜR WEINKENN

1995

INFORMATIONEN ÜBER 60
WEINE, ZU JAHRGÄNGEN
UND TRINKREIFE

Hallwag Verlag Bern un

Über
Ums
16., r
© 19
Satz:
Produ
Printe
Die en
Limitec
Book»
© 1977
Text ©
ISBN 3-

Inhalt

Dank

Die hier vorliegende Sammlung ausführlicher Empfehlungen stammt teilweise von mir, teilweise aber von vielen guten Freunden. Ohne die großzügige Hilfe und Unterstützung so vieler Weinbaufachleute und -kenner hätte ich sie nicht zusammenstellen können. Ganz besonders danken möchte ich den nachstehend namentlich Genannten:

Burton Anderson
Fritz Ascher
Martyn Assirati
Jean-Claude Berrouet
Vicky Bishop
Michael Broadbent MW
Stelios Daminaou
Marc Dubernet
Len Evans
Dereck Foster
Howard Goldberg
Garry Grosvenor
Marlies Grosvenor
Grahame Haggart
James Halliday
Russell Hone
Susan Keevil
Andreas Keller
Gabriel Lachmann
Tony Laithwaite
David Lake MW
Miles Lambert-Gócs
Christopher Lindlar
Giles MacDonogh
Andreas März
Eszter Molnár
Jasper Morris
Vladimir Moskvan
Christian Moueix
Nobuko Nishioka
David Orr
Judy Peterson-Nedry
Jordanis Petridis
Don Philpot
Stuart S. Piggott
John und Erica Platter
Carlos Read
Jan und Maite Read
Dr. Bernard Rhodes
Anne Ryland
Michael, Prinz zu Salm
Peter A. Sichel
Stephen Skelton
Stephen Spurrier
Charles und Philippa Sydney
Bob Thompson
Margarit Todorov
Peter Vinding-Diers
Rebecca Wassermann-Hone
Julia Wilkinson
David Wolfe

Zur Ausgabe 1995

Mit dem nunmehr 18. Jahrgang wird dieses kleine Buch volljährig. Da kann ich der Versuchung nicht widerstehen, die Welt, die sich heute in ihm spiegelt, mit der von 1977 zu vergleichen. Mit Verwunderung sehe ich, wie bequem ich es doch mit der ersten Ausgabe noch hatte: kleine Notizen, ohne Gedränge in recht schwungvoller Form auf 144 Seiten ausgebreitet und dazwischen immer noch viel Platz. Das heutige Buch dagegen ist auf 368 Seiten vollgepfropft mit soviel Informationen, daß es nicht nur beim Platz, sondern auch in Grammatik und Vokabular knapp zugeht.

Allerdings ist dies eben nur getreuer Spiegel des Wandels der Zeiten, steigender Maßstäbe und der überquellenden Vielfalt. Vor 18 Jahren waren die Weinkarten meist recht bescheiden und begaben sich, außer wenn Lokalkolorit mit im Spiel war, selten über die klassischen Regionen Europas hinaus. Heute bietet die ganze Welt des Weins dem Liebhaber ihre Leckerbissen – und die große Konfusion obendrein: So kompliziert ist sie geworden, daß nur noch ausgesprochene Fanatiker meinen, sie ganz beherrschen zu müssen.

Hieraus erklärt sich auch das Paradox, daß angesichts einer noch nie dagewesenen Vielfalt immer mehr Weinfreunde achselzuckend meinen: «Hauptsache, es ist Chardonnay . . .» Unter solchen Umständen braucht sich der professionelle Einkäufer freilich nur noch auf Preisfragen zu konzentrieren, während das Kostbarste am Wein, die aus dem Abwechslungsreichtum erwachsende Vitalität, sich verflüchtigt.

Der Kellermeister hat es da heutzutage freilich bequem – er kann einfach nach dem Fruchtsaftrezept verfahren: alles unter Kontrolle halten, praktisch steril arbeiten und zum Schluß mit einem Schuß Eichenholzaroma für «Stil» sorgen. Allerdings ist bloße Korrektheit beim Wein ebenso unfruchtbar und lebensfremd wie in der Politik.

Der Wein ist fast die letzte uns zugängliche Nahrung, die uns noch den echten Geschmack der jeweiligen Frucht eines ganz bestimmten Bodens und seiner ihm eigenen Ökologie vermitteln kann. Das ist es, was die Franzosen mit dem Wort «terroir» meinen. Selbst wenn nur die Hälfte davon stimmt, dann ist es immer noch wert, sich dafür einzusetzen. Wein soll eigentlich so erquickend sein wie ein tiefer Atemzug an einem Frühlingsmorgen: voll von den Düften der Natur und durch keine Analyse zu fassen.

Wer wird wohl am Ende Sieger bleiben – der Individualist oder der Gleichmacher? Zum Glück steckt dieses Buch voller Beweise dafür, daß die Vielfalt weit vorn liegt. Wir alle – mein Leser ebenso wie ich – sind als Liebhaber der Würze des Lebens aufgerufen, fest zum Individualisten zu stehen.

Wie bisher ist es auch diesmal mein Bestreben, die in stetem Wandel begriffene Welt des Weins gewissermaßen als Essenz taschengerecht abzufüllen.

Neuen Lesern bin ich dabei die Erklärung schuldig, daß ich meine Informationen aus vielen Quellen durch zahllose Besuche und Weinproben sowie über einen ständigen Schriftwechsel beziehe. Daraus ergibt sich ein nie endender Prozeß der Bearbeitung. Mancher neue Erzeuger möchte gern aufgenommen werden, doch neu sein allein genügt dazu nicht.

Dieses Buch soll Ihnen den Weinkauf ohne jene Hektik erleichtern, die sich unweigerlich einstellt, wenn man im Restaurant vor einer langen Weinkarte sitzt oder sich in einem Laden zwischen Regalen über Regalen voller Wein erdrückt fühlt. Dann ist der rechte Moment gekommen, Ihr kleines Buch hervorzuholen: Sie brauchen jetzt nur festzustellen, aus welchem Land ein Wein kommt. Schlagen Sie die augenfälligsten Wörter auf dem Etikett unter diesem Land auf, und Sie werden genug komprimierte Informationen finden, um beurteilen zu können, ob dies auch der Wein ist, den Sie haben möchten.

Im einzelnen gibt Ihnen dieses Buch Auskunft über Art und Farbe eines Weins, über seinen Ruf oder sein Prestige, ob er allgemein preis- und empfehlenswert ist, welche Jahrgänge gut und welche trinkreif sind – und oft noch manches mehr . . . über die Erzeugungsmenge, die Traubensorte, über Besitzerverhältnisse usw. Und wenn Sie in diesen Seiten einfach stöbern gehen, werden Sie bestimmt manche Anregung entdecken.

Zum richtigen Gebrauch

Bei den meisten Stichwörtern besteht die erste Zeile aus folgenden Kurzinformationen:

1. Aus welcher Gegend des betreffenden Landes der Wein stammt (Hinweise auf Landkarten im Buch).
2. Ob es sich um einen roten, rosé oder weißen (auch bernsteingelben) Wein handelt, ob er trocken, süß, schäumend, in verschiedenen Formen vorkommt (und welcher die größte Bedeutung zukommt).
3. Allgemeiner Qualitätsstand; eine freilich nur grobe Einstufung aufgrund des derzeitigen Ansehens, wie es sich aus dem Preis ergibt.

   ★ einfache Qualität für jeden Tag

   ★★ überdurchschnittlich

   ★★★ bekannt, berühmt

   ★★★★ erstklassig, anspruchsvoll, teuer

   Soweit die objektive Wertung. Daneben wird aber auch eine subjektive gegeben. Eingerahmte Sterne bedeuten: nach meiner Erfahrung in der jeweiligen Klasse besonders gut und preiswert. Es gibt ja gute Alltagsweine und gute Luxusweine; das Rahmensystem soll das Auffinden erleichtern.
4. Der Jahrgang: Angegeben sind die empfehlenswerten aus den *vielleicht* noch erhältlichen neueren Jahrgängen; davon wieder die jetzt trinkreifen sowie diejenigen, die sich bei weiterer Lagerung noch entfalten. Für den Wein, den Sie jetzt trinken wollen, wählen Sie am besten die **fettgedruckten** Jahrgänge. Dünngedruckte Jahrgänge sollte man noch reifen lassen.

Die neue Ausgabe enthält eine neue Art von Jahrgangsinformation: Die 1995 bevorzugt zu genießenden Jahrgänge werden durch farbigen Druck hervorgehoben. Näheres ist auch der Einleitung zum Abschnitt Bordeaux (Seite 99) zu entnehmen.

Bei den Angaben über deutsche Weinjahrgänge gilt ein anderes Prinzip: Näheres erfahren Sie in der Einleitung zu «Deutschland» auf Seite 169.

Der Jahrgang 1993

Kein Jahrgang läßt sich ohne weiteres kurz abhandeln oder im Detail im Gedächtnis behalten. 1993 aber ist noch weniger faßbar; als einzige allgemeine Aussage trifft wohl zu, daß zwar nirgendwo Anlaß zum Jubeln, dagegen so gut wie überall Grund zur Erleichterung besteht. Im nördlichen Europa wurde ein im August noch vorbildlich scheinender Ertrag im September durch anhaltenden Regen verwässert. Das mußte sich auf den Wein nicht unbedingt schlimm auswirken, dennoch war die Gefahr groß, daß er dünn ausfallen und um sein Gleichgewicht kommen würde.

Die ersten Einschätzungen liegen für Bordeaux und Burgund diesmal nicht weit auseinander. Die Trauben waren gesund und gleichmäßig reif; mit der Lesezeit kam dann aber Regen. Wer früh erntete (z. B. den Merlot in Pomerol und St-Emilion), erzielte recht schönen Wein. Es wird auch exzellente rote Burgunder geben. Die Weine aus dem Médoc werden vielleicht etwas «gestreckt» wirken. Beide Regionen sind über ihren Weißwein nicht gerade begeistert – bestenfalls wird er sich als süffig erweisen, und in Sauternes ist man ganz und gar unzufrieden.

Dem Loire-Tal blieb der schlimmste Regen erspart; von dort werden vor allem gute Rotweine und feine Chenin Blancs gemeldet. Sancerre und Pouilly bekamen dagegen Regen ab; die Weine sind reif, süffig und jung zu trinken. Die Champagne erlebte einen reichen Ertrag, jedoch nicht in Jahrgangsqualität.

Weiter im Osten gab es erst später Regen, und er war weniger anhaltend. Das Elsaß brachte von frühreifenden Sorten sehr gute Weine hervor; mit dem spätreifenden Riesling steht es eventuell nicht so gut, und Spätlesen gab es wenig.

Das Rhône-Tal hatte kein Glück; vom Norden bis zum Süden schwammen im Regen alle Hoffnungen auf einen großen Jahrgang davon. Im Gegensatz dazu waren im Midi die Voraussetzungen fast ideal.

Norditalien und Nordspanien lagen ebenfalls unter dem Regenband – keine Katastrophe, aber die Qualität wurde vom Piemont bis ins Veneto ebenso verwässert wie in Rioja und Navarra, in Katalonien und am Duero. Am oberen Douro in Portugal ging ab dem Frühjahr alles schief. Einen 1993er Vintage Port wird es nicht geben.

In der Mitte und im Süden Italiens und Spaniens wurde dagegen jeder Tropfen Regen begrüßt. In der Toskana, vor allem in Montalcino, entstanden feine Weine. Umbrien und die Adriaküste, die Gegend um Rom und der Süden sowie in Spanien Valdepeñas und Andalusien waren zufrieden.

In Deutschland erging es den nördlicheren Breiten am besten. Zwar wurde die Lese durch Regen unterbrochen, es stellte sich aber auch Edelfäule ein, und so kamen an Mosel-Saar-Ruwer und im Rheingau exzellente Beeren- und Trockenbeerenauslesen zustande. Franken meldet den besten Jahrgang seit langer Zeit. Österreich ist mit seinem 1993er sehr zufrieden, und Osteuropa hat noch mehr Grund zur Freude: In Ungarn, Bulgarien und Rumänien war die Ernte erstklassig. In Tokaj ergab sich phänomenale Edelfäule, und so wird der Aszú zu gegebener Zeit hervorragend sein.

In Kalifornien kann das Wetter ebenso Kapriolen schlagen wie anderswo. Im nördlichen Teil war es im Mai und Juni naß; die Blüte fiel ungleichmäßig aus, und überhaupt stellten sich erst mit einer Hitzewelle zur Lesezeit wieder reguläre Verhältnisse ein. Die Central Coast erlebte den günstigsten Witterungsverlauf und einen guten Jahrgang. In Oregon war das Wetter erwartungsgemäß unbeständig und in Washington ebenso erwartungsgemäß beständig.

Große Teile Südostaustraliens hatten einen nassen Sommer; Fäuleprobleme verschärften noch die durch eine starke Nachfrage verursachte Knappheit an Trauben. Doch um die Lesezeit waren die Verhältnisse wie immer gut, und bei gewissenhaften Erzeugern darf man mit feinen Weinen rechnen.

Neuseeland stellte seine Ähnlichkeit mit dem nördlichen Europa unter Beweis: Regen machte die Weinproduktion zu einer wäßrigen Angelegenheit.

Rebsorten

Da immer mehr Weine, insbesondere aus Ländern ohne «klassische» Traditionen, einfach unter dem Namen der Traubensorte auf den Markt kommen, wird die Kenntnis des Geschmacks und der Qualitäten der verbreitetsten (oder meist angebotenen) Sorten zum grundlegenden Rüstzeug des Weinliebhabers. In jahrhundertelanger Zuchtwahl hat sich in den traditionsreichen Weinbaugebieten Europas jeweils eine bevorzugte Sorte oder Gruppe von Sorten herausgebildet. Roter Burgunder beispielsweise wird aus einer einzigen Traubensorte, dem Pinot Noir, bereitet; roter Bordeaux dagegen besteht aus drei oder vier Sorten (über das Mischungsverhältnis entscheidet der Erzeuger). Welche Trauben hier verwendet werden müssen, ist gesetzlich festgelegt; auf dem Etikett erscheinen sie nicht (es ist auch nicht zulässig).

Bei der Neuanlage von Weinbergen ist die erste Entscheidung des Winzers die Wahl der Rebe, denn sie gibt seinem Wein den Geschmack einer bestimmten Traube, und deshalb gebührt ihrem Namen auch ein Platz auf dem Etikett – daher der zuerst in Kalifornien entstandene Begriff «sortenreiner Wein», der grundsätzlich aus nur einer Traubensorte besteht.

Bei mindestens sieben Sorten – Cabernet, Pinot Noir, Riesling, Sauvignon Blanc, Chardonnay, Gewürztraminer und Muscat – sind Geschmack und Duft so deutlich, daß sie zu internationalen Unterscheidungskategorien geworden sind. Dasselbe gilt für Merlot, Syrah, Sémillon, Chenin Blanc, Pinot Blanc, Pinot Gris, Silvaner, Nebbiolo, Sangiovese, Tempranillo ... Hier folgen die besten bzw. verbreitetsten Rebsorten:

Trauben für Weißwein

Albariño Spanischer Name des Alvarinho aus Nordportugal; tritt neuerdings in Galicien mit wunderbar frischem, duftigem Wein hervor.

Aligoté Die zweitwichtigste weiße Traube in Burgund. Frischer (oft harter) Wein, muß in 1 bis 3 Jahren getrunken werden. Mit Cassis (schwarzer Johannisbeerlikör) zum «Kir» gemischt, ist er hervorragend. Die Sorte ist auch in Osteuropa, v. a. in Rußland, verbreitet.

Blanc Fumé Synonym für Sauvignon Blanc, so benannt nach dem angeblich «rauchigen» Duft besonders an der oberen Loire (Sancerre und Pouilly). In Kalifornien für eichenfaßgereiften Sauvignon Blanc gebräuchlich und zu Fumé Blanc umgedreht.

Bual Liefert hochwertige süße Madeiraweine.

Chardonnay Die Traube für weißen Burgunder, die weiße Traube im Champagner und die beste Weißweintraube der Neuen Welt – z. T. auch weil sie so leicht und sicher anzubauen und zu verarbeiten ist. Sie wird inzwischen in allen Regionen erprobt, meist auch in Eichenfässern gereift (oder vergoren), um den Geschmack des Burgunders nachzuempfinden. In Australien und Kalifornien entstehen klassische Beispiele. Aber auch Chardonnays aus Italien, Spanien, Neuseeland, Südafrika, dem Staat New York, Bulgarien, Ungarn und Südfrankreich finden immer mehr Freunde.

Chasselas Ertragreiche, früh reifende Sorte mit wenig Aroma; auch als Tafeltraube angebaut. Am bekanntesten als Fendant in der Schweiz (eine Köstlichkeit) und Gutedel in Deutschland.

Chenin Blanc Die große weiße Traube an der mittleren Loire (Vouvray, Layon usw.). Trockener bis lieblicher (sogar süßer) Wein, aber stets mit reichlich Säure und daher langlebig; kann in Kalifornien feinen Wein erbringen, wird aber selten sortenrein gekeltert. Siehe auch Steen.

Clairette Flache, neutrale Sorte; in Südfrankreich früher stark verbreitet.

Colombard Leicht fruchtige, angenehm säuerliche Traube; in Kalifornien ungemein populär, gewinnt in Südwestfrankreich, Südafrika usw. ständig an Boden.

Fendant Siehe Chasselas.

Folle Blanche Viel Säure, wenig Aroma, ideal für Branntwein. In der Bretagne als Gros Plant und in Armagnac als Picpoul bekannt. In Kalifornien brauchbar.

Furmint Eine Rebe von großem Charakter: das Gütezeichen Ungarns als Haupttraube, sowohl im Tokajer als auch in lebendigem, kräftigem Tafelwein. Mit apfelähnlichem Geschmack. In Slowenien unter der Bezeichnung Sipon. Auch in Österreich in kleinen Mengen angebaut.

Gewürztraminer (auch Traminer) (Gewürz) Eine der ausdrucksvollsten Trauben, ausgesprochen würzig, erinnert oft an Rosen und Grapefruit. Die Weine sind oft voll und weich, selbst wenn sie trocken sind. Am besten im Elsaß; auch gut in Deutschland, Osteuropa, Australien, Kalifornien, im Pazifischen Nordwesten und in Neuseeland.

Grauburgunder Siehe Pinot Gris.

Grüner Veltliner Die Lieblingstraube Österreichs; um Wien, in der Wachau und im Weinviertel (auch in Mähren); ihr Wein kann köstlich ausfallen: leicht, trocken und lebendig. Die besten halten sich etwa 5 Jahre.

Italienischer Riesling In Norditalien und ganz Osteuropa angebaut. Dem Rhein-Riesling weit unterlegen, hat weniger Säuregehalt; lieblich am besten. Auch Welschriesling, Olaszriesling (darf aber nicht mehr einfach nur «Riesling» genannt werden).

Kerner Die erfolgreichste aus einer Reihe deutscher Neuzüchtungen, die meist auf Riesling × Silvaner beruhen; diese allerdings ist Riesling × (roter) Trollinger. Frühreifer blumiger Wein mit dem richtigen Säuregrad. Populär in der Rheinpfalz, Rheinhessen.

Macabeo Die meistangebaute weiße Traube Nordspaniens, in Rioja als Viura verbreitet; wichtige Sorte für Cava in Katalonien.

Malvasier In Madeira Malmsey, in Italien Malvasia, in Frankreich Malvoisie. Alias Vermentino (v. a. auf Korsika). Wird auch in Griechenland, Spanien, W.-Australien und Osteuropa angebaut. Liefert volle, bernsteinfarbene oder weiche weiße Weine mit superbem, aber nur selten recht genutztem Charakter. Große Lebensdauer.

Marsanne Neben Roussanne die Hauptweißweintraube an der nördlichen Rhône (z. B. St-Joseph, St-Péray, Crozes-Hermitage). Auch in Victoria und (als Ermitage Blanc) im Wallis mit Erfolg angebaut. Milde, volle Weine.

Müller-Thurgau Am stärksten in Rheinhessen und der Rheinpfalz vertreten, auch an der Mosel zu stark verbreitet. Kreuzung aus Riesling × Silvaner. Reift früh und liefert weiche, blumige, jung zu trinkende, vor allem gute liebliche, dagegen oft nichtssagende, derbe trockene Weine.

Muscadelle Verleiht manchem weißen Bordeaux besondere Würze.

Muscadet (alias Melon de Bourgogne) Bringt leichte, sehr trockene Weine mit einem frischen Meereshauch in der Gegend von Nantes in der Bretagne; saftig, mit leichtem Salzgeschmack, sehr erfrischend, leider manchmal auch scharf (in Kalifornien als «Pinot Blanc» bezeichnet).

Muscat (Muskateller) in vielen Varianten Weitverbreitete, leicht erkennbare, ausdrucksvolle Traubensorte (am besten M. blanc à petits grains), meist zu bukettreichen, süßen Weinen verarbeitet, oft auch zu Süßweinen (z. B. Vin Doux Naturel in Frankreich). In Australien superb. Nur Elsässer Muscat ist trocken.

Palomino Auch Listan. Liefert den besten Sherry, doch ausdruckslosen Tafelwein.

Pedro Ximénez («P. X.») Liefert sehr starken Wein. In Montilla und Malaga. Wird in süßen Sherry-Mischungen verwendet. Auch in Argentinien, Australien, Kalifornien, Südafrika und auf den Kanarischen Inseln angebaut.

Pinot Blanc Verwandter des Pinot Noir. Mit Chardonnay nicht verwandt, jedoch ähnlich, aber milder im Charakter; leicht, frisch, fruchtig, aromaschwach, jung am besten. Wird im Elsaß, in Norditalien (guter Schaumwein), Süddeutschland und Osteuropa angebaut. In Deutschland Weißer Burgunder. Siehe auch Muscadet.

Pinot Gris Bringt bestenfalls gehaltvolle, oft «dicke», körperreiche Weißweine mit spezieller Würze. Im Elsaß (früher) als Tokay, in Deutschland als Ruländer (Grauburgunder), in Nordostitalien und Slowenien als Tocai (jedoch dünnerer Wein) bezeichnet.

Pinot Noir Hervorragende dunkle Traube (siehe unter Trauben für Rotweine), in der Champagne und gelegentlich auch andernorts (z. B. in Kalifornien und Australien) weiß oder als zartrosa «Vin gris» gekeltert sowie zu Schaumwein verarbeitet.

Riesling Deutschlands große Rebe, in der übrigen Welt derzeit viel zuwenig geschätzt. Der Wein, von brillanter Ausgewogenheit, trocken oder lieblich, ist in der Jugend blumig, entwickelt in der Reife subtile ölige Duft- und Geschmacksnuancen. Sehr gut (meist trocken) im Elsaß, in Österreich, Teilen von Osteuropa, Australien (dort sehr verbreitet), im Pazifischen Nordwesten, in Kalifornien und Südafrika. Heißt auch oft

White, Johannisberg oder Rhine Riesling (anfällig für «Edelfäule»). Sollte mehr genutzt werden, weil sie (anders als der Chardonnay) großen Charakter auch ohne viel Alkoholstärke besitzt.

Ruländer Siehe Pinot Gris.

Sauvignon Blanc Erbringt sehr ausdrucksvollen, aromatischen, grasigen, manchmal rauchig duftenden Wein, kann herb ausfallen (an der oberen Loire), auch herzhaft (in Sauternes – wo er mit Sémillon kombiniert wird – und teilweise in Kalifornien). Bewährt sich auch in Neuseeland höchst brillant. Auch Fumé Blanc oder Blanc Fumé genannt.

Scheurebe Kreuzung aus Silvaner × Riesling. In der Rheinpfalz sehr beliebt, besonders für Auslesen. Als trockener Wein manchmal grasig.

Sémillon Verleiht den Sauternes ihre Fülle; unter richtigen Verhältnissen tritt Edelfäule auf. Liefert weichen, trockenen Wein von beachtlichem Charakter, daher auch zunehmend von Bedeutung für trockenen weißen Graves und Bordeaux. In Australien traditionell Riesling genannt. Alter Hunter Valley Sémillon kann ein großartiger Wein sein.

Sercial Liefert den trockensten Madeira (dort wird übrigens behauptet, daß es sich eigentlich um Riesling handle!).

Seyval Blanc In Frankreich gezüchtete Hybride zwischen französischen und amerikanischen Reben. Sehr widerstandsfähig, angenehm fruchtig. Im Osten der USA und in England beliebt und recht erfolgreich, von der EG jedoch nicht für «Qualitätswein» zugelassen.

Silvaner (Sylvaner) Der Schwerarbeiter unter den deutschen Reben; der Wein gerät nur selten fein, außer in Franken, wo er viel Saft, Kraft und Haltbarkeit erreicht, sowie in Rheinhessen und Baden, wo die Traube eine Renaissance erlebt. Gut in Südtirol, brauchbar im Elsaß. Liefert im Wallis als «Johannisberg» sehr guten, kraftvollen Wein.

Steen Die populärste weiße Sorte Südafrikas; guter, lebhafter, fruchtiger Wein. Angeblich soll es sich um Chenin Blanc von der Loire handeln.

Tokay Siehe Pinot Gris. In Kalifornien auch als Tafeltraube und in Australien als angeblich ungarische Traube angebaut. Der weltberühmte Tokajer-Wein wird dagegen von der Furmint-Traube gewonnen.

Traminer Siehe Gewürztraminer.

Trebbiano Verbreitete, aber mittelmäßige Traube in Mittelitalien, vor allem in Orvieto, Chianti, Soave usw. Auch in Südfrankreich als Ugni Blanc und im Cognac als St-Emilion angebaut. Liefert meist dünnen, neutralen Wein, gut als Verschnittgrundlage geeignet.

Ugni Blanc Siehe Trebbiano.

Verdejo Die Traube von Rueda in Kastilien kann feinen, langlebigen Wein erbringen.

Verdelho Rebensorte auf Madeira, liefert dort hervorragenden mittelsüßen und in Australien frischen, charaktervollen trokkenen Wein.

Verdicchio Dieser Name steht für guten trockenen Wein im östlichen Mittelitalien.

Vermentino Siehe Malvasier.

Vernaccia In Mittel- und Süditalien sowie auf Sardinien für starken, weichen, lebendigen, manchmal sherryähnlichen Wein angebaut.
Viognier Seltene Traubensorte, im Rhonetal bei Condrieu angebaut, liefert sehr feinen und duftigen Wein. Im Midi, in Kalifornien usw. groß in Mode, jedoch nur in winzigen Mengen vorhanden.
Viura Siehe Macabeo.
Weißburgunder Siehe Pinot Blanc.
Welschriesling Siehe Italienischer Riesling.

Trauben für Rotwein

Aleatico Dunkle Muskatellertraube, alias Aglianico, in Westitalien für aromatische Süßweine angebaut.
Barbera Sehr beliebte, ertragreiche Rebsorte in Norditalien, v. a. in Piemont, liefert dunklen, fruchtigen, oft scharfen Wein. Gewinnt in Kalifornien ständig an Prestige.
Brunello Verwandter des Sangiovese, in der Süd-Toskana angebaut (Montalcino).
Cabernet Franc (alias Bouchet) Die geringere der beiden in Bordeaux angebauten Cabernet-Sorten; herrscht jedoch in St-Emilion (als «Bouchet») vor. Der Cabernet der Loire, für Chinon und Roséwein.
Cabernet Sauvignon Traube mit großem Charakter, würzig, kräuterduftig, gerbstoffreich, charakteristisches Aroma von schwarzen Johannisbeeren. Die erste Sorte im Médoc, liefert meist auch die besten kalifornischen, australischen, südamerikanischen und osteuropäischen Rotweine. Cabernet Sauvignon braucht immer Zeit zum Reifen und gewinnt in Verschnitten z. B. mit Merlot, Cabernet Franc oder Syrah. Erbringt auch würzigen Rosé.
Carignan In Frankreich die weitaus verbreitetste Sorte mit einer Anbaufläche von etlichen hunderttausend Hektar. Sehr ertragreich, liefert flachen und harmlosen Wein. Am besten von alten Reben in Corbières. Auch in Nordafrika, Spanien und Kalifornien verbreitet; Blaufränkisch in Deutschland.
Cinsaut In Frankreich verbreitete ertragreiche Rebe; in Südafrika für Pinotage mit Pinot Noir gekreuzt!
Dolcetto Liefert in Piemont süffige, milde, trockene Rotweine. Heute groß in Mode (dennoch preisgünstig).
Gamay Die Beaujolais-Traube: leichter, sehr duftiger Wein, jung am besten. An der Loire, in der Schweiz und in Savoyen liefert sie noch leichteren Wein. In Kalifornien unter dem Namen Napa Gamay bekannt.
Gamay Beaujolais Kein Gamay, vielmehr eine in Kalifornien angebaute (mindere) Variante des Pinot Noir.
Grenache (alias Garnacha, Alicante, Cannonau) Brauchbare Sorte, liefert kräftigen, fruchtigen, aber blassen Wein: gut für Rosé und Vin Doux Naturel. Wird in Frankreich, Spanien und Kalifornien angebaut und meist in Verschnitten mitverarbeitet (v. a. im Châteauneuf-du-Pape).
Grignolino Liefert in Piemont guten Alltagswein.

Kadarka (alias Gamza) Erbringt in Ungarn, Bulgarien usw. kräftigen, robusten Rotwein.

Lambrusco Ertragreiche Sorte in der unteren Poebene, erbringt lebendigen, lieblichen, perlenden, ausgesprochen italienischen Rotwein.

Malbec (alias Cot) In Bordeaux in geringem Maß, in Cahors und Argentinien verbreitet angebaut. Dunkler, voller, gerbstoffreicher Wein mit echtem Qualitätspotential.

Merlot Vielseitige Rebe, liefert die großen, duftigen, pflaumenwürzigen Weine von Pomerol und (zusammen mit Cabernet Franc) von St-Emilion; wichtiges Element in roten Médocs; bringt in Norditalien, in der italienischen Schweiz, in Slowenien usw. leichtere, aber oft gute, in Kalifornien, Washington und Australien weiche und starke Weine.

Montepulciano Name einer in Ost- und Mittelitalien verbreiteten beliebten Traubensorte; auch Stadt in der Toskana.

Mourvèdre (alias Mataro) Die ausgezeichnete dunkle, würzige und gerbstoffreiche Traube wird in der Provence (v. a. in Bandol) und im Midi v. a. für Verschnitte verwendet.

Nebbiolo (auch Spanna und Chiavennasca) Eine der besten roten Trauben Italiens für Barolo, Barbaresco, Gattinara und Valtellina. Intensiv, edle Frucht und volles Bukett, aber viel Gerbstoff – braucht jahrelange Reifezeit.

Petit Verdot Ausgezeichnete, aber schwierige Traube im Médoc, im Schwinden begriffen.

Pinot Noir Die große Burgundertraube der Côte d'Or, hat in Bukett, Geschmack und Fülle nicht ihresgleichen. Gedeiht anderswo nicht so gut; bringt in Deutschland, der Schweiz und Österreich als Spät- oder Blauburgunder, aber auch in Ungarn leichte, selten anspruchsvollere Weine. Die große Herausforderung für Kalifornien, Australien (und Südafrika); vielversprechend in Carneros und an der Central Coast (Kalifornien), in Oregon, im Yarra Valley (Australien), in Tasmanien und Neuseeland.

Pinotage In Südafrika beheimatete Traubenzüchtung (Pinot Noir × Cinsaut). Manchmal sehr fruchtig und schön entwicklungsfähig, oft aber nur dicklich.

Sangiovese (oder Sangioveto) Die wichtigste rote Chianti-Traube, im größten Teil Mittelitaliens anzutreffen. Brunello ist Sangiovese Grosso.

Saperavi Liefert in Georgien, der Ukraine usw. guten, scharfen, sehr langlebigen Wein. Gut geeignet für Verschnitte mit Cabernet (v. a. in Moldawien).

Spätburgunder Siehe Pinot Noir.

Syrah (oder Shiraz) Die große Traube der Rhône bringt herben, pfeffrigen, purpurroten Wein, der sich superb entwickeln kann. In Australien als «Shiraz» von großer Bedeutung. Im Midi und in Kalifornien zunehmend erfolgreich.

Tempranillo Die helle, würzige, feine Rioja-Traube, wird in Katalonien Ull de Lebre und in La Mancha Cencibel genannt.

Zinfandel Vielseitige, fruchtige Sorte mit (manchmal metallischem) Brombeeraroma; in Kalifornien beheimatet. Oft überaus üppig; wird auch weiß gekeltert.

Wein und Speisen

Die Meinungen darüber, welcher Wein zu welchen Speisen paßt, schwanken von Unbekümmertheit bis zu fast neurotischer Pedanterie. Seltsamerweise hat dieses Thema bis vor kurzem noch recht wenig Drukkerschwärze auf sich gezogen und bildet also ein fruchtbares Feld für Experimente. Nur wenige Kombinationen dürfen schlicht als «falsch» bezeichnet werden. Doch über Generationen hinweg hat Erfahrung gewisse Konventionen hervorgebracht, die vielleicht nützen, aber bestimmt nicht schaden.

Es folgen hier einige Anregungen, die Ihnen helfen sollen, sich rasch zu entscheiden. Die Weinempfehlungen lassen sich übrigens beliebig erweitern. Ich habe mich auf Weine beschränkt, die man überall bekommen kann, und gleichzeitig versucht, ein wenig Abwechslung hineinzubringen, damit man nicht immer wieder auf die gleichen Weine zurückgreift. Freilich sollte man daran denken, daß es in einem echten regionalen Restaurant (also in einem provenzalischen, baskischen, katalanischen, toskanischen, österreichischen usw.) stets nur eine Antwort auf diese Frage geben kann – nämlich den Wein der jeweiligen Gegend.

Näheres über die Weine ist in den Verzeichnissen der entsprechenden Länder zu finden.

Die Sterne beziehen sich auf das im Buch verwendete Bewertungssystem (siehe auch Zeichenerklärung).

Vor dem Essen – einen Aperitif

Herkömmliche Aperitifs sind entweder Schaumweine (am besten: Champagner) oder gespritete Weine (z. B. Sherry). Will man dazu etwas knabbern, dann am besten Mandeln oder Walnüsse, Kartoffelchips oder Käsegebäck, *aber auf keinen Fall Erdnüsse,* denn sie sind dem Aroma des Weins feindlich. Auch Oliven sind für die meisten Weine zu pikant; sie verlangen nach Sherry oder einem Martini.

Heute ist es Mode, vor dem Essen ein Glas Weißwein oder Rosé zu trinken. Zu empfehlen ist ein leichtes, appetitanregendes, ziemlich trockenes, aber nicht saures Getränk mit einem gewissen Charakter, so zum Beispiel:

Aus Frankreich: Elsässer Pinot Blanc, Riesling oder Sylvaner; Chablis oder ein guter Aligoté; Muscadet; Sauvignon de Touraine; Graves (oder Bordeaux) Blanc; Mâcon (oder Bourgogne) Blanc; Crépy, Bugey, Haut-Poitou, Côtes de Gascogne. In Bordeaux ist süßer Sauternes, Loupiac oder Monbazillac beliebt.

Aus Italien: Pinot Bianco; Pinot Grigio; Soave; Orvieto Secco; Frascati; Montecarlo; Greco di Tufo; Vernaccia; Verdicchio;

Tocai; Lugana; Sauvignon Blanc aus dem Nordosten; Marsala Vergine.

Aus Deutschland: Ein halbtrockener Kabinettwein oder QbA. Auch eine reife (5- bis 12jährige) Spätlese. Eine große alte Auslese (z. B. 76er) kann der allerfeinste Aperitif sein.

Aus Spanien: Fino- oder Manzanilla-Sherry oder Montilla (zu *tapas*); Albariño.

Aus Portugal: Ein Vinho Verde oder – noch besser – Alvarinho; Bucelas.

Aus Osteuropa: Grüner Veltliner, Welschriesling, Riesling, Leanyka; Müller-Thurgau oder die besonders schmackhafte ungarische Spezialität Teokaji Szamorodni.

Aus den USA: Kalifornien: Chenin Blanc; Riesling; Colombard; Fumé Blanc; Gewürztraminer oder ein guter «Haustrunk»; Riesling aus New York oder Oregon; Sémillon aus Washington. Keinesfalls Chardonnay.

Aus Australien: Barossa-, Clare- oder Coonawarra-Riesling; westaustralischer Verdelho oder ein Marsanne aus Victoria.

Aus Südafrika: Steen (auf dem KWV-Etikett steht Chenin Blanc).

Aus England: Englischer Wein ist stets diskutabel, vor allem im Sommer im Garten. Und das gilt auch für neuseeländischen Riesling und (v. a.) Sauvignon Blanc.

Vorspeisen

Aïoli Zu so viel Knoblauch braucht man einen Durstlöscher. Weißer ★→★★ Rhône oder Provence-Rosé, Frascati oder Verdicchio.

Antipasto (Italien) Trockener oder lieblicher ★★ Weißwein: italienischer (Arneis, Soave, Pinot Grigio oder Greco di Tufo); Rosé de Provence oder leichter Rotwein (z. B. Dolcetto, Franciacorta oder junger ★★ Chianti).

Artischocken
Mit Sauce vinaigrette allenfalls ein junger Rotwein, z. B. Bordeaux, Côtes du Rhône oder ein säuerlicher Weißwein: Sauvignon de Touraine (oder anderer Herkunft).
Mit Sauce hollandaise voller, trockener oder lieblicher ★ oder ★★ Weißwein, z. B. Mâcon Blanc, Johannisberg VS, Pfälzer oder ein kalifornischer «Haustrunk».

Austern ★★→★★★ Weißwein, Champagner brut (einfachere Sorten), Chablis oder, noch besser, Chablis Premier Cru, Muscadet, weißer Graves, Sancerre; Guinness oder Scotch mit Wasser.

Austern-Stew Kalifornischer oder australischer Chardonnay.

Avocado *Mit Garnelen, Krabben usw.* trockener bis halbtrockener oder etwas säuerlicher ★★→★★★ Weißwein, z. B. Rheingauer oder Pfälzer Kabinett, Sancerre, Pinot Bianco, trockener Rosé oder spritzige Weißweine, z. B. Neuenburger (CH) Riesling.
Mit Sauce vinaigrette leichter ★ Rotwein oder Manzanilla-Sherry.

Blini mit Kaviar ★★★ Champagner brut, Sekt, Elsässer Riesling, Sancerre (oder Wodka).

Boudin (Blutwurst) An der Loire v. a. Sauvignon oder Chenin.
Bouillabaisse und Fischsuppen Sehr trockener Weißwein★→★★: Trockener Rosé aus der Provence oder von Korsika oder Cassis, Verdicchio, Blanc Fumé aus Kalifornien.
Carpaccio
Rindfleisch Hierzu paßt fast jeder Wein, sogar ★★★ Rotwein oder bester Vino da tavola aus der Toskana.
Lachs ★★→★★★ Chardonnay oder Champagner.
Ceviche Kalifornischer oder australischer Chardonnay. ★★ Sauvignon Blanc aus Neuseeland.
Consommé Halbtrockener Sherry ★★→★★★, trockener Madeira; Marsala Vergine.
Crostini Rustikaler Toskana-Rotwein, Montepulciano d'Abruzzo, Valpolicella.
Dim-Sum Klassisch: Tee (Oolong oder Bo-Li) oder aber Sauvignon Blanc, Riesling zu gebratenem, leichter Rotwein (Chianti, Bardolino) zu gedünstetem Dim Sum.
Eierspeisen (siehe auch Soufflé) Mit den meisten Weinen vertragen sie sich nicht gut. Zu Rührei schmeckt mir eventuell Champagner. Allenfalls:
Ohne Sauce: Trockene oder mittlere Weißweine, z. B. Elsässer Riesling, Waadtländer oder Beaujolais.
Mit Sauce: Der Wein, der für die Sauce verwendet wurde, oder trockener Weißwein.
Fleischpastete und Terrines Ein schlichter, einfacher ★→★★ Rotwein scheint am geeignetsten, ein guter kann aber auch nicht schaden! St-Emilion, Côtes de Nuits, Walliser Pinot Noir.
Forelle, geräuchert Sancerre, Pouilly Fumé, kalifornischer oder neuseeländischer Fumé Blanc oder Rully.
Gänseleberpastete Weißwein ★★★→★★★★. In Bordeaux trinkt man dazu Sauternes. Anderswo wird Riesling Spätlese (auch aus der Neuen Welt) oder Gewürztraminer bzw. Elsässer Pinot Gris bevorzugt. Auch trockener Amontillado kann sublim sein. Jedoch kein Chardonnay.
Garnelen oder Krabben Trockener ★★→★★★ Weißwein: Burgunder, Chardonnay oder Riesling, auch feiner, reifer Champagner. Auf chinesische, indische oder Thai-Art: gehaltvoller australischer Chardonnay («Cocktail Sauce» verträgt sich nicht mit Wein).
Gazpacho Ein Glas Fino vorher und nachher.
Grapefruit Wer Grapefruit als Vorspeise möchte, sollte Port, Madeira oder süßen Sherry dazu, darin oder daran probieren.
Gemüseterrine Nicht gerade ein großartiger Partner für feinen Wein, aber kalifornischer oder australischer Chardonnay gilt als modisches Beiwerk.
Gravlax Aquavit oder Sake, eisgekühlt, oder Chablis Grand Cru, kalifornischer oder australischer Chardonnay.
Guacamole Kalifornischer ★★ Chardonnay oder mexikanisches Bier.
Haifischflossensuppe Einen Teelöffel Cognac hineingeben; als Getränk Amontillado.
Hangtown Fry (Austern, Speck und Eier) Champagner oJ.
Hering, grün, oder Matjes Wacholder, Aquavit oder kühles Bier.
Hors-d'œuvres (Reichhaltiges Hors-d'œuvre) Sauberer, fruchtiger, herber ★→★★ Weißwein: Waadtländer, Walliser,

Sancerre oder Sauvignon jeder Art, Grüner Veltliner, Muscadet oder Fino-Sherry.

Mit vorwiegend Fisch: Weißer Burgunder, Riesling.

Käsefondue Trockener ★★ Weißwein: Walliser Fendant oder Johannisberg, Waadtländer, Neuenburger, Grüner Veltliner, Elsässer Riesling, Neuseeländer Sauvignon Blanc.

Katenschinken Bier, Korn, Frankenwein, Steinhäger.

Kaviar Eisgekühlter Wodka; Champagner, wenn es unbedingt sein muß, dann aber ein kräftiger (z. B. Clicquot, Krug).

Lachs, geräuchert Trockener, aber ausdrucksvoller Weißwein, z. B. Fino-Sherry, Jahrgangs-Champagner, Sekt, Elsässer Pinot Gris, Chablis, Grand Cru, Pouilly-Fuissé, Fendant, Pfälzer Riesling Spätlese. Oder Wodka, Schnaps, Aquavit.

Makrelen, geräuchert Zu ölig für Wein. Manzanilla-Sherry oder Schnaps, Wodka, Bier.

Mayonnaise-Vorspeisen Verlangen nach kräftigem Kontrast. Côte-Chalonnaise-Weißwein (z. B. Rully) eignet sich gut. Neuseeländer Sauvignon Blanc; Zilavka (Herzegowina); Verdicchio oder eine trockene Spätlese aus der Pfalz.

Meeresfrüchte-Salat Frischer Chardonnay oder Pinot Grigio aus Norditalien; italienischer oder australischer Malvasia.

Melonen Hierzu gehört (wenn überhaupt) ein starker süßer Wein: Alter ★★ Port, Bual Madeira, Muscat, Oloroso-Sherry.

Minestrone ★ Rotwein: Grignolino, Chianti, Merlot, Zinfandel, Shiraz usw. Oder Fino-Sherry.

Muscheln (Moules). Gehaltvolle Weißweine: Aigle (VD), Johannisberg, Grauburgunder, Spätlese vom Rhein. Oder Fino-Sherry, trockener Madeira oder Marsala.

Omelette Siehe unter Eierspeisen.

Pasta (Teigwaren, ital. zubereitet) ★→★★ Rot- oder Weißwein, je nach Sauce oder Beilage, z. B.

Mit Fischsauce (z.B. Muscheln) Verdicchio, Soave, Pomino, Sauvignon Blanc.

Mit Fleischsauce Merlot, Montepulciano d'Abruzzo, Montefalco d'Arquata.

Mit Pesto (Basilikumsauce) Barbera, Neuseeländer Sauvignon Blanc.

Mit Rahmsauce Orvieto, Frascati oder italienischer Chardonnay.

Mit Tomatensauce Chianti, Valpolicella, Barbera, sizilianischer oder jugoslawischer Rotwein; Zinfandel.

Pastete (Vol-au-Vent) Je nach Zusammensetzung, z. B. bei Hühnerleber ein pikanter Weißwein oder ein milder Rotwein (leichter Pomerol) oder auch Amontillado-Sherry; bei einfachen Pasteten trockener ★★ Weißwein, z. B. Mâcon-Villages, Graves, Fumé-Blanc, Waadtländer. Mit Ente: Chianti Classico oder Franciacorta.

Pilze à la Grecque Verdea oder Mantinia aus Griechenland, deftiger trockener Weißwein; frischer, junger Rotwein.

Pizza Beliebiger ★★ trockener italienischer Rotwein oder ★★ Rioja, Corbières, Roussillon oder roter Bairrada.

Prosciutto mit Melonen Kräftiger trockener bis halbtrockener ★★→★★★ Weißwein: Orvieto, Frascati, Pomino, Fendant, Grüner Veltliner, Elsässer oder kalifornischer Gewürztraminer, australischer Riesling, Jurançon Sec.

Quiche Trockener, kräftiger ★→★★ Weißwein (Elsässer, Rheingauer, Graves, Sauvignon) oder junger Rotwein, z. B. Beaujolais-Villages, je nach der Füllung, jedenfalls einfache Weine.

Rohkost (Crudités) Leichter (höchstens ★→★★) Rot- oder Roséwein: Côtes du Rhône, Minervois, Chianti, Fino-Sherry.

Salade niçoise Eher trockener, nicht zu leichter oder blumiger ★★ Weißwein oder Rosé, z. B. aus der Provence, von Rhône oder aus Korsika; katalanischer Weißwein, Dão.

Salami Sehr kräftiger ★→★★ Rot- oder Roséwein, z. B. Barbera, Merlot, Tavel oder Ajaccio rosé, junger Bordeaux, Rioja, Toro oder chilenischer Cabernet.

Salate Am besten ohne Wein. Essig in Salatsaucen tötet das Aroma des Weins.

Schellfisch, geräuchert, Mousse Hierzu paßt ein körperreicher, ausdrucksvoller trockener Weißwein, u. a. Chablis Grand Cru.

Schinken mit Melone Voller, trockener bis lieblicher ★★→★★★ Weißwein, z. B. Orvieto oder Frascati, Pomino, Fendant, Grüner Veltliner, Elsässer Silvaner.

Schinken roh oder gebeizt Veltliner, Bündner Herrschaftswein, Elsässer Pinot Gris Grand Cru.

Schnecken Weißer Mâcon-Villages oder Beaujolais-Villages; oder roter ★★ Rhône. Im Midi Weiß- oder Rotwein der Gegend zu Petit-Gris. Im Elsaß Pinot Blanc oder Gewürztraminer.

Schüsselpastete (Pies mit Fleischfüllung) Rotwein: z. B. Mercurey, Beaujolais-Village, jüngerer ★★ St-Emilion.

Soufflé Hierzu gehört ein ★★→★★★ Wein.

Fischsoufflé Trockener Weißwein, z. B. Burgunder, Bordeaux, Elsässer, Chardonnay u. ä.

Käsesoufflé Weißwein, z. B. Waadtländer, Walliser, Sancerre, auch roter Burgunder oder Bordeaux, Cabernet, Sauvignon.

Spinatsoufflé (schwierig zu Wein) Mâcon-Villages, St-Vêran.

Spargel Kräftiger ★★→★★★ Weißwein: Elsässer Riesling, Gewürztraminer, Pinot Gris oder Muscat; australischer Sêmillon (besser als Chardonnay); Jurançon Sec.

Spargel vinaigrette (auf Wein verzichten).

Suppen (meistens kein Wein).

Leichte Suppen: leichte Rotweine, z. B. Beaujolais Primeur, Landweine.

Rustikale Suppen: z. B. Pot-au-feu, Gerstensuppe usw.: Beaujolais, Burgunder (ordinaire), Bourgueil, Corbières, Rioja.

Taramasalata Rustikaler, sehr markanter Weißwein aus dem Süden – es muß nicht unbedingt Retsina sein. Fino-Sherry ist auch gut. Australischer Chardonnay oder Sêmillon.

Tomatensauce (an beliebigen Gerichten). Tomatensauce mit ihrer Säuerlichkeit ist keinem Wein freundlich. Am besten ist noch ein einfacher Rotwein, vielleicht Chianti (aber auch der schmeckt ohne Tomaten besser).

Ziegenkäse, gegrillt oder gebacken (in warmen Salaten) Gut gekühlter Chinon oder Saumur, Champigny, Rosé aus der Provence; kräftiger griechischer oder türkischer Rotwein bzw. Château Musar.

Meeresfrüchte, Fischgerichte

Aal in Aspik Champagner oJ oder eine gute Tasse (Ceylon-)Tee.

Aal, geräuchert Starker oder säuerlicher Wein, z. B. Fino-Sherry oder Bourgogne Aligoté; badische Weine (durchgegoren), Kornschnaps.

Barbe Sehr anpassungsfähig (aber die Leber meiden): Weiß- oder Rotwein.

Barsch (Fluß-, See-) Weißburgunder aus Baden oder der Pfalz, aber auch anderer delikater Weißwein eignet sich gut.

Beurre blanc, Fisch in Bester Muscadet sur Lie, ein Sémillon-Sauvignon-Verschnitt oder ein deutscher Charta-Wein.

Carpaccio (Lachs oder Thunfisch) Puligny-Montrachet oder australischer Chardonnay (★★★).

Coquilles St-Jacques Dazu am besten halbtrockener Weißwein, z. B. Elsässer oder Sauternes, Barsac, Traminer, Montrachet. *In Rahmsauce* Deutsche Spätlese (★★★) oder Montrachet. *Gegrillt oder überbacken* Hermitage Blanc, Gewürztraminer, Grüner Veltliner, Bergerac Blanc, australischer Riesling oder Champagner.

Fisch-Pie (mit Rahmsauce) Napa Chardonnay, Pinot Gris d'Alsace.

Fish and Chips, fritto misto (oder tempura) ★ Chablis, ★ Weißer Bordeaux, Sauvignon Blanc, Elsässer Riesling, Fiano, Montilla, Koshu, Tee . . .

Forellen, Felchen Weißweine, z. B. Chablais (VD), Johannisberg, Frankenweine, ★★★ Mosel, Saar, Meersburger, Elsässer Pinot Blanc. *Geräuchert:* ein gehaltvoller ★★→★★★ Weißwein: Gewürztraminer, Elsässer, Pinot Gris, Rheingauer Spätlese, Pinot Bianco oder australischer Hunter White.

Heilbutt Siehe Steinbutt.

Heringe Ein Weißwein mit etwas Säure, der dem ausgeprägten Geschmack des Herings entgegenwirkt. Burgunder Aligoté oder Gros Plant aus der Bretagne oder trockener Sauvignon Blanc. Oder Apfelwein.

Hummer
Cioppino Sauvignon Blanc oder kalifornischer Zinfandel.
Salat ★★→★★★ Weißwein. Einfacherer Champagner, Elsässer Riesling, Chablis Premier Crus, Condrieu, Mosel Spätlese, trockener Riesling aus Kalifornien oder Australien.
Mit Mayonnaise Jahrgangs-Champagner, Sekt, feiner weißer Burgunder, Graves cru classé, Pfälzer Spätlese, Hermitage Blanc.

Kabeljau Eine gute, neutrale Grundlage für feine trockene bis liebliche Weißweine, z. B. ★★→★★★ Chablis, Meursault, Graves cru classé, trockener Vouvray; deutsche Kabinettweine oder trockene Spätlesen.

Krabben Fino-Sherry (★★★), Chablis oder Gavi.

Krebs, kalt, mit Salat Kalifornischer oder Pfälzer ★★★ Riesling Kabinett oder Spätlese oder Viognier aus Condrieu; ★★★ Chardonnay oder deutscher Spitzen-Riesling.
Chinesisch, mit Ingwer und Zwiebeln Furmint aus Ungarn.
Mit schwarzen Bohnen kräftiger Shiraz oder Syrah.

Lachs, frisch Feiner weißer ★★★ Burgunder: Puligny- oder Chassagne-Montrachet, Meursault, Corton-Charlemagne, Chablis Grand Cru, Condrieu, Rheingauer Kabinett oder Spätlese. Junger Pinot Noir ist oft sehr gut.

Lamproie à la Bordelaise (Neunauge) 5jähriger ★★→★★★ St-Emilion oder Fronsac.

Makrelen Harter oder säuerlicher ★★ Weißwein: Sauvignon Blanc aus Bergerac oder der Touraine, Gros Plant, Vinho verde, weißer Rioja.

Muscheln ★→★★ Gros Plant, Muscadet, kalifornischer Chablis.

Mit Knoblauch – wie Schnecken.

Rochen in brauner Butter Würziger ★★ Weißwein, z. B. Elsässer Pinot Gris, oder trockener, einfacher Weißwein, z. B. Muscadet, Sancerre oder Entre-Deux-Mers.

Sardinen, frisch, gegrillt Sehr trockener ★→★★ Weiß- und Roséwein, z. B. Côtes de Provence, Languedoc, Vinho verde, Dão, Silvaner, Muscadet.

Sashimi Ohne Washabi: Schaumwein (u. a. kalif.); kalifornischer oder australischer Chardonnay. Chablis Grand Cru. Rheingauer Riesling halbtrocken. Auch Sake, eisgekühlt, oder Bier.

Schalentiere Trockener Weißwein zu gekochten Schalentieren, vollere Weine zu gehaltvollen Saucen.

Schellfisch Trockene, etwas vollere ★★→★★★ Weißweine, z. B. Meursault, kalifornischer oder australischer Chardonnay.

Schnappbarsch Sauvignon Blanc.

Seehecht Sauvignon Blanc oder sonst ein frisch-fruchtiger Weißwein, z. B. Pacherenc, Tursan, weißer Navarra.

Seeschnecken Trockener bis lieblicher ★★→★★★ Weißwein, z. B. Sauvignon Blanc, Chardonnay, Pinot Grigio, Muscadet sur Lie.

Seezunge, Goldbutt u. ä.

Gekocht, gegrillt oder gebacken Ideal zu feinen Weinen: ★★★→★★★★ weißer Burgunder und gleichrangige.

In Sauce Weißer Burgunder.

Shad Weißer ★★→★★★ Graves, Meursault oder Hunter Sémillon.

Schwertfisch Trockener ★★ Weißwein.

Steinbutt Feiner voller trockener Weißwein, z. B. Meursault, Chassagne-Montrachet oder auch Frankenwein, reifer Rheingauer, Mosel- oder Nahe-Spätlese oder -Auslese (nicht trocken); Condrieu.

Sushi Scharfer Washabi ist meist dabei. Trockener deutscher QbA oder einfacher Chablis paßt gut; natürlich auch Sake.

Thunfisch, gegrillt ★★ Weiß- oder Rotwein (auch Rosé) in recht fruchtiger Art; z. B. Neuseeländer Sauvignon Blanc oder guter Côtes du Rhône.

Zander Exquisiter Fisch, verlangt feinsten Wein: Puligny-Montrachet Premier Cru oder edler Mosel; erstklassiger Fendant oder Johannisberg aus der Schweiz.

Fleischgerichte

Bœuf Stroganoff Ausdrucksvoller ★★→★★★ Rotwein, Burgunder, Côte Rôtie, Amarone, Brunello, Hermitage, Kaiserstühler – oder georgischer Saperavi.

Bries Zu einem so besonderen Gericht gehört ein besonderer Wein, z. B. ★★★ Riesling oder Franken-Silvaner Spätlese oder gut ausgereifter weißer Bordeaux bzw. Burgunder, je nach der Sauce.

Cajun-Spezialitäten Côtes de Brouilly. Mit Gumbo: Amontillado oder mexikanisches Bier.

Cassoulet ★★ Rotwein aus dem Südwesten Frankreichs, z.B. Madiran, Cahors oder Corbières, junger Bordeaux, Barbera.

Chili con carne ★→★★ Junger Rotwein, z. B. Barbera, Beaujolais, Navarra, Zinfandel.

Chinesische Speisen

Kanton oder Peking ★★→★★★ Trockener bis halbtrokkener Weißwein – Sauvignon Blanc oder (besser) Riesling –, oft für chinesische Speisefolgen geeignet. Trockener Schaumwein (v. a. Cava) paßt gut. Süß-saure Gerichte meiden; zu Ente 89er/90er St-Emilion ★★ oder St-Estèphe Cru Bourgeois oder Châteauneuf-du-Pape. Zu chinesischer Küche biete ich oft Weiß- und Rotwein gleichzeitig an.

Szechuan Muscadet, Elsässer Pinot Blanc oder gekühltes Bier.

Choucroute garni Elsässer Pinot Gris, Pinot Blanc oder Riesling.

Confit d'oie Junger herber roter ★★→★★★ Bordeaux Cru Bourgeois wirkt dem reichlichen Gehalt dieser Speise entgegen, Elsässer Tokajer oder Gewürztraminer hebt ihn.

Coq au vin Roter ★★★→★★★★ Burgunder. Der Idealfall ist eine Flasche Chambertin im Gericht und eine oder zwei auf dem Tisch.

Corned Beef-Haché ★★ Zinfandel, Chianti, roter Côtes du Rhône.

Curry-Fleisch Lieblicher ★→★★ Weißwein, gut gekühlt: Orvieto abboccato, kalifornischer Chenin Blanc, slowenischer Traminer, indischer Schaumwein. Oder zur Betonung der Schärfe herber Barolo, Barbaresco bzw. andere kräftige Rotweine wie St-Emilion, Cornas, Shiraz/Cabernet, Valpolicella Amarone.

Eintopfgerichte Ein fruchtiger, vollaromatischer Rotwein, z. B. junger Côtes du Rhône, Corbières, Barbera, Shiraz, Zinfandel o. ä.

Ente oder Gans ★★★ Bordeaux bzw. Burgunder, Côtes du Rhône oder Pinot Noir. Mit Orangen oder Pfirsichen ist Sauternes zu empfehlen, ansonsten Loire-Rotwein.

Peking-Ente siehe «Chinesische Speisen».

Wildente Gehaltvoller ★★★ Rotwein, z. B. Hermitage, Châteauneuf-du-Pape, Cornas, Bandol.

Feldhase Vollduftiger ★★→★★★ Rotwein; nicht zu alter Burgunder, Bordeaux, Rhône (z. B. Gigondas), Bandol oder feiner Rioja Reserva oder Dôle (VS) oder Spätburgunder (Baden). Dasselbe gilt für Hasenrücken. Australischer Grange Hermitage ist ein Erlebnis.

Fleischklopse (Hacksteaks) ★★ Rotwein, z. B. Crozes-Hermitage, Beaujolais, Rioja, Madiran, Rubesco, Dão, Bairrada, Cabernet, Kadarka.

Frankfurter Würstchen Deutscher ★→★★ Weißwein, New York Riesling oder Beaujolais. Oder Budweiser.

Grillgerichte Einfacher, kräftiger, junger Rotwein: Shiraz, Chianti, Zinfandel, Buzbag, Bandol.

Gulasch Starker junger ★★ Rotwein, z. B. Stierblut, Zinfandel, bulgarischer Cabernet oder Mavrud, ungarischer Kadarka, junger australischer Shiraz.

Hammel- und Lammfleisch, gebraten Traditionell eine der besten Grundlagen für sehr guten Bordeaux, Côtes du Rhône und feinen alten Rioja.

Hammel- und Lammkotelett Wie bei Hammelbraten.

Huhn oder Pute, gebraten So gut wie jeder Wein, auch bester herber bis mittlerer Weißwein und feiner alter Rotwein (v. a. Burgunder). Bei Geflügel entscheidet die Sauce darüber, welcher Wein am besten dazu paßt (z. B. Coq au vin mit rotem Burgunder); nur sollte man zu Saucen mit Tomate nur einfachen Wein trinken.

Huhn-Kasserolle Lirac, St-Joseph, Crozes-Hermitage.

Kiew Elsässer Riesling, Bergerac Rouge.

Kalbfleisch, gebraten

In brauner Sauce: Leichte Rotweine wie Côtes du Rhône, Beaujolais, Bordeaux, Spätburgunder.

In heller Sauce: Weißweine wie Fendant oder deutscher ★★★ oder sehr leichte Rotweine.

Kalte Fleischgerichte Zu ihnen paßt vollmundiger Weißwein meist besser als Rotwein, außer Beaujolais. Mosel-Spätlese, Hochheimer.

Kaninchen Junger italienischer ★→★★★ Rotwein; Chinon, Saumur-Champigny oder Rhône-Rosé.

Kebab Kräftiger ★★ Rotwein, z. B. griechischer Nemea oder Naoussa, türkischer Buzbag, bulgarischer Cabernet.

Kohl, gefüllt Ungarischer Cabernet Franc oder Kadarka, bulgarischer Cabernet.

Kutteln (Kaldaunen) ★→★★ Rotwein: Corbières, Roussillon usw. oder, wenn an heller Sauce mit Weißwein, z. B. Sancerre, Waadtländer, Walliser.

Lamm Ein fruchtiger junger Cru Beaujolais (z. B. Fleurie, Brouilly), ein gleichwertiger Zinfandel oder Cabernet aus der Neuen Welt; Rioja Reserva.

Leber Junger ★★ Rotwein: Beaujolais-Villages, Rhône, Médoc, italienischer Merlot, Breganze Cabernet, Zinfandel, Pinot Noir.

Mixed Grill Ein ziemlich leichter Rotwein; ★★ roter Burgunder aus Bourg, Fronsac oder Premières Côtes, Beaujolais-Cru, z. B. Juliénas; Chianti, Côtes de Buzet, Coteaux du Languedoc, chilenischer Cabernet.

Moussaka ★→★★ Rot- oder Roséwein, z. B. griechischer Naoussa oder Retsina; Chianti, Corbières, Côtes de Provence, Ajaccio, Calvi oder Patrimonio; kalifornischer «Burgundy».

Nieren ★★→★★★ Rotwein: Pomerol oder St-Emilion, Cornas, Barbaresco, Rioja, Cabernets jeglicher Herkunft. Bairrada aus Portugal.

Ochsenschwanz Recht gehaltvoller ★★→★★★ Rotwein, z. B. St-Emilion oder Pomerol, Nuits-St-Georges, Burgunder, Barolo oder Chianti Classico, Rioja Reserva oder trockener Riesling Spätlese.

Paella Junger spanischer ★★ Roter, trockener Weiß- oder Roséwein, z. B. Penedès, Rioja.

Rebhuhn, Fasan Siehe unter Wildgeflügel.

Rindfleisch, gebraten Dazu ist feiner Rotwein ideal: ★★→★★★★ (je nach Qualität des Fleisches).

Rindfleisch, gekocht ★★ Rotwein, z. B. Bordeaux (Bourg oder Fronsac), Roussillon, Shiraz, auch weißer Mâcon-Villages. Oder besonders gutes Bier.

Rindfleisch, geschmort Sehr kräftiger ★★→★★★ Rotwein, z. B. Pomerol oder St-Emilion, Hermitage, Cornas, Barbera, Torres Gran Coronas.

Ris de Veau Siehe Bries.

Risotto Pinot Grigio aus Friaul, Gavi, junger Sémillon, Dolcetto oder Barbera d'Alba.

Mit Pilzen Cahors, Madiran, Barbera (mit Steinpilzen: feinster, reifer Barolo oder Barbaresco).

Satay Australischer Cabernet/Shiraz oder Elsässer Pinot Gris bzw. Gewürztraminer.

Sauerkraut Elsässer Weißweine oder, je nach Beilage, auch Rotweine, z. B. Salvagnin, Côtes du Rhône.

Sauerkraut mit Eisbein Bier.

Sauerkraut mit Rippchen Apfelwein (Hessen).

Schinken Frischer roter ★★→★★★ Burgunder, z. B. Volnay, Savigny, Beaune, Chinon, Bourgueil; oder ein leicht lieblicher deutscher Weißwein, z. B. Rheinwein Spätlese; tschechischer Müller-Thurgau; toskanischer Rotwein oder ein leichter Cabernet (z. B. aus Chile).

Schweinefleisch, gebraten Zu Schweinebraten mit einer scharfen Apfelsauce oder zu Braten mit Salbei und Zwiebeln gehört nur ein einfacher junger Weißwein. Ohne solche Zutaten dagegen ist Schweinefleisch eine kräftige neutrale Grundlage für leichte Rotweine (Médoc) und volle ★★★ Weißweine. Portugiesisches Spanferkel mit Bairrada garrafeira. Zu chinesischen Gerichten: Beaujolais.

Shepherd's Pie Ein robuster ★→★★ Rotwein scheint angebracht, noch besser Bier oder Apfelwein.

Spare Ribs Gigondas oder St-Joseph, australischer Shiraz; Zinfandel.

Steak

Au poivre Ein ziemlich junger ★★★ Rotwein (Rhône, Cabernet).

Tartar Wodka oder leichter junger ★★ Rotwein: Beaujolais, Bergerac, Valpolicella.

Filet oder Tournedos Guter ★★★ Rotwein, z. B. Burgunder.

T-Bone Gehaltvoller ★★→★★★ Rotwein, z. B. Burgunder, Bordeaux, Barolo, Hermitage, Shiraz.

Fiorentina (Bistecca) Chianti Classico Riserva oder Brunello.

Ostrich Südafrikanischer Pinotage.

Yuk Whe (feinstes koreanisches Steak Tartar): Sake.

Steak und Kidney Pie oder Pudding Roter Rioja Reserva oder reifer ★★→★★★ Bordeaux.

Sukiyaki ★★ Junger Sake (jap. Reiswein); leichter Weißwein oder Rosé, auch Beaujolais Crus: Fleurie, Brouilly usw.

Tandoori-Huhn Sauvignon Blanc oder junger roter ★★ Bordeaux.

Taube Roter ★★→★★★ Burgunder: Beaune, Savigny; Chianti Classico, kalifornischer oder australischer Pinot Noir, Silvaner Spätlese aus Franken.

Thai-Spezialitäten Gewürztraminer, Hunter Valley Chardonnay, Elsässer Pinot Blanc.

Vitello tonnato Leichter Rotwein (Valpolicella, Beaujolais) kühl serviert.

Wachtel Wie Taube. Auch feinerer Rotwein empfiehlt sich.

Wiener Schnitzel Leichter ★★→★★★ Rotwein aus Südtirol (Alto Adige) oder dem Médoc; oder österreichischer Riesling, Grüner Veltliner oder Gumpoldskirchener.

Wild Sehr voller, kräftiger ★★★ Rotwein (Rhône, Bordeaux oder kalifornischer Cabernet aus einem reifen Jahrgang), Spätburgunder (Baden) oder Ostschweizer; auch voller Weißwein, z. B. Pfälzer Spätlese oder Elsässer Tokay Pinot Gris.

Wildgeflügel Zu jungem gebratenem Wildgeflügel gehört der beste Rotwein, den man auftreiben kann. Zu älteren Exemplaren in der Kasserolle ★★→★★★ Rotwein, z. B. Gevrey-Chambertin, Pommard, St-Emilion. Wenn mit Sauerkraut serviert, passen Elsässer Weine. Wildgeflügel mit Hautgoût: Vega Sicilica, großer Rhône-Rotwein, Château Musar. Zu kaltem Geflügel: reifer Jahrgangschampagner.

Wildpastete (warm) ★★★ Rotwein; **(kalt)** ★★★ Weißwein.

Wurst Junger deutscher ★★★ Wein, z. B. Pfälzer, aber auch Beaujolais, Salvagnin, Dôle oder Bier. Siehe auch Frankfurter und Salami.

Zunge Rot- oder Weißwein mit fülligem Charakter, besonders italienischer.

Vegetarische Gerichte

Auflauf von Auberginen, Linsen oder Pilzen Corbières, Zinfandel.

Bohneneintopf Portugiesischer Bairrada, spanischer Toro.

Bohnensalat Roter Rioja Reserva.

Choucroute Elsässer Pinot Gris oder Sylvaner.

Fenchelgerichte Pouilly-Fumé, Beaujolais.

Kohlgemüse Bier oder Stout.

Kuskus Junger, frischer Rotwein: Shiraz, Corbières, Minervois usw.

Paprika oder Auberginen, gefüllt Kräftiger ★★ Rotwein: Chianti, Dolcetto, Zinfandel, Bandol, Vacqueyras.

Pilze (in so gut wie jeder Form) Voller Rotwein, z. B. Pomerol, kalifornischer Merlot, australischer Shiraz.

Auf Toast feinster Bordeaux.

Waldpilze (Steinpilze schmecken zu Wein am besten) Barbaresco, Pauillac, St-Estèphe.

Ratatouille Kräftiger, junger ★★ Rotwein: z. B. aus Bulgarien oder Bordeaux bzw. Côtes du Rhône oder Chianti bzw. Zinfandel.

Spinat/Pasta-Auflauf Valpolicella (Bittergeschmack ist vorteilhaft), Greco di Molise oder Weißwein aus Sizilien oder Sardinien.

Zwiebel-/Lauchkuchen Fruchtiger, konzentrierter, trockener ★→★★ Weißwein: Elsässer Pinot Gris oder Gewürztraminer. Mâcon-Villages aus einem guten Jahrgang, Jurançon, kalifornischer oder australischer Riesling. Oder Beaujolais bzw. Loire-Rotwein.

Achtung Vorsicht vor Tomaten! Gleich in welcher Form und in welchem Gericht – kein noch so guter Wein ist ihnen gewachsen.

Käse

Sehr kräftiger Käse verdeckt das Aroma des Weins. Daher sollte man feinen Wein nur zu mildem, reifem Käse servieren.

Bleu de Bresse, Dolcelatte, Gorgonzola Braucht als Begleiter einen ausdrucksvollen Wein: jungen ★★ Rotwein (Chianti, Merlot, Bordeaux, Barbera, Dolcetto).

Dänischer Blaukäse Nur alter Amontillado oder Oloroso-Sherry hat die nötige Kraft.

Englische Käsesorten Gibt es mild oder scharf. Ein süßer oder starker Wein ist zu empfehlen. Zu Cheddar, Cheshire, Wensleydale, Gloucester usw.: milde Sorten feiner Burgunder oder Bordeaux, reife Sorten: Port (guter Ruby oder mit Jahrgangscharakter, aber kein Jahrgangs-Port), alter, trockener Oloroso-Sherry oder ein ausgesprochen voller Rotwein: Hermitage, Châteauneuf-du-Pape, Barolo, Barbaresco u. ä.; *zu Stilton:* Vintage Port.

Hartkäse (Parmesan, Gruyère, Emmentaler, Comté, Cantal, alter Gouda, Jarlsberg) Vollaromatische, trockene Weißweine, z. B. Elsässer Tokay-Pinot Gris oder Vernaccia; Fino- oder Amontillado-Sherry. Alternative: feinste Rotweine. Alter Gouda («Mimolette») und Jarlsberg sind besonders gut zu altem Bordeaux.

Harzer Käse, Mainzer Käse Frankenweine, leichter Weißwein, z. B. Pfälzer, Rheinhessen.

Limburger, Romadur Spätburgunder (Baden), Ostschweizer, Beaujolais.

Monsieur, Boursault, Chaource usw. Médoc, Côtes de Beaune.

Münster Elsässer Weißweine, Meursault, Pinot Noir, Côte Rôtie, Mâcon, St-Emilion.

Rahmkäse: Brie, Camembert, Pont-l'Evêque, Bel Paese usw. Sie passen in milder Form zu jedem guten Weißwein, in reiferer Form bevorzugt zu Gewürztraminer.

Roquefort ist so salzig, daß nur sehr süßer Wein gegen ihn eine Chance hat (traditionsgemäß Sauternes).
Ziegenkäse ★★→★★★ Weißwein mit kräftigem Ausdruck, trocken (z. B. Sancerre, Pouilly-Fumé, Pouilly-sur-Loire).

Desserts

Äpfel, gefüllte Jahrgangs-Port (55, 60, 63, 66, 70, 75, 82).
Apfelkuchen, Apfelstrudel Süßer deutscher, österreichischer oder ungarischer ★★→★★★ Weißwein, Grenache, Muscat, Porto, Malvoisie.
Baked Alaska Süßer Champagner oder Asti Spumante.
Baked Bananas Ein Glas eines sehr süßen Malmsey (Madeira).
Birnen in Rotwein Vor Portwein eine Pause.
Biskuitauflauf Sollte reichlich mit Sherry getränkt werden.
Crème brûlée Ein üppiges Dessert, verlangt nach ★★★→★★★★ Sauternes, Banyuls oder Rheinwein-Beerenauslese oder nach bestem Madeira oder Tokajer. (Mit Früchten einfacherer Süßwein.)
Crèmes und Puddings ★★→★★★ Sauternes, Loupiac, St-Croix-du-Mont oder Monbazillac oder ähnliche volle süße Weißweine.
Crêpes Suzette Süßer Champagner oder Asti Spumante, Muscat, Grenache.
Erdbeeren mit Schlagsahne ★★★ Sauternes oder ähnlicher süßer Bordeaux oder Vouvray Moelleux (1990er).
Walderdbeeren (ohne Sahne) mit rotem ★★★ Bordeaux, Muscat oder Banyuls übergossen und dazu ein Glas vom gleichen Wein.
Früchte, frische Süßer weißer Coteaux du Layon, leichter, süßer Muskateller (z. B. kalifornischer).
Himbeeren (ohne Sahne, wenig Zucker) Sehr gut zu feinen Rotweinen, die selbst eine Himbeernuance besitzen: junger Juliénas, Regnié.
Käsekuchen (Quarkkuchen) Süßer Weißwein: Vouvray oder Anjou von einfacherer Art.
Kompott, z. B. Aprikosen, Birnen usw. Süßer Muskateller: z. B. Muscat de Beaumes de Venise, Moscato di Pantelleria oder Tarragona-Dessertwein.
Kuchen und Gebäck Marsala, Bual oder Malmsey Madeira, Oloroso oder Cream Sherry.
Méringues (Baisers) Süßer Champagner oder Asti.
Nüsse Gute Rotweine, Oloroso-Sherry, Bual oder Malmsey Madeira, Port (Jahrgangsqualität oder Tawny), Vinsanto.
Obstsalat, z. B. Orangensalat Moscatel, Banyuls, Portwein, feiner, süßer Sherry.
Obsttorten (z. B. Pfirsich, Himbeer) ★★★ Sauternes, Monbazillac oder süßer Vouvray.
Orangen, kandiert Versuchsweise alter Sauternes.
Pecan-Nüsse Siehe Walnüsse.
Plumpudding Tawny Port, Cream-Sherry, Asti oder Vin Santo.

Reispudding Liqueur Muscat, Moscatel de Valencia oder Loupiac.

Schokoladekuchen, -mousse, -soufflé Bual Madeira, Huxelrebe Auslese oder kalifornischer Orange-Muscat, Beaumes de Venise oder guter Rum.

Sommerpudding Jüngerer Sauternes aus einem guten Jahrgang (82, 83, 85, 86).

Sorbet, Eis Asti oder Moscato d'Asti Naturale. Zu Vanille: Amaretto-Likör; zu Schokolade: Rum.

Süße Soufflés Sauternes oder Vouvray moelleux, süßer Champagner.

Tiramisù Vin Santo, junger Tawny-Port, Beaumes-de-Venise.

Walnüsse Port, Madeira, Oloroso-Sherry.

Zabaglione (Weinschaumcrème, Chaudeau) Leichter goldener Marsala.

Zitronenpudding Mildes Zitronenaroma harmoniert sehr gut mit einem feinen Riesling Auslese.

Feinste Genüsse zu edelsten Tropfen

Bei ganz besonderen Gewächsen geht es oft eher darum, das passende Gericht zum Wein zu finden, und nicht – wie sonst üblich – umgekehrt. Die folgenden Anregungen sind weitgehend an die gastronomischen Gepflogenheiten der Weinbauregionen angelehnt, aus denen die hier genannten Kostbarkeiten stammen, und beruhen im übrigen auf unermüdlichen Studien. Die empfohlenen Gerichte dürften besonders edlen Tropfen zu gebührender Geltung verhelfen.

Rotweine

Roter Bordeaux und andere von Cabernet beherrschte Weine (sehr alt, leicht und zart: z. B. Jahrgänge vor 1959, mit einigen Ausnahmen, beispielsweise 1945) Lammkeule oder -rippe, gebraten, mit einer Spur Kräuter (jedoch nicht mit Knoblauch) gewürzt; Entrecôte; Kalbsbries; Käsesoufflé nach Fleischgerichten.

Vollreife große Jahrgänge (z. B. 61er oder 45er Bordeaux) Lammschulter oder -rücken, gebraten, mit einer Spur Knoblauch; Rippenstück, gebraten, oder Rumpsteak, gegrillt.

Reife, aber noch lebhafte Jahrgänge (z. B. 70er, 66er) Lamm- oder Hammelschulter oder -rücken mit Nieren, dazu gehaltvolle Sauce, z. B. Béarnaise. Rinderfilet Marchand de Vin (mit Wein und Mark). Beef Wellington ist nicht zu empfehlen: Blätterteig stumpft den Gaumen ab.

Von Merlot beherrschter Bordeaux (Pomerol, St-Emilion) Rindfleisch wie oben (v. a. reichhaltiges Filet) oder Wild.

Roter Burgunder von der Côte d'Or (je nach Gewichtigkeit und Gefüge, d. h. mit zunehmendem Alter leichter und samtiger, sowie nach dem Charakter: Nuits erdig, Musigny blumig, große Romanées exotisch, Pommard stämmig usw). Mit Brathähnchen geht man immer sicher; Perlhuhn ist etwas kräftiger, Reb- oder Waldhuhn und Schnepfe sind zunehmend gehaltvoller/pikanter. Alternativen: Hase und Reh.

Große alte, rote Burgunder Der klassische Begleiter ist ungereifter burgundischer Epoisses-Käse – eine schreckliche Vergeudung feiner alter Weine.

Lebhafter jüngerer Burgunder Enten- oder Gänsebraten, möglichst fettarm am Gaumen.

Große Syrah-Weine: Hermitage, Côte Rôtie, Grange Hermitage (auch Vega Sicilia) Rindfleisch, Wild; Mark auf Toast; englischer Käse (v. a. Farm-Cheddar der besten Art).

Rioja Gran Reserva, Pesquera Kräftige Braten: Wildschwein, Hammel.

Barolo, Barbaresco Käse-Risotto mit weißen Trüffeln; Pasta mit Windsauce (z. B. *Pappardelle alle lepre);* Porcini-Pilze; Parmesan.

Weißweine

Sehr guter Chablis/weißer Burgunder/Chardonnay Felchen, gegrillt oder Müllerinart, garniert mit sautierten Gurken. Am besten Dover-Seezunge, Steinbutt, Seezunge Rex (Seebarsch ist zu zart; Lachs geht, gibt feinem Wein aber nicht viel).

Feinster weißer Burgunder (Le Montrachet, Corton-Charlemagne) oder gleichwertiger Graves Kalbsbraten, Hähnchen oder Kalbsbries; Felchen mit gehaltvoller Sauce wie oben. Auch Hummer.

Hermitage Blanc, Condrieu, Châteauneuf Blanc Sehr leichte Pasta mit Kräutern und jungen Erbsen oder breiten Bohnen.

Elsässer Riesling Grand Cru Forelle blau, Räucherlachs oder *Choucroute garni.*

Pinot Gris Kalbfleisch, gebraten oder gegrillt.

Gewürztraminer Käsesoufflé (Münsterkäse).

Vendange Tradange Tardive Tarte Tatin.

Sauternes Einfaches, mürbes Buttergebäck (z. B. *Langue-de-chat),* weiße Pfirsiche, Nektarinen, Erdbeeren (ohne Sahne). Keine tropischen Früchte. Versuch mit Käse ist zu empfehlen.

Feinster Vouvray moelleux Buttergebäck, Äpfel, Apfelkuchen.

Beeren- und Trockenbeerenauslese Gebäck, Pfirsiche, Renekloden.

Feinster alter Amontillado/Oloroso Pecan-Nüsse.

Großer Jahrgangs-Port oder -Madeira Wal- oder Pecan-Nüsse.

Alter Jahrgangschampagner (kein Blanc de Blancs) Als Aperitif oder zu kaltem Reb- oder Waldhuhn bzw. Schnepfe.

Die richtige Temperatur

Nichts tut einem Wein beim Servieren so wohl oder so weh wie die Temperatur. Weißwein schmeckt unweigerlich flach und langweilig, wenn er zu warm ins Glas kommt, und Rotwein zeigt enttäuschend wenig Duft und Geschmacksfülle, wenn er zu kalt ist. Nachstehend sollen einige Hinweise auf die richtige Serviertemperatur für verschiedene Weine gegeben werden.

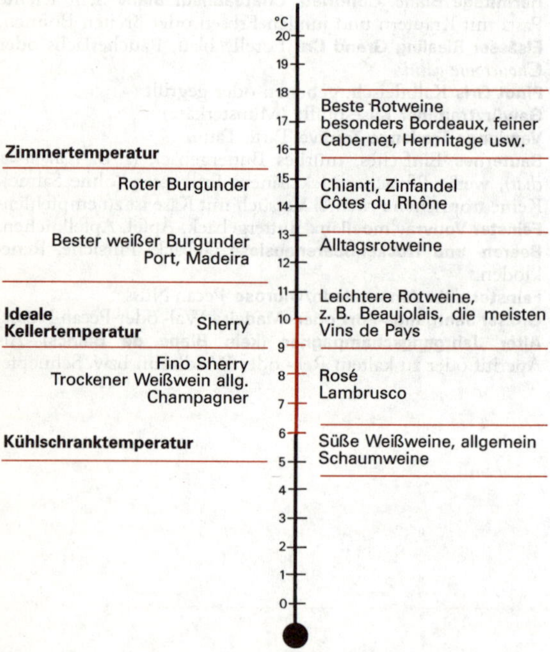

Neue Weinsprache

Der Jargon technischer Laboratoriumsanalysen taucht auf den Rückseitenetiketten von Weinen aus der Neuen Welt zunehmend auf und macht sich auch in Zeitungen und Zeitschriften geradezu bedrohlich breit. Auf einige Begriffe dieser noch recht trockenen Weinsprache soll hier näher eingegangen werden.

Wichtigste Kriterien sind: der Reifegrad der Trauben bei der Lese; Alkoholpotential und Zuckergehalt des ausgegorenen Weins; Säuremenge; als Konservierungsmittel beigemischte Schwefeldioxydmenge; gegebenenfalls der Anteil an Trockensubstanz – die Summe all jener Faktoren, die dem Wein seinen unverkennbaren Charakter verleihen.

Der im Wein enthaltene Zucker ist hauptsächlich Glukose und Fruktose, mit Spuren von Arabinose, Xylose und andern Zuckerarten, die durch Hefe nicht fermentierbar, durch Bakterien aber umwandelbar sind. Jedes Land hat sein eigenes System zum Messen des Reifegrads (oder Mostgewichts). Die nachfolgende Übersicht setzt die drei wichtigsten Systeme (das deutsche, das französische und das amerikanische) in Beziehung zueinander, zum spezifischen Gewicht und zum Alkoholpotential des Weins, wenn der gesamte Zuckergehalt vergoren wird.

Potentieller Alkoholgehalt
(Vergleich internationaler Maßsysteme)

Spezifisches Gewicht	Grad Öchsle	Baumé	Brix	Alkohol-potential
1.065	65	8.8	15.8	8.1
1.070	70	9.4	17.0	8.8
1.075	75	10.1	18.1	9.4
1.080	80	10.7	19.3	10.0
1.085	85	11.3	20.4	10.6
1.090	90	11.9	21.5	12.1
1.095	95	12.5	22.5	11.9
1.100	100	13.1	23.7	13.6
1.105	105	13.7	24.8	13.1
1.110	110	14.3	25.8	15.1
1.115	115	14.9	26.9	14.4
1.120	120	15.5	28.0	16.4

Restzucker: nach vollendeter oder künstlich abgestoppter Fermentierung im Wein verbliebener Zucker, gemessen in Gramm pro Liter.

Alkoholgehalt (vorwiegend Äthylalkohol): dieser wird in Prozenten des Gesamtflüssigkeitsvolumens angegeben (manchmal auch in Grad).

Säuren kommen im Wein frei, gebunden und in geringem Maß auch in flüchtiger Form vor. Weinsäure, Apfelsäure sowie Spuren von Zitronensäure können an Kali, Kalzium und Magnesium gebunden sein oder in freier Form vorliegen. Diese Säuren sind schon in den Beeren enthalten. Die Milchsäure dagegen entsteht erst beim biologischen Abbau durch Bakterien aus der Apfelsäure. Bei flüchtiger Säure handelt es sich vorwiegend um Essigsäure, die im Wein in größerer Konzentration unerwünscht ist, kleine Mengen flüchtiger Säure sind jedoch unvermeidlich, ja sogar ansprechend.

Die titrierbare Gesamtsäure erfaßt nur die freie Wein-, Apfel-, Milch- und Zitronensäure und entspricht ungefähr ⅔ der im Wein tatsächlich enthaltenen Säuren. Der Rest liegt in gebundener Form vor. Als Faustregel gilt, daß ausgewogener Wein etwa 0,1 % Säure auf je 10° Öchsle haben soll.

Der pH-Wert ist ein Maß für die Intensität der Säure und weniger für ihr Volumen. Je niedriger die Zahl, desto stärker die Säure. Niedrige pH-Werte ergeben eine bessere Farbe, helfen den Verderb durch Bakterien vermeiden, erlauben mehr freies, aktives, schützendes SO_2. Der pH-Wert für Wein beträgt 2,8 bis 3,8.

Schwefeldioxyd (SO_2) gibt man dem Wein bei, um eine Oxydation oder andere Fehlentwicklungen bei der Weinherstellung zu verhüten. Ein Teil desselben verbindet sich mit dem Zucker usw., ist also «gebunden». Nur freies SO_2 wirkt konservierend. Der zulässige SO_2-Gehalt ist im Verhältnis zum Restzucker gesetzlich festgelegt: je mehr Zucker, desto mehr SO_2.

Was Worte sagen sollen

In der für ein so kleines Buch (und manchmal auch für größere Bücher) unumgänglichen Kurzform werden Weine oft durch Wörter beschrieben, die gelegentlich nichtssagend, ja sogar dümmlich oder schlichtweg albern klingen. Was soll zum Beispiel «fett», «rund», «voll», «mager», «fest» eigentlich besagen? Einige unscharfe und daher zu Kopfschütteln Anlaß gebende Begriffe sollen hier ein wenig erläutert werden:

Abgang Siehe «Nachhaltigkeit».

Ansprechend Bedeutet: «Mir schmeckt der Wein so, wie er ist»; bei teuren Weinen eine gewisse Einschränkung, bei einfacheren ein Lob. In jedem Fall ein erfrischendes Getränk.

Ausgewogenheit Der Wein enthält alle wünschenswerten Elemente (Säure, Alkohol, Geschmacksstoffe usw.) in gut abgestimmtem und erfreulichem Verhältnis.

Biß Der erste Eindruck, den der Wein auf der Zunge macht. Er sollte positiv sein, braucht aber nicht unbedingt übermäßig kräftig auszufallen. Fehlt der Biß ganz, dann ist ein Wein schwächlich oder flach.

Blumig Wird oft als gleichbedeutend mit «fruchtig» gebraucht, soll aber eigentlich auf Anklänge von Blumendüften hinweisen. Gelegentlich ist von Rosen, Veilchen usw. die Rede.

Charmant Ein etwas herablassender Ausdruck, wenn es sich um Wein handelt, der eindrucksvollere Qualitäten haben sollte. Er beinhaltet Leichtigkeit, gelegentlich auch Lieblichkeit und wird für Loire-Weine oft gebraucht.

Eichenholz Duft oder Geschmack nach frisch gesägtem Eichenholz, z. B. einem neuen Faß. Angebracht bei einem feinen, für lange Flaschenreife bestimmten Wein, heutzutage aber oft stark übertrieben, weil manche Weinerzeuger wohl einem gutgläubigen Publikum ein feineres Gewächs vortäuschen wollen, als wirklich dahintersteckt. Weine mit allzuviel Eichenholz wirken auf die Dauer langweilig und ermüdend.

Elegant Der Lieblingsausdruck eines professionellen Weinkosters, wenn ihm die Worte fehlen, um einen Wein zu beschreiben, dessen Proportionen (Gehalt, Geschmack, Aroma), dessen erster Eindruck ebenso wie seine Nachhaltigkeit, Konsistenz und alle sonstigen Qualitäten den Vergleich mit natürlicher Schönheit anderer Art nahelegen, z. B. mit dem Gang eines Pferdes oder der Gestalt und Haltung einer Frau.

Fest Eine Geschmacksvielfalt, die Gaumen und Zunge stark durch kräftige Säure oder Herbheit beeindruckt und ein Gefühl von jugendlicher Kraft vermittelt, so daß man sicher ist, daß dieser Wein im Alter sanftere Nuancen annehmen wird. Ausgezeichnet zu stark gewürzten Speisen und auf jeden Fall immer ein positiver Eindruck.

Fett Ein Wein, dessen Geschmack und Konsistenz den Mund ganz ausfüllen. Für einen leichten Mosel offenbar nicht die rechte Qualität, bei einem Sauternes dagegen dürfte sie nicht fehlen.

Fleisch Bezieht sich auf Substanz und Gefüge. Ein «fleischiger» Wein ist mehr «fett» als «saftig», eher ölig, nicht unbedingt kraftvoll. Der Ausdruck wird oft auf gute Pomerols mit ihrem sanften Gefüge angewandt.

Frisch Beinhaltet ein gewisses Maß an fruchtiger Säure, ja sogar ein wenig Säuerlichkeit sowie jugendliche Lebendigkeit und Spritzigkeit. Junge Weißweine sollten immer frisch sein, andernfalls wären sie flach oder fade.

Fruchtig Ein viel gebrauchter Ausdruck; eigentlich bezeichnet er den Körper und die Reichhaltigkeit eines aus guten, reifen Trauben gewonnenen Weins. Ein fruchtiges Aroma ist nicht dasselbe wie ein blumiges. Zur Fruchtigkeit gehört im allgemeinen eine Spur Süße. Hilfreich sind Versuche, herauszuspüren, welche Frucht (außer Trauben) sich im Duft oder Geschmack eines Weins befindet, z. B. Grapefruit, Zitronen, Pflaumen, Aprikosen – solange man das nicht zu wörtlich nimmt.

Gefällig Ein Wein, an dem man Gefallen findet, ohne daß er Gemüt und Geist zu sehr in Anspruch nimmt. Er trinkt sich angenehm, braucht keine lange Reifezeit und bleibt als erfreuliches Getränk und nichts weiter sonst in Erinnerung.

Gefüge Der «Plan», nach dem sich ein Wein aufbaut. Die Franzosen sagen «charpente» und stellen damit die Analogie zu einem Dachgebälk her. So bildet ein Balken die Breite, ein zweiter die Länge oder Tiefe, wieder ein anderer als Firstbalken das «Rückgrat» usw. Ein Wein ohne Gefüge ist flach, nichtssagend und kurzlebig.

Gehaltvoll Bezieht sich auf den Geschmack insgesamt und auf den Alkoholgehalt. Manchmal verbirgt sich hinter diesem Wort das Gegenteil von Eleganz, nämlich Überfülle. Meist wird es positiv gebraucht, doch geht es in Kalifornien leichter von der Zunge als in Bordeaux. Auf den Zusammenhang kommt es also an.

Geschmeidig Wird oft auf junge Rotweine angewandt, von denen man mehr Aggressivität erwartet hätte. Eher lebhafter als nur «gefälliger» Wein, wobei sich gute Qualität eigentlich von selbst versteht.

Gleichgewicht Siehe «Ausgewogenheit».

Hohl Es fehlt an befriedigendem Geschmack «in der Mitte», d. h. zwischen dem ersten Eindruck und dem letzten Nachgeschmack. Typisch für Weine habgieriger Winzer, die ihre Reben zuviel Trauben tragen lassen. Ein extrem hohler Wein ist «leer».

Leicht Mit relativ wenig Alkohol und Körper. Eine sehr willkommene Qualität in Weinen, zu denen sie paßt, z. B. zu den deutschen.

Mager Etwas mehr Konsistenz wäre besser: Es fehlt am vollmundigen Geschmack, und meist kommt noch übertriebene Herbheit hinzu. Gelegentlich kann der Ausdruck aber auch als Anerkennung für einen ausgeprägten, erfreulichen Stil gemeint sein.

Nachhaltigkeit Die anhaltende Empfindung der Geschmacks- und Aromastoffe nach dem Hinunterschlucken. Im Prinzip ist ein Wein um so besser, je länger sein Wohlgeschmack im

Mund bleibt. Das Maß für eine Sekunde Nachhaltigkeit ist 1 «Caudalie». 10 Caudalies sind gut, 20 sind grandios.

Rauh Weder der Geschmack noch die Konsistenz sind angenehm. Säure oder Herbheit treten scharf in den Vordergrund.

Reichhaltig Nicht unbedingt süß, jedoch einen Eindruck von opulenter Fülle vermittelnd.

Robust Herzhaft, kräftig und recht gehaltvoll.

Rund Harmonisch und voll.

Saftig Im Sinne von Saft und Kraft, mit einer Substanz so recht zum Kauen; etwas «magerer» als «fleischig».

Schlicht Ein einfacher Wein, aber nicht ohne Charme.

Spritzig Leicht und meist angenehm säuerlich frisch, oft durch einen gewissen Gehalt an Kohlensäure unterstützt.

Stilvoll Ausdrucksvoll und eigenständig, ja selbstbewußt.

Tief/Tiefe Ein so beschriebener Wein will aufmerksam genossen sein. An ihm ist mehr, als der erste Eindruck verrät; sein Geschmack entfaltet sich auf der Zunge zu ungeahnten Dimensionen. (Tiefe Farbe bedeutet dagegen nur dunkle Farbe.) Alle wirklich feinen Weine haben Tiefe.

Voll Manchmal auch durch «körperreich» wiederzugeben: Ein Wein mit «weiniger» Fülle, d. h. Alkohol und Extrakt (alle Geschmacksstoffe) in vollmundigem Zusammenwirken.

Was Düfte uns sagen

Mit der wachsenden Zahl interessierter und anspruchsvoller Weinliebhaber nimmt die Besprechung und Bewertung des Weins in seinen vielfältigen Varianten immer professionellere Formen an. In den letzten zehn Jahren haben sich dabei zwei Denkrichtungen herausgeschält. Die eine bedient sich eines Punktesystems (siehe folgendes Kapitel), die andere beschreibt den Wein durch Zuordnung zu aromatischen und auf sonstige Weise sinnlich erfaßbaren Substanzen.

Letztere wiederum spaltet sich in Analogien mit Früchten, wobei ein Chardonnay beispielsweise als «pfirsich- oder melonenhaft» charakterisiert wird, und in eine «chemotechnische» Variante, die so schöne Begriffe wie «Äthylacetat» und «Mercaptan» zur Kennzeichnung von Düften benutzt. Beide wurden von der Universität von Kalifornien in Davis mit akademischen Würden versehen. Dort wurde in Anlehnung an den bekannten Farbtonkreis das Modell eines «Aromatonkreises» entwickelt.

In diesem Aromatonkreis ist das gesamte Aromaspektrum zunächst grob unterteilt, beispielsweise in fruchtige, blumige, pflanzliche, chemische, Holz- oder Erdtöne. Die Fruchttöne werden in Beeren-, Baum-, Zitrus-,

Tropen- und Trockenfrüchte aufgefächert und schließlich, zum Rand des Kreises hin, mit spezifischen Früchten verglichen. Bei den Beeren ist die Rede von Erdbeeren, Himbeeren, Brombeeren oder schwarzen Johannisbeeren, bei den Zitrusfrüchten von Orangen, Grapefruit oder Zitronen, bei den Baumfrüchten von Kirschen, Pfirsichen, Birnen, Äpfeln oder Aprikosen.

Kein Zweifel, eine so durchdachte, analytische Methode der Beschreibung kann überaus effektiv und erstaunlich exakt sein. Andererseits wird so mancher Publizist dazu veranlaßt, körbeweise Obst und Blumen selbst bei Weinen aufzufahren, die sich doch auch bescheidener beschreiben ließen.

Die Wissenschafter hatten dabei wohl die durchaus verständliche Absicht, Begriffe so «vager, verschwommener Art» wie anmutig, elegant, voll, geschmeidig usw. – ja eigentlich das gesamte traditionelle Weinvokabular – zurückzudrängen und durch präzise Aussagen zu ersetzen. In Wahrheit aber ergänzen sich die beiden Denkweisen recht gut.

Es bedeutet keinen Fortschritt, den Reichtum der Sprache nicht ausschöpfen zu wollen, wenn es darum geht, etwas so Nuancenreiches wie den Wein zu beschreiben. Ausdrücke wie maskulin, jugendlich, rauh, rassig, seidig oder streng bezeichnen Aspekte in der Komplexität des Weins, die sich durch Aromatöne allein nun einmal nicht beschreiben lassen. Um der Persönlichkeit eines guten Weins wahrhaft gerecht zu werden, bedarf es des Poeten ebensosehr wie des Gelehrten.

Übersichtstabelle über Weinjahrgänge

Die Tabellen vermitteln ein allgemeines Bild der in den Hauptanbaugebieten erzeugten Qualitäten (da es in jedem Jahr auch relativen Erfolg und Mißerfolg gibt) und sollen als Anleitung dazu dienen, ob ein Wein getrunken oder noch aufbewahrt werden soll.

I	jetzt trinken	–	muß noch länger lagern
/	kann jetzt mit Genuß getrunken werden, bessere Weine lohnen jedoch weitere Aufbewahrung	⊼	meiden
		0	nicht gut — 10 am besten

FRANKREICH

	Roter Bordeaux				Weißer Bordeaux				Elsaß	
	Médoc/Graves		Pom./St-Em.		Sauternes süß		Graves trocken			
93	4–7	∠	4–8	∠	2–5	/	6–8	I∠	6–8	/I
92	3–6	∠	3–6	/I	3–6	–	4–8	/I	7–9	I∠
91	3–5	∠	2–4	/I	2–5	/	6–9	I∠	5–8	I∠
90	7–10	∠	8–10	∠	7–9	∠	7–8	/I	7–9	I∠
89	6–9	I∠	7–9	I∠	7–9	∠	6–8	/I	7–10	/I
88	6–9	∠	7–9	I∠	6–10	I∠	7–9	/I	8–10	/I
87	3–6	I	3–6	I	2–5	⊼	7–10	/I	7–8	I
86	6–9	I∠	5–8	/I	7–10	I∠	7–9	I	7–8	I
85	7–9	I∠	7–9	I∠	6–8	/I	5–8	I	7–10	/I
84	3–5	I	2–5	⊼	4–6	⊼	5–7	⊼	4–6	⊼
83	6–9	/I	6–9	I	6–10	I∠	7–9	I	8–10	I
82	8–10	I∠	7–9	I∠	3–7	/I	7–8	I	6–8	I
81	5–8	/I	6–9	I	5–8	/I	7–8	I	7–8	I
80	4–7	I	3–5	⊼	5–9	I	5–7	⊼	3–5	⊼
79	5–8	/I	5–7	I	6–8	/I	4–6	⊼	7–8	I
78	6–9	/I	6–8	I	4–6	I	7–9	I	6–8	I
77	3–5	⊼	2–5	⊼	2–4	⊼	6–7	⊼		
76	6–8	I	7–8	I	7–9	/I	4–8	⊼		

	Burgunder						Rhône			
	Côte d'Or rot		Côte d'Or weiß		Chablis		Rhône (N)		Rhône (S)	
93	4–8	∠	4–6	/I	4–7	/I	3–6	/I	4–7	∠
92	4–7	∠	6–8	∠	5–8	/I	4–8	∠	3–6	∠
91	5–7	∠	4–6	/I	4–6	/I	6–9	I∠	4–5	/I
90	7–10	∠	7–9	I∠	6–9	/I	6–9	I∠	7–9	∠
89	6–9	I∠	6–9	/I	7–10	/I	6–8	∠	6–8	I∠
88	7–10	I∠	7–9	/I	7–9	/I	7–9	I∠	5–8	/I
87	6–8	/I	4–7	I	5–7	I	3–6	/I	3–5	I
86	5–8	/I	7–10	/I	7–9	I	5–8	/I	4–7	/I
85	7–10	I∠	5–8	/I	6–9	I	6–8	/I	6–9	/I
84	3–6	⊼	4–7	⊼	4–7	⊼	5–7	I	4–6	⊼
83	5–9	/I	6–9	I	7–9	I	7–10	I∠	7–9	I
82	4–7	I	6–8	I	6–7	I	5–8	I	5–8	I
81	3–6	⊼	4–8	I	6–9	I	5–7	I	4–7	I

Beaujolais: 93 haltbar, 92 sehr gut, 91 superb. **Mâcon-Villages** 93, 92, 91 und 90 jetzt gut. **Loire** (süße Weine aus Anjou und der Touraine): beste neuere Jahrgänge: 93 90 89 88 85 84 83 82 79 78 76. **Obere Loire** (Sancerre und Pouilly-Fumé): 93 90 89 88 jetzt trinkreif. **Muscadet:** BV.

	DEUTSCHLAND				ITALIEN		USA			
	Rhein		Mosel		Toskan. Weine		Kalif. Cabernets		Kalif. Chardonnay	
93	5–8	⊾	6–9	⊾	7–9	⊾	6–8	–	5–8	⊾
92	5–9	⊾	5–9	⊾	3–6	ν	7–9	∠	6–8	ν
91	5–7	⊾	5–7	⊾	4–6	ν	8–10	∠	5–7	ν
90	8–10	⊾	8–10	⊾	7–10	⊾	8–9	⊾	6–9	ν
89	7–10	ν	8–10	ν	5–8	ν	6–9	∠	5–9	I
88	6–8	ν	7–9	⊾	6–9	I	6–8	ν	6–8	I
87	4–7	I	5–7	I	4–7	I	7–10	⊾	7–9	I
86	4–8	I	5–8	I	5–8	I	5–8	ν	6–8	⊼
85	6–8	ν	6–9	ν	7–10	ν	7–9	⊾	7–9	I
84	4–6	⊼	4–6	⊼	0–4	⊼	5–7	I	4–6	⊼
83	6–9	I	7–10	ν	5–7	I	4–8	ν	4–7	I
82	4–6	⊼	4–7	⊼	5–8	I	5–8	ν	5–6	I
81	5–8	⊼	4–8	I	4–7	I	4–7	I	6–8	⊼

Frankreich

Jedes Jahr aufs neue wird Frankreichs einzigartige Stellung in der Welt des Weins von allen Seiten bestürmt, doch noch nie ist es gelungen, sie dadurch zu erschüttern, daß einer der vielen großen Weine Frankreichs wirklich übertroffen wurde, und es ist auch schwer vorstellbar, daß dies jemals geschieht. Zehntausende von Weingütern liegen über große Teile des Landes hinweg mehr oder weniger verstreut und produzieren Wein aller Arten. Hier soll ein Wegweiser durch die Vielfalt von Namen, Sorten, Erzeugern und Jahrgängen mit Informationen gegeben werden, die zur Erkennung dessen, was echt und gut ist, unerläßlich sind.

Frankreichs beste Weinbaugebiete (mit rund 30 % der Gesamtweinerzeugung) haben Appellations Contrôlées, die sich manchmal auf einen einzigen kleinen Weinberg beschränken, sich aber auch über einen ganzen Bereich erstrecken können. Burgund beispielsweise hat die kleinsten, am genauesten bestimmten Appellations, die nach einer komplizierten Formel wiederum zu größeren Einheiten zusammengefaßt sind, Bordeaux dagegen weist die weitestgefaßten und allgemeinsten Appellations auf, bei denen es wieder auf das einzelne Weingut (oder «château») besonders ankommt. Dazwischen gibt es viele Varianten.

Eine Appellation Contrôlée stellt eine Garantie für Herkunft und Erzeugungsmethode, für Rebsorten und Produktionsmengen dar, jedoch nur zum Teil auch für Qualität. Alle «AC»-Weine werden einer amtlichen Geschmacksprüfung unterzogen; leider schlüpft auch manch fragwürdiges Produkt durch.

Die Appellation hilft uns, einen Wein zu identifizieren, und sagt uns, aus welcher Gegend er stammt. Sie ist die wichtigste Angabe auf dem Etikett, die nächste aber ist der Name des Erzeugers. Deshalb wurde den Namen empfehlenswerter Erzeuger auf den folgenden Seiten viel Raum zugestanden.

Bereiche, die nach Qualität und Tradition den Erfordernissen der AC nicht genügen, dürfen die Bezeichnung *Vins Délimités de Qualité Supérieure* (VDQS) führen; diese Gruppe ist im Schwinden. Der Staat ist bemüht, die noch verbliebenen VDQS-Bereiche schnell in den AC-Rang zu erheben und dafür die relativ neuen, überaus erfolgreichen und stets probierenswerten *Vins de Pays* (siehe Seite 97) zu fördern. Unter ihnen finden sich brillante, originelle Leistungen, dazu oft die preis- und empfehlenswertesten Weine Frankreichs – und der Welt.

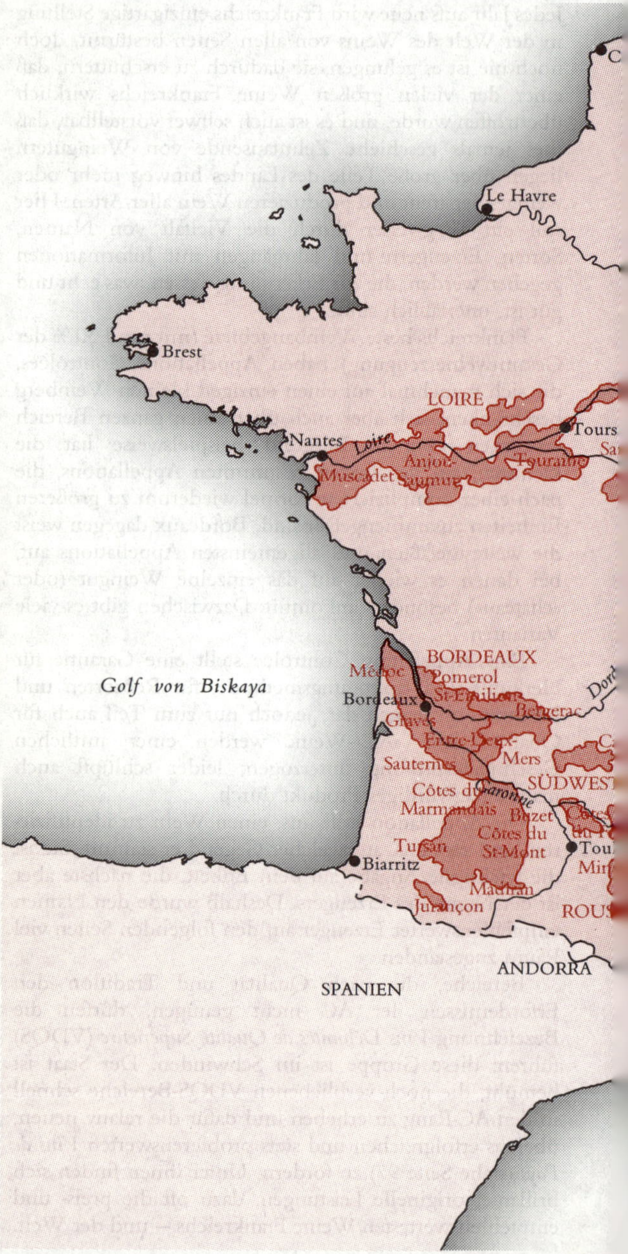
Le Havre
Brest
LOIRE
Nantes
Loire
Tours
Muscadet
Anjou-Saumur
Touraine
BORDEAUX
Médoc
Pomerol
St-Emilion
Golf von Biskaya
Bordeaux
Bergerac
Graves
Entre-Deux-Mers
Sauternes
SÜDWEST
Côtes du Marmandais
Garonne
Buzet
Côtes du St-Mont
Tursan
Biarritz
Madiran
Jurançon
ANDORRA
SPANIEN

NIEDERLANDE
BELGIEN
Lille
DEUTSCHLAND
LUXEMBURG
Reims
CHAMPAGNE
Paris
Seine
Marne
Strasbourg
ELSASS
Chablis
Saône
Dijon
Pouilly-Fumé
JURA
ÖSTERREICH
SCHWEIZ
Genève
Lyon
SAVOYEN
Côte Rôtie
Condrieu
St-Joseph
RHÔNE
Grenoble
ITALIEN
Hermitage
Crozes Hermitage
Côtes du
Rhône
Beaumes-
de-Venise
Tarn
Montpellier
PROVENCE
Nice
Marseille
Perpignan
Mittelmeer
Bastia
KORSIKA
Ajaccio

Neuere Jahrgänge klassischer französischer Weine

Roter Burgunder

Côte d'Or Die Rotweine von der Côte de Beaune sind meist früher ausgereift als die volleren von der Côte de Nuits. Die leichteren Weine, z. B. Volnay, Beaune usw., sind am frühesten trinkreif, am längsten brauchen die ganz großen Weine von Chambertin, Romanée usw., aber auch die besten Burgunder sind jung ansprechender als gleichwertiger roter Bordeaux.

1993 Durch und durch erfreulich, z. T. sehr fein, 1998 bis 2010.
1992 Reif, füllig, gefällig. Nicht besonders konzentriert. 1996 bis 2005.
1991 Sehr gut bis geringwertig, je nach Lesetermin (vor oder nach dem Regen).
1990 Fast so gut wie 1988: Bestes Wetter; störend wirkten sich lediglich Trockenheit in manchen Lagen und Übererträge an anderen Stellen aus. Ein langes Leben liegt vor ihm.
1989 Jahrgang mit viel Charme, zwar nicht lange, aber einigermaßen haltbar. Jetzt bis 2015.
1988 Ausnehmend gut, ein großer Jahrgang. 1996 bis 2020?
1987 Kleiner Ertrag, vielversprechende Geschmacksfülle, v. a. an der Côte de Beaune. Jetzt bis 2010.
1986 Große Unterschiede, würzig, aber recht trocken; es fehlt meist an Substanz. Jetzt bis 2000.
1985 Für Spitzenweine ein großartiger Jahrgang. Konzentrierte Weine haben eine herrliche Zukunft. Jetzt bis 2010.
1984 Nicht voll ausgereift; oft trocken und dünn. Jetzt — wenn überhaupt.
1983 Wuchtiger, kräftiger, gerbstoffreicher, ansprechender Jahrgang. Durch Fäule beeinträchtigt. Es gibt herrliche Weine, doch ist Vorsicht geboten. Jetzt bis 2000.
1982 Reichlicher Jahrgang, hell, aber rund. Côte de Beaune am besten. Austrinken.
1981 Kleine Ernte; reif, aber verregnete Lese. Einige angenehme Weine. Jetzt trinken.
1980 Ein nasser Herbst; wo Fäulnis vermieden werden konnte, entstanden aber ansprechende Weine. Côte de Nuits am besten ausgefallen. Jetzt austrinken.
1979 Ertragreiche, ausgereifte Ernte; einige Ausnahmen. Austrinken.
1978 Eine kleine Ernte von außergewöhnlicher Qualität. Die besten halten sich bis 2000.
1976 Heißer Sommer, reichliche Ernte. Wie üblich große Qualitätsunterschiede. Die besten Weine (vor allem Côte de Beaune) tanninreich, voll und lang ausbauend. Bis 2000.
1972 Fest und ausdrucksvoll. Spitzenweine haben sich sehr gut entwickelt. Bald trinken.
1971 Sehr kraftvolle und ausdrucksvolle Weine, doch nicht so lange haltbar, wie es zuerst schien. Austrinken.

Ältere gute Jahrgänge: 1969, 1966, 1964, 1962, 1961, 1959 (alle reif).

Beaujolais

1993 Crus haltbar.
1992 Gute Primeurs; keine langlebigen Weine.
1991 Kleiner Ertrag an hervorragenden Weinen; Crus exzellent.
1990 Ein üppig reifer Jahrgang, Spitzen-Crus halten sich.
1989 Sehr fein. Bald austrinken.
1988 Völlig ausgereift.
1987 und **1986** sollten ausgetrunken sein.
1985 Ein wundervoller Jahrgang.

Ältere Jahrgänge außer vielleicht zum Teil Moulin-à-Vent meidet man besser.

Weißer Burgunder

Côte de Beaune Gepflegte Weine aus guten Jahrgängen mit viel Körper und Frucht bauen bis zu 10 Jahren noch aus und gewinnen an Tiefe und Fülle. Geringere Weine aus leichteren Jahrgängen sind nach 2 bis 3 Jahren genußreif.

1993 Nicht so gut wie der Rotwein, früh zu trinken.
1992 Reif, aromatisch, charmant. Schön entwicklungsfähig. Jetzt bis 2005.
1991 Meist mangelnde Substanz; Frostprobleme; will früh getrunken sein. Jetzt bis 1997.
1990 Sehr gut, sogar großartig, jedoch zu Überfülle neigend. Jetzt bis 2000+.
1989 Stellt sich mustergültig heraus. Die besten sind reif, straff, gut strukturiert und nachhaltig. Jetzt bis 2005.
1988 Außerordentlich gut; einige große Weine — manche aber dünn. Jetzt bis 2000.
1987 Größtenteils enttäuschend, doch es gibt Ausnahmen. Jetzt.
1986 Kraftvolle Weine, meist mit schönerer Säure und Ausgewogenheit als 1985. Jetzt bis 1997.
1985 Sehr reif; Weine mit noch guter Ausgewogenheit entwickeln sich schön weiter. Jetzt bis 2000.
1984 Viele magere, manche hohle Weine. Meiden.
1983 Kraftvolle Weine; manche übertrieben, manche mit Fehlern, die besten aber großartig. Bald trinken.
1982 Fette, schmackhafte, aber nicht sehr stabile Weißweine mit wenig Säure; austrinken.
1981 Kleiner Ertrag; guter Wein, jetzt aber austrinken.
1980 Schwacher, doch nicht schlechter Jahrgang. Sollte ausgetrunken sein.
1979 Sehr ertragreicher Jahrgang. Durchweg guter, brauchbarer Wein; kein großer. Austrinken.
1978 Gute Weine; zuverlässig und ausgeglichen, nur noch die besten aufbewahren.
1977 Ziemlich leicht. Austrinken.
1976 Heißer Sommer, ziemlich schwere Weine. Gut, aber jetzt meist über den Höhepunkt hinaus.
1971 Viel Kraft und große Art. Spitzenweine jetzt in Hochform. Bald trinken.

Mit Weißweinen aus dem Mâconnais (Pouilly-Fuissé, St-Véran, Mâcon-Villages) verhält es sich ähnlich, sie sind aber nicht so lange haltbar. Sie zeichnen sich mehr durch Frische als durch Fülle aus.

Chablis Chablis Grand Cru aus Jahrgängen mit Festigkeit und gutem Säuregehalt entwickelt sich bis zu 10 Jahren superb; Premiers Crus entsprechend kürzer; leider aber streben viele Winzer vor allem nach Quantität, wodurch Weine entstehen, die verblassen, ohne das klassische Chablis-Aroma je erlangt zu haben.

1993 Recht gut, aber nicht großartig. Jetzt bis 1999.
1992 Reife, charmante Weine. Jetzt bis 1999.
1991 Allgemein besser als an der Côte d'Or. Brauchbare Weine. Jetzt bis 1997.
1990 Grands Crus meist hervorragend; anderen fehlt es vielleicht an Intensität und Säure. Jetzt bis 2000.
1989 Hervorragender Jahrgang mit starkem Charakter. Jetzt bis 2000.
1988 Fast musterhaft. Viel Freude steht jetzt bevor. Jetzt bis 1998.
1987 Regen zur Lesezeit; kurzlebige Weine. Bald trinken.
1986 Schöner, reichlicher Jahrgang. Jetzt oder bald.
1985 Gute, aber säurearme Weine. Beste Grands Crus jetzt reif.
1983 Superber Jahrgang, manchmal überstark. Jetzt wunderbare Grands Crus.

Elsaß Der 1993er war gut und fruchtig, nicht langlebig, der 1992er großartig, der 1991er bewunderungswürdig. 1990 war der dritte großartige Jahrgang in Folge. 89 und 88 entstanden Weine in Spitzenqualität (nur manche 88er litten unter Regen). Der 87er sollte bald, der 86er jetzt ganz ausgetrunken werden. Spitzenweine von 85 und 83 sind genußreif, halten sich aber auch noch.

Roter Bordeaux

Médoc/roter Graves Bei manchen Weinen ist Flaschenalterung wünschenswert, bei diesen aber unerläßlich. Kleinere Gewächse aus leichteren Jahrgängen brauchen nur 2 bis 3 Jahre, aber einfache Weine aus großen Jahrgängen können über 15 Jahre hinweg noch gewinnen; die großen Gewächse solcher Jahrgänge brauchen doppelt so lange.

1993 Reife Frucht, aber verwässert, den Umständen nach bemerkenswert gut.
1992 Regen zur Blütezeit, im August und zur Lese. Sehr großer Ertrag. Früh genußreif.
1991 Katastrophaler Frost im April halbierte den Ertrag; Regen unterbrach die Lese. Mit Vorsicht auswählen.
1990 Paradoxe Situation: ein Dürrejahr und trotzdem Überertrag. Selbstbeschränkung war notwendig und ergab prachtvolle Resultate. Bis 2020.
1989 Früher Frühling und herrlicher Sommer. Die Spitzenweine sind reife, dunkle Klassiker mit Eleganz und Nachhaltigkeit. Kleinere Châteaux ungleichmäßig. Bis 2020.
1988 Durchweg ausgezeichnet; reif, ausgewogen, haltbar bis 2020.
1987 Ein weit größerer Genuß, als zu vermuten war, jedoch nicht lange haltbar. Jetzt oder bald.
1986 Wieder ein herrlicher, ertragreicher, warmer Herbst. In Pauillac und St-Julien besser als 1985. Jetzt bis 2020.
1985 Dank Hitzewelle ein sehr guter Jahrgang. Sehr feine Weine, bereits ansprechend. Jetzt bis 2010.
1984 Mindere Qualität. Wenig Merlot, aber guter, reifer Cabernet. An Charme fehlt es; anfangs überteuert. Bis 1998?
1983 Klassischer Jahrgang, v. a. in Margaux; reichlich Gerbstoff, ausgeglichen durch schöne Frucht.
1982 In einer Hitzewelle entstanden. Große, gehaltvolle Weine mit langer Lebenserwartung, jedoch ungleichmäßiger Entwicklung. Die meisten Petits Châteaux sind jetzt genußreif. Jetzt bis 2010.
1981 Trotz Regen ganz wunderbar; nicht voll, aber fein und ausgeglichen. Jetzt bis 1998.
1980 Kleine, späte Lese, reif, aber verregnet. Einige köstliche leichte Weine. Jetzt trinken.
1979 Reiche Ernte, überdurchschnittlich gut. Jetzt bis 2000.
1978 Eine Wunderernte: großartiger, langer, warmer Herbst. Einige exzellente Weine. Jetzt bis 1997.
1976 Extrem heißer, trockener Sommer; Regen unmittelbar vor der Lese. Allgemein sehr gut, jetzt trinkreif.
1975 Ein sehr feiner Jahrgang mit tiefer Farbe, hohem Zucker- und (manchmal zuviel) Gerbstoffgehalt. Lange haltbar, aber jetzt trinken; nur manche werden noch besser, viele haben die Frucht eingebüßt.
1973 Riesenertrag; ansprechende Weine, verblassen jetzt rasch.
1971 Kleiner Ertrag, nicht so fruchtig und gleichmäßig wie der 70er. Meist bereits verblaßt.
1970 Riesenertrag, ausgezeichneter Wein, kaum Enttäuschungen. Jetzt bis 2000.
1966 Ein sehr guter Jahrgang mit Tiefe, Frucht und Gerbstoffgehalt. Jetzt.

Ältere gute Jahrgänge: 1962, 1961, 1959, 1955, 1953, 1952, 1950, 1949, 1948, 1947, 1945, 1943, 1929, 1928.

St-Emilion/Pomerol

1993 Wie im Médoc, gut trotz schlechten Lesewetters.
1992 Stark verwässert, jedoch einige rasch zu trinkende charmante Weine.
1991 Eine traurige Lage. Schlimmer Frost und wenig Aussicht auf Erholung. Viele Weine werden nicht herausgegeben.
1990 Wieder eine Chance, großartigen bzw. viel Wein zu produzieren. Jetzt bis 2020.
1989 Große, reife, frühe Ernte; allgemein ein Triumph. Bis 2020.
1988 Durchweg ausgezeichnet; ideale Verhältnisse. Einiger Überertrag. Jetzt bis 2000+.
1987 Einige sehr anständige Weine (v. a. in Pomerol), jedoch bald zu trinken.
1986 Sehr reichlicher Jahrgang. Spitzenweine aus St-Emilion langlebig.
1985 Einer von den großen Jahrgängen mit schöner Zukunft. Bis 2010.
1984 Ein schlimmes Jahr. Fast der ganze Ertrag ging im Frühjahr zugrunde. Nicht zu empfehlen.
1983 Weniger eindrucksvoll als zuerst vermutet. Bald trinken.
1982 Enorm volle, konzentrierte Weine, ganz ausgezeichnet. Jetzt bis 2000.
1981 Sehr guter Jahrgang, aber nicht so groß, wie er zuerst schien. Jetzt oder bald.
1980 Schlechtes Merlot-Jahr; variable Qualität. Zu spät.
1979 Rivale für den 78er. Vielfach noch besser. Jetzt oder bald.
1978 Feiner Wein, zum Teil etwas zu wenig Körper. Bald trinken.
1976 Sehr heißer, trockener Sommer, jedoch Regen zur Lesezeit. Bald trinken.
1975 St-Emilion meist gut, die besten superb. Herrlicher Wein im Pomerol. Jetzt bis 2000.
1971 Insgesamt besser als im Médoc, jetzt meist trinkreif.
1970 Großartige Weine mit viel Frucht und Kraft. Sehr reichliche Ernte. Jetzt trinken.

Ältere gute Jahrgänge: 1967, 1966, 1964, 1961, 1959, 1953, 1952, 1949, 1947, 1945.

Sonstige Bereiche siehe Frankreich von A bis Z.

Abel-Lepitre Brut oJ; Brut **85 86 88**; Cuvée 134 Blanc de Blancs oJ; Réserve Crémant Bl. de Blancs Cuvée «C» **83 85 86 88**; Rosé **83 85 86 88** – Champagner-Haus; zum Besitz gehören auch Goulet und St-Marceaux. Luxus-Cuvée: Cuvée Réserve Abel-Lepitre **85**.

Abymes Sav; w ★ BV – Kleiner hügeliger Bereich bei Chambéry, leichter, milder AC Vin de Savoie von der Jacquère-Traube.

Ackerman-Laurance Vermutlich ältestes Schaumweinhaus an der Loire (in Saumur), arbeitet nach der klassischen Methode. Feiner Crémant de Loire.

Ajaccio Korsika r rs w ★→★★ **89' 90'** **91 92** 93 – Hauptstadt von Korsika. AC für oft sehr guten Sciacarello-Rotwein.

Aligoté Zweitrangige weiße Burgunder-Traube und ein oft angenehm herb-fruchtiger, in der Jugend ausdrucksvoller Wein. Bouzeron hat die einzige AC für Aligoté, aber auch Weine aus anderen Orten sind preis- und probierenswert (v. a. aus Pernand-Vergelesses).

Aloxe-Corton Bg; r w ★★→★★★ **78' 85'** **87** **88' 89'** 90' 91 92 – Weinort am Nordende der Côte de Beaune; Grand-Cru-Lagen: Corton (r) und Corton-Charlemagne (w); Village-Lagen (stets Aloxe-Corton) viel leichter, aber oft preiswert, v. a. aus der Domaine Cachat-Ocquidant.

Alsace Elsaß; El; w (sch) (r) ★★→★★★ **85'** **86** **87 88 89** **90'** **91** **92** 93 – Duftige, fruchtige, oft starke, meist trockene, aber auch liebliche Weißweine (siehe Vendange Tardive, Sélection des grains nobles) nach deutscher Art aus den Ausläufern der Vogesen. Meist mit Angabe der Rebsorte (Pinot Blanc, Riesling, Gewürztraminer usw.). Reift gut bis zu 5 oder gar 10 Jahren, Grand Cru noch länger. Auch guter, preiswerter Crémant. Der Rotwein (Pinot Noir) ist jedoch nicht besonders zu empfehlen.

Alsace Grand Cru w ★★★→★★★★ **76 83 85** **86** 87 88 89' 90 91 92 93 – AC nur für die 50 besten Lagen (560 ha) und «edle» Trauben: Riesling, Pinot Gris («Tokay»). Gewürztraminer und Muscat. Nicht unumstritten.

Ampeau, Robert Ausgezeichneter Erzeuger; Spezialist für Meursault; auch Pommard usw. Gibt ungewöhnlicherweise nur langgereifte Flaschen heraus.

André, Pierre Négociant in Ch. Corton-André, Aloxe-Corton, mit 20 ha guten Lagen am Corton, in Savigny, Gevrey-Chambertin usw. Auch Besitzer der Billigmarke Reine Pedauque.

d'Angerville, Marquis Berühmtes, untadeliges Burgunder-Weingut (12 ha) in Volnay. Spitzenweine: Champans und Clos des Ducs.

Anjou Lo; rs w; s tr sch ★→★★★ 90 91 – Appellation an der Loire mit weitem Spektrum an Stilen, bes. gut roter Anjou-Villages (Cabernet), starker trockener Savennières und üppiger weißer Coteaux du Layon von Chenin Blanc.

Anjou-Côteaux de la Loire Lo; w tr s ★★→★★★ – AC (nur 40 ha) für lieblichen bis süßen Chenin Blanc.

Anjou-Villages Lo; r ★→★★ – AC für Rotweine (v. a. Cab. Franc) aus bestimmten Orten der AC Anjou, aber weiter gefaßt als die AC Saumur-Champigny. Potentiell saftige, preiswerte Weine.

Appellation Contrôlée (AC oder AOC) Staatliche Herkunfts- und Produktionskontrolle für die besten französischen Weine (siehe Einleitung zu Frankreich).

Apremont Sav; w; tr [★★] BV – Einer der besten Weinorte in Savoyen; helle, zarte Weißweine, v.a. von der Jacquère-Traube, aber auch Chardonnay.

Arbin Sav; r [★★] – Trinkbar ab 1 bis 2 Jahren. Dunkelrot, lebendig, aus Mondeuse-Trauben, etwa wie ein guter Loire-Cabernet. Idealer Après-Ski-Wein.

Arbois Jura; r rs w; tr sch ★★→★★★ meist BV – Verschiedene gute und originelle leichte, wohlschmeckende Weine; Spezialität Vin Jaune.

l'Ardèche, Coteaux de Zentralfrankreich; r rs (w) ★→★★BV – Preiswerte ländliche Weine, die besten aus Syrah, Gamay und neuerdings Cabernet. Auch kräftiger, fast Burgunder-ähnlicher Chardonnay «Grand Ardèche» von Louis Latour.

l'Arlot, Domaine de Erzeuger von überragendem Nuits St-Georges, v. a. Clos de l'Arlot, rot und weiß.

Armagnac Gebiet im Südwesten Frankreichs; oft hervorragender Branntwein mit rustikalem Charakter. Der hervorragende Rotwein aus dem Bereich heißt Madiran.

Aube Südlicher Ausläufer der Champagne. Siehe Bar-sur-Aube.

Aujoux, J.-M. Bedeutendes Weingut und Handelshaus im Beaujolais; in Schweizer Besitz.

Auxey-Duresses Bg; r w [★★]→[★★★] **78 83 85 88 89 90'** 91 92 93 – Zweitrangiger, aber durchaus löblicher Ort der Côte de Beaune; Ähnlichkeit mit Volnay und Meursault. Beste Güter: Prunier, Leroy, Diconne, Hospices de Beaune (Cuvée Boillot), R. Thévenin. Weißwein in 4 bis 5 Jahren trinken. Spitzenweißwein: Les Boutonniers von Leroy.

Avize Champ ★★★★ – Der beste Ort der Côte des Blancs; nur Chardonnay-Anbau.

Aÿ Champ ★★★★ – Einer der besten Champagne-Orte mit Pinot-Noir-Anbau.

Ayala oJ; Demi-Sec oJ; Brut 89; «Château d'Aÿ»; **82 83 85**, Grande Cuvée **82 83 85** 88 und Blanc de Blancs **82 83** 88; Brut Rosé oJ – Traditioneller, in Aÿ beheimateter Champagnerkonzern. Früher berühmt; verdient für seine apfelfrischen Champagner Beachtung.

Bachelet, Denis – Brillanter Erzeuger in Gevrey-Chambertin. Spitzenwein: Charmes-Chambertin.

Bahuaut, Donation – Führendes Loire-Wein-Handelshaus mit Vertrieb für Ch. de la Cassemichère (Muscadet).

Bandol Prov; r rs (w) [★★★] **82 83 85' 86 87 88 89** 90 91 92 93 – Kleine Küstenregion mit den besten Weinen der Provence: kräftigen, gerbstoffreichen, Bordeaux-ähnlichen Rotweinen von der Mourvèdre-Traube, v. a. Ch. Vannières, Domaine Tempier, Domaine Ott, Mas de la Rouvière, Dom. de Pibarnon, Ch. Pradeaux.

Banyuls Pyr; br; s ★★ – Einer der besten Vins Doux Naturels (Süßwein). Haupttraube Grenache. Banyuls Grand Cru besteht zu min. 75 % aus Grenache und wurde 2 Jahre gelagert. Entfernt mit Port verwandte Technik. Spitzenweine: «Rancios», z. B. von Domaine des Hospices, Dom. du Mas Blanc (★ ★ ★), Dom. Vial Magnères (Blanc), 10 bis 15 Jahre. Ferner billige Weine oJ.

Barancourt Brut Réserve oJ; Rosé oJ; Bouzy Grand Cru **81 83 85**; Rosé Grand Cru **85** – Hersteller von körperreichen Champagnern in Bouzy. Neue Besitzer: Champagne Vranken. Heute v. a. Bouzy Rouge und Rosé Grand Cru.

Barrique In Bordeaux (und Cognac) gebräuchliche Bezeichnung für ein Eichenfass mit 225 l (300 Normflaschen). Ausbau in Barriques zur Vermittlung von Eichenholzaroma war Ende der 80er Jahre große Mode, führte aber manchmal zu bedauerlichen Resultaten.

Barsac Bx; w; s ★ ★→ ★★★★ **70 71' 75 76' 78 79' 80' 81 82 83' 85 86'** 88' **89'** 90' 91 93 – Nachbar von Sauternes mit ähnlich feinen, üppigen Weinen, nicht so füllig, dafür rassiger. Längere Reifezeit lohnt sich sehr. Spitzenweine: Climens und Coutet, Doisy-Daëne, Doisy-Védrines.

Bar-sur-Aube Champ; w (rs) sch ★★ – Bedeutender Bereich in der äußeren Champagne, 150 km südöstl. von Epernay (Marne), mit gutem, leichterem Wein und ausgezeichnetem Rosé des Riceys.

Barton & Guestier Aus dem 18. Jahrhundert stammendes Handelshaus in Bordeaux, heute im Besitz von Seagram.

Bâtard-Montrachet Bg; w ★ ★ ★ ★ **78 79 83 85 86' 87 88 89' 90' 91** 92 93 – Größere Nachbarlage (22 ha) von Montrachet. Potentiell äußerst langlebiger, geschmacksintensiver, voller Wein. Bienvenues-Bâtard-M. ist eine eigene 3,6-ha-Grand-Cru-Lage, aufgeteilt auf 15 Besitzer. Spitzenerzeuger u. a. Leflane, Bouchard-Père, Gagnard, Morey, Niellon, Drouhin, Latour, Lequin-Roussot, Ramonet, Sauzet.

Baumard, Domaine des Führender Erzeuger in Anjou, v. a. mit Savennières und Coteaux du Layon (Clos Ste-Cathérine).

Baur, Léon – Kleines, aber tatkräftiges Elsässer Familiengut in Eguisheim, nicht mit Léon Beyer zu verwechseln. Besonders guter Riesling: Elisabeth Stumpf; auch eichenfaßgereifter Pinot Noir.

Béarn Südwestfrankreich; r rs w ★→ ★ ★ BV – Umfangreiche Appellation mit wachsender lokaler Bedeutung im Baskenland, bes. Weine der Genossenschaft Sallies de Béarn-Bellocq.

Beaujolais r (rs w) ★ BV – Einfache Appellation für die ganze Region Beaujolais; leichter, kurzlebiger, fruchtiger Rotwein von Gamay-Trauben. Beaujolais Supérieur bedeutet kaum einen Unterschied. Die besseren Weine der Region Beaujolais werden jedoch nur mit den sogenannten «Cru»-Bezeichnungen versehen: Brouilly, Côte de Brouilly, Chénas, Chiroubles, Fleurie, Juliénas, Morgon, Moulin-à-Vent, Regnié, Saint-Amour. Siehe jeweils dort. Die Confrérie des Compagnes du Beaujolais verleiht ausgewählten langlebigen Weinen die Auszeichnung «Beaujolais Grumé».

Beaujolais de l'année Eigentlich dasselbe wie Primeur oder Nouveau.

Beaujolais Primeur oder Nouveau Im Schnellverfahren (nur 4 bis 5 Tage Gärung) bereiteter Beaujolais, wird am

3. Mittwoch im November um Mitternacht freigegeben. Meist mild, vollduftig, fruchtig und süffig, oft aber auch sehr einfach und zu alkoholstark. Beaujolais-Villages ist meist mehr zu empfehlen.

Beaujolais-Villages r ★★ **92 93** – Wein aus der besseren (nördlichen) Hälfte des Beaujolais; soll viel kräftiger in Gehalt und Geschmack sein als normaler Beaujolais. Die 9 wirklich besten «Villages» führen die Bezeichnung «Cru»: Fleurie, Brouilly usw. (siehe Beaujolais). Von den übrigen 30 liegen die besten um Beaujeu; Crus dürfen nicht vor dem 15. Dezember «en primeur» verkauft werden. Es lohnt sich aber, sie auch noch etwas länger aufzubewahren (wenigstens bis zum Frühjahr).

Beaumes-de-Venise Rh (r rs) br; s ★★★ BV – Zumeist der beste französische Dessert-Muscat von den südlichen Côtes du Rhône; hocharomatisch, fein, anhaltend (z. B. Chapoutier, Domaine de Coyeux, Dom. Durban, Jaboulet, Vidal-Fleury). Die Rot- und Roséweine von Ch. Redortier und der Genossenschaft sind ebenfalls gut.

Beaune Bg; r (w) ★★★ **78' 83 85' 87 88 89' 90' 91** 92 93 – Klassischer Burgunder im Mittelfeld; viele gute Erzeuger. «Clos»-Weine von Négociants (meist «Premier Cru») sind oft die besten, z. B. der superbe «Clos des Mouches» von Drouhin und der «Clos des Ursules» von Jadot. «Beaune du Château» ist eine (gute) Marke von Bouchard Père. Beste Lagen: Grèves, Bressandes, Teurons, Marconnets, Fèves u. a.

Becker, Caves J. Schönes, altes Familienweingut in Zellenberg, Elsaß. Klassischer Riesling «Hagenschlauf» sowie Muscat. Grand Cru «Froehn». Zweitetikett: Gaston Beck.

Bellet Prov; rs r w ★ ★ – Modischer, überdurchschnittlicher Wein aus der Nähe von Nizza. Seriöse Erzeuger: Ch. de Bellet und Ch. de Crémat. Ziemlich teuer.

Bergerac Dor; r w; s tr ★★ **90 92' 93'** – Leichter, schmackhafter Wein nach Bordeaux-Art. Jung zu trinken, der Weiße sehr jung (siehe auch Pécharmant, Montravel, Monbazillac). Erzeuger u. a. Ch. de Panisseau, Jaubert, Courts-les-Muts, Tiregand, Michel de Montaigne.

Besserat de Bellefon Grande Tradition oJ; Cuvée des Moines Brut und Rosé oJ; Grande Cuvée oJ; Brut und Rosé **82 85** – Champagnerhaus in Reims mit leichten Weinen, v. a. Crémant; im Besitz von Marne et Champagne.

Beyer, Léon Alteingesessenes Familienunternehmen in Eguisheim. Produziert kräftige, trockene Weine für mind. 3 bis 5 Jahre. Sehr bekannt der Gewürztraminer Comtes d'Eguisheim, jedoch in letzter Zeit ungleichmäßig. Besonders fein die «Cuvée Particulière» (Riesling) aus der Grand-Cru-Lage Pfersigberg. Beyer wendet sich scharf gegen Grand-Cru-Beschränkungen.

Bichot, Maison Albert Einer der größten Winzer und Weinhändler in Beaune. Weinberge (Dom. du Clos Frantin ist vorzüglich) in Chambertin, Clos du Vougeot, Richebourg usw.; Domaine Long-Depaquit in Chablis. Weitere Markenweine.

Billecart-Salmon oJ; Rosé oJ; Brut **85 86**; Bl. de Blancs **83 85 86**; Grande Cuvée **82** – Eines der besten kleinen

Champagnerhäuser, gegründet 1818, noch immer Familienbesitz; frischer, aromatischer Stil, auch sehr schmackhafter Rosé. Neue Cuvée: Elisabeth Salom Rosé **88.**

Bize, Simon Spitzenerzeuger von rotem Burgunder mit 14 ha in Savigny-lès-Beaune. Meist mustergültige, rassige und elegante Weine.

Blagny Bg; r w ★★ → ★★★ **78 83 85 86 87 88 89 90' 91** 92 93 – Dörfchen zwischen Meursault und Puligny-Montrachet. Die Weißweine tragen der Ähnlichkeit halber diese beiden AC-Namen; die Rotweine ähneln Volnays und laufen unter der AC Blagny. Alle besseren brauchen Reifezeit. Erzeuger u. a. Jobart, Latour, Ampeau, Malrot, Leflaive, G. Thomas.

Blanc de Blancs Ein Weißwein nur aus weißen Trauben, insbesondere Champagner (der sonst aus blauen und weißen Trauben hergestellt wird). Keine Qualitätsbezeichnung.

Blanc de Noirs Weißwein aus blauen Trauben (oft mit rosigem Schimmer).

Blanck, Marcel Vielseitiger Elsässer Erzeuger in Kientzheim, guter Pinot Blanc sowie Grand Cru Fürstentum (Gewürztraminer, Pinot Gris, v. a. Riesling) und Grand Cru Schlossberg (Riesling).

Blanquette de Limoux Midi; w; sch ★★ meist oJ – Preiswerter Schaumwein aus der Nähe von Carcassonne mit langer Lokaltradition; sehr trocken und sauber und zunehmend schmackhafter, seit mehr Chardonnay und Chenin Blanc mitverwendet werden.

Blaye Bx; r w ★ **88 89 90 92 93** – Einfacher Bordeaux aus der Gegend östlich der Gironde. Premières Côtes de Blaye ist die AC für die besseren Weine.

Boisset, Jean-Claude Dynamisches Burgunder Handelshaus; Erzeuger in Nuits-St-Georges. Eigentümer der Häuser Bouchard-Ainé, Delaunay, Jaffelin, Morin Père et Fils, de Marcilly, Viénot, Thomas Bassot, Lionel Bruck und Pierre Ponnelle. Allgemein hohe Qualität.

Bollinger «Special Cuvée» oJ, Grande Année **69 70 73 75 76 79 82 83 85 88**; Rosé **81 82 83 85** – Champagner-Spitzenhaus in Ay. Trocken, sehr aromatisch, rassig; braucht Reifezeit. Luxusmarken «R. D.» **(73 75 76 79 81 82)** und «Vieilles Vignes Françaises» **(69 70 75 79 80 81 82 85 88)** von nichtgepfropften Pinot-Noir-Reben. Geht mit seiner Qualitäts-Charta (1991) neue Wege; Beteiligung an Petaluma (Australien).

Bonneau du Martray, Domaine Der bedeutendste Erzeuger (9 ha) von Corton-Charlemagne feinster Qualität; aber auch von rotem Corton. Die Weißweine leben meist länger als die Rotweine.

Bonnes Mares Bg; r ★★★→★★★★ **69 71 76 78' 79 80 83 85' 86 87 88 89** 90' 91 92 93 – 15 ha Grand-Cru-Lage zwischen Chambolle-Musigny und Morey-Saint-Denis. Robuster, langlebiger Wein, nicht so duftig wie Musigny, oft Chambertin ebenbürtig. Spitzenerzeuger: de Vogüé, Dom. des Varoilles, Dujac, Groffier, Roumier, Jadot.

Bonnezeaux Lo; w; s ★★★ **76' 78 81 83 85' 86 88'** 89' 90' 91 92 93 – Ausgefallener, voller, lebendiger Wein aus Chenin-Blanc-Trauben. Der beste von Coteaux du Layon, v. a.

Ch. de Fesles, Domaine du Petit Val. Haltbar – aber auch jung schon verlockend.

Bordeaux Bx; r (rs) w ★ **88 89 90 92 93** – (Châteaux siehe Seite 99). Grundlegende, umfassende Appellation für weniger gehaltvolle, aber auch nicht zu verachtende Bordeauxweine: eher leicht und herb, jedoch unnachahmlich im Geschmack; es gibt kein besseres und bekömmlicheres Alltagsgetränk.

Bordeaux Supérieur [★→★★] – Wie oben, mit etwas mehr Alkoholgehalt.

Borie-Manoux Erstklassiges Weinhandelshaus mit Weingütern in Bordeaux, im Besitz der Familie Castéja. Güter: Batailley, Haut Bages-Monpelou, Domaine de l'Eglise, Trottevieille, Beau-Site, Lynch-Moussas.

Bouchard-Ainé Alteingesessene Weinhändler und Erzeuger in Burgund (seit 1750) mit 24 ha in Beaune, Mercurey usw. Gute, aber nicht beste Qualität. 1993 von Boisset übernommen.

Bouchard Père et Fils Bedeutendes Handels- und Erzeugerhaus in Burgund (gegr. 1731) mit 84 ha besten Lagen, vor allem an der Côte de Beaune und Kellereien im Château de Beaune. Stetige, wenn auch nicht ganz erstklassige Qualität.

Bouches-du-Rhône Prov; r rs w ★ – Vin de Pays aus der Gegend um Marseille. Robuste Rotweine von Lokalrebsorten sowie Cabernet Sauvignon, Syrah und Merlot.

Bourg Bx; r (w) ★★ **83 85' 86' 88' 89' 90' 92 93** – Einfacher Bordeaux aus der Gegend östlich der Gironde; Châteaux siehe Côtes de Bourg.

Bourgogne Bg; r (rs) w ★★ **88' 89 90'** 91 92 – Umfassende Appellation für Burgund, aber mit höherem Qualitätsstand als einfacher Bordeaux. Leicht, aber oft voll im Geschmack, nach 2 bis 4 Jahren am besten. Gute Erzeuger haben schöne, preiswerte, nicht zu verachtende Weine aus Randlagen von Orten der Côte d'Or zu bieten. Beaujolais Cru kann auch als Bourgogne bezeichnet werden.

Bourgogne Grand Ordinaire Bg; r (w) ★ BV – Die einfachste Burgunder-Appellation auch für Gamay-Weine. Nicht sehr verbreitet. Weißweine dürfen aus Aligoté, Pinot Blanc und Melon de Bourgogne bestehen.

Bourgogne Passe-tout-grain Bg; r (rs) [★] Alter 1 bis 2 Jahre – Einfacher Burgunder; Mischung aus mindestens 33 % Pinot Noir, der Rest Gamay. Oft erfreulich. Nicht so «süffig» wie Beaujolais.

Bourgueil Lo; r ★★★ **76' 83'** 85 **86'** 88 **89' 90' 91 92** 93' – Meist zarter, fruchtiger roter Cabernet aus der Touraine. In Spitzenjahren tief und langlebig, reift wie ein Bordeaux. St-Nicolas de Bourgueil ist oft leichter. Erzeuger: u. a. Lamé-Delille-Boucard, Billet, Druet, Audebert, Cognard, Jamet, Caslot.

Bouvet-Ladubay Hauptproduzent von Saumur-Schaumwein, in der Hand von Taittinger. Ausgezeichneter Crémant de Loire. «Saphir» heißt der Jahrgangssekt, «Trésor» die eichenfaßvergorene Spitzensorte mit 2 Jahren Reifezeit.

Bouzeron Weinort an der Côte Chalonnaise, hat den einzigen Aligoté mit Einzelortsnamen. Spitzenerzeuger: de Villaine.

Bouzy Rouge Champ; r ★★★ **85 86 88 89 90** 91 – Roter Stillwein aus dem berühmten, dunkle Trauben anbauenden Champagne-Ort; ähnlich einem leichten Burgunder, früh trinkreif, manchmal langlebig.

Brédif, Marc Einer der bedeutendsten Erzeuger und Händler in Vouvray; im Besitz von Ladoucette.

Bricout Brut oJ (Réserve, Prestige Cuvée Spéciale Arthur Bricout, C. S. Charles Koch); Rosé oJ; Brut **82 85 86** – kleines Champagnerhaus in Avize mit guten leichten Weinen. Im Besitz von Kupferberg.

Brouilly Beauj; r [★★] **91 92 93** – Das größte der 10 Beaujolais-Crus: fruchtig, rund, erfrischend. 3 bis 4 Jahre haltbar. Spitzenerzeuger: Michaud, Dom. de Combillaty. Größtes Gut: Ch. de la Chaize, Dom. de Grandes Vignes.

Brut Bezeichnung für trockenen Schaumwein.

Bugey Sav; w; sch ★→[★★] BV – VDQS-Bereich für leichte Schaum-, Perl- und Stillweine. Trauben: Roussette (Roussanne) und Chard. Spitzenerzeuger: Cerdon und Montagnieu.

Buxy Bg; w [★★] – Ort in der AC Montagny mit guter Genossenschaft.

Buzet Südwestfrankreich; r w [★★] **86 88 89' 90' 92' 93** – Gute, preiswerte, Bordeaux-ähnliche Weine aus der Gegend südöstlich von Bordeaux mit einer gut geführten Genossenschaft. Faßgereifte Spitzenweine: Ch. de Gueyze, Cuvée Napoléon (jetzt Cuvée Baron d'Ardeuil). Ferner: Ch. de Padère und Ch. Sauvagnères.

Cabardès Midi; r (rs w) [★→★★] **85 86 88 89 90** 91 92 – Neuer VDQS-Bereich nördlich von Carcassonne und Corbières. Midi- und Bordeaux-Trauben lassen z. B. bei Ch. Rivals, Ch. Ventenac und der Genossenschaftskellerei Conques sur Orbiel gut an.

Cabernet Siehe Rebsorten für Rotwein.

Cabernet d'Anjou Lo; rs ★→★★ BV – Delikater, oft recht lieblicher, fruchtiger Rosé.

Cabrières Midi; (r) rs [★★] BV – Ort in den Coteaux du Languedoc mit duftigem Rosé, z. B. von der Domaine du Temple.

Cahors Südwestfrankreich ★→[★★] **82 83 85 86' 88 89' 90' 92'** 93 – Früher ein strenger «schwarzer» Wein von Malbec-Trauben, heute mehr in der Art von Bordeaux bereitet. Oft körperreich und markant, manchmal viel leichter (z. B. Cuvée Réservée). Spitzenerzeuger: Baldès (v. a. «Prince Probus»), Jouffreau, Vigouroux (v. a. Ch. de Haute-Serre), Ch. de Caix, Ch. de Chambert, Ch. Lagrezette, Ch. Latuc, Ch. St-Didier, Clos de la Coutale, Clos de Gamot, Dom. de Paillas, Dom. Eugénie. Leichterer Wein von der Genossenschaft: Caves d'Olt.

Cairanne Rh; r rs w [★★] **86 88 89 90 91** 92 – Gute, solide Côtes-du-Rhône-Villages-Weine, v. a. von Dom. Brusset, Dom. l'Oratoire St-Martin, Dom. Rabasse-Charavin.

Calvet Berühmtes altes Handelshaus in Bordeaux und Burgund, heute im Besitz von Allied-Hiram Walker. Viele zuverlässige Standardweine, besonders Bordeaux.

Canard-Duchêne Brut oJ, Demi-Sec oJ; Rosé oJ; Charles VII oJ, Brut **83 85 88** – Gutes Champagnerhaus im Besitz von

Veuve-Clicquot bzw. der Moët-Hennessy-Gruppe. Kräftiger Pinot-Noir-Geschmack; vernünftige Preise.

Canon-Fronsac Bx; r ★★→★★★ **78 82 83' 85' 86 88 89'** 90' 92 93 – Vollwürzige, tanninreiche, immer besser werdende Rotweine aus einem kleinen Bereich westlich von Pomerol; brauchen heute weniger Reifezeit als früher (89er und 90er bereits sehr gut). Châteaux: Canon-Moueix, Canon-de-Brem, Coustolle, Junayme, Mazeris-Bellevue, Moulin-Pey-Labrie, La Truffière, Toumalin, Vraye-Canon-Boyer. (Siehe auch Fronsac.)

Cantenac Bx; r ★★★ – Ort im Haut-Médoc, hat Anspruch auf die Appellation Margaux. Spitzen-Châteaux: u. a. Palmer, Brane-Cantenac.

Cap Corse Korsika; w br ★★→★★★ – Das Nordkap der Insel. Hier wächst herrlicher Muscat (Clos Nicrosi, Rogliano) und ein seltener milder und trockener Vermentino-Weißwein. Lohnt einen Umweg.

Caramany Pyr; r (w) ★ **88 89 90** 91 92 – Gehobene neuere Appellation für gewisse Côtes de Roussillon-Villages.

Cassis Prov; (r rs) w ★★ BV – Küstenort östlich von Marseille, bekannt für lebendigen, trockenen Weißwein, einer der besten in der Provence (z. B. Domaine du Paternel). Nicht zu verwechseln mit dem in Dijon hergestellten Cassis, einem Likör aus schwarzen Johannisbeeren.

Cave Kellerei, auch jede beliebige Weinfirma.

Cave co-opérative Genossenschaftskellerei. Auf Betriebe dieser Art entfallen inzwischen 55 % der französischen Weinerzeugung, und 40 % aller Winzer sind Mitglieder. Fast alle Genossenschaften sind gut geführt und ausgestattet und erzeugen mit die preiswertesten Weine der jeweiligen Gebiete.

Cellier des Samsons Genossenschaft im Beaujolais/Mâconnais mit 2000 Mitgliedern. Sitz in Quincié. Verbreitet im Handel.

Cépage Rebsorte, z. B. Chardonnay, Merlot.

Cérons Bx; w; tr s ★★ **81 83' 85' 86' 88' 89' 90** 91 92 93 – Nachbar von Sauternes mit einigen guten Süßweinerzeugern, z. B. Ch. de Cérons et de Calvimont, Ch. Haura. Auch Ch. Archambeau erzeugt sehr guten trockenen Graves.

Chablis Bg; w ★★→★★★ **89 90 91 92 93** – Vollaromatischer, trockener, mineralischer Wein von eigener Art, im nördl. Burgund rein aus Chardonnay gekeltert. Anbaufläche: 4000 ha (seit 1985 verdoppelt). Spitzenerzeuger: J.-M. Brocard, J. Collet, J. Defaix, G. Robin, J.-P. Grossot, Raveneau, Dauvissat, Laroche, Long-Depaquit, Michel, Droin, Durup, Pic, Pinson, Févre, Geoffroy, Vocoret u. a. Einfacher Chablis ist manchmal dünn. Die besten Chablis-Lagen sind die Premiers Crus und die Grands Crus. Die Genossenschaft «La Chablisienne» hat sehr hohen Qualitätsstand (unter verschiedenen Etiketten).

Chablis Grand Cru Bg; w ★★★→★★★★ **78 83 85 86 88 89 90 91** 92 93 – Ausgereift den größten weißen Burgundern ebenbürtig. In der Jugend kraftvoll, aber oft etwas stumpf, im Alter fast Sauternes-ähnliche Fülle. Sieben Lagen: Blanchots, Bougros, Clos, Grenouilles, Preuses, Valmur, Vaudésir. Siehe auch Moutonne.

Chablis Premier Cru Bg; w ★★★ **85 86 88 89 90 91 92** 93 – Formell zweite Klasse, oft aber ausgezeichnet und typischer für Chablis als die Grands Crus. Übertrifft in der Finesse oft den teureren Meursault und andere Chardonnays. Beste Lagen: u. a. Côte de Lechet, Fourchaume, Monts de Milieu, Montée de Tonnerre, Montmains, Vaillons. Erzeuger siehe Chablis.

Chai Gebäude, in dem der Wein zum Reifen gelagert wird, insbesondere in Bx.

Chambertin Bg; r ★★★★ **69 71 76 78' 79 80 82 83 85' 87 88 89** 90' 91 92 93 – 13 ha Grand-Cru-Lage, bringt mit die körperreichsten, dauerhaftesten und besten roten Burgunder. 15 Erzeuger, u. a. Bouchard Père, Drouhin, Mortet, Camus, Damoy, Tortochot, Rebourseau, Rousseau, Rossignol-Trapet, Ponsot.

Chambertin-Clos-de-Bèze Bg; r ★★★★ **69 71 76 78' 79 80 82 83 85 87** 88 **89** 90' 91 92 93 – 15 ha Nachbarlage von Chambertin, ähnlich vorzüglicher Wein; darf als Chambertin bezeichnet werden. Zehn Erzeuger: u. a. Clair-Daü, Drouhin, Drouhin-Laroze, Faivelet, Jadot, Damoy, Rousseau, Clair.

Chambolle-Musigny Bg; r (w; tr) ★★★→★★★★ **78' 82 83 85' 87 88 89 90'** 91 92 93 – Ort an der Côte de Nuits mit 168 ha Anbaufläche. Fabelhaft duftige komplexe, niemals schwere Weine. Beste Lagen: Musigny, Teil von Bonnes-Mares, Les Amoureuses, Les Charmes. Beachtenswerte Erzeuger: Barthod, de Vogue, Drouhin, Faiveley, Jadot, Roumier, Moine-Hudelot, Mugnier, Hudelot-Noëllat, Mugneret, Serveau.

Champagner Schaumwein von Pinot Noir, Pinot Meunier und/oder Chardonnay aus der 28 000 ha großen Champagne, 140 km östlich von Paris, hergestellt nach der Méthode Champenoise; Schaumwein anderer Herkunft – so gut er auch sein mag – darf sich nicht Champagner nennen.

Champigny Siehe Saumur.

Chandon de Briailles, Domaine Kleines Weingut in Savigny (Burgund) mit vorzüglichem Corton (und Corton Blanc) und sehr gutem Pernand-Vergelesses.

Chanson Père et Fils Erzeuger (44 ha) und Händler in Beaune.

Chantovent Hauptmarke von Tafelweinen, weitgehend von Minervois.

Chapelle-Chambertin Bg; r ★★★ **78' 82 83 85 87 88 89'** 90' 91 92 93 – 5 ha Anbaufläche, Chambertin benachbart, ähnlicher Wein, nicht so körperreich, eher «nervig». Spitzenerzeuger: Jadot, Rossignol-Trapet, Leroy, Trapet.

Chapoutier Alteingesessenes Erzeuger- und Weinhandelshaus mit erstklassigen Rhôneweinen.

Charbaut, A. et Fils Brut oJ; Bl. de Blancs Brut oJ; Brut Rosé oJ; Brut **79 82 85 87 88**; Certificate Bl. de Blancs **82 85**; Certificate Rosé **79 82 85** – Bedeutendes Champagner-Haus in Epernay mit sehr feinem, sauberem, leichtem Stil. Gute Rosés. Seit 1993: neue Cuvée Grand Evènement Brut oJ.

Chardonnay Siehe Trauben für Weißwein (Seite 11). Auch Name eines Mâcon-Villages-Weinorts (jeder Wein aus diesem Ort kann Mâcon-Chardonnay heißen).

Charmes-Chambertin Bg; r ★★★ **71 76 78' 79 83 85' 87** 88 89' 90' 91 92 93 – 30 ha, Nachbarlage von Chambertin, umfaßt die AC Mazoyères-Chambertin; geschmeidiger, runder Wein. Erzeuger u. a. Bachelet, Castagnier, Leroy, Roty, Drouhin, Dujac, Rousseau.

Chartron & Trebuchet Junge Firma (gegründet 1984) mit einigen delikaten, harmonischen weißen Burgundern, v. a. Puligny-Montrachet und Clos de la Pucelle von der Dom. Chartron sowie Batard und Chevalier-Montrachet. Auch Aligoté.

Chassagne-Montrachet Bg; r w ★★★→★★★★ r (★★★) **78' 82 83 85 87 88 89'** 90' 91 92 93; w **78' 83 85 86 88 89' 90 91** 92 93 – Weinort an der Côte de Beaune, 300 ha, mit exzellenten reichhaltigen, trockenen Weißweinen und feinsten kräftigen roten. Die Weißweine erreichen nur selten die außerordentliche Finesse des Nachbarn Puligny-Montrachet, sind aber oft preiswerter. Beste Lagen: Teil von Montrachet, Bâtard-Montrachet, Criots-Bâtard-Montrachet, Ruchottes, Cailleret, Boudriottes (r w), Morgeot (r w), Clos-St-Jean (r). Erzeuger: u. a. Derouhin, Ramonet-Prudhon, Morey, Magenta, Delagrange-Bachelet, Gagnard-Delagrange, Niellon, M. Colin-Deleger, J. N. Gagnard, Larny-Pillot, Amiot-Bonfils, Ch. de la Maltroye.

Chasseloir, Domaine du Sitz der Firma Chéreau-Carré, die mehrere ausgezeichnete, in der AC führende Domaine-Muscadets erzeugt, v. a. Ch. du Chasseloir.

Château In Frankreich, v. a. in Bordeaux gebräuchliche Bezeichnung für Weingut. In Burgund herrscht der Ausdruck «Domaine» vor. Die Châteaux von Bordeaux sind auf den Seiten 99 bis 132 zusammengefaßt.

Château d'Arlay Großes Weingut im Jura; 64 ha in tüchtigen Händen. Weine u. a. Vin Jaune, Vin de Paille, Pinot N. und Macvin.

Château de Beaucastel Rh; r w ★★★ **78 79 81 83 85 86' 87 88** 89 90 91 92 – Eines der größten (69 ha) und bestgeführten Châteauneuf-du-Pape-Güter. Tiefdunkle Weine für mind. 10 Jahre Reifezeit. Kleine Mengen an wundervollem, 5 bis 10 Jahre haltbarem Weißwein von der Roussanne-Traube. Zweitetikett: Coudoulet de Beaucastel (sehr guter Weißwein). Neue Beteiligung: Beaucastel Estate in Kalifornien (Central Coast).

Château de la Chaize r ★★★ **91 92 93** – Bekanntestes Gut von Brouilly (Beaujolais); 80 ha.

Château Corton-Grancey Bg; r ★★★ **78 82 83 85 88 89** 90 91 92 93 – Berühmtes Gut in Aloxe-Corton im Besitz von Louis Latour. Mustergültige Weine.

Château Fortia Rh; (w) r ★★★ **78 81 83 85 86 88 89 90 91** 92 – Gut in Châteauneuf-du-Pape mit traditionellen Methoden. Der Vater des Besitzers, Baron Le Roy, schuf in den 1920er Jahren das System der Appellations Contrôlées. Heute nicht mehr ganz so große Klasse wie früher.

Château Fuissé Bg w ★★★ – Das absolute Spitzenweingut von Pouilly-Fuissé. Der Vieilles Vignes ★★★★ zeigt im Alter üppige Fülle.

Château de Meursault Bg; r w ★★★ Weingut mit 40 ha im Besitz von Patriarche; gute Lagen in Meursault, Volnay, Pommard, Beaune und entsprechende Weine. Hervorragende Kellerei, für Publikumsbesuch geöffnet.
Château de Mille Prov; r rs w [★★] – Führendes Weingut und Star an der aufstrebenden Côtes du Lubéron.
Château du Nozet Lo; w ★★★ **89 90 91' 92'** 93' – Größtes und bekanntestes Gut in Pouilly (Fumé) an der Loire. Der Spitzenwein, Baron de L., ist oft großartig, aber auch teuer.
Château Rayas Rh; r (w) [★★★] **78' 79 81 85 86 88** 89 **90** 91 92 – Berühmter, traditionsreicher 15-ha-Besitz in Châteauneuf-du-Pape. Konzentrierter Wein, rein von Grenache, entfaltet sich im Alter oft schön. Zweitetikett: «Pignan». Auch sehr guter Côtes du Rhône Ch. Fonsalette (v. a. Cuvée Syrah).
Château de Selle Prov; r rs w [★★→★★★] BV – 40-ha-Gut im Besitz der Familie Ott in der Nähe von Cotignac, Var. Schrittmacher für die Provence. «Cuvée Spéciale» ist v. a. Cabernet Sauvignon.

Luft zum Atmen

Unter Weinfreunden streitet man sich darüber, ob das Dekantieren von der Flasche in eine Karaffe dem Wein bekomme oder nicht. Rotwein brauche «Luft zum Atmen», um sein volles Bukett zu entfalten, betonen die Befürworter des Umgießens. Nach Ansicht der Gegner geht dadurch hingegen kostbarer «Biß» verloren. Jedenfalls sei durch diese Maßnahme nichts zu gewinnen.

Es lassen sich zwei weitere praktische Argumente zugunsten des Dekantierens anführen: Bei altem Wein kann man Ablagerungen in der Flasche zurücklassen, und jungem, noch nicht voll entwickeltem Wein verleiht die hinzukommende Luft den Anschein von Reife. Zudem sieht eine Karaffe hübsch aus.

Beim Dekantieren gießt man den Wein sehr vorsichtig in ein anderes Gefäß um, bis die Rückstände die Flaschenschulter erreicht haben. Um das Sediment genau auszumachen, hält man die Flaschenschulter über eine Glühbirne oder eine Kerzenflamme.

Château Simone Prov; r; rs w [★★] Alter 2 bis 6 Jahre – Berühmter alter Besitz in den Coteaux d'Aix-en-Provence. Am besten ist der Rotwein: geschmeidig und kräuterwürzig. Inzwischen holt der Weißwein auf.
Château Vignelaure Prov r [★★→★★★] **82 83' 85 86 87 88** 89 90 91 92 – Provençalisches Mustergut (54 ha) bei Aix mit exzellentem Wein im Bordeaux-Stil aus Cabernet-, Syrah- und Grenache-Trauben.
Château-Chalon Jura; w ★★★ – Eigenartiger, starker, trockener, gelber Wein, wie ein scharfer Fino-Sherry. Nach der Abfüllung (mit ca. 6 Jahren) genußreif. Eine Kuriosität.
Château-Grillet Rh; w ★★★★ **89 90 91 92** – 3 ha Rebfläche, kleinste Einzel-Appellation Frankreichs. Intensiv, duftig, übermäßig teuer; ziemlich jung zu trinken.
Châteaumeillant Lo; r rs w; ★ BV – Kleines VDQS-Gebiet bei Sancerre. Leichter Gamay und Pinot Noir. Guter, heller Rosé.

Châteauneuf-du-Pape Rh; r (w) ★ ★ ★ **78' 79 81 83 85 86 88** 89 90 91 92 – 3100 ha bei Avignon mit gemischter Qualität, jedoch viele feine Weine. Die besten Gutsweine sind dunkel, kraftvoll und ausnehmend langlebig. Andere können leicht oder sogar enttäuschend sein. Der Weißwein ist oft schwer, heute wird er meist für baldigen Verbrauch bereitet. Spitzenerzeuger: u. a. Fortia, La Nerthe, Dom. de Beaurenard, Les Cèdres, de Beaucastel, Vieux Télégraphe, Clos des Papes, Dom. les Cailloux usw.

Châtillon-en-Diois Rh; r rs w ★ BV – Kleine Appellation östlich der mittleren Rhône bei Die. Guter Rotwein, vorwiegend von Gamay; weiße Trauben (auch Aligoté) werden meist zu Clairette de Die verarbeitet.

Chauvenet, F. Große, moderne Firma in Nuits, hat Lieferverträge mit guten Weinbaubetrieben und erzeugt von deren Lesegut eine große Auswahl angesehener Côte-d'Or-Weine, u. a. Corton-Charlemagne, Charmes-Chambertin usw. Verbindung mit J.-C. Boisset.

Chave, Gérard Der Superstar unter den Erzeugern von rotem und weißem Hermitage.

Chavignol Dorf in Sancerre mit berühmtem Weinberg Les Monts Damnés. Der kalkhaltige Boden bringt lebendige Weine für 4 bis 5 Jahre Reifezeit hervor. Ferner *Fromage de Chèvre.*

Chénas Bg; r [★★★] **90 91 92 93** – Das kleinste, aber eines der gewichtigsten Beaujolais Crus; Nachbar von Moulin-à-Vent und Juliénas. Beachtenswerte Erzeuger u. a. Braillon, Dubœuf, Charvet, Ch. Chèvres, Benon, Champagnon, Robin und die Genossenschaft.

Chenonceau, Ch. de Lo ★ ★ – Architektonisches Juwel an der Loire; produziert neuerdings ausgezeichneten AC Touraine Sauvignon Blanc, Cabernet, Cot (Malbec) und ★ ★ ★ Chenin.

Chenin Blanc Siehe Trauben für Weißwein (S. 11).

Chevalier-Montrachet Bg; w ★ ★ ★ ★ **78 83 85' 86 88** 89' 90 91 92 93 – 7 ha. Nachbar von Montrachet, ähnlich üppiger Wein, vielleicht nicht so kraftvoll. Dazu gehört 1 ha Les Demoiselles (Latour, Jadot). Erzeuger: u. a. Bouchard Père, Leflaive, Niellon, Prieur, Chartron & Trébuchet, Deléger.

Cheverny Lo; r rs w [★→★★] BV – AC an der Loire bei Chambord. Trockene, frische Weißweine von Sauvignon Blanc; auch Gamay-, P.-Noir- oder Cabernet-Rotweine; meist leicht und süffig. «Cour Cheverny» von der Lokaltraube Romorantin.

Chevigny, Pascal Erzeuger von feinem Vosne-Romanée aus Nachbarlagen von La Tache.

Chevillon, R. 8-ha-Besitz in Nuits-St-Georges; ausgezeichnete Weine.

Chignin Sav; w; (sch) [★] BV – Leichter, lieblicher Weißwein aus Jacquère-Trauben. Für Sommertage in den Alpen. Am besten und lebendigsten Chignin-Bergeron.

Chinon Lo; r ★ ★ ★ **76 83' 85 86' 88 89' 90' 91' 92** 93 – Saftiger, unterschiedlich gehaltvoller Cabernet-Franc-Rotwein aus der Touraine. Kühl und jung trinken, besonders gute Jahrgänge jedoch wie Bordeaux behandeln. Spitzenerzeuger:

Baudry, Joguet, Mabileau, Raffoult, Dom. de Roncée, Druet, Couly-Dutheil (v. a. Clos de l'Echo).

Chiroubles r ★ ★ ★ **91 92 93** – Gutes, sehr kleines Beaujolais Cru, neben Fleurie; frischer, fruchtiger, zarter Wein für baldigen Verbrauch (in 1 bis 3 Jahren). Erzeuger: u. a. Bouillard, Cheysson, Raousset, Passot, Dubœuf, Fourneau und die Genossenschaft.

Chorey-lès-Beaune Bg; r (w) [★★] **85 87 88 89 90' 91** 92 93 – Kleinere Appellation auf ebenem Land nördlich von Beaune, bemerkenswert durch zwei gute Erzeuger: Tollot-Beaut und Germain (Ch. de la Chorey).

Chusclan Rh; r rs w [★] → ★ ★ **88 89 90 91 92** – Dorf der Côte du Rhône-Villages. Mittelschwere Genossenschaftsweine (Rosé am besten). Marken u. a.: Seigneurie de Gicon, Cuvée des Monticaud.

Cissac Dorf im Haut-Médoc, westlich von Pauillac.

Clair, Bruno Neue kleine Domaine in Marsannay; sehr gute Weine aus Fixin, Morey-St-Denis, Savigny, Gevrey-Chambertin (v. a. Clos de Bèze).

Clairet Sehr heller Rotwein, fast Rosé.

Clairette Traditionelle weiße Traube im Midi. Ergibt oft milden, gefälligen, jedoch nicht haltbaren Wein.

Clairette de Bellegarde Midi; w ★ BV – AC bei Nîmes. Einfacher, neutraler Weißwein.

Clairette de Die Rh; w; tr lbl sch [★★] oJ – Populärer trockener oder lieblicher, ziemlich stark nach Muscat schmeckender Schaumwein von der östlichen Rhône oder einfacher trockener Clairette-Weißwein, 3 bis 4 Jahre erstaunlich gut haltbar; probierenswert.

Clairette du Languedoc Midi; w ★ BV – Einfacher, neutraler Weißwein aus der Gegend von Monttellier. Auf vielleicht verbesserte Qualität achten.

La Clape Midi; r w [★→★★] – AC in den Coteaux du Languedoc. Beachtenswerter Name. Körperreiche Weine aus den Kalksteinhügeln zwischen Narbonne und dem Meer. Der Rote (vorwiegend Carignan) gewinnt über 2 bis 3 Jahre an Charakter, der Weiße (Malvasia) noch länger. Sehr guter Rosé.

Climat Burgundischer Ausdruck für Einzellage, z. B. Beaune Grèves, Chambolle-Musigny, Les Amoureuses.

Clos Ein prestigeträchtiger Ausdruck, einzelnen, meist umfriedeten Weinbergen vorbehalten, die sich oft in einer einzigen Hand befinden. In Burgund und im Elsaß häufig anzutreffen. Das Spitzen-Grand-Cru von Chablis heißt Les Clos.

Clos de Bèze Siehe Chambertin-Clos de Bèze.

Clos des Lambrays Bg; r ★ ★ ★ **83 85' 87** 88 89' 90' 91 92 93 – 6 ha Grand Cru in Morey-St-Denis. Kam 1979 nach einer schlechten Periode in andere Hände. Macht jetzt nach Neuanpflanzung wieder einen guten Eindruck (mit sehr langlebigem Wein).

Clos des Mouches Bg; r w [★★★] – Premier Cru in Beaune; sehr gute Lage; größtenteils im Besitz von Drouhin; würzige, denkwürdige und beständig gute Weiß- und Rotweine.

Clos de la Roche Bg; r ★★★ **72 78' 82 83 85' 86 87** 88 **89'** 90 91 92 93 – 15 ha Grand Cru in Morey-St-Denis. Wuchtiger, vielfältiger Wein, ähnlich Chambertin. Erzeuger: u. a. Bouchard Père, Bourée, Ponsot, Dujac, Rousseau, Rémy, Castagnier.
Clos du Roi Bg; r ★★★ – Teil des Grand Cru Corton; auch ein Premier Cru aus Beaune.
Clos St-Denis Bg; r ★★★ **76 78 79 82 83 85' 87** 88 89' 90' 91 92 93 – 6,5 ha Grand Cru in Morey-St-Denis. Hervorragender, fester Wein, im Alter seidig. Erzeuger: u. a. Dujac, Lignier, Ponsot.
Clos Ste-Hune El; w – Sehr feiner, karger Riesling von Trimbach, vielleicht der beste Elsässer; enthüllt sein Potential erst nach 5 Jahren Reifezeit; Grand-Cru-Status hat er nicht nötig.
Clos St-Jacques Bg; r ★★★ **78' 80 82 83 85' 86 87** 88 89' 90' 91 92 93 – 7 ha Premier Cru in Gevrey-Chambertin. Ausgezeichneter, wuchtiger, samtiger Wein, oft besser (und teurer) als mancher Chambertin Grand Cru. Haupterzeuger: Rousseau.
Clos St-Jean Bg; r ★★★ **78 83 85' 87** 88 **89'** 90' 91 92 93 – 14,5 ha Premier Cru in Chassagne-Montrachet. Sehr guter Rotwein, eher fest als subtil, z. B. von Ch. de la Maltroye oder v. a. der Domaine Ramonet.
Clos de Tart Bg; r ★★★ **85' 87** 88' **89'** 90' 92 93 – 7 ha Grand Cru in Morey-St-Denis; Besitz von Mommessin. Wunderbar bukettreicher Wein – in der Jugend wie im Alter.
Clos de Vougeot Bg; r ★★★ **78 83 85'** 88 89' 90' 91 92 93 – 50 ha Grand Cru von der Côte de Nuits, unter viele Besitzer aufgeteilt. Unterschiedlich, manchmal von höchster Feinheit. Die Qualität hängt von den Ideen und Techniken des Erzeugers und der Lage am Hang ab. Spitzenerzeuger: Drouhin, Clair-Daü, Drouhin-Laroze, Engel, Chantal Lescure, Faiveley, Grivot, Hudelot-Noëllat, Gros, Jadot, Leroy, Méo-Camuzet, Rebourseau, Mugneret, Roumier.
Coche-Dury 7-ha-Domaine in Meursault mit 0,5 ha Anteil an Corton-Charlemagne und überragender Reputation für eichenholzduftige Weine. Auch sehr guter Aligoté.
Cognac Stadt und Region an der Charente (Westfrankreich) und der dortige Weinbrand.
Collines Rhodaniennes Rh; r w rs ★ – Populärer Vin de Pays von der Rhône; vorwiegend Rotweine; Merlot, Syrah, Gamay.
Collioure Pyr; r ★★ **82 83 85 86 88 89 90** 91 92 – Starker, trockener Rancio-Rotwein aus der Gegend von Banyuls. Sehr kleine Produktion. Spitzenerzeuger u. a. Dom. du Mas Blanc, de Baillaury, Guy de Barlande, Dom. de la Rectorie, La Tour Vieille.
Comté Tolosan Südwesten; r rs w – Vin de Pays für die Regionen Midi und Pyrénées. Vorwiegend Rotweine von den üblichen Rebsorten der Gegend.
Condrieu Rh; w ★★★★ BV – Hervorragender, milder, duftiger Weißwein mit großem Charakter (und Preis) aus der Viognier-Traube von nur 16 ha Weinbergen. Führende Erzeuger: Vernay, Ch. du Rozay, Guigal, Pinchon, Dumazet

und Delas. Ähnlich Ch.-Grillet, längere Aufbewahrung ist aber nicht empfehlenswert.

Corbières Midi; r (rs) (w) ★→★★ **88 89 90 91** 92 – Guter, gehaltvoller, preiswerter Rotwein. Enttäuscht selten. Spitzenerzeuger: u. a. Ch. des Ollieux, Ch. Aiguilloux, de Cabriac, Ch. de Quéribus, Dom. de Villemajou; Coopératives de Paziols, St-Laurent-Cabrerisse, Embrès et Castelmaur, Les Palais, de la Voulte Gasparet usw.

Cordier, Ets. D. Bedeutende Weinhandelsfirma in Bordeaux, Besitzerin einiger Châteaux, z. B. Gruaud-Larose, Talbot, Cantemerle, Meyney, Laufaurie-Peyraguey; ferner Clos de la Poussie (Sancerre). Glänzende Vergangenheit, getrübte Gegenwart.

Cornas Rh; r ★★→★★★ **78' 79 80 81 83' 85' 86 88** 89 **90** 91 92 – Wachsendes Gebiet mit 160 ha südlich von Hermitage. Robuster, sehr dunkler Syrah-Wein in einzigartiger Qualität. Braucht 5 bis 15 Jahre Reifezeit. Spitzenerzeuger: u. a. Clape, Jaboulet, de Barjac, Verset, Delas.

Corse Die Insel Korsika. Starke «Ordinaires» aller Farben. Bessere Appellations sind u. a. Patrimonio, Sartène, Ajaccio, Cap Corse. Vin de Pays: Ile de Beauté.

Corton Bg; r ★★★→★★★★ **78' 83 85' 86 87** 88 89' 90' 91 92 93 – Einziger Grand-Cru-Rotwein an der Côte de Beaune. 80 ha in Aloxe-Corton, einschließlich Les Bressandes und Le Clos du Roi. Volle, wuchtige, zumeist langlebige Weine. Viele gute Erzeuger.

Corton-Charlemagne Bg; w ★★★★ **78' 79 82 83 85' 86' 87 88** 89' 90' **91** 92 93 – Der Weißwein von Corton (⅓ der Gesamtfläche). Voll, würzig, nachhaltig. Reift großartig wie Rotwein. Spitzenerzeuger: Bonneau du Martray, Chapuis, Coche-Dury, Delarche, Dubreuil-Fontaine, Faiveley, Hospices de Beaune, Latour, Jadot, Rapet.

Costières de Nîmes Midi; r rs w ★→ ★★ BV – Große neue AC mit zunehmend besserer Qualität im Rhônedelta. Früher Costières du Gard. Beachtenswert: Ch. de la Tuilerie «Dinettes et Croustilles», Ch. de Nages.

Coteaux d'Aix-en-Provence Prov; r rs w ★→★★★ – Aufstrebende Appellation. Neben dem alteingeführten Ch. de Vignelaure kommen nun auch das Château Fonscolombe und die Dom. de Trévallon sowie die Commanderie de la Bargemore auf; s. a. Coteaux des Baux-en-Provence.

Die Confrérie des Chevaliers du Tastevin, Burgunds Weinbruderschaft, ist die berühmteste ihrer Art in der Welt. Sie wurde 1933 von burgundischen Patrioten unter der Führung von Camille Rodier und Georges Faiveley gegründet, um die geliebte Heimat aus wirtschaftlichem Niedergang durch Förderung ihrer unnachahmlichen Weine zu retten. Heute veranstaltet sie regelmäßige Bankette mit aufwendigem und heiterem Zeremoniell für 600 Gäste im Zisterzienser-Château im Clos de Vougeot. In vielen Ländern bestehen Zweiggesellschaften der Confrérie, und unter ihren Mitgliedern sind Weinliebhaber aus aller Welt (siehe auch unter Tastevin).

Coteaux d'Ancenis Lo; r rs oder w ★ BV – Leichte Cabernet- und Gamay-Rotweine und Roséweine; scharfe Weißweine aus kleinerem VDQS-Gebiet in der Muscadet-Region.
Coteaux de l'Ardèche Siehe l'Ardèche.
Coteaux de l'Aubance Lo; rs oder w; tr/s ★ ★ BV – Leichter und typischer Wein aus Anjou. Die «moelleux» sind am besten von der Dom. Richou und Dom. des Rochettes (jedoch für lange Reifezeit).
Coteaux des Baronnies Rh; r rs w ★ – Vin de Pays von der Rhône. Merlot, Cabernet Sauvignon und Chardonnay sowie althergebrachte Rebsorten. Vielversprechend.
Coteaux des Baux-en-Provence Prov; r rs w ★→ [★★★] – Nachbarbereich von Coteaux d'Aix, kommt jetzt ebenfalls in Schwung, v. a. die exzellente Domaine de Trévallon (Cabernet und Syrah) und Mas de Gourgonnier.
Coteaux Champenois Champ; r (rs) w ★ ★ ★ BV (Weißwein) – Jahrgänge wie bei Champagner. – Die Appellation für nichtschäumenden Champagner. Manchmal überteuert.
Coteaux du Giennois Lo; r rs oder w ★ BV – Aufstrebender VDQS an der Loire bei Sancerre. Leichter Gamay und Pinot Noir, Sauvignon à la Sancere. Spitzenerzeuger: Balland-Chapuis.
Coteaux du Languedoc Midi; r rs w [★→★★] – Verstreut gelegene Weinbaugebiete im Midi mit AC-Status, weit besser als dort sonst üblich. Die besten Rotweine (z. B. Faugères, St-Saturnin, La Clape, St-Chinian, Quatourze, St-Georges-d'Orgues, Cabrières) lohnen 2 bis 3 Jahre Lagerung. Jetzt auch gute Weißweine. Beachtenswert.
Coteaux du Layon Lo; w; lbl s [★★] **79 82 85' 86 88'** 89 90' 91 92 93 – Das Kernstück von Anjou um Rochefort, südlich von Angers, mit süßem, fast unendlich haltbarem Chenin Blanc, der doch schöne Säure hat: ausgezeichneter Aperitif oder Dessertwein. Seit 1993 neue AC Sélection des Grains Nobles. Spitzenlagen: Quarts de Chaume und Bonnezeaux. Erzeuger u. a. Dom d'Ambinos, Douet, Touchais.
Coteaux du Loir Lo; r rs w; tr/s ★ ★ **78 82 83 85 86 88' 89' 90' 91** 92 93 – Kleineres Gebiet nördlich von Tours. Manchmal ausgezeichnete Weine von Chenin Blanc, Gamay, Cabernet usw. Beste Lage: Jasnières. Der Loir ist ein Nebenfluß der Loire.
Coteaux de la Loire Siehe Anjou-Coteaux de la Loire.
Coteaux du Lyonnais Rh; r rs (w) [★] BV – Einfacher Beaujolais und noch einfacherer Weißwein. Als Primeur am besten.
Coteaux de Peyriac Midi; r; p ★ BV – Einer der meistbenutzten Vin-de-Pays-Namen im Dépt. Aude. Große Erzeugung.
Coteaux de Pierrevert Rh; r rs w; sch [★] BV – Kleinerer VDQS-Bereich im Süden, in der Nähe von Manosque. Gut zubereiteter Genossenschaftswein, zumeist Rosé, aber auch frische Weißweine.
Coteaux de Saumur Lo; w; tr/s [★★] BV – Manchmal feiner lieblicher Chenin Blanc; süß (mœlleux) am besten.
Coteaux du Tricastin Rh; r rs oder w [★] **85 86 88 89 90 91 92** – Côtes-du-Rhône-Randbereich südlich von Valence mit stetig

zunehmender Qualität. Attraktiver Rotwein in Primeur-Art, am besten von der Domaine de Grangeneuve.
Coteaux Varois Prov; r rs ★→★★ – Großer neuer AC-Bereich mit einem Gut im kalifornischen Stil: Dom. de St-Jean-de-Villecroze mit sehr gutem Rotwein.
Coteaux du Vendômeois Lo; r rs oder w ★ BV – VDQS-Bereich nahe der Loire nördlich von Blois, v. a. Gamay und Pineau d'Aunis (für Rosé).

> **Côte(s)** Bedeutet Hang; meist bessere Lagen als in der Ebene. Viele Appellationen beginnen entweder mit Côte oder Coteaux, was dasselbe bedeutet. In St-Emilion zur Unterscheidung der Talhanglagen von den Plateau-Lagen.

Côte Chalonnaise Bg; r w; sch ★★→★★★ – Weniger bekanntes Weinbaugebiet zwischen Beaune und Mâcon. Manchmal auch als Région de Mercurey bezeichnet. Siehe Mercurey, Givry, Rully, Montagny, Buxy.
Côte de Beaune Bg; r w ★★→ ★★★★– Geographisch: die südliche Hälfte der Côte d'Or. Als Appellation nur auf Teile von Beaune angewandt.
Côte de Beaune-Villages Bg; r w ★★ **85 88 89' 90' 91** 92 93 – Regionale Appellation für zweitrangige Weine dieses klassischen Bereichs. Sie müssen nebst «Côte de Beaune» den Zusatz «Villages» oder den Ortsnamen tragen.
Côte de Brouilly r ★★★ **90 91 92** 93 – Fruchtig, voll, kräftig, eines der besten Beaujolais-Crus; führende Weingüter: Ch. Thivin, Domaine de Chavanne, Ch. Delachanel, G. Cotton, J.-C. Nesme.
Côte de la Malpère r ★ – Neuerer, sehr vielversprechender VDQS-Bereich für Rotwein, im Stil zwischen Bordeaux und Midi.
Côte de Nuits Bg; r (w) ★★→★★★★– Die nördliche Hälfte der Côte d'Or. Fast nur Rotwein.
Côte de Nuits-Villages Bg; r (w) ★★ **88 89 90 91** 92 93 – Eine neuere Appellation für das äußerste Nord- und Südende der Côte; oft sehr preiswert.
Côte d'Or Départementsname, gilt für den mittleren und Hauptteil der burgundischen Weinberghänge, bestehend aus der Côte de Beaune und der Côte de Nuits. Der Name wird auf Etiketten nicht verwendet.
Côte Rôtie Rh; r ★★★ → ★★★★ **78 79 80 82 83' 84 85' 86 87 88 89** 90 91 92 – Potentiell der feinste Rhône-Rotwein, unmittelbar südlich von Vienne; erlangt durch Alterung fast bordeauxähnliche Vielfalt und Zartheit. Beste Erzeuger: u. a. Jaboulet, Chapoutier, Vidal-Fleury, Barge, Gentaz-Dervieux, Champet, Delas, Jasmin, Guigal, Jamet.
Côtes d'Auvergne Zentralfrankreich; r rs (w) ★ BV – Aufblühender, kleiner VDQS-Bereich bei Clermont-Ferrand. Beaujolais-ähnlicher, aber leichterer Rotwein. Am bekanntesten ist Chanturgues. Corent heißt ein Rosé.
Côtes de Blaye Bx; w ★ BV – Einfacher, weißer Bordeaux aus Blaye. Bezeichnung für bessere Rotweine: Premières C. de B.

Côtes de Bordeaux Saint-Macaire Bx; w; tr/s ★ BV – Einfacher, weißer Bordeaux aus der Gegend östlich von Sauternes.

Côtes de Bourg Bx; r ★→★★ 82' 83 85' 86' 88' 89' 90 92 93 – Appellation für viele der besseren Rotweine von Bourg. Châteaux: Barbe, La Barde, du Bousquet, La Croix de Millorit, de la Grave, Grand-Jour, Fort Guilhem, Guerry, Haut-Maco, Rousset, Lalibarde, La Grolet, Brûle-Sécaille, Tayac, Lamothe, Mendoce, Falfas, Peychaud, de Thau.

Côtes de Castillon Bx; r ★→★★ 82 85 86' 88' 89' 90' 92 93 – Blühendes Gebiet östlich von St-Emilion. Ähnlicher, nur etwas leichterer Wein. Châteaux: u. a. Fonds-Rondes, Haut-Tuquet, Lartigue, Pitray, Ste-Colombe, Moulin-Rouge, Rocher-Bellevue, Beauséjour, La Clarière-Laithwaite, Thibaud-Bellevue.

Côtes de Duras Dor; r w ★ 89 90' 92' 93 – Nachbarbereich von Bergerac mit einer sehr tüchtigen Genossenschaft. Ähnlicher leichter Wein.

Côtes du Forez Zentralfrankreich; r rs ★ BV – Leichter, modischer Rotwein nach Beaujolais-Art, kann in warmen Jahren gut sein. VDQS-Status.

Côtes-de-Francs Bx; r w ★★ 85 86' 88' 89' 90' 92' 93 – Bordeaux-Randlage nordöstlich von St-Emilion, neben Castillon. Immer ansprechendere und schmackhaftere Weine, v. a. von Ch. Puygueraud und de Belcier, de Frances, la Prade, Lauriol, La Celaverie.

Côtes de Fronsac Siehe Fronsac.

Côtes du Frontonnais Südwestfrankreich; r rs ★★ BV – Der Wein aus der Gegend von Toulouse gewinnt überall Freunde. Ch. Bellevue-le-Forêt (100 ha) hat ausgezeichneten seidigen Rotwein und Rosé «l'Allégresse» zu bieten.

Côtes de Gascogne Südwesten; (r) w ★ BV – Vin de Pays mit zunehmend gutem Namen für köstlich blumige Sauvignon-Blanc-Weine sowie für Verschnitte von Ugni Blanc, Colombard und Gros Manseng, alle in reichlichen Mengen. Spitzenerzeuger: Domaine de Biau, Grassa, Coopérative de Plaimont.

Côtes du Haut-Roussillon Südwestfrankreich; br; s ★→★★ oJ – Bereich für Vins Doux Naturels nördlich von Perpignan.

Côtes du Jura Jura; r rs w (sch) ★ BV – Verschiedene leichte und helle Weine. Arbois darf als besser gelten.

Côtes du Lubéron Rh; r rs w; sch ★→★★ 88 89 90 – Stark verbesserte Landweine aus der nördlichen Provence. Spitzenerzeuger: Ch. Val-Joanis (v. a. mit sehr gutem Syrah-Rotwein, auch Weißwein), Ch. de Mille, Ch. de la Canorgue sowie eine Genossenschaft.

Côtes de la Malpère Midi; r (w) ★ BV – Aufsteigender Stern an der Grenze zwischen Midi und Südwesten bei Limoux. Beachtenswerte frische Rotweine.

Côtes du Marmandais Dor; r rs w ★ BV – Leichte Weine aus der Gegend südöstl. von Bordeaux, den besten liefert vor allem die Genossenschaft in Cocumont.

Côtes de Montravel Dor; w; tr/s ★ BV – Teil von Bergerac; traditionell lieblicher, heute auch trocken bereiteter Weißwein.

Côtes de Provence Prov; r rs w ★→★★★ – Weine aus der Provence, dank neuer Ideen und Investitionen stark verbessert. Führend sind die Domaine Ott, Commanderie de Peyrasol, Dom. Gavoty und Dom. Richeaume. Zu 60 % Rosé, zu 30 % Rotwein. Siehe auch Coteaux d'Aix, Bandol usw.

Côtes du Rhône Rh; rs w ★→★★ **89 90 91 92** – Die grundlegende Appellation des Rhônetals. Am besten jung zu trinken, besonders als Primeur. Große Qualitätsunterschiede je nach Traubenreife, d. h. Alkoholstärke. Côtes du Rhône-Villages ist besser.

Côtes du Rhône-Villages Rh; r rs w ★→[★★] **88 89 90 91 92** – Der Wein aus den 17 besten Dörfern der südlichen Rhône. Gehaltvoll und alles in allem zuverlässig, manchmal köstlich; s. a. Beaumes-de-Venise, Cairanne, Chusclan, Laudan, Rasteau usw.

Côtes Roannaises Zentralfrankreich; r [★] BV – Kleineres Gamay-Anbaugebiet zwischen Lyon und der Loire.

Côtes du Roussillon Pyr; r rs w [★→★★] **88 89 90 91 92** – AC-Wein aus den östlichen Pyrenäen. Am besten sind die deftigen, süffigen Carignan-Rotweine. Manche Weißweine gehören zu den säuerlichen Vins Verts.

Côtes du Roussillon-Villages Pyr; r [★★] **85 86 88 89 90 91** 92 – Die besten Rotweine der Region aus 28 Orten, darunter Caramany und Latour de France. Beachtenswert: Cuvée Blanes, Cazes Frères, Ch. de Corneilla, Gauby, Ch. de Jau und die Genossenschaften Lesquerde und Les Vignerons Catalans. Manche Erzeuger verzichten inzwischen auf den AC-Status und produzieren Vin de Pays von nur einer einzigen Traubensorte.

Côtes de Saint-Mont Südwestfrankreich; r w rs [★] – Vielversprechender VDQS, ähnlich Madiran; wird gemeinsam mit Côtes de Gascogne durch eine Genossenschaft verarbeitet.

Côtes de Thongue Midi; r w [★] BV – Überdurchschnittlicher Vin de Pays aus dem Hérault. Es kommen gute Weine zum Vorschein.

Côtes de Toul Ostfrankreich; r rs w ★ BV – Sehr leichte Weine aus Lothringen, meist Vin Gris (rosé).

Côtes du Ventoux Prov; r (w) [★★] **89' 90' 91 92 93** – Stark wachsende Appellation zwischen der Rhône und der Provence mit schmackhaften Rotweinen. Spitzenerzeuger: La Vieille Ferme (im Besitz von J.-P. Perrin von Ch. de Beaucastel).

Côtes du Vivarais Prov; r rs w ★ BV – Gefällige VDQS-Weine aus dem südlichen Massif Central. Wie leichter Côtes du Rhône, z. B. Domaine de Belvezet.

Coulée de Serrant Lo; w; tr/s ★★★ **73 76' 78 79' 81 82 83' 85' 86** 88 89' 90' 91 92 93 – 4 ha Chenin Blanc am N-Ufer der Loire bei Savennières, Anjou. Intensiv kräftiger, fruchtigscharfer Wein, hält sich fast unendlich; auch als Aperitif geeignet.

Coussergues, Domaine de Midi; r w rs [★] BV – Großes Gut bei Beziers. Experimente mit Chardonnay usw. bringen empfehlenswerte Weine.

Crémant Bedeutet in der Champagne «Perlwein». Seit 1975 Appellation für Schaumweine hoher Qualität nach der *méthode traditionnelle* aus Burgund, dem Elsaß und von der Loire und neuerdings aus Limoux. Oft sehr preisgünstig. In der Champagne wird der Begriff aufgegeben.

Crémant de Loire w; sch ★★ oJ – Schaumwein hoher Qualität aus Anjou, der Touraine sowie dem Pays Nantais. Sablant ist die führende Marke.

Crépy Sav; w ★★ BV – Leichter, milder Weißwein in Schweizer Art vom Südufer des Genfersees. «Crépitant» bedeutet leicht perlend.

Criots-Bâtard-Montrachet Bg; w ★★★ **78' 79 83 85 86 88 89 90 91** 92 93 – 1,6 ha Nachbarlage von Bâtard-Montrachet. Ähnlicher Wein, ohne die pikante Art.

Crozes-Hermitage Rh; r (w) ★★ **83 85 86 88 89 90 91 92** – Größerer und nicht ganz so vornehmer Nachbarbereich von Hermitage. Leichtere, oft ausgezeichnete Rotweine, aber Vorsicht bei der Wahl: z. B. Domaine de Thalabert von Jaboulet, Fayolle et Fils, Alain Graillot, GAEC de la Syrah. Mule Blanche ist ein guter Weißwein von Jaboulet.

Cru «Gewächs» (z. B. Premier Cru oder Cru Classé) bedeutet auch Lage oder im Beaujolais die 10 Spitzenorte.

Cru Bourgeois Im Médoc gebräuchliche Bezeichnung unterhalb der Crus Classés. Zum Syndicat gehören rund 250 Weingüter mit 2800 ha, die sich jedes Jahr an einem Wettbewerb beteiligen. Unberechtigter Gebrauch der Bezeichnung wird gerichtlich verfolgt (ein Händler in Paris erhielt ein Jahr Gefängnis).

Cru Bourgeois Supérieur (Cru Grand Bourgeois) Die vorletzte Stufe der Klassifizierung. Faßalterung ist vorgeschrieben. Die Stufe wird auf typisch unnützen EG-Beschluß von 1993 aufgelöst.

Cru Classé Im Médoc eine der fünf obersten Stufen nach der Klassifizierung von 1855. In anderen Bereichen (z. B. Graves, St-Emilion, Sauternes) eine Rangstufe im jeweils gültigen System.

Cru Grand Bourgeois Exceptionnel Die Stufe über Cru Bourgeois Supérieur, unmittelbar unter Cru Classé. Die Cru-Bourgeois-Stufen wurden ab 1993 abgeschafft. Trotz entsprechendem EG-Beschluß bleibt die Erinnerung wach.

Cruse et Fils Frères Alte Weinhandlung in Bordeaux im Besitz der Société des Vins de France. Ch. d'Issan gehört nicht der Firma, sondern der Familie Cruse.

Cussac Weinort südlich von St-Julien. Appellation Haut-Médoc. Spitzen-Chateaux: Lanessan, Beaumont.

Cuve Close Abgekürztes Verfahren der Schaumweinherstellung im Tank. Die Bläschenbildung kommt im Glas schneller zum Stillstand als bei der Méthode Champenoise.

Cuvée In einer «Cuve», d. h. in einem Bottich enthaltener Wein. Sonst auch Allerweltswort, bedeutet z. B. in der Champagne «Verschnitt». In Burgund gleichbedeutend mit «Cru». Bezeichnet oft einfach einen «Posten» Wein.

De Castellane Brut oJ; Brut **85 89**; Cuvée Royale **82 88**; Prestige-Cuvée Florens de Castellane **82 86**; Cuvée Commodore Brut **85 88** – Altes Champagnerhaus in Epernay, jetzt zum Teil im Besitz von Laurent-Perrier. Gute, recht leichte Weine. Liefert u. a. die Maxim-Hausmarke.

Degré alcoolique Alkoholgehalt, d. h. Volumenprozent.

Deiss, Marcel Schönes Elsässer Weingut (20 ha) in Bergheim. Große Auswahl, u. a. ausgezeichneter Riesling aus der Grand-Cru-Lage Schoenenberg und Gewürztraminer vom Altenberg de Bergheim sowie gute Sélection des Grains Nobles und Vin de Paille.

Delamotte Brut; Bl. de Blancs; Cuvée Nicolas Delamotte – Kleines Champagnerhaus in Le Mesnil im Besitz der Familie Laurent-Perrier; feine Champagner, vorwiegend von Chardonnay.

Delas Frères Altes, gutes Haus für Rhônewein mit Weinbergbesitz an der Côte Rôtie, in Hermitage, Condrieu und Cornas. Spitzenweine: Marquise de Tourette Hermitage (rot und weiß); Condrieu. Im Besitz von Deutz.

Delbeck Kleines, feines Champagnerhaus, 1991 wiedererstanden; hoher Pinot-Noir-Anteil.

Delorme, André Führende Weinhändler- und -erzeugerfirma an der Côte Chalonnaise. Spezialitäten: Crémant de Bourgogne sowie ausgezeichneter Rully.

De Luze, A. et Fils Weinhandelsfirma in Bordeaux. Im Besitz von Rémy-Martin, Cognac.

Demi-Sec «Halb-trocken», eher lieblich (z. B. bei Champagner).

Deutz Deutz Brut Classic oJ; Rosé oJ; Brut **79 81 82 85 88**; Rosé **82 85 88**; Bl. de Blancs **81 82 85 88** – Eines der besten kleineren Champagnerhäuser mit vollaromatischen Weinen. Luxusmarken: Cuvée William Deutz **(79 82 85)** und Rosé **(85).** Erfolgreiche Zweigbetriebe in Kalifornien und Neuseeland sowie in Deutschland.

Dirler, Jean-Pierre Elsässer Erzeuger, v. a. von Riesling aus den Grand-Cru-Lagen Kessler, Saering und Spiegel.

Domaine In Burgund und im Süden gebräuchlich für Weingut.

Dom Pérignon, Cuvée — 71 73 75 76 78 82 83 85 87; Rosé **78 80 82 83 85** – Luxusmarke von Moët et Chandon (erstmals 1936) nach dem legendären Klosterkellermeister, der den Champagner «erfand». Erstaunlich beständige Qualität, v. a. nach 10–12 Jahren Flaschenreife.

Dopff au Moulin Alte Weinhändlerfamilie der Spitzenklasse in Riquewihr, Elsaß. Beste Weine: Riesling Schoenenbourg, Gewürztraminer Eichberg, Sylvaner de Riquewihr. Elsässer Schaumweinpioniere: Cuvées Bartholdi und Julien empfehlenswert.

Dopff & Irion Ebenfalls prominente Weinhandlung in Riquewihr, Elsaß. Beste Weine, u. a. Muscat les Amandiers, Riesling de Riquewihr, Riesling Les Murailles, Gewürztr. Les Sorcières und Pinot Gris Les Maquisards; alle langlebig. Auch guter Crémant d'Alsace.

Doudet-Naudin Weinhändler und -erzeuger in Savigny-lès-Beaune (Burgund). Lagen u. a. Beaune Clos du Roi, Redrescut. Altmodisch dunkle, langlebige Weine, im Alter aber gut.

Dourthe-Frères Angesehenes Handelshaus in Bordeaux, bietet große Auswahl an Weinen, vor allem gute Crus Bourgeois, z. B. Ch. Maucaillou, Tronquoy-Lalande, Belgrave. Die Marke des Hauses heißt «Numéro 1».

Doux Süß.

Drappier, André Führendes Champagnerhaus in der Region Aube, v. a. Pinot Noir.

DRC Siehe Romanée-Conti.

Drouhin, J. et Cie Weinhandels- und -erzeugerfirma (52 ha) mit großem Ruf und hohem Standard in Burgund. Kellereien in Beaune, Weinberge in Beaune, Chablis, Musigny, Clos de Vougeot und in Oregon (USA). Spitzenweine u. a. Beaune Clos de Mouches, Chablis Les Clos, Corton-Charlemagne, Griotte-Chambertin und Puligny-M. Les Folatières.

Dubœuf, Georges Beaujolais-Handelshaus in Romanèche-Thorin. Spitzenreiter der Region in jeder Hinsicht. Reiche Auswahl an hervorragenden Weinen; u. a. ungewöhnlicher, in neuen Eichenfässern gereifter Moulin-à-Vent und weißer Mâconnais.

Dubos Hochangesehener Négociant in Bordeaux.

Duclot Négociant in Bordeaux, Spezialist für Spitzengewächse. Mit J.-P. Moueix verbunden.

Dujac, Domaine Erzeuger (Jacques Seysses) von Burgunder in Morey, St-Denis, mit guten Lagen: Echézeaux, Bonnes-Mares, Gevrey-Chambertin usw. Herrlich lebendige Weine, sehr langlebig. Jetzt auch in Meursault; pflanzt Cabernet in den Coteaux Varois.

Dulong Wettbewerbsstarkes Bordeaux-Handelshaus, bricht mit seinen Verschnitten Marke «Rebelle» alle Konventionen.

Durup, Jean Einer der größten Chablis-Erzeuger mit 56 ha, u. a. Domaine de l'Eglantière und Ch. de Maligny.

Duval-Leroy oJ; Brut; Coteaux Champenois r p w; Tradition oJ; Bl. de Blancs Brut oJ; Fleur de Champagne Brut oJ und Rosé oJ; Fleur de Champagne Brut **88**; Cuvée des Rois Rosé oJ; Cuvée des Rois Brut **86** – Großer fortschrittlicher Erzeuger in Vertus mit hohem Qualitätsstand.

Echézeaux Bg; r ★★★ **78'** **82** **83** **85'** **87** 88 **89'** 90' 91 92 93 – 29,5 ha Grand Cru zwischen Vosne-Romanée und Clos de Vougeot. Hochfeiner, duftiger Burgunder ohne viel Wucht, z. B. von Confuron-Cotetidot, A. F. Gros, Engel, Mongeard-Mugneret, Mugneret, Gouroux, Dom. de la Romanée-Conti, Jacqueline Jayer-Gilles.

Edelzwicker El; w ★ BV – Einfacher, leichter Weißwein für jeden Tag aus gemischten Traubensorten, oft fruchtig und gut.

Equisheim, Cave Vinicole d' Sehr gute Elsässer Winzergenossenschaft mit feinem Grand Cru Hatchbourg, Hengst, Ollwiller und Spiegel. Willm gehört zum Besitz. Hauptmarke Wolfberger (65 % der Produktion); die Serien Grande Réserve und Sigillé sind am besten. Guter Crémant.

Engel, R. Spitzenerzeuger von Vosne-Romanée, Clos Vougeot, Echézeaux.

En Primeur Siehe Primeur.

Entre-Deux-Mers Bx; w ★→★★ BV – Trockener weißer Standard-Bordeaux aus der Gegend zwischen Garonne und

Dordogne. Bei verbesserter Technik oft preiswert, bes. Ch. Bonnet. Gournin, Latour-Laguens, Moulin de Launay, Thieuley, Turcaud usw.

L'Estandon Der Alltagswein von Nizza (AC Côtes de Provence).

L'Etoile Jura; w; tr (s); sch ★★ – Unterbezirk des Jura, bekannt für stilvolle Weißweine, u. a. Vin Jaune ähnlich wie Château-Chalon, und guten Schaumwein.

Französische Flaschenformen

1 Champagne, 2 Loire, 3 Burgund, 4 Elsaß, 5 Beaujolais, 6 Bordeaux, 7 Châteauneuf-du-Pape

Faiveley, J. Erzeuger-Familienbetrieb (73 ha) und Weinhandlung in Nuits-St-Georges, mit Weinbergen in Chambertin-Clos-de-Bèze, Chambolle-Musigny, Corton und Mercurey (60 ha). Gleichbleibend hohe Qualität und lange Lebensdauer.

Faller, Théo Spitzenerzeuger im Elsaß; Domaine Weinbach, Kaysersberg. Konzentrierte feste trockene Weine, v. a. aus den Grand-Cru-Lagen Geisburg (Riesling) und Kirchberg de Ribeauvillé (Gewürztraminer); ungewöhnlich lange Reifezeit (bis zu 10 Jahren) ist nötig.

Faugères Midi; (r rs) w [★→★★] 88 89 90 **91** 92 – Abgelegenes Dorf der Côteaux du Languedoc, wo überdurchschnittlicher Rotwein erzeugt wird. Seit 1982 AC. Spitzenerzeuger: Dom. Alquier, Dom. des Estanilles, Ch. La Liquière.

Fessy, Sylvain Dynamisches Beaujolais-Handelshaus mit großer Auswahl.

Fèvre, William Hervorragender Chablis-Erzeuger mit dem größten Grand-Cru-Besitz (16 ha). Beeinträchtigt manche seiner besten Weine mit frischem Eichenholz; einen nennt er Napa Vallée de France. Sein Etikett lautet ansonsten Domaine de la Maladière.

Fiefs Vendéens Loire; r rs w ★ BV – Aufstrebender VDQS-Bereich mit leichten Weinen aus der Vendée, südlich der Muscadet-Gegend an der Atlantikküste.

Fitou Midi; r ★★ 85 **86** 88 89 90 **91** 92 – Besserer roter Corbières; sehr gehaltvoll und haltbar. Am besten von den Genossenschaften in Cascastel, Paziols und Tuchan. Interessante Experimente mit Mourvèdre in Leucate.

Fixin Bg; r [★★] 78' **83** 85' 88' 89' 90 91 92 93 – Würdiger, aber unterbewerteter nördlicher Nachbar von Gevrey-Chambertin. Oft hervorragende Rotweine. Beste Weinberge: Clos du Chapitre, Les Herrelets, Clos Napoléon. Erzeuger u. a. Bertheau, Clair, Faiveley, Gelin, Gelin-Moulin, Guyard.

Fleurie r ★★★ 90 91 92 93 – Inbegriff eines Beaujolais Cru: fruchtig, duftig, geschmeidig, rassig. Spitzenweine von Dubœuf, Ch. de Fleurie, Chapelle des Bois, Chignard, der Cave Coopérative usw.
Fortant de France Midi; r rs w ★ – Marke für sortenreine Weine; gute Qualität aus der Gegend von Sète. Siehe Skalli.
Frais Frisch oder kühl.
Frappé Eiskalt.
Froid Kalt.
Fronsac Bx; r ★→★★★ 82 83 85' 86' 88' 89' 90' 92 93 – Malerische Landschaft westlich von St-Emilion mit zunehmend feinen, tanninreichen Rotweinen, die eine gewisse Reifezeit brauchen. Châteaux: Dalem, La Dauphine, Fontenil, Mayne-Vieil, Moulin-Haut-Laroque, la Rivière, La Rousselle, de Carles, La Valade, Villars, La Vieille Cuve. Siehe auch Canon-Fronsac.
Frontignan Midi; br; s ★ oJ – Starker, süßer, dickflüssiger Muskateller mit altem gutem Ruf.
Gagnard-Delagrange, Jacques Schätzenswerter kleiner Erzeuger (5 ha) von Chassagne-Montrachet, auch etwas Montrachet.
Gaillac Südwestfrankreich; r rs w; tr/s oder sch ★→★★ meist BV – Altes, neu belebtes Weinbaugebiet. Führender Erzeuger: Ch. Larroze; weiter nennenswert sind Jean Cros, Dom. d'Escausses, Dom. des Hourtets, Dom. de Labarthe und Robert Plageoles. Bedeutende Genossenschaften: Labastide de Lévis (mit fruchtigen Weinen von der Lokaltraube Mauzac), La Cave Tecou (v. a. faßgereifter «Passion»). Besonders preiswert: Perlé. Rotweine oft gut haltbar.
Gamay Siehe Trauben für Rotwein (Seite 14).
Gard, Vin de Pays du Aus dem Département Gard an der Rhônemündung kommen viele gute Vins de Pays, u. a. Coteaux Flaviens, Pont du Gard, Sables du Golfe du Lion, Salaves, Uzège und Vaunage. Beobachtenswert.
Geisweiler et Fils Großes Handelshaus und Weingut in Burgund; heute im Besitz der Firma Reh von der Mosel. Kellereien und 20 ha Weinberge in Nuits-St-Georges, 60 ha in Bévy an den Hautes Côtes de Nuits und 12 ha an der Côte Chalonnaise.
Gevrey-Chambertin Bg; r ★★★ 83 85' 87 88 89' 90' 91 92 93 – Weinort mit dem großen Chambertin und anderen Grands Crus sowie sonstigen feinen Lagen (z. B. Premiers Crus Clos St-Jacques, Combe aux Moines, Cazetiers, Clos des Varoilles), aber auch einfacherem Weinbergland. Erzeuger: u. a. Lecrec, Drouhin, Damoy, Trapet, Boillot, Dom. des Varoilles, Roty, Rousseau, Faiveley, Jadot, Leroy, Mortet, Rournier.
Gewürztraminer Der Wein dieser v. a. im Elsaß verbreiteten Traube hat oft Rosenduft im Bukett und Grapefruit im Geschmack. Die Rebsorte ist eine der vier, die für Grand-Cru-Weine zugelassen sind.
Gigondas Rh; r rs ★★ 78 79 83 85 86 88 89' 90 91 92 – Würdiger Nachbar von Châteauneuf-du-Pape. Gehaltvoller, körperreicher, manchmal würziger Wein, u. a. Dom. les Goubert, Dom. du Cayron, Dom. les Pellières, Dom. Raspail-Ay, Dom. St-Gayan und Ch. du Trignon.

Ginestet Alteingesessenes, umsatzstarkes Bordeaux-Handelshaus, heute im Besitz von Jacques Merlant, dessen Imperium auch die Châteaux Chasse-Spleen, Haut-Bages-Libéral, La Gurgue und Ferrière umfaßt.

Gisselbrecht, Louis Hochqualifiziertes elsässisches Handelshaus in Dambach-la-Ville. Am besten Riesling und Gewürztraminer. Die Weine von Cousin Willy Gisselbrecht sind sehr gefragt.

Givry Bg; r w ★★ 85' 88' **89'** 90' 91 92 93 – Unterbewerteter Weinort der Côte Chalonnaise: leichter, aber vollmundiger und typischer Burgunder, z. B. von Dom. Joblot, I. Latour, T. Lespinasse, Baron Thénard, Clos Salomon.

Gosset Brut oJ; Rosé oJ; Brut **81 82 83 85 86 88**; Grande Réserve; Grande Millésime Brut **79 82 83 85 88**; Grand Rosé **85 88** – Kleines, sehr altes Champagnerhaus in Ay. Exzellente, vollmundige Champagner (v. a. Grande Millésime). Heute mit Philipponnat verbunden.

Goulaine, Château de Das Muscadet-Prunkstück: ein nobles Familiengut mit entsprechendem Wein.

Goulet, George oJ, Rosé **85**; Crémant Blanc de Blancs **83 85** – Spitzenchampagnerfirma in Reims, mit Abel Lepitre verbunden. Luxusmarke: Cuvée du Centenaire **79 82 83 85**.

Goût Geschmack, z. B. «goût anglais» – wie ihn die Engländer mögen (trocken).

Grand Cru Spitzenlagen in Burgund mit eigener Appellation Contrôlée. Ähnliche Bedeutung in den neuen Regelungen für das Elsaß, anderswo ein vagerer Begriff. Der dritte Rang der Châteaux von St-Emilion; es gibt davon etwa 200.

Grand Roussillon Midi; br; s ★★ oJ – Weitgefaßte Benennung für Muscat und andere süße, gespritete Weine («Vins Doux Naturels») aus den östlichen Pyrenäen.

Grande Champagne AC für den besten Cognac-Bereich.

Grande Rue, La Bg; r ★★★ 89' 90' 91 92 93 – Neu ernanntes Grand Cru in Vosne-Romanée, Nachbar von Romanée-Conti; im Besitz der Familie Lamarche. Vielversprechende Bestrebungen.

Grands-Echézeaux Bg; r ★★★★ 69' **76** 78' **82 83** 85' **86 87** 88' 89' 90' 91' 92 93 – Hochfeine Grand-Cru-Lage (9 ha) neben Clos de Vougeot. Weine von Dom. de la Romanée-Conti, Engel, Mongeard-Mugneret, Drouhin nicht wuchtig, aber aromatisch.

Gratien, Alfred und Gratien & Meyer Brut oJ; Cuvée Paradis Brut; Cuvée Paradis Rosé; Brut **79 82 83 85** – Exzellentes, kleines Champagnerhaus, Familienbetrieb mit höchstem Qualitätsstandard. Feine, sehr trockene, langlebige Erzeugnisse nach traditioneller Art. Partnerfirma in Saumur an der Loire. Beachtenswert: die sehr gute Cuvée Flamme.

Graves Bx; w ★★→★★★★ – Großer Bereich südlich der Stadt Bordeaux mit ausgezeichneten milden und erdigen Rotweinen und trockenen Weißweinen (Sauv. Blanc/Sémillon), die ihren Star-Status festigen.

Graves de Vayres Bx; r w ★ BV – Teil von Entre-Deux-Mers; ohne besonderen Charakter.

Griotte-Chambertin Bg; r ★★★★ **78' 83 85'** 88 89' 90' 91 92 93 – 6 ha Grand Cru neben Chambertin. Ähnlicher Wein, aber nicht so kraftvoll, eher zart. Erzeuger: u. a. Drouhin, Ponsot.

Grivot, Jean 10-ha-Domaine an der Côte de Nuits mit Anteilen an Nuits Premiers Crus, Richebourg, Vosne Romanée, am Clos de Vougeot usw. Spitzenqualität.

Gros Plant du Pays Nantais Lo; w [★] BV – VDQS-Bereich, kleinerer Nachbar von Muscadet; schärferer und leichterer Wein aus der Cognac-Traube, sonst bekannt als Folle Blanche, Ugni Blanc usw.

Guigal, E. & M. Berühmtes Erzeuger- und Handelshaus mit Côte-Rôtie-, Hermitage- und Condrieu-Weinen. Seit 85 Besitzer von Vidal-Fleury. Durch Ausbau von Einzellagen-Côte Rôtie (La Mouline, La Landonne, La Turque) in neuen Eichenfässern hat Guigal mit der Lokaltradition gebrochen. Seine Standardweine sind empfehlenswert.

Guyon, Antonin Bedeutende Domaine in Aloxe-Corton mit beachtenswerten Weinen aus Corton, Chambolle-Musigny usw. sowie den Hautes Côtes de Nuits.

Haut-Benauge Bx; w ★ BV – Appellation für einen kleinen Bereich innerhalb Entre-Deux-Mers.

Hautes-Côtes de Beaune Bg; r w [★★] **85 88 89' 90' 91** 92 93 – Appellation für ein Dutzend Dörfer in den Bergen hinter der Côte de Beaune. Leichte, probierenswerte Weine.

Hautes-Côtes de Nuits Bg; r w [★★] **85 88' 89' 90' 91** 92 93 – Wie oben an der Côte de Nuits. Ein in Entwicklung begriffenes Gebiet. Spitzenerzeuger: Jayer-Gilles, C. Cornu. Große Genossenschaft in Beaune. Gute Weine von Geisweiler.

Haut-Médoc Bx; r ★★→★★★ **70 75 78 79 81' 82' 83' 85'** 86' 87 88' 89' 90' 91 92 93 – Große Appellation, umfaßt die besten Bereiche des Médoc. Der größte Teil des Bereichs wird durch kommunale Appellationen erfaßt (z. B. Margaux und Pauillac). Manche vorzügliche Ch. (z. B. la Lagune) fallen nur unter die AC Haut-Médoc.

Haut-Montravel Dor; w; tr s ★ **90' 93** – Lieblicher Bergerac.

Haut Poitou Lo; (r) w [★→★★] BV – Aufstrebender junger VDQS-Bereich südl. von Anjou; hat sich den Einschränkungen durch den AC-Status verweigert. Die Genossenschaft produziert sehr gute Weißweine, u. a. Chardonnay und Sauvignon Blanc. Finanzielle Probleme.

Heidsieck, Charles Brut Réserve oJ; Brut **79 81 83 85**; Rosé **81 83 85** – Bedeutende Champagnerfirma in Reims, heute mit Henriot (im Mehrheitsbesitz von Rémy Martin) fusioniert. Luxusmarken: Cuvée Champagne Charlie **81 82 83**, Blanc des Millénaires (**83**). Neuerdings feine Qualität; jahrgangslose Champagner besonders preiswert.

Heidsieck, Monopole Brut oJ; Rosé oJ; Brut **79 82 83 85 87 88**; Rosé **79 82 83 85 88** – Bedeutendes Champagnerhaus, heute im Besitz von Seagram; die Herstellung liegt bei Mumm. Beachtenswerte Luxusmarken: Diamant Bleu **(76 79 82 85)**; Diamant Rosé **(82 85 88)**.

Henriot Brut Souverain oJ; Bl. de Blancs de Chardonnay oJ; Brut **79 82 85 88;** Brut Rosé **81 83 85 88**; Cuvée Baccarat **79 82 83 85** – Alteingesessener Champagner-Familienbetrieb, in der Moët-Hennessy-Gruppe mit Veuve Clicquot verbunden.

Frische Art; Luxus-Cuvées (z. B. Baron Philippe de Rothschild) vom Markt genommen.

Hérault Midi; Mit 400 000 ha das größte Weinbau-Département Frankreichs. Meist Vin de Table, aber auch guter AC Coteaux du Languedoc und (noch interessanter) bahnbrechender Vin de Pays de l'Hérault.

Hermitage Rh; r w ★★★→★★★★ **61 66 70 72 78' 79 80 82** 83' **84 85 86 87** 88 89 90 91 92 – Der «männlichste» Wein Frankreichs. Dunkel, wuchtig und tief. Braucht lange Alterung. Der Weiße ist goldfarben und kräftig, wird heute meist für baldigen Verbrauch bereitet, doch die Spitzenweine halten sich bis zu 25 Jahre. Spitzenerzeuger: Chave, Jaboulet, Chapoutier, Faurie, Delas, Guigal, Grippat.

Hospices de Beaune Historisches Hospital in Beaune, mit hervorragendem Weinbergbesitz (nach Cuvée-Namen bekannt) in Meursault, Pommard, Volnay, Beaune, Corton. Die Weine werden jeweils am dritten Sonntag im November versteigert.

Hugel et Fils Bekannteste elsässische Erzeuger- und Händlerfirma. Gegründet 1639 in Riquewihr und noch heute in Familienbesitz. Die Serien Cuvée Tradition und Jubilée Réserve bieten steigende Qualität; sehr gute Sélections des Grains Nobles – bei diesem Stil leistete Hugel im Elsaß Pionierarbeit –, manche davon lieblich. «Johnny» H. ist allseits beliebter Sprecher für die Region.

L'Ile de Beauté Vin de Pays aus Korsika (größtenteils Rotwein).

Impériale Bordeauxflasche mit dem Inhalt von 8½ Normalflaschen (6,4 l).

Irancy («Bourgogne Irancy»). Bg; r (rs) ★★ **85 88 89 90 91** 93 – Guter leichter Rotwein aus der Nähe von Chablis, von Pinot Noir und der Lokaltraube César. Die besten Jahrgänge sind langlebig und entwickeln sich gut in der Lagerung. Beachtenswert.

Irouléguy Südwestfrankreich; r rs (w tr) ★★ BV – Gefälliger lokaler Wein im Baskenland, vorwiegend roter Tannat.

Jaboulet, Paul Alte Familienfirma, führende Erzeuger von Hermitage (v. a. «La Chapelle» ★★★★) sowie Händler mit anderen Rhôneweinen.

Jaboulet-Vercherre et Cie Handelshaus in Burgund mit Weinbergen (10,5 ha) in Pommard usw. und Kellereien in Beaune. Man möchte Besseres erwarten.

Jacquart Brut oJ (Tradition und Sélection); Brut Rosé oJ; Brut **85 87** – Relativ neue Champagnermarke (seit 1962), auf Genossenschaftsbasis, mengenmäßig die sechstgrößte. Ordentliche Qualität. Luxussorten: Cuvée Nominée Blanc **(85)**, CN Rosé **(85)**; sehr gut: Mosaïque Bl. de Blancs **86**; Mosaïque Rosé **86.**

Jacquesson Sehr gutes, kleines Champagnerhaus in Epernay. Mehrere feine Luxus-Cuvées.

Jadot, Louis Hochangesehenes Handelshaus in Burgund mit Weinbergen (60 ha) in Beaune, Corton und dem ehem. Weingut Clair-Daü. Zuverlässige Weine.

Jaffelin Selbständig geführtes, gutes Handelshaus, früher Drouhin-Besitz, 1992 von Boisset übernommen.

Jardin de la France Lo; r w rs – Einer von vier Vins de Pays in der Region; erfaßt das Loire-Tal. Etwas mehr Rot- als Weißwein, Gamay und Sauvignon Blanc meist sortenrein. Bessere Vin-de-Pays-Zone: Marches de Bretagne.

Jasnières Lo; (r) (rs) w ★★★ **76 78 79 83 85 86 88' 89' 90'** 91 92 93 – Sehr rarer, Vouvray-ähnlicher, aber trockener Wein aus der nördlichen Touraine.

Jaubertie, Domaine de la Ausgezeichnetes Gut in Bergerac (45 ha), in englischem Besitz. Cuvée Mirabelle ist ein üppiger Sauvignon Blanc. Die rote Reserve ist ebenso fein.

Jayer, Henri (siehe Rouget, Emmanuel)

Jeroboam 6fach-Flasche (4,5 l) bzw. 3fache Magnum-Flasche in Bordeaux, 2fache Magnum-Flasche in der Champagne.

JosMeyer Familienweingut in Wintzenheim, Elsaß; sehr gute, langlebige Weine, v. a. Gewürztraminer und Pinot Blanc. Feiner Riesling aus der Grand-Cru-Lage Hengst. Große Auswahl an Rebsorten, Marken und Lagen.

Juliénas Beauj; r ★★★ **90 91 92** 93 – Führendes Gewächs aus dem Beaujolais; gehaltvoller, fruchtiger Wein, 2 bis 3 Jahre haltbar. Erzeuger: Ch. de Juliénas, Ch. du Bois de la Salle, Ch. des Capitans, Dom. Bottière, Dom. R. Monnet, Ch. des Vignes und die Cave Coopérative.

Jura Siehe Côtes de Jura.

Jurançon Südwestfrankreich; w; s tr ★★→★★★ **82 83 85 86 88 89** 90 91 92 93 – Hocharomatische, langlebige Rarität aus Pau in den Ausläufern der Pyrenäen, eine Art urwüchsiger Sauternes, höchst probierenswert. Beide Versionen halten sich gut. Spitzenerzeuger: Barrère, Chigné, Gaillot, Guirouilh, Lamouroux, Larredya, Ramonteu (Dom Cauhapé) sowie die Genossenschaft (mit «Grain Sauvage»).

Kaefferkopf Elsaß; w tr s – Lage in Ammerschwihr, eher berühmt für Verschnitte als für sortenreine Weine. Die Winzer sind mit den Einschränkungen durch den Grand-Cru-Status nicht zufrieden.

Kientzheim-Kaysersberg Bedeutende Winzergenossenschaft im Elsaß, beachtenswert in Qualität und Stil, v. a. Gewürztraminer, Riesling (Grand Cru Schloßberg) und Crémant d'Alsace.

Kientzler, André Elsässer Riesling-Spezialist mit feinem Geisburg Grand Cru, v. a. Vendange Tardive und Sélection des Grains Nobles. Ebensogut aus den Grand-Cru-Lagen Kirchberg de Ribeauvillé (Gewürztraminer) und Osterberg (gelegentlich Vin de Glace = Eiswein).

Kreydenweiss Guter Elsässer Erzeuger mit 10 ha in Andlau, v. a. Pinot Gris (sehr gut aus der Grand-Cru-Lage Moenchberg), Pinot Blanc und Riesling. Spitzenwein: Kastelberg (Riesling 20 Jahre und länger haltbar). Auch feiner Auxerrois «Kritt Klevner» und gute Vendange Tardive; ebenfalls guter Riesling/Pinot Gris «Clos du Val d'Eléon». Arbeitete als einer der ersten im Elsaß mit neuen Eichenfässern.

Kriter Beliebter preiswerter Qualitätssekt, aus Burgund, verarbeitet durch Patriarche.

Krug «Grande Cuvée»; Rosé; **64 66 69 71 73 75 76 79 81 82 85**; Clos du Mesnil Blanc de Blancs **79 80 81 82 83**; Krug Collection **62 64 66 69 71 73 76** – Kleines Champagnerhaus mit höchstem Prestige. Volle, körperreiche, sehr trockene Champagner von allerfeinster Qualität. Im Besitz von Rémy Martin (man merkt aber nichts davon).

Kuentz-Bas Elsässische Erzeuger- und Handelsfirma der Spitzenklasse in Husseren-les-Châteaux, bes. für Gewürztraminer und Pinot Gris (Tokay d'Alsace). Auch gut Vendanges Tardives.

Labouré-Roi Überaus zuverlässiges Handelshaus in Nuits-St-Georges; meist großartige, intensive Weißweine und viele feine Domaine-Weine, v. a. Meursault von René Manuel sowie Nuits und Clos de Vougeot von Chantal Lescure. Sehr guter Chablis; auch Volnay-Santenots.

Ladoix-Serrigny Bg; r (w) ★★ – Nördlichster Ort der Côte de Beaune, am Corton-Berg. Wegen günstiger Preise beachtenswert.

Ladoucette, de Führender Erzeuger von Pouilly-Fumé auf Ch. de Nozet. Luxusmarke: «Baron de L.». Ferner Sancerre Comte Lafond (und Pic Chablis).

Lafarge, Michel 10-ha-Gut an der Côte de Beaune mit hervorragenden Volnays.

Lafon, Domaine des Comtes Spitzenweingut (13 ha) mit feinsten Burgunderlagen: Volnay, Meursault und Le Montrachet. Grandiose, intensive Weine, v. a. überaus dunkle Rotweine.

Laguiche, Marquis de Größter Grundbesitzer in Le Montrachet. Weinbereitung bei Drouhin.

Lalande de Pomerol Bx; r ★★ **82 83 85 86' 88' 89'** 90 **92** 93 – Nachbar von Pomerol. Ähnliche, aber nicht so volle Weine. Spitzen-Châteaux: Les Annereaux Belles-Graves, la Croix-Bellevue, Bertineau-St-Vincent, La Croix-St-André, Les Hauts-Conseillants, Les Hauts-Tuileries, Moncets, Tournefeuille, Belair, Siaurac.

Langlois-Château Hersteller von Saumur-Schaumwein, in der Hand von Bollinger.

Lanson Père et Fils Black Label oJ; Rosé oJ; Brut **88** – Bedeutendes Champagnerhaus. Kellereien in Reims. Luxusmarke: Noble Cuvée **(81 85)**. Black Label oJ stets zuverlässig und frisch (manchmal dünn). Neue Cuvée: Blanc de Blancs **83.**

Laroche Großer Chablis-Erzeuger (95 ha) und dynamisches Handelshaus; liefert auch Dom. La Jouchère und Dom. Laroche. Spitzenweine: Blanchots und Clos. Erzeugt ferner gute überregionale Chardonnay-Verschnitte.

Latour, Louis Berühmtes Erzeuger- und Handelshaus in Burgund mit Weinbergen (41 ha) in Corton, Beaune usw.; zählt zur absoluten Spitze, besonders für Weißweine, v. a. Corton-Charlemagne, Montrachet, Chevalier-M., Les Demoiselles. Empfehlenswerter Montagny, Chardonnay von der Ardèche usw. Fördert Pinot-Noir-Anbau im Dept. Var.

Latour de France r (w) ★→★★ **88 89 90 91** 92 – Neue Appellation für Côtes de Roussillon-Villages.

Latricières-Chambertin Bg; r ★★★ **78' 83 85'** 88 **89'** 90' 91 92 93 – 7 ha Grand Cru, Nachbar von Chambertin. Ähnlicher Wein, aber leichter und «gefälliger», z. B. von Faiveley, Leroy, Ponsot, Trapet.

Laudun Rh; r rs w [★] – Einer der Côtes-du-Rhône-Village-Orte. Gefällige Genossenschaftsweine, u. a. frische Weißweine. Noch besser ist Dom. Pelaquié.

Laugel, Michel Eines der größten elsässischen Handelshäuser; in Marlenheim. Besonders gut die Serie Jubilaire sowie der Crémant.

Laurent-Perrier Brut oJ; Rosé oJ; Brut; **78 79 81 82 85 88** – Ausgezeichnete dynamische und erfolgreiche Champagner-Familienfirma in Tours-sur-Marne. Luxusmarke: Cuvée Grande Siècle (oJ und Verschnitt 81/82/85); CGS Exceptionnellement Millésimée, **85**; CGS Alexandra Brut Rosé **(82 85)**. Ultra Brut ist knochentrocken. Zum Besitz gehören auch Salon, Delamotte, De Castellane.

Leflaive, Domaine Gilt manchmal als der beste Erzeuger von weißem Burgunder. Spitzenlagen in Puligny-Montrachet: Clavillons, Pucelles, Bienvenue- und Chevalier-Montrachet. In letzter Zeit fehlt es hie und da an Stehvermögen.

Leflaive, Olivier Handelshaus in Puligny-Montrachet, gegründet 1984; inzwischen 9 ha Eigenbesitz. Zuverlässige Weiß- und Rotweine, auch aus weniger berühmten Appellationen; seit den 90ern noch besser geworden.

Léognan Bx; r w ★★★→★★★★ – Führender Ort der Appellation Graves mit eigener AC: Pessac-Léognan. Beste Ch.: Domaine de Chevalier, Malartic-Lagravière und Haut-Bailly.

Leroy Bedeutender Négociant-éleveur in Auxey-Duresses mit den schönsten Beständen an alten Weinen in ganz Burgund und einer beachtlichen Domaine. Mitinhaber der Domaine de la Romanée-Conti. 1988 Erwerb des Guts Noëllat mit 14 ha in Romanée-St-Vivant, Clos Vougeot, Nuits, Savigny usw. Die Auswahl, von Auxey (Weißwein) bis Chambertin und Nachbarlagen, ist einfach großartig.

Lichine, Alexis et Cie Erfolgreiches Handelshaus in Bordeaux, Besitzer von Ch. Lascombes. Keine Verbindung mit Prieuré-Lichine.

Lie, sur «Auf der Hefe.» Muscadet wird oft direkt vom Faß ohne Filtern abgefüllt, um Frische und Charakter zu bewahren.

Limoux Pyr; r w [★★] oJ – Die herbe, trockene, nicht schäumende Version des Blanquette de Limoux (manchmal auch als Limoux Nature bezeichnet) und ein guter, Bordeaux-ähnlicher Rotwein Anne des Joyeuses von der Genossenschaft; als eichenfaßgereifter «Vinavius» **(89 90)** sogar noch besser. Neuerdings auch «Grand Chardonnay».

Lirac Rh; r rs oder (w; tr) [★★] **85 86 88 89 90 91 92** – Nachbarort von Tavel. Ähnlicher Wein; der Rotwein überflügelt den Rosé, v. a. Ch. de Segriés, Dom. de la Mordorée, Dom. St-Roch, Dom. Maby.

Listel Midi; r; rs oder w [★→★★] BV – Großes historisches Gut (1600 ha) auf den Sandstränden des Golfe du Lion. Im Besitz des riesigen Salzkonzerns Salins du Midi; angenehme, leichte «Vins des sables», auch Schaumwein. Dom. du Bosquet-Canet ist ein fruchtiger Cabernet; die Dom. de Villeroy produziert frischen Blanc de Blancs sur lie und Chardonnay (seit 1989). Ferner fruchtiger, fast alkoholfreier

«Pétillant» und Côtes-du-Rhône Ch. de Mailjay sowie Abbaye de Ste-Hilaire Coteaux Varois.

Listrac-Médoc Bx; r ★★→★★★ – Ort im Haut-Médoc, neben Moulis. Beste Ch.: Fourcas-Hosten, Fourcas-Dupré, Clarke, Fonréaud.

Long-Depaquit Sehr gute Chablis-Domaine (v. a. Moutonne) im Besitz von Bichot.

Lorentz Zwei kleine, qualitätsbewußte Elsässer Weingüter in Bergheim, Gustave L. und Jérôme L., unter gleicher Leitung. V. a. Gewürztraminer und Riesling aus den Lagen Altenberg de Bergheim und Kanzlerberg.

Loron et Fils Großes Burgunder Erzeuger- und Handelshaus in Pontanevaux. Spezialist für Beaujolais und sauberen Vin de table.

Burgund: Eigenes Etikett eines Erzeugers

MISE EN BOUTEILLES
AU DOMAINE
APPELLATION CONTRÔLÉE
VOLNAY
CAILLERETS
DOMAINE DE LA POUSSE D'OR
VOLNAY, CÔTE D'OR

Domaine ist in Burgund der entsprechende Ausdruck für Château.
Die Appellation Contrôlée lautet: Volnay.
Die Lage heißt Les Caillerets.
Name und Adresse des Erzeugers (an dieser Stelle wird auch oft die Bezeichnung «Propriétaire» benutzt)

Händler-Etikett

GEVREY-
CHAMBERTIN
CLOS ST-JACQUES
APPELLATION CONTRÔLÉE
REMOISSENET PÈRE ET FILS
NÉGOCIANTS À BEAUNE

Der Ort
Die Lage
Der Wein fällt unter die Appellation Gevrey-Chambertin Premier Cru.
Remoissent Père et Fils ist ein Händler, der den Wein vom Erzeuger bezogen, ausgebaut und abgefüllt hat und ihn in den Handel bringt.

Loupiac Bx; w; s ★★ **76 79' 80 83 85 86' 88' 89 90 91** 93 – Nachbar von Sauternes mit ähnlichen, aber nicht so guten Weinen. Spitzen-Ch.: Loupiac-Gaudiet, de Ricaud, Haut-Loupiac, Clos-Jean, Rondillon.

Lugny («Mâcon-Lugny») Bx; r w; sch ★★ **89 90 91 92 93** – Dorf unweit von Viré mit aktiver und guter Genossenschaft. Wein der Weinberge Les Genièvres wird von Louis Latour verkauft.

Lupé-Cholet et Cie Einst berühmtes Erzeuger- und Handelshaus in Nuits-St-Georges, weitgehend im Besitz von Bichot. Gutsweine: Château Gris und Clos de Lupé.

Lussac-Saint-Emilion Bx; r ★★ **82 85 86' 88' 89'** 90' 92 93 – Nordöstlicher Nachbar von St-Emilion. Spitzen-Châteaux: Lyonnat, Tour de Grenat, Barbe-Blanche, Bel Air, Villadière. «Roc de Lussac» ist die Marke für gefälligen Wein der Genossenschaft in Puisseguin.

Macération carbonique Traditionelle Beaujolais-Methode der Gärung mit ganzen unzerquetschten Trauben in einem geschlossenen Tank. Die in den einzelnen Trauben vor sich gehende Gärung bringt diese zum Aufplatzen. Das Ergebnis ist ein spritziger, sehr fruchtiger milder Wein, der sich nicht lange lagern läßt. Die Methode wird heute auch in vielen anderen Gegenden, z. B. im Midi, angewandt.

Machard de Gramont Familienunternehmen in Burgund mit Kellereien in Nuits und Weinbergen in Nuits, Savigny, Beaune, Pommard. Außerordentlich gute Rotweine.

Mâcon Bg: r (rs) w ★★ 89' 90' **91 92** 93 – Südlicher Distrikt mit sauberen, meist wenig bemerkenswerten Rotweinen und vollmundigen trockenen Weißweinen (Chardonnay): mit Ortsnamen (z. B. Mâcon-Prissé) besser in der Qualität. Beste Appellation des Gebiets ist Pouilly-Fuissé; auch St-Véran ist sehr gut. Siehe auch Mâcon-Villages.

Mâcon-Lugny Siehe Lugny.

Mâcon Supérieur Wie Mâcon, etwas gehaltvoller, aus reiferen Trauben.

Mâcon-Villages Bg; w ★★→★★★ **89 90 91 92** 93 – Typischer weißer Burgunder mit stetig steigender Qualität, wenn Übererträge vermieden werden, z. B. Mâcon-Prissé, Mâcon-Viré, Mâcon-Lugny, Mâcon-Clessé, La Roche-Vineuse. Die beste Genossenschaft ist wahrscheinlich die in Chaintré. Bester Erzeuger: Thevenet in Clessé; kann den meisten Chardonnay-Erzeugern der Neuen Welt etwas vormachen.

Mâcon-Viré Siehe Mâcon-Villages.

Macvin Jura; w s ★★ – AC für einen «traditionellen» Aperitif aus Marc und Traubensaft.

Madiran Südwestfrankreich; r ★★★ **82** 85' 86' **88** 89' 90' 92 93 – Dunkler, kraftvoller Rotwein aus Armagnac, wie ein harter, aber fruchtiger Médoc mit Eleganz eigener Art; 5 bis 10 Jahre haltbar. Spitzenerzeuger: Dom. de Boucassé, Ch. d'Arrivau-Brodes, Aydié, Dom. Capmartin, Montus, Peyros, Laplace, Barréjat.

Magenta, Duc de Kürzlich modernisiertes Weingut in Burgund (12 ha), in Chassagne-Montrachet beheimatet; unter der Leitung von Jadot.

Magnum Doppelflasche (1,5 Liter).

Mähler-Besse Erstklassiges holländisches Weinhandelshaus in Bordeaux mit Mehrheitsbeteiligung an Ch. Palmer. Marke: Cheval Noir u. a.

Mailly-Champagne Erstklassige Genossenschaft in der Champagne. Luxusmarke: Cuvée des Echansons.

Maire, Henri Größter Erzeuger und Händler für Jura-Weine.

Maranges Bg; r ★★ – Neue AC (1989) für 240 ha an der südlichen Côte de Beaune. ⅓ Premier Cru. Bedeutendster Négociant: Jaffelin.

Marc Trester; auch der daraus bereitete streng riechende Branntwein (vgl. Grappa).

Marcillac Südwestfrankreich; r rs; ★ BV – 1990 (voreilig) zur AC befördert. Gut sind die Weine der Genossenschaft Valady (rustikale Rotweine) und der Dom. du Cros.

Margaux Bx; r ★★→★★★★ **66 70 75 78 79 81** 82' 83' **85** 86' **87** 88' 89 90' 91 92 93 – Ort im Haut-Médoc mit den elegantesten Bordeaux-Rotweinen. Der Name schließt Cantenac und einige andere Orte mit ein. Spitzen-Ch. u. a. Margaux, Lascombes, Rausan-Ségla usw.

Margnat Hauptproduzent von Tafelweinen für den Alltag.
Marne et Champagne, Sté. Neues, groß aufgezogenes Champagnerhaus; zum Besitz gehören seit 1991 Lanson und viele kleinere Marken, u. a. Besserat de Bellefon.
Marque déposée Schutzmarke.
Marquis de Chasse Bordeaux-Markenwein (rot und weiß) aus dem Handelshaus Ginestet, benannt nach dem dazugehörigen Château Chasse-Spleen (jedoch nicht dessen Zweitwein).
Marsannay Bg; (r) rs w ★★★ 85 **88' 89' 90'** 91 92 93 (Rosé BV) – Ort bei Dijon mit feinem, leichtem Rotwein und delikatem Pinot-Noir-Rosé. Die Orte Chenôve und Conchey gehören dazu. Spitzenerzeuger: u. a. Clair, Quillardet, Charlopin, Trapet, Jadot, Universität Dijon.
Mas de Daumas Gassac Midi; r w rs ★★★ **80 81 82 83 85 86 87 88** 89 90 91 92 – Spitzenweingut im Languedoc mit kraftvollen Weinen (meist Cabernet) von besonderem Boden. Ferner ein «Rosé Frisant» und ein üppiger weißer Verschnitt von Chardonnay-, Viognier-, Petit-Manseng-Trauben usw. Jetzt auch ein sehr guter, früh trinkreifer Rotwein Les Terrasses de Guilhem von einer nahegelegenen Winzergenossenschaft. Sensationelle Qualität. Status: Vin de Pays.
Maufoux, Prosper Handelshaus in Santenay, Burgund (Familienbesitz). Verläßliche, gut haltbare Weine, v. a. weiße. Alias Marcel Amance.
Maury Pyr.; r; lbl ★→★★ oJ – Rotwein Vin doux naturel von Roussillon.
Mazis- (oder Mazy-)Chambertin Bg; r ★★★ **78'** 83 **85'** 87 **88' 89'** 90' 91 92 93 – 12 ha Grand Cru, Nachbar von Chambertin; oft ebenso kräftiger Wein. Beste Erzeuger: Leroy, Faiveley, Roty, Hospices de Beaune.
Mazoyères-Chambertin Siehe Charmes-Chambertin.

Médoc: Das Klassensystem

Das Médoc verfügt über 60 Crus Classés, die 1855 in fünf Klassen eingeteilt wurden. Eine weitere, getrennte Klassifizierung umfaßt 18 Crus Grands Bourgeois Exceptionnels und 41 Crus Grands Bourgeois (deren Wein faßgereift sein muß) sowie 68 Crus Bourgeois. (Die Bezeichnungen Grand Bourgeois und Exceptionnel werden von der EG nicht anerkannt und dürfen deshalb nicht auf den Etiketten stehen.)

Abgesehen von den Premiers Crus herrscht zwischen den Klassen von 1855 heute bei der Qualität ein beträchtliches Durcheinander; manches 2e Cru ist auf dem Stand eines 5e Cru und umgekehrt. Auch mit den Crus Bourgeois Exceptionnels überschneidet sich die Qualität. (Neben den amtlich anerkannten 18 gelten noch weitere 13 Châteaux inoffiziell als zu dieser Klasse gehörig.) Nun, der französische Sinn für Logik ist weltberühmt.

Médoc Bx; r ★★ 78 **82'** 83 85 **86'** 87 **88' 89' 90'** 92 93 – Appellation für Rotwein aus dem weniger guten (nördlichen) Teil des größten und besten Distrikts von Bordeaux; der Geschmack ist leicht erdig. Haut-Médoc ist besser. Spitzen-Châteaux u. a.: La Cardonne, Greysac, Loudenne, Les Ormes-Sorbet, La Tour de By, Potensac.

Meffre, Gabriel Vielleicht das größte Weingut an der südlichen Rhône, in Gigondas. Zum Besitz gehören Ch. de Vaudieu sowie Châteauneuf-du-Pape-Lagen. Unterschiedliche Qualität.

Ménétou-Salon Lo; r rs w ★★ BV – Ansprechende leichte Weine von westlich von Sancerre, weißer Sauvignon, roter Pinot Noir.

Méo-Camuzet Sehr gute Domaine in Nuits und Vosne-Romanée mit Anteil an den Lagen Clos de Vougeot und Richebourg. Henry Jayer beaufsichtigt die Weinbereitung. Spitzengewächs: V-R. Cros Parantoux.

Mercier et Cie Champagne Brut oJ; Brut Rosé oJ; Brut **81 82 83 85 86 88** – Eine der größten Champagnerfirmen in Epernay. In der Hand von Moët & Chandon. Tadellose Qualität. Absatz vorwiegend in Frankreich. «Bulle d'Or» heißt die hochwertige oJ-Cuvée, ebenso gut die Réserve de l'Empéreur oJ.

Mercurey Bg; r w ★★→★★★ **85 88' 89' 90' 91** 92 93 – Führender Rotweinort der Côte Chalonnaise. Guter Mittelklasse-Burgunder sowie zunehmend bessere Weißweine. Erzeuger u. a. Ch. de Chamirey, Faiveley, Chanzy, M. Juillot, Dom. de Suremain.

Mercurey, Région de Moderne Bezeichnung für die Côte Chalonnaise.

Métaireau, Louis Das Haupt einer Gruppe erstklassiger Muscadet-Erzeuger. Teurer, schön ausgebauter Wein.

Méthode champenoise Die traditionelle ausgefeilte Methode der Champagnerbereitung durch Zweitgärung in der Flasche. Außerhalb der Champagne ist nur die Bezeichnung «méthode traditionnelle» oder «klassische Methode» zulässig. Wird auf Champagner-Etiketten nicht erwähnt.

Méthode traditionnelle Siehe Méthode champenoise.

Meursault Bg; (r) w ★★★→★★★★ **78' 83 85 86 88 89' 90' 91 92** 93 – Ort an der Côte de Beaune mit einigen der größten Weißweine der Welt: voll, saftig, trocken, aber nußwürzig und mild. Beste Lagen Perrières, Genevrières, Charmes. Ebenfalls gut: Goutte d'Or, Meursault-Blagny, Poruzots, Tillets. Erzeuger u. a. Ampeau, Coche-Dury, Delagrange, Diconne, Lafon, Latour, Magenta, Matrot, Michelin-Buisson, Ch. de Meursault, P. Morey, G. Roulot, Manuel, Jobard, Javillier, Leroy. Siehe auch Blagny.

Meursault-Blagny Siehe Blagny.

Michel, Louis Domaine in Chablis mit vorbildlichen, nicht im Eichenfaß gereiften, langlebigen Weinen, u. a. superbem Les Clos.

Midi Allgemeine Bezeichnung für den Süden Frankreichs, westlich vom Rhone-Delta. Zunehmend besserer Ruf, brillante Aussichten.

Minervois Midi; r (rs w) br; s ★→★★ **85 86 88 89 90 91** 92 – Bergiger AC-Bereich; seine Weine gehören zu den besseren aus dem Midi, lebendig und voll Aroma, v. a. von Ch. de Gourgazaud, Dom. de Ste-Eulalie und La Livinière. Siehe auch St-Jean de Minervois.

Mise en bouteilles au château, au domaine Erzeugerabfüllung. Häufig, auch von guten Erzeugern, gebrauchte Angaben wie:

dans nos caves (in eigener Kellerei abgefüllt) oder dans la région de production (im Erzeugungsgebiet abgefüllt) haben dagegen nicht viel zu besagen.

Moelleux Mild und voll; Qualifizierung für die Süßweine von Vouvray usw.

Moët & Chandon Brut oJ; Rosé **81 82 85 86 88**; Brut Impérial **76 78 81 82 83 85 86 88** – Bei weitem das größte Champagner-Erzeuger- und -Handelshaus mit Kellereien in Epernay und Zweigbetrieben in Argentinien, Brasilien, Spanien, Deutschland, Australien und Kalifornien. Gleichmäßig gute Qualität, v. a. bei Jahrgangs-Champagner. Coteaux Champenois «Saran» enttäuscht manchmal. Prestige-Cuvée: Dom Pérignon. Verbindungen mit Clicquot, Henriot, Mercier, Pommery, Ruinart usw.

Moillard Große Erzeuger- und Händlerfirma in Familienbesitz (Dom. Thomas-Moillard) in Nuits-St-Georges mit reicher Auswahl an sehr vollen, dunklen Weinen, u. a. Clos de Vougeot, Corton Clos du Roi.

Mommessin, J. Bedeutendes Handelshaus im Beaujolais; Zusammenschluß mit Thorin; Besitzer von Clos de Tart. Weniger Erfolg mit Weißwein als mit Rotwein.

Monbazillac Dor; w; s ★★ **75 76 79 80 83' 85 86' 88' 89' 90'** 91 92 93 – Goldfarbener Wein nach Sauternes-Art aus Bergerac. Oft gut haltbar. Am bekanntesten sind Ch. Septy und Ch. Monbazillac.

Mondeuse Sav; r ★★ BV – Rote Traube aus Savoyen, vielleicht identisch mit Refosco in Nordostitalien. Ergibt guten, kräftigen dunklen Wein.

Mongeard-Mugneret 20-ha-Gut in Vosne-Romanée mit feinem Echezeaux, Richebourg, Savigny, Vosne Premier Cru, Vougeot usw.

Monopole Lage in der Hand eines einzigen Besitzers.

Montagne-Saint-Emilion Bx; r ★★ **82' 83 85 86' 88'** 89' 90' 92 93 – Nordöstlicher Nachbar und größter «Satellit» von St-Emilion mit ähnlichen Weinen und AC-Bestimmungen. Gewinnt ständig an Bedeutung. Spitzen-Ch.: Calon, St-André-Corbin, Faizeau, Vieux-Ch.-St-André, Roudier, Haut-Gillet, Teyssier, des Tours.

Montagny Bg; (r) w ★★ **89' 90 91 92** 93 – Ort an der Côte Chalonnaise, geographisch wie gastronomisch zwischen Mâcon und Meursault gelegen. Spitzenerzeuger: Louis Latour, Michel, Ch. de la Saule, Cave coop. de Buxy.

Montée de Tonnerre Bg w ★★★ **86 88 89 90 91** 92 93 – Berühmtes, exzellentes Premier Cru in Chablis. Erzeuger: u. a. Raveneau, Duplessis, Robin.

Monthélie Bg; r (w) ★★→★★★ **78 83 85 87 88' 89'** 90 **91** 92 93 – Wenig bekannter Nachbar von Volnay, manchmal fast gleichwertig. Hervorragende, duftige Rotweine. Erzeuger: u. a. Coche-Dury, Comte Lafon, Ch. de Monthélie (de Suremain), Monthélie-Douhairet, Drouhin, Bouchard Père, Garaudet, de Suremain.

Montlouis Lo; w; s/tr sch ★★→★★★ **75 76 78 82 83' 85' 86 88'** 89 **90'** 91 92 93 – Nachbar von Vouvray mit ähnlichen trockenen oder lieblichen langlebigen Weinen. Spitzenerzeuger: Berger, Deletang, Levasseur, Taille aux Loups.

Montrachet Bg; w ★★★★ **69' 71 78 79 82 83 85' 86' 88 89'** 90 91 92 93 – 8 ha Grand-Cru-Lage in Puligny und Chassagne-Montrachet. Der potentiell größte weiße Burgunder: gehaltvoll, bukettreich, intensiv, trocken und doch von üppiger Fülle. (Zur Aussprache: beide t sind stumm.) Spitzenerzeuger: Ramonet, Dom. de la Romanée-Conti, Lafon, Laguiche (Drouhin), Thénard.

Montravel Siehe Côtes de Montravel.

Mont-Redon, Domaine de Rh; r (w) ★★★ **83 85 86 88 89 90 91** 92 – Bedeutendes Gut in Châteauneuf-du-Pape (94 ha) mit zuverlässigen, relativ früh trinkreifen Weinen.

Moreau et Fils Chablis-Erzeuger- und -Handelsfirma mit 75 ha. Auch Großproduzent von Tafelwein. Spitzenwein: Clos de Hospices (Grand Cru). Im Besitz von Allied-Lyons-Hieram Walker.

Morey, Domaines 20 ha in Chassagne-Montrachet; sehr gute, von der Familie selbst ausgebaute Weine, u. a. Bâtard-Montrachet.

Morey-Saint-Denis Bg; r ★★★ **78 82 83 85' 86 87** 88 **89'** 90' 91 92 93 – Kleiner Ort mit vier Grands Crus zwischen Gevrey-Chambertin und Chambolle-Musigny. Oft übersehener, ganz hervorragender Wein. Erzeuger: u. a. Amiot, Bryczek, Dujac, Lignier, Moillard-Grivot, Ponsot, Serveau, Castagnier, Groffier, Rousseau.

Morgon Beauj; r ★★★ **85 88 89 90 91 92** 93 – Das «festeste» der Beaujolais-Crus; braucht Zeit zur Entwicklung seines reichen, anregenden Buketts. Erzeuger: u. a. Janodet, Aucœur, Desvignes, Ch. de Bellevue, Lapierre, Ch. de Pizay. Exzellent auch bei Dubœuf.

Moueix, J.-P. et Cie Legendäres Erzeuger- und Handelshaus der Spitzenklasse in St-Emilion, Pomerol und Fronsac. Ch. u. a. Magdelaine, Lafleur-Pétrus und z. T. Pétrus. Neuerdings auch mit einem Betrieb in Kalifornien, siehe Dominus.

Moulin-à-Vent Beauj; r ★★★ **85 87 88 89 90** 91 92 93 – Der reichhaltigste und kräftigste Wein von Beaujolais; gehaltvoll, extraktreich und langlebig, kommt im Geschmack einem feinen Rhônewein oder Burgunder nahe. Viele gute Erzeuger, v. a. Ch. du Moulin-à-Vent, Ch. La Tour du Bief.

Moulis Bx; r ★★→★★★ – Ort im Haut-Médoc mit eigener Appellation und einigen Crus Exceptionnels: Chasse-Spleen, Poujeaux-Theil, Maucaillou. Lohnendes Feld für Schatzsucher.

Mousseux Schäumend.

Mouton Cadet Populäre Marke für rote und weiße Bordeaux-Verschnitte.

Moutonne Chablis Grand Cru honoris causa (zwischen Vaudésir und Preuses); im Besitz von Bichot.

Mugnier, J.-F. 4-ha-Weingut in Chambolle mit erstklassigem Chambolle-Musigny Les Amoureuses und Musigny. Ferner Bonnes Mares.

Mumm, G. H. & Cie Cordon Rouge oJ; Crémant de Cramant oJ (seit 1992 Mumm de Cramant oJ); Cordon Rouge; **79 82 85 88**; Rosé **82 85 88** – Bedeutendes Champagner-Erzeuger- und -Handelshaus im Besitz von Seagram's. Luxusmarken: René Lalou **(79 82 85)**, Grand Cordon (**85**; herausgebracht

1991). Der Cramant oft ist superb, der Cordon Rouge etwas flach. Zweigbetrieb in Napa, Kalifornien.

Muré, Clos St-Landelin Elsässer Handelshaus in Rouffach mit Weinbergen im Grand Cru Vorbourg. Körperreiche Weine: reifer Pinot Noir (ungewöhnlich), kräftiger Riesling und Muscadet Vendange Tardive.

Muscadet Lo; w [★★] BV – Beliebter, preiswerter, oft köstlicher trockener Wein aus der Gegend von Nantes. Er soll keinesfalls scharf sein, aber einen Hauch Jodsalz aufweisen. Besonders gut zu Fisch. Die besten werden «sur lie», auf der Hefe, abgefüllt.

Muscadet de Sèvre-et-Maine Wein aus dem mittleren (besten) Teil des Gebiets.

Muscat Muskateller. Traube mit charakteristischem Aroma und ihr meist süßer (oft gespriteter VDN), nur im Elsaß trockener Wein.

Muscat de Beaumes-de-Venise Siehe Beaumes-de-Venise.

Muscat de Frontignan Midi; br; s ★★ BV – Süßer Midi-Muscat in steigender Qualität.

Muscat de Lunel Midi; br; s ★★ oJ – Süßer Muscat aus dem Midi. Kleiner Bereich, aber gut.

Muscat de Mireval Midi; br; s ★★ oJ – Wie voriger, aus der Gegend von Montpellier.

Muscat de Rivesaltes Midi; br; s ★ oJ – Süßer Muscat aus einem großen Gebiet bei Perpignan.

Musigny Bg; r (w) ★★★★ **69 72 76 78 79 82 83 85' 86 87** 88' **89'** 90' 91 92 93 – 10 ha Grand Cru in Chambolle-Musigny. Oft der schönste, wenn auch nicht wuchtigste aller roten Burgunder (und ein leichter Weißwein). Beste Erzeuger: de Vogüé, Drouhin, Leroy, Jadot, Roumier, Mugnier.

Nature Natürlich bzw. unbehandelt, insbesondere bei stillem Champagner.

Néac Kleiner Ort nördlich von Pomerol. Sauberer Wein, kommt als Lalande-de-Pomerol in den Handel.

Négociant-éleveur Händler, der den Ausbau des Weins übernimmt.

Nicolas, Ets In Paris beheimatetes Groß- und Einzelhandelshaus (weitgehend im Besitz von Castel Frères); eines der größten und besten Frankreichs.

Nuits-St-Georges r ★★→★★★ **69 71 76 78' 82 83 85' 86 87** 88' 89' 90' 91 92 93 – Bedeutende Weinstadt; Weine aller Qualitätsklassen, immer kräftig und vollaromatisch. Der Name lautet oft kurz «Nuits». Beste Lagen u. a. Les St-Georges, Vaucrains, Les Pruliers, Clos des Corvées, Les Cailles. Viele Erzeuger und Händler, v. a. Faiveley, Chevillon, Machard de Gramont, Grivot, Rion, Leroy, Michelot, Gouges, Chauvenet, Dom. de l'Arlot.

Oc, d' Midi; r rs w – Vin de Pays im Languedoc und Roussillon; v. a. sortenreine Weine und Primeurs.

Oisly et Thesée, Vignerons de Rührige Genossenschaft in der östlichen Touraine (Loire); mit gutem Sauv. Blanc, Cab. und Chardonnay. Verschnitt «Baronnie d'Aignan». Preiswert.

Orléanais, Vin d' Loire, r p w [★] BV – Kleiner VDQS-Bereich mit leichten, fruchtigen Weinen.

Ostertag Kleines Weingut in Epfig (Elsaß). Guter, in neuen Eichenfässern gereifter Pinot Noir sowie der beste Riesling und Pinot Gris aus der Grand-Cru-Lage Muenchberg. Aus der Lage Frönholz gut haltbarer Gewürztraminer.

Ott, Domaines Wichtigster Produzent von hochwertigen Provence-Weinen, u. a. Ch. de Selle (rosé und rot), Clos Mireille (weiß) und Ch. de Romassan.

Pacherenc-du-Vic-Bilh Südwestfrankreich; w; s ★ oJ – Seltene, nicht sehr bedeutende Spezialität aus der Gegend von Armagnac. Die Weine der Domaine Capmartin gehören zu den besten.

Paillard, Bruno Brut Première Cuvée oJ; Rosé Première Cuvée oJ; Chardonnay Réserve Privée oJ; Bur **79 81 83 85** – Kleines, aber bestrenommiertes Champagnerhaus mit großartigen, seidigen Jahrgangs- und oJ-Qualitäten zu fairen Preisen.

Palette Prov; r rs w [★★] – Aromatische Rot- und Roséweine von Ch. Simone bei Aix-en-Provence.

Parigot-Richard Erzeuger von sehr gutem Crémant de Bourgogne in Savigny-lès-Beaune.

Pasquier-Desvignes Sehr altes Beaujolais-Handelshaus bei Brouilly.

Patriarche Eine der größeren Handelsfirmen für Burgunder. Kellereien in Beaune; besitzt auch das Château de Meursault (40 ha); Schaumwein-Kriter usw.

Patrimonio Korsika; r w rs [★★→★★★] **90 91 92 93** – Verschiedene Weine aus einer wilden Kalkstein-Berglandschaft im Norden Korsikas. Vollduftige Rotweine, frische Weißweine und feiner VDN (Spitzenerzeuger: Gentile).

Pauillac Bx; r ★★→ ★★★★ **66' 70' 75 78' 79 81' 82' 83' 85'** 86' **87** 88' 89' 90' 91 92 93 – Der einzige Ort in Bordeaux (Haut-Médoc) mit drei Spitzengewächsen (Ch. Lafite, Latour, Mouton-Rothschild) neben vielen anderen guten; berühmt durch großes Bukett, jedoch unterschiedlich im Stil.

Pécharmant Dor; r ★★ **89 90 92 93** – Meist besserer leichter Bergerac-Rotwein mit mehr Gehalt. Spitzenweingüter: Ch. de Tiregand, Dom. du Haut-Pécharmant.

Pelure d'oignon «Zwiebelhaut»; bräunliche Färbung bestimmter Roséweine.

Perlant oder Perlé Perlend; geringfügige Bläschenbildung.

Pernand-Vergelesses Bg; r (w) [★★★] **78'** 83 85 87 **88' 89'** 90 91 92 93 – Ort bei Aloxe-Corton, in dessen Gemarkung Teile der großen Lagen Corton und Corton-Charlemagne sowie die Spitzenlage Ile des Vergelesses liegen. Erzeuger: u. a. Bonneau de Martray, Dubreuil-Fontaine, Jadot, Latour, Rapet, Chandon de Briailles, Delarche.

Perrier, Joseph Cuvée Royale Brut oJ; Cuvée Royale Bl. de Blancs oJ; Cuvée Royale Rosé oJ; Brut **76 79 82 83 85** – Champagnerhaus mit umfangreichem Weinbergbesitz in Châlons-sur-Marne; auf leichte, fruchtige Art spezialisierter Familienbetrieb; am besten die Prestige-Cuvée Joséphine **82 85**.

Perrier-Jouët Brut oJ; Blason de France oJ; Blason de France Rosé oJ; Brut **76 79 82 85 86 88** – Exzellentes Champagner-Erzeuger- und -Herstellerhaus in Epernay, jetzt im Besitz von Seagrams. Luxusmarken: Belle Epoque **(79 82**

83 86 88) in einer bemalten Flasche, Blason de France Rosé (oJ). Ferner Belle Epoque Rosé **(79 82 85 86)**.

Pessac-Léognan Neuere AC für einen Teil des nördlichen Graves mit den Weinbergen der meisten Grands Crus.

Pétillant Perlend.

Petit Chablis Bg; w ★★ BV – Wein aus Chablis-Lagen der vierten Klasse. Wenig Charakter, aber oft angenehm frisch. Am besten von der Genossenschaft La Chablisienne.

Pfaffenheim Erstklassige Elsässer Winzergenossenschaft mit 200 ha. Höchst individuelle Weine aller Traubensorten, u. a. guter Silvaner und sehr guter Pinot Noir/Gris/Blanc. Grand-Cru-Lagen: Goldert, Steinert. Hartenberger Crémant d'Alsace ist sehr zu empfehlen.

Philipponat oJ; Rosé oJ; Reserve Spéciale **82 85 88**; Grand Blanc Vintage **76 81 82 85 86 88**; Clos des Goisses **76 78 79 82 85 86** – Kleine Champagner-Familienfirma mit guter, fester Qualität, v. a. aus der Einzellage Clos des Goisses, und charmanter Rosé. Seit 1992 auch Le Reflet Brut oJ. Im Besitz von Marie Brizard.

Piat Père et Fils Bedeutendes Handelshaus von Beaujolais- und Mâcon-Weinen. Sitz in Mâcon, in der Hand der Grand Metropolitan. Weinberge in Moulin-à-Vent, auch Clos de Vougeot. Beaujolais und Mâcon-Viré in der Piat-Flasche sind stets ordentlich, doch Piat d'Or ist nicht zu empfehlen.

Pic, Albert Renommierter Chablis-Erzeuger, im Besitz von de Ladoucette.

Picard, Michel Dynamisches junges Handelshaus in Chagny, macht viel von sich reden. Mäßige Qualität.

Picpoul de Pinet Midi; w ★→ ★★ – AC exklusiv für die alte Rebsorte Picpoul. Beste Erzeuger: Dom. Gaujal, Genossenschaft Pomérols.

Pineau Charentais Starker, süßer Aperitif aus Traubenmost und Cognac.

Pinot Siehe Trauben für Weiß- und Rotwein.

Piper-Heidsieck Brut oJ; Rosé oJ; Brut **77 79 82 85** – Altrenommierte Champagnerfirma in Reims, heute im Besitz von Rémy-Cointreau. Année Rare **(76 79 85 88)** und Brut Sauvage **(79 82 85)** sind den übrigen etwas leichten Champagnern des Hauses weit voraus. Siehe auch Piper Sonoma, Kalifornien.

Pol Roger Brut White Foil oJ; Brut **73 75 76 79 82 85 86 88**; Rosé **75 79 82 85 86**; Blanc de Chardonnay **79 82 85 86** – Erstklassige Champagnerfirma, Familienbesitz, in Epernay. Besonders gut ist White Foil, Rosé, Réserve P. R. **(86)** und Chardonnay ohne Jahrgang. Üppige Luxus-Cuvée: «Sir Winston Churchill» **75 79 82 85**.

Pomerol Bx; r ★★ → ★★★★ **70 71' 75' 76 78 79 81' 82' 83' 85 86 88** 89 90 92 93 – Nachbarort von St-Emilion. Ähnliche, aber pflaumigere und cremigere Weine, früher reif, insgesamt zuverlässig und köstlich. Spitzen-Ch.: Pétrus, La Fleur-Pétrus, Vieux-Ch.-Certan, Latour-à-Pomerol, Certan-de-May, L'Evangile, La Fleur usw.

Pommard Bg; r ★★★ **69 71 72 78' 82 83 85' 86 87 88' 89'** 90 91 92 93 – Größter Weinort an der Côte d'Or. Wenige überragende Weine, aber viele kräftige und charaktervolle mit mind. 10 Jahren Lebensdauer. Beste Lagen: Rugiens, Epenots und Hospices de Beaune Cuvées. Erzeuger: u. a. Ch. de Pommard, G. Billard, Billard-Gonnet, Courcel, Gaunoux, Leroy, Armand, Pothier-Rieusset, de Montille, Mussy, Machard de Gramont, J.-M. Boillot.

Pommery Brut oJ; Rosé oJ; Brut **82 83 85 87 88 89** – Sehr bedeutendes Champagner-Erzeuger- und -Handelshaus in Reims. 1991 von Moët-Hennessy übernommen. Inzwischen stark verbesserte Qualität. Die Luxusmarke Louise Pommery **(81 82 83 85 87 88)** ist hervorragend. Auch Louise Pommery Rosé **(82 83 85 88 89)**.

Ponsot, J.-M. 10-ha-Weingut in Morey-St-Denis; u. a. viele Grands Crus: Chambertin, Chapelle-C., Latricières-C., Clos de la Roche, Clos St-Denis; sehr hohe Qualität.

Pouilly-Fuissé Bg; w ★★→★★★ **89' 90' 91 92** 93 – Der beste Weißwein des Bereichs Mâcon. Kann hervorragend sein (z. B. Ch. Fuissé Vieilles Vignes), ist aber fast immer zu teuer, u. a. gegenüber Chablis.

Pouilly Fumé Lo; w ★★→★★★ **90' 91' 92'** 93 – Fruchtiger, oft säuerlicher Weißwein mit Feuerstein-Aroma von der oberen Loire bei Sancerre, nur aus der Sauvignon-Blanc-Traube. Gute Jahrgänge entwickeln sich 2 bis 3 Jahre. Spitzenerzeuger u. a. Blondelet, Figeat, Tirel, Ladoucette, Bailly, Dagueneau, Redde, Saget, Renaud, Ch. de Tracy.

Pouilly-Loché Bg; w [★★] – Nachbarort von Pouilly-Fuissé. Ähnlicher, viel preisgünstigerer Wein (aber nur sehr wenig).

Pouilly-sur-Loire Lo; w ★ BV – Geringerer Wein aus den gleichen Lagen wie Pouilly Fumé, aber von anderen Trauben (Chasselas).

Pouilly-Vinzelles Bg; w [★★] **88 89 90 91** 92 – Nachbar von Pouilly-Fuissé. Ähnlicher Wein; empfehlenswert.

Edelfäule (franz.: pourriture noble, lat.: Botrytis cinerea) ist ein Schimmelpilz, der in bestimmten Lagen bei warmem, dunstigem Herbstwetter die Schalen der reifen Trauben befällt. Seine Wirkung besteht nicht darin, daß die Trauben faulen, sondern vielmehr einschrumpfen. Die Außenhaut wird dadurch weich und welk, so daß der Saft verdunstet, und übrig bleibt eine übersüße Konzentration aller in der Traube enthaltenen Stoffe, während das Wasser entzogen wird.

Die besten süßen Weine der Welt werden sämtliche aus edelfaulen Trauben bereitet. In guten Jahren tritt die Edelfäule in Sauternes,am Rhein und an der Mosel (Trockenbeerenauslese) sowie in Tokajin Ungarn, im Burgenland in Österreich und auch andernorts, z. B. in Kalifornien und Australien, auf. Gefährlich ist Regen auf die weichen Trauben, wenn die Edelfäule bereits weit fortgeschritten ist. Nur zu oft gehen besonders in Sauternes die Hoffnungen der Winzer dann in einem Regenguß «baden».

Pousse d'Or, Domaine de la Weingut mit 13 ha in Pommard, Santenay und v. a. Volnay; seine Weine «Monopoles», «Bousse d'Or» und «Clos des 60 Ouvrées» sind gerbstoffreich, gehaltvoll und genießen zu Recht höchsten Ruf.

Premier Cru In Bordeaux erste Klasse, in Burgund jedoch Lagen 2. Kl., hinter Grand Cru.
Premières Côtes de Blaye Bx; r w ★→★★ **82 85 86 88' 89' 90' 92** 93 – Beschränkte Appellation für die besseren Weine von Blaye mit besonderem Nachdruck auf Rotwein. Châteaux: Barbé, Charron, Bourdieu, Haut-Sociando, La Rose-Bellevue, La Tonnelle, l'Escadre, Segonzac, Le Monotat.
Premières Côtes de Bordeaux Bx; r (rs) w; tr s ★→★★ – Großer bergiger Bereich östlich von Graves, auf der anderen Seite der Garonne, zuverlässig in Qualität und Preis, aber nicht brillant. Vorwiegend Merlot. Châteaux einschl. Carsin, La Croix de Roche, Fontenil, Peyrat, Plaisance, Lamothe, Lafitte, Gardera, Fayau du Juge, Haut-Brignon, Reyon, Tanesse. Beachtenswert.
Prieur, Domaine Jacques Großartiges Weingut mit 14 ha bester Burgunderlagen, u. a. Premier Cru Meursault, Volnay sowie Puligny und sogar le Montrachet. 50 % Beteiligung von Rodet. Qualität v. a. seit 1989 stark verbessert.
Primeur Erfrischender, belebender junger Wein, besonders Beaujolais, auch Vin de Pays. «En-Primeur»-Verkauf bezieht sich dagegen auf Wein, der noch im Faß liegt und erst später ausgeliefert wird.
Prissée Siehe Mâcon-Villages.
Propriétaire-récoltant Besitzer-Betriebsleiter.
Provence Siehe Côtes de Provence.
Puisseguin-Saint-Emilion Bx; r ★★ **82 85 86 88' 89' 90' 92** 93 – Östlicher Nachbar und kleinster «Satellit» von St-Emilion; ähnlicher Wein – nicht so fein, oft aber preiswert. Ch. u. a. Laurets, Vieux-Ch.-Guibeau, La Croix de Berny, Puisseguin, Soleil, Teyssier. Ferner Genossenschaftswein «Roc de Puisseguin».
Puligny-Montrachet Bg; w (r) ★★★★ **78' 82 83' 85' 86' 88 89' 90' 91** 92 93 – Größerer Nachbar von Chassagne-Montrachet mit potentiell noch feineren, vitaleren, komplexeren und volleren trockenen Weißweinen; scheinbare Finesse kann auch auf Überertrag beruhen. Spitzenlagen: Montrachet, Chevalier-Montrachet, Bâtard-Montrachet, Bienvenues-Bâtard-Montrachet, Les Combettes, Clavoillon, Pucelles, Champ-Canet. Spitzenerzeuger: u. a. Amiot-Bonfils, Ampeau, Bouchard Père, Chartron, Sauzet, Carillon, Pernot, Latour, Drouhin, Jadot, J.-M. Boillot, H. Clerc, Dom. Leflaive, O. Leflaive.
Quarts de Chaume Lo; w; s ★★★ **75 76 78' 79' 82 85' 86 88'** 89' 90' 91 – Berühmte 48-ha-Lage in den Coteaux du Layon. Chenin-Blanc-Trauben. Immens langlebiger, intensiver, voller, goldener Wein, v. a. Ch. La Suronde, Dom. de Beaumard, Ch. de Bellerive.
Quatourze Midi; r (rs) w ★ **89 90 91 92** – Kleinerer AC-Bereich bei Narbonne.
Quincy Lo; w ★★ **90' 91 92** 93 – Kleiner Bereich mit sehr trockenem Wein in Sancerre-Art mit Sauvignon Blanc. Probierenswert. Erzeuger: Domaine Mardon, Meunier-Lapha, Sorbe.
Ramonet, Domaine Führendes Gut in Chassagne-Montrachet mit 13 ha, auch le Montrachet.

Rancio Bezeichnung für den begehrten Beigeschmack von in Holz gelagertem gespritetem braunem Wein, z. B. Banyuls und andere Vins Doux Naturels. Bei normalem Wein ist das ein Fehler.
Rasteau Rh r (rs w; tr) br; s ★★ 85' 86 88 89 90 91 92 – Dorf im südlichen Rhônetal. Sehr anständige Rotweine aus der Cave des Vignerons. Spezialität: starker Dessertwein (im Aussterben).
Ratafia de Champagne Süßer Aperitif aus der Champagne: ⅔ Traubensaft, ⅓ Branntwein. Ähnlich: Pineau de Charente.
Récolte Ernte oder Lese.
Reine Pédauque, La Erzeuger- und Handelsfirma für Burgunder in Aloxe-Corton. Siehe André, Pierre.
Regnié r ★★ 91 92 93 – Beaujolais-Ort zwischen Morgon und Brouilly mit ca. 720 ha Rebfläche. 1988 mit Cru-Status versehen. Probierenswert: Dubœuf.
Remoissenet Père et Fils Gutes Burgunder Handelshaus (bes. für Weißwein) mit kleinem Weinbergbesitz in Beaune. Die Rotweine brauchen Reifezeit. Beliefert auch die Nicolas-Filialen mit Weinen. Seine besten Weine stammen z. T. von der Dom. Thenard.
Rémy Pannier Wichtige Loire-Weinhandlung in St-Hilaire-St-Florent, Saumur.
Reuilly Lo; (r rs) w ★★ 90' 91 92 93' – Nachbar von Quincy mit ähnlichem, zunehmend hochgeschätztem Wein, v. a. neuer Chai de Reuilly. Auch guter Pinot Gris.
Riceys, Rosé des Champ; rs; ★★★ BV – Winzige Appellation in der südlichen Champagne, sie gilt für einen beachtenswerten Pinot Noir Rosé. Hauptererzeuger: A. Bonnet.
Richebourg Bg; r ★★★★ 69' 71 72 76 78' 80' 82 83 85' 86 87 88' 89' 90' 91 92 93 – 8 ha Grand Cru in Vosne-Romanée. Wuchtiger, bukettreicher, fabelhaft teurer Wein, zählt zu den allerbesten Burgundern. Spitzenerzeuger: Bichot, Dom. de la Romanée-Conti, Grivot, J. Gros, Leroy, Méo-Camuzet.
Riesling Siehe Trauben für Weißwein (Seiten 12/13).
Rion, Daniel et Fils 14-ha-Domaine in Prémeaux (Nuits). Exzellenter Vosne-Romanée (bes. Les Vignes Rondes, Les Beaumonts), Nuits Premiers Crus und Chambolle-Musigny Les Charmes. NB Auch Patrice Rion.
Rivesaltes Midi; r oder w; tr; br; s ★★ oJ – Süßwein aus den östlichen Pyrenäen. Eine alte, noch lebendige, wenn auch heutzutage hart bedrängte Tradition. Spitzenerzeuger: Dom. Boudau, Cazes, Ch. de Calce, Ch. de Jau.
La Roche-aux-Moines Lo; w; s ★★★ 75 76' 78 79 82 83 85' 86 88' 89' 90' 91 92' 93' – 24-ha-Areal in Savennières, Anjou. Intensiver, gehaltvoller, fruchtig-säuerlicher Wein; haltbar, aber auch frisch zu trinken.
Rodet, Antonin Bedeutendes Handelshaus in Burgund mit großem Weinbergbesitz (150 ha), v. a. in Mercurey (Ch. de Chamirey); hohe Qualität. Siehe auch Prieur. Jetzt im Besitz von Laurent-Perrier.
Roederer, Louis Brut Premier oJ; Rich oJ; 71 73 75 76 78 79 81 83 85 86 88; Blanc de Blancs 88; Brut Rosé 75 83 85 86 88 – Eines der besten Champagner-Erzeuger- und -Handelshäuser in Reims. Zuverlässiger, vollmundiger Champagner. Die

samtige Luxus-Cuvée Cristal Brut **79 82 83 85 86 88** (in Klarglasflaschen) braucht Reifezeit. Siehe auch Kalifornien, Australien (Tasmanien).

La Romanée Bg; r ★★★★ **78' 82 83 85' 86 87'** 88 **89'** 90' 91 92 93 – 1 ha Grand Cru in Vosne-Romanée oberhalb von Romanée-Conti. Monopôle von Liger-Belair; Vertrieb durch Bouchard-Père.

Romanée-Conti Bg; r ★★★★ **66' 76 78' 80' 82 83 84** 85' 86 87 88' 89' 90' 91 92 – Ca. 2 ha Grand Cru monopole in Vosne-Romanée, erbringt jährlich 450 Kisten des gefeiertsten und teuersten Rotweins der Welt mit allmählich sich entfaltenden ungeahnten Geschmacksnuancen. 85er, 88er und 90er ganz erstaunlich.

Romanée-Conti, Domaine de la (DRC) Das großartigste Weingut in Burgund. Dazu gehört ganz Romanée-Conti und La Tâche sowie größere Teile von Richebourg, Grands Echézaux, Echézaux und Romanée-St-Vivant, ferner ein sehr kleiner Teil von Le Montrachet und La Romanée. Majestätische Preise. Beste DRC-Weine brauchen jahrzehntelange Reife.

Romanée-St-Vivant Bg; r ★★★★ **76 78' 80' 82 83 85' 86 87** 88 **89'** 90' 91 92 – 9 ha Grand Cru in Vosne-Romanée. Ähnlich wie Romanée-Conti, jedoch leichter und nicht so üppig. Spitzenerzeuger: DRC und Leroy.

Ropiteau Weinerzeuger und -handelshaus in Meursault, Burgund. Spezialität: Meursault- und Côte-de-Beaune-Weine.

Rosé d'Anjou Lo; rs ★ BV – Blasser, lieblicher Rosé. Cabernet d'Anjou gilt als besser.

Rosé de Loire Lo; rs ★→★★ BV – Appellation für trockenen Loire-Rosé (Anjou ist süß).

Rossignol-Février Père et Fils Domaine mit 1,5 ha; eine der besten in Volnay.

Roty, Joseph Kleiner Erzeuger von klassischem Gevrey-Chambertin, v. a. Charmes- und Mazis-Chambertin. Langlebige Weine.

Rouget, Emmanuel Erbe (Neffe) des legendären 5-ha-Besitzes von Henri Jayer in Vosne-Romanée, Nuits und Echézeaux. Spitzenwein: V.-R. Cros Parantoux. Jayer (seit 1988 im Ruhestand) fungiert hier und bei der Domaine Méo-Camuzet als Berater.

Roumier, Georges 14-ha-Domaine in Burgund mit ausnehmend gutem Bonnes Mares, Musigny, Clos de Vougeot usw. Hoher Qualitätsstand; lang haltbare Rotweine.

Rousseau, Domaine A. Bedeutender Erzeuger in Burgund, berühmt für intensiven, langlebigen Chambertin usw. in feinster Qualität; größtenteils Grand Cru.

Roussette de Savoie Sav; w [★★] BV – Der schmackhafteste unter den frischen Weißweinen aus der Gegend südlich vom Genfersee.

Roussillon Größtes Herkunftsgebiet von VDN (oft «Grands Roussillons»); inzwischen werden die dunklen und schweren Muskateller durch leichtere abgelöst. Siehe Côtes du Roussillon.

Ruchottes-Chambertin Bg; r ★★★ **78' 80 83 85' 86 87** 88 **89'** 90' 91 92 93 – 3 ha Grand Cru, Nachbar von Chambertin;

ähnlicher, hervorragender, langlebiger Wein von großer Finesse. Spitzenerzeuger: Leroy, Roumier, Rousseau, Mugneret.

Ruinart Père et Fils «R» de Ruinart Brut oJ; «R» de Ruinart Rosé oJ; «R» de Ruinart Brut **86 88 90** – Zu Moët-Hennessy gehörende, älteste Champagnerfirma mit bekannt feinen, frischen Weinen. Luxusmarken: Dom Ruinart, Blanc de Blancs **(81 82 83 85 86 88)**, Dom Ruinart Rosé **(81 82 83 85 86)**. Besonders günstig der sehr gute Rosé.

Rully Bg; r w; (sch) ★★ **88' 89' 90' 91 92** 93 – Ort an der Côte Chalonnaise, durch Burgunder-Crémant berühmt. Stille Rot- und Weißweine, leicht, aber vollmundig und preiswert, v. a. der Weißwein. Erzeuger: u. a. Delorme, Faiveley, Jacquesson, Dom. de la Folie, A. Rodet.

Sables du Golfe du Lion Midi; rs r w ★ BV – Vin de Pays aus Sanddünen am Mittelmeer; v. a. Gris de Gris von Carignan, Grenache und Cinsaut. Hauptererzeuger: Listel.

Sablet Rh; r (rs) w ★★ **89 90 91 92** – Erstklassiger Côte-du-Rhône-Village-Ort, v. a. Ch. du Trignon, Dom. de Boissan, Dom. de Verquière.

St-Amour r ★★ **91 92 93** – Nördlichstes Cru im Beaujolais; leichter, fruchtiger, einschmeichelnder Wein. Empfehlenswerte Erzeuger: Patissier, Janin, Revillon.

St-André-de-Cubzac Bx; r w; ★→★★ **85 86 88' 89' 92'** 93 – Stadt 25 km nordöstlich von Bordeaux, Zentrum der Cubzaguais-Region. Saubere Rotweine (Appellation Bordeaux Supérieur). Château: du Bouilh, de Terrefort-Quancard, Timberlay, Domaine de Beychevelle.

St-Aubin Bg; (r) w ★★ **85' 86' 88 89' 90 91** 92 93 – Wenig bekannter Nachbar von Chassagne-Montrachet in einem Seitental. Mehrere Premiers Crus mit leichten, festen, durchaus stilvollen Weinen; angemessene Preise. Auch als Côte de Beaune-Villages im Handel. Spitzenerzeuger: J. Lamy, Lamy-Pillot, Jadot, Bachelet, Roux, Clerget, H. Prudhon.

St-Bris Bg; w r ★ BV – Ort westlich von Chablis, bekannt durch fruchtigen Aligoté, v. a. aber durch Sauvignon-de-St-Bris. Auch guter Crémant.

St-Chinian Midi; r ★→★★ **88 89 90 91 92** – Hügeliges Gebiet mit wachsendem Ansehen in den Coteaux du Languedoc. Seit 1982 AC. Schmackhafte Rotweine aus dem Süden, v. a. von Berlou.

St-Emilion: Das Klassensystem

St-Emilion verfügt über ein eigenes, 1986 revidiertes Klassensystem. An der Spitze stehen zwei Premiers Grands Crus Classés «A»: Château Ausone und Château Cheval Blanc. Es schließen sich 9 Premiers Grands Crus Classés «B» an. Insgesamt 63 Châteaux wurden zu Grands Crus Classés gewählt (sie müssen sich 1994 zur Wiederwahl stellen). Weitere rund 170 Weingüter bilden schließlich die Gruppe der Grands Crus, die sich jedes Jahr bei offiziellen Weinproben ihren Rang neu bestätigen lassen müssen. Das St-Emilion Grand Cru ist also annähernd das Pendant zum Médoc Cru Bourgeois oder Grand Bourgeois.

St-Emilion Bx; r ★★ → ★★★★ **70’ 71 75 79’ 81 82’ 83’ 85’ 86’ 88** 89’ 90’ 92 93 – Der größte Bereich (5200 ha) von Bordeaux mit Spitzenqualität; solide, bukettreiche, vollmundige Weine aus vielen Ch., u. a. Cheval-Blanc, Ausone, Canon, Magdelaine und Figeac. Auch gute Winzergenossenschaft.

St-Estèphe Bx; r ★★ → ★★★★ **75 76 78’ 79 81 82’ 83’ 85’ 86 87** 88’ 89’ 90’ 91’ 92 93 – Ort im nördlichen Haut-Médoc. Solider, sauberer, manchmal überragender Wein. Spitzen-Ch.: Calon-Ségur, Cos d’Estournel, Montrose u. a. Mehr gute Crus Bourgeois als in anderen Haut-Médoc-Gemeinden.

St-Gall Brut oJ; Extra Brut oJ; Brut Blanc de Blancs oJ; Brut Rosé oJ; Brut Bl. de Blancs **88** – Markenname der Union Champagne, der hervorragenden Genossenschaftskellerei in Avize. Meist milder, als Brut sonst ist.

St-Georges-St-Emilion Bx; r ★★ **83’ 85’ 86’ 88’** 89’ 90 92 93 – Teil von Montagne-St-Emilion; hoher Qualitätsstand. Spitzen-Ch.: St-Georges, Belair-Montaiguillon, Marquis-St-Georges, Tour-du-Pas-St-Georges.

St-Jean de Minervois Feiner, süßer Muscat aus dem Minervois. Neuerdings sehr verbessert.

St-Joseph Rh; r (rs oder w) ★★ **83 85 86 88 89 90 91 92** – Appellation an der nördlichen Rhône; zweiter Rang mit vernünftigen Preisen. Kräftiger, aber unterschiedlicher Wein, oft besser als Crozes-Hermitage, v. a. von Jaboulet, Grippat, Chapoutier, Chave.

St-Julien Bx; r ★★★→★★★★ **70’ 75 78’ 79 81’ 82’ 83’ 85’** 86 **87’ 88’** 89’ 90’ 91 92 93 – Ort im mittleren Médoc mit einem Dutzend der besten Ch. von Bordeaux, u. a. 3mal Léoville, Beychevelle, Ducru-Beaucaillou, Gruaud-Larose. Inbegriff eines harmonischen, duftigen und saftigen Rotweins.

St-Nicolas-de-Bourgueil Lo; r ★★ **82 83 85’ 86** 88 **89’ 90’** 91 92 93’ – Nachbarort von Bourgueil; gleichartiger, lebendiger, fruchtiger Cabernet Franc. Spitzenerzeuger: Amirault, Mabilleau, Taluau, Cognard, Tamet.

St-Péray Rh; w; sch ★★ oJ – Ziemlich schwerer Weißwein von der nördlichen Rhône, zum großen Teil als Schaumwein. Eine probierenswerte Kuriosität.

St-Pourçain-sur-Sioule Zentralfrankreich; r rs w ★→★★ BV – Der leichte, aber altehrwürdige lokale Wein von Vichy; rot und rosé von Gamay und/oder Pinot Noir; weiß von Tressalier und/oder Chard. oder Sauv. Bl. Neuere Jahrgänge stark verbessert, aber recht teuer. AC in Aussicht? Spitzenerzeuger: Dom. de Bellevue, Ray.

St-Romain Bg; r w ★★ (w) **86’ 88 89’ 90’ 91** 92 93 – Lang übersehener Ort hinter der Côte de Beaune. Empfehlenswert v. a. die festen, frischen Weißweine. Die Rotweine haben sauberen «Biß». Spitzenerzeuger: Thévenin-Monthélie, Latour, Jean Germain, Leroy, Gras, Fèvre.

St-Véran Bg; w ★★ **90 91 92 93** – Nachbar-Appellation von Pouilly-Fuissé. Ähnlicher Wein, aber preiswerter; trockener Weißwein mit echtem Charakter von den besten Hängen von Mâcon-Villages. Probierenswert: Dubœuf, Dom. des Deux Roches, Ch. Fuissé und Dom. des Valanges.

Ste Croix-du-Mont Bx; w; s ★★ 75 76' 82 83 86' 88' 89 90 91 92 93 – Nachbar von Sauternes mit ähnlich goldenem Wein. Nichts Herausragendes, aber probierenswert, v. a. Ch. Loubens, Ch. du Mont, Clos des Coulinats, Ch. Lousteau Vieil. Oft sehr preiswert, v. a. im Alter.

Salon 71 73 76 79 82 – Champagnerhaus mit dem Original-Blanc-de-Blancs aus Le Mesnil an der Côte de Blancs; überragend, intensiv, sehr trocken und haltbar; nur kleine Mengen. 1988 von Laurent-Perrier übernommen.

Sancerre Lo; (r rs) w ★★★ 86 88 89 90' 91 92' 93' – Sehr duftiger, frischer weißer Sauvignon, kaum von Pouilly Fumé (dem Nachbarwein von der anderen Loire-Seite) zu unterscheiden. Spitzenweine halten sich 5 Jahre. Auch leichter roter Pinot Noir, mit 2 bis 3 Jahren am besten, und Rosé. Spitzenerzeuger: Crochet, Cordier, Cotat, Bonnard, Bourgeois, Bailly, Pinard, Reverdy.

Santenay Bg; r (w) ★★★ 78' 82 83 85' 87 88' 89' 90 91 92 93 – Wertvoller, selten hinreißender kräftiger Rotwein aus dem Ort südlich von Chassagne. Beste Lagen: Les Gravières, Clos de Tavannes. Spitzenerzeuger: Dom. de la Pousse d'Or, Lequin-Roussot, Morey.

Saumur Lo; r rs w; sch ★→★★ – Vielseitiger Bereich in Anjou mit frischen, fruchtigen Weißweinen, sehr gutem Crémant (Erzeuger u. a. Bouvet-Ladubay), hellen Rosés und immer besseren Cabernet-Franc-Rotweinen. Siehe Saumur-Champigny.

Saumur-Champigny Lo; r 82 85 86' 88 89' 90' 91 92 93' – Blühende Appellation für frische Cabernet-Franc-Rotweine; sonnige Jahrgänge halten sich bemerkenswert gut. Der Bereich umfaßt 10 Orte; beachtenswert: Ch. de Chaintres, Ch. du Hureau, Dom. Filliatreau, Dom. Ruault und die Coopérative de St-Cyr.

Sauternes Bx; w; s ★★→★★★★ 67' 71' 75 76' 78 79' 80' 81 82 83' 85 86' 88' 89' 90' 91 92 – Distrikt mit 5 Orten (einschl. Barsac), aus denen Frankreichs beste Süßweine kommen: gehaltvoll (14 %+ Alkohol), üppig und goldfarben, braucht Alterung. Spitzen-Ch.: d'Yquem, Suduiraut, Coutet, Climens, Guiraud u. a. Trockene Weine dürfen nicht als Sauternes verkauft werden.

Sauternes und Graves: Das Klassensystem

Sauternes verfügt über eine 1855 aufgestellte, recht einfache Klassifizierung. Château d'Yquem steht einsam als Premier Grand Cru an der Spitze. Es folgen 11 Premiers Crus und 12 Deuxièmes Crus. In Graves sieht die Rangfolge noch einfacher aus. Château Haut-Brion ist das einzige Premier Cru Classé; 14 weitere Châteaux wurden 1959 in eine alphabetische Liste von Crus Classés für Rot- und/oder Weißwein aufgenommen. Die Bezeichnung Crus Bourgeois ist nicht gebräuchlich.

Sauvignon Blanc Siehe Trauben für Weißwein (Seite 13).

Sauvignon-de-St-Bris Bg; w ★★ BV – Junger VDQS-Bereich nahe Chablis, mit Sancerre verwandt. Probierenswert. «Dom. Saint Prix» von der Dom. Bersan ist gut.

Sauvion et Fils Ehrgeiziges, gutgeführtes Muscadet-Haus mit Sitz im Ch. de Cléray. Spitzenwein: Cardinal Richard.

Sauzet, Etienne Weingut mit weißem Burgunder in Puligny-Montrachet. Gut ausgebaute, manchmal sogar superbe Weine.

Savennières Lo; w; tr/s ★★★ 75 76' 78' 82 83 85 86' 88 89' 90' 93 – Kleiner Distrikt in Anjou mit würzigen, langlebigen Weißweinen, einschließlich Coulée de Serrant, La Roche aux Moines, Ch. d'Epiré, Clos du Papillon.

Savigny-lès-Beaune Bg; r (w) ★★★ 78' 85' 87 88' 89' 90' 91 92 93 – Bedeutender Ort bei Beaune mit ähnlichen ausgeglichenen mittelschweren Weinen, oft vorzüglich, lebendig und fruchtig. Beste Lagen: Marconnets, Dominode, Serpentières, Vergelesses, les Guettes. Spitzenerzeuger: Bize, Girard-Vollot, Tollot-Beaut, Clair, Chandon de Briailles, Camus, Leroy, Ecard.

Savoie Ostfrankreich; r w; sch ★★ BV – Alpiner Bereich mit leichten, trockenen Weinen, ähnlich den Schweizer oder einfacheren Loire-Weinen. Bekannteste Weißweine: Crépy, Seyssel und Apremont; interessanter ist der Roussette. Auch roter guter Mondeuse.

Schaller, Edgard Elsässer Weingut in Mittelwihr; Grand Cru Mandelburg. Trockene Weine, v. a. Riesling «Mambourg Vieilles Vignes» (braucht Zeit) und «Les Amandiers» (jünger trinkreif).

Schlumberger Elsässer Erzeuger- und Handelshaus in Guebwiller. Außerordentlich volle Weine, u. a. üppiger Gewürztraminer aus den Grand-Cru-Lagen Kessler und Kitterlé (auch Sélections des Grains Nobles und Vendages Tardives). Feiner Riesling Kitterlé und Saering. Auch guter Pinot Gris.

Schröder & Schÿler Altes Handelshaus in Bordeaux, Familienbesitz, Eigentümer von Ch. Kirwan.

Sciacarello Rote Traube, Grundlage der besten Rotweine Korsikas, z. B. Ajaccio, Sartène.

Sec Wörtlich: trocken; so bezeichneter Champagner ist halbsüß (für Sektfrühstück und Hochzeiten, besser als Brut).

Sélection des Grains Nobles Von Hugel geprägte Bezeichnung für das elsässische Gegenstück zur deutschen Beerenauslese. «Grains nobles» sind Trauben mit Edelfäule (siehe S. 87).

Sèvre-et-Maine Das Département mit den besten Muscadet-Lagen.

Seyssel Sav; w; sch ★★ oJ – Delikater blasser, trockener Weißwein, auch sehr angenehmer, leichter Schaumwein.

Sichel & Co. Zwei berühmte Handelshäuser. In Bordeaux leitet Peter A. Sichel die Maison Sichel und ist Besitzer von Ch. Angludet sowie eines Teils von Ch. Palmer. In Deutschland leitet Peter M. F. Sichel (aus New York) das angesehene Handelshaus Sichel Söhne (Marke «Blue Nun»).

Silvaner Siehe Trauben für Weißwein (Seite 13).

Sipp, Jean und Louis Elsässer Erzeuger von Grand Cru Kirchberg de Ribeauvillé im Wettstreit um den feinsten Riesling: Jean bietet jugendfrische Eleganz (kleinerer Weinberg, nur eigener Ertrag), Louis feinere Art in der Reife.

Sirius Seriöser, eichenfaßgereifter Bordeaux-Verschnitt der Maison Sichel.

Skalli Dynamischer Erzeuger mit guten Weinen von Cab., Merlot, Chard. usw. in Sète (Languedoc). Standardmarke: Fortant de France. Außergewöhnliche experimentelle Weine.

Sur Lie Siehe «Lie» und «Muscadet».

Syrah Siehe Trauben für Rotwein (Seite 15).

La Tâche Bg; r ★★★★ **69' 70 76 78' 80' 82** 83 85' **86** 87 88' 89' 90' 91 92 – 6 ha Grand Cru in Vosne-Romanée, eine der besten Lagen der Erde; stets gleichmäßig dunkler, bukettreicher, luxuriöser Wein (1500 Kisten). Im Besitz der Domaine de la Romanée-Conti.

Taittinger Brut oJ; Rosé oJ; Brut **73 75 76 78 79 80 82 83 85 86 89**; Collection Brut **78 81 82 83 85 86** – Bekanntes Champagner-Erzeuger- und -Handelshaus in Reims mit leichtem, blumigem Stil. Luxusmarke: Comtes de Champagne Blanc de Blancs **(79 81 82 83 85 86)**. Auch sehr guter Rosé **(79 83 85 86)**. Zum Besitz gehört auch Champagne Irroy. Siehe auch Domaine Carneros, Kalifornien.

Tastevin, Confrérie des Chevaliers du Illustre und erfolgreiche Gesellschaft zur Förderung des Weinbaus in Burgund. Mit dem Tastevinage-Etikett versehener Wein ist von der Gesellschaft geprüft und gewöhnlich auch gut. Ein Tastevin ist die traditionelle flache silberne Weinprobierschale von Burgund.

Tavel Rh; rs ★★★ BV – Der berühmteste, wenn auch nicht der beste französische Rosé, gehaltvoll, trocken. Spitzenerzeuger: Ch. d'Aquéria, Maby, Bernard, Dom. de la Mordorée, Ch. de Trinquevedel. Sehr jung am besten.

Tempier, Domaine Spitzenerzeuger in Bandol mit sehr feinen Rotweinen (u. a. aus Einzellagen) und Rosés.

Thénard, Domaine Großer Erzeuger in Givry, am bekanntesten jedoch durch seinen bedeutenden Anteil (1,8 ha) an Le Montrachet. Man möchte von diesem Juwel noch Besseres erwarten dürfen.

Thorin, J. Erzeuger und bedeutender Händler in Pontanevaux (Beaujolais), Besitzer des Château des Jacques, Moulin-à-Vent.

Thoursais, Vin de Lo; r w ★ BV – VDQS-Bereich für leichten Gamay und Sauvignon Blanc aus der Gegend südlich von Saumur.

Tokay d'Alsace Siehe Pinot Gris unter Trauben für Weißwein (Seite 12).

Tollot-Beaut Stilvoller Burgunder-Erzeuger, 20 ha in der Côte de Beaune mit Corton, Beaune, Grèves, Savigny und in seinem Heimatort Chorey-les-Beaune.

Touchais, Moulin Außerordentlich üppiger Coteaux du Layon aus spektakulären alten Beständen der Familie Touchais. Jahrgänge zurück bis in die 20er Jahre, wie Sahne und Honig – dabei nicht überteuert.

Touraine Lo; r rs w; tr/s/sch ★→★★★ – Große Provinz an der mittleren Loire mit einer Vielfalt von Weinen, u. a. trockener weißer Sauvignon, trockener und lieblicher Chenin Blanc (z. B. Vouvray), roter Chinon und Borgueil, leichter roter Cabernet-, Gamay- und Rosé-Wein. Cabernets, oft zu empfehlen. Unterbereiche: Amboise, Azay-le-Rideau und Mesland.

Trapet Zwei Domänen in Chevrey-Chambertin; beide gut, v. a. R. T.

Trévallon, Domaine de Provence; r ★★★ – Weingut in Les Baux mit vollem, intensivem Cabernet/Syrah-Verschnitt.

Trimbach, F. E. Distinguiertes Elsässer Erzeuger- und Handelshaus in Ribeauvillé. Spitzenwein: u. a. herber Riesling Clos Ste-Hune, Grand Cru Geisberg und Cuvée Frédéric Emile (Riesling Grand Cru Osterberg). Auch guter Gewürztraminer.

Turckheim, Cave Vinicole de Die vielleicht beste Winzergenossenschaft im Elsaß. Viele feine Weine, u. a. Grands Crus (z. B. Pinot Gris Hengst), von über 360 ha.

Tursan Südwestfrankreich; r rs w [★] – Aufstrebender VDQS-Bereich in den Landes mit sauberen Rotweinen. Ch. Bachen [★★★] im Besitz von Michel Gérard sorgt für Bekanntheit und baldige Anerkennung als AC.

Vacqueyras Rh; r [★★] 85 86 **88 89** 90 91 92 – Nachbar von Gigondas; oft preiswerterer Wein. Probierenswert: die Version von Jaboulet oder Ch. de Montmirail.

Valençay Lo; w ★ BV – VDQS; Nachbar von Cheverny; ähnlicher gefälliger säuerlicher Wein.

Val-Joanis, Ch. de Prov; r rs w ★★→★★★ – Eindrucksvolles Gut mit feinen Côtes-du-Lubéron-Weinen. Probierenswert.

Val d'Orbieu, Vignerons du Zusammenschluß von etwa 200 Spitzenerzeugern und Genossenschaften in Corbières, Coteaux du Languedoc, Minervois, Roussillon usw. mit der Firma Sichel als Vertriebsorganisation für eine erstklassige Auswahl an AC-Weinen.

Vallée du Paradis Midi; r w rs – Populärer Vin de Pays von roten Lokalrebsorten.

Valréas Rh; r (rs w) [★★] **88** 89 90 **91 92** – Côtes-du-Rhône-Village-Ort mit großer Genossenschaft und guten, mittelschweren Rotweinen.

Varichon & Clerc Bedeutendste Erzeuger- und Händlerfirma für Schaumweine aus Savoyen.

Varoilles, Domaine des Burgundergut in Gevrey-Chambertin (12 ha). Gerbstoffreiche Weine mit bester Haltbarkeit.

Vaudésir Bg; w [★★★★] 78' 83' 85' **86 88** 89' **90 91 92** 93 – Wohl einer der besten der 7 Grands Crus von Chablis.

VDQS Vin Délimité de Qualité Supérieure (siehe Einleitung).

Vendange Lese.

Vendange tardive Spätlese. Im Elsaß gleichwertig mit deutscher Auslese, aber meist alkoholstärker und robuster.

Veuve Clicquot oJ («Yellow Label»); oJ Demi-Sec (White Label); **76 78 79 82 83** (Gold Label: seit 1985 «Vintage Réserve» **85 88**); Rosé Reserve **83 85** – Historisches Champagnerhaus mit höchstem Ansehen. Jetzt im Besitz von LVMH. Vollmundiger, fast reichhaltiger Champagner der verläßlichen Art. Kellereien in Reims. Luxusmarke: La Grande Dame **(79 83 85 88)**.

Vidal-Fleury, J. Alteingesessenes Erzeuger- und Handelshaus für Spitzenweine von der Rhône, v. a. Hermitage und Côte-Rôtie 1985 von Guigal übernommen.

Vieilles Vignes «Alte Reben», deshalb die besten Weine. Von vielen, besonders von Bollinger, Ch. Fuissé und de Vogüé benutzt.

Viénot, Charles Erzeuger und Händler für angesehenen Burgunder in Nuits-St-Georges; im Besitz von Boisset. 28 ha in Nuits, Corton, Richebourg usw.

Vieux Télégraphe, Domaine du Rh; r w ★★★ 78' 79 81 82 83 85 86 88 89 90 91 92 – Führend in feinem, kräftigem, modernem Châteauneuf-du-Pape.

Vignoble Weinberg.

Vin de l'année Diesjähriger Wein. Siehe Beaujolais.

Vin Doux Naturel («VDN») Süßer, mit Weingeist gespriteter Wein; die Süße ist also «natürlich», nicht aber der Alkoholgehalt. Eine Spezialität des Roussillon. Ein Vin doux liquoreux hat einen höheren Alkoholgehalt.

Vin de garde Wein, der bei Lagerung besser wird. Meist seriöse Spitzenweine.

Vin gris «Grauer Wein»; er ist blaßrötlich, wird aus roten Trauben hergestellt, die vor Einsetzen der Gärung gepreßt werden, anders als beim Rosé, der nach kurzer Gärung abgepreßt wird. Œil de Perdrix ist ungefähr dasselbe.

Vin jaune Jura; w ★★★ (Min. 7 Jahre alt) – Spezialität von Arbois: von eigentümlich gelber Farbe wie Fino Sherry; nach dem Abfüllen genußreif. Am besten ist der Château Chalon.

Vin nouveau Siehe Beaujolais Nouveau.

Vin de paille «Strohwein», aus auf Strohmatten getrockneten Trauben, daher sehr süß, z. B. italien. Passito. Bes. im Jura.

Vin de Pays Der noch junge Rang der Landweine ist längst nicht mehr zu übersehen: Er ist heute in Frankreich die dynamischste Weinkategorie. In letzter Zeit sind vorwiegend im Midi über 140 Namen von Vins de Pays in Gebrauch gekommen. Sie teilen sich in drei Gruppen: *régional* (z. B. Vin de Pays d'Oc für den ganzen Midi), *départemental* (z. B. Vin de Pays du Gard für das Département Gard nahe der Rhônemündung) und *Vin de Pays de Zone*, die präziseste und meist auch der besten Qualität entsprechende Bezeichnung, z. B. Coteaux de l'Uzège, Côtes de Gascogne, Val d'Orbieu. Sortenreine Vins de Pays sowie Primeurs (am 3. Donnerstag im November auf den Markt kommende Rot- und Weißweine) sind besonders populär. Hier heißt es zugreifen: Es ist manches Juwel und manches andere charmante Schmuckstück darunter.

Vin de Table Standard-Alltagswein, der keinen besonderen Bestimmungen über Trauben und Ursprung unterliegt. Meist ist der Vin de Pays empfehlenswerter.

Vin vert Sehr leichter, säuerlicher, erfrischender Weißwein, eine Spezialität des Roussillon und im Sommer in dieser heißen Gegend höchst willkommen.

Vinsobres Rh; r (rs w) [★★] 85 86 88 89 90 91 92 – Widersprüchlicher Name (sobre = nüchtern) eines guten Weinortes an der südlichen Rhône. Potentiell gehaltvolle, jedoch meist einfache Rotweine.

Viré Bg; w [★★] 90 91 92 93 – Eines der besten Weißweindörfer von Mâcon. Guter Genossenschaftswein sowie Ch. de Viré. Clos du Chapitre, Jadot.

Visan Rh; r rs w ★★ 88 89 90 **91** 92 – Eines der besseren Dörfer an der südlichen Rhône. Rotwein weit besser als weißer.

Viticulteur Winzer.

Vogüé, Comte Georges de (Jetzt Dom. les Musigny). Erstklassige Domaine (12 ha) in Chambolle-Musigny. Spitzenlagen: Musigny und Bonnes Mares.

Volnay Bg; r ★★★ **78 80 83 85' 87** 88'89' 90' **91** 92 93 – Ort zwischen Pommard und Meursault; oft die besten Rotweine von der Côte de Beaune, nicht stark oder schwer, aber duftig und samtig. Beste Lagen: Caillerets, Clos des Ducs, Champans, Clos des Chênes u. a. Spitzenerzeuger: Pousse d'Or, d'Angerville, Lafarge, de Montille, Hospices de Beaune, J. Boillot, M. Rossignol.

Volnay-Santenots Bg; r ★★★ – Hervorragender Rotwein aus Meursault, wird unter dieser Bezeichnung verkauft. Von Volnay Premiers Crus nicht zu unterscheiden.

Vosne-Romanée Bg; r ★★★→★★★★ 78' **83** 85' **86 87** 88' 89' 90' 91 92 93 – Der Ort mit den grandiosesten Crus von Burgund (Romanée-Conti, La Tâche u. a.). Gewöhnlichen Wein gibt es in Vosne kaum. Erzeuger, u. a. Arnou Gevigny, Gros, Latour, Leroy, Meir-Camuzet, Mongeard-Mugneret, Grivot, Dom. de la Romanée-Conti, Castagnier, Engel, Rion.

Vougeot Siehe Clos de Vougeot.

Vouvray Lo; w; tr/s/sch ★★→★★★★ 76' 78' **79 82 83** 85' 86 88 89' 90' 91 92 93 – Kleiner Distrikt in der Touraine mit sehr unterschiedlichen Weinen, die besten intensiv süß und fast ewig haltbar. Guter trockener Schaumwein. Spitzenerzeuger: Huet, Foreau, Allias, Ch. Moncontour, Brisebarre, Champalou, Fouquet, Ch. Gaudrelle, Brédif, Poniatowski.

Willm, A. Erzeuger in Barr im nördl. Elsaß mit sehr gutem Clos-Gaensbroennel-Gewürztraminer.

Y (igrek) 78' 79' 80' **84 85 86 87 88 89** – Im Château d'Yquem gelegentlich produzierter trockener Weißwein, im Alter am interessantesten.

Ziltener, André Schweizer Handelshaus und Burgunder-Weingut mit Sitz im Ch. Ziltner, Chambolle-Musigny. Reiche Auswahl; saubere Weine.

Zind-Humbrecht Weingut mit 25 ha in Wintzenheim, Turckheim und Thann im Elsaß. Erstklassige Einzellagenweine, v. a. Clos St-Urbain Riesling, sowie sehr feine Weine aus den Grand-Cru-Lagen Goldert (Gewürztraminer und Muscat), Hengst und Rangen.

Die Châteaux von Bordeaux

Auf die sieben fetten 1980er Jahre folgten in Bordeaux ganz im biblischen Stil drei magere. Manche Liebhaber, die sich nur allzu gern an füllige, dunkle Jahrgänge gewöhnt hatten, bekamen nun zu ihrem Leidwesen die andere Seite der Medaille von Bordeaux zu sehen. Dagegen äußerte sich ein Château-Besitzer erfreut: «Nach all den unnatürlich mediterranen Sommern endlich wieder eine kühle Brise vom Atlantik.» Für die mittelmäßigen 91er werden wir zwar alle kaum große Begeisterung aufbringen, doch gut bereitete 92er und 93er sind genau das, was Bordeaux sein soll: frisch, duftig, sauber, klar – und obendrein zu wieder viel bescheideneren Preisen. Im übrigen werden die heranreifenden Bestände aus der «mediterranen Dekade» auch nicht gerade über Nacht verschwinden.

Die Ernte 1993 wurde bei nicht endenwollendem Regen von verzagten, wasserdicht eingepackten Lesern eingebracht. Sie konnten nicht ahnen, daß die Augustsonne den Trauben bereits dicke Schalen und süßen Saft geschenkt hatte. Diejenigen Châteaux, die auf die eine oder andere Weise das Zuviel an Wasser loswurden, hatten ausgezeichnetes Rohmaterial in der Hand. Die 1993er werden uns schmecken – manche sogar sehr.

In der neuen Ausgabe führe ich eine neue Art Indikator für die Wahl zwischen den Jahrgängen ein. Wie bisher zeigt dünner Druck an, daß der Wein des betreffenden Jahrgangs noch Zeit zum Reifen braucht, fetter Druck weist auf ausgereifte Weine hin, und farbiger Druck bezeichnet sehr gute Jahrgänge, die – meist nach Angaben der jeweiligen Erzeuger – 1995 bevorzugt zu genießen sind. Die Auswahl beruht also auf persönlichem Geschmack und Urteil: Die einen mögen «gut abgehängten», die anderen frischen und fruchtigen Wein. Auch das ist ein Aspekt der grandiosen Vielfalt, durch die sich Bordeaux auszeichnet.

d'Agassac Haut-Médoc; r ★★ **82' 83' 85' 86 88 89' 90' 91 92** 93 – Dornröschenschloß aus dem 14. Jh. mit 32 ha Weinbergen, ganz nahe bei Bordeaux. Gleicher Besitzer wie Ch. Calon-Ségur und du Tert. Lebendiger Wein, in Holland sehr beliebt.

d'Alesme Margaux; r ★★ **78 79 81 82 83 85 86 87** 88' 89 90 – Sehr kleines Gut, 3e Cru (7 ha), früher Marquis d'Alesme. Besser als sein Ruf.

Andron-Blanquet St-Est; r ★★ **82 83 85' 86** 88 89' 90 – Schwester-Château von Cos-Labory. 16 ha. Den Weinen fehlt es an Charme.

L'Angélus St-Em; r ★★★ **79' 81 82 83' 85' 86 87'** 88 89' 90' 92 93' – 24 ha beste Lage auf den Côtes westlich der Stadt St-Emilion. Ein Star der letzten Jahrgänge.

d'Angludet Cant-Mar; r ★★→★★★ **61 66 70 76' 78' 79 80 81' 82 83** 85 86 **87** 88' 89' 90 91 92 93 – 30 ha. Im Besitz von Peter A. Sichel. Cru Exceptionnel mit Cru-Classé-Qualität. Lebendiger, duftiger Margaux mit großem Stil. Sehr preisgünstig.

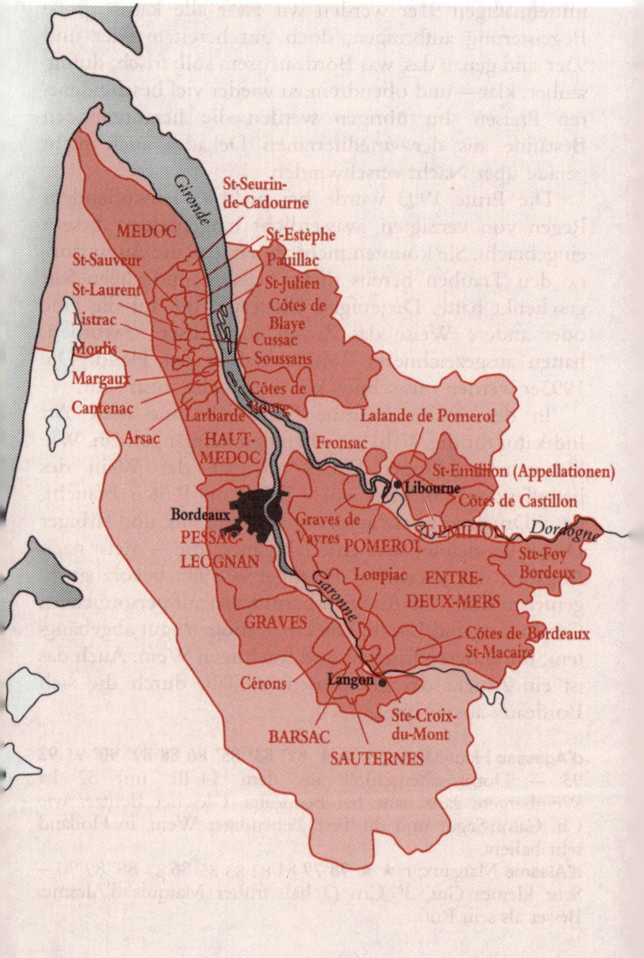

d'Archambeau Graves; r w; tr (s) ★★ (r) 82 83 85 86 88 89 90 91 92 (w) 88 90' 91 92 93 – Modernes 22-ha-Gut in Illats. Sehr guter, fruchtiger Weißwein und seit 85 duftiger, faßgereifter Rotwein.

d'Arche Sauternes; w; s ★★ 79 80 81 82 83' 85 86' 88' 89' 90 – 35-ha-Gut, seit 1980 verjüngt. Volle, saftige Weine.

d'Arcins Médoc; r ★★ – 74-ha-Besitz der Familie Castel (Castelvin ist ein bekannter Vin de Table). Schwester-Château des Nachbarguts Barreyres (64 ha).

d'Armailhac Pau; r ★★★ 70' 75' 78' 79 81 82' 83 85 86' 87 88 89 90' 91 92 93 – Neuer Name (seit 91) für Ch. Mouton-Baronne-Philippe. Bedeutendes Ch. 5e Cru. Vom verstorbenen Baron Philippe de Rothschild in die Höhe gebracht. 50 ha liefern sanfteren, nicht so vollen und üppigen Wein wie Mouton-Rothschild, der aber in seiner Klasse an der Spitze steht.

Arnauld Haut-Médoc; r ★★ 85 88 90 – 18 ha alte Reben in Arcins. Seit 85 beachtenswert.

L'Arrosée St-Em; r ★★★ 79 81 82 83 85' 86' 87 88 89' 90' – Weingut mit 9,5 ha in den Côtes. Seriöser, feiner Wein, der es trotz des Namens («gewässert») in sich hat. Ein erstklassiger St-Emilion: füllig und fest.

Ausone St-Em; r ★★★★ 75 76' 78 79 81 82' 83' 85 86' 87 88 89 90 91 92 93 – 7 ha in allerbester Lage an den Côtes, erstklassiges Gewächs mit großem Ruf (rund 2500 Kisten); berühmte Keller unter dem Weinberg in den Felsen gehauen. In Bestform der festeste, eleganteste und subtilste St-Emilion. Siehe auch Ch. Belair.

Bahans-Haut-Brion Graves; r ★★★ oJ und 82 83 85 86' 87 88 89' 90 91 92 93 – Zweitetikett von Ch. Haut-Brion, das seiner noblen Herkunft alle Ehre macht.

Balestard-la-Tonnelle St-Em; r ★★ 83 85 86' 87 88' 89 90' 92 93 – Historisches Gut, 12 ha, auf dem Plateau nahe der Stadt. Volles Aroma; seit 85 mehr Finesse.

de Barbe Côtes de Bourg; r (w) ★★ 82' 83 85 86 87 88 89 90 92 93 – Größtes (59 ha) und bekanntestes Ch. von Bourg. Süffiger, leichter, aber fruchtiger Merlot-Rotwein.

Baret Pessac-L.; r w ★★ (r) 83 85 86 88 89' 90' – 4000 Kisten Rotwein, 3000 Weißwein. Ein berühmter Name hat sich von einer Flaute erholt. Heute von Borie-Manoux geführt; auch guter Weißwein.

Bastor-Lamontagne Saut; w s ★★ 71 76 79 81 82 83 85 86 87 88' 89' 90' – Großes Cru-Bourgeois-Gut mit Cru-Classé-Qualität in Preignac. Ausgezeichneter, voller Wein. Zweitetikett: Remparts de Bastor (92). Beachtenswert auch Ch. St-Robert in Pujols für roten und weißen Graves. 10 000 Kisten.

Batailley Pauillac; r ★★★ 70 75' 78' 79' 81 82' 83' 85' 86 87 88' 89' 90' 91 92 93 – Das größere der zwei berühmten Güter der 5. Stufe (das andere ist Haut-Batailley) an der Grenze zwischen Pauillac und St-Julien. 44 ha. Fester, feiner, vollduftiger Wein, Heim der Familie Castéja von Borie-Manoux.

Beaumont Cussac, Haut-Médoc; r ★★ 82 85 86' 87 88 89' 90' 91 92 93 – Crus Bourgeois mit über 80 ha, in Frankreich bekannt für stets erfreuliche und immer bessere Weine von heranreifenden Reben. Seit 1987 gleiche Besitzer wie Ch. Beychevelle. Zweites Etikett: Ch. Moulin d'Arvigny. 35 000 Kisten.

Beauregard Pomerol; r ★★★ 82' 83 85 86 87 88 89' 90' 92 93 – 17 ha Weinberge mit schönem Ch. aus dem 17. Jh., nahe La Conseillante; im Besitz einer Bank. Guter, recht zarter Wein, schon recht früh genußreif. Zweitetikett: Benjamin de Beauregard.

Beauséjour-Duffau-Lagarosse St-Em; r ★★★ 82 83 85 **86** 88 89' 90' – Teil des alten Premier-Cru-Guts Beau-Séjour am Westhang der Côtes. 7 ha seit langem in Familienbesitz. Fester, konzentrierter, feiner Wein.

Beau-Séjour-Bécot St-Em; r ★★ **75 81** 82' 83 85 86' **87** 88' 89' 90' 91 92 93 – Die zweite Hälfte von Beau-Séjour (18 ha). Die Herabstufung von 1985 ist umstritten; seither wieder stark verbessert. Den Bécots gehört auch Ch. Grand Pontet.

Beau-Site St-Est; r ★★ 75' 78' 79 81 82 83 85 86' 87 88 89' 90 92 93 – 22 ha Cru Bourgeois Exceptionnel. In gleichem Besitz wie Chx. Batailley usw.

Belair St-Em; r ★★★ 71 75' 78 **79' 82' 83'** 85' **86'** 88' 89' 90' 91 92 93 – Schwestergut und Nachbar von Ausone, ca. 14 ha an den Côtes. Der Wein ist etwas herzhafter und nicht so komplex; sehr hoher Standard in den letzten Jahren. Marke «Roc-Blanquant» oJ, nur in Magnum-Flaschen.

de Bel-Air Lalande de Pomerol; r ★★ 82' 83 **85** 86 87 88' 89' 90 92 93 – Bekannteste Besitzung in dem Dorf nördlich von Pomerol. Für die Gegend typischer Wein. 10 ha.

Bel Air-Marquis d'Aligre Sou-Mar; r ★★ 79' 81 82' 85 86 88 89 90 – 17 ha Cru Exceptionnel (organisch betrieben) mit altem Rebbestand; ergibt nur 3500 Kisten. Der Besitzer liebt saftigen Wein.

Belgrave St-Lau; r ★★ 81 82 83 85 86' 87 88 89 90' – Ca. 43 ha 5e Cru, im Hinterland von St-Julien; nicht ganz so bekannt. 1979 von Dourthe aufgekauft. Zweitetikett: Diane de Belgrave – seit 1987.

Bellegrave Listrac; r ★★ 82 83 85 86 88 89 90 92 93 – Cru Bourgeois (15 ha) mit vollmundigem Wein unter Beratung durch Pichon-Lalande.

Bel-Orme-Tronquoy-de-Lalande St-Seurin-de-Cadourne (Haut-Médoc); r ★★ 75' 79' 81 **82** 83 85 86 87 88 89 90 91 92 93 – 24 ha Cru Bourgeois, nördlich von St-Estèphe. Alter Weinberg, tanninreiche Weine; jetzt verstärkte Anstrengungen.

Berliquet St-Em; r ★★ **78** 81 **82** 83 **85** 86 87 88 89' 90 91 92 93 – Grand Cru Classé (9 ha), jetzt sehr gut geführt (von der Genossenschaft St-Emilion).

Bertineau St-Vincent, Lalande de Pom; r ★★ – 4 ha im Besitz des hochrangigen Önologen Michel Rolland (siehe auch Le Bon Pasteur).

Beychevelle St-Jul; r ★★★→★★★★ 70' 75' 78 81 82' 83 **84** 85 86' 87 88 89' 90 91 92 93 – 68 ha, 4e Cru, mit dem schönsten Landsitz im Médoc. Seit 1985 neue Besitzer (eine Versicherungsgesellschaft). Wein mit Eleganz und Kraft, knapp unter der Spitzenklasse von St-Juliens. Zweitwein: Amiral de Beychevelle.

Biston-Brillette Moulis; r ★★ – Attraktives Château in Moulis. 7000 Kisten.

Bonalgue Pom; r ★★ – Ehrgeiziges Weingut, 2500 Kisten; Wein für lange Lebensdauer; beobachtenswert. Les Hautes-Tuileries ist ein Schwestergut.

Bonnet Entre-Deux-Mers; r w ★★ (w) BV (r) 90 91 92 93 – Großproduzent (240 ha!) von mit zum Besten gehörendem Entre-Deux-Mers.

Bon-Pasteur, Le Pom; r ★★★ 70 75 76 79 81 82 83 85 86' 87 88 89' 90' 92 93 – Ausgezeichnetes, kleines Gut (3500 Kisten) an der Grenze von St-Emilion; im Besitz des Weinbauberaters Michel Rolland. Konzentrierte, manchmal sehr körperreiche Weine.

Boscq, Le St-Est; r ★★ 82 83 85 86 87 88 89' 90 92 93 – Führendes Cru Bourgeois mit schmackhaftem, höchst empfehlenswertem St-Estèphe («Vieilles Vignes»).

Ein Bordeaux-Etikett

CHÂTEAU
DUCRU-BEAUCAILLOU
GRAND CRU CLASSE
APPELLATION ST-JULIEN
CONTRÔLÉE
MIS EN BOUTEILLE AU
CHÂTEAU

Ein Château ist ein Weingut, nicht unbedingt ein Schloß, und braucht auch kein großes Weinbergareal zu besitzen. Die örtliche Klassifizierung ist in verschiedenen Teilen von Bordeaux unterschiedlich. Die Appellation Contrôlée: vgl. St-Julien in «Frankreich von A–Z». «Im Château abgefüllt» – bei Cru-Classé-Weinen jetzt das normale Verfahren.

Le Bourdieu-Vertheuil Haut-Médoc; r ★ ★ 81 82 83 85 86 88 89 90' 92 93 – Cru Bourgeois in Vertheuil mit Schwester-Ch. Victoria (zusammen 54 ha), bekannt für Weine im Stil von St-Estèphe. Seit 1990 neue Besitzer mit neuen Ausrüstungen und Bemühungen.

Bourgneuf Pomerol; r ★★ 81 82 83 85' 86 88 89' 90 92 93 – 9 ha große Lage auf kreidehaltigem Lehmboden, bringt schön volle Weine mit typischem Pomerol-Pflaumenbukett. 8000 Kisten.

Bouscaut Graves; r w ★ ★ 81 82' 83 85 86' 88 89 90 92 93 – Cru Classé bei Cadaujac, 1980 von Lucien Lurton, dem Besitzer von Ch. Brane-Cantenac usw., gekauft. 30 ha Rotwein (meist Merlot); 6 ha Weißwein. Bisher fehlt es an Brillanz, langsame Besserung ist unverkennbar.

du Bousquet Côte de Bourg; r ★★ 82 83 85 86 88 89 90' 92 93 – 59 ha großes zuverlässiges Gut mit ansprechendem, solidem Wein.

Boyd-Cantenac Margaux; r ★★★ 78' 79 81 82' 83' 85 86' 87 88 89 90 91 92 93 – 18 ha, 3e Cru; oft gefällige Weine; volles Aroma; jedoch nicht ganz auf der Höhe. Siehe auch Ch. Pouget.

Branaire-Ducru St-Jul; ★★★ 75' 79' 81 82' 83 85 86 87 88 89' 90' 91 92 93 – 50 ha, 4e Cru, mit überaus würzigen, vollen Weinen in den 70er Jahren. Ende der 80er Jahre erfolgte ein deutlicher Aufschwung. Neue Besitzer seit 1988; Zweitetikett: Duluc.

Brane-Cantenac Cant-Mar; r ★ ★ ★ **75' 78' 79 81 82' 83 85** 86' **87** 88 89 90 – 84 ha, 2e Cru. Saft-, kraft- und charaktervolle Weine. Gleiche Eigentümer wie Ch. Durfort-Vivens, Villegeorge, Climens, Bouscaut usw. Zweitetiketten: Ch. Baron de Brane, Ch. Notton.

du Breuil Cissac; r ★ ★ **88 89 90** 92 93 – Altes aufgegebenes Château, von den Besitzern von Ch. Cissac übernommen und restauriert. Beobachtenswert.

Brillette Moulis; r ★★ **81' 82 83 85' 86** 88 **89'** 90 91 92 93 – 28 ha Cru Bourgeois. Zuverlässiger, ansprechender Wein. Zweitetikett: Berthault Brillette.

La Cabanne Pomerol; r ★ ★ **79 81 82' 83 86 87** 88' 89' 90' 91 92 93 – Angesehenes, 10 ha großes Gut in der Nähe des großen Ch. Trotanoy. Inzwischen modernisiert. Zweitwein: Dom. de Compostelle. Siehe auch Ch. Haut-Maillet.

Cadet Piola St-Em; r ★★ **75' 78 79 81 82 83' 85' 86 87 88** 89' 90 91 92 93 – Gediegenes, kleines Gut ganz in der Nähe von St-Emilion. 3000 Kisten tanninherber Wein. Gehört dem Eigentümer von Ch. Faurie de Souchard; der Wein ist nicht so robust wie dort.

Caillou Saut; w s ★★ **75 76 78 81 82 83 85 86 87** 88' 89' 90' 91 92 – Gut geführtes Weingut in Barsac, 15 ha, 2e Cru; fester, fruchtiger Wein. Spitzensorte: «Private Cuvée» (**81 83 85** 86 88 89').

Calon-Ségur St-Est; r ★★★ **78' 79' 81 82' 83 85' 86' 87** 88' 89 90 91 92 93 – 49 ha, 3e Cru, mit bestem Renommée für fruchtigen, herzhaften Wein; nicht so stilvoll wie die Spitzenklasse von St-Estèphe, aber derzeit in guter Form. Zweitetikett: Marquis de Ségur.

Cambon-la-Pelouse Haut-Méd; r ★★ **82 85 86 87 88** 89 90 **92** 93 – Großes Cru Bourgeois (58 ha). Eine zuverlässige Quelle für frischen, typischen Médoc ohne Faßreife.

Camensac St-Lau; r ★★ **81 82' 85 86' 87 88** 89 **90** 91 **92** 93 – 5e Cru, 60 ha, unter derselben sachkundigen Leitung wie Larose-Trintaudon. Gute, lebendige, wenn auch vielleicht nicht unbedingt klassische Weine. Zweitetikett: La Closerie de Camensec.

Canon Can-Fronsac; r ★★→★★★ **82 83 85 86'** 88 89' 90 92 – Kleines Gut im Besitz von Christian Moueix; langlebiger Wein.

Canon St-Em; r ★★★ **79' 81 82' 83 85' 86 87** 88' 89' 90' 92 93 – Ca. 18 ha, 1er Cru, auf dem Plateau westlich der Stadt. Berühmt, konservative Methoden, sehr beeindruckender Wein. Gehört zur Spitzengruppe von St-Emilion. Zweitetikett (seit 1991): Clos J. Kanon.

Canon de Brem Can-Fronsac; r ★★ **81 82' 83 85 86** 88 89' 90 **92** 93 – Spitzengut in Fronsac mit kräftigem Wein. Im Besitz von Moueix.

Canon-la-Gaffelière St-Em; r ★★★ **82 83 85 86' 87** 88' 89 90' 92 93 – 19 ha Cru Classé am Fuß der Côtes, in deutschem Besitz. Völlige Überarbeitung bringt seit 85 mehr Stil, Substanz und Überzeugungskraft.

Canon-Moueix Can-Fronsac; r ★ ★ **83 85 86** 87 88 89' 90 92 93 – Die neueste Moueix-Investition in dieser aufstrebenden Appellation. Sehr stilvoller Wein.

Cantegril Graves; r ★★ **88 89 90** – Stilvoller, erdiger, duftiger Rotwein aus dem Ch. Doisy-Daëne in Barsac.

Cantemerle Macau; r ★ ★ ★ **61 78 81 82 83' 85 87** 88 89' 90 91 92 93 – Romantisches Gut im südl. Médoc mit Château im Wald und 60 ha Weinbergen. Offiziell 5e Cru, seiner Geschmacksharmonie wegen jedoch potentiell viel höhere Klasse. Ende der 70er Jahre gab es Probleme. Inzwischen kehrt ein «neuer Besen» (Cordier, seit 1981) das volle Potential hervor. Neue Keller und Eichengärfässer seit 1990. Zweitetikett: Villeneuve de Cantemerle.

Cantenac-Brown Cant-Mar; r ★ ★ ★ **70 78 79 82 83 85 86' 87** 88 89 90' 91 92 93 – 31 ha, 3e Cru, früher veraltete Methoden, neue Jahrgänge sehr vielversprechend. Kräftige Weine. Neue Besitzer (wie Pichon-Longueville) investieren unter der Leitung von J.-M. Cazes große Mittel. Zweitetikett: Canuet.

Capbern-Gasqueton St-Est; r ★ ★ **81 82 83 85 86** 88 89 90 92 93 – 34 ha Cru Bourgeois, gleicher Eigentümer wie Ch. Calon-Ségur. Gute Qualität.

Cap de Mourlin St-Em; r ★★ **79' 81 82' 83 85 86 87** 88 89 90 92 93 – Bekanntes Weingut, 15 ha, im Besitz der Familie Cap de Mourlin (Eigentümer von Ch. Balestard und Ch. Roudier, Montagne St-Em); gehaltvoller, schmackhafter St-Emilion.

Carbonnieux Graves; r w ★★★ **82 83 85** 86' **87 88** 89' 90' 91 92 93 – Historisches Gut in Léognan, produziert recht leichte Rotweine (seit 85 stark verbessert). Die Weißweine (halb Sémillon) von **87 88 89** 90 91 92' haben 10 Jahre Lebensdauer. Ch. Le Pepe und Le Sartre gehören ebenfalls zum Familienbesitz. Zweitetikett: La Tour-Léognan.

Cardaillan Gr r ★★ – Der zuverlässige Rotwein des vornehmen Sauternes-Ch. de Malle.

La Cardonne Blaignan (Médoc): r ★ ★ **88 89** 90 **91 92** 93 – Cru Bourgeois, großes Gut (120 ha) im nördlichen Médoc, seit 1973 im Besitz der Rothschilds auf Ch. Lafite und 1990 wieder verkauft; seither gute Chancen. Ziemlich einfacher, fruchtiger Médoc, jung am besten.

Les Carmes-Haut-Brion Graves; r ★★ **81' 82' 83 85 86 87** 88' 89 90' 91 92 93' – Kleiner (3,5 ha), aber nicht unwürdiger Nachbar von Haut-Brion; höherer Standard als Cru Burgeois. Alte Jahrgänge beweisen klassisches Potential. Nur 1500 Kisten.

Caronne-Ste-Gemme St-Lau; r ★★→★★★ **81 82' 83 85 86 87 88** 89' 90 91 92 93 – 40 ha Cru Bourgeois. Stetige stilvolle Qualität ist der Lohn für Geduld. Dem Niveau nach könnte es ein Cru Classé sein.

Carteau-Côtes-Daugay St-Em; ★★ – Aufstrebendes Grand-Cru-Gut mit 5000 Kisten. Beobachtenswert wegen vollmundiger, früh genußreifer Weine.

du Castéra Médoc; r ★★ **85 86 87** 88 89 90' **91 92 93** – Historisches Gut in St-Germaine im nördlichen Médoc. Beachtenswert durch Geschmacksvielfalt ohne zuviel Gerbstoff.

Certan-Giraud Pomerol; r ★ ★ **75 79 81 82 83' 85 86** 88 89' 90' 92 93 – Kleines Gut (7 ha) in der Nähe von Ch. Pétrus; guter Wein, aber man erwartet Besseres.

Certan-de-May Pomerol; r ★ ★★ **70 75 78 79 81 82' 83' 85' 86 87** 88' 89' 90' 91 92 93 – Nachbar von Vieux-Château-Certan.

Winziger Besitz (1800 Kisten) mit körper- und gerbstoffreichem, vollem Wein; beständig sehr hoch im Kurs.

Chambert-Marbuzet St-Est; r ★★ 70 76 **78 79 81 82 83 85 86 87** 88 89' 90' 91 92 93 – Sehr kleines Schwestergut (8 ha) von Haut-Marbuzet. Sehr guter Wein (vorwiegend Cabernet); mit viel Geschick in neuen Eichenfässern ausgebaut. Der Besitzer, M. Duboscq, liebt ihn gut ausgereift.

Jahrgänge in Magerdruck sollten jetzt nur geöffnet werden, wenn ein Interesse daran besteht, ihre künftige Entwicklung zu beurteilen. Jahrgänge in Fettdruck gelten (vorwiegend bei den Erzeugern) als genußreif. Es ist jedoch zu bedenken, daß die Franzosen relativ jungen, kräftigen Wein bevorzugen und vielen 82ern, 83ern, 85ern und den meisten guten 86ern daher noch mindestens ein Jahrzehnt der Entfaltung bevorsteht. Mit einem Apostroph gekennzeichnete Jahrgänge hält der jeweilige Erzeuger selbst für besonders gut gelungen. Farbig hervorgehobene Jahrgänge sind 1995 bevorzugt zu genießen.

Chantegrive Graves; r w ★★ – 86-ha-Gut; je zur Hälfte Weiß- und Rotwein; sehr guter, moderner Graves. Cuvée Caroline heißt die weiße Spitzenauslese **(89 90 92 93)**, Cuvée Edouard die rote **(82 83 85)**. Weitere Etiketten: u. a. Mayne-Lévêque, Bon-Dieu-des-Vignes.

Chasse-Spleen Moulis; r ★★★ **75' 76 78' 79 81'** 82' **83'** 85 86 **87** 88 89' 90' 91 92 93 – 72 ha Cru Exceptionnel in Cru-Classé-Qualität. Stets zuverlässiger, ausgezeichneter, lang reifender Wein. Zweitetikett: Ermitage de C-S. Siehe auch La Gurgue.

Chéret-Pitres Graves; r w ★→★★ – Größeres Gut in dem aufstrebenden Weinort Portets. Jung genußreifer, aber auch lange haltbarer Wein.

Cheval Blanc St-Em; r ★★★★ **64 66 70 71 75' 76 78 79 80 81' 82'** 83' **84** 85' 86 **87** 88 89 90' 91 92 93 – Neben Ausone das Spitzen-Cru von St-Emilion. 40 ha an der Grenze zu Pomerol. Der Wein ist gehaltreich, vollblütig und intensiv duftig, schmeckt jung schon köstlich und lebt doch eine Generation lang. Zweitetikett: Le Petit Cheval.

Chevalier, Domaine de Graves; r w ★★★★ (r) **66 70' 76 78 79' 81' 82 83' 84 85** 86' **87** 88' 89' 90' 91 92 93 – Herrliches kleines Gut von 15 ha bei Léognan. Der Rotwein ist zuerst streng, gewinnt bei Alterung Fülle und Feinheit. Der Weißwein ist zart und reift zu vollem Bukett (**79' 81 82 83' 85' 87'** 88 89 90 91 92 93').

Chicane Graves r ★★ **85 86 88 89 90' 91** 92 93 – Ansprechender, verläßlicher Wein des Händlers Pierre Coste aus Langon. Weitere Marke: Domaine de Gaillat. Nach 2 bis 6 Jahren genußreif (der Gaillat etwas später).

Cissac Cissac; r ★★ **70' 71 75' 76 78' 79 81 82' 83' 84 85** 86' **87 88 89** 90 91 92 – Ein Pfeiler der Crus Bourgeois. 32 ha Grand Bourgeois Exceptionnel mit beständig gutem, sehr langlebigem Wein. Seit 1987 auch Ch. du Breuil. Zweitwein: Les Reflets du Ch. Cissac.

Citran Avensan, Haut-Médoc; r ★★ **78' 82 83 85 86 87 88 89' 90 91** 92 93 – 71 ha Grande Bourgeois Exceptionnel, 1987 von Japanern aufgekauft. Wird stark überarbeitet; 89er «mit Turbolader». Zweitetikett: Moulins de Citran.

Clarke Listrac, Haut-Médoc; r (rs) (w) ★★ **82 83 85' 86' 87 88** 89' 90 91 **92** 93 – 140 ha Cru Bourgeois; Rothschild-Unternehmung mit gut ausgestatteten Räumen für Besucher. Die Nachbar-Châteaux Malmaison und Peyrelebade gehören dazu. U. a. ein neuartiger lieblicher Weißwein «Le Merle Blanc du Ch. Clarke».

Clerc-Milon Pauillac; r ★★★ **78' 79 81 82' 83 85 86' 87** 88 89' 90' 91 92 93 – 5e Cru, bis 1970 vergessen, dann von dem inzwischen verstorbenen Baron Philippe de Rothschild erworben. Jetzt 29 ha, z. T. von Mouton beigesteuert. In den 70er Jahren kein übermäßig anspruchsvoller Wein (ausgenommen 1970er, aber sehr guter 85er und v. a. 86er sowie 88er, 89er und 90er).

Climens Sauternes; w; s ★★★★ **71' 75' 76 78 79 80' 81 82 83' 85' 86'** 88' 89 90' – Gut mit 30 ha Cru Classé in Barsac; produziert mit den stilvollsten (jedoch nicht den süßesten) Wein der Welt, der gut 10 Jahre Reifezeit braucht. Zweitetikett: Les Cyprès. Gleicher Eigentümer wie Ch. Brane-Cantenac usw.

Clinet Pomerol; r ★★★ **81 82 83 85 86 87** 88' 89' 90' 91 92 93 – 7-ha-Besitz im mittleren Pomerol mit intensivem Wein von alten Reben. Seit 1986 ein Musterbeispiel für Pomerol.

Clos l'Eglise Pomerol; r ★★★ **75 78 79' 81 83 85 86** 88 **89** 90' 92 93 – 6-ha-Gut in einer der besten Lagen von Pomerol. Feiner, jedoch nicht allzu gehaltvoller Wein. Ch. Plince gehört derselben Familie.

Clos Floridène Gr r w ★★★ (r) **90' 91 92** 93' (w) **86 87' 88 89'** – Von einem der besten Weißweinerzeuger in Bordeaux, Denis Dubourdieu, lanciert. Eichenfaßsvergorener Sauv./Sém. für 5 Jahre Reifezeit. Auch fruchtiger Rotwein **(86 88 89 90 91 92 93)**. Siehe auch Ch. Reynon.

Clos Fourtet St-Em; r ★★★ **78 79 81 82' 83 85** 86 88 89 90 – 17 ha Premier Cru auf dem Plateau mit Kellern in der Stadt. Nach Flaute jetzt seit 1990 wieder in Form. Gleiche Eigentümer wie Climens, Brane-Cantenac usw. Zweitetikett: Dom. de Martialis.

Clos Haut-Peyraguey Saut; w s ★★ **83 85** 86' **87** 88' **89** 90' – Sehr kleiner Besitz, guter, recht vollmundiger Wein. Zweitetikett: Haut-Bommes.

Clos des Jacobins St-Em; r ★★ **75' 78 79 81 82' 83' 85 86 87** 88' 89' 90' 92 93 – Bekanntes, gut geführtes kleines Cru-Classé-Gut, 7 ha; im Besitz des Händlers Cordier. Weine mit Tiefe und Stil.

Clos du Marquis St-Jul; r ★★ **81 82 83 85 86' 87** 88 89' 90 91 92 – Zweitetikett von Léoville-Las Cases mit gleichem Zuschnitt.

Clos René Pomerol; r ★★★ **75 81 82' 83 85 86 87** 88 89 90 – Führendes Ch. im Westen von Pomerol; 15 ha; immer vollerer Wein. Auch unter dem Etikett Ch. Moulinet-Lasserre.

Clos St-Martin St-Em; r ★★★ 88 89 90' – 3,5 ha in bester Lage; zum Besitz gehören auch Grandes-Murailles und Côte Baleau, die jedoch bei der Klassifizierungsrevision 1985 abgestuft wurden. Viel Konfusion, doch diesen Wein sollte man probieren.

La Closerie-Grand-Poujeaux Moulis (Haut-Médoc); r ★★ 85 86 88 89 90 91 92 93 – Kleines, aber hochgeachtetes Gut im mittleren Médoc, 1992/93 modernisiert. Die Nachbar-Châteaux Bel-Air-Lagrave und Haut-Franquet Gehören zum Besitz.

La Clotte St-Em; r [★★] 82 83' 85 86 88 89 90' 92 93' – Kleines Grand-Cru-Gut in den Côtes mit starkduftigem, geschmeidigem Wein. Zu bekommen im Restaurant des Besitzers, «La Cadène» in St-Em. Seit 1990 neuer Kellermeister. Zweitetikett: Clos Berger Bosson **(91)**.

Colombier-Monpelou Pauillac; r ★★ 81 82 83 85 86' 87 88 89 90' 91 92 93 – Zuverlässiges, kleines Cru Bourgeois mit recht hohem Qualitätsniveau.

La Conseillante Pomerol; r ★★★★ 70' 75 76 79 81' 82' 83 84 85 86 87 88 89 90' 91 92 93 – 12 ha Cru Classé auf dem Plateau zwischen Pétrus und Cheval Blanc. Einer der nobelsten und duftigsten Pomerols, seiner herrlichen Lage würdig; er trinkt sich immer gut, ob jung oder alt.

Corbin (Giraud) St-Em; r ★★ 75 79 81 82' 83 85 86 88 89 90' 92 93 – 11 ha Cru Classé im Norden von St-Emilion mit mehreren gleichen Namens, am Rande des Plateaus. In Spitzenjahrgängen sehr fülliger Wein. In gleichem Besitz wie Certan-Giraud.

Corbin-Michotte St-Em; r [★★] 75 81 82 83 85 86 88 89' 90 – Gut geführtes 8-ha-Gut mit vollmundigem, Pomerol-ähnlichem Wein.

Cordeillan-Bages Pauillac; r [★★] – Knapp 1000 Kisten vollblütiger Pauillac aus dem Château-Hotel von J.-M. Cazes (siehe Lynch-Bages).

Cos d'Estournel St-Est; r [★★★★] 61 66 70 75' 76' 78' 79 81' 82' 83' 84 85' 86' 87 88' 89' 90' 91 92 93 – 56 ha 2e Cru, mit einem exotischen Bauwerk oberhalb von Ch. Lafite. Stets vollduftiger, oft großartiger Wein. Einer der besten Médocs. Zweitetikett: Château Marbuzet.

Cos Labory St-Est; r [★★] 82 83 85 86 87 88 89' 90' 91 92 93 – 5e Cru, wenig bekannter Nachbar von Cos d'Estournel; 15 ha. Durch große Anstrengungen seit 1985 haben den Wein stetig auf Cru-Classé-Niveau gebracht (v. a. den 90er).

Coufran St-Seurin-de-Cadourne (Haut-Médoc); r [★★] 81 82' 83 85 86' 87 88 89 90 91 92 93 – Coufran und Ch. Verdignan in den nördlichsten Hügeln des Haut-Médoc sind in derselben Hand. Coufran hat hauptsächlich weiche, geschmeidige Merlot-Weine, 59 ha. Ein weiteres kleines Schwestergut ist Ch. Soudars.

Couhins-Lurton Graves; w; [★★] 85 86' 88 89 90 91 92 93 – Sehr feiner, eichenholzwürziger, langlebiger Sauvignon-Wein in winzigen Mengen. Das Château wird restauriert.

Coutet Sauternes; w; s ★★★ 67' 70' 71' 73 75' 76 79 81 82 83' 85 86' 87 88' 89' 90' – Traditioneller Rivale von Ch. Climens; 36 ha in Barsac. Meist etwas weniger voll, zuweilen aber genauso fein. Unter demselben Namen wird ein trockener Graves angeboten.

Couvent des Jacobins St-Em; r [★★] 75 78 79' 81 82' 83 85 86 87 88 89 90 92 – Bekanntes 9-ha-Gut am Ostrand der Stadt; schöne Keller. Gehört zur Spitzengruppe. Zweitetikett: Ch. Beau-Mayne.

Le Crock St-Est; r ★★ 79 81 82 83 85 86 87 88 89 90' 92 93 – 30 ha Cru Bourgeois in guter Lage. Im Besitz derselben Familie wie Ch. Léoville-Poyferré. Eines von vielen guten Crus Bourgeois.

La Croix Pomerol; r ★★ 75' 76 79' 81 82 83 85' 86 87 88 89 90 91 92 93 – 13-ha-Besitz mit großem Ruf. La Croix de Gay hat denselben Eigentümer. Ansprechender, pflaumenduftiger Pomerol mit kräftigem Rückgrat, entwickelt sich gut in der Reife. Auch La Croix-St-Georges, La Croix-Toulifaut, Castelot, Haut-Sarpe (St-Em) und Clos des Litanies.

Weshalb wird den Châteaux von Bordeaux in diesem Büchlein so viel Gewicht beigemessen? Der Grund ist sehr einfach: Zusammengenommen bilden sie die größte Lieferquelle für hochwertige Weine in der Welt.

Ein durchschnittliches Château des Médoc mit 60 ha Rebfläche (manche haben weit mehr) erzeugt im Jahr etwa 26 000 Dutzend Flaschen landestypischen Wein – dies kommt der Produktion von zwei bis drei kalifornischen «Boutique»-Weinbaubetrieben gleich. Die bekannteren Châteaux haben in den letzten zwanzig Jahren beständig Land zugekauft. Viele klassische Güter sind seit der Klassifizierung 1855 beträchtlich größer geworden, und in den meisten wurden die kräftigen Gewinne der letzten Jahrzehnte in bessere Technik investiert.

La Croix du Casse Pom; r ★★ – Schwester-Château von Clinet. 9 ha liefern gefälligen Pomerol.

La Croix de Gay Pomerol; r ★★★ 81 82' 83' 85 86 88' 89 90 91 92 – 12 ha im besten Teil der Gemarkung. Neuerdings gut in Form. Die unterirdischen Keller sind in Pomerol eine Seltenheit. Bester Wein: «La Fleur de Gay».

Croizet-Bages Pauillac; r ★★ 82' 83 85 86 87 88 90' 92 – 21 ha, 5e Cru (ohne Château und Renommée); derselbe Besitzer wie Ch. Rauzan-Gassies. Nur noch ein Fünkchen Leben.

Croque-Michotte St-Em; r ★★ 75 81 82' 83 85 86 87 88 89' 90' – 12 ha Cru Classé am Rand von Pomerol; typische Art.

de Cruzeau Graves; r w ★★ (r) 86 88 89 90 91 92 93 – 40-ha-Besitz in Graves-Léognan, von André Lurton neu erschlossen; sehr hoher Qualitätsstand; probierenswert. Eichenfaßvergorener Weißwein braucht 2 bis 3 Jahre Reifezeit.

Curé-Bon-la-Madeleine St-Em; r ★★ 75 78 81 82' 83 85 86 88 89 90 – Kleiner, wenig bekannter Besitz, 5 ha, zwischen Ausone und Canon.

Dalem Fronsac; r ★★ 82 83 85 86 88 89 90 92 93 – Vollblütiger Fronsac der Spitzengruppe; 14 ha, 85 % Merlot.

Dassault St-Em; r ★★ 82 83 85 86 88 89 90 – Grand Cru (23 ha) mit mittelschwerem Wein in sehr beständiger Qualität, früh genußreif.

La Dauphine Fronsac ★★ 85 86 87 88 89' 90' 92 93 – Alter Star von Fronsac, verjüngt durch J.-P. Moueix.

Dauzac Lab-Mar; r ★★→★★★ 82' 83' 85' 86 87 88' 89' 90' 92 93' – Größeres 5e-Cru-Gut am Fluß südlich von Margaux. 48

ha. Jahrelang schwache Leistungen; seit 89 neue Besitzer (eine Versicherungsgesellschaft); seit 1992 unter der Leitung von André Lurton. 22 000 Kisten. Zweitetikett: La Basatide Dauzac.

Desmirail Mar; r ★★ **82 83' 85 86 87** 88 89 90 – 3e Cru mit 18 ha; Lucien Lurton von Brane-Cantenac hat das alte Gut wiederaufgebaut. Bisher früh trinkreife Weine.

Doisy-Daëne Barsac; w; s tr ★★★ **76' 78 79 80 81 82 83** 85 **86** 88' 89 90' 91 – Zukunftsorientiertes Gut, 14 ha, das frischen, eichenfaßgereiften trockenen Weißwein und bemerkenswert feinen (langlebigen) süßen Barsac sowie roten Ch. Chantegril erzeugt. L'Extravagance (90) war eine Super-Cuvée.

Doisy-Dubroca Barsac; w; s ★★ **75' 76 78 79 81 83 85 86 87 88'** 89 90' – Sehr klein (3,5 ha), Cru Classé, gehört zu Ch. Climens.

Doisy-Védrines Sauternes; w; s ★★★ **71 75' 76' 78 79 80 81 82' 83' 85 86** 88' 89' 90 92 – 20 ha Cru Classé in Barsac nahe bei Climens und Coutet; jetzt neu ausgestattet. Köstlich robuste, volle Weine für lange Lebensdauer. Beachtenswert: der 89er.

La Dominique St-Em; r ★★★ **75 79 81 82' 83 86' 87** 88' 89' 90' 92 93 – 18 ha Cru Classé neben Ch. Cheval Blanc mit fast ebenso überwältigendem Wein. Zweitetikett: St-Paul de Dominique (91).

Ducluzeau Listrac; r ★★ – Kleines Schwestergut von Ducru-Beaucaillou. 4 ha, ungewöhnlicherweise zu 90 % Merlot.

Ducru-Beaucaillou St-Jul; r ★★★★ **61 62 64 66 70' 75' 76 78' 79 80 81** 82' **83' 84 85'** 86' **87** 88 89 90 91 92 93 – Hervorragendes Ch. 2e Cru, 48 ha am Fluß, Besitzer M. Borie; klassischer, zedernholzduftiger, langlebiger Bordeaux. Zweitetikett: La Croix-Beaucaillou. Siehe auch Grand-Puy-Lacoste, Haut-Batailley, Lalande-Borie.

Duhart-Milon-Rothschild Pauillac; r ★★★ **78 79 80 81 82' 83 85** 86 **87** 88 89 90 91 92 93 – 4e Cru, Nachbargut von Lafite (44 ha) unter gleicher Leitung. Durch heranwachsende Reben immer feinere Qualität. Zweitetikett: Moulin de Duhart.

Duplessis-Fabre Moulis; r ★★ **82 83 85 86 87** 88' 89 90 92 93 – Früheres Schwester-Château von Fourcas-Dupré, seit 1989 im Besitz von Dourthe von Ch. Maucaillou. Beobachtenswert.

Durfort-Vivens Margaux; r ★★★ **78' 79' 81 82' 83 85'** 86 **87** 88' 89' 90 – Relativ kleines (20 ha) Ch., 2e Cru; Besitzer Lucien Lurton von Brane Cantenac. Die neueren Weine zeigen Struktur (viel Cabernet Sauvignon) und Klasse.

Dûtruch-Grand-Poujeaux Moulis; r ★★ **81 82' 83 85 86 87 88** 89 90 91 92 93 – Einer der Spitzenreiter in Moulis; körper- und gerbstoffreiche, volle Weine.

de l'Eglise, Domaine Pomerol; r ★★ **79' 81 82' 83 85 86 88** 89 90 92 93 – Kleines Gut; stil- und ausdrucksvoller Wein, wird von Borie-Manoux vertrieben.

L'Eglise-Clinet Pomerol; r ★★★ **70 71 75 76 78 79 81 82' 83' 84 85' 86 87 88' 89** 90' **91** 92 93' – Hoch eingestuftes Gut (4,4 ha); der Wein ist voll und körperreich. Hat 1982 den Besitzer gewechselt, 1986 bis 1990 entstanden noble Weine. 1700 Kisten. Zweitetikett: La Petite Eglise.

L'Enclos Pomerol; r ★★ **70 75 79 82' 83 85 86 87** 88 89' 90' 91 92 93 – Geschätztes 10-ha-Gut im W von Pomerol, nahe Clos-René. Kräftiger, gut bereiteter Wein mit anhaltendem Aroma.

L'Evangile Pomerol; r ★★★→★★★★ 75' 78 79 82' 83' 85' 86 87 88' 89' – 13 ha zwischen Pétrus und Cheval Blanc. Tiefgründiger, aber eleganter Stil. In gleicher Art und Klasse wie La Conseillante. 1990 von Domaines (Lafite) Rothschild übernommen.

de Fargues Saut; w; s ★★★ 70' 71' 75' 76' 78 79 80 81 83 85' 86 87 88 89 90 – 10-ha-Gut mit Château-Ruine. Gleicher Besitzer wie Ch. d'Yquem. Fruchtige, höchst elegante Weine.

Faurie de Souchard St-Em; r ★★ 85 86 88 89 90 91 92 – Kleines Grand Cru Classé an den Côtes.

de Ferrand St-Em ★★→★★★ 85 86 87 88 89 90 92 93 – Großes Gut (30 ha) auf dem Plateau. Volle, eichenholzwürzige, manchmal zu tanninreiche Weine.

Ferrande Graves r (w) ★★ 81 82 83 85 86 88 89 90 91 92 93 – Bedeutendes Gut in Castres, über 40 ha. Angenehmer, gefälliger Rotwein und guter, in 1 bis 4 Jahren genußreifer Weißwein.

Ferrière Margaux r ★★ 81 82 83 85 86 87 88 89 90 92 93 – Wenig bekanntes 3e Cru mit nur 4 ha. Heute in gleicher fähiger Hand wie Ch. Chasse-Spleen.

Feytit-Clinet Pomerol; r ★★→★★★ 75' 79 81 82' 83 85' 86 87 88' 89' 90' 92 – Kleines Gut neben Latour-Pomerol. Feine, reife Weine. Leitung: J.-P. Moueix.

Fieuzal Graves; r und (w) ★★★ 75 78' 79 81 82' 83 84 85' 86' 87 88 89 90' 91 92 (w) 91' 92 – 30 ha Cru Classé in Léognan. Feine Rot- und Weißweine, bes. seit 84. Klassische Weißweine; seit 1985 4 bis 10 Jahre haltbar (v. a. 85 90 92). Zweitetikett: Ch. le Bonnat.

Figeac St-Em; r ★★★★ 64 70' 75' 76' 78 80 81 82' 83 84 85' 86' 87 88 89' 90 – Berühmtes Premier Cru, Nachbar von Cheval Blanc. 39 ha Weinberge mit Kiesboden bringen höchst stil- und gehaltvollen, dabei eleganten, oft recht früh reifenden und doch endlos haltbaren Wein. Zweitetikett: Grangeneuve.

Filhot Sauternes; w; s tr ★★ 75 76' 79' 82' 83' 85 86' 87 88 89 90' 91 92 – 2e Cru Classé mit schönem Château, 59 ha Weinberge, gute, leichte, recht einfache süße Weine (Sauvignon) für ziemlich baldigen Verbrauch. Daneben auch trockene und Rotweine. 90er «Crème de Tête» überaus reichhaltig.

La Fleur St-Em; r ★★ 75 78 79 81 82' 83 85 86 88 89' 90' 92 93 – 6,5-ha-Gut an den Côtes mit zunehmend fruchtigen Weinen. Unter der Leitung von Moueix.

La Fleur-de-Gay Super-Cuvée (1000 Kisten) von Ch. La-Croix de Gay.

La Fleur-Pétrus Pomerol; r ★★★★ 70 75' 78 79 81' 82 83' 85 86 87 88' 89' 90' 92 – 7 ha Weinberge neben Pétrus gelegen und unter gleicher Leitung. Überaus feine, pflaumenduftige Weine; stilvollster Pomerol.

Fombrauge St-Em; r ★★ 79 81 82' 83 85 86 87 88' 89 90 92 93 – 48-ha-Gut in St-Christophe-des-Bardes östlich von St-Emilion mit dänischen Verbindungen. Zuverlässig, typisch, sehr um Qualität bemüht. Zweitetikett: Ch. Maurens.

Fonbadet Pauillac; r ★★ 70 76 78 79 81' 82' 83 84 85 86 87 88 89 90' 91 92 93 – 15 ha großes, renommiertes Cru-Bourgeois-Gut, Nachbar von Ch. Pontet-Canet. Alte Reben; der Wein braucht lange Flaschenreife. Preiswert.

Fonplégade St-Em; r ★★ 75 78 79 81 82' 83 85 86 87 88 89 90' – 19 ha Grand Cru Classé an den Côtes westlich von St-Emilion; gehört zur Armand-Moueix-Gruppe. Fester, lang haltbarer Wein.

Fonréaud Listrac; r ★★ 78' 79 81 82' 83 85' 86' 87 88 89 90 91 92 93 – Eines der größeren (38 ha) und besseren Crus Bourgeois in dieser Gegend. Seit 1983 neue Leitung (und neue Fässer). Jetzt auch Weißwein von 2 ha; faßvergorener Le Cygne. Siehe auch Ch. Lestage.

Fonroque St-Em; r ★★★ 70 75' 78 79 81 82 83' 85' 86 87 88 89' 90' 92 – 19 ha auf dem Plateau nördlich von St-Emilion, im Besitz von Moueix; schwerer, tiefdunkler Wein, der sich dennoch früh erschließt.

Les Forts de Latour Pauillac; r ★★★ 70' 75 78' 79 80 81 82' 83 84 85 86' 90 91 92 93 – Der zweite Wein von Ch. Latour; seines großen Bruders durchaus würdig. Bringt Preise wie ein 2e Cru. Einzigartig nach mindestens drei Jahren Flaschenlagerung; seit 1990 auch «en primeur» erhältlich. Besonders feiner 82er und 90er.

Fourcas-Dupré Listrac; r ★★ 70' 75 78' 79 81 82' 83' 85' 86' 87 88 89' 90 91 92 93 – Ein Crus Bourgeois Exceptionnel der Spitzenklasse, konsistenter und eleganter Wein, den man im Auge behalten sollte. 40 ha. Zweitetikett: Ch. Bellevue-Laffont.

Fourcas-Hosten Listrac; r ★★→★★★ 70 75 78' 79 81 82' 83' 85 86' 87 88 89 90 91 92 93 – 38 ha Cru Bourgeois. Gilt zurzeit als bestes Gut am (unterbewerteten) Ort. Fester, langlebiger Wein.

Franc-Mayne St-Em; r ★★ 85 86 87 88 89' 90' 92 93 – 1989 von der Versicherung AXA erworben. 7 ha unter der Leitung von J.-M. Cazes (siehe Lynch-Bages). Mit sehr hohem Standard darf gerechnet werden. Ch. La Fleur Pourret und Ch. Petit-Figeac (zusammen 7,5 ha) gehören in denselben Stall.

de France Pessac-L.; r w ★★ – Bekanntes Weingut in Graves; 26 ha Rotweintrauben, 4 ha Weißweintrauben, neu angepflanzt. Die Rotweine der letzten Jahre sind beachtenswert.

La Gaffelière St-Em; r ★★★ 70 79 82' 83' 85 86' 87 88' 89' 90' 92 – 24 ha Premier Cru am Fuß der Côtes unterhalb Ch. Bel-Air. Eleganter, nicht übermäßig voller Wein; nach einer Pechsträhne seit 1982 wieder gefestigter Ruf.

La Garde Graves; r (w) ★★ 81 82' 83' 84 85 86 88 89 90 91 92 93 – Beachtliches Gut mit zuverlässigem Rotwein.

Le Gay Pomerol; r ★★★ 70 75' 76' 78 79 82' 83' 85 86 88 89' 90' 92 – Schönes 7-ha-Gut am nördlichen Rand von Pomerol. Gleicher Besitzer wie Ch. Lafleur. Seit 1985 unter der Leitung von J.-P. Moueix. Eindrucksvolle, tanninreiche Weine.

Gazin Pomerol; ★★★ 81 82 83 85 86 87' 88 89' 90' 91 92 93 – Großes Gut (für Pomerol-Verhältnisse). 23 ha, unweit von Pétrus. Bis 85 uneinheitlich, jetzt wieder in Bestform; Vertrieb durch J.-P. Moueix (ausgenommen der winzige Ertrag von 91). Zweitetikett: Ch. l'Hospitalet.

Gilette Sauternes; w s ★★★ 37 49 53 55 59 61 62 – Ungewöhnliches kleines Gut in Preignac. Der üppige Wein erreicht bei Faßlagerung großes Alter. Jeweils nur 5000 Flaschen. Ch. Les Justice ist das Schwester-Château.

Giscours Lab-Mar; r ★★★ **70 71' 75' 76 78' 79' 81' 82' 83' 85 86 87 88** 89' 90 91 92 93 – Herrliche Lage, 73 ha, 3e Cru, südlich von Cantenac. Dynamisch geführt. Produzierte in den 70er Jahren hervorragenden, kraftvollen Wein; die 80er Jahrgänge stehen nicht auf so sicheren Füßen. Zweitetiketten: Ch. Cantelaude, Ch. Grand Goucsirs (!). Ch. La Houringue ist ein kleines Schwestergut.

du Glana St-Jul; r ★★ **81 82' 83 85** 86 88 89 90 91 92 93 – Großes Cru-Bourgeois-Gut im Zentrum von St-Julien. Anspruchslos, bescheiden, preiswert.

Gloria St-Jul; r ★★→★★★ **70' 75' 76 78' 79 81 82' 83 85** 86 **87** 88 89 90 92 93 – Herausragendes Cru-Bourgeois-Gut, wuchtiger Wein mit Finesse. Der Qualität nach manchem Cru Classé ebenbürtig. 44 ha. Der Eigentümer, Henri Martin (†), kaufte 1982 auch Ch. St-Pierre. Die Weine werden inzwischen wieder für lange Reifezeit ausgelegt. Zweitetikett: Peymartin.

Grand-Barrail-Lamarzelle-Figeac St-Em; r ★★ **78 79 82' 83 85 86 87** 88 89 90 91 **92** 93 – 19-ha-Gut südlich von Figeac mit gutem Ruf, jedoch schlichtem Wein. Ch. La Marzelle gehört dazu.

Grand-Corbin-Despagne St-Em; r ★★→★★★ **70 75 76 78 79 81 82' 83 85** 86 88 89 90' 91 92 93 – Eines der größten und besten Grands Crus auf dem Corbin-Plateau. 1993 eine neue Generation der Gründerfamilie Despagne (1812). Zum Besitz gehört auch Ch. Maison Blanche (Montagne St-Em.).

Grand Mayne St-Em; ★★ **82 83 85 86 87** 88 89' 90' – 16 ha Grand Cru Classé an den westlichen Côtes. Beachtliche Geschmacksfülle.

Grand-Pontet St-Em; r ★★ **82' 83 85 86' 87 88** 89 90' 91 92 93 – Weit ausgedehntes Schwester-Château von Beau Séjour-Bécot und wie dieses seit 85 wiederbelebt.

Grand-Puy-Ducasse Pauillac; r ★★★ **78 79 81 82' 83 85 86 87 88** 89' 90 91 92 93 – Bekanntes kleines Gut, 5e Cru. Auf 36 ha erweitert; neuere Weine nicht recht beständig. Zweitetikett: Ch. Artiges-Arnaud.

Grand-Puy-Lacoste Pauillac; r ★★★ **70' 75 76 78' 79' 81'** 82' **83 85'** 86' **87** 88' 89' 90' 91 92 93 – Führendes Gut 5e Cru, berühmt für vorzüglichen, körperreichen, kräftigen Pauillac. 44 ha unter den «Bages»-Ch. südlich der Stadt. Im Besitz der Familie Borie von Ducru-Beaucaillou. Zweitetikett: Lacoste-Boué.

Gravas Sauternes w; sch ★★ **83' 85 86 88 89' 90'** 92 93 – Kleines Barsac-Gut mit eindrucksvollem, festem Wein.

La Grave, Domaine Graves; r w ★★ **85 86 88** 89' 90' 91 92 93 (w) **87 90 93** – Innovatives kleines Gut mit lebendigen Rotweinen. Eichenfaßgereifte, köstliche Weißweine. Weinbereitung im Ch. de Landiras durch Peter Vinding-Diers.

La Grave-Trigant-de-Boisset Pomerol; r ★★★ **75' 76' 78 79 81' 82' 83 85 86' 87** 88 89' 90 92 93 – Dornröschen-Schloß mit kleinem, aber erstklassigem Weinberg im Besitz von Christian Moueix. Eleganter Pomerol von schönster Art.

Gressier Grand Poujeaux Moulis; r ★★→★★★ 70 75' 78 79' 81 82 83' 85 86 87 88 89 90 91 92 93 – Gutes Cru Bourgeois, Nachbar von Chasse-Spleen. Schon lange bewährter, feiner und fester Wein, lohnt Geduld bei der Aufbewahrung.

Greysac Médoc; r ★★ 81' 82 83 85 86 88 89 90 91 92 93 – Elegantes Gut (56 ha). Angenehme, früh genußreife Weine, in den USA populär.

Gruaud-Larose St-Jul; r ★★★ 70' 75' 76 78' 79 81 82' 83 85 86 87 88' 89' 90' 91 92 93 – Eines der größten und beliebtesten Güter 2e Cru, 76 ha; Jahr für Jahr eleganter, voller Wein von feiner Art. Im Besitz von Cordier. Der ausgezeichnete zweite Wein heißt Sarget de Gruaud-Larose.

Guadet-St-Julien St-Em; ★★ 75 81 82 83 85 86 87 88 89 90' 92 93 – Außerordentlich gute Weine aus einem kleinen Cru-Classé-Gut.

Guiraud Sauternes; (r) we; s (tr) ★★★ 76 78' 79' 80 81 82 83' 84 85 86' 87 88 89' 90' 92 – Restauriertes Cru Classé mit Spitzenqualität. 100 ha. Ausgezeichneter süßer Wein mit großer Finesse sowie Rotwein und trockener Weißwein in kleinen Mengen. Der 86er, 88er, 89er und 90er entwickeln sich superb.

Guiteronde du Hayot Saut; ★★ – Gut mit 30 ha in Barsac; bekannt für Finesse und Wertbeständigkeit.

La Gurgue Margaux; r ★★ 81 82 83' 85' 86 87 88 89' 90 91 92 93 – Kleiner, gutplazierter Besitz (12 ha) mit Margaux der fruchtigsten Art; übernommen durch die Eigentümer von Ch. Chasse-Spleen und Haut-Bages-Libéral. Leider ist 1993 die hochbegabte Kellermeisterin Mme. Villars ums Leben gekommen. Beobachtenswert.

Hanteillan Cissac; r ★★ 81 82' 83 85' 86 87 88' 89 90' 91 92 93 – Großer, seit 1973 renovierter Besitz (80 ha). Sehr ordentlicher Cru-Bourgeois-Wein. Zweitetikett: Ch. Laborde. 50 000 Kisten.

Haut-Bages-Averous Pauillac; r ★★ 82' 83 85 86 87 88 89' 90 91 92 93 – Zweitetikett von Ch. Lynch-Bages. Köstlich und süffig.

Haut-Bages-Libéral Pauillac; r ★★ 78 80 82' 83 85 86' 87 88 89 90' 91 92 93 – Weniger bekanntes Gut, 5e Cru, 26 ha (neben Latour); gehört zum gleichen Besitz wie Chasse-Spleen. Schöne Erfolge; echte Pauillac-Vitalität.

Haut-Bages-Monpelou Pauillac; r ★★ 81 82' 83 85 86 87 88 89' 90 91 92 93 – Cru Bourgeois, gehört zu Ch. Batailley. 10 ha früheres Land von Duhart-Milon. Guter, einfacher Pauillac.

Haut-Bailly Graves; r ★★★ 70' 78 79' 80 81' 82 83 85 86' 87 88' 89' 90' 92 93' – Gut in Léognan, 28 ha. Berühmt für mit den besten reifen, runden, intelligent ausgebauten roten Graves, v. a. seit 1979. Zweitetikett: La Parde de H-B.

Haut-Batailley Pauillac; r ★★★ 66 70' 75' 78' 79 81 82' 83 85 86 87 88 89' 90' 91 92 93 – Der kleinere Teil der Besitzung Batailley, 5e Cru, 20 ha. Bevorzugt eine sanftere Art als das Schwester-Ch. Grand-Puy-Lacoste. Zweitetikett: La Tour-l'Aspic.

Haut-Bergey Pessac-L.; r ★★ – 16 ha, meist Cabernet, erbringen duftigen, zarten Graves.

Haut-Bommes Siehe Clos Haut-Peyraguey.
Haut-Brignon 1res Côtes; r w ★ – Großer Erzeuger von Standardweinen in Cénac, im Besitz einer bedeutenden Champagner-Genossenschaft. Nicht mit Haut-Brion verwechseln.
Haut-Brion Pessac, Graves; r (w) ★★★★ 61 64 **70' 71'** 75' 76 78' 79' 80 81 82' 83' **84** 85' 86' **87** 88' 89' 90' 91 92 93 – Das älteste große Ch. von Bordeaux und als einziges nicht im Médoc gelegenes Gut seit 1855 1er Cru, 43 ha; schön harmonische, nie scharfe Weine, besonders gut (bei bescheidenen Preisen) seit 1975; voller trockener Weißwein in kleinen Mengen (78 79 81 83 85 86 **87 88** 89' 90 91 92 93). Siehe auch Bahans-Haut-Brion, la Mission Haut-Brion.
Haut-Maillet Pomerol; ★★ 82 8**3** 85 86 88 89 90 91 92 93 – Schwester-Château von Ch. La Cabanne; 5 ha. Saubere, sanfte Weine.
Haut-Marbuzet St-Estèphe; r ★★→★★★ 70 **75'** 76 **78'** 79 **80 81 82'** 83' 85' 86' 87 88 89' 90' 91 92 93 – Das beste von vielen guten Crus Bourgeois von St-Estèphe. 40 ha, 60 % Merlot. Zweitetikett: Ch. Tour de Marbuzet. Chambert-Marbuzet, MacCarthy und MacCarthy-Moula sind im gleichen Besitz. Klassischer Stil durch neue Eichenfässer.
Haut-Pontet St-Em; r ★★ – Beständiges 4,8-ha-Gut an den Côtes; sein Grand-Cru-Rang ist wohlverdient. 2500 Kisten.
Haut-Quercus St-Em; r ★★ 83 85 **86** 88 89' 90 92 93 – Eichenfaßgereifter Genossenschaftswein mit sehr hohem Qualitätsstand.
Haut-Sarpe St-Em; r ★★ **79 81 82 83'** 85 **86 87 88** 89 90' 91 92 93 – Grand Cru Classé (6000 Kisten) mit sehr elegantem Château und Park. Gleicher Besitzer wie Ch. La Croix, Pomerol.
Hortevie St-Jul; r ★★ **81** 82 83 85' 86 **87** 88 89' 90' 91 92 93 – Unter den wenigen Crus Bourgeois von St-Julien sind das kleine Gut und sein Schwester-Ch. Terrey-Gros-Caillou glänzende Vorbilder.
Houissant St-Estèphe; r ★★ 82 83 85 86 **87** 88 89' 90' 91 92 93 – Typischer, robuster, ausgewogener St-Estèphe Cru Bourgeois; auch unter dem Namen Ch. Leyssac. Sehr bekannt in Dänemark.
d'Issan Cant-Mar; ★★★ 70 **75' 78** 79 81 82' 83' 85 86 **87** 88 89 90' 91 92 93 – Schön restauriertes burgartiges Ch. mit 30 ha Weinbergen, 3e Cru, bekannt für duftigen, kraftvollen und doch sanften Wein. Zweitetikett: Ch. de Candale.
Kirwan Cant-Mar; r ★★★ **78 81 82' 83'** 85 86 87 88 89' 90' 91 92 93' – Gut geführtes Ch. 3e Cru. 34 ha, im Besitz von Schröder & Schyler. Reife Rebbestände liefern immer schmackhaftere Weine. Seit 1992 neuer Berater (M. Rolland).
Labégorce Margaux; r ★★ 75' **78 79** 81' 82' 83' 85 **86 87** 88 89' 90' 91 92 93 – Gut mit langlebigem Wein von typischer Art. 28 ha, nördlich von Margaux gelegen. Seit 1989 neuer Besitzer.
Labégorce-Zédé Margaux; r ★★→★★★ **75'** 78 79 81' 82' 83' 85 86' 87 88 89' 90' 91 92 93 – Crus Bourgeois mit gutem Ruf an der Straße nördlich von Margaux. 25 ha. Typisch zarter, duftiger Margaux, seit 81 wahrhaft klassisch. Gleiche

Familie wie Vieux-Château-Certan. Zweitetikett: Domaine Zédé. Ferner 9 ha AC Bordeaux: «Z».

Lacoste-Borie – Zweitetikett von Ch. Grand-Puy-Lacoste.

Lafaurie-Peyraguey Sauternes; w; s ★★★ 78 80 81' 82 83' 85 86' 87 88' 89' 90' – Cru Classé mit nur 20 ha in Bommes; gehört Cordier. Nach einer kargen Zeit gegen Ende der 80er Jahre wieder gute, volle, rassige Weine.

Lafite-Rothschild Pauillac; r ★★★★ 59 75' 76' 78 79 81' 82' 83 84 85 86' 87 88' 89' 90' 91 92 93 – Spitzengewächs mit fabelhaftem Charakter und Duft in großen Jahrgängen, die jahrzehntelang haltbar sind. Seit 1976 wieder in blendender Form. 1987 wurden moderne Keller eröffnet; Auslandsunternehmen in Chile (1988), Kalifornien (1989), Portugal (1992). Zweitetikett: Moulin des Carruades de Ch. Lafite. 90 ha. Zum Besitz gehören auch Ch. La Cardonne, Duhart-Milon, Rieussec und l'Evangile.

Lafleur Pomerol; r ★★★★ 70' 75' 78 79 81 82' 83 85' 86' 88' 89' 90' – Prachtvolles Gut mit 5 ha nördlich von Pétrus. Ausdrucksvolle Weine der gerbstoffherben, nicht so vollmundigen Art. Gleicher Eigentümer wie Le Gay. Zweitetikett: Pensées de Lafleur.

Lafleur-Gazin Pomerol; r ★★ 70 75' 78 79 81 82' 83 85' 86 87 88' 89 90 92 – Vornehmes kleines Moueix-Gut an der NO-Grenze von Pomerol.

Lafon-Rochet St-Est; r ★★ 70' 79 81 82 83' 85 86 87 88' 89' 90' 91 92 93 – 4e Cru, Nachbar von Ch. Cos-d'Estournel, in den 60er Jahren und vor kurzem nochmals restauriert; 44 ha. Ziemlich harter, dunkler, körperreicher St-Estèphe, erschließt sich nur zögernd. Zweitetikett: Numéro 2.

Lagrange Pomerol; r ★★ 70' 75' 78 81 82' 83 85' 86 87 88 89' 90' 92 93 – 8-ha-Weingut unter der Leitung des allgegenwärtigen Hauses J.-P. Moueix. Wachsendes Ansehen durch guten Geschmack und beständigen Wert.

Lagrange St-Jul; r ★★★ 70 75 79 81 82 83 84 85' 86' 87 88' 89' 90' 91 92 93 – Ehemals heruntergekommenes Gut 3e Cru, landeinwärts von St-Julien. Ende 1983 von Suntory aufgekauft. 112 ha; zu Bestform restauriert. Beobachtenswert. Zweitetikett: Les Fiefs de Lagrange (83' 85 86 87 88 89 90 91 92 93).

La Lagune Ludon; r ★★★ 70' 75' 76' 78' 79 81 82' 83' 85 86' 87 88' 89' 90' 91 92 93 – Gut geführtes, ultramodernes 3e Cru, 64 ha, im äußersten Süden des Médoc. Ansprechend volle, betont eichenholzwürzige Weine, beständig in sehr hoher Qualität. Im Besitz des Champagnerhauses Ayala.

Lalande-Borie St-Jul; r ★★ 79 81 82 83 85 86 87 88 89 90' 91 92 93 – Kleiner Bruder des großen Ducru-Beaucaillou, besteht aus einem Teil des früheren Besitzes von Ch. Lagrange.

Lamarque Lamarque (Haut-Médoc); r ★★ 82 83' 85 86' 87 88 89 90' 91 92 93 – Herrliche mittelalterliche Burg im mittleren Médoc mit 45 ha; wundervoller, immer noch besser werdender Wein mit hohem «Bourgeois»-Standard.

Lamothe Bergeron Haut-Médoc; r ★★ – 60 ha in Cussac erbringen 25 000 Kisten zuverlässigen Rotwein. Unter der Leitung von Grand-Puy-Ducasse.

Landiras Graves; w r ★ ★ (w) **88' 90 91 92** 93 (r) **88** 89 **90'** 91 92 93 – Mittelalterliche Ruine im südlichen Graves. In den 80er Jahren Neuanpflanzung durch Peter Vinding-Diers: 20 ha Sémillon, 6 ha Rotweintrauben. Siehe auch La Grave. Zweitetikett: Notre Dame de Landiras (AC Bordeaux).

Lanessan Cussac (Haut-Médoc); r ★★→★★★ **78' 79 81 82 83 85 86' 87** 88' 89' 90' 91 92 93 – Vornehmes Cru Bourgeois Exceptionnel (43 ha) südlich von St-Julien. Oft in Cru-Classé-Qualität. Fein, durchaus nicht deftig, hält sich aber sehr gut. Im Besitz derselben Familie befinden sich auch Ch. de Ste-Gemme, Lachesnaye, La Providence.

Langoa-Barton St-Jul; r ★★★ **70' 75' 76 78' 79 81** 82' **83** 85 86' **87** 88' 89' 90' 91 92 93 – 20 ha großes Schwester-Château von Léoville-Barton. Sehr alter und schöner Familienbesitz, untadelig in Qualität und Wert. Zweitetikett: Lady Langoa.

Larcis-Ducasse St-Em; r ★★ **66 78 79 81 82' 83 84 85 86 87** 88' 89' 90' 91 92 93 – Spitzengut von St-Laurent, östlicher Nachbar von St-Emilion, auf den Côtes neben Ch. Pavie. 12 ha in guter Lage. Entsprechend langlebige Weine.

Larmande St-Em; r ★★ **75' 78 79 81 82 83 85** 86 **87** 88' 89' 90' 91 92 93 – Größerer Besitz (22 ha), hängt mit Cap-de-Mourlin zusammen. Neu angepflanzt und ausgestattet; liefert inzwischen vollen Wein mit auffallend schönem Bukett. Zweitetikett: Ch. des Templiers.

Laroque St-Em; r ★ ★ **75' 78 79 81 82' 83 85 86 88** 89 90 **91** 92 93 – Bedeutender 43-ha-Besitz mit einem eindrucksvollen Gutshaus an den St-Emilion-Côtes in St-Christophe.

Larose-Trintaudon St-Lau (Haut-Médoc); r ★ ★ **82 83 85 86 87 88** 89 **90'** 91 **92** 93 – Größtes Weinberg-Areal im Médoc: 170 ha. Moderne Methoden erbringen zuverlässigen, bezaubernd fruchtigen, früh trinkreifen Cru-Bourgeois-Wein. Neue Leitung seit 89; Zweitetikett: Larose St-Laurent.

Laroze St-Em; r ★★ **81 82 83 85 86 87 88' 89'** 90' **91** 92 93 – Großes Rebenareal (28 ha) in den westlichen Côtes. Feine, recht leichte Weine von Sandboden; früh genußreif.

Larrivet-Haut-Brion Graves; r (w) ★★ **75' 76 79' 81 82' 83** 85 **86 87 88** 89 90 91 92 – Gut in Léognan mit Hang zum Perfektionismus. Auch 500 Kisten faßgereiften Weißwein mit bis zu 10 Jahren Lebensdauer.

Lascombes Margaux; r (rs) ★ ★ ★ **70' 75' 82 83 85 86 87** 88' 89' 90' 91 92 93 – 96 ha, 2ᵉ Cru, im Besitz der englischen Brauerei Bass-Charrington, mit großem Aufwand restauriert. Nach einer Zeit der Schwäche seit 1982 mehr Kraft. Hoher Qualitätsstand. Zweitetikett: Ch. Segonnes.

Latour Pauillac; r ★★★★ **61 62 64 66 67 69 70' 73 75' 76 78' 79 80 81** 82' **83 84** 85 86' **87** 88' 89' 90' 91 92 93 – Spitzengewächs. Gilt als großartigste Verkörperung des Médoc. Voll, intensiv, in guten Jahren fast ewig haltbar und auch in schwachen Jahren klassisch und angenehm. Anfang der 80er Jahre gab es Kontroversen über den Stil; nach wie vor jedoch braucht der Latour Zeit, um voll zur Geltung zu kommen. Von 1963 bis 1993 in britischem Besitz, jetzt wieder in französischen Privathänden. 60 ha auf einem Hang an der Gironde. Zweiter Wein: Les Forts de Latour.

Latour-Martillac Graves; r w ★★ (r) 82' 83 85' 86 87 88' 89 90 91 92 – Kleines, aber seriöses Gut in Martillac. 4 ha weiße Trauben, 15 ha dunkle Trauben. Der Weißwein hält sich oft wunderbar (86 87 88 89 90 91 92 93'). Der Eigentümer läßt das Nachbar-Ch. Lespault wiedererstehen.

Latour à Pomerol Pomerol; r ★★★★ 70' 76 79 81 82 83 85' 86 87 88' 89' 90' 92 93 – Spitzengewächs, ca. 8 ha, unter Leitung von Moueix. Pomerol voll Wucht und mit herrlichem Bukett und hinreißender Finesse.

des Laurets St-Em; r ★★ 82 83 85 86 88 89' 90' 92 93 – Hauptbesitz von Puisseguin und Montagne-St-Emilion (im Osten) mit 64 ha an den Côtes (40 000 Kisten). Wein der Spitzenklasse; Vertrieb durch J. P. Moueix.

Laville-Haut-Brion Graves; w ★★★★ 79 81 82 83 85' 86 87' 88 89' 90 91 92 – Sehr kleine Erzeugung, aber einer der besten weißen Graves; entfaltet langsam saftige Reife. Wird im Ch. La Mission-Haut-Brion gekeltert.

Léoville-Barton St-Jul; r ★★★ 61' 70' 75' 76 78' 81 82' 83 85' 86' 87 88' 89' 90' 91 92 93 – Teil des großen Rebenareals Léoville (2e Cru), 36 ha, seit über 150 Jahren in anglo-irischem Besitz der Familie Barton. Kraftvoller, klassischer Rotwein; traditionelle Methoden und sehr anständige Preise. Große Investitionen heben den bereits hohen Qualitätsstand weiter an. Siehe auch Langoa-Barton.

Léoville-Las Cases St-Jul; r ★★★★ 61 66' 75' 76 78' 79 81' 82' 83' 84 85' 86' 87 88 89' 90' 91 92 93 – Größter Teil des alten Besitzes Léoville, 84 ha, neben Latour; gehört zu den angesehensten in Bordeaux. Elegante, komplexe, kraftvolle, recht herbe Weine von ungeheurer Langlebigkeit. Auch der Zweitwein, Clos du Marquis, ist hervorragend.

Léoville-Poyferré St-Jul; r ★★★ 79 81 82' 83' 85 86' 87 88 89' 90' 91 92 93 – Jahrelang unter den Léoville-Gütern auf dem letzten Rang; seit 1980 wird es seinem großen Namen wieder gerecht. 62 ha. Zweitetikett: Ch. Moulin-Riche.

Lestage Listrac; r ★★ 82' 83 85 86' 87 88 89' 90' 91 92 93 – 52,5 ha Cru Bourgeois, in gleicher Hand wie Ch. Fonréaud. Leichter, recht stilvoller Wein, seit 1985 faßgereift. Zweitetikett: Ch. Caroline. Auch Weißwein: La Mouette.

Lilian-Ladouys St-Est; ★★ 89 90 91 92 93 – Neugeschaffen: ein Cru Bourgeois mit 20 ha und großen Ambitionen; schon jetzt vielversprechend. Beobachtenswert.

Liot Barsac; w; s ★★ 75' 76 82 83 85 86 88 89' 90' 92 93 – Durchweg ziemlich leichte, goldene Weine von 20 ha Rebgelände.

Liversan St-Sau (Haut-Médoc); r ★★ 82' 83 85 86' 87 88' 89' 90' 91 92 93 – 46 ha Grand Cru Bourgeois, landeinwärts von Pauillac. Seit 1984 sorgt die Familie Polignac für stark verbesserten Qualitätsstand. Zweitetikett: Ch. Fonpiqueyre.

Livran Médoc; r ★★ 82' 83 85 86 88' 89' 90' 91 92 93 – Große Crus Bourgeois in St-Germain im nördlichen Médoc. Konsistente, runde Weine (zur Hälfte Merlot).

Loudenne St-Yzans (Médoc); r (w) ★★ 82' 83 85 86' 87' 88 89' 90 91 92 93 – Schönes Château am Flußufer, seit 1875 im Besitz von Gilbeys (48 ha). Gut bereiteter roter Cru Bourgeois und ein immer feinerer trockener Weißwein, nach 2 bis 3 Jahren am besten (**90 91 92'** 93).

Loupiac-Gaudiet Loupiac; w s ★★ 85 86 87 **88 89 90** 91 92 93 – Zuverlässige Quelle für guten Fast-Sauternes, auf der anderen Seite der Garonne (7500 Kisten).

La Louvière Graves; r und w ★★★ (r) **81 82' 83** 85 86' **87** 88' 89' 90' 91 92 93' (w) **86** 88 89' 90' 91 92 93 – Nobles Gut (54 ha) in Léognan, restauriert von der allgegenwärtigen Familie Lurton. Ausgezeichneter Weißwein, frisch zu trinken, aber auch haltbar, sowie Rotwein in Cru-Classé-Qualität.

de Lussac St-Em; r ★★ **82 83 85** 86 88 89' 90 91 92 93 – Eines der besten Weingüter in Lussac-St-Emilion (im Nordosten), 7,2 ha.

Lynch-Bages Pauillac; r (w) ★★★→★★★★ **61' 66 70 75' 78' 79** 81 82' 83' 84 85' 86' 87 88' 89' 90' 91 92 93' – Eines der bekanntesten und beliebtesten Weingüter in Pauillac (80 ha); produziert reichhaltigen, robusten, köstlich vollmundigen und brombeerhaften Wein; darf neuerdings Anspruch auf Größe erheben. Zweitetikett: Haut-Bages-Averous. Seit 1990 ein intensiver, eichenfaßgereifter Weißwein in kleinen Mengen. Der Besitzer J.-M. Cazes leitet auch Pichon-Longueville usw. für die Versicherungsgruppe AXA.

Lynch-Moussas Pauillac; r ★★ 81 82 83 85 86 87 88 89 90' 91 92 93 – 5e Cru, seit 1969 vom Leiter von Ch. Batailley wieder aufgebaut. Jetzt 24 ha Rebfläche. Erbringt zuverlässigen Wein, der mit zunehmendem Alter des Rebbestandes an Tiefe gewinnt.

du Lyonnat Lussac-St-Em; r ★★ 82 83 85 86' 88 **89** 90' 91 92 93 – 48-ha-Gut mit zuverlässigem, weitverbreitetem Wein.

MacCarthy St-Est; r ★★ – Zweitetikett von Chambert-Marbuzet.

Macquin-St-Georges St-Em; r ★★ 85 86' 88 89 90' 91 92 93 – Gleichmäßig guter Erzeuger in St-Georges, nahe St-Emilion.

Magdelaine St-Em; r ★★★ 70' 71' **73** 75 **76 78** 82' 83' **85 86** 88 89' 90' 92 93 – Spitzengewächs der Côtes. 11 ha neben Bel-Air, im Besitz von J.-P. Moueix. Schön ausgeglichener, subtiler Wein, meist nicht übermäßig gehaltvoll. Umfangreiche Investitionen (1992) lassen auf noch Besseres hoffen.

Magence Graves; r w; tr ★★ – Aufstrebendes Gut, 18 ha im südl. Graves mit Sauvignon-Weißwein und fruchtigem Rotwein. Beide halten sich 2 bis 6 Jahre gut.

Malartic-Lagravière Graves; r (w) ★★★ (r) 82' 83 85 **86'** 87 88 89 90' 91 92 93' (w) 87' 88 89 90 91 92 93 – Bekanntes Ch. in Léognan, Cru Classé, 21 ha, fester, etwas harter Rotwein sowie kleine Mengen an langlebigem Sauvignon-Weißwein; beide brauchen Kellerreife. Vielleicht ändert sich der Stil mit dem Besitzerwechsel (Laurent-Perrier seit 1990).

Malescasse Lamarque (Haut-Médoc); r ★★ **82 83 85** 86 **87** 88 89 90 91 92 93 – Cru Bourgeois, renoviert, mit 40 ha in guter Lage. Im Besitz von M. Tesseran vom Ch. Lafon-Rochet. Zweitetikett: Le Tana de M. Neue Besitzer seit 1992. Beobachtenswert.

Malescot St-Exupéry Margaux; r ★★★ 79 82' 83' **85 86** 87 88 89 90' 91 92 93 – 3e Cru, 33 ha. In der Jugend oft hart, dann aber ein duftiger und stilvoller Margaux. Neuer Berater seit 1990 läßt Gutes erhoffen.

de Malle Sauternes; r w; s/tr ★★★ (w s) **75 76 78 79 80 81' 82 83 85 86' 87** 88 89' 90' 91 93 – Schönes Ch. in Preignac (50 ha) mit italienischen Gärten. Sehr guter Sauternes (Zweitetikett: Ste-Hélène); auch trockener weißer **(90)** und roter Graves (Ch. Chardaillan ★★ **88**).

Denken Sie daran, daß die inzwischen genußreifen Jahrgänge in fettgedruckten und die bevorzugt zu genießenden in roten Zahlen angegeben sind. Die übrigen Jahrgänge profitieren von einer weiteren Lagerung (siehe Seiten 46/47).

de Malleret Haut-Médoc; r ★★ **82 83 85 86 88** 89' 90 92 93 – Aristokratische Domaine. Der Marquis du Vivier produziert in Le Pian in den Wäldern nördlich von Bordeaux 25 000 Kisten feinen, vornehmen Rotwein.

de Marbuzet St-Est; r ★★ Zweitetikett von Ch. Cos d'Estournel und dementsprechend zuverlässig.

Margaux Margaux; r (w) ★★★★ **61' 78' 79 80 81'** 82' 83' **84** 85' 86' 87 88' 89' 90' 91 92 93' – Spitzengewächs (84 ha); in den (sehr häufigen) besten Jahrgängen der überwältigendste und feinduftigste Wein. Zweitetikett: «Pavillon Rouge» (**81 82' 83 84 85** 86 **87** 88 89 90' 91 92 93); «Pavillon Blanc» ist der beste (Sauvignon-)Weißwein des Médoc (**79 80 81 82 83 84 85 86 87** 88 89 90 91 92).

Marquis d'Alesme Siehe d'Alesme.

Marquis-de-Terme Margaux; r ★★→★★★ **81' 82 83 85** 86' **87** 88' 89' 90' 91 92 93 – Renoviertes 4e Cru mit 34 ha. Duftiger, etwas karger Stil; durch höheren Cabernet-Sauvignon-Anteil seit 1985 kräftiger und voller.

Martinens Margaux; r ★★ **81 82 83 85 86** 88 89 90 91 92 93 – Gutes 30 ha Crus Bourgeois des Bürgermeisters von Cantenac, 1989 mit neuen Fässern ausgestattet.

Maucaillou Moulis; r ★★ **75' 78 79 81 82 83' 85'** 86' **87 88' 89' 90'** 91 92 93 – 52 ha Cru Bourgeois mit Cru-Classé-Qualität, im Besitz der Familie Dourthe. Reichfruchtiger Wein. Zweitetikett: «Cap de Haut-M.».

Mazeyres Pomerol; r ★★ – Beständiger, ordentlicher, einfacher Pomerol. 5000 Kisten.

Méaume Bx Supérieur; r ★★ – Domaine eines Engländers, etwas abseits, nördlich von Pomerol. Seit 1980 ein wachsender, solider Ruf für sehr guten Alltagsrotwein mit 4 bis 5 Jahren Lebensdauer. 7500 Kisten.

Meyney St-Est; r ★★→★★★ **75' 78' 79 81 82' 83 85** 86' **87** 88' 89' 90' 91 92 93 – Großer Besitz (50 ha) am Fluß neben Ch. Montrose in herrlicher Lage; gehört zu den besten von vielen gleichmäßig guten Cru Bourgeois in St-Estèphe. Im Besitz von Cordier. Zweitetikett: Prieur de Meyney.

Millet Graves; r (rs) w ★★ (r) **82 83 85 86 88 89 90' 92** – 50-ha-Gut in Portets; angenehmer Graves. Zweitetikett: Ch. Clos Renon: jung am besten. Cuvée Henri ist ein neuer eichenfaßgereifter Weißwein.

La Mission-Haut-Brion Graves; r ★★★★ **61 64 66 71' 74 75' 76 78' 79 80** 81 82' 83 **84** 85' 86 **87** 88 89' 90' 91 92 – Nachbar und alter Rivale von Ch. Haut-Brion, seit 1984 im gleichen Besitz; 1987 neu ausgestattet. Seriöser, großartiger Rotwein alten Stils; lange Reifezeit; gehaltvoller als Haut-Brion. 12 ha.

Monbousquet St-Em; r ★★ **78' 79' 81 82 83 85' 86** 88' **89'** 90' 93 – 30 ha im Dordogne-Tal unterhalb St-Emilion. Attraktiver, frühreifender, aber haltbarer Wein von tiefgründigem Kiesboden. Zweitetikett: Ch. Caperot 91 92'.

Monbrison Margaux; r ★★ **81 82 83 84 85** 86 **87** 88' 89' 90 91 92 93 – Neuer, beachtenswerter Name in Margaux. Standard der Bourgeois-Spitzengruppe. 4000 Kisten, außerdem 2000 Kisten Zweitetikett Ch. Cordet. Leider ist der talentierte Kellermeister 1992 gestorben.

Montrose St-Est; r ★★★ **61 66 70' 75' 76 78' 79 81** 82' **83 84 85** 86' **87** 88 89' 90' 91 92 93 – 63-ha-Familienbesitz, 2e Cru. Sehr bekannt für wuchtigen Rotwein alten Stils mit tiefer Farbe. Die Jahrgänge zwischen 79 und 85 (außer 82) waren viel leichter, inzwischen aber ist der Montrose die Antwort von St-Estèphe auf Latour.

Moulin du Cadet St-Em; r ★★ **75' 81 82' 83 85 86** 88 89' 90' 92 93 – Kleines Weingut in den Côtes; im Besitz von J.-P. Moueix. Duftige, mittelschwere Weine.

Moulin-à-Vent Moulis; r ★★ **81 82' 83 85' 86 87** 88 89 90' 91 92 93 – Gut mit 24 ha; steht in der aufstrebenden Appellation in vorderster Reihe. Lebendiger, kraftvoller Wein. La Tour Blanche (Médoc) gehört auch zum Besitz.

Moulinet Pomerol; r ★★★ **82 83 85 86 87** 88 **89' 90** 92 93 – In Pomerol eines der größeren Güter; 18 ha auf relativ leichtem Boden. Der Wein fällt dementsprechend aus.

Mouton-Baronne-Philippe Siehe d'Armailhac.

Mouton-Rothschild Pauillac; r ★★★★ **61 62' 66' 70' 71 75' 76 78 81** 82' 83' 85' 86' **87** 88' 89' 90' 91 92 93 – Seit 1973 offiziell erste Klasse, hätte freilich schon seit 40 Jahren Anrecht auf den Titel. 70 ha (87 % Cabernet Sauvignon). Wein von majestätischer Fülle. Auch das größte Museum mit Kunstwerken zum Thema Wein in der Welt. Baron Philippe, die überragende Gestalt im Médoc, starb 1988; seine Tochter Philippine ist seine Nachfolgerin. Siehe auch Opus One, Kalifornien.

Nairac Sauternes; w; s ★★ **73 75 76' 78 79 80 81 82 83' 85** 86' **87** 88 89 90' 92 93 – Um Perfektion bemühtes Cru Classé in Barsac; ein Jahrzehnt ausbaufähiger Wein.

Nénin Pomerol; r ★★★ **70' 75' 76 78 82 83 85' 86 87** 88' 89 90 93 – Bekanntes Gut mit 26 ha; seit 85 (endlich wieder) langsam im Aufschwung.

Olivier Graves; r w ★★ (r) **82 83 84 85 86 87** 88 89' 90' 91 92 93 (w) **90** 91 **92** 93 – 36 ha Cru Classé, um ein befestigtes Schloß in Léognan gelegen. 9000 Kisten Rotwein, 12 000 Weißwein. Seit 1989 hat ein «neuer Besen» für leider nicht genug verbesserte Qualität gesorgt.

Les Ormes-de-Pez St-Est; r ★★→★★★ **75' 78' 79 81' 82' 83' 85** 86' **87** 88 89' 90' 91 92 – Hervorragendes Ch., 29 ha Cru Bourgeois, im Besitz von Ch. Lynch-Bages. Zunehmend beachtenswerter, feinduftiger St-Estèphe.

Les Ormes Sorbet Médoc r ★★ 78 79 81 82' 83 85' 86' 87 88 89 90' 91 92 93 – Aufstrebender, im N-Médoc führender Erzeuger guter, stilvoller, in neuen Eichenfässern gereifter Rotweine in Couquèques (10 000 Kisten). Zweitetikett: Ch. de Conques.

Palmer Cant-Mar; r ★★★★ 61' 66' 70 71' 75' 76 78' 79' 81 82 83' 84 85 86' 87 88' 89 90 91 92 93 – Der Star von Ch. von Cantenac. 3e Cru, oft mit Premier-Cru-Qualität. Wein mit Wucht und Delikatesse; hoher Merlot-Anteil. 44 ha in holländischem, englischem (Peter A. Sichel) und französischem Besitz. Zweitetikett: Réserve de Général.

Pape-Clément Graves; r (w) ★★★ 75' 83 85' 86' 87 88' 89' 90' 92 93 – Altehrwürdiges Gut in Pessac. Früher durch verführerisch duftige, jedoch nicht schwere Rotweine bekannt. Anfang der 80er Jahre schwach. Seit 1985 dramatischer neuer Schwung (und mehr Weißwein).

de Parenchère r (w) ★★ 89 90 – Beständig ordentlicher AC-Ste-Foy-Bordeaux aus einem hübschen Château mit 50 ha.

Patache d'Aux Bégadan (Médoc); r ★★ 82' 83' 85 86 88 89' 90' 91 92 93 – 36 ha Cru Bourgeois im nördlichen Médoc. Von Cabernet bestimmter bukettreicher Wein mit der erdigen Art der Gegend.

Paveil-de-Luze Margaux; r ★★ 81 82' 83' 85 86' 87 88' 89' 90 91 92 93 – Alter Familienbesitz in Soussans; klein, aber hochangesehen.

Pavie St-Em; r ★★★ 78 79' 81 82' 83' 85 86' 87 88' 89' 90' 92 93' – 1er Cru in herrlicher Lage an den Côtes, 37 ha am mittleren Hang; voller, süffiger St-Emilion. Seit 1986 in Bestform. Ch. Pavie-Decesse und Ch. La Clusière gehören zum gleichen Besitz.

Pavie-Decesse St-Em; r ★★→★★★ – 10 ha. Eifert dem großen Bruder (Pavie) nach.

Pavie-Macquin St-Em; r ★★→★★★ 82 83 85' 86 87 88 89 90 91 92 – Noch ein Nacheiferer von Pavie, das Nachbargut auf der anderen Seite des Berges mit 10 ha an den Côtes östlich von St-Emilion. Feiner organischer Weinbau. Zweitetikett: Les Chênes.

Pavillon Rouge (Blanc) de Château Margaux Siehe Ch. Margaux.

Pédesclaux Pauillac; r ★★ 82' 83 85 86 87 88 89 90' 91 92 93 – 20 ha, 5e Cru auf dem Niveau eines guten Cru Bourgeois. Solide, starke Weine, wie die Belgier sie lieben. Zweitetiketten: Grand-Duroc-Milon und Bellerose.

Petit-Village Pomerol; r ★★★ 75' 78 79 81 82' 83 85' 86 87 88 89' 90' 91 92 – Wiederbelebtes Spitzengut, 10,5 ha, neben Vieux-Ch.-Certan. Seit 1989 im gleichen Besitz (AXA) wie Ch. Pichon-Longueville. Kraftvoller, pflaumenduftiger Wein.

Pétrus Pomerol; r ★★★★ 61 64 66 67 70' 71' 75' 78 79' 80 81 82' 83 84 85' 86 87 88' 89' 90 92 93 – Der große Name von Pomerol. Auf 11 ha sandigem Lehmboden wachsen Weine von unvergleichlicher Fülle und Konzentration. 95 % Merlot-Reben. Mit jedem Jahrgang erhöht sich der Glanz (allerdings kein 91er). Und auch der Preis ist sagenhaft.

Peyrabon St-Sauveur; r ☐★★☐ 82' 83 85 86' 87 88 89' 90' 91 92 93 – Zuverlässiges Cru Bourgeois, 53 ha; populär in den Niederlanden. Auch La Fleur-Peyrabon (nur 5 ha).
Peyre-Labade Listrac; ★★ – Zweitetikett von Ch. Clarke.
Peyreau St-Em; r ★★ – Schwester-Ch. von Clos L'Oratoire.
de Pez St-Est; r ☐★★★☐ 70' 75' 76 78' 79 81 82' 83 85 86' 87 88 89 90' 91 92 93' – Herausragendes Cru Bourgeois, 24 ha. So zuverlässig wie die Crus Classés des Orts und fast ebenso fein.
Phélan-Ségur St-Est; r ☐★★☐ 75' 81 82' 85 86 87 88' 89' 90' 91 92 93 – Großes, bedeutendes Cru Bourgeois, 50 ha, mit einigen feinen alten Jahrgängen. Die 83er und 84er mußten zurückgenommen werden; doch seit 1986 geht es wieder aufwärts.
Pibran Pauillac; r ☐★★☐ 88 89' 90' 91 92 93 – Kleines Cru Bourgeois, mit Pichon-Longueville verbunden. Hochklassiger Wein mit echtem Pauillac-Elan.
Pichon-Lalande (früher **Pichon-Longueville, Comtesse de Lalande**) Pauillac; r ☐★★★★☐ 61 66 70' 75' 76 78' 79' 81 82' 83' 84 85' 86' 87 88 89' 90' 91 92 93 – «Super-2ème-Cru». Nachbar von Ch. Latour; 59 ha. Stets Spitzenprodukte; langlebige Weine von fabelhafter Rasse und üppiger Art, selbst in ungünstigen Jahren. Zweitetikett: Réserve de la Comtesse. Interessant zu beobachten ist der Wettstreit mit dem Rivalen auf der anderen Straßenseite (Pichon-Longueville).
Pichon-Longueville (früher **Baron de Pichon-Longueville**) Pauillac; r ☐★★★→★★★★☐ 78 79' 81 82' 83 85 86' 87 88' 89' 90' 91 92 – 31 ha 2e Cru, sehr uneinheitliche Weine; seit 1987 im Besitz der AXA-Versicherungsgruppe und geleitet von J.-M. Cazes von Lynch-Bages. Neubelebung beim Wein und in der Architektur. Zweitetikett: Les Tourelles de Longueville.
Le Pin Pomerol; r ★★★★ 82 83 85 86 87 88 89 90' – Nur knapp 500 Kisten Merlot; gleicher Besitzer wie Vieux-Ch.-Certan. Perfektionismus auf kleinstem Raum.
Pindefleurs St-Em; r ★★ 79 81 82' 83 85 86 88 89 90' 92 93' – Beständiger, 9 ha großer Betrieb auf leichtem Boden. Zweitetikett: Clos Lescure.
Pique-Caillou Graves; r ☐★★☐ 85' 86 88' 89 90' 91 92 93 – Nahe beim Flughafen Bordeaux. Neu ausgestattet; reifer, verführerischer Graves. Ebenso Ch. Chênevert nebenan.
de Pitray Castillon; r ☐★★☐ 82 83 85 86 87 88 89 90 91 92 93 – 25 ha großer Rebberg an den Côtes de Castillon östlich von St-Emilion. Gute, kernige, vollmundige Weine.
Plagnac Médoc; r ☐★★☐ 82 83 85 86 88 89' 90' 91 92 93 – Cru Bourgeois in Bégadan, wiederaufgebaut von Cordier. Im Auge behalten.
Plince Pomerol; r ★★ 75 79 81 82 83 85 86 88 89' 90 92 – Angesehenes 8-ha-Gut bei Libourne. Ansprechender, recht leichter Wein von sandigem Boden.
La Pointe Pomerol; r ★★→★★★ 82 83' 85 86 87 88 89' 90 92 – Prominenter Besitz, 25 ha; guter, aber etwas magerer Wein. Seit 1986 neuer Berater. La Serre gehört zum Besitz.

Pontac-Monplaisir Graves; r (w) ★★ 87 89 90 91 92 93 – Weingut in Graves mit köstlichem Sauvignon-Blanc-Weißwein.

Pontet-Canet Pauillac; r ★ ★ ★ 81 82' 83 85 86' 87 88 89' 90' 91 92 93 – Nachbargut (73 ha) von Mouton-Rothschildt. Lange Zeit standen die Dinge nicht gut. Die Besitzer (gleichzeitig von Lafon-Rochet) arbeiten seit 85 mit mehr Erfolg. Eigentlich dürfte man mit sehr feinem Wein rechnen; das Problem war bisher zuviel Tannin. Zweitetikett: Les Hauts de Pontet.

Pontoise-Cabarrus Haut-Médoc; r ★ ★ – Anständiger, immer besserer Cru Bourgeois in St-Seurin. Die Weine brauchen 5 bis 6 Jahre.

Potensac Médoc; r ★★ 78' 79 81' 82' 83 85' 86 87 88 89' 90' 91 92 93 – Bekanntestes Cru Bourgeois im nördlichen Médoc. Die Nachbar-Ch. Lassalle und Gallais-Bellevue gehören derselben Familie, den Delons (Besitzer von Ch. Léoville-Las Cases). Man merkt die Klasse.

Pouget Margaux; r ★★ 78 81 82' 83 85 86 87 88 89 90 91 92 93 – Zu Ch. Boyd-Cantenac gehörendes 8-ha-Gut; seit 1906 im gleichen Besitz. Ähnlicher, etwas leichterer Wein.

Poujeaux (Theil) Moulis; r ★★ 70' 75' 76 78 79' 81 82' 83' 85' 86 87 88' 89' 90' 91 92 93' – Cru Exceptionnel, Familienbetrieb, 48 ha. Rund 20 000 Kisten gerbstoffreicher, charaktervoller, konzentrierter Wein für lange Lebensdauer. Zweitetikett: La Salle de Poujeaux. Ferner Ch. Arnauld (83').

Prieuré-Lichine Cant-Mar; r ★ ★ ★ 70 75 78' 82' 83' 85 86' 87 88 89' 90' 91 92 93 – 57 ha großes Gut, 4e Cru; von dem inzwischen verstorbenen Alexis Lichine hochgebracht. Ausgezeichneter, voller und duftiger Margaux. Zweitwein: Clairefont.

Puy-Blanquet St-Em; r ★ ★ 75' 82' 83 85 86 88 89' 90' 92 93 – Bedeutendes Gut in St-Etienne-de-Lisse, östlich von St-Emilion, mit 20 ha. (Anfang der 80er Jahre früh reifende Rotweine; inzwischen festere Art.)

Puygueraud Côte de Francs; r ★★ 85 86 88 89' 90 92 93 – Führendes Ch. in diesem aufstrebenden Bereich. Faßgereifter Wein von überraschend guter Klasse. Ch. Laclaverie und Les Charmes-Godard liegen auf der gleichen Linie.

Rabaud-Promis Sauternes; w; s ★ ★ 83' 85 86' 88' 89' 90 – 30 ha Cru Classé in Bommes. Seit 1985 beobachtenswert.

Rahoul Graves; r w ★ ★ (r) 82 83 85 86 88 89' 90' 91 92 – 15-ha-Gut in Portets; in den 80er Jahren sehr guter Wein von heranwachsenden Reben; zu 80 % Rotwein. Der Weißwein wird im Eichenfaß ausgebaut.

Ramage-la-Batisse Haut-Médoc; r ★★ 82 83' 85 86 88 89' 90 91 92 93 – Potentiell hervorragendes Crus Bourgeois, 48 ha, in St-Sauveur, westlich von Pauillac. Seit 85 zunehmend attraktiv. Zweitetikett: Ch. Tourteran.

Rausan-Ségla Margaux; r ★★★ 70' 82 83' 84 85 86' 88' 89' 90' 91 92 93 – 42 ha 2e Cru, durch sein Bukett berühmt; einer der großen Namen des Médoc; seit 1982 mit Erfolg bemüht, seinen alten Rang wiederzugewinnen. Besitzerwechsel 1989 und erneut 1994. Zweitweine: Lamouroux, Ségla.

Rauzan-Gassies Margaux; r ★★ **75' 78' 82 83 85 86** 88 89' 90' 92 93 – 30 ha 2e Cru. Nachbar von obigem. 20 Jahre lang war wenig Aufregendes zu berichten, jetzt aber geht es wieder aufwärts – doch ist der Weg noch weit.

Raymond-Lafon Saut; w; s ★★★ **75' 76 78 79 80' 81 82 83' 85 86' 87 88** 89' 90' 91 92 – Seriöses Sauternes-Gut (18 ha), das vom Ex-Manager des Ch. d'Yquem betrieben wird. Prachtvolle Weine für lange Lagerung. Gehört mit zur Spitzenklasse.

de Rayne-Vigneau Sauternes; w; s ★★★ **76' 83 85 86' 88 89** 90' 91 92 – 66 ha Cru Classé in Bommes mit dem üblichen süßen Wein und trockenem Rayne Sec.

Respide-Médeville Graves; w (r) ★★ (w) **86 87 88 89 90 91** 92' 93 – Gehört zu den besten nicht klassifizierten Weißweinerzeugern im südlichen Graves, bei St-Pierre-de-Mons. Vollaromatische, langlebige Weine. Beachtenswert: Cuvée Kauffman. Die Rotweine sind mit 2 bis 4 Jahren genußreif.

Reynon 1res Côtes de Bordeaux; r w ★★ – 40-ha-Besitz mit duftigem Weißwein von alten Sauvignon-Reben («Vieilles Vignes») (**90 91 92** 93') und seriösem Rotwein (**85 86 88' 89 90 91 92** 93). Zweitetikett (Rotwein): Ch. Reynon-Peyrat. Siehe auch Clos Floridène.

Reysson Vertheuil, Haut-Médoc; r ★★ **82' 83 85 86 87** 88 **89'** 90' – Kürzlich neu angepflanztes Cru Bourgeois mit 48 ha in japanischem Besitz.

Ricaud Loupiac; w s (tr) r ★★ (w) **81 82 83' 85 86' 88** 89 90 91 92 – Größerer Erzeuger von fast Sauternes-ähnlichem langlebigem Dessertwein auf dem anderen Flußufer. Fleißige neue Besitzer.

Rieussec Sauternes; w; s ★★★ **71' 75' 80 81 82 83' 85 86' 87** 88' 89 90' 91 92 93 – Würdiger Nachbar von Ch. d'Yquem, 54 ha, in Fargues, wurde 1984 von den (Lafite) Rothschilds gekauft. Gehört nicht zu den süßesten Weinen, kann exquisit sein. Auch ein trockener Wein: «R» und ein Superwein «Crème de Tête».

Ripeau St-Em; r ★★ **81 82 83 85 86 87** 88 89 90 – Beständiges Grand Cru im Zentrum des Plateaus (16 ha).

La Rivière Fronsac; r ★★ **82 83 85' 86 87** 88' 89 90 – Das größte und eindrucksvollste Gut in Fronsac. Gerbstoffreiche, aber saftige Weine, schon in der Jugend preisgekrönt und mindestens ein Jahrzehnt lang jung.

de Rochemorin Graves; r (w) ★★ **82 83 84 85 86 87 88 89' 90' 91** 92 93 – Wiederbelebtes großes Weingut in Martillac, gehört dem Besitzer von Ch. La Louvière. 66 ha neue Reben versprechen viel Gutes. Eichenholzwürzige, 4 bis 5 Jahre lagerfähige Weißweine.

Romer-du-Hayot Sauternes; w s ★★ **81 82 83 85 86'** 88 89' 90 – Cru Classé mit wachsendem Ruf. Schwester-Ch.: La Guiteronde (Barsac).

de Roquetaillade-la-Grange Graves; r w tr ★★ **89 90** 91 **92** 93 – Das große Gut schafft sich mit feinem Rot- und Weißwein einen guten Namen. Siehe Cap de Mourlin.

Roudier Montagne-St-Em; r ★★ – 30-ha-Gut in einem Satelliten-Bereich von St-Emilion; klassische Geschmacksrichtung.

Rouget Pomerol; r ★★ 75' 76' 78 79 81 82' 83 85' **86** 88 89' 90 – Bezaubernder alter Besitz am Nordrand von Pomerol. Gut, wenn auch nicht hochfein; braucht Reifezeit.

Royal St-Emilion Markenname der bedeutenden, dynamischen Winzergenossenschaft. Siehe auch Haut-Quercus, Berliquet.

Ruat-Petit-Poujeaux Moulis; r ★★ 82 85 86 88 89 90 91 92 93 – 18-ha-Weingut mit wachsendem Ruf für kräftigen Wein, in 5 bis 6 Jahren trinkreif.

St-André Corbin St-Em; r ★★ 79' **81** 82' 83 85' **86** 88 89 90 92 – Bemerkenswerter Besitz in Montagne und St-Georges-St-Emilion mit einer langen Liste von überdurchschnittlichen Weinjahrgängen. 22 ha.

St-Bonnet Médoc; r ★★ 82 83 85 86 89 90 91 92 93 – Großes Gut in St-Christoly im nördl. Médoc. Sehr würziger Wein.

St-Estèphe, Marquis de St-Est; r ★ 82 86 88 **89** 90 93 – Die Winzergenossenschaft; größer, aber weniger interessant als früher.

St-Georges St-Geo-St-Em; r ★★ **82** 85' 86 87 88' 89' 90' 92 93 – Vornehmes Ch. aus dem 18. Jh., über dem Plateau von St-Emilion auf einem Hügel im Norden gelegen. 50 ha. Sehr guter Wein wird direkt an Kundschaft verkauft.

St-Georges-Côte-Pavie St-Em; r ★★ 82 83' 85' **86** 88' 89' 90' 92 – Kleines Weingut in bester Lage an den Côtes. Stets um Besseres bemüht.

St-Pierre St-Jul; r ★★★ 70' 78' 81' 82' 83' 85 86' **87** 88' 89' 90' 91 92 93 – 4e-Cru-Gut (17 ha); 1982 an Henri Martin (†) von Ch. Gloria übergegangen. Sehr stilvoller, beständiger, klassischer St-Julien.

de St-Pierre Graves; w (r) ★★ – Einfacher Weißwein mit beachtlichem Charakter und Geschmack; jung genußreif, aber auch haltbar. Auch Rotwein.

de Sales Pomerol; r ★★★ 75' 82' 83 85 86 88 89' 90' 92 – Größtes Rebenareal von Pomerol (46 ha), gehört zum großartigsten Ch. Selten Poesie, aber schönste Prosa. Zweitetiketten: Ch. Chantalouette und Ch. du Delias.

Saransot-Dupré Listrac; r (w) ★★ 86 88 **89** 90 92 93 – Kleines Gut mit schönen Leistungen seit 86. Außerdem auch einer von immer mehr Listrac-Weißweinen.

Sénéjac Haut-Médoc; r (w) ★★ 78 79 81 82' 83' 85 **86'** 87 88 89' 90' 91 92 93 – Cru Bourgeois im südlichen Médoc (24 ha), von einem Neuseeländer mit viel Eifer geführt. Zweitetikett: Dom. de l'Artique. Reiner Sémillon-Weißwein der langlebigen Art (89 90 91 92 93).

La Serre St-Em; r ★★ 75 81 82 **83** 85 86 88' **89** 90 **92** 93 – Kleines Grand Cru. Gleicher Besitzer wie Ch. La Pointe. Zuverlässiger Wohlgeschmack.

Siaurac Lalande de Pomerol; r ★★ – Gehaltvoll und gleichmäßig; 23 ha bei Pomerol.

Sigalas-Rabaud Sauternes; w; s ★★★ **75** 76' 79 80 82 83' 85 86 **87** 88' 89' 90' 91 92 – Der kleinere Teil des früheren Besitzes Rabaud; 14 ha in Bommes. Meist erstklassiger, süßer Wein in voller, traubiger Art.

Siran Lab-Mar; r ★★ **70 75' 78' 81 82' 83 85 86** 88 89' 90' – 30-ha-Weingut mit fast Classé-Qualität.
Smith-Haut-Lafitte Graves; r (w) ★★ **82' 85 86 89' 90'** 91 92 93 (w: 2 bis 3 Jahre) – Cru-Classé-Gut in Martillac. 49 ha (davon 6 ha Weißweinreben). Neue ehrgeizige Besitzer seit 1990. Früher leichte, inzwischen viel konzentriertere Weine. Zweitetikett: Les Hauts de Smith.
Sociando-Mallet Haut-Médoc; r [★★] **70 75 78 79 81 82' 83 85'** 86' 88' 89' 90' 91 92 – Prachtvolles Cru Grand Bourgeois in St-Seurin. 26 ha. Schwere konservative Weine für jahrelange Reifezeit. Zweitwein: Lartigue-de-Brochon.
Soudars Haut-Médoc; r ★★ – Schwester-Château von Coufran; neues Cru Bourgeois in guter Form.
Soutard St-Em; r ★★★ **70' 71 75' 76 78' 79 81 82' 83 85' 86 87** 88' 89' **90'** 91 **92** 93 – Exzellentes Cru Classé, 19 ha; 60 % Merlot. Kraftvoller, langlebiger Wein, jung ganz im französischen Geschmack. Zweitetikett: Clos de la Tonnelle.
Suduiraut Sauternes; w; s ★★★ **67 70 76' 78 79' 81 82' 83' 84 85 86** 88' 89' 90' – Einer der besten Sauternes; beste Jahrgänge wundervoll üppig. Über 69 ha, potentiell Spitzenklasse. Auslese: Cuvée Madame (**82, 83 86** 89).
du Tailhas Pomerol; r ★★ – 5000 Kisten Pomerol der leichteren Art; nicht weit von Figeac.
Taillefer Pomerol; r ★★ **81 82 83 85 86** 88' 89 90 92 – 11-ha-Besitz am Rand von Pomerol, im Eigentum der Familie Armand Moueix (siehe Fonplégade). 10 Jahre sind reichlich.
Talbot St-Jul; r (w) [★★★] **78' 79 81 82' 83' 85'** 86' **87** 88' 89' 90 91 92 93 – Bedeutendes Gut, 4e Cru, 96 ha, Schwester-Ch. von Gruaud-Larose mit ähnlich attraktivem, vollem und ansprechendem Wein, zuverlässig und seinen Preis wert. Sehr gutes Zweitetikett: Connétable Talbot. Außerdem Weißwein «Caillou Blanc».
Tayac südl. Mar; r [★★] **82 83 85 86 87** 88 89 90 92 93 – Größtes Cru Bourgeois in Margaux. Zuverlässiger, wenn auch nicht denkwürdiger Wein.
de Terrefort-Quancard Bordeaux r w [★★] – Großer Erzeuger in St-André-de-Cubzac an der Straße nach Paris mit empfehlenswerten Weinen. Felsiger Unterboden verhilft zu überraschender Qualität. 33 000 Kisten. Mit 2 bis 5 Jahren genußreif.
Terrey-Gros-Caillou St-Julien; [★★] **79 82' 83 85 86' 87 88 89** 90 91 92 93 – Schwester-Château von Hortevie; ebenso beachtenswert und stilvoll.
du Tertre Ar-Mar; r [★★★] **70' 79' 81 82' 83' 85** 86 **87** 88' 89' 90' 91 92 – 5e Cru, südlich von Margaux, isoliert gelegen; vom Besitzer von Calon-Ségur wieder auf seinen Rang gebracht. Vollduftiger, langlebiger Wein.
Tertre-Daugay St-Em; r ★★★ **82' 83' 85** 86 **87** 88' 89' 90' 92 – Kleines Grand Cru in spektakulärer Lage. Vom Besitzer von La Gaffelière wieder auf seinen alten Rang und hohe Qualität gebracht.
Le Tertre-Rôtebœuf St-Em; [★★→★★★] **85 86 87** 88' 89' 91 92 93 – Neuer Stern in St-Emilion. Sehr kleines Gut mit hochkonzentriertem, fast dramatischem Wein (v. a. Merlot)

seit 1983. Das «Roastbeef» im Namen kommt nicht von ungefähr.

Thieuley Entre-Deux-Mers; r rs w ★★ – Größeres Weingut mit empfehlenswertem «Clairet» (Rosé) und traubigem Sauvignon. Eichenfaßgereifte Rotweine.

Timberlay r (w) ★ – 74 ha in St-André de Cubzac. Angenehme, leichte Weine für 2 bis 5 Jahre Reifezeit. Gleiche Besitzer wie Villemaurine.

Toumilon Graves; r w [★★] – Bemerkenswertes kleines Château in St-Pierre-de-Mons. Frische Rot- und Weißweine mit viel Charme.

La Tour-Blanche Sauternes; w; s (r) ★★★ 81' 82 83' 85 86 87 88' 89' 90' 91 92 93 – Lange Zeit ein führendes Gut in Sauternes, heute staatliche Weinbaufachschule. In den 70er Jahren unbeständig; 1988 wieder in historischer Form.

La Tour de By Bégadan (Médoc); r [★★] 79' 81 82' 83 85' 86 87 88' 89' 90' 91 92 93 – Sehr gut geführtes Cru Bourgeois, 58 ha, im nördlichen Médoc. Stetig wachsender guter Ruf für robusten, eindrucksvollen, doch unmittelbar ansprechenden Wein.

La Tour-Carnet St-Lau; r ★★ 82 83 85 86 88 89' 90 91 92 93' – 4e Cru, mit mittelalterlicher Burg; lange vernachlässigt; leichter Wein, seit 86 ausdrucksvoller. Zweitwein: Sire de Comin.

La Tour-Figeac St-Em; r ★★ 79 81 82' 83 85 86 88 89' 90' – 14 ha Grand Cru zwischen Ch. Figeac und Pomerol. Die Weine dürften eindrucksvoller sein.

La Tour-Haut-Brion Graves; r ★★★ 70 78 79 81 82' 83 85 86 87 88 89 90 91 92 93– Früher Zweitetikett von Ch. La Mission-Haut-Brion. Bis 1983 ein einfacher, herber, langlebiger Wein, heute eine eigene Lage mit gefälligeren Weinen.

La Tour-Haut-Caussan Médoc; r ★★ – Ehrgeiziges kleines Weingut (9 ha) in Blaignan, erregt Bewunderung.

La Tour du Haut Moulin Cussac (Haut-Médoc); r [★★] 81 82' 83 85' 86 87 88' 89' 90' 91 92 93 – Konservativer Erzeuger mit intensiven Weinen der absoluten Cru-Bourgeois-Spitzengruppe.

La Tour-de-Mons Sou-Mar; r ★★★ 70' 82' 83 85 86' 88' 89' 90' 91 92 – Berühmtes Cru Bourgeois, 35 ha, seit 3 Jahrhunderten im Besitz der gleichen Familie. Nach längerer Schwäche machen die Weine wieder besseren Eindruck.

Tour du Pas St-Georges St-Em; r ★★ – Wein von 16 ha in St-Georges-St-Emilion, produziert vom Kellermeister von Ausone. Sehr stilvoll; beobachtenswert.

La Tour-du-Pin Figeac St-Em; r ★★ – 10 ha. Restaurierenswertes Gut.

La Tour-du-Pin-Figeac-Moueix St-Em; r ★★ 81 82 83 85 86 88' 89' 90' 92 – Ein weiteres, 10 ha großes Stück des alten Besitzes, Eigentum der Familie Armand Moueix. Herrliche Lage, kraftvolle Weine.

La Tour St-Bonnet Médoc; r [★★] 82' 83 85 86 87 88 89' 90' 91 92 – Gleichmäßig guter, kraftvoller Wein aus St-Christoly im nördl. Médoc. 40 ha.

Tournefeuille Lalande de Pomerol; r ★ ★ 81' 82' 83' 85 86 88 89 90' 91 92 93 – Bekanntestes Château von Néac; 17 ha; sauberer Wein. Auch Ch. de Bourg.

des Tours Montagne-St-Em; r ★★ 82 85 86 88 89 90 92 93 – Spektakuläres Ch. mit modernem, 7 ha großem Rebberg. Gesunder, angenehmer Wein.

Toutigeac Entre-Deux-Mers; r (w) ★ 89 90 91 92 93 – Großmengenerzeuger in Targon mit ordentlichem Bordeaux.

Tronquoy-Lalande St-Est; r ★ ★ 70 79 81 82' 83 85 86 88 89 90 92 93 – 16 ha Cru Bourgeois; typischer St-Estèphe von kräftiger Farbe, braucht lange Lagerung. Vertrieb durch Dourthe.

Troplong-Mondot St-Em; r [★★→★★★] 82' 83 85 86 87 88' 89' 90' 92 93 – 28 ha in guter Lage an den Côtes oberhalb von Ch. Pavie (und im Besitz der gleichen Familie). Passionierte Bemühungen; beobachtenswert. Zweitetikett: Mondot.

Trotanoy Pomerol; r ★ ★ ★ ★ 61' 70' 71' 75' 76' 78 79 81 82 83 84 85' 86 87 88 89 90' 92 93 – Stallgefährte von Pétrus und hinter diesem meist der zweite Spitzenreiter in Pomerol. Nur 11 ha, aber ein herrlich körperreicher, duftiger Wein.

Trottevieille St-Em; r ★ ★ ★ 79' 81 82 83 85' 86 87 88 89' 90 92 93 – 1er Cru, 11 ha an den Côtes, östlich der Stadt; lange etwas abgefallen. Gleiche Besitzer wie Batailley. Seit 85 verbesserte Leistungen. Beobachtenswert.

Le Tuquet Graves; r w [★★] 89 90 91 92 93 – Größeres Gut in Beautiran, wo leichte fruchtige Weine gekeltert werden; der Weißwein ist besser. (Eichenfaßgereifte Cuvée Spéciale.)

Verdignan Médoc; r [★★] 81 82 83 85 86 87 88 89' 90 91 92 – Großes Bourgeois-Schwestergut zu Ch. Coufran. Mehr Cabernet als dort.

Vieux Château Certan Pomerol; r [★★★] 78 79 81 82' 83' 85 86' 87 88' 89 90' 92 93 – In der Qualität oft fast mit Pétrus gleichgesetzt, in der Art aber ganz anders, eher mit Haut-Brion-Stil. 14 ha. Im Besitz einer belgischen Familie, der auch Labégorce-Zédé und das kleine Pomerol-Gut Le Pin gehören. Siehe auch Puygueraud.

Vieux Château St-André St-Em; r [★★] 79' 81 82' 83 85' 86 87 88' 89' 90' 91 92 93' – Kleines Weingut in Montagne-St-Emilion; Besitzer ist ein führender Weinproduzent aus Libourne. Im Auge behalten. 2500 Kisten.

Villegeorge Avensan; r ★ ★ 82 83' 85 86 87' 88 89 90 92 93 – 10 ha Cru Bourgeois nördlich von Margaux, gleicher Besitzer wie Ch. Brane-Cantenac. Erfreulicher, ziemlich herber Wein. Schwester-Château zu Duplessis-Hauchecorne.

Villemaurine St-Em; r ★ ★ 82' 83 85' 86 87 88 89 90 92 93 – Kleines Grand Cru mit schönen Kellern an den Côtes der Stadt. Fester Wein mit hohem Cabernet-Anteil.

Vraye-Croix-de-Gay Pomerol; r ★ ★ 75' 82' 83 85 86 88 89 90 92 – Sehr kleines, in der besten Gegend von Pomerol gelegenes Gut; hat tatkräftige Bemühungen nötig.

Yon-Figeac St-Em r ★ ★ 81 82 83 85 86 88 89 90 – Grand Cru mit 24 ha; beachtenswert durch Wohlgeschmack und reiches Bukett.

d'Yquem Sauternes; w; s (tr) ★ ★ ★ ★ 67' 71' 73 75' 76' 77 78 79 80' 81' 82' 83' 84 85 86' 87 88' 89' (90' 91 93 noch nicht freigegeben) – Der berühmteste süße Wein der Welt. Produziert werden nur 1250 Flaschen pro Hektar. Sehr starker, intensiver, üppiger Wein. Anbaufläche 100 ha. Die meisten Jahrgänge sollten mindestens 15 Jahre reifen. Auch trockener «igrec» **78 79 80 84 85 86** (sehr wenig) **87 88 89 91 92**.

Bordeaux-Zweitetiketten

Die Spitzen-Châteaux von Bordeaux brachten schon vor Jahrhunderten neben ihrem Grand Vin eine zweite Wahl heraus. Diese Praxis wurde in den 1960er Jahren von Château Latour mit seinem höchst beachtenswerten Les Forts de Latour neu in Schwung gebracht. Steigender Ertrag und Wohlstand ließen dann vor allem in den 1980er Jahren die Notwendigkeit strenger Auslese in den Vordergrund treten. Daher bieten die meisten Château «Zweitweine» gewöhnlich zu recht günstigen Preisen an. Hier eine Zusammenstellung der empfehlenswerteren Gewächse dieser Art:

Amiral de Beychevelle – Ch. Beychevelle
Artiges-Arnaud – Ch. Grand-Puy-Ducasse
Baron de Brane und **Notton** – Ch. Brane-Cantenac
Bahans Haut-Brion – Ch. Haut-Brion
La Bastide Dauzac – Ch. Dauzac
Beau-Mayne – Ch. Couvent des Jacobins
Benjamin de Beauregard – Ch. Beauregard
Le Bonnat – Ch. Fieuzal
de Candale – Ch. d'Issan
Cantelaude – Ch. Giscours
Canuet – Ch. Cantenac-Brown
Cap de Haut-Maucaillou – Ch. Maucaillou
Caroline – Ch. Lestage
Carruades de Lafite – Ch. Lafite-Rothschild
Chambert-Marbuzet – Ch. Haut-Marbuzet
Chantalouette und **du Delias** – Ch. de Sales
Château Caperot – Ch. Monbousquet
Château Grand Goucsirs – Ch. Giscours
Château Roquefort – Ch. Tertre-Daugay
Château des Templiers – Ch. Larmande
Les Chênes – Pavie-Macquin
Clairefont – Ch. Prieuré-Lichine
Le Clémentin du Pape-Clément – Ch. Pape-Clément
Clos de la Gravette – Vieux Château Certan
Clos J Kanon – Ch. Canon
Clos Labère – Ch. Rieussec
Clos Lescure – Ch. Pindefleurs
Clos du Marquis – Ch. Léoville-Las Cases
Clos de la Tonnelle – Ch. Soutard

La Closerie de Camensac – Ch. Camensac
Connétable de Talbot – Ch. Talbot
de Conques – Ch. Les Ormes-Sorbet
Cordet – Ch. Monbrison
La Croix-Beaucaillou – Ch. Ducru-Beaucaillou
Les Cyprès – Ch. Climens
La Dame de Montrose – Ch. Montrose
Diane de Belgrave – Ch. Belgrave
Dom de l'Artigue – Ch. Sénéjac
Dom de Compostelle – Ch. la Cabanne
Dom de Martialis – Ch. Clos Fourtet
Dom Zédé – Ch. Labégorce-Zédé
Duluc – Ch. Branaire-Ducru
Ermitage de Chasse-Spleen – Ch. Chasse Spleen
Les Fiefs de Lagrange – Ch. Lagrange
Fonpiqueyre – Ch. Liversan
Les Forts de Latour – Ch. Latour
Franck Phélan – Ch. Phélan-Ségur
Grand Parc – Ch. Léoville-Las Cases
Grangeneuve – Ch. Figeac
Haut-Bages-Averous – Ch. Lynch-Bages
Haut-Bommes – Ch. Clos Haut-Peyraguey
Les Hauts de Pontet – Ch. Pontet-Canet
Les Hauts de Smith – Ch. Smith-Haut-Lafitte
l'Hospitalet – Ch. Gazin
de Marbuzet – Ch. Cos-d'Estournel
L de Louvière – Ch. La Louvière
Lacoste-Borie – Ch. Grand-Puy-Lacoste
Lady Langoa – Ch. Langoa-Barton
Lamouroux – Ch. Rausan-Segla
Larose St-Laurent – Ch. Larose-Trintaudon
Lartigue-de-Brochon – Ch. Sociando-Mallet
Ludon-Pomiès—Agassac – Ch. La Lagune
MacCarthy – Ch. Chambert-Marbuzet
Mademoiselle de Saint-Marc – Ch. La Tour Blanche
Marquis de Ségur – Ch. Calon-Ségur
Maurens – Ch. Frombrauge
Mayne-Lévêque – Ch. Chantegrive
Mondot – Ch. Troplong-Mondot
Moulin d'Arvigny – Ch. Beaumont
Moulin de Duhart – Ch. Duhart-Milon-Rotschild
Moulin-Riche – Ch. Léoville-Poyferré
Moulinet-Lasserre – Ch. Clos René
Moulins de Citran – Ch. Citran
Notre Dame de Landiras – Ch. Landiras
Numéro 2 – Ch. Lafon-Rochet
La Parde de Haut—Bailly – Ch. Haut-Bailly
Pavillon Rouge – Ch. Margaux
Pensées de Lafleur – Ch. Lafleur
Le Petit Cheval – Ch. Cheval Blanc
La Petite Eglise – Ch. L'Eglise-Clinet
Peymartin – Ch. Gloria
Peyre-Labade – Ch. Clarke
Prieur de Meyney – Ch. Meyney
Les Reflets du Ch. Cissac – Ch. Cissac

Réserve de la Comtesse – Ch. Pichon-Lalande
Réserve du Général – Ch. Palmer
Reynon-Peyrat – Ch. Reynon
Ste-Hélène – Ch. de Malle
St-Paul de Dominique – Ch. La Dominique
La Salle de Poujeaux/Arnauld – Ch. Poujeaux-Theil
Sarget de Gruaud-Larose – Ch. Gruaud Larose
Ségla – Ch. Rausan-Ségla
Segonnes – Ch. Lascombes
Sire de Comin – Ch. Tour-Carnet
Le Tana de Malescasse – Ch. Malescasse
La Tour-d'Aspic – Ch. Haut-Batailley
La Tour-Léognan – Ch. Carbonnieux
Les Tourelles de Longueville – Ch. Pichon-Longueville
Tourteran – Ch. Ramage-la-Batisse
Villeneuve de Cantemerle – Ch. Cantemerle

Als einfache Faustregel gilt: Ein Rebstock liefert eine Flasche Wein guter Qualität. Ein Bordeaux-Rebberg ist normalerweise mit 5269 Rebstöcken bepflanzt und ergibt 4000 Liter (5333 Flaschen). Bei der Reifung gehen zehn Prozent des Weinvolumens verloren, das Endergebnis sind somit 4800 Flaschen Wein.

In ausgesprochen fruchtbaren Weinregionen und in Deutschland mit seiner besonders hohen Produktionskapazität kann der Ertrag über 10 000 Liter pro Hektar betragen. Im Gegensatz dazu gewinnt man im Château d'Yquem, wo durch Edelfäule entwässerte Trauben verarbeitet werden, nur 900 Liter Wein pro Hektar Rebfläche.

Italien

Das Jahr 1992 erweist sich wahrscheinlich als der große Wendepunkt für die Reputation und das gute Geschick des italienischen Weinbaus, dessen geradezu geniales Chaos bisher den wahren Wert und die echten Qualitäten eher verbarg. Am 23. Januar 1992 wurde eine vollständig revidierte Version der stark diskreditierten DOC-Gesetze, die 30 Jahre lang für Verwirrung beim Verbraucher gesorgt und Fortschritte in Qualität und Innovation behindert hatten, erlassen.

Das «Gesetz 164» soll mit den alten Übelständen ein Ende machen, insbesondere damit, daß ein *Vino da Tavola* – offiziell die unterste Stufe in der Weinordnung – oft ein viel besserer (und teurerer) Wein war als einer, der nach den Vorschriften einer DOC oder gar DOCG – bislang die höchstmögliche Stufe (siehe Seite 136) – entstand.

Die neuen Bestimmungen sollen nach und nach (das wird wohl Jahre dauern) die italienischen Appellationen im Geist den französischen stark annähern, bei denen ja der Nachdruck ganz auf der Geographie – oder vielmehr dem «Terroir» – liegt. Sie sollen auch (wie die französischen Gesetze) dem Verkauf von Qualitätsweinen allein unter dem Namen der Rebsorte Einhalt gebieten.

Bildlich läßt sich das Gesetz 164 am besten durch eine Pyramide darstellen, deren Basis der bescheidene *Vino da Tavola* abgibt. Er darf keine Angabe der geografischen Herkunft (oder der Rebsorte), sondern nur einen Markennamen tragen. Über ihm liegt eine neue Stufe, die dem französischen *Vin de Pays* entsprechen soll und als IGT *(Indicazione Geografica Tipica)* bezeichnet wird. IGT-Weine tragen eine geographische Bezeichnung; eine in der jeweiligen Gegend zugelassene Traubensorte darf (jedoch stets erst an zweiter Stelle) hinzugefügt werden. Als nächsthöhere Stufen folgen dann DOC *(Denominazione di Origine Controllata)* und DOCG *(Denominazione di Origine Controllata e Garantita)*. In diesen beiden Stufen ist es erlaubt, auf dem Etikett detaillierte Informationen, z. B. den Namen einer Einzellage *(vigna)*, anzugeben – doch werden zugunsten der Qualität Opfer bei der Quantität, d. h. bei den Ertragsmengen, verlangt.

Demzufolge bildet der Vigna-Wein aus einer DOCG-Zone die Spitze der Pyramide. Während aber bislang der DOCG-Rang auf ein Dutzend berühmte Bereiche beschränkt war, hat von nun an jede DOC, die sich fünf Jahre lang gut bewährt, Anspruch auf diesen Status. Umgekehrt soll eine DOC, die nur halbherzige

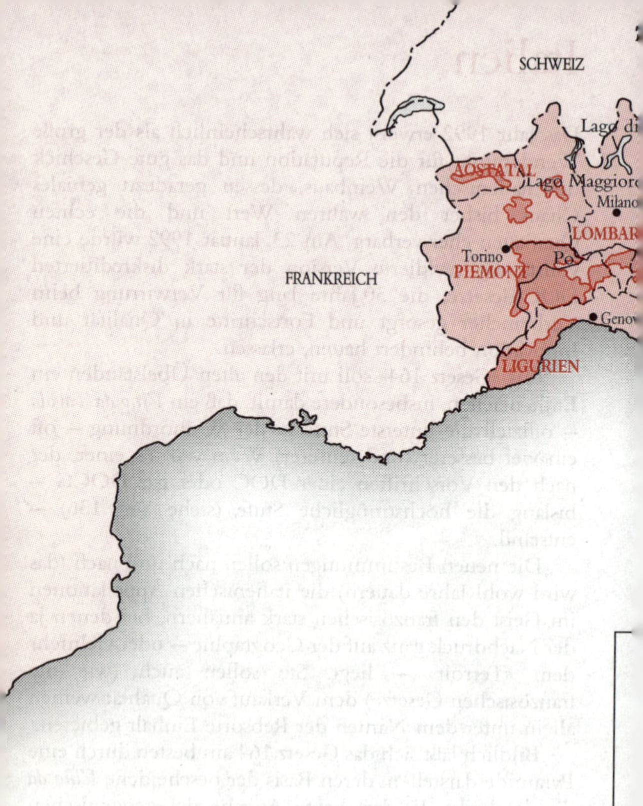

Leistungen erbringt, ihren Rang verlieren (etwa 50 DOC-Zonen sind bereits bedroht). Noch radikaler ist die Neuerung, daß ein besonders hervorragender individueller Markenwein, «der Italien Ehre macht», eine eigene DOCG erhalten kann. Manche befinden sich schon auf dem rechten Weg.

Ein ausgesprochener Vorzug dieses Pyramidensystems liegt darin, daß die Erzeuger in einer DOC-Zone spätestens zur Lesezeit darüber entscheiden können, wie hoch sie ihren Wein ansetzen wollen. Durch Selbstbeschränkung können sie sich das Recht auf die Spitzen-Appellation erwerben; hohe Erträge und infolgedessen verringerte Konzentration lassen sie dagegen automatisch auf der Pyramide abwärts rutschen.

Natürlich hat das neue Gesetz sehr viel mehr Details, und vieles wird sich erst durch Erfahrung ergeben. Es stellt aber einen überzeugend energischen Versuch dar, die Minestrone des alten Systems auseinanderzusortieren. Zweifellos wird der deutsche Gesetzgeber interessiert dabei zuschauen.

ÖSTERREICH
UNGARN
TRENTINO-SÜDTIROL
Bolzano
Trento
o di Garda
FRIAUL-JULISCH VENETIEN
SLOWENIEN
VENETIEN
Trieste
KROATIEN
Verona
Venezia
Po
EMILIA-ROMAGNA
Bologna
BOSNIEN-HERZEGOWIN
Firenze
Pisa
TOSKANA
Tiber
Siena
MARKEN
Lago di Trasimeno
UMBRIEN
ABRUZZEN
Lago di Bolsena
LATIUM
Adria
Roma
Lago di Bracciano
MOLISE
Bari
KAMPANIEN
Napoli
APULIEN
Táranto
BASILIKATA
ARDINIEN
Tyrrhenisches Meer
KALABRIEN
Cagliari
Palermo
Réggio
SIZILIEN

Inzwischen bleibt Aufgeschlossenheit der beste Rat für den Käufer italienischer Weine. Man sollte nicht an den vertrauten Namen kleben – dieses Kapitel ist mit Neuschöpfungen geradezu gespickt: manche davon sind aufregend gut, andere (Italien ist nun einmal Italien) rein kosmetischer Art –, und man sollte auch einmal bereit sein, für Qualität einen höheren Preis anzulegen.

Die bekanntesten Weine der verschiedenen Regionen:

Piemont: Barolo, Barbaresco, Barbera, Dolcetto, Gattinara, Nebbiolo, Asti Spumante.
Ligurien: Cinque Terre, Rossese di Dolceacqua.
Trentino-Alto Adige: Teroldego, Caldaro, Santa Maddalena, Merlot, Cabernet, Pino Bianco, Gewürztraminer usw.
Lombardei: Valtellina, Oltrepò Pavese, Franciacorta.
Venetien: Soave, Valpolicella, Recioto, Bardolino, Prosecco usw.
Friuli-Venezia Giulia: Collio, Pinot Grigio, Merlot, Tocai usw.
Emilia-Romagna: Albana, Lambrusco, Sangiovese.
Toskana: Chianti, Brunello, Vino Nobile di Montepulciano.
Umbrien: Orvieto, Rubesco di Torgiano.
Marche: Verdicchio, Rosso Conero, Rosso Piceno.
Latium: Frascati, Marino.
Abruzzen/Molise: Montepulciano.
Kampanien: Lacrima Christi, Taurasi.
Apulien: Castel del Monte, Locorotondo.
Basilicata: Aglianico del Vulture.
Kalabrien: Ciro.
Sizilien: Marsala, Corvo, Etna, Regaleali.
Sardinien: Nuragus, Cannonau, Monica, Vermentino.

Erläuterung der Abkürzungen im Kapitel Italien:

fz	frizzante
Pa.	Passito
Pr.	Provinz
Gem.	Gemeinde
Sü	Süßwein (gespritet)
DOC(G)	Denominazione di Origine Controllata (e Garantita): Kontrollierte (und garantierte) Herkunftsbezeichnung; DOCG ist die höchste Stufe der DOC; s. a. Seite 133.
VdT	Vino da Tavola (Tafelwein)

Weitere Abkürzungen sind auf der Seite gegenüber dem Inhaltsverzeichnis erläutert.

Abbazia di Rosazzo ★★★ Führendes Weingut in den Colli Orientali. Der weiße Ronco delle Acacie und Ronco di Corte sowie der rote Ronco dei Roseti sind sehr gute Einzellagenweine.

Abboccato Lieblich.

Adanti ★★ Erzeuger in Umbrien mit gutem rotem Sagrantino di Montefalco, VdT Bianco d'Arquata und Rosso d'Arquata (einem sehr guten Barbera-Canaiolo-Merlot-Verschnitt) sowie gutem Cabernet Sauvignon; alles preiswert.

Aglianico del Vulture Bas; DOC r; tr (lbl; sch) ★★★ 82 85 **86 87** 88 90 91 92 93 – Gehört zu den besten süditalienischen Weinen. Entwickelt bei Lagerung große Fülle. Nach 3 Jahren als Vecchio, nach 5 Jahren als Riserva bezeichnet. Spitzenweingüter: Fratelli D'Angelo (auch Erzeuger des sehr guten, sauberen Aglianico VdT Canneto), Paternoster.

Alba Bedeutendes Weinzentrum im Piemont (am Tanaro, südlich von Turin).

Albana di Romagna Em-Ro; DOCG w; tr lbl (sch) ★★ BV – Erste DOCG für Weißwein – aus unerfindlichen Gründen der Traube namens Albana zuerkannt. Moderne Bereitungsmethoden nehmen ihrem Wein viel von seinem Charakter. Spitzenerzeuger: Fattoria Paradiso. Amabile ist oft besser als trocken. Bes. gut: der süße Passito von Fattoria Zerbina mit Edelfäule.

Alcamo Siz; DOC w; ★ – Weiche neutrale Weißweine aus Sizilien. Rapitalà ist die beste Marke.

Aleatico Ausgezeichnete Rotweintraube mit Muskatelleraroma für süße, aromatische, starke Dessertweine, v. a. aus dem Süden. DOC Aleatico di Puglia (bester Erzeuger: Candido) ist bekannter und besser als DOC A. di Gradoli (Latium).

Alezio Apu; DOC rs (r); ★★ (r) 91 92 93 – Neuere DOC in Salento, v. a. für delikaten Rosé. Spitzenerzeuger: Calò. Michele (produziert auch guten faßgereiften VdT Negroamaro «Vigna Spano»).

Allegrini ★★★ Erzeuger von Veroneser Qualitätsweinen, u. a. Valpolicella aus erstklassigen neuen Weinbergen, und sehr guter Amarone.

Altare ★★★ Hochangesehener kleiner Erzeuger von modernem Barolo und VdT Barbera Vigna Larigi.

Altesino ★★ Hochangesehenes Weingut mit Brunello di Montalcino und VdT Palazzo Altesi.

Alto Adige Tr-AAd; DOC r rs w; tr s sch ★★→★★★ – Südtirol; die DOC erfaßt 20 verschiedene Weine, die meist nach Traubensorten benannt werden und aus 33 Orten um Bozen stammen. Die besten sind Weißweine.

Ama, Castello di (oder Fattoria di Ama) ★★★★ – Eines der besten und beständigsten modernen Chianti-Classico-Weingüter (bei Gaiole). Erstklassige Einzellagenweine: San Lorenzo, Bertinga, La Casuccia und Bellavista; sehr guter Chardonnay, Sauvignon, Merlot (Vigna L'Apparita), Pinot Noir (Il Chiuso), alles VdT.

Amabile Lieblich, meist etwas süßer als Abboccato.

Amaro Bitter. Als Hauptbezeichnung steht «Amaro» für einen Bitterlikör.

Amarone Hochprozentige Valpolicella-Version von luftgetrockneten Trauben: stark, trocken, eindrucksvoll, langlebig. Siehe auch Recioto.

Amarone della Valpolicella Ven; DOC ★★★→★★★★ **81 83 84 85 86 88 90 93** – Erzeuger: v. a. Allegrini, Bertani, Brigaldara, Corte Sant Alda, Dal Forno, Guerrieri-Rizzardi, Le Ragose, Masi, Quintarelli, San Rustico, Serègo Alighieri, Speri.

Anghelu Ruju Portweinähnliche Version des Cannonau von Sella & Mosca in Sardinien.

Anselmi, Roberto ★★★ Führend mit Einzellagen-Soave Capitel Foscarino; ferner ausnehmend guter süßer Recioto dei Capitelli.

Antinori, Marchesi L. & P. Alteingesessenes, immens einflußreiches Haus in der Toskana mit bestem Rénommée, heute Alleinbesitz von Piero Antinori; produziert erstklassigen Chianti Classico (v. a. Peppoli, Tenute Marchese Antinori, Villa Antinori und Badia a Passignano) sowie Wein aus Umbrien (Castello della Sala) und Piemont (Prunotto). Vorreiter bei neuen VdT-Stilen, z. B. Tignanello, Solaia (Toskana), Cervaro della Sala (Umbrien). Marchese Piero Antinori galt in den 70er und 80er Jahren in Weinfachkreisen der ganzen Welt als Stimme Italiens. Siehe auch Prunotto.

Aquileia F-VG; DOC r w ★★ (r) **88 89 90** 91 92 93 – 12 sortenreine Weine aus der Gegend um die Stadt Aquileia, an der Grenze zu Slowenien. Guter Refosco.

Argiano ★★★ Spitzenweingut in Montalcino, v. a. mit Brunello und Rosso; im Besitz von Noemi Marone Cinzano.

Argiolas, Antonio Bedeutender Erzeuger auf Sardinien mit erstaunlich hoher Qualität. Sehr gut: Cannonau, Nuragus, Vermentino und der rote VdT Turriga.

Arneis Piem; w ★★→★★★ BV – Endlich ein Weißwein, der dem Land des Barolo würdig ist. Die wiederentdeckte alte Rebe liefert duftige, leichte Gewächse. Heute DOC unter Roero, nördlich von Alba, und neuerdings unter Langhe. Gute Erzeuger u. a. Castello di Neive, Ceretto (Blangé), Correggia, Deltetto, Bruno Giacosa, Malabaila, Malvirá, Marengo-Marenda, Angelo Negri, Vietti, Voerzio.

Artimino ★★ Alte Bergstadt westlich von Florenz; die Fattoria di Artimino produziert erstklassigen DOCG Carmignano.

Assisi Umbr; r (w tr) [★★] – Rosso und Bianco di Assisi sind ansprechende VdT; kühl zu trinken.

Asti Bedeutendes Weinzentrum in Piemont.

Asti (Spumante) Piem; DOCG w; sch [★★→★★★] oJ – Höchst populärer süßer, fruchtiger, schäumender Muskateller mit geringem Alkoholgehalt; jetzt zur DOCG mit höherem Qualitätsstandard aufgestuft. Vorzüglich als Dessertwein. Spitzenerzeuger: Bera, Cinzano, Fontanafredda, Gancia, Martini & Rossi.

Attems, Conti Berühmtes altes Weingut im Collio mit großer Auswahl an guten, typischen Weinen (v. a. Pinot Grigio). Heute unter der Leitung von Collavini.

Avignonesi ★★★ Montepulciano-Weingut mit einer Reihe guter Weine, u. a. Vino Nobile, einem Rotweinverschnitt namens Grifi, erstklassigem Chardonnay, Sauvignon Blanc, Merlot sowie ganz vorzüglichem Vinsanto.

Azienda agricola (oder agraria) Landwirtschaftliches Gut, oft mit Weinbau.

Azienda vinicola (oder casa vinicola) Eine vorwiegend mit zugekauften Trauben oder Weinen arbeitende Kellerei.

Azienda vitivinicola Weingut.

Badia a Coltibuono ★★→★★★ – Erzeuger feiner Chianti-Weine in einer alten Abtei von Gaiole mit einem Restaurant und einer ungewöhnlichen Sammlung alter Jahrgänge. Auch guter VdT «Sangioveto» (**82 83 85 86** 88 90 93).

Banfi (Castello oder Villa) ★★→★★★ – Erzeuger für den größten US-Importeur italienischer Weine. Umfangreiche Weinberge bei Montalcino, meist Sangiovese, aber auch Sauvignon, Shiraz, Pinot Nero, Cabernet, Chardonnay, dienen Bemühungen um Qualität und Quantität. Guter Brunello; noch besser ★★★★ Poggio all'Oro; Centine ist ein Rosso di Montalcino. In Piemont produziert Banfi sehr guten Banfi Brut Spumante, Principessa Gavi, Bracchetto d'Acqui, Pinot Grigio.

Barbacarlo Lomb; r; tr s sch ★★ – Delikate Weine aus dem Oltrepò Pavese, mit typischem Bittermandel-Nachgeschmack.

Barbaresco Piem; DOCG r; ★★★→★★★★ **85' 86 87 88'** 89' 90' 93 – Nachbar von Barolo aus der gleichen Traube, vielleicht nicht ganz so robust. Beste Weine tief, sauber, subtil und fein. Nach 4 Jahren Riserva. Spitzenerzeuger: Geretto, Cigliuti, Gaja, Bruno Giacosa, Marchesi di Gresy, Moccagatta, Nada, Pelissero, Pio Cesare, Produttori del Barbaresco, Prunotto, Alfredo Roagna, Bruno Rocca, Sottimano.

Barbatella, Cascina La ★★★ Spitzenerzeuger von Barbera d'Asti; ausgezeichnete Einzellagenweine Sonvico und dell'Angelo.

Barbera Dunkle, säuerliche Traube; eine Spezialität des Piemont, die auch in der Lombardei, der Emilia-Romagna und anderen Regionen im Norden verwendet wird; nach Sangiovese die zweitmeist angebaute Rebe Italiens. Nachstehend die besten Barbera-Weine.

Barbera d'Alba Piem; DOC r; ★★→★★★ **85' 86 87 88' 89'** 90' **91** 92 93 – Süffiger, herber, duftiger Rotwein. Superiore kann 7 Jahre und mehr lagern. In der Gegend von Alba wird bei *vino da tavola* manchmal Nebbiolo mitverarbeitet (ebenfalls VdT sind einige *barrique*-gereifte reine Barbera-Weine). Spitzenerzeuger: u. a. A. Conterno, Gaja, Grasso, Prunotto, G. Mascarello, Scavino, Vietti, Voerzio.

Barbera d'Asti Piem; DOC r; ★★→★★★ **85' 86 87 88' 89'** 90' 91 92 93 – Für echte Barbera-Liebhaber: rein aus Barbera-Trauben; saftig und ansprechend. Schon jung gut, 7 Jahre und länger haltbar. Spitzenerzeuger: u. a. La Barbatella, Bava, Bertelli, Boffa, Braida, Brema, Cascina Castle't, Chiarlo, Coppo, Scarpa, Trinchero, Viarengo.

Barbera del Monferrato Piem; DOC r; ★→★★ BV – Süffiger Barbera aus einem großen Bereich in der Pr. Alessandria und aus Asti. Gefällig, leicht spritzig, manchmal süßlich.

Barberani ★★ Führender Orvieto-Erzeuger; süßer Calcaia mit Edelfäule.

Barco Reale Tosk; DOC r ★★ – DOC für eine jüngere Version des Carmignano aus denselben Trauben wie dieser.

Bardolino Ven; DOC r; (rs) ★★ BV – Heller, leichter, etwas bitterer Rotwein vom Ostufer des Gardasees. Bardolino Chiaretto ist noch heller und leichter. Spitzenerzeuger: Guerrieri Rizzardi, Fratelli Zeni.

Barolo Piem; DOCG r; ★★★→★★★★ 79' 82' 85' 86 88' 89' 90' 93 – Kleiner Bereich südlich von Alba mit einem der grandiosesten Rotweine Italiens: tanninherb, voll, alkoholreich (min. 13 %), trocken, aber wunderbar tief und duftig und zugleich frisch und sauber; von der Nebbiolo-Traube; bis zu 15 Jahren haltbar; nach 5 Jahren Riserva. Spitzenerzeuger: u. a. Vietti, Giacosa, Conterno, Pio Cesare, Elio Grasso, Giovanni Manzone, Mascarello, Ceretto, Prunotto, Cordero, Ratti, Rocche dei Manzoni, Scavino, Sandrone, Voerzio, Altare, Clerico, Cavallotto, Conterno-Fantino, Gaja, Silvio Grasso, Andrea Oberto, Parusso, Fratelli Seghesio.

Bellavista ★★★ Weingut in Franciacorta, Rivale von Ca' del Bosco mit frischem, subtilem Schaumwein (v. a. beachtlicher Crémant), ferner guter roter VdT von Cabernet und Pino Nero.

Bera, Fratelli ★★ – Familienweingut. Feiner Moscato d'Asti.

Berlucchi, Guido Italiens größter Hersteller von *Metodo-classico*-Schaumwein in Franciacorta. Gleichmäßig gute Qualität.

Bertani ★★ Bekannter Erzeuger von Veroneser Qualitätsweinen (Valpolicella, Amarone, Soave usw.).

Bertelli ★★★ Guter, kleiner Erzeuger in Piemont: Barbera d'Asti, VdT Cabernet Sauvignon und Chardonnay.

Biancara, La ★★★ Von Trauben aus Friaul wird hier Gambellara in höchster Qualität produziert (Zonin produziert höchste Quantität).

Bianco Weiß.

Bianco d'Arquata Umbr; w [★★] BV – Siehe Adanti.

Bianco di Custoza Ven; DOC w (sch) [★→★★] BV – Wein aus der Gegend westlich von Verona, dem Soave sehr ähnlich.

Bianco di Pitigliano Tosk; DOC w; [★] BV – Ein sanfter, fruchtiger, lebendiger Wein aus der Nähe von Grossetto.

Biancolella Der beste Weißwein auf Ischia; ein VdT von D'Ambra.

Bigi, Luigi & Figlio Berühmter Erzeuger von Orvieto und anderen Weinen aus Umbrien und der Toskana, v. a. der trockene Orvieto aus Torricella ist sehr gut.

Biondi-Santi ★★→★★★ Der ursprüngliche Erzeuger von Brunello di Montalcino aus der 18-ha-Lage Il Greppo, mit sehr hohen Preisen, aber einmalig guten älteren Jahrgängen.

Boca Piem; DOC r; [★★] 85 88 89 90 91 92 93 – Aus der gleichen Traube wie Barolo, im nördlichen Piemont. Beachtenswert: Poderi ai Valloni.

Boffa, Alfiero Kleines Weingut mit erstklassigem Barbera d'Asti, v. a. Einzellagenweinen.

Bolla Berühmter Veroneser Erzeuger von Valpolicella, Soave usw. Spitzenweine: Jago, Castellaro (einer der besten Soave), Creso (rot und weiß).

Bonarda In Piemont, Emilia-Romagna und der Lombardei verbreitete, oft mit Barbera verschnittene zweitrangige Rotweintraube (alias Croatina).

Bonarda (Oltrepò Pavese) Lomb; DOC r; ★★ – Milder, frischer Rotwein, oft *frizzante* aus der Gegend südlich von Pavia.

Borgo del Tiglio ★★★ Weingut in Friaul mit einem der besten Merlots aus dem Nordosten: VdT Rosso della Centa. Ebenfalls fein: Collio Chardonnay, Tocai und Bianco.

Boscarelli, Poderi – Kleines Weingut mit sehr gutem Vino Nobile di Montepulciano, faßgereiftem VdT Boscarelli und gutem Rosso di Montepulciano.

Brachetto d'Acqui Piem; DOC r; s (sch) ★★ BV – Süßer roter Schaumwein mit verlockendem Muskataroma.

Braida Siehe Bricco dell'Uccellone.

Bramaterra Piem; DOC r [★★] **85 88 89** 90 91 92 93 – Nachbar des Gattinara; ein von Nebbiolo beherrschter Verschnitt.

Breganze Ven; DOC [★→★★★] (r) **85 86 87** 88 **89** 90 91 92 93 – Sammelname für viele Sorten und Arten aus der Gegend von Vicenza. Am besten sind Cabernet und Pinot Bianco. Spitzenerzeuger: Maculan, B. Bartolomeo.

Bricco Bezeichnung für eine hoch oben am Hang gelegene (daher hochwertige) Weinberglage in Piemont.

Bricco del Drago Piem; VdT **85 86 88** 89 90 93 – Langlebiger Dolcetto-Nebbiolo-Verschnitt der Cascina Drago.

Bricco dell'Uccellone Piem; r ★★★ **85 86 87 88 89** 90 92 93 – Faßgereifter Barbera aus dem Weingut des verstorbenen Giacomo Bologna. Ähnlich sind Bricco della Bigotta und Ai Suma.

Bricco Manzoni Piem; r [★★★] **82' 85'** 88' 89' 90' 91 92 93 – Sehr erfolgreicher Verschnitt von Barbera und Nebbiolo aus Monforte d'Alba.

Brindisi Apu; DOC r ★★ – Kräftiger Rotwein von Negroamaro-Trauben; v. a. der Patriglione aus dem Haus Taurino.

Brunello di Montalcino Tosk; DOCG r; ★★★→★★★★ **82' 83' 85' 86** 88' 90' 91 92 93 – Neben Barolo der gefeiertste Rotwein Italiens: gehaltvoll, körperreich, hocharomatisch und langlebig. Mindestreifezeit 4 Jahre, nach 5 Jahren Riserva. Montalcino liegt 40 km südlich von Siena. Erzeuger: u. a. Argiano, Biondi-Santi, Caparzo, Case Basse, Altesino, Cerbaiona, Costanti, Poggione, Banfi, Fattoria dei Barbi, Col d'Orcia, Lisini, Poggio Antico, Cebaiona, Salvioni, Talenti, Casanova di Neri, La Chiesa di Santa Restituta, Eredi Fuligni, Pacenti, Ciacci Piccolomini. Rosso di Montalcino ist eine leichtere und preiswertere Alternative.

Brusco dei Barbi Tosk; r ★★ **88 89 90** 91 92 93 – Lebendige Brunello-Variante nach der alten Governo-Methode.

Bukkuram Hochgepriesener Moscato di Pantelleria von De Bartoli.

Cà del Bosco ★★★★ – Gut in Franciacorta mit einem der besten Schaumweine Italiens sowie ausgezeichneten Rotweinen (Pinot Noir, Maurizio Zanella und Franciacorta).

Cabernet Sauvignon In NO-Italien und zunehmend auch in der Toskana (bes. für VdT) und im Süden verbreitete Traube.

Cafaggio, Villa ★★ Seriöses Chianti-Classico-Weingut mit einem guten roten VdT, Marke Solatio Basilica.

Caldaro oder Lago di Caldaro (Kalterersee) Tr-AAd; DOC r; ★→★★ BV – Leichter, weicher Rotwein mit Bittermandelgeschmack von der Schiava-Traube aus einem großen Bereich südlich von Bozen. Classico aus einem kleineren Bereich ist besser.

Caluso Passito Piem; DOC w; s (Sü) ★★ – Aus ausgewählten getrockneten Erbaluce-Trauben hergestellt; zarter Duft, samtig auf der Zunge. Kleine Produktion aus einem großen Bereich. Am besten von Bianco, Ferrando.

Candido, Francesco ★★ Spitzenerzeuger in Salento (Apulien); gute Rotweine: Duca d'Aragona, Cappello del Prete, Salice Salentino; sehr guter Dessertwein: Aleatico di Puglia.

Cannonau di Sardegna Sard; DOC r (rs); tr lbl ★★ **88** 89 **90** 91 92 – Cannonau ist die dunkle Haupttraube Sardiniens; der Wein fällt oft ungeheuer stark aus (DOC min. 13,5 %), ist aber mild im Geschmack.

Cantalupo, Antichi Vigneti di Erstklassige Ghemme-Weine der Familie Arlunno, v. a. Breclemae und Carellae aus Einzellagen.

Cantina Kellerei.

Cantina Sociale (CS) Genossenschaftskellerei.

Capannelle ★★★ Guter Erzeuger von VdT (früher Chianti Classico) bei Gaiole.

Caparzo, Tenuta ★★★ Montalcino-Weingut mit vorzüglichem Brunello La Casa; ferner Chardonnay und Ca' del Pazzo, ein roter Verschnitt.

Capezzana, Tenuta di (oder Villa) ★★→★★★ Aus dem Gut der Familie Contini Bonacossi in der Toskana (westl. von Florenz) kommt großartiger Chianti Montalbano und Carmignano sowie ein Rotwein im Bordeaux-Stil namens Ghiaie della Furba.

Capri Camp; DOC r w rs ★ – Berühmte Insel mit viel mißbrauchtem Namen. Interessante Weine von La Caprense.

Carema Piem; DOC r; ★★→★★★ 85 88 **89** 90 91 92 93 – Alte Spezialität aus N-Piemont. Am besten von Luigi Ferrando oder der Genossenschaft.

Carignano del Sulcis Sard; r rs [★★→★★★] **85'** 86 **87'** 88' 89 90 91 92 93 – Kräftig gebauter, alterungswürdiger Rotwein. Am besten der Terre Brune aus der Cantina Sociale di Santadi.

Carmignano Tosk; DOCG; r [★★★] **85 86** **88** 90 91 92 93 – Teil von Chianti; zuverlässig guter bis sehr feiner Wein mit 10 % Cabernet-Trauben. Erzeuger: Ambra, Artimino, Capezzana, Poggiolo.

Carpenè Malvolti Führender Erzeuger von klassischem Prosecco und anderen Schaumweinen in Conegliano, Veneto.

Carso Fr-VG; DOC r w; ★★→★★★ **88** **89** 90 91 92 93 – DOC bei Triest mit gutem Malvasia. Terrano del Carso heißt ein Refosco-Rotwein. Spitzenerzeuger: Edi Kante.

Casa fondata nel ... Firma gegründet im Jahr...
Casalte, Fattoria Le ★★★ Guter Vino Nobile di Montepulciano der Familie Barioffi; auch Rosso und weißer VdT Celius.
Casanova di Neri ★★★ Brunello (und Rosso) di Montalcino der Familie Neri; beide Jahr für Jahr besser.
Case Basse ★★★ Kleines Weingut mit sehr eindrucksvollem Brunello sowie VdT Intistieti.
Case Bianche, Le ★★ Zuverlässiges Weingut bei Conegliano (Ven) mit Prosecco, Sauvignon und rarem Wildbacher (eine alte österreichische Rebsorte).
Cascina Castlet ★★→★★★ Konzentrierter Barbera Passito, VdT Passum und sehr guter Barbera d'Asti.
Castel del Monte Apu; DOC r rs w; ★★ (r) **88 90** 91 92 93 — Trockene, frische ausgeglichene Weine aus dem Süden. Rotwein nach 3 Jahren Riserva. Der Rosé ist am bekanntesten. Riveras Il Falcone ist besonders gut.
Castellare ★★→★★★ Kleiner, vielgelobter Chianti-Classico-Erzeuger mit erstklassigem Sangiovese VdT I Sodi di San Niccoló und spritzigem Governo del Castellare, einem Chianti alten Stils in moderner Version.
Castell'in Villa ★★★ Sehr gutes Chianti-Classico-Weingut.
Castello d'Albola Altes Chianti-Classico-Gut im Besitz von Zonin. Mittelmäßige Weine.
Castello della Sala ★★★ Weingut von Antinori in Orvieto. Einfacher Weißwein: Borro. Spitzensorte: Cervaro della Sala von Chardonnay und Grechetto, in französischer Eiche ausgebaut. Muffato della Sala ist einer der besten Weine mit Edelfäule in Italien.
Castello di Cacchiano ★★★ Erstrangiges Chianti-Classico-Gut in Gaiole. Hervorragende Riserva «Millenio».
Castello di Farnetella ★★ Weingut zwischen Chianti Classico und Montepulciano; hier produziert Giuseppe Mazzocolin von Felsina sehr guten Sauvignon und Chianti Colli Senesi.
Castello di San Paolo in Rosso ★★★ Chianti-Classico-Gut mit dem erstklassigen roten VdT Cetinaia (in normalen Fässern, nicht in *barriques* ausgebaut).
Castello di Uzzano Berühmtes altes Chianti-Classico-Gut in Greve. Neuerdings schwächere Qualität.
Castello di Verrazzano ★★ Bedeutendes Chianti-Classico-Gut bei Greve.
Castello di Volpaia ★★ Erstklassiges Chianti-Classico-Gut in Radda mit elegantem, recht leichtem Chianti und mit rotem VdT Balifico (mit Cabernet) und Coltassala (nur Sangiovese).
Castelluccio ★★★ Der beste Sangiovese der Emilia-Romagna von der Familie Baldi: VdT Ronco dei Ciliegi und Ronco della Simia.
Cavalleri ★★→★★★ Nach Cà del Bosco und Bellavista der drittbeste Erzeuger in Franciacorta; sehr guter Spumante.
Cavallotto ★★→★★★ Zuverlässiges Weingut mit stetig verbessertem Barolo, v. a. Vigna San Giuseppe.
Càvit (Cantina Viticoltori) Zusammenschluß mehrerer Genossenschaften bei Trento. Gute Qualität. Weine u. a.: Marzemino, Cabernet, Pinot Nero, Bianco und Grigio, Nosiola.

Spitzensorten: Brume di Monte (r und w) und Schaumweine Graal und Firmato.

Cerasuolo Abr; DOC rs ★★ – Die Rosato-Version von Montepulciano d'Abruzzo.

Cerasuolo di Vittoria Siz; r; ★→★★★ **88 89 90** 91 92 93 – Kirschroter Wein aus Südsizilien, von COS am besten. Giuseppe Coria produziert eine fein ausgebaute Version ohne DOC.

Ceretto ★★★ Spitzenerzeuger von Barbaresco («Bricco Asili»), Barolo («Bricco Rocche»), erstklassigem Barbera d'Alba («Piana»), Chardonnay (La Bernardina), Dolcetto und Arneis.

Cervaro Siehe Castello della Sala.

Chardonnay Neuerdings für verschiedene norditalienische DOC-Weißweine zugelassene Rebsorte (z. B. in Südtirol, Franciacorta, Friaul usw.). Manche Spitzenweine dieser Sorte (z. B. Antinori, Felsina, Gaja, Lungarotti) gelten noch als VdT.

Chianti Tosk; DOCG r; ★→★★ **90 91 92 93** – Der lebendige Wein aus der Gegend von Florenz und Siena. Frisch, fruchtig und kräftig. Oft noch in bastumflochtenen Flaschen verkauft; meist für baldigen Verbrauch bestimmt. In den Unterbereichen Rufina und Colli Fiorentini kann Riserva im Classico-Stil entstehen; in Montalbano und den Colli Senesi, Aretini und Colline Pisane wird leichterer Wein produziert.

Chianti Classico Tosk; DOCG r; ★★→★★★★ **88 89 90** 91 92 93 (Riserva) **83 85 86** 88 90 93 – Älterer Chianti aus dem mittleren Bereich. Der alte helle, herbe Stil wird seltener, da sich die Spitzengüter für dunklere tanninreiche oder für mildere, fruchtigere Weine entscheiden. Manche gehören zu den besten Weinen Italiens. Hervorragende Erzeuger: u. a. Ama, Bibbiano, Cacchiano, Capaccia, Casa Emma, Castel Ruggero, Castellare, Castell'in Villa, Coltibuono, Felsina, Fonterutoli, Fontodi, Isole e Olena, Querciabella, La Massa, Le Filigare, Le Masse di San Leolino, Lilliano, Palazzino, Paneretta, Poggerino, Rampolla, Riecine, Rocca di Castagnoli, Rodano, San Fabiano Calcinaia, San Giusto, Valtellina, Vecchie Terre di Montefili, Verrazzano, Vignamaggio, Volpaia. Der schwarze Hahn ist das Zeichen für Mitglieder des Consorzio, dem jedoch nicht alle Spitzenerzeuger angehören.

Chianti Putto Tosk; DOCG r ★→★★ BV – Chianti von einer Winzervereinigung außerhalb der Classico-Zone. Das rosa-weiße Putto-Etikett tritt nur noch selten in Erscheinung.

Chiaretto Rosé, bes. vom Gardasee. Siehe Bardolino, Riviera del Garda.

Chiesa di Santa Restituta ★★★ Erzeuger von bewundernswertem Brunello (und sehr gutem Rosso) di Montalcino sowie rotem VdT Pian de Cerri.

Chionetti ★★→★★★ Erzeuger des besten Dolcetto di Dogliani (v. a. Briccolero).

Ciacci Piccolomini ★★★ Sehr guter Brunello (besonders fein: Vigna di Pianrosso) und Rosso di Montalcino.

Cigliuti, Renato ★★★ Kleines Barbaresco-Spitzengut.

Cinqueterre Lig; DOC w; tr w Pa ★★ – Duftiger, fruchtiger Weißwein von der Steilküste bei La Spezia. Der Passito ist als

Sciacchetrà bekannt (★★→★★★). Erzeuger: u. a. De Batte, CS Agricola di Cinqueterre, Forlini & Cappellini, Francesco Giusti.

Cinzano Bedeutende Wermutfirma, auch für Asti Spumante aus Piemont sowie Florio Marsala bekannt. Jetzt im Besitz von Grand Met.

Cirò Cal; DOC r (rs w) ★★ 87 88 **89** 90 91 92 93 – Sehr starker Rotwein von Gaglioppo-Trauben; fruchtiger Weißwein (bald zu verbrauchen). Spitzenerzeuger: Librandi (Duca San Felice), San Francesco (Donna Madda und Ronco dei Quattro Venti), Caparra & Siciliani.

Cisa Asinari, Tenute ★★★ Faßgereifter, moderner Barbaresco von Marchese Di Gresy.

Classico Bezeichnung für Wein aus einem begrenzten, innerhalb einer DOC gelegenen Bereich. Dem Namen nach, oft aber auch in der Praxis der beste Wein der jeweiligen Gegend. «Metodo classico» auf Schaumweinetiketten bedeutet Flaschengärung.

Clerico, Domenico Stetig weiterentwickelte Weine aus Piemont. Angestrebt wird eine internationale Geschmacksrichtung. Besonders gut: Barolo.

Col d'Orcia ★★★ Spitzenweingut in Montalcino mit interessantem VdT. Am besten ist der Brunello (v. a. Poggio al Vento).

Colle Picchioni Weingut südlich von Rom mit dem besten Marino-Weißwein; ferner Rotwein (Cabernet/Merlot) VdT, Vigna del Vassallo, vielleicht der beste in Latium.

Colli Zu deutsch: Hügel; kommt in vielen Weinnamen vor.

Colli Berici Ven; DOC r w rs ★★ (r) **88 90** 91 92 93 – In den Hügeln südlich von Vicenza ist der Cabernet der beste Wein. Spitzenerzeuger: Villa dal Ferro.

Colli Bolognesi Em-Ro; DOC r, rs oder w; ★★ BV (w). **85 86** 87 88 90 91 92 93 – Südwestlich von Bologna. 8 Weintypen von 5 Traubensorten. Spitzenweingut: Terre Rosse (★★★).

Colli Euganei Ven; DOC r w; tr lbl (sch) ★→★★ BV – DOC für 7 Weine südwestlich von Padua. Der Rote ist anständig; der Weiße und der Schaumwein weich und gefällig. Spitzenerzeuger: Vignalta (★★★), Cà Lustra.

Colli Orientali del Friuli Fr-VG; DOC r w; tr s ★★→★★★★ 88 **89 90** 91 92 93 – DOC für 20 verschiedene Weine von den Hügeln östlich von Udine, von denen 18 nach den Traubensorten benannt sind. Empfehlenswert die sehr guten Weißweine. Spitzenerzeuger: Abbazia di Rosazzo, Borgo del Tiglio, Dorigo, Livon, Ronco del Gnemiz, Torre Rosazza, Volpe Pasini.

Colli Piacentini Em-Ro; DOC r rs w; fz ★→★★ BV – DOC mit 11 Weinen, darunter der traditionsreiche Gutturnio und Monterosso Val d'Arda aus der Gegend südlich von Piacenza. Guter, perlender Malvasia.

Colli del Trasimeno Umbr; DOC r w ★→★★ **90** 91 92 93 – Oft lebendige Weine aus der Gegend von Perugia. Spitenerzeuger: La Fiorita, Marella, Martini & Rossi, Morolli.

Colline Lucchesi, Rosso delle Tosk; DOC r ★→★★ 90 91 92 93 – In der Gegend um Lucca produzierter, einem Chianti alten Stils ähnlicher Wein. Höchstleistungen sind nicht bekannt.

Collio Fr-VG; DOC r w; ★★→★★★★ 88 89 90 91 92 93 – 19 verschiedene Weine, davon 17 nach der Traubensorte benannte Weine aus einem kleinen Bereich zwischen Udine und Gorizia an der slowenischen Grenze. Sehr gute Weißweine, v. a. Sauvignon, Pinot Bianco und Grigio; die besten von La Castellada, L. Felluga, Gravner, Jermann, Primosic, Radikon, Schiopetto, Villa Russiz.

Coltassala Tosk; r ★★★ 85 86 87 88 90 93 – Beachtenswerter roter VdT von Sangiovese aus dem alten Chianti-Classico-Gut Castello di Volpaia in Radda.

Conterno, Aldo ★★★★ Legendärer Erzeuger von Barolo usw. in Monforte d'Alba. Guter Grignolino, Freisa, sehr guter Chard. «Printanier» und «Bussia d'Oro». Beste Barolo-Weine: Cicala und Colonello. Sehr guter, faßgereifter Nebbiolo VdT «Favot».

Conterno, Giacomo ★★★★ Barolo-Spitzenerzeuger in Monforte d'Alba. Langlebiger, rarer, hervorragener Monfortino Barolo.

Conterno-Fantino ★★★ Drei junge Familien mit sehr gutem Barolo usw. in Monforte d'Alba.

Contratto Für Asti, Barolo usw. bekannte Piemonteser Firma.

Contini, Attilio Berühmter Erzeuger von Vernaccia di Oristano; am besten der Jahrgangsverschnitt «Antico Gregori».

Contucci, Conti ★★→★★★ Altehrwürdiger, hochangesehener Erzeuger von Vino Nobile di Montepulciano.

Copertino Apu; DOC r (rs) ★★ 87 88 89 90 91 92 93 – Haltbarer, saftiger Rotwein von Negroamaro-Trauben von der Ferse des italienischen Stiefels. Beachtenswert die Riserva der Cantina Sociale.

Coppo Ambitionierter Erzeuger von Barbara d'Asti (z. B. «Pomorosso»).

Cordero di Montezemolo-Monfallettu ★★ Angesehener kleiner Erzeuger von gutem Barolo.

Cortese di Gavi Siehe Gavi. (Cortese ist der Name der Traube.)

Corzano & Paterno, Fattoria di ★★ Dynamisches Chianti-Weingut in den Colli Fiorentini. Sehr gute Riserva, roter VdT Corzano und hervorragender Vinsanto.

Costanti, Conti ★★★ Sehr kleines Gut mit allerfeinstem Brunello di Montalcino.

D'Ambra Spitzenerzeuger von Ischia-Weinen, v. a. von exzellentem weißem Biancolella («Piellero» und Einzellagenwein «Frassitelli»).

D'Angelo Führender Erzeuger von bewundernswertem DOC Aglianico del Vulture. Auch sehr guter faßgereifter Aglianico VdT Canneto.

Dal Forno, Romano ★★★★ Valpolicella und Amarone in sehr hoher Qualität von einem auf Perfektion bedachten Erzeuger, der nur besten Wein abfüllt: 8000 Flaschen von 8 ha.

Darmagi Piem; r tr ★★★★ 82 83 85 86 87 88 89 90 91 92 93 – Cabernet Sauvignon von Gaja aus Barbaresco; einer der meistdiskutierten roten VdT Piemonts.

Decugnano dei Barbi Orvieto-Spitzengut mit einer als «Pourriture Noble» bezeichneten Abboccato-Version sowie einem guten roten VdT.

Di Majo Norante Einsames Spitzengut in Molise an der Adria mit sehr gutem Montepulciano DOC Biferno und weißem Falangina unter dem Etikett Ramitello. Auch leichterer, würzigerer Molì. Sehr empfehlenswert.

Dolce Süß.

Dolceacqua Siehe Rossese di Dolceacqua.

Dolcetto ★★→★★★ Die am frühesten reifende Traube Piemonts erbringt sehr ansprechende Alltagsweine: trocken, jung zu trinken, fruchtig, frisch, tief purpurrot. Sie gibt mehreren DOC-Bereichen den Namen: Dolcetto d'Acqui, d'Alba, di Diano d'Alba (auch DOC Diano), di Dogliani (Spitzenerzeuger Chionetti und Pecchenino) und die Ovada (am besten von Abbazia di Vallechiara). Die meisten Barolo- und Barbaresco-Erzeuger produzieren auch Dolcetto.

Donnafugata Siz; r w [★★] – Süffiger Weißwein (v. a. Vigna di Gabri, Damaskino) aus Sizilien. Auch sauberer Rotwein. Bisher VdT, gehört jetzt zur neuen DOC Contessa Entellina.

Donnaz Val d'Aosta; DOC ★★ **85 88** **89** 90 91 92 93 – Nebbiolo aus den Bergen, duftig, hell, leicht bitter. Vorschriftsmäßig 3 Jahre Alterung. Gehört jetzt zur DOC Valle d'Aosta.

Dorigo, Girolamo ★★★ Spitzenerzeuger in den Colli Orientali del Friuli mit hervorragendem weißem VdT «Ronc di Juri», Chardonnay, Dessertweinen von Verduzzo und Picolit, rotem Pignolo, Refosco, Schioppettino und VdT Montsclapade.

Duca Enrico Siehe Duca di Salaparuta.

Duca di Salaparuta ★★→★★★ – Populäre sizilianische Weine: saubere, trockene Weißweine, gefällige milde Rotweine. Der exzellente, faßgereifte Duca Enrico (★★★ **85 86 87 88** 89 90 91 92 93) ist einer der besten Rotweine der Insel.

Elba Tosk; r w; (sch) ★ BV – Der Weißwein der Insel ist gut zu Fisch. Sauberer, trockener Rotwein.

Enfer d'Arvier Val d'Aosta; DOC r ★★ **90** 91 93 – Eine Alpenspezialität: heller, angenehm bitterer, leichter Rotwein (s. a. Donnaz).

Enoteca = «Vinothek»; davon gibt es viele in Italien. Vorbild ist die Enoteca Italiana in Siena. Auch Weinfachgeschäfte/Restaurants nennen sich so.

Erbaluce di Caluso Siehe Caluso Passito.

Est! Est!! Est!!! Lat; DOC w; tr lbl ★ BV – Wenig bemerkenswerter Weißwein aus Montefiascone, nördlich von Rom; profitiert von seinem berühmten Namen.

Etna Siz; DOC r rs w [★→★★] (r) **88** **89** **90** 91 92 93 – Wein von den vulkanischen Hängen des Ätna. Der Rotwein ist warm, voll, ausgeglichen und oft sehr gut haltbar, der Weißwein zart, mit ausgeprägtem Traubengeschmack.

Falchini ★★ Erzeuger von gutem DOCG Vernaccia di San Gimignano sowie der besten Rotweine der Gegend, z. B. VdT Campora.

Alkoholgehalt des Weins

Das Alkoholpotential der Weine variiert sehr stark. Ein wirklich schwerer Wein wie etwa Châteauneuf-du-Pape, Château d'Yquem oder Spätlese-Zinfandel enthält meist doppelt soviel Alkohol wie ein sehr leichter deutscher Wein: vielleicht 16%, im Vergleich zu 8%. Es ist der Alkohol, der uns einen Wein als «körperreich» empfinden läßt, wobei er aber durch Geschmackselemente, Zucker, Säuregehalt, Tannin und verschiedenartige Extrakte ausgeglichen sein muß. Ohne begleitendes reiches Bukett würde er zu hitzig und ungefällig schmecken.

Typische Alkoholstärken, im Labor durch Analysen kommerzieller Muster ermittelt (Volumenprozent):

Deutscher Tafelwein 8–11	*Montrachet* 12,6
Deutscher Kabinett 8–9	*California Zinfandel* 12–16
Deutsche Auslese 10–10,5	*California Chardonnay* 10,5–13,5
Deutsche Beerenauslese 12,8–14	*California Cabernet* 11,44
Französischer Tafelwein 9–12	*Australischer Cabernet/Shiraz* 13,8
Roter Bordeaux 10,5–13	*Barolo* 12–14
Bordeaux Cru Classé 11–12	*Chianti* 12–13
Beaujolais-Villages 10–10,5	*Valpolicella* 11,7
Muscadet 12	*Rioja Reserva* 12,5
Elsässer Riesling 10,5–11,5	*Sauternes* 12–15
Chablis Premier Cru 10,5–12,7	*Château d'Yquem* 13,5–16
Beaune 11–14	*Fino Sherry* 18–20
Chambertin 12,4	*Oloroso Sherry* 18–20
Châteauneuf-du-Pape 12,6+	*Jahrgangsport* 19–20
	Madeira 17–19

Falerno del Massico Camp; DOC r w ★★ 88 **89 90** 91 92 – Der bekannteste Wein der Antike (Falernum). Starker Rotwein von Aglianico, fruchtiger Weißwein von Falanghina. Guter Erzeuger: Villa Matilde.

Fara Piem; DOC r [★★] 85 88 **89** 90 91 92 93 – Guter Nebbiolo aus Novara, nördlich von Piemont. Duftig. Lagerung lohnt sich. Kleine Produktion. Am besten ist der Caramino von Dessilani.

Farneta, Tenuta ★★→★★★ Weingut bei Siena, jedoch außerhalb des Chianti-Classico-Bereichs, mit sortenreinem Sangiovese VdT, z. B. Bongoverno (★★★) und Bentivoglio (★★★).

Faro Siz; DOC r ★★ 88 89 **90** 91 92 93 – Gehaltvoller sizilianischer Rotwein von der Straße von Messina. Sehr gut vom einzigen Erzeuger Bagni.

Favorita Piem; w ★→★★ BV – Trockener, fruchtiger Weißwein, gewinnt im Barolo-Bereich immer mehr Freunde. Erzeuger: u. a. Negro, Sant-Orsola, Voerzio.

Fazi-Battaglia Bekannter Erzeuger von Verdicchio und gefälligem weißem VdT Le Moie. Auch das Weingut Fassati (Vino Nobile di Montepulciano) gehört zum Besitz.

Felluga Die Brüder Livio und Marco (Russiz Superiore) haben jeder seinen eigenen Betrieb im Collio und in den Colli Orientali, aber beide sind hochgeachtet.

Felsina-Berardenga ★★→★★★★ Chianti-Classico-Gut mit berühmter Riserva Vigna Rancia sowie VdT Fontalloro.

Ferrari Bei Trient (Tr-AAd) ansässiger Hersteller von einigen der besten italienischen trockenen Schaumweine nach der Champagnermethode. Am besten ist Giulio Ferrari.

Fiano di Avellino Camp; w ★★→★★★ **91 92 93** – Gilt als der beste Weißwein Kampaniens. Vignadora von Mastroberardino ist am besten.

Florio Hauptproduzent von Marsala; besitzt mehrere Marken; in der Hand von Cinzano.

Foianeghe Tr-AAd VdT r (w) ★★ **86 88 89** 90 93 – Trentino Cabernet/Merlot-Rotweine; können 7–10 Jahre reifen. Weiße Version von Pinot Bl./Chard./Traminer. Spitzenerzeuger: Conti Bossi Fedrigotti.

Folonari Großes Handelshaus in der Lombardei. Siehe auch GIV.

Fontana Candida Einer der besten Erzeuger von Frascati; besonders gut die Einzellage Santa Teresa. Siehe auch GIV.

Fontanafredda ★★ Großer historischer Erzeuger von Weinen aus Piemont. Wein einschl. Barolo aus Einzellagen und einer Reihe von Alba-DOC-Weinen; ferner sehr guter DOCG Asti und Spumante Brut.

Fonterutoli Erstklassiges (★★★→★★★★) Chianti-Classico-Gut in Castellina mit vielbeachtetem VdT Concerto sowie Riserva Ser Lapo (★★★).

Le Fonti, Fattoria ★★ Chianti-Weingut mit 12 ha in Panzano; arbeitet noch nach dem alten *Promiso*-System (Mischbestand).

Fontodi ★★★★ Erstklassiges Chianti-Classico-Gut in Panzano mit hochangesehener Riserva sowie VdT Flaccianello und weißem VdT Meriggio (Pinot-Bianco-Sauvignon-Traminer-Verschnitt).

Franciacorta Pinot Lomb; DOC w (rs); (sch) ★★→★★★ – Angenehmer weicher Weißwein und oft sehr gute Schaumweine aus Pinot-Bianco, Nero oder Grigio und Chardonnay. Besonders gut sind Ca' del Bosco, Bellavista, Monte Rossa und Cavalleri.

Franciacorta Rosso Lomb; DOC r ★★ **90 91** 92 93 – Leichter Rotwein aus Brescia, Gemisch aus Cabernet- und Barbera-Trauben.

Frascati Lat; DOC w; tr Sü s (sch) ★→★★ BV – Der bekannteste Wein von den Hügeln um Rom: soll weich, reif, golden, angenehm fruchtig sein. Heute ist er meistens enttäuschend und neutral. Eher zu empfehlen sind Weine von Conte Zandotti, Villa Simone bzw. Fontana Candida mit Einzellage Santa Teresa). Eine süße Version heißt Cannellino.

Freisa Piem; tr lbl s (sch) ★★ BV – Meist sehr trockener (außer bei Turin), oft perlender Rotwein, angeblich nach Erdbeeren und Rosen schmeckend. Bei genügend Säure sehr schmackhaft, besonders zu Salami. Empfehlenswert von Cigliuti, Conterno, Cozzo, Gilli, Parusso, Pecchenino, Pelissero, Sebaste, Trinchero, Vajra, Voerzio.

Frescobaldi Führende Pioniere für Chianti in Nipozzano östlich von Florenz. Auch weißer Pomino und Predicato Sauv. Blanc (Vergena) sowie Cabernet (Mormoreto).

Friuli-Venezia Giulia – Die nordöstliche Region an der slowenischen Grenze. Viele Weine, die besten davon unter der DOC Collio und Colli Orientali.

Frizzante Leicht schäumend, ein Ausdruck, mit dem Weine wie Lambrusco oder Barbera bezeichnet werden.

Gaja ★★★★ Altes Familienunternehmen unter der tüchtigen Leitung von Angelo G. Piemontesische Spitzenweine (in Qualität und Preis), v. a. Barbaresco (Einzellagen Sorì Tildin, Sorì San Lorenzo, Costa Russi) und Barolo Sperss (seit 1988); richtungweisend mit ausgezeichnetem Chardonnay (Gaja & Rey und preiswerterem Rossj-Bass), Cabernet (Darmagi). Vignarey ist erstklassiger Barbera, Vignabajla köstlicher Dolcetto.

Galestro Tosk; w; tr ★ – Name für einen fruchtigen und sehr leichten Weißwein, benannt nach dem Schieferboden im Chianti.

Gambellara Ven; DOC w; tr lbl (sch) ★ BV – Nachbar von Soave. Trockener Wein mit ähnlichem Charakter. Angenehm fruchtiger, süßer Wein (Recioto di Gambellara); auch Vinsanto. Spitzenerzeuger: La Biancara (★★★).

Gancia Berühmte Asti-Spumante-Firma, auch Erzeuger von Wermut und trockenem Schaumwein. Das neue Weingut Torrebianco in Apulien erzeugt guten weißen VdT: Chardonnay, Sauvignon, Pino Bianco sowie seit 89 den feinen Einzellagen-Barolo «Cannubi».

Garganega Wichtigste weiße Traube für Soave.

Garofoli, Gioacchino ★★→★★★ Qualitäts-Spitzenreiter in den Marken (bei Ancona). Beachtlicher Stil bei Verdicchio Macrina und Serra Fiorese; auch sehr guter Schaumwein sowie Rosso Conero Piancarda und Grosso Agontano.

Gattinara Piem; DOCG r ★★→★★★ 82 85 86 **88** 89 90 93 – Süffiger, fülliger Barolo-ähnlicher Rotwein von Nebbiolo-Trauben, mancherorts unter dem Namen Spanna bekannt, aus Nordpiemont. Am besten sind Monsecco und Einzellagenweine von Antoniolo. Weitere gute Erzeuger: Nervi, Travaglini.

Gavi (oder Cortese di Gavi) Piem; w ★★★ BV – Von Cortese-Trauben gekeltert, oft kräftiger, subtiler, trockener Weißwein. Am bekanntesten ist La Scolca; Castello di Tassarolla Spitzenqualität; La Giustiniana, Villa Sparina und Tenuta San Pietro ausgezeichnet, extrem hohe Preise sind aber selten gerechtfertigt.

Ghemme Piem; DOC r ★★→★★★ 82 85 86 **88** 89 90 93 – Nachbar von Gattinara, ebenbürtig in der Qualität, jedoch rar. Am besten ist Antichi Vigneti di Cantalupo.

Ghiaie della Furba Tosk; r ★★★ **85 86** 88 **89** 90 93 – Cabernet-Verschnitt (VdT) nach Bordeaux-Art von der großartigen Tenuta di Capezzana, Carmignano.

Giacosa, Bruno ★★★ Hochbegabter Einzelgänger mit hervorragendem Barbaresco, Barolo und anderen piemontesischen Weinen in Neive. Bemerkenswerter Arneis-Weißwein und Pinot-Nero-Schaumwein.

GIV (Gruppo Italiano Vini) Zusammenschluß von Genossenschaften und sonstigen Kellereien, offenbar der größte Europas (60 Mio Flaschen). Absatzvolumen 12 % aller italienischen Weine, u. a. von Bigi, Conti Serristori, Folonari, Fontana Candida, Lamberti, Macchiavelli, Melini, Negri, Santi.

Goldmuskateller Würzige Südtiroler Traube, liefert oft unwiderstehlichen trockenen Weißwein (bes. von Tiefenbrunner).

Governo Alter Brauch in der Toskana, lebt bei manchen Erzeugern in gemilderter Form wieder auf; hierbei werden getrocknete Trauben und Most dem Jungwein zugegeben, um eine zweite Gärung und dadurch ein leichtes Prickeln hervorzurufen – manchmal wird dadurch Mostkonzentrat zur Alkoholsteigerung ersetzt.

Gradi Grad (Alkoholgehalt), d. h. Volumenprozent.

Grappa Tresterbranntwein.

Grasso, Elio ★★★ Fleißiger, zuverlässiger Erzeuger hochwertiger Weine in Monforte d'Alba: hervorragender Barolo (v. a. Gavarini und Casa Matê), wuchtiger faßgereifter Barbera, VdT Martina, Dolcetto usw.

Grattamacco ★★★ Spitzenerzeuger an der Küste der Toskana südl. von Bolgheri außerhalb der klassischen Bereiche. Sehr guter Sangiovese-Cabernet-Verschnitt Grattamacco.

Grave del Friuli Fr-VG; DOC r w ★★ (r) 88 89 **90** 91 92 93 – Die DOC umfaßt 15 Weine (davon 14 nach der Traubensorte benannt) aus der Nähe der slowenischen Grenze. Guter Merlot und Cabernet. Spitzenerzeuger: Borgo Magredo, Di Lenardo, Le Fredis, Pighin, Teresa Raiz, Vigneti Le Monde.

Gravner, Josko ★★★★ Zusammen mit Mario Schiopetto führender Kopf im Collio. Weingut mit einer Reihe exzellenter Weißweine, v. a. Chardonnay und Sauvignon.

Grechetto Traditionsreiche Weißweintraube mit mehr Charakter als der überall anzutreffende Trebbiano; in Umbrien zunehmend beliebt. Der Name deutet auf griechischen Ursprung hin.

Greco di Bianco Cal; DOC w s ★★ 87 88 89 90 91 92 93 – Origineller, sanfter und duftiger Dessertwein von der Spitze des italienischen Stiefels. Bester Erzeuger: Ceratti. Siehe auch Mantonico.

Greco di Tufo Camp; DOC w (sch) ★★→★★★ 91 92 93 – Einer der besten Weißweine aus dem Süden, fruchtig, etwas «wild» im Geschmack. Ein origineller Wein. Mastroberardino bietet ihn als Einzellagenwein Vignadangelo an.

Grignolino d'Asti Piem; DOC r ★ BV – Lebendiger, leichter Standard-Rotwein aus Piemont.

Grumello Lomb; DOC r [★★] 85 86 88 **89** 90 91 92 93 – Nebbiolo-Wein aus Valtellina, kann mild, delikat (oder karg) ausfallen.

Guerrieri-Gonzaga ★★ Spitzenerzeuger im Trentino, bes. VdT San Leonardo (★★★), ein Cabernet-Merlot-Verschnitt.

Guerrieri-Rizzardi ★★ Spitzenerzeuger von Bardolino, Valpolicella, Amarone und Soave aus mehreren Familienweingütern.

Gutturnio dei Colli Piacentini Em-Ro; DOC r; tr (lbl) ★★ **88 89 90** 91 92 – Barbera-Bonarda-Verschnitt aus den Bergen von Piacenza; oft frizzante.

Haas, Franz Sehr guter Merlot und Pinot Nero aus Südtirol.

Hauner, Carlo ★★→★★★ Weingut mit wundervollem Malvasia delle Lipari.

Inferno Lomb; DOC r [★★] **85 86 88 89** 90 93 – Ähnlich wie Grumello und wie dieser als Valtellina Superiore eingestuft.

Ischia Camp; DOC (r) w ★→★★ BV – Der Wein der vor Neapel liegenden Insel. Der etwas scharfe weiße Superiore ist am besten als DOC; aber der Spitzenerzeuger D'Ambra kann mit Biancolella und Forastera (weiß) sowie Per'e Palummo (rot) besseren VdT bieten.

Isole e Olena (★★→★★★★) Erstklassiges Chianti-Classico-Weingut mit feinem rotem VdT namens Cepparello und sehr gutem Vin Santo sowie Syrah «l'Eremo».

Isonzo Fr-VG; DOC r w ★★★ (r) **88 89** 90 91 92 93 – DOC mit 19 Weintypen (17 sortenreine) im Nordosten. Die besten Weißweine und der Cabernet halten den Vergleich mit den benachbarten Collio-Weinen aus. Spitzenerzeuger: Borgo Conventi, Pecorari, Ronco del Gelso, Vie di Romans, Villanova.

Jermann, Silvio ★★★→★★★★ Familiengut im Collio mit hochwertigen VdT, u. a. dem einzigartigen, eichenfaßgereiften Vintage-Tunina-Weißwein und dem leichteren Vinnae. Außerdem frischer Capo Martino **(91)** und Chardonnay «Where the dreams have no end».

Kalterersee Deutscher Name für Lago di Caldaro.

Kant, Edi ★★★ Einsamer Stern in Carso mit hervorragendem DOC Chardonnay, Sauvignon, Malvasia und sehr gutem rotem Terrano.

Lacryma (oder Lacrima) Christi del Vesuvio Camp; r rs w (Sü) tr (s) (fz) ★→★★ BV – Berühmte, aber gewöhnliche Weine verschiedenster Art von den Hängen des Vesuvs. (DOC Vesuvio.) Der einzige wirklich gute Wein stammt von Mastroberardino.

Lageder, Alois Der «Löwe» der Südtiroler DOC-Weine: Sta. Maddalena usw. Interessante Weine, u. a. faßgereifter Chardonnay und Cabernet Portico dei Leoni (alias Löwengang). Einzellagenweine: Lehenhof (Sauvignon Blanc), Haberlehof (Pinot Bianco), Benefizium Porer (Pinot Grigio).

Lago di Caldaro Siehe Caldaro.

Lagrein, Südtiroler Tr-AAd; DOC rs ★★→★★★ **85 86 88 89 90** 91 93 – Tiroler Traube mit bitterem Beigeschmack. Guter, fruchtiger Wein, oft sehr ansprechend. Es gibt ihn als Rosé («Kretzer») und Rotwein («Dunkel»). Spitzenerzeuger: Gojer, Gries, Kössler, Niedermayr, Maddalena, Rottensteiner, Schwanburg.

Im Gegensatz zu der in Frankreich und Deutschland üblichen Bezeichnungsweise mit Ort und Lage erhalten italienische Weine meist nur einen einfachen Namen. Der Wein ist nach dem Städtchen Soave benannt. Näher charakterisiert wird er durch das Wort Classico, dem Gesetz nach für den zentralen (meist auch besten) Teil vieler althergebrachter Weinbaugebiete vorbehalten. «Denominazione di Origine Controllata» bedeutet eine amtliche Echtheitsgarantie für die Herkunft. Imbottigliato... all'origine bedeutet Erzeugerabfüllung. Cantina Sociale di Soave ist die Winzergenossenschaft in Soave.

Lamberti Bedeutender Erzeuger von Soave, Valpolicella, Bardolino usw., in Lazise am Ostufer des Gardasees. Ferner interessanter Lugana und VdT Turá. Siehe auch GIV.

Lambrusco Em-Ro; DOC (teilweise) r rs tr lbl ★ → ★★ BV – Populärer perlender Rotwein, am bekanntesten in lieblicher Massenversion. Am besten ist er trocken, traditionell mit Zweitgärung in der Flasche (Hefesatz am Boden). DOC: Lambrusco Grasparossa di Castelvetro, L. Salamino di Santa Croce und, vielleicht am besten, L. di Sorbara. Spitzenerzeuger: Baldini, Barbolini, Bellei, Graziano.

Langhe Die Berge im mittleren Piemont, Heimat von Barolo und Barbaresco usw. DOC (r w ★★ → ★★★) für 6 Weine: Rosso, Bianco, Freisa, Nebbiolo, Arneis und Favorita sowie für abgestuften Barolo und Barbaresco (früher nur mit VdT-Status).

Latisana Fr-VG; DOC r w ★→★★ (r) **90** 91 92 93 – DOC für 13 Sortenweine aus der Gegend ca. 80 km nordöstlich von Venedig. Besonders guter Tocai Friulano.

Leone de Castris ★★ Großer Erzeuger apulischer Weine mit einem Gut in Salice Salentino bei Lecce.

Lessona Piem; DOC r ★★ **85** **86** **88** 89 90 93 – Vollaromatischer Wein von Nebbiolo-, Vespolina- und Bonarda-Trauben aus der Provinz Vercelli.

Librandi ★★ Spitzenerzeuger in Kalabrien. Sehr guter roter Cirò (Riserva Duca San Felice ★★★) und VdT Gravello (sehr interessanter, empfehlenswerter Cabernet/Gaglioppo-Verschnitt).

Liquoroso Starker, meist süßer Wein (in gespriteter und ungespriteter Version).

Lisini ★★★ Kleines Weingut mit besonders feinem Brunello di Montalcino aus neueren Jahrgängen.

Loazzolo Piem; DOC w s ★★★ **89** **90** 91 92 93 – Neue DOC für Moscato-Dessertwein aus luftgetrockneten edelfaulen Trauben: teuer und süß. Spitzenerzeuger: Borgo Maragliano, Borgo Moncalvo, Borgo Sambui, Bricchi Mej, Luja.

Locorotondo Apu; DOC w; tr (sch) ★ BV – Angenehm frischer Weißwein aus dem Süden.

Lugana Lomb und Ven; DOC w (sch) ★★ BV – Einer der besten Weißweine vom südlichen Gardasee: duftig, geschmeidig, voller Körper und Geschmack. Erzeuger: Cà dei Frati, Ottella, Roveglia, Zenato.

Lungarotti ★★→★★★ Das führende Haus für Torgiano-Weine mit Kellern, Hotel und eindrucksvollem Weinmuseum in der Nähe von Perugia. Erzeugt neuerdings auch Chardonnay der italienischen Spitzenklasse (Miralduolo und Vigna I Palazzi) sowie Pinot Grigio.

Maculan Spitzenerzeuger in der DOC Breganze. Produziert auch den ★★★ *vino da tavola* Torcolato (ein Dessertwein) sowie Prato di Canzio (Chardonnay, Pinot Bianco und Grigio).

Malvasia Verbreitete Rebsorte mit schillerndem Charakter: für Weiß- und Rotweine, Schaum- und Stillweine, kräftig oder mild, lieblich oder trocken, aromatisch oder eher neutral, oft als VdT, manchmal als DOC. Beispiele: **M. di Cagliari** Sard; DOC ★★ – weiß, trocken bis süß, stark, konzentriert (z. B. von Meloni); **M. di Casorzo d'Asti** Piem; DOC ★★ – rot, duftig, traubig, süß, manchmal schäumend (z. B. Bricco Mondalino); **M. di Castelnuovo Don Bosco** Piem; DOC ★★ – rot, aromatisch, schäumend (z. B. von Gilli); **M. delle Lipari** Siz; DOC ★★★ – weiß, gehaltvoll, stark, langlebig (z. B. von Colosi, Hauner); **Malvoisie de Nus** Val d'Aosta; DOC ★★★ – weiß, trocken bis lieblich, tiefes Bukett, langlebig (z. B. von La Crotte de Vegneron). Siehe auch Torricella.

Manduria (Primitivo di) Apu; DOC r; lbl (fz; tr s) ★★ **88 89 90 91** 92 93 – Die mit dem kalifornischen Zinfandel verwandte Traube ergibt starken, oft noch gespriteten Rotwein (um Taranto). Erzeuger: u. a. Vinicola Savese.

Mantonico Cal; w; tr s fz ★★ **86 87 88 89** 90 91 92 93 – Fruchtiger, tief goldgelber Dessertwein aus Reggio Calabria. Bemerkenswert gut haltbar. Erzeuger: u. a. Ceratti. Siehe auch Greco di Bianco.

Marino Lat; DOC w; tr lbl (sch) ★→★★ BV – Nachbar von Frascati mit ähnlichem Wein, aber oft preiswerter. Beachtung verdient die Marke Colle Picchioni.

Marsala Siz; DOC br; tr lbl s fz ★★→★★★ oJ – Dunkler, sherryartiger Wein, 1773 von den Gebrüdern Woodhouse aus Liverpool «erfunden»; sehr guter Aperitif oder Dessertwein; auch in der Küche vielfach bewährt. Wird trocken («jungfräulich») manchmal nach der Solera-Methode bereitet. Muß 5 Jahre alt sein. Spitzenerzeuger: Vecchio Samperi, Pellegrino, Rallo, Florio.

Martini & Rossi Bekannte Wermut- und Schaumweinfirma (jetzt mehrheitlich im Besitz der Bacardi-Gruppe), auch berühmt für ihr schönes Weinmuseum in Pessione bei Turin.

Marzemino (Trentino) Tr-AAd; DOC r ★→★★ **90 91 92** 93 – Angenehmer lokaler Rotwein von Trient. Fruchtig, leicht bitter. Erzeuger: u. a. Bossi Fedrigotti, Casata Monfort, Cavit, De Tarczal, Gaierhof, Letrari, Simoncelli, Vallarom, Vallis Agri.

Mascarello Name zweier führender Erzeuger von Barolo usw.: Bartolo M. sowie Giuseppe M. & Figli mit seinem besonders empfehlenswerten Barolo Monprivato.

Masi, Agricola Bekannter, gewissenhafter und zuverlässiger Erzeuger, Spezialist für Valpolicella, Amarone (★★★), Recioto, Soave usw., auch feiner roter Campo Fiorin. Empfehlenswert der neue rote VdT Toar.

Mastroberardino ★★→★★★ Weitaus der führende Erzeuger in Kampanien. Weine: Taurasi (bes. Radici), Lacryma Christi del Vesuvio, Fiano di Avellion und Greco di Tufa.

Melini Alteingesessener Erzeuger von Chianti Classico in Poggibonsi. Gutes Preis-Qualität-Verhältnis; besonders zu empfehlen der Einzellagen-Chianti-Classico Selvanella. Siehe auch GIV.

Meranese di Collina Tr-AAd; DOC r ★ BV – Leichter Rotwein aus Meran; auf deutsch Meraner Hügel.

Merlot Anpassungsfähige rote Bordeaux-Traube, v. a. in Nord-, aber auch Mittelitalien verbreitet. Viele DOC Merlot-Bereiche. Beste Erzeuger: Haas, Schreckbichl und Baron Widman in T-AA, Torre Rosazza (L'Altromerlot) und Borgo del Tiglio in F-VG; Super-Toskaner VdT von Ama (L'Apparita), Avignonesi und Ornellaia (Masseto).

Metodo classico/tradizionale Zunehmend gebräuchliche Bezeichnung für Schaumwein in Flaschengärung. Siehe auch «Classico».

Moccagatta ★★→★★★ Spezialist für eindrucksvollen Einzellagen-Barbaresco: Basarin, Bric Balin (★★★) und Vigna Cole.

Monferrato Piem; DOC r w s rs ★★ – Der Name des Hügellands zwischen Po und Apenninen steht für eine neue DOC mit Rosso, Bianco, Chiaretto, Grignolino, Freisa und Casalese Cortese.

Monica di Sardegna Sard; DOC r ★ BV – Schlichter, leichter trockener Rotwein von der Monica-Traube.

Monsanto Hochangesehenes Chianti-Classico-Weingut mit der Einzellage Il Poggio.

Montalcino Stadt in der Provinz Siena (Toskana). Sie ist berühmt durch tiefroten Brunello und jüngeren Rosso di Montalcino.

Montecarlo Tosk; DOC w r ★★ BV (w) – Traditionsreicher Weißwein aus einem Bereich im Norden der Toskana; geschmeidig und zart; Trebbiano, gemischt mit mehreren besseren Traubensorten. Die DOC gilt auch für einen Rotwein im Chianti-Stil (z. B. Rosso di Cercatoia). Erzeuger: u. a. Buonamico, Carmignani, Michi.

Montefalco Umb; DOC r [★★] **90** 91 92 93 – Einfacher Verschnitt von Sangiovese, Trebbiano und Sagrantino. Spitzenerzeuger: Adanti mit hervorragendem Rosso d'Arquata VdT.

Montefalco Sagrantino Umb; DOCG r tr s ★★★ **90** 91 92 93 – Starker, sehr interessanter roter Secco oder Passito (süß), sortenrein von der Sagrantino-Traube. Erzeuger v. a. Adanti, Antano, Antonelli, Val di Maggio, Villa Antica.

Montellori, Fattoria di ★★→★★★ Vater-und-Sohn-Team in der Toskana produziert bewundernswerten Sangiovese/

Cabernet-VdT «Castelrapiti Rosso», Viognier VdT «Bonfiglio», Chardonnay VdT «Castelrapiti Bianco» und sehr guten Spumante.

Montepulciano Wichtige Rotweintraube Mittel- und Ostitaliens sowie die berühmte Stadt in der Toskana (siehe Vino Nobile di Montepulciano).

Montepulciano, Vino Nobile di Siehe Vino Nobile di Montepulciano.

Montepulciano d'Abruzzo (oder Molise) Abr u. M; DOC r rs ★★ 85 87 88 89 90 91 92 93 – In seiner seltenen Spitzenform einer der besten italienischen Rotweine, voll Wohlgeschmack und Wärme, von der adriatischen Küste bei Pescara. Erzeuger: u. a. Barone Cornacchia, Filomusi-Guelfi, Illuminati, Masciarelli, Nicodemi, Tenuta del Priore, Zaccagnini sowie (der beste) Valentini. Siehe auch Cerasuolo.

Montesodi Tosk; r ★★★ 83 85 86 88 90 93 – Erstklassiger Chianti Rufina Riserva von Frescobaldi.

Monte Vertine ★★★→★★★★ Führendes Weingut in Radda (Chianti). Der VdT Le Pergole Torte (100% Sangioveto) ist einer der besten aus der Toskana (★★★★). Ferner Sodaccio (Sangioveto plus Canaiolo). Auch feiner Vin Santo.

Morellino di Scansano Tosk; DOC r ★★ 88 90 93 – Lokalvariante von Sangiovese in der Maremma an der Südküste der Toskana; kirschrot, lebendig und süffig, gut von Fattorie Le Pupille und Moris Farms.

Moscadello di Montalcino Tosk; DOC w s (sch) ★★ BV – Traditioneller Wein von Montalcino, viel älter als der Brunello; süßer, perlender weißer Moscato, auch in süßer, gehaltvoller Passito-Version. Gute Erzeuger: Banfi, Poggione.

Moscato Fruchtig-duftige, stark verbreitete Traube für verschiedene Weine: schäumend oder still, leicht oder körperreich, aber stets süß. Am bekanntesten: **M. d'Asti** Piem; DOCG (★★→★★★) – leicht, aromatisch, schäumend, köstlich, z. B. von Bera, Dogliotti, Gatti, Rivetti, Saracco und Vignaioli di Santo Stefano. Am besten ist Moscato von der Insel Pantelleria vor der tunesischen Küste mit Spitzenweinen von De Bortoli, Murana; hochrenommierte Rarität: **M. di Trani** (manchmal gespritet); Erzeuger: v. a. Nugnes.

Müller-Thurgau Liefert im Trentino, in Friaul und in Südtirol beachtlichen Wein, v. a. Tiefenbrunners «Feldmarschall».

Nasco di Cagliari Sard; DOC w; tr s (fz tr s) ★★ – Spezialität aus Sardinien, zartes Bukett, leicht bitterer Geschmack, hoher Alkoholgehalt. Erzeuger: v. a. Meloni.

Nebbiolo Die beste Rotweintraube des Piemont und der Lombardei.

Nebbiolo d'Alba Piem; DOC r; tr (lbl sch) ★★ **88 89 90 91** 93 – Aus Alba (ausgenommen Barolo und Barbaresco). Manchmal ähnlich wie leichter Barolo und meist gefälliger als dieser. Beste Erzeuger: Correggia, Mascarello, Prunotto, Ratti, Roagna. Siehe auch Roero.

Negroamaro Wörtlich «schwarzer Bitterer». Apulische Traubensorte mit großem Qualitätspotential. Siehe Copertino.

Nipozzano, Castello di ★★→★★★ – Das Frescobaldi-Weingut östlich von Florenz, aus dem der Montesodi kommt, ist das größte außerhalb der Chianti-Classico-Zone.

Nosiola (Trentino) Tr-AAd; DOC w tr s ★★ BV – Leichter, fruchtiger Weißwein von Nosiola-Trauben; auch guter Vin Santo. Am besten der Le Frate von Pravis.

Nozzole Berühmtes Gut, im Besitz von Ruffino, im Zentrum des Chianti-Classico-Bereichs, nördlich von Greve. Auch guter Cabernet.

Nuragus di Cagliari Sard; DOC w [★] BV – Lebendiger, nicht zu starker Weißwein aus Sardinien.

Oberto, Andrea ★★★ Fleißiger kleiner Erzeuger in La Morra mit feinem Barolo und Barbera d'Alba.

Oliena Sard; r ★★ – Interessanter, starker, duftiger Cannonau-Rotwein, ganz leicht bitter.

Oltrepò Pavese Lomb; DOC r w; tr s; sch ★→★★ – DOC für 15 meist nach der Traubensorte benannte Weine aus der Pr. Pavia. Spitzenerzeuger: u. a. Cabanon, Mairano, Montelio, Tenuta Mazzolino, Doria, Monsupello.

Ornellaia Tosk; ★★★ **85 86 87 88 89** 90 91 92 93 – Neues 52-ha-Weingut von Ludovico Antinori bei Bolgheri an der toskanischen Küste. Cabernet/Merlot und Sauvignon Blanc (Poggio delle Gazze) vielversprechend. Auch Masseto, ein sehr guter reiner Merlot, und der Verschnitt La Volte (seit 91).

Orvieto Umb; DOC w; tr lbl ★★→★★★ BV – Der klassische goldene Weißwein aus Umbrien, geschmeidig und gehaltvoll, bisher etwas ausdruckslos, neuerdings dagegen interessanter, v. a. in lieblichen Versionen. O. Classico ist die bessere Sorte. Nur die besten, z. B. Bigi, Decugnano dei Barbi, Barberani, sind länger haltbar. Siehe auch Castello della Sala.

Pagadebit di Romagna Em-Ro; DOC w tr/lbl BV – Traditionsreicher, gefälliger Wein aus der Gegend von Bertinoro. Der Name bedeutet «Schuldenzahler».

Palazzino, Podere Il ★★★ Kleines Weingut mit bewundernswertem Chianti Classico und VdT Grosso Sanese.

Panaretta, Castello della ★★ Beachtenswertes Weingut mit sehr interessantem Chianti Classico.

Panizzi ★★→★★★ Erstklassiger Vernaccia di San Gimignano.

Paradiso, Fattoria Jahrhundertealtes Familiengut bei Bertinoro (Em-Ro). Guter Albana und Pagadebit und einzigartiger roter Barbarossa; Sangiovese ist sehr gut.

Parrina Tosk; r w ★★ **90 91** 92 93 – Leichter Rotwein und Weißwein aus der südlichen Toskana.

Parusso ★★★ Tiziana und Marco Parusso produzieren Barolo mit höchstem Niveau (besonders fein aus der Einzellage Bussia; auch Mariondino) sowie sehr guten Barbera d'Alba und Dolcetto.

Pasolini Dall'Onda Adelsfamilie mit Weingütern in Chianti, den Colli Fiorentini und der Romagna; feine Weine in traditioneller Art.

Passito Starker, süßer Wein aus am Rebstock oder unter Dach getrockneten Trauben.

Pelaverga Piem; r ★★ 90 91 92 93 – Heller Rotwein mit würzigem Bukett aus Verduno. Spitzenerzeuger: Castello di Verduno, Alessandria, Bel Colle.

Peppoli Weingut im Besitz von Antinori mit ausgezeichnetem, vollem, rundem, jugendfrischem Chianti Classico – 1. Jahrgang 1985.

Per'e Palummo Camp; r ★★ – Süffiger, leicht herber Rotwein von der Insel Ischia.

Piave DOC r w ★→★★ (r) 88 90 93 (w BV) – DOC für 8 nach der Traubensorte benannte Weine, 4 rote, 4 weiße. Die Cabernet-, Merlot- und Raboso-Rotweine vertragen Reifezeit. Erzeuger: v. a. Molon-Traverso.

Picolit (Colli Orientali del Friuli) Fr-VG; DOC w; lbl s ★★★ 88 90 93 – Feiner Dessertwein. Zartes Bukett, ausgeglichen, süß; mit überzogenem Renommee – etwa wie Jurançon. Reifezeit bis 6 Jahre; stark überteuert. Beste Erzeuger: Dorigo, Dri, Livio Felluga, Livon, Rodaro, Ronco del Gnemiz.

Piemont Das bedeutendste italienische Anbaugebiet für Wein in Spitzenqualität mit Turin als Hauptstadt und Asti und Alba als Weinzentren. Siehe Barolo, Barbera, Dolcetto, Barbaresco, Grignolino, Moscato usw.

Pieropan ★★★ Hervorragender Erzeuger von zu Recht berühmtem Soave und Recioto.

Pigato DOC unter Riviera Ligure di Ponente; überflügelt oft den Vermentino als feinster Weißwein Liguriens mit meist vollem, kräftigem Gefüge. Erzeuger: v. a. Anfossi, Feipu, Terre Rosse, Colle dei Bardellini, Lupi, Vio.

Pighin, Fratelli Guter Erzeuger von Collio und Grave del Friuli.

Pinot Bianco Im Nordosten populäre Traube für viele DOC-Weine. Am besten aus Südtirol ★★ (Erzeuger: v. a. KG St. Michael, Lageder, Elena Walch), dem Collio ★★ (Erzeuger: v. a. Keber, Mangilli, Picech, Princic) und den Colli Orientali ★★→★★★ (Erzeuger: v. a. Rodaro und Vigne dal Leon).

Pinot Grigio Schmackhafte säurearme Weißweintraube, im Nordosten zunehmend populär. Am besten aus den DOC-Bereichen Südtirol (Lageder, Kloster Muri-Gries, Schwanburg) und Collio (Schiopetto, Caccese). Ama in der Toskana produziert sehr guten VdT von Pinot Grigio.

Pinot Nero Tr-AAd; DOC r ★★ 88 89 90 91 92 93 – Pinot Nero liefert in weiten Teilen Nordostitaliens, einschl. Trentino und bes. Südtirol, lebendigen leichten Wein. Sehr gut von Schreckbichl, Castelfeder, Haas, Niedrist. Auch feiner Schaumwein. Vielversprechende Experimente andernorts, z. B. in der Toskana durch Ama, Fontodi, Pancrazi und Ruffino.

Pio Cesare Spitzenerzeuger von Qualitätsrotweinen, z. B. Barolo, in Piemont.

Poggio Antico (Montalcino) ★★★→★★★★ Bewundernswert gleichmäßig zur Spitzenklasse zählender Brunello, Rosso sowie roter VdT Altero.

Poggione, Tenuta Il ★★★ Das vielleicht beständigste Weingut für Brunello und Rosso di Montalcino.

Pojer & Sandri ★★★ Spitzenerzeuger im Trentino: Rot-, Weiß- und Schaumweine.

Poliziano ★★★ Federico Carletti produziert erstklassigen Vino Nobile di Montepulciano (v. a. Asinone, Caggiole), VdT Elegia (Cabernet, Sangiovese) und wundervollen Vinsanto zu sehr vernünftigen Preisen.

Pomino Tosk; DOC (r) w; (br) ★★★ 85 **86 87** 88 90 93 – Feiner toskanischer Weißwein, teils aus Chardonnay («Il Beneficio» ist sortenrein) sowie ein Verschnitt von Sangiovese/Cab./Merlot/Pinot Nero. Auch Vinsanto. Von Frescobaldi.

Predicato Name für vier VdT-Stile aus der mittleren Toskana. Sie sind Beispiele für das derzeitige starke Abweichen von der traditionellen Art: P. del Muschio besteht aus Chardonnay oder Pinot Bianco, P. del Selvante aus Sauvignon Blanc, P. di Bitufia aus Cabernet Sauvignon mit Sangiovese und P. di Cardisco nur aus Sangiovese. Der Cabreo von Ruffino gehört in diese Gruppe.

Primitivo di Puglia Siehe Manduria.

Prosecco di Conegliano-Valdobbiadene Ven; DOC w; tr lbl (sch) ★★ – Beliebter leichter Schaumwein aus dem Nordosten. Fruchtiges Bukett, der trockene angenehm bitter, der süße fruchtig; die beste Sorte ist Superiore di Cartizze. Der hochrenommierte Spitzenerzeuger Carpenè Malvolti bekommt inzwischen Konkurrenz durch Adami, Conte da Sacco, Nino Franco, Merotto und Zaredetto.

Prunotto, Alfredo Seriöses Haus in Alba mit sehr gutem Barolo (v. a. Montestefano ★★★★), Barolo (v. a. ★★★★ Einzellagenweine Bussia und Cannubi), Nebbiolo usw. Heute mehrheitlich im Besitz von Antinori.

Querciabella ★★→★★★ Aufstrebendes Chianti-Classico-Gut mit ausgezeichnetem rotem VdT Camartina und traumhaftem weißem VdT «Bâtard Pinot» (Pinot Bianco und Grigio).

Quintarelli, Giuseppe (★★★★) Valpolicella Recioto und Amarone in bester handwerklicher Qualität mit entsprechendem Preis.

Raboso (del Piave) Ven; r ★★ **86 88 90** 91 92 – Gehaltvoller, strenger, interessanter ländlicher Rotwein; braucht Reifezeit. Besonders empfehlenswert: Molon-Traverso.

Ragose, Le ★★★ Familiengut, eines der besten in Valpolicella, mit Amarone und Recioto in höchster Qualität; sehr fein auch Cabernet und Valpolicella.

Ramandolo Siehe Verduzzo Colli Orientali del Friuli.

Ramitello Siehe Di Majo Norante.

Rampolla, Castello dei Chianti-Classico-Spitzenweingut in Panzano; erzeugt auch vorzüglichen VdT Sammarco auf Cabernet-Grundlage.

Ratti, Renato ★★→★★★ Erzeuger von sehr gutem Barolo und anderen Weinen aus Alba. Signor Ratti († 1988) war ein hochgeachteter Förderer des Weinbaus in Piemont.

Recioto Aus halbgetrockneten Trauben bereiteter Wein. Spezialität aus dem Veneto, schon seit der großen Zeit Venedigs; wurzelt im berühmten Raeticum der Römer.

Recioto di Gambellara Ven; DOC w s (sch lbl BV) ★ – Meist perlend und industriell produziert. Am besten stark und süß. Empfehlenswert La Biancara (★★★).

Recioto di Soave Ven; DOC w; lbl (sch) ★★★ 87 88 90 91 92 93 – Soave aus ausgewählten halbgetrockneten Trauben, süß, fruchtig, frisch, leichter Mandelgeschmack; hoher Alkoholgehalt. Spitzenerzeuger: Anselmi, Pieropan.

Recioto della Valpolicella Ven; DOC r; lbl sch ★★★ 85 86 88 90 93 – Starker, spätgelesener Rotwein, auch Schaumwein. Der «Amabile» ist vollsüß. Sehr gute Erzeuger: Allegrini, Brigaldara, Masi, Le Ragose, Le Salette, San Rustico, Speri, Tedeschi.

Recioto della Valpolicella Amarone Siehe Amarone.

Refosco r ★★ 88 90 91 92 93 – Interessanter schwerer, dunkler, tanninreicher Rotwein; braucht Reifezeit. Vermutlich dieselbe Traube wie Mondeuse in Savoie (Frankreich); dem Geschmack nach stimmt das. Am besten aus den DOC-Bereichen Colli Orientali, Grave und Carso (dort unter dem Namen Terrano). Erzeuger: v. a. Dorigo, Edi Kante, Le Fredis, Livon, Villa Belvedere.

Regaleali ★★★ Im Besitz der Familie Conte Tasca D'Almerita; auf dem Weg zum besten sizilianischen Weinerzeuger, beheimatet im Südosten zwischen Palermo und Caltanissetta. Sehr gute VdT: «Regaleali» (rot, weiß und rosé), «Rosso del Conte» (rot) und Cabernet.

Ribolla (Colli Orientali del Friuli und Collio) Fr-VG; DOC w ★→★★ BV – Dünner Weißwein aus dem Nordosten. Die besten Beispiele kommen aus dem Collio. Spitzenweingüter: La Castellada, Gravner, Krapez, Radikon, Venica & Venica, Villa Russiz.

Ricasoli Berühmte Familie in der Toskana, deren Chianti Classico nach Gut und Schloß Brolio benannt ist.

Riecine Tosk; (w) ★★★ – Erstklassiges Chianti-Classico-Gut in Gaiole, von einem Engländer (John Dunkley) gegründet. Außerdem VdT La Gioia di Riecine.

Riesling Meist war italienischer R. (Italico oder «Welschriesling») gemeint. Deutscher Riesling wird vermehrt angebaut und heißt R. Renano. Am besten DOC Alto Adige ★★ (v. a. von den Genossenschaften Kurtatsch und La Vis, von Ignaz Niedrist, Elena Walch) und DOC Oltrepò Pavese ★★ (empfehlenswert Brega, Cabanon, Doria, Frecciarossa, CS La Versa); auch erstaunlich von Ronco del Gelso (DOC Isonzo).

Riserva Über eine vorgeschriebene Zeit meist im Faß gelagerter Wein.

Riunite Eine der größten Genossenschaftskellereien der Welt, bei Reggio Emilia. Sie produziert Lambrusco und andere Weine in großen Mengen.

Rivera Zuverlässiger Wein-Produzent in Andria, in der Nähe von Bari, mit gutem Rotwein (Il Falcone) und Castel del Monte Rosé. Zweites Etikett: Vigna al Monte.

Riviera del Garda Bresciano Lomb; DOC w rs r (sch) ★→★★ – Einfacher, manchmal charmanter kirschroter Chiaretto von verschiedenen Trauben sowie neutraler Weißwein vom Südwestufer des Gardasees. Erzeuger: v. a. Cà dei Frati, Comincioli, Costaripa, Monte Cigogna.

Rivetti, Giorgio (La Spinetta) ★★★ Erster Erfolg mit Moscato, dann mit Rotweinen. Erstklassiger Moscato d'Asti, sehr guter Barbera, sehr interessanter VdT Pin (Barbera/ Nebbiolo-Verschnitt).

Rocca, Bruno ★★★ Junger Erzeuger mit bewundernswertem Barbaresco (Rabajà).

Rocca di Castagnoli ★★→★★★ Neuer Erzeuger von sehr gutem Chianti Classico (am besten: Poggio a'Frati, Capraia), ebenfalls sehr gut: VdT Stielle und Buriano (Cabernet/ Sangiovese-Verschnitte).

Rocche dei Manzoni, Podere ★★★ Aufstrebendes Weingut in Monforte d'Alba. Ausgezeichneter Barolo (Vigna Big ist am besten), Bricco Manzoni (hervorragender VdT von Nebbiolo und Barbera im Verschnitt) sowie sonstige Weine aus Alba; ferner Chardonnay (L'Angelica) und Schaumwein Valentino Brut.

Roero DOC r ★★ BV – Neuer Name für einen früh genußreifen, oft vorzüglichen Nebbiolo aus Alba. Erzeuger: v. a. Correggia, Deltetto, Malabaila, Malvirà.

Ronco In Friaul-Julisch Venetien Bezeichnung für eine Hanglage.

Ronco del Gnemiz Kleines Weingut mit vorzüglichen Colli-Orientali-DOC-Weinen und in kleinen Fässern gereiftem Chardonnay VdT.

Rosa del Golfo Apu; rs tr [★★] BV – Hervorragender VdT Rosato aus Alezio.

Rosato Rosé.

Rosato del Salento Apu; rs ★★ BV – Aus der Nähe von Brindisi und ganz ähnlich wie die Rosati von Brindisi, Copertino und Salice Salentino; manchmal stark, oft aber erstaunlich fein und fruchtig. Erzeuger siehe Brindisi, Copertino, Salice Salentino.

Rossese di Dolceacqua Lig; DOC r ★★ **92 93** – Bekannter, duftiger, leichter Rotwein von der Riviera. Erzeuger: v. a. Cane, Giuncheo, Guglielmi, Lupi, Perrino, Terre Bianche.

Rosso Rot.

Rosso Cònero Mar; DOC r [★★★] **85 86 88 89 90** 91 92 93 – Erstklassige sortenreine Montepulciano-Rotweine, u. a. Cumaro und San Lorenzo von Umani Ronchi und Grosso Agontano von Garofoli.

Rosso di Montalcino Tosk; DOC r [★★→★★★] **88 89 90 91** 92 93 – DOC für jüngere Weine von Brunello-Trauben. Noch unterschiedlich, aber mit guten Aussichten, wenn die vielen empfehlenswerten Erzeuger nicht zu happige Preise verlangen. Erzeuger siehe Brunello di Montalcino.

Rosso di Montepulciano Tosk; DOC r [★★] **90 91 92** 93 – Einfachere Version des Vino Nobile, neu eingeführt. Erzeuger siehe Vino Nobile di Montepulciano.

Rosso Piceno Mar; DOC r [★→★★] **90** 91 93 – Rotwein von der Adriaküste mit gewissem Stil. Eine Superiore-Version kommt aus der Classico-Zone bei Ascoli. Spitzenerzeuger: Cocci Grifoni, Villamagna.

Rubesco Ausgezeichneter populärer Rotwein von Lungarotti, siehe Torgiano.

Ruchè (auch **Rouchè** oder **Rouchet**) Seltene alte Rebsorte französischen Ursprungs, erbringt fruchtigen, frischen Rotwein mit reichem Bukett (lbl). Neue DOC: Ruchè di Castagnole Monferrato, bester Erzeuger: Piero Bruno. Scarpa produziert den trockenen, exzellenten Rouchet Briccorosa (★★★).

Ruffino Bekanntes Chianti-Handelshaus; Sitz in Pontassieve. Spitzenweine: Riserva Ducale und Santedame. Empfehlenswert die neuen Predicato-Weine (Cabreo rot und weiß) und der Cabernet Il Pareto.

Rufina Großer Unterbezirk von Chianti in den Bergen östl. von Florenz. Erzeuger: v. a. Castello Nipozzano (Frescobaldi), Selvapiana.

Russiz Superiore (Collio) Siehe Felluga, Marco.

Sagrantino di Montefalco Siehe Montefalco.

Salice Salentino Apu; DOC; r [★★] 83 85 86 87 **88 89** 90 91 92 93 – Kräftiger Rotwein von Negroamaro-Trauben; nach 2 Jahren Riserva. Im Alter mild und voll. Spitzenerzeuger: Candido, Taurino, de Castris, Vallone.

San Felice ★★ Aufsteigender Stern in Chianti mit feinem Classico Poggio Rosso und rotem VdT Vigorello sowie Predicato di Biturica.

San Giusto a Rentennano Einer der besten Chianti-Classico-Erzeuger (★★★). Köstlicher, überaus rarer Vin Santo; vorzüglicher roter VdT Percarlo.

Sangiovese oder Sangioveto Die wichtigste Rotweintraube Italiens; hohe Leistungen erbringt sie nur in der Toskana mit Chianti, Vino Nobile, Brunello, Morellino usw. Sehr populär ist Sangiovese di Romagna (DOC ★→★★) als gefälliger Standardrotwein. Erzeuger: v. a. Cesari, Conti, Paradiso, Trerè, Zerbina; hervorragende ★★★ VdT sind Ronco dei Cigliegi und Ronco delle Ginestre von Castellucio sowie VdT Nespoli (★★★) von Podere dal Nespoli.

Santa Maddalena (St. Magdalener) Tr-AAd; DOC r [★] BV – Typischer Südtiroler Rotwein von Vernatsch (Schiava), leicht, mit bitterem Nachgeschmack. Erzeuger: v. a. CS St. Magdalena, CS Girlan, Gojer, Thurnhof.

Sassella (Valtellina Superiore) Lomb; DOC r [★★★] 85 86 88 **89** 90 93 – Bemerkenswerter Nebbiolo-Wein, in der Jugend herb. Seit der Römerzeit bekannt; auch von Leonardo da Vinci erwähnt. Nachbarbereich von Inferno.

Sassicaia Tosk; r ★★★★ **82' 83' 85' 86** 88' **89'** 90' 91 92 93 – Ausgezeichneter Cabernet, Spitzenreiter in Italien; eine Pionierleistung der Tenuta San Guido, von der Familie Incisa in Bolgheri in der Nähe von Livorno.

Sauvignon Sauvignon Blanc gedeiht im Nordosten sehr gut, am besten in den DOC-Bereichen Terlan, Südtirol, Isonzo, Collio und Colli Orientali.

Sauvignon (Colli Orientali del Friuli) Fr-VG; DOC w ★★→★★★ **90 91** 92 93 – Spitzenerzeuger: Torre Rosazza, Vigne dal Leon.

Sauvignon (Collio) Fr-VG; DOC w ★★→★★★ **90 91** 92 93 – Spitzenerzeuger: La Castellada, Gravner, Primosic, Schiopetto, Villa Russiz.

Sauvignon (Isonzo) Fr-VG; DOC w ★★→★★★ **90 91** 92 93 – Sehr voller, fruchtiger Weißwein mit wachsender Qualität. Spitzenerzeuger: Pecorari, Vie di Romans.

Savuto Cal; DOC r rs ★★ **90 91 92** – Kräftiger, saftiger Wein aus den Provinzen Cosenza und Catanzaro. Bester Erzeuger: Odoardi.

Scarpa Altehrwürdiges Haus mit schwerem, mildem Barbera d'Asti (La Bogliona ★★★), rarem Rouchet (★★★), sehr gutem Dolcetto, Barolo und Barbaresco.

Schiava (Vernatsch) Ertragreiche rote Traube im Trentino und Alto Adige mit dem typischen bitteren Nachgeschmack, erbringt Lago di Caldaro (Kalterersee), Santa Maddalena usw.

Schiopetto, Mario ★★★★ Legendärer Pionier des Collio-Weins mit neuer Kellerei (20 000 Kisten) für ausgezeichneten Sauvignon, Pinot Grigio, Tocai (alle DOC) sowie weißen Verschnitt «Blanc de Rosis» (VdT).

Schreckbichl (oder CS Colerenzio) Beste Kellereigenossenschaft Südtirols. Bewundernswerte Cabernet Sauv., Gewürztraminer, Pinot Noir (bes. empfehlenswert: Schwarzhaus Riserva), Chardonnay, Pinot Bianco und Grigio, Sauvignon (bes. empfehlenswert: Lafoa), roter VdT Cornelius usw.

Sciacchetrà Siehe Cinqueterre.

Secco Trocken.

Scolca, La Berühmtes Weingut in Gavi mit exzellentem Gavi und Spumante (bes. empfehlenswert Extra Brut Soldati La Scolca).

Sella & Mosca ★★ Bedeutendes Erzeuger- und Handelshaus in Alghero, Sardinien. Besonders gut ist der Port-ähnliche Anghelu Ruju (★★★). Auch angenehmer weißer Torbato sowie köstlicher, leichter, fruchtiger Vermentino Cala (BV).

Selvapiana ★★★ Chianti-Rufina-Weingut. Spitzenwein: Riserva Bucerchiale.

Sforzato Lomb; DOC r ★★★ **82 83 85 86 88 89** 90 93 – Gegenstück zum Recioto Amarone aus teilweise getrockneten Trauben. Samtig, gehaltvoll, bemerkenswert gut haltbar. Auch Sfursat genannt. Siehe Valtellina.

Sizzano Piem; DOC r ★★ **85 86 87 88 89** 90 93 – Körperreicher Rotwein, v. a. von Nebbiolo, aus Sizzano, Novara. Bis 10 Jahre haltbar. Erzeuger: v. a. Bianchi, Dessilani.

Soave Ven; DOC w ★→★★★ BV – Berühmter Massenweißwein aus Verona; frisch, oft ansprechend gehaltvoll. Die Qualität steigt (endlich). Classico aus einem enger begrenzten Gebiet ist besser. Spitzenerzeuger: u. a. Pieropan, Anselmi.

Solaia Tosk; r ★★★★ **82 83 85 86 88** 90 93 – Sehr feiner VdT nach Bordeaux-Art von Cab. Sauv. und ein wenig Sangiovese, von Antinori erstmals 1978 bereitet und seither wegweisend für VdT und die italienische Einstellung zum Wein.

Solopaca Camp; DOC r w [★★] **89 90** 91 92 93 – Überdurchschnittliche Sangiovese- und Trebbiano-Verschnitte aus der Gegend von Benevento; in der Jugend etwas streng; der Weiße ist weich und fruchtig. Erzeuger: v. a. Antica Masseria Venditti.

Sorì Ausdruck für eine hochgelegene Süd-, Südost- oder Südwestlage in Piemont.

Spanna Siehe Gattinara.

Spumante Schäumend, z. B. süßer Asti Spumante, aber auch viele gute trockene Schaumweine, meist *metodo classico* (am besten aus dem Trentino/Südtirol, Franciacorta, Piemont, auch aus der Toskana und dem Veneto), sowie durch Tankgärung gewonnene Billigprodukte.

Stravecchio Sehr alt.

Südtirol Deutschsprachiger Teil der Region Trentino-Alto Adige.

Superiore Wein mit längerer Faßreife sowie mit 0,5 bis 1 % mehr Alkoholgehalt als normaler DOC-Wein.

Super-Toskaner Sammelbezeichnung für hochpreisige, meist mit Cabernet, Ausbau in *barriques* und mit eigenwilligen Flaschen verbundene Neuheiten aus der Toskana.

Taurasi Camp; DOCG r ★★★ **85 86 87 88** 89 90 91 92 93 – Der beste Rotwein der Campania von Mastroberardino aus Avellino. In der Jugend streng; nach 4 Jahren Riserva. Spitzenerzeugerabfüllung: Radici (seit 86).

Tedeschi, Fratelli Sehr zuverlässiger und guter Erzeuger von Valpolicella, Amarone (★★★), Recioto und Soave. Feiner Capitel San Rocco VdT rot und weiß.

Terlano Tr-AAd; r w ★★→★★★ BV – DOC für 8 nach der Traubensorte benannte Weißweine aus der Pr. Bozen, v. a. hervorragender Sauvignon. Auf deutsch «Terlaner». Erzeuger: v. a. CS Andrian, CS Terlan, Lageder, Niedrist.

Teroldego Rotaliano Tr-AAd; DOC r rs ★★→★★★ **90 91** 92 93 – Der attraktive lokale Rotwein von Trient mit Heidelbeerduft und leicht bitterem Nachgeschmack. Gut haltbar. Spitzenerzeuger: Foradori.

Terre di Ginestra Siz; w ★★ – Guter VdT von Cataratto aus der Gegend südwestlich von Palermo.

Terre Rosse ★★★ Vornehmes kleines Gut bei Bologna. Sein Cabernet, Chardonnay, Sauvignon Blanc, Pinot Grigio, Riesling und auch Viognier gehören zur Spitze in der Region.

Teruzzi & Puthod (Fattoria Ponte a Rondolino) ★★★ Innovatives Spitzenweingut in San Gimignano mit sehr gutem Vernaccia sowie weißen VdT «Terre di Tufi» und «Carmen».

Tiefenbrunner Führender Erzeuger von einigen der allerbesten Südtiroler Weiß- und Rotweine auf Schloß Turmhof in Kurtatsch (Cortaccio).

Tignanello Tosk; r ★★★★ **82 83 85 86 88** 90 93 – Pionier und noch immer Spitzenvertreter des neuen Stils von Bordeaux-inspirierten toskanischen Rotweinen, bereitet von Antinori.

Tocai Milder, sanfter Weißwein im Nordosten (mit dem ungarischen Tokajer sowie dem Tokay d'Alsace nicht verwandt). DOC im Veneto und in der Lombardei (★→★★) und der besondere Stolz der Winzer im Collio und den Colli Orientali (★★→★★★). Spitzenerzeuger: Borgo del Tiglio, Castello di Spessa, Keber, Picech, Princic, Raccaro, Ronco del Gelso, Ronco di Gnenmiz, Schiopetto, Scubla, Specogna, Toros, Venica & Venica, Villa Russiz, Volpe Pasini.

Torbato di Alghero Sard; w (Pa) ★★ BV – Guter VdT aus Nordsardinien. Spitzenerzeuger: Sella & Mosca.
Torgiano Umb; DOC r w rs (sch) ★★→★★★ und **Torgiano Rosso Riserva** Umb; DOCG ★★★ 85 87 88 90 93 (nach 3 Jahren Reifezeit) – Eine Kreation der Familie Lungarotti: vorzüglicher Rotwein aus der Nähe von Perugia, vergleichbar mit bestem Chianti Classico. Die Standardqualität heißt Rubesco. Riserva Vigna Monticchio ist superb, reift 10 Jahre. VdT San Giorgio mit Cabernet macht sich hervorragend. Auch der weiße Torre di Giano von Trebbiano und Grechetto ist lange haltbar. Siehe auch Lungarotti.
Torricella Tosk; w ★★★ 88 90 93 – Bemerkenswerter gealterter trockener Weißwein von Brolio, ein milder, butterzarter Malvasia, produziert von Barone Ricasoli.
Traminer Aromatico (Gewürztraminer) Tr-AAd; DOC w ★★→★★★ BV – Delikater, aromatischer, ziemlich weicher Wein. Erzeuger: v. a. CS Girlan/Cornaiano, CS St. Michael, CS Schreckbichl/Colterenzio, Hofkellerei, Paterbichl, Tiefenbrunner.
Trebbiano Die wichtigste Weißweintraube in der Toskana, kommt aber in ganz Italien vor. Auf französisch: «Ugni Blanc». Mit wenigen Ausnahmen nur eine Vergeudung von gutem Rebland.
Trebbiano d'Abruzzo Abr + M; DOC w ★→★★ BV – Sanft, neutral, leicht gerbstoffhaltig. Um Pescara. Spitzenerzeuger: Valentini (auch für Montepulciano d'Abruzzo).
Trentino Tr-AAd; DOC r w; tr s ★→★★★ – DOC für 20 meist nach der Traubensorte benannte Weine; am besten Chardonnay, Pinot Bianco, Marzemino Teroldego und v. a. Vin Santo. Die Hauptstadt der Region ist Trient.
Umani Ronchi ★★→★★★ Führender Erzeuger hochwertiger Weine aus den Marken; v. a. Verdicchio, Casal di Serra, Villa Bianchi, Rosso Conero, Cùmaro und San Lorenzo.
Vajra, Giuseppe Domenico ★★★ Sehr guter und gleichmäßiger Erzeuger v. a. von Barolo, Dolcetto und Barbera.
Valcalepio Lomb; DOC r w ★→★★ – Bei Bergamo. Gefälliger Rotwein, leicht duftiger, frischer Weißwein. Erzeuger: v. a. Bonaldi, Il Calepino, Tenuta Castello.
Valdadige (Etschtaler) Tr-AAd; DOC r w; tr lbl ★ – Bezeichnung für einfache Weine aus dem Etschtal. Bester Erzeuger: Armani.
Valentini, Edoardo ★★★ Vielleicht der beste traditionelle Erzeuger von Trebbiano und Montepulciano d'Abruzzo.
Valgella Lomb; DOC r ★★ 85 86 88 89 90 93 – Einer der Nebbiolo-Weine aus Valtellina: guter, trockener Rotwein. Nach 4 Jahren Riserva. Siehe Valtellina.
Valle d'Aosta DOC – DOC für 15 Weine aus den Alpen, u. a. Donnaz. Sehr unterschiedliche Qualität. Empfehlenswert aus dem von einem Kloster betriebenen Institut Agricole Régional, Charrère, La Crotte de Vegneron, Grosjean.
Valle Isarco (Eisacktal) Tr-AAd; DOC w ★★ BV – DOC für 5 sortenreine Weine aus der Gegend nordöstlich von Bozen; bes. gut Müller-Thurgau, Silvaner. KG Eisacktal, Kloster Neustift, Kuenhof.

Vallechiara, Abbazia di ★★ Neues Weingut in Piemont mit erstaunlich hochwertigen Weinen, z. B. DOC Dolcetto di Ovada sowie VdT Torre Albarola und Due Donne, beide auf Dolcetto-Basis.

Valpolicella Ven; DOC r ★→★★ **90 91** 92 93 – Attraktiver leichter Rotwein aus der Gegend um Verona. Zarter Nußduft, leicht bitterer Geschmack. (Für Massen-Valpolicella, der in Liter- oder größeren Flaschen verkauft wird, gilt das nicht.) Classico aus engerem Bereich; Superiore hat 12 % Alkohol und 1 Jahr Lagerung. Am besten (★★★) von Allegrini, Brigaldara, Brunelli, Corte San Alda, Aleardo Ferrari, Fornaser, Guerrieri-Rizzardi, Le Ragose, Masi, Le Salette, San Rustico, Speri, Vantini, Venturini, Dal Forno, Quintarelli. Interessante, den Weg zu einem neuen Valpolicella-Stil weisende VdT sind Toar (★★★) von Masi und La Poja (★★★) von Allegrini.

Valtellina Lomb; DOC r ★★→★★★ **88** 89 90 91 92 93 – DOC für in der Hauptsache aus Chiavennasca-(Nebbiolo-) Trauben in der Pr. Sondrio (Nordlombardei) gekelterte tanninreiche Weine. V. Superiore umfaßt Grumello, Inferno, Sassella und Valgella. Erzeuger: v. a. Conti Sertoli-Salis, Fay, La Castellina, Triacca.

Vecchio Samperi Siz ★★★ – Marsala-ähnlicher VdT aus dem hervorragenden Weingut De Bartoli in Sizilien. Beste Exemplare reifen ähnlich wie Amontillado-Sherry 20 Jahre lang im Faß. Außerdem: erstklassiger DOC Marsala.

Vendemmia Lese bzw. Jahrgang.

Venegazzù Ven; r w; sch ★★★ 88 89 90 93 – Bemerkenswerter rustikaler Bordeaux-artiger Rotwein, aus Cabernet-Trauben in der Gegend von Treviso hergestellt. Reiches Bukett, mild und warm im Geschmack. «Della Casa» und «Capo di Stato» bieten beste Qualität. Auch als weißer Schaumwein.

Verdicchio dei Castelli di Jesi Mar; DOC w; (sch) ★→★★★ BV – Berühmter, sehr gefälliger, frischer, heller Weißwein um Ancona. Läßt sich bis in die Zeit der Etrusker zurückverfolgen. Classico kommt aus einem engeren Bereich. Traditionell in Amphorenflaschen. Besonders beachtliche Qualitäten von Umani Ronchi, Garofoli, Brundri, Bucci, Monteschiavo sowie Fazi-Battaglia.

Verdicchio di Matelica Mar; DOC w; (sch) ★★ BV – Ähnlich wie Jesi, aber nicht so bekannt; kräftiger Wein, stetig im Aufstieg. Erzeuger: v. a. CS Belisario, Castiglioni, Cavalleri.

Verduzzo (Colli Orientali del Friuli) Fr-VG; DOC w; tr lbl s ★★→★★★ **88 89 90** 91 92 – Körperreicher Weißwein aus einer einheimischen Traube. Die beste süße Version heißt Ramandolo. Spitzenerzeuger: Dario Coos, Dorigo, Giovanni Dri.

Verduzzo (Del Piave) Ven; DOC w ★ BV – Ausdrucksloser Weißwein.

Vermentino Lig; DOC w ★★ BV – Der beste trockene Weißwein von der Riviera aus Pietra Ligure und San Remo, besonders gut zu Meeresfrüchten. DOC Riviera Ligure di Ponente. Siehe Pigato. Erzeuger: v. a. Anfossi, Cascina dei Peri, Colle dei Bardellini, Lambruschi, Lupi.

Vermentino di Gallura Sard; DOC w ★★ BV – Weicher, trockener, recht starker Weißwein aus Nordsardinien. Spitzenerzeuger: CS di Gallura, CS Giogantinu, CS del Vermentino.

Vernaccia di Oristano Sard; DOC w; tr (s) (fz) ★★★ 75 78' 81 83 85' 87 88 91 92 93 – Sardinische Spezialität, ähnlich leichtem Sherry, ein wenig bitter, körperreich und interessant. Superiore mit 15,5 % Alkohol und 3 Jahren Alterung. Spitzenerzeuger: Contini, produziert auch einen althergebrachten Solera-Wein «Antico Gregori».

Vernaccia di San Gimignano Tosk; DOCG w ★★ 92 93 – Der Lieblingswein Michelangelos war lange Zeit Massenware für Touristen. In neuerer Zeit stark verbessert und jetzt DOCG mit strikteren Regeln. Beste Erzeuger: Falchini, Palagetto, Panizzi, Rampa di Fugnano, San Quirico, Signano, Teruzzi & Puthod.

Vernatsch Deutscher Name der Schiava-Traube.

Vicchiomaggio Chianti-Classico-Gut bei Greve.

VIDE Vertriebsorganisation für Erzeugerabfüllungen der Oberklasse aus vielen Teilen Italiens.

Vie di Romans ★★★→★★★★ Gianfranco Gallo, ein junges Weingenie, hat in wenigen Jahren das Gut seines Vaters im DOC-Bereich Isonzo in Friaul zu Spitzenstatus gebracht. Unvergeßlicher Chardonnay und Sauvignon, ausgezeichneter Tocai und Pinot Gris.

Vietti Ausgezeichneter kleiner Erzeuger charaktervoller piemontesischer Weine, u. a. Barolo und Barbaresco (beide ★★★→★★★★); in Castiglione Falletto (Barolo).

Vigna Einzellage (siehe Einleitung Seite 133).

Vignamaggio Sehr schönes, ausgezeichnetes historisches Chianti-Classico-Gut bei Greve.

Villa Matilde ★★ Spitzenweingut in Kampanien mit sehr gutem DOC Falerno und weißem Falanghina.

Villa Russiz ★★★ Beeindruckender weißer DOC Collio von Gianni Menotti: Sauvignon (bes. empfehlenswert «de la Tour»), Pinot Bianco, Tocai usw.

Experimente zur Herstellung alkoholarmer Weine haben in letzter Zeit Fortschritte gebracht – vor allem in Australien, wo Penfolds und Orlando mit einem Separierverfahren arbeiten, das mit der Destillation verwandt ist. Der Wein wird in eine Kolonne eingeleitet, die am oberen Ende mit kegelförmigen Zentrifugentellern versehen und unten mit Stickstoff gefüllt ist. Der Wein sinkt in dünn zerstäubter Form nieder, wobei der Alkohol (und ein Teil der Geschmacksstoffe) abgeschieden und vom Stickstoff aufgenommen wird.

Anschließend mischt der Kellermeister aus den beiden so gewonnenen Fraktionen – die eine mit Alkohol, die andere ohne – ein schmackhaftes Getränk mit der gewünschten Alkoholstärke. Die besten Resultate liegen um etwa 6 %. Der Geschmack hängt natürlich von den Trauben ab: Chardonnay bewährt sich gut. Da bekommt Cola Light Konkurrenz.

Vino da arrosto «Wein für Braten», d. h. guter, robuster, trockener Rotwein.
Vino da pasto Tischwein, d. h. ein bescheidener Wein.
Vino da Tavola (VdT) «Tafelwein» – die einfachste Kategorie des italienischen Weins, ohne Anspruch auf geografische oder anderwertig qualifizierende Bezeichnung; immer mehr lohnt sie jedoch schärfste Beobachtung (allerdings mit Umsicht und Preisbewußtsein), weil sich in ihr auch nicht-DOC-konforme Spitzenweine verbergen. Die 1992 erlassenen neuen Gesetze werden hier Ordnung schaffen (siehe Einleitung Seite 133).
Vino Nobile di Montepulciano Tosk; DOCG r ★★★ **83 85 86 87 88** 90 91 92 93 – Eindrucksvoller Sangiovese-Rotwein mit Bukett und feiner Art, kommt rasch zu Ruhm und Ehren. Riserva nach 3 Jahren Alterung. Beste Erzeuger: u. a. Boscarelli und Avignonesi, Le Casalte, Poliziano, Bindella, Talosa, Tenuta Trerose, Contucci, Fattoria del Cerro, Canneto, Casella, Dei, Lombardo, Macchione, Valdipiatta, Vecchia Cantina (besonders empfehlenswert die Riserva). Die Preise für Vino Nobile halten sich bislang in vernünftigem Rahmen.
Vino novello Italienisches Gegenstück zum französischen «Primeur» (z. B. Beaujolais).
Vinsanto bzw. Vin(o) Santo Starker, süßer Wein, besonders in der Toskana; meist Passito. Oft sehr fein, v. a. aus der Toskana und dem Trentino.
Vinsanto Toscano Tosk; w; lbl ★★ – Aromatisch, voll und geschmeidig. Wird in sehr kleinen Fässern, den sog. Caratelli, gelagert. Manchmal ebenso erstaunlich wie teuer; gute Exemplare sind jedoch rar und bei Spitzenerzeugern stets knapp. Am besten von Avignonesi, Cacchiano, Capezzana, Contucci, Corzano & Paterno, Poliziano, San Giusto a Rentennano, Selvapiana.
Vintage Tunina Fr-VG; w tr ★★★ **88 89 90** 91 92 93 – Beachtlicher weißer Verschnitt vom Weingut Jermann.
Voerzio, Roberto Führender junger Erzeuger von Barolo mit Weinen im neuen Stil (am besten ist Brunate).
Volpe Pasini Aufstrebendes Weingut in den Colli Orientali, v. a. mit gutem Sauvignon.
VQPRD Auf Etiketten von DOC-Weinen häufig vorkommende Abkürzung; sie bedeutet «Vini di Qualità Prodotti in Regioni Delimitate».
Zanella, Maurizio (★★★→★★★★) Besitzer von Cà del Bosco. Sein Name steht auf einem der besten Cabernet/Merlot-Weinen Italiens.
Zerbina, Fattoria ★★→★★★ Neues führendes Weingut in der Romagna mit dem bisher besten Albana DOCG (einem vollen Passito), gutem Sangiovese und in kleinen Fässern ausgebautem Sangiovese-Cabernet Marzeno di Marzeno VdT.
Zibibbo Siz; w s ★★ – Neumodischer Moscato von der Insel Pantelleria. Erzeuger: v. a. Morana.
Zonin Eines der größten italienischen Weingüter in Privatbesitz (in Gambellara) mit DOC-Valpolicella usw. Weitere große Güter in Asti, Chianti, San Gimignano und Friaul. Auch in Barboursville, Virginia, USA.

Deutschland

Der deutsche Weinbau erholt sich allmählich von zwei Jahrzehnten des Treibenlassens und der Frustration, die über ihn gekommen waren, weil das katastrophale Weingesetz von 1971 nichts als Unsicherheit der Maßstäbe, Überproduktion und Etikettenverwirrung (um nicht zu sagen Etikettenschwindel) gefördert hatte. Gleichgültigkeit, Habsucht und Skandale trieben die Sache auf die Spitze. Und das Wetter tat seinen Teil dazu: 20 Jahre mit nur vier wirklich guten Jahrgängen.

Inzwischen setzt sich Qualität nun doch durch. Der Welt wird wieder bewußt, daß der deutsche Wein ein unangreifbares Niveau erreicht – wenn ihm die richtigen Trauben zugrunde liegen. Vor allem Riesling. Fünf schöne Jahrgänge kommen der neuen Entschlossenheit einer jungen Generation von Winzern zu Hilfe: Die besten Köpfe unter den deutschen Weinerzeugern haben sich endlich dazu durchgerungen, dem Gesetz, das nur eine Inflation an Quantität bei verwässerter Qualität begünstigt, abzuschwören und nach eigenem Wissen und Gewissen Wein so gut zu produzieren, wie sie vermögen. Es werden zwar noch unerfreulich große Mengen an Zuckerwasser produziert, vor allem für den britischen Markt, doch heute sind viele Weine trocken oder fast trocken, während Süße die Ausnahme bildet – sie bleibt Spät- und Auslesen vorbehalten, und auch bei diesen herrscht sie nicht etwa vor. Experimente mit Ausbau in *barriques* (allerdings nicht beim Riesling) eröffnen neue Gestaltungsmöglichkeiten. Auf dem Inlandsmarkt (besonders in Restaurants) sind feine trockene Weine heute groß im Schwung, doch im Ausland muß sich volles Verständnis für sie erst noch durchsetzen.

Die amtlichen Qualitätsstufen des deutschen Weins beruhen auf dem Reifegrad der Trauben. Wie beim französischen Wein ist auch beim deutschen zum großen Teil eine Anreicherung mit Zucker vor dem Vergären unumgänglich, um das Defizit an Sonnenschein auszugleichen.

Anders als in Frankreich werden jedoch Weine von Trauben mit einem so hohen Reifegrad, daß Zukkerzugabe überflüßig ist, als anerkannt höherwertige Produkte erzeugt und angeboten. Sie bilden die Spitzenkategorie der Qualitätsweine mit Prädikat (QmP), und innerhalb dieser Gruppe gelten je nach dem natürlichen Zuckergehalt in aufsteigender Reihenfolge die Benennungen: Kabinett, Spätlese, Auslese, Beerenauslese, Trockenbeerenauslese.

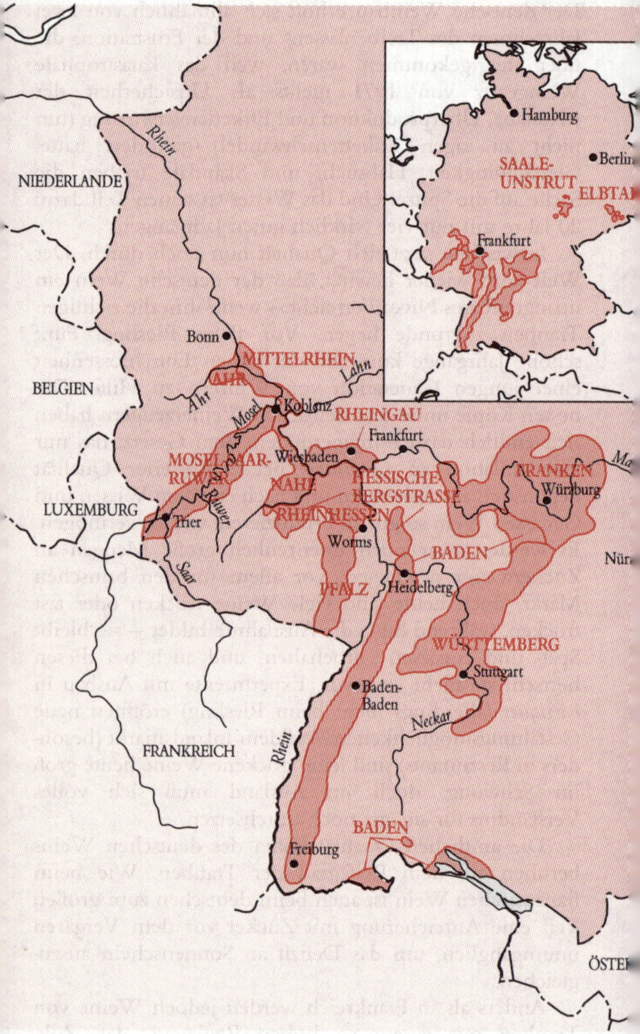

Hamburg
Berlin
SAALE-UNSTRUT
ELBTAL
Frankfurt
Rhein
NIEDERLANDE
BELGIEN
LUXEMBURG
FRANKREICH
ÖSTER
Bonn
MITTELRHEIN
AHR
Ahr
Lahn
Mosel
Koblenz
RHEINGAU
Frankfurt
Wiesbaden
MOSEL-SAAR-RUWER
Ruwer
NAHE
HESSISCHE BERGSTRASSE
FRANKEN
Würzburg
RHEINHESSEN
Trier
Worms
Saar
BADEN
PFALZ
Heidelberg
WÜRTTEMBERG
Stuttgart
Baden-Baden
Neckar
Rhein
BADEN
Freiburg

Die zweite Kategorie, «Qualitätswein bestimmter Anbaugebiete» (QbA), gilt für Wein, dem vor dem Vergären Zucker zugesetzt werden muß. Alkoholstärke an sich ist im deutschen Wein kein Qualitätskriterium, daher erhalten Weine feinerer Qualität keinen Zuckerzusatz.

Die dritte Klasse, der Tafelwein, erhebt keinen Anspruch auf Qualität.

Zwar enthält das Gesetz noch manche Details, dies aber ist das Wesentliche über die Qualitätseinstufung. In einem Punkt unterscheidet sich das deutsche vom französischen System jedoch sehr. Es verschleiert nämlich die Differenzierung der Lagen, und daher gibt es (wenigstens bislang) nichts, was den französischen Grand Crus und Premiers Crus entspräche. Der Theorie nach könnte unabhängig von der Rebsorte in jedem deutschen Weinberg Spitzenwein wachsen, wenn nur die Trauben den entsprechenden Reifegrad erreichen – und das ist in der Praxis Unsinn.

Das Gesetz differenziert lediglich im Hinblick auf die geographische Genauigkeit. Bei der Benennung von Qualitätsweinen bleibt dem Winzer oder Händler die Freiheit, die relativ kleinen Mengen seines besten Weins mit dem Namen der genauen Einzellage auf dem Etikett zu bezeichnen (und das geschieht auch meistens). Deutschland hat rund 2600 Einzellagennamen. Freilich sind nur relativ wenige so berühmt, daß sie eine Hilfe beim Verkauf des Weins darstellen. Daher sieht das Gesetz von 1971 eine zweite Klasse von Lagennamen vor: die Großlage. In ihr ist jeweils eine Gruppe von Einzellagen mit vermutlich gleichartigem Charakter und Status zusammengefaßt. Da es weit weniger Großlagen gibt und daher jede einzelne viel mehr Wein hervorbringt, besteht eine bessere Chance, daß sie weithin bekannt werden – kaum ein Ersatz für ehrlich verdienten Ruhm.

Drittens kann der Erzeuger oder Händler auch allen Wein unter einem Bereichsnamen verkaufen. Um der Nachfrage nach «Bernkasteler», «Niersteiner» oder «Johannisberger» gerecht werden zu können, wurden diese weltberühmten Namen von Gesetzes wegen für größere Gebiete eingeführt. So umfaßt der «Bereich Johannisberg» den ganzen Rheingau, der «Bereich Bernkastel» die ganze Mittelmosel.

Immer mehr Winzer benutzen vereinfachte Etiketten, um Verwirrung zu vermeiden. Manchmal wird lediglich der Ortsname ohne Lage, bei Spitzenweinen sogar nach italienischer Manier nur noch ein Markenname genannt. Ehe jedoch der deutsche Wein seinen rechtmäßigen Platz wiedererringen kann, ist zweierlei nötig: Massensorten müssen aus den besseren Lagen verschwinden, und es muß eine exaktere Rangordnung eben dieser besseren Lagen geschaffen werden. Inzwischen ist mit der Klassifizierung erstrangiger Lagen endlich ein Anfang gemacht – allerdings inoffiziell, nicht von der trägen amtlichen Seite. Sie werden in diesem Buch genannt und im Großen Weinatlas in der neuen 4. Ausgabe (erstmals) kartographisch identifiziert. Schließlich kommt es vor allem auch in Deutschland in erster Linie auf die Lage und den Erzeuger an.

Das traditionelle deutsche Etikett

Die Reihenfolge der Angaben auf traditionellen deutschen Qualitätsweinetiketten geschieht nach einem allgemein verbreiteten Schema.

Die Jahreszahl gibt den Jahrgang an.
Nach dem Ortsnamen, jeweils mit dem Zusatz -er, folgt der Name der Einzellage oder Großlage (siehe Einleitung).
Anschließend ist die Traubensorte verzeichnet (diese Angabe ist nicht vorgeschrieben), gefolgt von einer Qualitätsangabe auf der Basis des Reifegrads.
Qualitätswein mit Prädikat, siehe auch S. 169, 189.
Zwingend ist die Angabe des bestimmten Anbaugebiets vorgeschrieben.
Amtliche Prüfungsnummer.
Erzeugerabfüllung bedeutet, daß der Wein ausschließlich aus Trauben, die im eigenen Weinberg geerntet wurden, gekeltert ist und in den Kellern des Erzeugers auf Flaschen gezogen wurde.
Sonstige Angaben auf deutschen Etiketten siehe Deutschland A–Z.

NB
Die Jahrgangsangaben bei den Stichworten im Kapitel Deutschland erfolgen nach einem anderen Schema, um außer der Qualität auch die Art des Jahrgangs erfassen zu können. Es kommen drei verschiedene Angaben in Frage:
Fettdruck (z. B. **90**): klassischer, vollreifer Jahrgang mit einem hohen Anteil von Prädikatsweinen von Kabinett bis Spät- und Auslesen.
Normaldruck (z. B. 91): normaler guter Jahrgang ohne besonders großen Anteil an Prädikatsweinen.
Kursivdruck (z. B. *84*): kühler Jahrgang mit im allgemeinen geringerem Reifegrad, aber einem angemessenen Anteil an einfachen Qualitätsweinen mit meist einfruchtiger Säure, also nicht so vielen QmP-Weinen, dafür entsprechend mehr Vielfalt beim QbA-Wein. Solche Weine reifen manchmal besser als erwartet heran. Nicht angegebene Jahrgänge sind in der Regel nicht zu empfehlen.

Neuere Jahrgänge

Mosel-Saar-Ruwer

Moselweine (auch Weine von Saar und Ruwer) sind jung so ansprechend, daß ihre Haltbarkeit nicht sehr oft auf die Probe gestellt wird. Weine, die älter sind als sieben Jahre, kommen darum kaum vor. Aber gut gepflegte Riesling-Weine der Kabinett-Klasse gewinnen bei mindestens 5 Jahren Flaschenlagerung, Spätlesen bei 10 Jahren und Auslesen sowie Beerenauslesen über 10 bis 30 Jahre.

In der Regel geraten Saar- und Ruwerweine in geringen Jahren weniger gut als Weine der mittleren Mosel und haben auch mehr Säure; in den besten Jahren aber können sie, vor allem mit Edelfäule, an Eleganz und erregender, stahliger Rasse alles übertreffen.

1993 Sehr kleiner Ertrag in ausgezeichneter Qualität; viel Auslese mit Edelfäule und nahezu vollkommener Harmonie.

1992 Sehr großer Ertrag, durch Kälte und Regen im Oktober gefährdet. Zumeist guter QbA, aber auch 30 % z. T. ausnehmend feiner QmP, v. a. von der Mittelmosel; bereits probierenswert.

1991 Ein unterschiedlicher Jahrgang. Schwere Frostschäden an Saar und Ruwer, jedoch viele feine Spätlesen; bereits probierenswert.

1990 Superber Jahrgang, kleiner Ertrag. Viele QmP-Weine, die feinsten seit 20 Jahren. Man sollte der Versuchung widerstehen, ihn zu früh zu trinken.

1989 Reichlich und ausgezeichnet, durch Edelfäule viele Auslesen. Saar am besten; an der Mittelmosel Übererträge. Meist trinkreif.

1988 Ausgezeichneter Jahrgang. Schöne reife, haltbare QmP, v. a. an der Mittelmosel.

1987 Verregneter Sommer, aber warmer Sept./Okt. Größtenteils QbA-Wein, frisch und lebendig, bald trinken.

1986 Trotz Herbstregen gutes Riesling-Jahr: 13 % Prädikatswein, meist Kabinett. Trinkreif.

1985 Bescheidener Sommer, schöner Herbst. 40 % des Ertrags entfielen auf QmP. Sehr guter Riesling-Jahrgang aus Spitzenlagen einschl. Eiswein. Viele müssen noch lagern.

1984 Ungünstiges, regnerisches Jahr. $^2/_3$ QbA, $^1/_3$ Tafel- und Landwein, fast kein QmP. Nicht empfehlenswert.

1983 Der beste Jahrgang zwischen 1976 und 1988; 31 % Spätlese, wenig, aber feine Auslesen. Hält sich noch lange.

1982 Große, reife Ernte, durch Regen geschädigt. Zumeist einfacher Qualitätswein b.A.; aus guten Lagen kamen aber auch Kabinette, Spätlesen und Auslesen. Jetzt trinken.

1981 Nasser Herbst, aber einige gute Weine an der Mittelmosel, bis hin zu Spätlesen. Auch Eisweine. Jetzt trinkreif.

1979 Ungleichmäßiger Ertrag nach schweren Winterschäden. Aber mehrere ausgezeichnete Kabinette und noch bessere Qualitäten. Leichte, aber ausgewogene Weine, jetzt austrinken. Auslesen gewinnen noch.

1976 Sehr guter kleiner Ertrag, einige hochfeine liebliche und fast keine trockenen Weine. Die meisten Weine jetzt genußreif, die besten noch haltbar.

1975 Vorzüglich; viele Spät- und Auslesen. Fast alle sind nun reif.

1971 Vorzüglich, tadelloses Gleichgewicht. Auf dem Höhepunkt.

Ältere gute Jahrgänge: 1969, 1964, 1959, 1953, 1949, 1945.

Nahe/Rheingau/Rheinhessen/Pfalz (Rheinpfalz)

Auch die besten Weine lassen sich in ihrer Jugend mit Genuß trinken, aber Riesling-Kabinette, -Spätlesen und -Auslesen aus guten Jahren gewinnen enorm an Charakter und Vielfalt, wenn man sie länger aufhebt. Rheingauer Weine sind wohl die langlebigsten und werden oft über 15 Jahre und noch mehr immer besser, jedoch können auch Naheweine und Pfälzer genauso lang haltbar sein. Rheinhessische Weine sind meist früher ausgereift, trockene Frankenweine mit drei bis sechs Jahren am besten.

1993	Kleiner Ertrag in sehr guter bis ausgezeichneter Qualität. Viel Spätlese und Auslese.
1992	Reichlicher Ertrag, leider verhinderten Kälte und Regen im Oktober einen großen Jahrgang. Ein Drittel QmP in gehalt- und stilvoller Qualität. Bereits probierenswert.
1991	In den meisten Gegenden ein guter, mittlerer Ertrag; leichte Böden in der Pfalz litten unter Trockenheit. Es werden sich feine Weine herausschälen. Bereits probierenswert.
1990	Klein, aber überaus fein. Hoher Anteil an bis über das Jahr 2000 hinaus lagerfähigen QmP.
1989	Sommergewitter minderten den Ertrag im Rheingau. Ansonsten gute Qualität bis zu Auslese. Jetzt probieren.
1988	Nicht so ausgezeichnet wie an der Mosel, aber mit 1983 vergleichbar. Genußreif.
1987	Gute Durchschnittsqualität: lebendig, rund und frisch. 80 % QbA, 15 % QmP. Trinkt sich jetzt gut.
1986	Ausgewogene Rieslinge, meist QbA, aber auch Prädikatsweine, v. a. in Rheinhessen und an der Nahe. In der Pfalz gute Weine mit Edelfäule. Trinkt sich jetzt schön.
1985	Geringer Ertrag, aber gute Qualität, v. a. bei Riesling. Durchschnittlich 65 % QmP. Die besten noch aufhebenswert.
1984	Schlechte Bedingungen für Blüte und Reife. ¾ QbA. Besserung ist nicht mehr zu erwarten.
1983	Sehr gute Rieslinge, v. a. im Rheingau und an der mittleren Nahe. Allgemein rund die Hälfte QbA, aber reichlich Spätlesen. Jetzt großartig zu trinken.
1982	Kolossale Ernte, bei strömendem Regen eingebracht. Alle Weine sollten jetzt getrunken werden.
1981	Der Rheingau hatte wenig Glück, Rheinhessen und die Nahe schon mehr, die Pfalz am meisten. Austrinken.
1979	Ungleichmäßig; reduzierter Ertrag. Wenig große, aber viele typische und gute Weine, besonders in der Pfalz. Baldigst austrinken.
1976	Mancherorts der reichlichste Jahrgang seit 1921. Sehr wenig trockener Wein. Nicht so einheitlich ausgeglichen wie 1975. Jetzt allgemein trinkreif.
1971	Ein hochfeiner Jahrgang. Jetzt auf dem Höhepunkt.

Ältere gute Jahrgänge: 1969, 1967, 1964, 1959, 1953, 1949, 1945.

Achkarren Bade; (r) w ★★ — Weinort am Kaiserstuhl, v. a. bekannt für Ruländer. Beste Lage: Schloßberg. Gute Erzeuger: Dr. Heger; Winzergenossenschaft.

Adelmann, Graf (Weingut «Brüssele»). Bekannter Erzeuger mit 15 ha in Kleinbottwar, Württemberg. Die Rotweine sind besonders empfehlenswert.

Ahr Ahr; ★→ ★★ **76 83 85** 87 88 **89 90 91** 92 93 — Bekanntes deutsches Rotweingebiet, südlich von Bonn. Sehr leichte, helle Spätburgunder, v. a. vom Staatsweingut Kloster Marienthal, Meyer-Näkel.

Amtliche Prüfungsnummer Siehe Prüfungsnummer.

Anbaugebiete Die Rebfläche Deutschlands ist in 13 «bestimmte Anbaugebiete» unterteilt. Siehe auch QbA und Weinbaugebiet.

Anheuser, Paul Erzeuger (★★) in Bad Kreuznach an der Nahe.

A.P.Nr. Abkürzung für Amtliche Prüfungsnummer.

Assmannshausen Rhg; r ★→ ★★★ **71 75 76 83 85** 87 88 **89 90 91** 92 **93** — Ort im Rheingau, bekannt durch helle, oft milde Rotweine. Spitzenlage: Höllenberg, Großlagen: Steil und Burgweg. Erzeuger: u. a. Staatsweingüter Eltville, August Kesseler, Robert König, von Mumm.

Auslese Wein von ausgelesenen Trauben, mit hohem natürlichem Zuckergehalt, oft durch «Edelfäule» im Geschmack verfeinert.

Avelsbach M-S-R (Ruwer); w ★★★ **71 75 76 83 85** 87 **88 89 90 91** 92 **93** – Ort bei Trier. In Bestform wundervoll delikate Weine. Erzeuger: Staatliche Weinbaudomäne (siehe Staatsweingut), Bischöfliche Weingüter. Großlage: Römerlay.

Ayl M-S-R (Saar); w ★★★ **71 75 76 83 85** 87 **88** 89 **90 91** 92 **93** – Einer der besten Orte an der Saar. Lage 1. Klasse: Kupp. Großlage: Scharzberg. Erzeuger: u. a. Bischöfliche Weingüter, Lauer, Dr. Wagner.

Bacchus Moderne, bukettreiche Traubensorte. Besonders gut für lieblichen Wein.

Bacharach ★→★★★ – Bereichsname für den südlichen Mittelrhein, flußabwärts vom Rheingau. Jetzt mit dem Rheinburgengau zum neuen Bereich «Loreley» verschmolzen; rassige, z. T. sehr feine Rieslinge. Erzeuger: u. a. Fritz Bastian, Toni Jost, Radolph Kauer, Ratzenberger.

Bad Dürkheim Pf; w (r) ★★→★★★ **76 83 85** 86 87 88 **89 90** 91 92 93 – Bedeutendste Stadt der Mittelhaardt mit dem größten Faß der Welt (umgebaut zu einer Schenke). Schauplatz des berühmten historischen Weinfests «Dürkheimer Wurstmarkt» (im September). Beste Lagen: Michelsberg, Spielberg. Großlagen: Feuerberg, Schenkenböhl, Hochmeß. Beste Erzeuger: Kurt Darting, Fitz-Ritter, Karst, Karl Schäfer.

Bad Kreuznach Na; w ★★→★★★ **75 76** 79 **83 85** 86 87 **88 89 90** 91 92 93 – Bedeutendste Stadt des Anbaugebiets Nahe mit einigen der besten dortigen Weine. Lagen 1. Klasse: Brückes, Kahlenberg, Krötenpfuhl; viele weitere gute Lagen. Großlage: Kronenberg. Weingüter u. a. Anheuser, Finkenauer, Plettenberg.

Baden Großes Anbaugebiet zwischen Heidelberg und Basel. Die Weine sind gehaltvoll, meist trocken bei relativ wenig Säure. Gute Begleiter zu Speisen. Feine Grau-, Spät- und Weißburgunder, weniger Riesling. Beste Bereiche: Kaiserstuhl und Ortenau.

Badische Bergstraße/Kraichgau (Bereich) Ausgedehnter Bereich in N-Baden. Hier gedeihen Weißburgunder und Ruländer am besten.

Badisches Frankenland Siehe Tauberfranken.

Badischer Winzerkeller Jetziger Name der ehemaligen Zentralkellerei Badischer Winzergenossenschaften (ZBW) in Breisach; mit 25 000 Mitgliedern (insg. 4800 ha) produziert sie als größte ihrer Art in Europa fast die Hälfte aller badischen Weine.

Barriques Einige deutsche Erzeuger experimentieren mit dem Ausbau in kleinen Fässern aus frischem Eichenholz, die mit dem aus Bordeaux übernommenen Namen bezeichnet werden. Diese Behandlung wirkt sich oft günstig auf Spät-, Grau- und Weißburgunder aus, auf Riesling jedoch nicht.

Bassermann-Jordan 47 ha Familienbesitz in der Mittel-Haardt mit vielen der besten Lagen in Deidesheim, Forst, Ruppertsberg u. a. 100 % Riesling; kann auf große Erfolge zurückblicken.

Becker, J. B. Rühriges Familiengut und Weinhandlung in Walluf. 12 ha in Walluf, Eltville, Martinstal. Spezialist für trockene Rieslinge.

Beerenauslese Sehr süßer und üppiger Wein aus besonders reifen, einzeln ausgesuchten Beeren, meist durch Edelfäule verfeinert. Sehr selten und teuer.

Bensheim Siehe Hessische Bergstraße.

Bercher Weingut mit 16 ha Weiß- und Spätburgunder in Burkheim am Kaiserstuhl.

Bereich Distrikt innerhalb eines Anbaugebiets – siehe auch Einleitung und Bereichsnamen (z. B. Bernkastel).

Bergstraße Siehe Badische und Hessische Bergstraße.

Bergweiler-Prüm-Erben, Weingut Zacharias Siehe Pauly-Bergweiler, Dr.

Bernkastel M-S-R; w ★★→★★★★ **71 75 76** 79 **83** *84* **85** 86 87 **88 89 90** 91 92 93 – Erstklassige Weinstadt an der Mittelmosel; Inbegriff des Rieslings. Spitzenlage 1. Klasse: Doctor, 3 ha (★★★★); Lagen 1. Klasse: Graben, Lay. Großlagen: Badstube (★★★) und Kurfürstlay (★). Beste Erzeuger: Friedrich-Wilhelm-Gymnasium, Heribert Kerpen, Lauerburg, Dr. Loosen, Dr. Pauly-Bergweiler, J. J. Prüm, Studert-Prüm, Thanisch, Wegeler-Deinhard.

Bernkastel (Bereich) Großer Bereich, meist Müller-Thurgau, mit leider unterschiedlicher Qualität, aber oft mit ausgeprägtem blumigem Charakter. Umfaßt die gesamte Mittelmosel.

Biffar, Josef Aufgehender Stern in Deidesheim: Weingut mit 16 ha (z. T. in Wachenheim). Intensive, klassische Rieslinge.

Bingen Rhh; w ★★→★★★ **71 75 76 83 85** 87 88 **89 90** 91 92 93 – Stadt am Zusammenfluß von Rhein und Nahe mit guten Lagen. Lage 1. Klasse: Scharlachberg. Großlage: Sankt-Rochus-Kapelle.

Bingen (Bereich) Bereichsname für das westliche Rheinhessen.

Bischöfliche Weingüter Berühmtes Gut in Trier, M-S-R, vereinigt in sich kirchliche Besitzungen mit zwei berühmten Stiftungen, Bischöfliches Priesterseminar und Bischöfliches Konvikt. 104 ha beste Lagen bes. an Saar und Ruwer. Nach einigen Enttäuschungen wieder Anzeichen für bessere Leistungen. Am besten sind derzeit die Ruwerweine (v. a. aus Eitelsbach und Kasel).

Blauburgunder Blauer Spätburgunder. Synonym für Pinot Noir.

Bocksbeutel Vor allem in Franken gebräuchliche breit-flache, kurze Weinflasche.

Bodenheim Rhh; w [★★] – Ort bei Nierstein mit vollen, erdigen Weinen, v. a. aus den Lagen 1. Klasse Hoch und Silberberg. Führender Erzeuger: Kühling-Gillot.

Bodensee (Bereich) Kleinerer Bereich in Südbaden.

Brauneberg M-S-R; w [★★★★] **71 75 76 83 85** 86 87 88 **89 90** 91 92 93 – Erstklassiger Ort bei Bernkastel mit 300 ha Anbaufläche und ungebrochener Tradition in ausgezeichneten, bukettreichen Rieslingen. Unbezweifelbare Spitzenlage 1. Klasse: Juffer-Sonnenuhr. Lage 1. Klasse: Juffer. Großlage: Kurfürstlay. Erzeuger: u. a. Paulinshof, Max Ferd. Richter, Fritz Haag, Willi Haag.

Breisach Baden. Grenzstadt zum Elsaß, am Rhein nahe dem Kaiserstuhl gelegen. Sitz des Badischen Winzerkellers.
Breisgau (Bereich) Kleinerer Bereich in Baden, nördlich und östlich vom Kaiserstuhl, am bekanntesten durch Weißherbst.
Breuer, G. Weingut 14-ha-Familien-Weingut in Rüdesheim mit 2,5 ha Anteil an der Lage Berg Schloßberg sowie 5 ha Rauenthaler Nonnenberg (Alleinbesitz). Feine Qualität und neue Ideen, u. a. Sekt (87) von Riesling plus Weiß- und Grauburgunder.
von Buhl, Reichsrat Historischer Familienbesitz in der Pfalz, derzeit nicht in seiner historischen Form. 64 ha in Deidesheim, Forst, Ruppertsberg usw. An eine japanische Firma verpachtet.
Bundes-Weinprämierung Bundesweiter Preiswettbewerb mit Auszeichnung für besonders bemerkenswerte Weine, in Form von Großer Preis, Silber- und Bronzepreismünzen. Veranstalter: DLG.
Bürgerspital zum Heiligen Geist Alter Stiftbesitz in Würzburg, 133 ha in Würzburg, Randersacker usw. Oft großartige volle, trockene Weine, v. a. Silvaner und Riesling. Jahrgänge 89 bis 92 nicht in Höchstform.
Bürklin-Wolf, Dr. Berühmtes Familienweingut in der Pfalz. 88 ha in Wachenheim, Forst, Deidesheim und Ruppertsberg. Sehr guter 89er.
Chardonnay Kleine Versuchsanpflanzungen dieser Rebsorte sind z. T. ohne amtliche Anerkennung angelegt worden – heute ist die Sorte in der Pfalz und in Baden-Württemberg zugelassen.
Charta Eine Vereinigung Rheingauer Spitzenweingüter, die sich auf kraftvolle, halbtrockene Riesling-Weine konzentrieren. Die Mitglieder müssen höhere Qualitätsmaßstäbe erfüllen als nur die gesetzlichen Mindestanforderungen.
Christoffel, J. J. Kleines Weingut mit Besitz in Erden, Graach, Wehlen, Ürzig. Ausgefeilter Riesling.
Clevner (oder Klevner) In Württemberg Synonym für Blauer Frühburgunder, vermutlich eine Mutation von Pinot Noir oder Chiavenna. In der Ortenau (Baden) Synonym für Traminer.
Crusius 12-ha-Familienweingut in Traisen, Nahe. Lebendige, in Bestform sehr haltbare Rieslinge aus den Lagen Bastei und Rotenfels sowie aus Schloßböckelheim. Ferner guter Sekt und trockener, frisch-fruchtiger Spätburgunder Rosé.
Deidesheim Pf; w (r) ★★→★★★★ **71 75 76 83 85** 86 87 **88 89 90** 91 92 **93** – Größter Weinort mit Spitzenqualität in der Pfalz mit 400 ha. Volle, bukettreiche, lebendige Weine. Auch Sekt. Lagen 1. Klasse: Deinhöhle, Kalkofen, Hohenmorgen, Grainhübel, Kieselberg, Langenmorgen. Großlagen: Hofstück (★★), Mariengarten (★★★). Bedeutende Erzeuger: Bassermann-Jordan, Deinhard, Joseph Biffar, Bürklin-Wolf, von Buhl, Kimmich.
Deinhard Berühmtes altes Erzeuger- und Handelshaus im Rheingau, an der Mittelmosel, der Ruwer sowie in der Pfalz (siehe Wegeler-Deinhard) mit hochwertigen Weinen und sehr gutem Sekt (z. B.« Lila»). Führend mit den neuen Ideen; die «Heritage»-Serie umfaßt gut ausgebaute, aber recht karge

trockene Weine unter Ortsnamen (Deidesheim, Hochheim, Johannisberg usw.).

Deinhard, Dr. Familienweingut (25 ha) in Deidesheim mit vielen vorzüglichen Lagen.

Deutscher Tafelwein Die amtliche Bezeichnung für einfache deutsche Weine; mittlerweile dient sie aber auch als Wahrzeichen für Neuheiten der Spitzenklasse (z. B. *barrique*-gereifte Weine). Das Gesetz müßte wie in Italien angepaßt werden.

Deutsches Weinsiegel Qualitätssiegel für Weine, deren Qualität in jeder Güteklasse deutlich über den gesetzlichen Mindestanforderungen liegt. Das gelbe Weinsiegel wird für trockene, das grüne für halbtrockene und das rote für liebliche Weine vergeben.

Deutsche Weinstraße Verläuft von Bockenheim bis Schweigen durch viele schöne Orte der südlichen Pfalz.

Dhron Siehe Neumagen-Dhron.

Diabetikerwein Wein mit minimalem Restzuckergehalt (unter 4 g/l). Für Diabetiker und Liebhaber sehr trockener Weine.

Diel auf Bug Layen, Schloßgut Zeitgemäßes Weingut an der Nahe. Ruländer und Weißburgunder werden in französischen *barriques* ausgebaut. Ferner traditioneller Riesling.

DLG (Deutsche Landwirtschaftsgesellschaft) Veranstalter der Bundesweinprämierung.

Denken Sie daran, daß sich die Jahrgangsangaben bei den deutschen Weinen von den Differenzierungen bei andern Ländern – genußreif/nicht genußreif – unterscheiden. Es sei auf die Erklärungen auf Seite 172 verwiesen.

Dom Weine aus den berühmten Trierer Kirchengütern tragen den Zusatz «Dom» vor dem Lagennamen.

Domäne Weingut. Der Begriff steht manchmal auch allein für «Staatliche Weinbaudomäne».

Dönnhoff, Weingut Hermann 9-ha-Gut an der Nahe mit überaus feinen Rieslingen aus Oberhausen, Niederhausen usw.

Dornfelder Neue rote Traubensorte; erbringt v. a. in der Pfalz dunkle schlichte Weine.

Durbach Bad; w (r) ★★→[★★★] **76 83 85** 87 88 **89 90** 91 92 **93** – Ort mit 310 ha besten Lagen in Baden. Spitzenerzeuger: Schloß Staufenberg, Wolff-Metternich, A. Laible, H. Männle. Klingelberger (Riesling) und Clevner (Traminer) sind sehr zu empfehlen. Großlage: Fürsteneck.

Edelfäule Voraussetzung für die Trockenbeerenauslese (s. a. S. 87, 195).

Egon Müller zu Scharzhof Spitzengut an der Saar, ca. 13 ha in Wiltingen. Der delikate, rassige Scharzhofberger-Riesling gehört in Auslesejahrgängen zu den besten Weinen der Welt; Spitzenweine tragen goldene Kapseln. Die sublimen 89er und 90er mit ihrer feinen Honigsüße werden eine Ewigkeit halten. Le Gallais ist ein zweites Gut (Wiltinger Braune Kupp) im gleichen Besitz.

Eiswein Wein aus gefrorenen Trauben mit stark herabgesetztem Wassergehalt, daher sehr konzentriert in Aroma und Süße mit mindestens dem Reifegrad der Beerenauslese. Selten und sehr teuer. Wird manchmal erst im Januar oder Februar nach der Lese hergestellt. Der Alkoholgehalt ist meist niedrig (z. B. 5,5 %). Bei kräftiger Säure sehr langlebig.

Eitelsbach M-S-R; w ★★→★★★ **71 75 76 83 85** 87 **88 89 90** 91 92 **93** – Heute zu Trier gehörender Ort mit Spitzenlage 1. Klasse: Kartäuserhofberg. Großlage: Römerlay.

Elbling An der oberen Mosel verbreitete traditionelle Traubensorte; oft scharf und säuerlich, bringt aber in günstigen Lagen (z. B. in Nittel oder Schloß Thorn, Obermosel) durchaus lebhaften, frischen Wein.

Elbtal Sachsen. Anbaugebiet mit 300 ha um Dresden und Meißen. Vorherrschend Müller-T., aber auch Weißburgunder, Traminer usw. Spitzen-Sekt «Graf von Wackerbarth» aus Schloß Wackerbarth.

Eltville Rhg; w ★★→★★★ **71 75 76 83 85** 86 87 88 **89 90** 91 92 **93** – Bedeutende Weinstadt mit Kellereien der Staatsweingüter sowie Gütern von Fischer und Langwerth von Simmern. Ausgezeichnete Weine. Lage 1. Klasse: Sonnenberg. Großlage: Steinmächer.

Enkirch M-S-R; w ★★→★★★ **71 76 83 85** 87 **88 89 90** 91 **93** – Kleinerer Ort an der Mittelmosel, oft übersehen, jedoch mit gefälligem, leichtem, angenehmem Wein. Großlage: Schwarzlay. Spitzenlagen: Batterieberg, Zeppwingert.

Erbach Rhg; ★★★→★★★★ **71 76 83 85** 86 87 88 **89 90** 91 92 **93** – Einer der besten Teile des Rheingaus mit gehaltvollen, bukettreichen Weinen, u. a. aus den superben Lagen 1. Klasse: Hohenrain, Marcobrunn, Siegelsberg, Steinmorgen. Weitere gute Lage: Schloßberg. Großlage: Deutelsberg. Bedeutende Güter: Schloß Rheinhartshausen, von Schönborn sowie Becker, Knyphausen, von Simmern usw.

Erden M-S-R; w ★★→★★★ **71 75 76** 82 **83** *84* **85** 86 87 **88 89 90** 91 92 **93** – Ort zwischen Ürzig und Kröv mit noblen, bukettreichen, kräftigen Weinen (anders in der Art und nicht so hochrenommiert wie die Nachbarorte Bernkastel und Wehlen). Spitzenlagen 1. Klasse: Prälat, Treppchen. Weingüter u. a.: Bischöfliche Weingüter, Stefan Ehlen, Dr. Loosen, Meulenhoff, Mönchhof, Nicolay. Großlage: Schwarzlay.

Erstes Gewächs Neue, 1994 eingeführte Klassifizierungsbezeichnung für Weine aus besten Lagen im Rheingau. Gültig ab Jahrgang 1992.

Erzeugerabfüllung Vom Erzeuger aus eigenem Lesegut gekelterter und selbst abgefüllter Wein. Wird durch «Gutsabfüllung» verdrängt.

Escherndorf Franken; w ★★→★★★ **76** *83* **87 88 89 90** 91 92 **93** – Bedeutende Weinstadt bei Würzburg. Voller, trockener Wein. Besonders gute Lage: Berg; Lage 1. Klasse: Lump. Großlage: Kirchberg. Weingüter u. a. Juliusspital.

Eser, Weingut August 8-ha-Gut in Oestrich (Rheingau) mit Lagen auch in Rauenthal (v. a. Gehrn, Rothenberg), Hallgarten, Winkel. Mustergültige Weine.

Eser, Hans Hermann Familienweingut in Johannisberg mit 18 ha und mit Rieslingen, die dem großen Namen Johannisberg Ehre machen.

Filzen M-S-R; w ★★→[★★★] **76 83 85** 87 **88 89 90** 91 92 **93** – Ort bei Wiltingen an der Saar. Lage 1. Klasse: Pulchen. Beachtenswerter Erzeuger: Piedmont.

Fischer, Dr., Weingut Mit 24 ha in Ockfen und Wawern. Meist hohe Qualität (83er sehr gut, 90er gut).

Fischer Erben, Weingut in Eltville (Rheingau), 7,5 ha, mit höchsten traditionellen Maßstäben; überaus langlebige, klassische Weine.

Fitz-Ritter Zuverläßiges Weingut in Bad Dürkheim mit 22 ha. Feiner Riesling.

Forschungsanstalt Siehe Hessische Forschungsanstalt.

Forst Pf; w ★★→★★★★ **71 75 76 83 85** 86 87 88 **89 90** 91 92 **93** – Ort in der Mittelhaardt mit 200 ha bester Lagen. Reife, vollduftige, fein abgestimmte, körperreiche Weine. Lagen 1. Klasse: Kirchenstück, Jesuitengarten, Pechstein, Ungeheuer usw. Großlagen: Mariengarten, Schnepfenflug. Spitzenerzeuger: Bassermann-Jordan, Deinhard, Georg Mosbacher, Spindler, Werlê.

Franken Anbaugebiet mit hervorragenden, eigenständigen, meist trockenen Weinen in Bocksbeutel-Flaschen. Mittelpunkt ist Würzburg. Bereiche: Mainviereck, Maindreieck, Steigerwald. Spitzenerzeuger u. a. Bürgerspital, Juliusspital, Wirsching.

Freiburg Bad; w (r) ★→★★ BV – Weinbauzentrum im Breisgau, nördlich des Markgräflerlands. Lebendige Gutedelweine.

Freinsheim Pf; w, r [★★] – Bekannter Weinort an der Mittelhaardt mit hohem Riesling-Anteil im Rebbestand. Aromatische, würzige Weine.

Friedrich-Wilhelm-Gymnasium Superbes Stiftsweingut, ca. 44 ha, mit Sitz in Trier. Lagen in Bernkastel, Zeltingen, Graach, Trittenheim, Ockfen u. a., sämtlich M-S-R. Jahrgänge 90, 91 und 92 nicht in Höchstform.

Fuhrmann Siehe Pfeffingen.

Fürstlich Castell'sches Domänenamt Historischer Gutsbesitz (47 ha) im Steigerwald. Edle, typische Frankenweine: Silvaner, Rieslaner; auch Sekt.

Le Gallais Siehe Egon Müller.

Geheimrat «J» Seit 85 Markenname einer guten, sehr trockenen Riesling-Spätlese von Wegeler-Deinhard, Oestrich, die eine neue Denkrichtung im deutschen Wein verkörpert.

Geisenheim Rhg; w ★★→★★★ **71 76 83 85** 86 87 88 **89 90** 91 92 **93** – Stadt im Rheingau, Sitz der bekanntesten deutschen Weinbaufachschule; feine, würzige Weine. Lagen 1. Klasse: Rothenberg, Kläuserweg. Großlagen: Burgweg und Erntebringer. Viele Rheingauer Spitzenweingüter haben Lagen hier (z. B. Schloß Schönborn).

Gewürztraminer Vor allem im Elsaß, aber auch in Deutschland, bes. Pfalz, Rheinhessen und Baden, angebaute würzige Traubensorte.

Gimmeldingen Pf; w ★→[★★] **76** 83 **85** 87 88 **89 90** 91 92 **93** – Ort im südlichen Bereich Mittelhaardt. Großlage: Meerspinne.

Goldener Oktober Markenbezeichnung für Weine aus der Weinkellerei St. Ursula, Bingen.

Graach M-S-R; w ★★→[★★★] **71 75 76 83** *84* **85** 86 87 **88 89 90** 91 92 **93** – Kleiner Ort zwischen Bernkastel und Wehlen. Lagen 1. Klasse: Himmelreich, Domprobst, Josephshöfer. Großlage: Münzlay. Spitzenweingüter u. a. Kesselstatt, Dr. Loosen, J.-J. Prüm, Willi Schaefer, Weins-Prüm, Selbach-Oster.

Grans-Fassian Schönes 10-ha-Gut in Leiwen an der Mosel mit Lagen dort sowie in Piesport und Trittenheim.

Grauburgunder Synonym für Ruländer.

Großer Ring Gruppe von Spitzenweingütern (VDP) in Mosel-Saar-Ruwer.

Großlage Siehe Einleitung, Seite 171.

Gunderloch Ausgezeichnetes Weingut in Nackenheim (12 ha, davon 70 % Riesling), heute das beste in Rheinhessen. Spitzenweine vom Nackenheimer Rothenberg, aber auch alle anderen sehr gut.

Guntersblum Rhh; w ★→★★ **76** 83 **85** 88 **89 90** 91 92 **93** – Bedeutende Weinstadt südlich von Oppenheim. Lagen 1. Klasse: Himmelthal, Bornpfad. Großlagen: Krötenbrunnen, Vogelsgärten. Spitzenweingut: Rappenhof.

Guntrum, Louis 65 ha Familienbesitz in Rheinhessen. Beste Lagen in Nierstein, Oppenheim u. a. Zugleich zuverlässiges Weinhandelshaus. Feiner Silvaner, Gewürztraminer und Riesling.

Gutedel Deutscher Name für die Chasselas-Traube (Südbaden).

Gutsabfüllung Neuer Begriff, Ersatz für «Erzeugerabfüllung».

Haag, Fritz und Willi Zwei sehr gute kleine Weingüter in Brauneberg. Fritz Haag zählt zur Spitzenklasse.

Haart, Reinhold Kleines, zur Spitze in Piesport zählendes Weingut. Feine, aromatische, langlebige Weine.

Halbtrocken Mit unter 18, jedoch über 9 g/l Restsüße. Eine beliebte Zwischenstufe, hauptsächlich als Wein zu Speisen gedacht; oft besser ausgeglichen als trockener Wein. Alle Charta-Weine sind halbtrocken.

Hallgarten Rhg; w ★★→★★★ **71 76 83 85** 86 87 88 **89 90** 91 92 **93** – Kleine Weinstadt bei Hattenheim. Robuste, körperreiche, jedoch verwunderlich selten anzutreffende Weine. Im Rheingau ungewöhnliche Genossenschaftsdominanz. Weingut Fred Prinz strebt zur Spitze auf.

Hallgarten, House of Bekanntes Weinhandelshaus mit Sitz in London.

Hattenheim Rhg; w ★★→★★★★ **71 75 76 83 85** 87 88 **89 90** 91 92 **93** – Erstklassige Weinstadt mit 200 ha. Lagen 1. Klasse: Engelmannsberg, Steinberg (Ortsteil), Mannberg, Pfaffenberg. (Marcobrunn liegt an der Grenze zu Erbach.) Sonstige sehr gute Lagen: Nußbrunnen, Wisselbrunnen. Großlage: Deutelsberg. Viele gute Erzeuger, u. a. Knyphausen, Ress, Schloß Schönborn, Staatsweingut, von Simmern.

Heger, Dr. 11-ha-Gut in Achkarren (Baden) mit Spätburgunder-Spitzenrotweinen von alten Weinstöcken. Auch feiner Grau- und Weißburgunder.

Heilbronn Württ; w; r ★→ ★ ★ **76 83 85** 87 88 **89 90 91** 92 **93** – Weinstadt mit vielen kleinen Erzeugerbetrieben und einer großen Genossenschaft. Veranstaltungsort für DLG-Prämierungen. Die besten Weine sind Rieslinge. Spitzenweingüter: Heinrich, Drautz-Able, Amalienhof.

Hessen, Prinz von Bekanntes Weingut mit 30-ha-Besitz in Johannisberg, Kiedrich und Winkel. Trotz Goldmedaillen fehlte es in den letzten Jahren an Fruchtigkeit.

Hessische Bergstraße w ★ ★→ ★ ★ ★ **76** 83 **85** 87 88 89 **90** 91 92 **93** – Anbaugebiet mit 400 ha Rebfläche nördl. von Heidelberg. Gefällige Weine aus dem Staatsweingut in Heppenheim und Bensheim, Stadt Bensheim und Winzergenossenschaft Bergstraße.

Hessische Forschungsanstalt für Wein-, Obst- und Gartenbau Berühmte deutsche Weinbaufachschule und Forschungseinrichtung in Geisenheim, Rheingau. Gute Weine, auch Rotwein.

Heyl zu Herrnsheim Führendes Weingut mit ausgezeichnetem Ruf in Nierstein, 29 ha, 60 % Riesling. Neuerdings ungleichmäßig. Jetzt z. T. im Besitz von Valckenberg.

Hochgewächs Bezeichnung für QbA-Wein (Riesling), v. a. gebräuchlich in Mosel-Saar-Ruwer.

Hochheim Rhg; w ★★→★★★★ **71 75 76** 79 **83** *84* **85** 86 87 **88 89 90 90 91** 92 **93** – Weinstadt am Main mit 240 ha Rebfläche; zum Rheingau gehörig. Wein ähnlichen Charakters (mit eigener erdiger Intensität und Duftigkeit). Spitzenlagen: Domdechaney, Kirchenstück, Hölle, Königin-Viktoria-Berg (5-ha-Lage von Hupfeld in Oestrich; Alleinvertrieb durch Deinhard). Großlage: Daubhaus. Erzeuger: u. a. Aschrott, Hupfeld, Ress, Schloß Schönborn, Staatsweingut, Werner. Hochheimer Wein ist in England so berühmt geworden, daß er dort in der Kurzform «Hock» für Rheinwein überhaupt steht.

Hoensbroech, Weingut Reichsgraf zu Erstklassiges Gut (15 ha) im Kraichgau. Exzellente trockene Weißburgunder und Silvaner (z. B. Michelfelder Himmelberg).

Hövel, von, Weingut Vorzügliches Saar-Weingut in Oberemmel mit der Lage Hütte (5 ha, Alleinbesitz) und Anteil am Scharzhofberg.

Huxelrebe Neue, sehr würzige Traubensorte, meist für lieblichen Wein.

Ihringen Bad; (r) w ★→★★★ **83 85** 86 87 88 **89 90** 91 92 **93** – Einer der besten Orte am Kaiserstuhl; guter Spätburgunder (Rotwein und Weißherbst) sowie Silvaner. Spitzenweingüter: Dr. Heger, Stigler.

Ilbesheim Rhpf; w ★→★★ **83 85** 87 88 **89 90** 91 92 **93** – Sitz einer bedeutenden Winzergenossenschaft an der südlichen Weinstraße «Deutsches Weintor». Siehe auch Schweigen.

Ingelheim Rhh; r oder w ★ **85** 88 89 **90** 91 92 **93** – Historische Stadt gegenüber dem Rheingau, seit alters durch ihren Spätburgunder Rotwein bekannt. Lagen 1. Klasse: Horn, Pares, Sonnenberg, Steinacker.

Iphofen Franken; w ★★→ ★★★ **75 76 79** *83* **85** 87 88 89 **90** 91 92 **93** – Ort östlich von Würzburg. Superbe Lagen 1. Klasse: Julius-Echter-Berg, Kalb. Großlage: Burgweg. Weingüter: Staatlicher Hofkeller, Juliusspital, Wirsching, Ruck.

Johannisberg Rhg; w ★★→ ★★★★ **71 75 76 83 85** 86 87 88 89 **90** 91 92 **93** – Ort mit 104 ha Weinbergfläche; unübertreffliche Rieslinge von außerordentlicher Anmut. Lagen 1. Klasse: Hölle, Schloß Johannisberg. Weitere gute Lagen: Goldatzel, Klaus. Großlage: Erntebringer. Viele empfehlenswerte Erzeuger.

Johannisberg (Bereich) Bereichsname für den gesamten Rheingau.

Johner, Karl-Heinz Kleines Weingut in Bischoffingen (Baden); Vorkämpfer für die neue Welle bei Spätburgunder und eichenfaßgereiftem Weißburgunder.

Josephshöfer Erstklassige Lage in Graach. Besitzer: von Kesselstatt.

Jost, Toni Vielleicht das Spitzenweingut am Mittelrhein. 10 ha, vorwiegend Riesling, in Bacharach sowie im Rheingau.

Juliusspital Alte kirchliche Stiftung in Würzburg mit besten Frankenwein-Lagen (150 ha) und vielen Spitzenweinen der Region. Silvaner und Riesling sind besonders beachtenswert.

Kabinett Bezeichnung für den leichtesten nichtangereicherten Prädikatswein (QmP). Alkoholschwach (Riesling im Durchschnitt 7 bis 9 %). Oft mit schönster Finesse und guter Haltbarkeit.

Kaiserstuhl (Bereich) Einer der besten Bereiche in Baden mit ausgesprochen warmem Klima und vulkanischem Boden. Berühmte Weinorte u. a. Achkarren, Ihringen. Großlage: Vulkanfelden.

Kallstadt Rhpf; w (r) ★★→ ★★★★ **76 83 85** 86 87 88 **89 90** 91 92 **93** – Ort im nördlichen Bereich Mittelhaardt. Gute, volle Weine, oft unterbewertet. Lage 1. Klasse: Saumagen. Großlagen: Kobnert, Feuerberg. Weingüter: Henninger, Kohler-Ruprecht, Schuster.

Kammerpreismünze Siehe Landespreismünze.

Kanzem M-S-R (Saar); w [★★★] **71 75 76 83** 87 **88 89 90** 91 92 **93** – Kleiner Nachbarort von Wiltingen. Lage 1. Klasse: Altenberg. Großlage: Scharzberg. Weingüter u. a. Othegraven, Reverchon. J. P. Reinert ist Spitzenklasse.

Karlsmühle Ein Hotelbesitzer aus Mertesdorf erzeugt erstklassige Ruwer-Weine aus Kasel und seiner Lage Lorenzhof (Alleinbesitz).

Karthäuserhofberg Spitzenweingut mit 18 ha in Eitelsbach (Ruwer). Leicht zu erkennen an den Flaschen, die nur ein Etikett am Hals tragen. Neuerdings wieder in Top-Form, v. a. bei Standardweinen.

Kasel M-S-R (Ruwer); w [★★→★★★] **71 75 76 83 85** 86 87 **88 89 90** 91 92 **93** – Ort mit ausgeprägt blumigen, leichten Weinen. Lagen 1. Klasse: Kehrnagel, Nieschen. Großlage: Römerlay. Spitzenerzeuger: Karlsmühle, von Kesselstatt, Wegeler-Deinhard.

Keller Auch im Sinne von Kellerei gebraucht.

Kerner Neue Traubensorte, reift früher als Riesling; gute Qualität, jedoch ohne die Harmonie des Rieslings.

Kerpen, Heribert, Weingut Kleines, erstklassiges Gut mit Besitz in Wehlen, Bernkastel und Graach.

Der deutsche Wein wird zumeist in hohe schlanke Flaschen abgefüllt, die bei Rhein-, Nahe- und Pfälzer Weinen stets braun und für Mosel-Saar-Ruwer-Weine grün sind. Das Glas bringt gewissermaßen die verschiedenen Eigenarten der Weine zum Ausdruck: der Rheinwein voll und golden, der Mosel frisch und grün (oft im buchstäblichen Sinne). Es ist manchmal nützlich, daran zu denken, wenn man von maliziösen Freunden gebeten wird, einen Wein zu beurteilen. Frankenwein wird stets in flache, breite, kolbenförmige «Bocksbeutel»-Flaschen abgefüllt.

Kesselstatt, von Größtes privates Weingut an der Mosel mit 600jähriger Geschichte. Rund 60 ha in Graach, Piesport, Kasel, Wiltingen u. a.; hinzu kommt noch viel Pachtland. Würzige, reichfruchtige Moselweine. Jetzt im Besitz von Günther Reh, Leiwen. Seit 1988 hervorragende Weine.

Kesten M-S-R; ★→★★★ **71 75 76 83 85** 86 87 **88 89 90** 91 92 **93** – Nachbarort von Brauneberg. Die besten Weine (vom Paulinshofberg) sind dem dortigen ähnlich. Großlage: Kurfürstlay. Spitzenweingut: Paulinshof.

Kiedrich Rhg; w ★★→★★★★ **71 76 83 85** 86 87 88 89 **90** 91 92 **93** – Nachbarort von Rauenthal; fast ebenso vorzügliche und bukettreiche Weine. Lagen 1. Klasse: Gräfenberg, Sandgrub; weitere gute Lage: Wasseros. Großlage: Heiligenstock. Erzeuger: Fischer, Knyphausen, Staatsweingut; Robert Weil jetzt Spitzenweingut.

Klevner Siehe Clevner.

Klingelberger In der Ortenau (Baden), v. a. um Durbach, gebräuchlicher Name für Riesling.

Kloster Eberbach Herrliches Zisterzienserkloster aus dem 12. Jh. bei Hattenheim im Rheingau. Seine Mönche legten ursprünglich den berühmten Steinberg an. Heute Staatsweingut.

Klüsserath M-S-R; w ★★→[★★★] **76 83 85** 88 **89 90** 91 92 **93** – Kleinerer Moselort mit in guten Jahren sehr probierenswerten Weinen. Beste Lage: Bruderschaft. Großlage: Sankt Michael. Spitzenweingüter: Friedrich-Wilhelm-Gymnasium, Kirsten.

Knyphausen, Freiherr zu, Weingut Vornehmes 20-ha-Gut auf früherem Grund und Boden der Zisterzienser (siehe Kloster Eberbach) in Erbach (Marcobrunn), Hattenheim, Kiedrich und Eltville. Rheingauer Spitzenweine, vielfach trocken.

Koehler-Ruprecht Hochangesehenes Spitzenweingut (9 ha) in Kallstadt/Pfalz. Äußerst traditionelle Weinbereitung, sehr langlebige, denkwürdige trockene Rieslinge aus der Lage Saumagen. Jetzt auch hervorragende «burgundische» Spätburgunder.

Königin Viktoria Berg Siehe Hochheim.

Kraichgau Kleiner Bereich in Baden südlich von Heidelberg. Spitzenerzeuger: Hoensbroech.

Kreuznach Bereichsname für die gesamte nördliche Nahe. Jetzt mit Schloßböckelheim zum Bereich «Nahetal» zusammengeschlossen. Siehe auch Bad Kreuznach.

Kröv M-S-R; w ★→ ★★★ **88 89 90** 91 92 **93** – Bekannter Fremdenverkehrsort mit populärem Wein unter dem Großlagennamen Nacktarsch.

Künstler, Franz Erstklassiges 5-ha-Weingut in Hochheim, v. a. mit den Lagen Hölle und Kirchenstück sowie vorbildlichen Charta-Weinen.

Landespreismünze Auf Landesebene vergebener Qualitätspreis.

Landwein Neuere Kategorie, eine Stufe über Tafelwein (die Trauben müssen besser ausgereift sein), aus 20 festgelegten Gebieten. Er muß trocken oder halbtrocken sein. Entspricht dem französischen *Vin de Pays.*

Lauerburg Einer der vier Besitzer der berühmten Lage Doctor in Bernkastel, 4 ha; oft vorzügliche, rassige Weine.

Liebfrauenmilch Der viel mißbrauchte Name eines Weins, auf den zu Lasten besserer deutscher Weine 50 % des gesamten Exports entfallen. Gesetzlich definiert als QbA «von lieblicher Art» aus den Herkunftsgebieten Rheinhessen, Pfalz, Rheingau und Nahe, als Verschnitt mit mindestens 51 % Riesling, Silvaner, Kerner oder Müller-Thurgau. Den Bestimmungen entsprechend muß er über 18 g/l Zuckerrest enthalten.

Liebfrauenstift Ca. 10 ha Weingärten in der Gemarkung Worms; hier liegt der Ursprung des Namens «Liebfrauenmilch».

Lieser M-S-R; w ★→★★ **71 76 83 85** 86 87 **88 89 90** 91 92 **93** – Wenig bekannter Nachbarort von Bernkastel mit leichteren Weinen. Lage 1. Klasse: Niederberg-Helden. Großlage: Kurfürstlay.

Leitz, J. Schöner kleiner Familienbetrieb in Rüdesheim mit elegantem trockenem Riesling. Aufsteigender Stern.

Lingenfelder Weingut Kleines, innovatives Weingut der Spitzenklasse in Großkarlbach (Pfalz) mit hervorragendem Spätburgunder, körperreichem Riesling usw.

Loosen, Weingut Dr. St. Johannishof mit 8 ha in Bernkastel, Erden, Graach, Wehlen, Ürzig. Die letzten Jahrgänge sind hervorragend ausgefallen: Der 91er und 92er waren die Spitzenweine von M-S-R.

Lorch Rhg; w (r) ★→ ★★ **71 76** 83 **85** 87 88 **89 90** 91 92 **93** – Am äußersten Westzipfel des Rheingaus. Feine, leichte Rieslinge; den Weinen vom Mittelrhein ähnlich. Bester Erzeuger: von Kanitz.

Loreley (Bereich) Neuer Bereichsname für die zusammengeschlossenen Bereiche Rheinburgengau und Bacharach.

Löwenstein, Fürst Weingut in Franken, 26 ha, klassische trockene, wuchtige Weine. Ferner ein von Matuschka-Greiffenclau gepachtetes 18-ha-Gut in Hallgarten. 91 und 92 variable Qualität.

Maindreieck (Bereich) Bereichsname für den mittleren Teil von Franken mit Würzburg.

Mainviereck (Bereich) Bereichsname für den kleineren westlichen Teil von Franken.

Marcobrunn Historische Lage im Rheingau; eine der deutschen Spitzenlagen. Siehe Erbach.
Markgräflerland (Bereich) Das traditionsreiche «Rebland» südlich von Freiburg (Baden), v. a. bekannt durch typischen, in der Jugend köstlich erfrischenden Gutedel; noch empfehlenswerter sind die Grau-, Weiß- und Spätburgunder. Auch Sekt.

Deutsche Weinflaschen sind so hoch, daß sie meist nicht ganz in einen Eiskübel passen. Soll der obere Teil der Flasche (das erste Glas) richtig gekühlt sein, stellt man die Flasche 5 Minuten vor dem Öffnen kopfüber in den Kübel.

Martinsthal Rhg; w ★★→★★★ **71 75 76 83 85** 86 87 88 89 **90** 91 92 **93** – Wenig bekannter Nachbarort von Rauenthal. Lage 1. Klasse: Langenberg; weitere gute Lage: Wildsau. Großlage: Steinmächer. Weingüter u. a. Becker, Diefenhardt.
Matuschka-Greiffenclau, Graf Erwein Besitzer des alten Weinguts Schloß Vollrads; hat das Fürst-Löwenstein'sche Weingut in Hallgarten zugepachtet. Bedeutender Sprecher für den deutschen Weinbau; widmet sich vor allem trockenen Weinen in Kombination mit Speisen.
Maximin Grünhaus M-S-R (Ruwer); w ★★★★ **71 75 76** 79 **83 85** 86 87 **88 89 90** 91 92 **93** – Erstklassiges Ruwer-Weingut, 32 ha in Mertesdorf. Weine von fester Eleganz und mind. 20 Jahren Lebensdauer.
Mertesdorf Siehe Maximin Grünhaus und Karlsmühle.
Mittelhaardt/Deutsche Weinstraße (Bereich) Der nördliche und beste Teil der Pfalz mit Forst, Deidesheim, Ruppertsberg, Wachenheim usw.; Hauptttraube: Riesling.
Mittelheim Rhg; w ★★ **71 75 76 83 85** 86 87 88 89 **90** 91 92 **93** – Kleinerer Ort zwischen Winkel und Oestrich.
Mittelmosel Der mittlere und beste Teil der Mosel mit Bernkastel, Wehlen, Piesport usw. Heute Bereich Bernkastel. Die besten Lagen sind ganz mit Riesling besetzt (oder sollten es doch sein).
Mittelrhein Anbaugebiet am Rhein mit Bacharach und Boppard. Ansprechende, stahlige Rieslinge.
Morio-Muskat Ausgesprochen aromatische Traubensorte, im Zurückgehen begriffen.
Mosel Name des Tafelweingebiets. Als Qualitätswein-Anbaugebiet heißt es Mosel-Saar-Ruwer.
Moselland, Winzergenossenschaft Die größte Winzergenossenschaft in M-S-R (einschl. Saarwinzerverein, Wiltingen) in Bernkastel. Zählt 5200 Mitglieder und erzeugt 25 % aller M-S-R-Weine; gute Mittelklasse. Auch Sekt in Flaschengärung.
Mosel-Saar-Ruwer Qualitätswein-Anbaugebiet von 12 400 ha zwischen Trier und Koblenz; eine Hochburg der Riesling-Traube. Umfaßt Mittelmosel, Saar, Ruwer und die Randgebiete.
Müller-Catoir Hervorragendes Weingut in Neustadt/Pfalz. Mit 16 ha und vielen Rebsorten. U. a. faßgereifte Rotweine. Ein zuverlässiger Name.

Müller zu Scharzhof, Egon Siehe Egon Müller.
Müller-Thurgau Fruchtige, frühreifende Traubensorte, meist säurearm; am verbreitetsten in Rheinhessen, der Pfalz, an der Nahe, in Baden und Franken; wird auch in allen anderen Gebieten mehr und mehr angebaut. Sollte aus allen Spitzenlagen verbannt werden.
Mumm, von Weingut mit rund 69 ha in Johannisberg, Rüdesheim usw. Besitzverhältnisse wie Schloß Johannisberg, aber sehr unterschiedliche Qualität.
Münster Nahe; w ★→★★★ **71 75 76 83 85** 86 87 88 **89 90** 91 92 **93** – Bester Ort an der nördlichen Nahe mit feinen, delikaten Weinen. Lagen 1. Klasse: Dautenpflänzer, Felseneck, Kapellenberg, Pittersberg, Schloßberg. Spitzenerzeuer: Krüger-Rumpf, Staatsweingut. Großlage: Schloßkapelle.
Nackenheim Rhh; w ★→★★★★ **75 76 83 85** 86 87 **88 89 90 91** 92 **93** – Nachbarort von Nierstein; beide mit bestem «Terroir» an der Rheinterrasse. Ähnliche Weine (v. a. aus der Lage 1. Klasse Rothenberg). Großlagen: Spiegelberg (★★★), Gutes Domtal (★). Spitzenerzeuger: Gunderloch.
Nahe Nebenfluß des Rheins und hochwertiges Anbaugebiet mit ausgewogenen, frischen, sauberen, oft erdigen, bukettreichen Weinen, v. a. Riesling. Bereich: Nahetal.
Nahetal (Bereich) Neuer Bereichsname für die zusammengeschlossenen Bereiche Kreuznach und Schloßböckelheim.
Neckerauer, Klaus, Weingut Interessantes Weingut. 16 ha in Weisenheim am Sand, auf entsprechendem Boden in der Nordpfalz. Eindrucksvolle Palette.
Neef M-S-R; w★→★★ **71 76 83 85** 87 88 **89 90** 91 92 **93** – Ort an der unteren Mosel mit einer feinen Lage: Frauenberg.
Neipperg, Graf von Spitzengut in Schwaigern, Württemberg, 28 ha. Besonders für Rotwein und Traminer bekannt.
Neumagen-Dhron M-S-R; w ★★ – Nachbarort von Piesport mit guten, aber leider vernachlässigten Lagen.
Neustadt Bedeutende Stadt in der Pfalz mit berühmter Weinbaufachschule.
Niederhausen Na; w ★★→ ★★★★ **71 75 76 83 85** 86 87 88 **89 90 91 93** – Nachbarort von Schloß Böckelheim und Sitz des Staatsweinguts an der Nahe. Weine mit Anmut und Fülle. Lagen 1. Klasse: Felsensteyer, Hermannshöhle, Hermannsberg. Großlage: Burgweg. Spitzenerzeuger: Crusius, Dönnhoff, Hehner-Kilz, Staatsweingut.
Nierstein Rhh; w ★→ ★★★★ **71 75 76 83 85** 86 87 **88 89 90** 91 92 **93** – Berühmter, aber nicht immer zuverlässiger Name. 520 ha mit Lagen 1. Klasse: Glöck, Heiligenbaum, Hipping, Kranzberg, Orbel, Bruderberg, Ölberg, Pettenthal und den Großlagen Rehbach, Spiegelberg, Auflangen: reife, würzige Weine von großer Eleganz. Die Großlage Gutes Domtal hält leider nicht immer, was der klangvolle Name verspricht. Empfehlenswerte Weingüter: Balbach, H. Braun, Gunderloch, Guntrum, Heyl zu Herrnsheim, St. Antony, G. A. Schneider, Seebrich, Strub, Wehrheim.
Nierstein (Bereich) Großer Bereich in Rheinhessen mit sehr unterschiedlicher Qualität.
Nierstein, Winzergenossenschaft (früher Rheinfront) Weit überdurchschnittlicher Qualitätsstandard.

Nobling Neue weiße Rebsorte, liefert leichten frischen Wein in Baden, bes. im Markgräflerland.
Norheim Nahe; w ★→ ★★★ **71 76** 79 **83 85** 86 87 88 **89 90** 91 92 **93** – Nachbarort von Niederhausen. Lagen 1. Klasse: Dellchen, Kafels, Kirschheck. Weitere gute Lage: Klosterberg. Großlage: Burgweg. Weingüter: Crusius, P. Anheuser.
Novum Neuartiger Wein von Sichel, durch malolaktische Gärung gemildert. Aromatisch, sanft und vielseitig.

Die deutschen Qualitätsstufen

Die amtlichen Qualitätsstufen sind in aufsteigender Reihenfolge:

1. Deutscher Tafelwein: Nach amtlicher Definition leichter, lieblicher Wein ohne besondere Eigenart; heute erscheinen unter dieser Kategorie jedoch auch hochklassige Gewächse mit ausgeprägtem Charakter.
2. Landwein: trocken bis halbtrocken, in der Art der jeweiligen Landschaft.
3. Qualitätswein: trocken bis lieblich, Zuckerung vor der Gärung gestattet, stets auf Qualität geprüft und mit ausgeprägtem Charakter, je nach Landschaft und Traubensorte.
4. Kabinett: trocken bis lieblich (ungezuckert) mit ausgeprägter, oft sehr feiner Eigenart und charakteristischer Leichtigkeit.
5. Spätlese: alkoholreicher als Kabinett, meist mit mehr Süße. Körperreich. Der Trend geht heute zu halb- oder ganz trockenen Spätlesen.
6. Auslese: süßer, oft auch alkoholreicher als Spätlese, vielfach mit an Honig erinnerndem Aroma, intensiv und nachhaltig.
7. Beerenauslese: ziemlich süß und alkoholreich, intensiv im Geschmack, superb.
8. Trockenbeerenauslese: intensiv süß und aromatisch, oft nicht so alkoholreich.
9. Eiswein (Beeren- oder Trockenbeerenauslese): hochkonzentriert, intensiv süß. Ein außergewöhnlicher, ewig haltbarer Wein.

Oberemmel M-S-R (Saar); w ★★→ ★★★ **71 75 76 83 85** 86 87 88 **89 90** 91 92 **93** – Nachbarort von Wiltingen. Sehr feine Weine aus der Lage 1. Klasse Hütte sowie der Lage Karlsberg. Großlage: Scharzberg. Spitzenerzeuger: von Hövel, von Kesselstatt.
Obermosel (Bereich) Bereichsname für die Mosel oberhalb Trier. Meist einfache Weine aus der Elblingtraube, sehr jung am besten.
Ockfen M-S-R (Saar); w ★★→ ★★★ **71 75 76 83 85** 86 87 **88 89 90** 91 92 **93** – 80 ha Rebfläche mit erstklassigen, duftigen, herben Weinen. Beste Lage: Bockstein. Großlage: Scharzberg. Weingüter u. a. Dr. Fischer, Friedrich-Wilhelm-Gymnasium, Wagner, Zilliken.
Öchsle Skala für den Zuckergehalt des Traubenmosts.
Oestrich Rhg; w ★★→ ★★★ **71 75 76 83 85** 86 87 **88 89 90** 91 92 **93** – Bedeutender Weinort; unterschiedliche Qualität bis hin zu herrlichen Riesling-Auslesen. Lagen 1. Klasse: Doosberg, Lenchen. Weitere gute Lage: Klosterberg. Großlage: Gottesthal. Bedeutende Erzeuger: Auerbach, August Eser, Wegeler-Deinhard.
Oppenheim Rhh: w ★→ ★★★ **71 75 76 83 85** 86 87 **88 89 90** 91 92 **93** – Stadt südlich von Nierstein mit einer sehenswerten Kirche aus dem 13. Jh. Lagen 1. Klasse: Herrenberg und Sackträger. Großlagen: Güldenmorgen (★★★), Krötenbrun-

nen (★). Weingüter u. a. Guntrum, Carl Koch, Kühling-Gillot. Keines derzeit in Höchstform.

Ortenau (Bereich) Bereich südlich von Baden-Baden. Guter Klingelberger (Riesling), Spätburgunder und Ruländer. Bester Ort: Durbach.

Pauly-Bergweiler, Dr. Schönes 11-ha-Weingut mit Sitz in Bernkastel. Gute Lagen u. a. in Wehlen. Vertreibt auch die hervorragenden Peter-Nicolay-Weine aus Ürzig und Erden.

Perlwein Schwach schäumender Wein, meist mit zugesetzter Kohlensäure.

Pfalz Anbaugebiet mit 22 400 ha südlich von Rheinhessen (siehe Mittelhaardt und Südliche Weinstraße). Hier erreichen die Trauben relativ hohe Reifegrade. Klassische Pfälzer Weine sind deshalb meist mild, wobei der Trend zu trockenen und halbtrockenen Gewächsen in zunehmend besserer Qualität geht. Größtes Riesling-Erzeugungsgebiet nach M-S-R.

Pfeffingen, Weingut Riesling und Scheurebe in hervorragender Qualität von 10 ha in Ungstein. Besitzer: Fuhrmann und Eymael.

Piesport M-S-R; w ★★→★★★★ **71 75 76 83 85** 86 87 **88 89 90** 91 92 **93** – Kleiner Ort, umgeben von berühmten Weinbergen, die sehr feinen (zuweilen großartigen), zarten, fruchtigen Riesling liefern. Spitzenlage 1. Klasse: Goldtröpfchen. Treppchen liegt auf flacherem Terrain und hat weniger gute Voraussetzungen. Großlage: Michelsberg (viel Müller-Thurgau; den echten Piesporter Charakter darf man nicht erwarten). Spitzenweingüter: von Kesselstatt, Kurt Hain, Reinhold Haart, Reuscher-Haart, Weller-Lehnert.

Plettenberg, von Weingut in Bad Kreuznach, 40 ha. Neuere Weine werden hohen Ansprüchen nicht gerecht.

Portugieser Verbreitete Rotweintraube, wird oft als Weißherbst gekeltert.

Prädikat Besondere Qualitätsbezeichnung. Siehe QmP.

Prüfungsnummer Die amtliche Kennummer eines Qualitätsweins.

Prüm, J. J. Legendäres, hervorragendes Mosel-Weingut mit 14 ha besten Lagen in Wehlen, Graach, Bernkastel. Delikate, doch langlebige Weine, v. a. aus der Lage Wehlener Sonnenuhr; 81er Kabinett noch jugendfrisch.

QbA – Qualitätswein bestimmter Anbaugebiete Die mittlere deutsche Weinqualität. Zugabe von Zucker zum Most vor der Gärung ist zulässig, aber Kontrolle der zulässigen Menge nach Rebsorte und Anbaugebiet.

QmP – Qualitätswein mit Prädikat Spitzenkategorie, umfaßt alle Weine, die ungezuckert bleiben, vom Kabinett bis zur Trockenbeerenauslese.

Randersacker Franken; w ★★→★★★ **76** 83 87 88 89 **90** 91 92 **93** – Führender Ort mit ausdrucksvollem, trockenem Wein. Lagen 1. Klasse: Marsberg, Pfülben. Großlage: Ewig Leben. Weingüter u. a. Bürgerspital, Martin Göbel, Staatlicher Hofkeller, Juliusspital, Robert Schmitt, Schmitt's Kinder.

Rappenhof, Weingut 36-ha-Gut in Alsheim, Rheinhessen, mit reicher Palette, u. a. *barrique*-gereiftem Chardonnay und dunklem Spätburgunder. Riesling in letzter Zeit nicht in Form.

Rauenthal Rhg; w [★★★] → ★★★★ **71 75 76 83 85** 86 87 88 **89 90** 91 92 **93** – Erstklassiger Ort mit gehaltvollen würzigen Weinen. Lagen 1. Klasse: Rothenberg, Nonnenberg, Baiken, Gehrn, Wülfen. Großlage: Steinmächer. Bedeutende Erzeuger: Staatsweingut, von Simmern, Schloß Schönborn, Schloß Reinhartshausen, Eser, G. Breuer.

Rebholz Erstklassiges Weingut im Bereich Südliche Weinstraße. Viele Rebsorten auf 10 ha in Siebeldingen.

Ress, Balthasar Weingut im Rheingau mit 30 ha guten Lagen, Keller in Hattenheim. Betreibt auch Schloß Reichartshausen. Unterschiedliche Weine; höchst originelle Künstler-Etiketten.

Rheinburgengau Mit dem Bereich Bacharach zum neuen Bereich Loreley zusammengefaßt. Weine mit stahliger Säure; längere Reifezeit erforderlich.

Rheinfront, Winzergenossenschaft Siehe Nierstein, Winzergenossenschaft.

Rheingau Bestes Anbaugebiet am Rhein westlich von Wiesbaden. 2800 ha. Klassischer kraftvoller, aber subtiler Riesling. Bereichsname: Johannisberg.

Rheinhessen Sehr großes Anbaugebiet (24 400 ha Rebfläche) zwischen Bingen, Mainz, Worms und Alzey. Allgemein ansprechende Weine, aber auch Spitzenweine u. a. aus Nackenheim, Nierstein und Oppenheim.

Rheinhessen Silvaner (RS) Neues einheitliches Etikett für trockene Silvaner-Weine, mit dem ein modernes Qualitäts-Image für die Region angestrebt wird.

Rheinpfalz Siehe Pfalz.

Rhodt Dorf an der südlichen Weinstraße mit der bekannten Winzergenossenschaft Rietburg. Angenehme, fruchtige Weine. Großlage: Ordensgut.

Richter, Max Ferd., Weingut Familienweingut der Spitzenklasse (15 ha) an der mittleren Mosel mit Sitz in Mülheim. Feine faßgereifte Rieslinge aus Brauneberg (Juffer-Sonnenuhr), Graach, Mülheim (Helenenkloster) und Wehlen (meist vorbildlich).

Rieslaner Kreuzung zwischen Silvaner und Riesling; hat in Franken, wo er am meisten angebaut wird, schon gute Auslesen gebracht. Fein auch bei Müller-Catoir.

Riesling Die beste deutsche Traube: fein, duftig, fruchtig; darf neben Chardonnay als die edelste Weißweintraube der Welt gelten.

Roséwein In Süddeutschland: Weißherbst. Wird aus dunklen Trauben bereitet, deren Hülsen nach kurzer Gärung aus dem Most entfernt werden.

Rotwein Bei der Rotweinbereitung werden die Schalen der dunklen Trauben mit vergoren, um die Färbung zu erreichen.

Rüdesheim Rhg; w ★★→★★★★ **71 75 76** 79 *81* 82 **83** *84* **85** 86 87 88 **89 90** 91 92 **93** – Fremdenverkehrsort am Rhein, 260 ha hervorragende Rebfläche. Die drei besten Lagen tragen die Bezeichnung «Berg» vor dem Namen. Volle, feine Weine, auch in weniger günstigen Jahren durchaus beachtlich. Großlage: Burgweg. Die meisten Spitzenweingüter im Rheingau besitzen Rüdesheimer Lagen. Beste Erzeuger: G. Breuer, Dr. Nägler, J. Leitz, Schloß Schönborn.

Rüdesheimer Rosengarten Rüdesheim heißt auch ein kleiner Nahe-Ort bei Bad Kreuznach. Nicht zu verwechseln mit dem großen Rüdesheimer aus dem Rheingau.

Ruländer (v. a. als trockener Wein auch Grauburgunder). Deutscher Name der Pinot-Gris-Traube und ihres vollen, kräftigen Weins. Gedeiht in Baden und der südlichen Pfalz am besten.

Ruppertsberg Rhpf; w ★★→★★★ **75 76 83 85** 86 87 88 89 **90** 91 92 **93** – Ort in der südlichen Mittelhaardt. Lagen 1. Klasse: Nußbien, Spieß, Hoheburg, Reiterpfad, Linsenbusch. Großlage: Hofstück. Weingüter u. a. Bassermann-Jordan, Joseph Biffar, von Buhl, Bürklin-Wolf, Deinhard.

Ruwer Nebenfluß der Mosel bei Trier. Sehr feine, delikate, aber würzige und feste Weine. Weinorte u. a. Eitelsbach, Mertesdorf, Kasel.

Saale-Unstrut Anbaugebiet mit 400 ha am Zusammenfluß von Saale und Unstrut um Naumburg bei Leipzig. Die mit Weißburgunder, Silvaner, Gutedel sowie Blauem Portugieser und Spätburgunder besetzten Weinbergterrassen gehen auf die Zisterzienser zurück. Spitzenbetrieb: Landesweingut Kloster Pforta.

Saar Nebenfluß der Mosel südlich des Ruwer mit den Orten Wiltingen (Scharzhofberger), Ayl, Ockfen, Saarburg, Serrig u. a. Brillante, herbe, «stahlige» Rieslinge. Großlage: Scharzberg. Viele gute Erzeuger.

Saar-Ruwer (Bereich) Bereichsname innerhalb des Anbaugebiets M-S-R.

Sachsen Siehe Elbtal.

Salm, Prinz zu Besitzer von Schloß Wallhausen und VDP-Präsident.

Salwey, Weingut Führender Weinbaubetrieb in Oberrotweil (Baden), insbes. mit Riesling, Weißburgunder und Ruländer.

Schaefer, Willi Spitzenweingut in Graach (nur 2 ha).

Scharzberg Großlage für Wiltingen und Nachbarorte.

Scharzhofberg Saar; w ★★★★ **71 75 76 83 85** 86 87 **88 89 90** 91 92 **93** – Hervorragende Saar-Lage mit 27 ha. Herbe schöne Weine, Riesling in Vollendung. Spitzenerzeuger: Egon Müller, von Hövel, von Kesselstatt. Nicht mit Scharzberg zu verwechseln.

Schaumwein Auch Sekt; nach verschiedenen Verfahren bereitete kohlensäurehaltige Weine.

Scheurebe Fruchtige, aromatische Traubensorte hoher Qualität (stammt vom Riesling ab), vor allem in Rheinhessen und der Pfalz. Exzellent für Beeren- und Trockenbeerenauslesen mit Edelfäule.

Schillerwein Blaßrötlicher QbA aus Württemberg, Mischung von Rot- und Weißweintrauben.

Schloß Groenesteyn Weingut (seit 1640) im Rheingau mit 32 ha in Kiedrich und Rüdesheim – derzeit nicht in Bestform.

Schloß Johannisberg Rhg; w ★★★ **76** 79 **83 85** 86 87 **88 89 90** 91 92 **93** – Berühmter Besitz im Rheingau, 34 ha, gehört dem Fürsten Metternich und der Familie Oetker. Ausgesprochenes Spitzenweingut mit feinen Spätlesen und trockenen

Kabinettweinen, wenn auch die wirklich großartige Lage vielleicht noch Besseres leisten könnte.
Schloß Reichartshausen Ehemaliger Zisterzienserbesitz in Hattenheim, 4 ha.
Schloß Reinhartshausen 70 ha beste Lagen in Erbach, Hattenheim, Kiedrich usw. 1987 Besitzerwechsel. Das Herrenhaus ist jetzt ein Luxushotel.
Schloß Saarstein Weingut in Serrig mit 10 ha und stets feinen Riesling-Weinen.
Schloß Salem Gut der Markgrafen von Baden, 75 ha, am Bodensee. Müller-Thurgau und Spätburgunder Weißherbst.
Schloß Schönborn Eines der größten und besten Rheingauer Weingüter mit Sitz in Hattenheim. Gehaltvolle, oft ausgezeichnete Weine; auch vorzüglicher Sekt.
Schloß Staufenberg Durbach-Gut der Markgrafen von Baden, 28 ha. Am besten der «Klingelberger» (Riesling).
Schloß Thorn Altehrwürdiges Weingut an der Obermosel mit bemerkenswertem Elbling und Riesling.
Schloß Vollrads Rhg; w ★★★ **71 76 83 85** 86 87 **88 89 90** 91 **93** – Großartiger Besitz bei Winkel, seit 1300; 46 ha mit (manchmal sehr) trockenen und auch halbtrockenen Rieslingen. Neuere Jahrgänge nicht in eindrucksvollster Form. Siehe auch Matuschka-Greiffenclau.
Schloß Wallhausen Eines der ältesten Weingüter Deutschlands. Besitzer: Prinz zu Salm. 10 ha in Dalberg an der Nahe. 65 % Riesling; sehr gute trockene Weine.
Schloßböckelheim Nahe; w ★★→★★★★ **71 75 76** 79 **83 85** 86 87 88 **89 90** 91 92 **93** – Ort mit besten Nahe-Weinbergen, darunter die Lagen 1. Klasse In den Felsen, Königsfels, Kupfergrube, Felsenberg. Feste, aber delikate Weine. Großlage: Burgweg. Spitzenweingüter: Crusius, Dönnhoff, Staatsweingut.
Schloßböckelheim Bereichsname für die gesamte südliche Nahe; mit Kreuznach zum neuen Bereich Nahetal verschmolzen.
Schoppenwein Wein im offenen Ausschank.
Schubert, von Besitzer von Maximin Grünhaus.
Schwarzer Adler, Weingut Franz Keller und sein Sohn produzieren auf 14 ha in Oberbergen mit die besten badischen Grau-, Weiß- und Spätburgunder.
Schweigen Pf; w ★→[★★] **85** 86 87 88 **89 90** 91 92 **93** – Südlichster Ort der Pfalz. Großlage: Guttenberg. Spitzenweingut: Fritz Becker u. a. mit Spätburgunder-Rotwein.
Sekt b. A. Sekt aus einem der bestimmten deutschen Anbaugebiete. Besonders empfehlenswert von Riesling, Weiß- oder Spätburgunder.
Selbach-Oster 6-ha-Weingut in Zeltingen; gehört heute zur Spitzenklasse der Mittelmosel.
Serrig M-S-R (Saar); w ★★→★★★ **71 75 76** 83 **85** 86 87 **88 89 90** 91 **93** – Für «stahligen», in sonnigen Jahren ganz ausgezeichneten Wein bekannter Ort. Lagen 1. Klasse: Herrenberg, Schloß Saarfelser Schloßberg, Schloß Saarsteiner, Würtzberg. Großlage: Scharzberg. Erzeuger u. a.: Schloß Saarstein, Bert Simon. Spitzenweingut: Vereinigte Hospitien.

Sichel, H., Söhne Berühmtes Weinhandelshaus in London und Mainz, mit Zentrale in Alzey, Rhh; Exportmarke «Blue Nun» Liebfraumilch.

Silvaner Eine der meistangebauten deutschen Weißwein-Reben, oft unterbewertet; in Franken am besten, aber auch aus Rheinhessen und vom Kaiserstuhl kommt guter Silvaner.

Simmern, Langwerth von Erstklassiges Weingut (48 ha) in Eltville, Familienbesitz. Berühmte Lagen: Mannberg, Marcobrunn, Baixen usw. Außerordentlich feine, elegante Rheingauer Rieslinge.

Simon, Bert, Weingut Eines der größten Weingüter an der Saar. 32 ha in Kasel und Serrig.

Sonnenuhr Name mehrerer Lagen, insbesondere der berühmten in Wehlen.

Spätburgunder Pinot Noir; die beste Rotweintraube in Deutschland, bes. in Baden, Württemberg und zunehmend

Wenn irgend etwas im Wandel der Zeiten Bestand hat, so scheint es das Geschäft der Herstellung und des Verkaufs von Getränken zu sein. In «The Guinness Book of the Business World» steht zu lesen, daß sieben der zwölf ältesten Firmen der Erde entweder Brauereien oder Weinbaubetriebe sind. Die älteste Firma ist eine assyrische Bank, Egibi und Sohn, gegründet 700 v. Chr. Es folgen zwei bayrische Brauereien, die auf das Jahr 1040 bzw. 1119 zurückgehen. An 6. und 7. Stelle stehen Clerget-Buffet et Fils und Raoul Clerget et Fils, beides Weinerzeuger in Beaune, Burgund, und um 1270 gegründet. Den 10. Platz hält das Bürgerspital zum Heiligen Geist in Würzburg, gegründet 1319, ebenfalls ein bedeutender Weinerzeuger.

in der Pfalz. Ihr Wein erfreut sich in Deutschland großer Beliebtheit.

Spätlese Güteklasse über Kabinett; aus nach der Hauptlese geernteten, vollreifen Trauben, meist gehaltvoller als Kabinett. Mindestens 5 Jahre lagerfähig. Trockene Spätlesen können vorzüglich sein.

Staatlicher Hofkeller Bayerisches Staatsweingut. 115 ha feinste Frankenweinlagen und prachtvolle Keller unter der herrlichen Barock-Residenz in Würzburg. Die Weine nehmen sich dagegen bescheidener aus.

Staatsweingut Auch: Staatliche Weinbaudomäne, meist Muster- und Lehrgut, z. B. Kloster Eberbach, Schloßböckelheim, Trier.

Steigerwald (Bereich) Bereichsname für den östlichen Teil von Franken.

Steinberg Rhg; w ★★★ **71 75 76** 79 **83 85** 86 87 88 89 **90** 91 92 **93** – Berühmte, von einer Mauer umschlossene Lage, 32 ha bei Hattenheim, vor 700 Jahren von Zisterziensermönchen angelegt. Heute im Besitz des Staatsweinguts Eltville. Viele glorreiche Weine, aber auch manche schwächliche.

Steinwein Wein aus der besten Lage von Würzburg, dem Stein. Früher ungenau für Frankenwein überhaupt gebräuchlich.

Stuttgart Hauptstadt von Baden-Württemberg. Gefällige Weine (v. a. Riesling), die man neuerdings auch exportiert.
Südliche Weinstraße (Bereich) Bereichsname für die südliche Pfalz. In den letzten 25 Jahren bedeutende Qualitätsverbesserung. Siehe Ilbesheim, Schweigen, Siebeldingen.

Hier seien noch die beiden Begriffe Süßreserve und Restsüße, die im deutschen Weinvokabular eine Rolle spielen, kurz erläutert. Ist der Weingärungsprozeß beendet – sei es auf natürliche Weise bei hohem Alkoholgehalt oder auf künstliche Weise bei niedrigerem Alkoholgehalt –, weist der Wein noch ein bestimmtes Maß an Süße – die Restsüße – auf. Zwecks Erhalt eines ausgewogenen Verhältnisses von süß und sauer pflegte man früher den Gärungsprozeß künstlich zu stoppen. Heute geht man anders vor. Man läßt den Wein ausgären, bis er völlig trocken ist, und mengt ihm dann unvergorenen (süßen) Saft derselben oder einer ähnlichen Traube bei. Dabei spricht man von Süßreserve. Somit hat der Kellermeister die Kontrolle über die Süße des Weines. Er kann trockene, halbtrockene oder süße Versionen desselben Weines hervorbringen. Diese Technik wurde nur dank steriler Filtrierung möglich, bei der jedes Tresterteilchen entfernt wird.

Tafelwein Deutschlands «Vin ordinaire». Oft mit Weinen aus anderen EG-Ländern verschnitten. «Deutscher Tafelwein» muß ausschließlich aus deutschen Trauben bestehen und kann hervorragend sein.
Tauberfranken (Bereich) Neuer Name für den Bereich Badisches Frankenland. Weine im fränkischen Stil.
Thanisch, Dr. H. Wwe., Weingut 6,5 ha erstklassiger Familienbesitz in Bernkastel mit einem Teil der Lage Doctor.
Traben-Trarbach M-S-R; w [★★] **76 83 85** 86 87 **88 89 90** 91 92 **93** – Weinstadt an der Mosel, 320 ha, zu 87 % mit Riesling besetzt. Beste Lagen: Würzgarten, Ungsberg. Großlage: Schwarzlay. Spitzenerzeuger: Max Ferd. Richter.
Traisen Na; w [★★★] **71 75 76** 79 **83 85** 86 87 **88 89 90** 91 92 **93** – Kleiner Ort mit den hervorragenden Lagen 1. Klasse: Bastei und Rotenfels. Riesling von großer Fülle und Klasse. Spitzenweingut: Crusius.
Traminer Siehe Gewürztraminer.
Trier M-S-R; w ★★→★★★ – Bedeutende Weinstadt an der Mosel; viele prachtvolle Bauten erinnern an die römische Vergangenheit. Avelsbach und Eitelsbach gehören heute dazu. Großlage: Römerlay. Die großen Stiftungsweingüter von der Mosel haben hier ihre Keller.
Trittenheim M-S-R; w [★★] **71 75 76 83 85** 87 88 **89 90** 91 92 **93** – Attraktive leichte Weine. In die alten Spitzenlagen Altärchen und Apotheke wurde inzwischen auch weniger gutes, flaches Land einbezogen; heute gelten als Lagen 1. Klasse: Felsenkopf, Leiterchen. Großlage: Michelsberg. Beste Erzeuger: Grans-Fassian, Milz.
Trocken bedeutet laut Weingesetz einen unvergorenen Restzuckergehalt von höchstens 9 g/l. Die neue Welle im deutschen Weinbau wirft die alte Theorie von der

harmonischen Ausgewogenheit zwischen Süße und Säure über den Haufen und begeistert sich für eine Geschmacksrichtung von schier unüberbietbarer Kargheit. Unter den in Deutschland herrschenden Voraussetzungen ist es überaus schwer, wirklich gute trockene Weine hervorzubringen, und deshalb darf man nicht erwarten, daß Liebhaber, die nicht ausgesprochene Kenner sind, sich auf den ersten Schluck in sie verlieben. Trockener Wein braucht, wenn er gut sein soll, ein beträchtliches Maß an Körper bzw. Alkohol – mehr als Riesling-Kabinettweine im allgemeinen aufbringen; da sind halbtrockene Versionen schon viel entgegenkommender. Trockener Weißburgunder hat als Kabinett mehr zu bieten. Spätlesen (aber auch QbA) eignen sich dagegen oft besser für trockenen Ausbau. Trockene Auslesen hören sich allerdings widersprüchlich an – und schmecken oft auch so. Übrigens: Mit alledem hat die Trockenbeerenauslese nichts zu tun.

Trockenbeerenauslese Die süßeste und teuerste Kategorie, aus ausgewählten, geschrumpften, edelfaulen Trauben (v. a. Riesling) bereitet – «Edelbeerenauslese» wäre deshalb klarer verständlich. Ausgesprochene Rarität mit feiner Honigsüße.

Trollinger In Württemberg verbreitete Rotweintraube, erbringt leichte, erfrischende Weine, aber auch feine hellrote Auslesen.

Ungstein Pf; w ★★→[★★★] **71 75 76** 83 **85** 86 87 **88 89 90** 91 92 **93** – Ort im Mittelhaardt mit feinen, harmonischen Weinen. Lagen 1. Klasse: Spielberg, Weilberg, Herrenberg. Spitzenerzeuger: Darting, Fritz-Ritter, Pfeffingen, Karl Schäfer. Großlagen: Honigsäckel, Kobnert.

Ürzig M-S-R; w [★★★★] **71 75 76 83 85** 86 87 **88 89 90** 91 **93** – Ort auf rotem Sandstein, berühmt durch kräftigen, vollen, würzigen Wein, wie es ihn sonstwo an der Mosel nicht gibt. Lage 1. Klasse: Würzgarten. Großlage: Schwarzlay. Erzeuger: u. a. J. J. Christoffel, Dr. Loosen, Mönchhof, Weins-Prüm.

Valckenberg, P. J. Bedeutendes Handelshaus und Weingut in Worms mit «Madonna» Liebfrauenmilch und trockenem Riesling. Heute Mitbesitzer von Heyl zu Herrnsheim.

VDP Verband Deutscher Prädikats- und Qualitätsweingüter. Präsident: Prinz zu Salm.

Vereinigte Hospitien Alte, karitative Stiftung in Trier mit großen Besitzungen in Serrig, Wiltingen, Trier, Piesport usw.; in letzter Zeit wird das großartige Potential nicht ausgeschöpft.

Wachenheim Rhpf; w [★★★]→ ★★★★ **71 75 76** 79 **83 85** 86 87 88 **89 90** 91 92 **93** – 336 ha mit ausnehmend guten Rieslingen. Lagen 1. Klasse: Belz, Gerümpel, Goldbächel, Rechbächel. Spitzenerzeuger: Bürklin-Wolf. Großlagen: Schenkenböhl, Schnepfenflug, Mariengarten.

Wagner, Dr. Weingut in Saarburg mit 8 ha Riesling. Feine u. a. trockene Weine.

Waldrach M-S-R (Ruwer); w [★★] **76 83 85** 88 **89 90** 91 92 **93** – Charmante leichte Weine. Großlage: Römerlay.

Walluf Rhg; w [★★★] **75 76** 79 83 **85** 87 **88 89 90** 91 92 **93** – Nachbarort von Eltville. Früher Nieder- und Ober-Walluf. Oft zu gering bewertete Weine. Lage 1. Klasse: Walkenberg. Großlage: Steinmächer. Weingüter u. a. Becker.

Walporzheim Ahrtal (Bereich) Bereichsname für das gesamte Ahrtal.
Walthari-Hof Weingut in Edenkoben (Pfalz); erregt durch Verzicht auf das übliche SO_2 bei der Weinbereitung viel Aufsehen.
Wawern M-S-R (Saar); w ★★→★★★ **71 75 76 83 85** 87 88 **89 90** 91 92 **93** – Kleiner Ort mit feinen Rieslingen. Lage 1. Klasse: Herrenberger. Großlage: Scharzberg.
Wegeler-Deinhard Weingut mit 55 ha im Rheingau. Lagen in Oestrich, Mittelheim, Winkel, Geisenheim, Rüdesheim. Beständige Qualität; trockene Spätlesen, klassische Auslesen, feinster Eiswein. Ferner 27 ha an der mittleren Mosel, u. a. größere Anteile am Bernkasteler Doctor sowie an der Wehlener Sonnenuhr und 18 ha an der Mittelhaardt (Forst, Deidesheim, Ruppertsberg). Nur die besten Lagen werden auf den Etiketten erwähnt. Siehe auch Geheimrat «J».
Wehlen M-S-R; w [★★★]→★★★★ **71 75 76 83 85** 86 87 **89 90** 91 92 **93** – Nachbarort von Bernkastel mit ebenso feinen, etwas volleren Weinen. Spitzenlage 1. Klasse: Sonnenuhr. Beste Erzeuger: Heribert Kerpen, Dr. Loosen, J. J. Prüm, Wegeler-Deinhard, Weins-Prüm. Großlage: Münzlay.
Weil, Robert Schönes Weingut in Kiedrich (34 ha); im Besitz von Suntory, Japan. Seit 92 wieder in Bestform.
Weinbaugebiet Ein Tafelweingebiet mit festgelegtem Namen, z. B. Rhein, Mosel, Saar.
Weingut Darf als Bezeichnung auf dem Etikett nur dann verwendet werden, wenn ein Erzeuger Wein ausschließlich aus eigenen Trauben bereitet und selbst abfüllt.
Weinkellerei Betriebsräume zur Weinverarbeitung.
Weins-Prüm, Dr. Klassisches Weingut an der Mittelmosel mit 5 ha in Wehlen. Spitzenwein: Wehlener Sonnenuhr.
Weinstraße Landschaftlich schöne Straße durch Weinanbaugebiete. In Deutschland gibt es mehrere, die berühmteste ist die Deutsche Weinstraße in der Pfalz.
Weintor Siehe Schweigen.
Weißburgunder (Pinot Blanc) Für trockene und halbtrockene Weine gut geeignete Rebsorte mit wenig Säure bei hohem Extraktgehalt. Wird auch oft zu Sekt verarbeitet.
Weißherbst Roséwein, d. h. von dunklen Trauben wie Weißwein gekeltert und behandelt. Spezialität v. a. von Baden und der Pfalz. Die Traubensorte muß auf dem Etikett angegeben sein. Qualitätswein mit QbA-Standard oder höher, oft sogar Beerenauslese. In Deutschland sehr beliebt.
Werner, Domdechant 10-ha-Familienbesitz mit besten Lagen in Hochheim; 95 % Riesling.
Wiltingen M-S-R; w ★★→★★★★ **71 75 76 83 85** 86 87 **88 89 90** 91 92 **93** – Mittelpunkt des Weinbaus an der Saar. 316 ha. Schöne, subtile, herbe Weine. Lagen 1. Klasse: Braune Kupp, Hölle. Spitzenlage 1. Klasse: Scharzhofberg (Ortsteil). Großlage (für die gesamte Saar): Scharzberg. Spitzenweingüter: Egon Müller, Le Gallais, von Kesselstatt usw.
Winkel Rhg; w [★★★] **71 75 76 83 85** 86 87 **88 89 90** 91 92 **93** – Für vollen, duftigen Wein berühmter Ort, einschl. Schloß Vollrads. Lagen 1. Klasse: Klaus, Schloß Vollrads, Schloßberg, Hasensprung, Jesuitengarten. Großlage: Honigberg und

Erntebringer. Weingüter u. a. Deinhard, Prinz von Hessen, von Mumm, Balthasar, Ress, Schloß Schönborn.

Winningen M-S-R; w [★★] – Ort an der unteren Mosel nahe Koblenz; feiner, delikater Riesling. Spitzenlagen: Uhlen, Röttgen. Weingüter: Heymann-Löwenstein, Richard Richter.

Wintrich M-S-R; w ★★→★★★ **71 75 76 83 85** 86 87 **88 89 90** 91 92 **93** – Nachbarort von Piesport mit ähnlichen Weinen. Spitzenlagen: Ohligsberg, Sonnenseite. Großlage: Kurfürstlay. Guter Erzeuger: Reinhold Haart.

Winzergenossenschaft Zusammenschluß vor allem kleinerer Weinbaubetriebe; Erzeuger von sauberen, oft preiswerten Weinen.

Winzerverein Dasselbe wie Winzergenossenschaft.

Wirsching, Hans Führendes Weingut in Iphofen; produziert mit die besten Frankenweine: fest, elegant, trocken. 40 ha in Spitzenlagen: Julius-Echter-Berg, Kalb usw.

Wolff-Metternich Vornehmes 35-ha-Weingut in Durbach mit den denkbar feinsten badischen Rieslingen, trocken und lieblich.

Wonnegau (Bereich) Bereichsname für das südliche Rheinhessen.

Württemberg Großes Anbaugebiet, im Ausland wenig bekannt. Einige sehr gute Rieslinge, insbesondere aus dem Neckartal. Auch Trollinger.

Würzburg Franken; ★★→★★★★ **71 76** 81 *83* **85** 86 87 88 89 **90** 91 92 **93** – Schöne alte Barockstadt am Main, Mittelpunkt des Weinbaus in Franken. Feine, kräftige, trockene Weine. Lagen 1. Klasse: Abtsleite, Innere Leiste, Stein. Keine Großlage. Siehe auch Maindreieck (Bereich). Weingüter u. a. Bürgerspital, Juliusspital, Staatlicher Hofkeller.

Zell M-S-R; w ★→★★ **76 83 88 89 90** 91 92 **93** – Der bekannteste Weinort an der unteren Mosel, bes. berühmt durch die sehr strapazierte Großlage Schwarze Katz'. An steilen Schieferhängen bringt der Riesling hier würzige, leichte Weine. Spitzenweingut: Albert Kallfelz.

Zell (Bereich) Bereichsname für die gesamte untere Mosel von Zell bis Koblenz.

Zeltingen M-M; w [★★] →★★★★ **71 75 76** 79 **83 85** 86 87 **88 89 90** 91 92 **93** Bedeutender Moselort bei Wehlen. Typischer spritziger, frischer Riesling. Lage 1. Klasse: Sonnenuhr. Großlage: Münzlay. Viele Weingüter, u. a. J. J. Prüm, Selbach-Oster, haben hier Besitzungen.

Zilliken, Forstmeister Geltz- Früher Weingut des kgl.-preußischen Forstmeisters in Saarburg und Ockfen. Rassige, mineralische Rieslinge. Großartiger Eiswein!

Zwierlein, Freiherr von Familienweingut, 22 ha, in Geisenheim. 100 % Riesling.

Schweiz

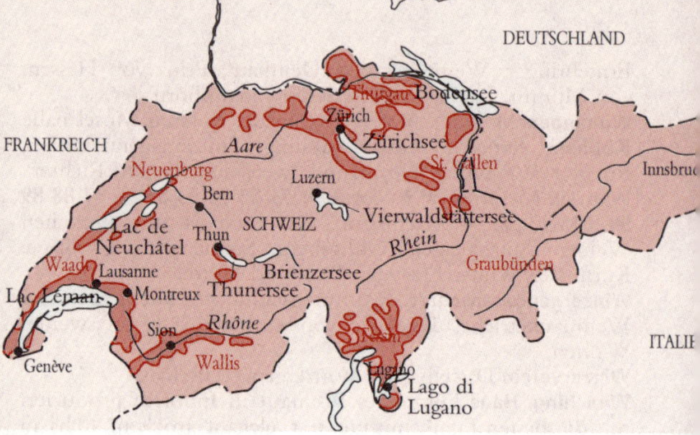

So vielfältig die Schweiz als Land ist, so vielfältig präsentiert sich auch deren Weinlandschaft. Obwohl bloß auf gut 15 000 Hektar Weinbau betrieben wird, findet man in allen Landesgegenden Reben. Selbst die gebirgigen Kantone der Innerschweiz sind stolz auf ihren Wein, um den man sich an Ort und Stelle reißt. Weingeographisch gesehen unterscheidet man zwischen der Westschweiz (11 361 ha), der Ostschweiz (2357 ha) und dem Tessin (859 ha), wobei die Grenzen der drei Weinbaugebiete weitgehend identisch sind mit jenen der Landessprachen und damit auch mit jenen der Kulturräume Frankreichs, Deutschlands und Italiens mit ihren jeweils eigenen Eß- und Trinksitten. Von daher rührt auch das unterschiedliche Weinverständnis, das neben Boden und Klima die kleine Welt des Schweizer Weins so abwechslungsreich und reizvoll macht.

Die hohen Produktionskosten aufgrund des seiner Steilheit wegen oft schwer zu bearbeitenden Terrains zwingen die Schweizer Produzenten zu einem kompromißlosen Qualitätsweinbau. Einen großen Anteil an der Qualitätsförderung nehmen dabei die Eidgenössischen Versuchsanstalten in Changins und Wädenswil und die kantonalen Landwirtschaftsschulen ein. Aber auch der Gesetzgeber versucht mit den im (seit 1993 geltenden) Bundesbeschluß über den Rebbau enthaltenen Vorschriften bezüglich Mindestzuckergehalt und Ertragsbegrenzung, die Qualität des Schweizer Weins weiter anzuheben. Die Kantone können zudem eine Appellation d'Origine Contrôlée (AOC) einführen, was zuerst Genf (1988, überarbeitet 1993), später auch das Wallis (1991) und Neuenburg (1993) taten. In der Waadt steht deren

Einführung unmittelbar bevor, und auch in fast allen anderen wichtigen Weinbaukantonen wird gegenwärtig über eine kontrollierte Ursprungsbezeichnung diskutiert.

Leider gibt es bis heute kein offizielles Verzeichnis sämtlicher Schweizer Rebberge und der entsprechenden Weine, ganz zu schweigen von einer Klassifikation. Schätzungen gehen jedoch davon aus, daß es rund 20 000 verschiedene Etiketten und damit ebenso viele Weine gibt. Eine auch nur einigermaßen repräsentative Auswahl hier aufzuführen ist angesichts der großen Zahl von Weinbaugenossenschaften, Weinhandelsfirmen und selbstkelternden Winzern ein Ding der Unmöglichkeit. Wir beschränken uns daher darauf, die bekanntesten Weinbaugemeinden, Traubensorten und kontrollierten Qualitätsbezeichnungen zu erwähnen, und verweisen für weitere Informationen an die nachstehend aufgeführten regionalen Propagandastellen. Da Schweizer Weine mit Ausnahme einiger weniger edelsüßer Spezialitäten durchwegs trocken sind, erübrigt sich auch der entsprechende Vermerk bei den einzelnen Weinen. Und schließlich verzichten wir auf Jahrgangsangaben, denn der Großteil der Schweizer Weine kommt schon im Frühjahr des auf die Lese folgenden Jahres auf den Markt und wird meist jung getrunken.

Regionale Propagandastellen

Wallis
OPAV, Office de promotion des produits de l'agriculture valaisanne, Avenue de la Gare 5, 1950 Sion

Waadt
OVV, Office des vins vaudois, Chemin de la Vuachère 6, Case postale 158, 1000 Lausanne 5

Genf
OVG, Office du vignoble genevois, Rue des Sablières 15, 1214 Vernier

Neuenburg
OVN, Office des vins de Neuchâtel, Rue du Trésor 9, Case postale 1417, 2001 Neuchâtel

Bern (Bielersee)
Informationsstelle für Bielerseeweine, Rebhaus, 2513 Twann

Ostschweiz
Schweizerischer Weinbauverein, Seestraße 251, 8804 Au

Tessin
PROVITI, Associazione promozione vitivinicola ticinese, Piazza Cioccaro 2, 6900 Lugano

Aargau (AG) Im Westen der Ostschweiz gelegener Weinbaukanton (383 ha). Vor allem bekannt für seinen duftigen Riesling × Sylvaner aus Schinznach und Oberflachs im Schenkenbergtal und seinem Limmat und Aare entlang wachsenden gehaltvollen Blauburgunder aus Ennetbaden, Tegerfelden, Döttingen, Klingnau. Angenehm fruchtige Landweine gibt es auch im Fricktal und am Hallwilersee.

Aigle VD; r w; ★★→★★★ – Berühmte Appellation des Chablais. Elegante Weißweine, geschmeidige Rotweine. Beachtenswertes Weinmuseum.

Aligoté Weiße Sorte aus Burgund, die auch im Wallis und in Genf gut gedeiht.

Americana Amerikanische Rebsorten der Gattung *Vitis labrusca.* Kreuzungen davon mit europäischen Sorten der Gattung *Vitis vinifera* werden als Hybriden bezeichnet. Werden vor allem noch im Tessin und Misox sowie in geringerem Ausmaß im Aargau, Baselbiet und Waadtland zur Herstellung von Traubensaft, Hauswein oder Grappa verwendet.

Amigne Autochthone weiße Walliser Spezialität, oft mit etwas Restsüße. Hauptanbaugebiet: Vêtroz.

Ardon VS; r w; ★★→★★★ – Weinbaugemeinde zwischen Sion und Martigny.

Arvine Autochthone weiße Walliser Spezialität, meist trocken mit einem charakteristischen leicht salzigen Abgang. Hauptanbaugebiet: Sierre/Sion.

Aubonne VD; (r) w; ★★ – Appellation der Côte.

Auvernier NE; r rs w; ★★ – Altes Weinstädtchen am Neuenburgersee, größte Weinbaugemeinde des Kantons.

Basel (BS/BL) Zweitgrößte Schweizer Stadt und die südöstlich davon gelegene Landschaft, die je einen Halbkanton bilden. Weinwirtschaftlich von Bedeutung ist insbesondere die Basler Landschaft, deren Anbaugebiete in Buus, Maisprach, Wintersingen (Oberbaselbiet), Pratteln, Muttenz (Mittelbaselbiet), Arlesheim, Äsch-Klus (Unterbaselbiet) und im ehemals bernischen Laufental (total 90 ha) weingeographisch zur Ostschweiz gezählt werden. Neben Riesling × Sylvaner und Blauburgunder findet man hier als Besonderheit noch Gutedel (Chasselas), der sonst nur in der Westschweiz heimisch ist. Auch Basel-Stadt ist stolz auf einen kleinen Rebberg in Riehen (3 ha), der indessen nur lokale Bedeutung hat.

Beerliwein Ursprünglich Bezeichnung für Ostschweizer Blauburgunder, dessen Trauben vor der Kelterung (wie inzwischen allgemein üblich) abgebeert wurden. Wird heute gelegentlich auch als Bezeichnung für traditionell gekelterten Landwein verwendet, der im Gegensatz zum Süßdruck eine Maischegärung durchmachte.

Begnins VD; r w; ★★ – Appellation der Côte, vor allem bekannt für ihre fruchtigen Rotweine.

Bern (BE) Hauptstadt der Schweiz und des gleichnamigen Kantons mit Anbaugebieten, die teils zur Westschweiz (Bielersee) und teils zur Ostschweiz (Thunersee) gehören (total 238 ha). Angebaut werden am Bielersee vor allem Chasselas sowie etwas Pinot Noir und Spezialitäten, am

Thunersee Riesling × Sylvaner und Blauburgunder. Obwohl der Berner Weinbau nur einen bescheidenen Platz in der Schweiz einnimmt, werden dessen Erzeugnisse in der ganzen Deutschschweiz sehr geschätzt.

Béroche, La NE; r rs w; ★→★★ – Weinbaugebiet am Neuenburgersee, das die Gemeinden Gorgier, St-Aubin, Fresens und Vaumarcus umfaßt.

Bevaix NE; r rs w; ★→★★ – Weinbaugemeinde am Neuenburgersee, Gegenstand der ältesten Weinbau-Urkunde dieses Gebiets.

Bex VD; r w; ★★ – Appellation des Chablais, insbesondere bekannt für ihre Rotweine.

Bielersee BE; r rs w; ★→★★ – Weinbaugebiet am Nordufer des Bielersees und am Fuß des Jolimont. Das Nordufer mit seinen kalkhaltigen Böden ist bekannt für sehr trockenen, leichten Chasselas und Pinot Noir, die unter ihren Ortsbezeichnungen Biel, Tüscherz, Twann (mit Petersinsel), Ligerz, Schafis, La Neuveville und Lagebenennungen in den Handel kommen. Aus der Region Jolimont mit ihren molassehaltigen Moränenböden stammen die Weine von Erlach, Tschugg, Gampelen und Ins.

Bonvillars VD; r rs w; ★→★★ – Am oberen Ende des Neuenburgersees gelegene Appellation des nördlichen Waadtlandes, insbesondere bekannt für ihre charaktervollen Rotweine.

Boudry NE; r rs w; ★→★★ – Weinbaugemeinde am Neuenburgersee. Weinmuseum.

Bündner Herrschaft GR; r rs w; ★★→★★★ – Bestes Weinbaugebiet der Ostschweiz mit den bekannten Weinorten Malans, Jenins, Maienfeld und Fläsch. Dank des Föhns erreicht der hier vorherrschende Blauburgunder regelmäßig eine Reife wie sonst nur an wenigen Orten in der Schweiz. Verschiedene Produzenten bauen denn auch ihre Weine in *barriques* aus und erzielen damit zum Teil großartige Resultate. Auch Chardonnay und andere Spezialitäten werden mit Erfolg angebaut.

Bursinel VD; w; ★★ – Appellation der Côte.

Calamin VD; w; ★★→★★★ – Bekannte Lage des Lavaux, die direkt an den Dézaley angrenzt und sich durch saftige, rassige Weißweine auszeichnet.

Chablais VD; r w; ★★→★★★ – Waadtländer Weinbaugebiet zwischen dem oberen Ende des Genfersees und der Talenge bei St-Maurice, wo die Rhone das Wallis verläßt. Sowohl Weiß- als auch Rotweine zeichnen sich durch ihr kräftiges, vollmundiges Wesen aus. Bekannte Appellationen: Villeneuve, Yvorne, Aigle, Ollon, Bex. – VS; r w; ★→★★ – Links der Rhone gelegenes, gleichnamiges, aber weniger bekanntes Weinbaugebiet des Unterwallis mit den Weinorten Port Valais, Vouvry, Vionnaz, Monthey.

Chamoson VS; r w; ★★→★★★ – Größte Weinbaugemeinde des Wallis, zwischen Sion und Martigny gelegen, bekannt für Johannisberg.

Chardonnay Berühmte weiße Rebsorte aus Frankreich, die überall in der Westschweiz, aber auch an bevorzugten Lagen der übrigen Schweiz zunehmend angepflanzt wird.

Chardonne VD; (r) w; ★★ – Appellation des Lavaux.
Chasselas (Gutedel) Wichtigste Weißweinsorte der Westschweiz. Im Geschmack neutral, aber je nach Terroir mit starkem lokalem Charakter, der von süffig-spritzig (Bieler-, Neuenburger- und Murtensee) über zart-elegant (Genf), finessenreich-vollmundig (Waadt) bis zu kräftig-rassig (Wallis) reicht. In der Ostschweiz ist die Sorte nur im Baselbiet anzutreffen. Die Schweiz ist das einzige Weinbauland der Welt, das aus dem andernorts fast ausschließlich als Tafeltraube kultivierten Chasselas Qualitätsweine in größerem Umfang herstellt.
Colombier NE; r rs w; ★→★★ – Weinbaugemeinde am Neuenburgersee.
Completer Autochthone, heute nur noch reliktisch vorhandene weiße Rebsorte aus der Bündner Herrschaft, die aromatische, großzügige und sehr lagerfähige Weine ergibt. Der Name stammt vom Schlummerbecher der Mönche nach der Complet, dem letzten Stundengebet des Tages.
Conthey VS; r w; ★★→★★★ – Weinbaugemeinde zwischen Sion und Martigny.
Cornalin (Alter Landroter) Autochthone rote Walliser Spezialität, dunkel, würzig und sehr kräftig. Hauptanbaugebiet: Sierre/Salgesch.
Cortaillod NE; r rs w; ★★ – Weinbaugemeinde am Neuenburgersee, vor allem bekannt für ihren hervorragenden Pinot Noir und Œil de Perdrix.
Côte, La VD; r rs w; ★→★★★ – Größtes Waadtländer Weinbaugebiet am Nordufer des Genfersees zwischen Genf und Lausanne. Die Weißweine zeichnen sich durch ihre Eleganz und Finesse, die Rotweine durch ihre Fruchtigkeit und Harmonie aus. Bekannte Appellationen: Nyon, Begnins, Luins, Vinzel, Bursinel, Coteau de Vincy, Tartegnin, Mont-sur-Rolle, Féchy, Perroy, Aubonne, Morges.
Coteau de Vincy VD; (r) w; ★★ – Appellation der Côte.
Côtes de l'Orbe VD; r rs w; ★→★★ – Zwischen Neuenburger- und Genfersee gelegene Appellation des nördlichen Waadtlandes, insbesondere bekannt für ihre leichten, fruchtigen Rotweine.
Cressier NE; r rs w; ★→★★ – Weinbaugemeinde zwischen Neuenburger- und Bielersee.
Cru Wein aus einer genau bestimmten Lage, der den entsprechenden Flurnamen bzw. eine Bezeichnung wie Clos (von Mauer umgebener Rebberg), Domaine (Weingut), Château (Schloß) oder Abbaye (Kloster) tragen darf. – Grand bzw. Premier Cru sind Qualitätsbezeichnungen für Weine aus Spitzenlagen, die in den einzelnen Kantonen unterschiedlich gehandhabt werden. Während sie im Wallis und in Genf nur gebraucht werden dürfen, wenn die strengen Produktionsvorschriften eines vom Staat homologierten Reglements innerhalb der AOC-Vorschriften erfüllt werden, stellen sie im Waadtland frei wählbare Bezeichnungen dar.
Dézaley VD; (r) w; ★★★ – Berühmte Lage des Lavaux, deren einst von Zisterziensermönchen kultivierte, steil zum Genfersee hin abfallende Südhänge den wohl renommiertesten Wein des Waadtlandes, wenn nicht der ganzen Schweiz,

hervorbringen. Als ungewöhnlich mächtiger und gut strukturierter Chasselas-Wein entfaltet er seine Qualitäten erst nach einer gewissen Reifung. Eine Rarität stellt der rote Dézaley dar, der neben Gamay und Pinot Noir oft auch noch Merlot und Syrah enthält.

Dôle VS; r; ★★→★★★ – AOC für Walliser Rotwein aus reinem Pinot Noir oder einer Assemblage von im Wallis angebauten roten Rebsorten, deren Traubengut die vorgeschriebenen Mindestgradationen von 83,0° Öchsle (Pinot Noir und Gamay) bzw. 80,3° Öchsle (andere Sorten) aufweist. Diese Assemblage muß mindestens 80 % Pinot Noir und Gamay enthalten, wobei der Pinot Noir in den 80 % überwiegen muß. Vollmundig, geschmeidig, oft sehr gut. Bekannte Anbaugebiete: Ardon, Conthey, Leytron, Martigny, St-Pierre-de-Clages, Saillon, Salgesch, Sierre, Sion, Varen, Vétroz. – Als Dôle Blanche wird ein Weißwein bezeichnet, der aus sofort nach der Lese gepreßtem Traubengut hergestellt wird.

Entre Arve et Lac GE; r rs w; ★→★★ – Zwischen Arve und See gelegenes Genfer Weinbaugebiet mit den Weinorten Hermance, Cologny, Jussy, Choulex.

Entre Arve et Rhône GE; r rs w; ★→★★ – Zwischen Arve und Rhone gelegenes Genfer Weinbaugebiet mit den Weinorten Bernex, Lully, Sézenove, Confignon.

Epesses VD; (r) w; ★★→★★★ – Berühmte Appellation des Lavaux, bekannt für ihre geschmeidigen, vollmundigen Weißweine. Viele örtliche Produzenten keltern auch noch Calamin und Dézaley.

Ermitage Walliser Name für die Marsanne Blanche aus den Côtes du Rhône. Konzentrierte und vollmundige weiße Spezialität, meist trocken, manchmal mit etwas Restzucker. Hauptanbaugebiet: Sion/Fully.

Féchy VD; w; ★★→★★★ – Berühmte Appellation der Côte, bekannt für ihre eleganten Weißweine.

Federweißer Ostschweizer Bezeichnung für Weißwein aus sofort nach der Lese abgepreßtem Blauburgunder – analog zum Weißherbst in Deutschland, wo Federweißer Sauser bezeichnet.

Fendant VS; w; ★→★★★ – AOC für Walliser Weißwein aus Chasselas, der von Traubengut mit mindestens 70,6° Öchsle stammen muß. Einzelne Produzenten verzichten auf die Bezeichnung Fendant und setzen nur noch den Namen der Weinbaugemeinde auf das Etikett, was den entsprechenden Weißwein gemäß den gesetzlichen Bestimmungen zwingend als Chasselas ausweist.

flétri/mi-flétri Spät gelesenes Traubengut, aus dem süßer bzw. leicht süßer Wein gekeltert wird, vor allem bei Walliser Spezialitäten üblich.

Freiburg (Fribourg FR) Kleinster der Westschweizer Weinbaukantone (113 ha), sofern man vom Kanton Jura mit seinen beiden erst kürzlich angelegten Rebbergen absieht. Die Anbaugebiete liegen im Vully-Gebiet am Murtensee und im Broye-Gebiet am Südufer des Neuenburgersees. Angepflanzt werden hier hauptsächlich Chasselas sowie etwas Pinot Noir, Gamay und Spezialitäten.

Fully VS; r w; ★★→★★★ – Weinbaugemeinde bei Martigny, bekannt für ihren vorzüglichen Ermitage und fruchtigen Gamay.

Gamay Ursprünglich aus dem Beaujolais stammende rote Sorte, die tieffarbene, fruchtige Rotweine erbringt und zum Teil auch als jung zu trinkender Primeur auf dem Markt erscheint. Mit Ausnahme von Bielersee und Neuenburg überall in der Westschweiz verbreitet, wobei die entsprechenden Weine entweder reinsortig (insbesondere Genf) oder im Mischsatz mit Pinot Noir als Salvagnin (Waadt) bzw. Dôle (Wallis) ausgebaut werden. In der Ostschweiz ist der Anbau von Gamay untersagt.

Genf (Genève GE) Hauptstadt des gleichnamigen, gesamtschweizerisch an dritter Stelle stehenden Westschweizer Weinbaukantons (1352 ha), mit den drei Anbaugebieten Mandement, Entre Arve et Rhône und Entre Arve et Lac. Angebaut werden traditionellerweise vor allem Chasselas und Gamay, doch nehmen neuerdings Sorten wie Aligoté, Chardonnay, Pinot Blanc, Pinot Gris, Pinot Noir, Gamaret oder Cabernet zusammen mit weiteren Spezialitäten eine immer größeren Platz ein.

Gerle, La Gütesiegel für Neuenburger Chasselas-Weine.

Gewürztraminer Aromatisch-würzige weiße Rebsorte aus dem Elsaß, die vielerorts in der Schweiz als Spezialität angebaut wird.

Glacier, vin du (Gletscherwein) Traditionsreicher, heute fast schon legendärer Walliser Weißwein aus der seltenen Sorte Rèze, der in den Höhen des Val d'Anniviers eine lange Faßreifung durchmacht. Nicht zu verwechseln mit dem Heida.

Goron VS; r; ★ – Bezeichnung für leichten, süffigen Walliser Rotwein, die allerdings in jüngster Zeit auch für andere Westschweizer Rotweine der Kategorie II verwendet wird. Ein Bundesgerichtsurteil steht noch aus.

Graubünden GR Ganz im Osten der Schweiz gelegener Bergkanton, dessen Weinbaugebiete teils zur Ostschweiz (Bündner Herrschaft, Churer Rheintal) und teils zum Tessin (Misox) gehören (total 404 ha). Angebaut werden in der Bündner Herrschaft und im Churer Rheintal in erster Linie Blauburgunder sowie etwas Riesling × Sylvaner und verschiedene Spezialitäten, im Misox dagegen vor allem Merlot. Früher wurde auch noch in dem ganz gegen das Veltlin hin ausgerichteten Puschlav etwas Rebbau betrieben, doch sind die heutigen Anbauflächen reliktisch klein. Der Wein, den die Puschlaver Weinhäuser keltern, stammt von deren Rebbergen im nahen Italien.

Heida (Païen) Walliser Name für den Savagnin Blanc, die berühmte weiße Rebsorte des französischen Juras. Wurde als Spezialität bis vor kurzem fast nur im Oberwallis angebaut, wo sie bis in Höhen von über 1000 m (Visperterminen) anzutreffen ist. Aufgrund des Erfolgs des rustikalen Weins wird der Anbau von Heida inzwischen aber auch im Unterwallis betrieben.

Humagne Autochthone weiße Walliser Spezialität, die man früher den Wöchnerinnen als Stärkungstrank verabreichte. –

Der Humagne Rouge ist ebenfalls ein altes Walliser Gewächs, das indessen nicht verwandt ist mit dem weißen Humagne, sondern vermutlich eine Variante des Oriou aus dem Aostatal darstellt. Hauptanbaugebiet: Leytron/Chamoson.

Klettgau SH; r w; ★→ ★ ★ – Größtes zusammenhängendes Weinbaugebiet der Ostschweiz mit den bekannten Weindörfern Hallau, Oberhallau, Wilchingen, Trasadingen, Osterfingen, Gächlingen.

Landeron, Le NE; w; ★→ ★ ★ – Altes Weinstädtchen am Bielersee, das aber zum Kanton Neuenburg zählt.

Landwein Umgangssprachliche Bezeichnung für die leichten, süffigen, traditionell gekelterten Weiß- und vor allem Rotweine der Ostschweiz.

Lausanne VD; Hauptstadt des Waadtlandes, zwischen Côte und Lavaux gelegen. Zwar wachsen heute auf Stadtgebiet keine Reben mehr, doch besitzt Lausanne zum Teil schon seit Jahrhunderten Weingüter an bester Lage (Abbaye de Mont, Château Rochefort in der Côte, Clos des Moines, Clos des Abbayes, Domaine de Burignon im Lavaux), deren Weine jeweils öffentlich versteigert werden und nicht selten Höchstpreise erzielen.

Lavaux VD; (r) w; ★→ ★ ★ ★ – Landschaftlich einmaliges Weinbaugebiet am Nordufer des Genfersees zwischen Lausanne und Montreux. Berühmt sind vor allem die delikaten, finessereichen Weißweine, doch gibt es auch beachtliche Rotweine. Bekannte Appellationen bzw. Crus: Lutry, Villette, Epesses, St-Saphorin, Chardonne, Vevey-Montreux; Calamin, Dézaley.

Leuk VS; r w; ★ ★ – Aufstrebende Weinbaugemeinde im oberen Wallis.

Leytron VS; r w; ★ ★→ ★ ★ ★ – Bekannte Weinbaugemeinde zwischen Sion und Martigny, wo auch die Staatsdomäne Le Grand Brûlé ihren Sitz hat.

Luins VD; (r) w; ★ ★ – Bekannte Appellation der Côte.

Lully GE; r w; ★→ ★ ★ – Weinbaugemeinde im Gebiet Entre Arve et Rhône, die insbesondere für ihre delikaten Weißweine bekannt ist.

Lutry VD; r w; ★→ ★ ★ – Appellation des Lavaux.

Mandement GE; r w; ★→ ★ ★ – Größtes der drei Genfer Weinbaugebiete, das mit Satigny und dessen Weilern Choully, Peissy, Peney, Bourdigny zugleich die größte Weinbaugemeinde der Schweiz besitzt. Weitere bekannte Weinbaugemeinden des rechten Rhoneufers sind Russin und Dardagny sowie als Kuriosität Céligny, das eine Genfer Exklave in der Waadtländer Côte darstellt.

Martigny VS; r w; ★ ★ – Weinbaugemeinde im unteren Wallis mit dem am Fuße des Großen-St.-Bernhard-Passes gelegenen steilen Rebberg von Martigny-Combe. Bekanntes Humagne-rouge-Anbaugebiet.

Merlot Rote Rebsorte aus Bordeaux. Wird seit den zwanziger Jahren im Tessin angebaut, nachdem dort Ende des vergangenen Jahrhunderts die Reblaus alle einheimischen Rebbestände zerstört hatte. Der inzwischen zur Hauptsorte der italienischen Schweiz gewordene Merlot wird von qualitätsbewußten Produzenten in letzter Zeit auch im Mischsatz mit Cabernet Sauvignon ausgebaut.

Mont d'Or VS; w; ★★→★★★ – Hügelzug bei Sion, der eine der besten Lagen des Wallis darstellt. Berühmt für großartige edelsüße Weine, insbesondere Johannisberg, der oft erst im November (St-Martin) oder gar Dezember (St-Eloy) gelesen wird.

Mont-sur-Rolle VD; (r) w; ★★ – Bekannte Appellation der Côte.

Morges VD; r rs w; ★→★★ – Größte Appellation der Côte und des ganzen Waadtlandes, insbesondere auch bekannt für fruchtig-harmonische Rotweine.

Muscat International verbreitete weiße Rebsorte mit typischem Aroma, die vor allem im Wallis als Spezialität angebaut wird.

Neuenburg (Neuchâtel NE) Noch selbst Reben besitzende Hauptstadt des gleichnamigen Westschweizer Weinbaukantons (611 ha), dessen Anbaugebiet sich fast lückenlos vom Neuenburger- bis zum Bielersee erstreckt. Angebaut wird zur Hauptsache Chasselas, der hier rassiger und spritziger als sonst irgendwo in der Schweiz gerät. Aber auch der Pinot Noir nimmt eine wichtige Stellung ein, wird doch aus ihm nicht nur ein hervorragender Rotwein gekeltert, sondern auch der berühmte Œil de Perdrix. Schließlich gibt es auch noch Spezialitäten wie Pinot Gris und zunehmend mehr Chardonnay.

Nostrano Ursprünglicher Tessiner Wein aus einem Mischsatz von alten einheimischen Sorten wie Bondola und Freisa, nicht zu verwechseln mit dem aus amerikanischen Sorten gekelterten Americano. Echter Nostrano stellt heute eine Seltenheit dar.

Nyon VD; r rs w; ★→★★ – Appellation der Côte, insbesondere bekannt für leichte, süffige Rotweine.

Œil de Perdrix Blasser Rosé aus der Pinot-Noir-Traube. Berühmt ist vor allem der Œil de Perdrix aus Neuenburg, aber auch im Wallis und Waadtland kennt man diese Spezialität.

Ollon VD; r w; ★★ – Appellation des Chablais, die wie das unmittelbar benachbarte Aigle auch für ihre Rotweine bekannt ist.

Perroy VD; r w; ★★ – Appellation der Côte, zu der auch Allaman mit seinen bekannten Rotweinen gehört.

Pinot Blanc (Weißburgunder) Vermutlich durch Mutation aus dem Pinot Gris hervorgegangene weiße Rebsorte, die in letzter Zeit in einigen Kantonen vermehrt angebaut wird. Nicht zu verwechseln mit dem Chardonnay.

Pinot Gris (Malvoisie) Fast überall in der Schweiz als Spezialität angebaute Weißweinsorte, aus der teils trockene Weine, teils solche mit Restsüße gekeltert werden. Im Wallis, wo die Sorte Malvoisie genannt wird, teilweise wunderbare edelsüße Spätlesen. Heißt in Deutschland Ruländer und wurde in der Deutschschweiz früher fälschlicherweise als Tokayer bezeichnet.

Pinot Noir (Blauburgunder) Aus Burgund stammende Rebsorte, die als rote Hauptsorte der Schweiz in allen Kantonen angebaut wird. In der Ostschweiz heißt die Sorte Blauburgunder, wobei insbesondere im Kanton Zürich auch der Name Clevner gebräuchlich ist. Berühmt sind vor allem die Pinot-Noir-Weine aus dem Wallis, aus Neuenburg und aus der Bündner Herrschaft.

Räuschling Alte, früher maßgebende weiße Rebsorte in den Gebieten rings um Zürich, heute aufgrund ihrer dezenten Frucht und eleganten Säure wieder vermehrt geschätzt.

Riesling (Petit Rhin) Aus Deutschland stammende, vor allem im Wallis angebaute weiße Rebsorte. Bei Edelfäule großartige Spitzenweine.

Riesling × Sylvaner Weiße Hauptsorte der Ostschweiz, die aber auch in der Westschweiz als Spezialität angebaut wird. Kreuzung von Riesling mit Sylvaner, die aus der züchterischen Arbeit von Hermann Müller an den Forschungsanstalten von Geisenheim (Deutschland) und Wädenswil hervorging. Süffige, elegante Weine mit typischem Muskataroma und eher tiefem Säuregehalt. In Deutschland Müller-Thurgau genannt.

Saillon VS; r w; ★★→★★★ – Auf einem Hügel gelegenes Weinstädtchen zwischen Sion und Martigny, bekannt für seinen kleinsten Rebberg der Welt, der ausschließlich von berühmten Künstlern bearbeitet wird.

Salgesch (Salquenen) VS; r w; ★★→★★★ – Weinbaugemeinde bei Sierre an der Sprachgrenze zwischen Ober- und Unterwallis. Erste Gemeinde, welche die kontrollierte Qualitätsbezeichnung Grand Cru einführte.

Salvagnin VD; r; ★→★★ – Kontrollierte Qualitätsbezeichnung für Waadtländer Rotwein aus Gamay- und/oder Pinot-Noir-Trauben.

Satigny GE; r w; ★→★★ – Berühmte Weinbaugemeinde im Mandement, die mit 488 ha die größte Rebfläche aller Schweizer Gemeinden besitzt.

Schaffhausen (SH) Am Rhein gelegene Hauptstadt des gleichnamigen Ostschweizer Weinbaukantons (498 ha) und selbst eines von dessen Anbaugebieten neben Stein am Rhein, Klettgau, Oberklettgau sowie Buchberg und Rüdlingen. Angebaut werden vor allem Blauburgunder sowie etwas Riesling × Sylvaner und Spezialitäten, darunter die in der Schweiz einmalig anzutreffende Perle von Alzey.

Schafis BE; r rs w; ★→★★ – Bekannte Weinbaugemeinde am Bielersee und Sammelbezeichnung für alle Weine vom Nordufer des Bielersees.

Schiller Rosé aus dem Churer Rheintal, der aus einem Mischsatz von weißen und roten Trauben gemeinsam gekeltert wird.

Sierre VS; r w; ★★→★★★ – Sonnenstadt und berühmte Weinbaugemeinde des Wallis, bekannt für Fendant, Pinot Noir, Ermitage, Malvoisie.

Sion VS; r w; ★★→★★★ – Hauptstadt des Wallis und Mittelpunkt des Weinbaus von hier, berühmt für Fendant.

Spezialitäten Weine von selten angebauten Rebsorten, seien dies nun alte, einheimische Sorten wie etwa Gwäss, Elbling oder Bondola, die heute fast vollständig verschwunden sind, oder aber neue, ausländische Sorten wie Chenin Blanc,

Sauvignon oder Cabernet Sauvignon, die erst versuchsweise angebaut werden. Auch noch eher wenig verbreitete Neuzüchtungen wie Freisamer, Kerner oder Gamaret sind Spezialitäten. Speziell reich an Spezialitäten ist das Wallis, gelten doch von den hier angebauten 56 Rebsorten nicht weniger als 52 als Spezialitäten.

St. Gallen (SG) In der Nähe des Bodensees gelegene Hauptstadt des gleichnamigen Ostschweizer Weinbaukantons (218 ha). Die wichtigsten Anbaugebiete sind das föhnverwöhnte Rheintal mit den Weinorten Berneck, Thal, Altstätten, Balgach und das Oberland mit Mels, Sargans, Bad Ragaz, Walenstadt. Aber auch die Rebberge von Rapperswil und Jona am Zürichsee gehören zu St. Gallen. Berühmt sind vor allem die gehaltvollen Blauburgunder, die manchmal jenen aus der Bündner Herrschaft kaum nachstehen, doch werden auch Riesling × Sylvaner und verschiedene Spezialitäten angebaut.

St-Blaise NE; r rs w; ★→★★ – Weinbaugemeinde am Neuenburgersee.

St-Léonard VS; r w; ★★→★★★ – Weinbaugemeinde zwischen Sierre und Sion.

St-Pierre-de-Clages VS; r w; ★★→★★★ – Weinbaugemeinde zwischen Sion und Martigny.

St-Saphorin VD; (r) w; ★★→★★★ – Berühmte Appellation des Lavaux, die sich durch ihre subtilen, finessereichen Weißweine auszeichnet.

Süßdruck Trockener (!), hellroter Wein von Traubengut, das nur kurze Zeit an der Maische gärte und noch süß abgepreßt wurde.

Sylvaner (Johannisberg) Aus dem Donauraum stammende weiße Rebsorte, die vor allem im Wallis, wo sie Johannisberg und gelegentlich auch Gros Rhin genannt wird, verbreitet ist. Nachdem dort die früher zum Teil etwas in Mißkredit geratene Sorte heute nur noch in der besten Produktionszone angebaut werden darf, gilt sie immer mehr als große Spezialität. Konzentrierte, würzige Weine, manchmal mit etwas Restsüße, zum Teil großartige edelsüße Spätlesen.

Syrah Aus den Côtes du Rhône stammende rote Rebsorte, die mit großem Erfolg im Wallis angebaut wird und dunkle, überaus kräftige, tanninreiche Weine ergibt.

Tartegnin VD; (r) w; ★★ – Appellation der Côte.

Terravin Gütesiegel für Waadtländer Chasselas-Weine.

Tessin (Ticino TI) Viertgrößter Weinbaukanton der Schweiz (833 ha), der zusammen mit dem bündnerischen Misox das Weinbaugebiet der italienischen Schweiz bildet. Sowohl im gebirgigen Sopraceneri als auch im milderen Sottoceneri dominiert heute der Merlot als Rebsorte, doch gibt es stellenweise auch noch etwas Bondola, amerikanische Rebsorten und Hybriden. Experimentierfreudige Produzenten setzen neuerdings auch auf Cabernet Sauvignon und bauen einen Mischsatz nach Bordeaux-Manier in *barriques* aus. Ebenso wird versuchsweise etwas Sémillon und Sauvignon Blanc angepflanzt. Und schließlich wird vermehrt auch Rosé aus Merlot gekeltert.

Thurgau (TG) Ostschweizer Weinbaukanton (272 ha). Die wichtigsten Anbaugebiete befinden sich im Thurtal mit den Weinorten Weinfelden, Warth (Kartause Ittingen), im Seebachtal mit Nussbaumen, Hüttwilen, am Rhein mit Diessenhofen, Schlattingen sowie am südlichen Ufer des zum Bodensee gehörenden Untersees mit Salenstein (Schloß Arenenberg, Exil von Napoleons Stieftochter Hortense). Neben dem heute dominierenden Blauburgunder wird vor allem am Untersee fast ausschließlich Riesling × Sylvaner angebaut, der sozusagen ein Landeserzeugnis ist – stammt doch Hermann Müller, der mit dieser Neuzüchtung den europäischen Weinbau maßgebend beeinflußte, aus dem thurgauischen Tägerwilen.

Twann BE; r rs w; ★→★★ – Bekannte Weinbaugemeinde am Bielersee und Sammelbezeichnung für alle Weine vom Nordufer des Bielersees.

Vétroz VS; r w; ★★→★★★ – Weinbaugemeinde zwischen Sion und Martigny, bekannt für Amigne. Zweite Walliser Gemeinde, welche die kontrollierte Qualitätsbezeichnung Grand Cru einführte.

Vevey-Montreux VD; r w; ★→★★ – Aufsteigende Appellation des Lavaux. Vevey ist für sein ungefähr alle 25 Jahre stattfindendes Winzerfest berühmt; das nächste ist für 1999 geplant.

Villeneuve VD; (r) w; ★★→★★★ – Am oberen Ende des Genfersees gelegene Appellation des Chablais, bekannt für ihre kräftigen und doch finessereichen Weißweine.

Villette VD; (r) w; ★★ – Appellation des Lavaux.

Vinzel VD; w; ★★→★★★ – Appellation der Côte, bekannt für ihre überaus finessereichen Weißweine.

Vispertal VS; (r) w; ★→★★ – Weinbaugebiet im Oberwallis, bekannt für zum Teil nur noch reliktisch vorhandene autochthone weiße Walliser Rebsorten wie Gwäss, Himbertscha, Lafnetscha und Heida. Berühmt ist insbesondere Visperterminen mit seinem bis in eine Höhe von mehr als 1000 m reichenden Rebberg.

Viti Gütesiegel für Tessiner Merlot traditioneller Art.

Vully VD; (r) w; ★→★★ – Am Murtensee gelegene Appellation des nördlichen Waadtlandes, die sich durch frische, spritzige Weißweine auszeichnet. – FR; (r) w; ★→★★ – Gleichnamiges Anbaugebiet des Kantons Freiburg, das landschaftlich mit jenem der Waadt eine Einheit bildet.

Die malolaktische Nachgärung tritt manchmal nach dem Abschluß der alkoholischen Gärung ein. Es handelt sich dabei um die natürliche Umwandlung überschüssiger scharfer Apfelsäure in die mildere Milchsäure. In kühlen Gegenden, wo die Weine viel Säure enthalten, ist sie allgemein wünschenswert, dagegen nicht so sehr in warmen Regionen, wo ein Hauch Säure für das Gleichgewicht willkommen ist. Wann immer jedoch mit Säure großzügig verfahren werden kann, verhilft dieser Vorgang zu größerer Komplexität des Geschmacks.

Waadt (Vaud VD) Zweitgrößter Schweizer Weinbaukanton mitten im Herzen der Westschweiz (3789 ha) mit den am Genfersee und an der Rhone gelegenen Anbaugebieten La Côte, Lavaux, Chablais und dem nördlichen, bereits im Einzugsbereich des Rheins gelegenen Teils des Kantons mit den Appellationen Côtes de l'Orbe, Bonvillars, Vully. Das Waadtland ist die eigentliche Hochburg des Chasselas, doch werden hier auch aus Gamay, Pinot Noir und verschiedenen Spezialitäten vorzügliche Weine gekeltert.
Wallis (Valais VS) Größter und wohl vielfältigster Westschweizer und damit auch Schweizer Weinbaukanton (5269 ha), dessen Anbaugebiete sich fast ohne Unterbruch vom deutschsprachigen Oberwallis bis ins französischsprachige Unterwallis erstrecken. 22 000 Winzer besitzen hier an klimatisch besten Lagen Rebberge, die mit 56 verschiedenen Sorten bepflanzt sind. Neben Fendant, Johannisberg, Gamay und Pinot Noir gewinnen in letzter Zeit vor allem die zum Teil weltweit einmaligen Spezialitäten an Bedeutung.
Winzerwy Gütesiegel für Ostschweizer Weine aus den Kantonen Basel-Landschaft, Aargau, Bern, Zürich, Schaffhausen, Thurgau, St. Gallen, Appenzell und Graubünden.
Yvorne VD; (r) w; ★★★ – Berühmte Appellation des Chablais, die sich durch ihre kräftigen, rassigen Weißweine auszeichnet.
Zürich (ZH) Größte Stadt der Schweiz und gleichzeitig Hauptstadt des gleichnamigen größten Ostschweizer Weinbaukantons (633 ha). Die wichtigsten Anbaugebiete außerhalb der ebenfalls noch etwas Reben besitzenden Stadt sind der Zürichsee mit den Weinorten Meilen, Stäfa, Wädenswil, der Halbinsel Au (Weinmuseum), das Limmattal mit Weiningen, Regensberg, das Unterland mit Freienstein-Teufen, Eglisau, Wil, Rafz sowie das Weinland mit Winterthur, Andelfingen, Rheinau und Stammheim. Angebaut wird vorwiegend Blauburgunder, doch nehmen auch der Riesling × Sylvaner und vermehrt wieder der Räuschling eine wichtige Position ein. Abgerundet wird das Ganze durch Spezialitäten wie Pinot Gris und Gewürztraminer.

Österreich

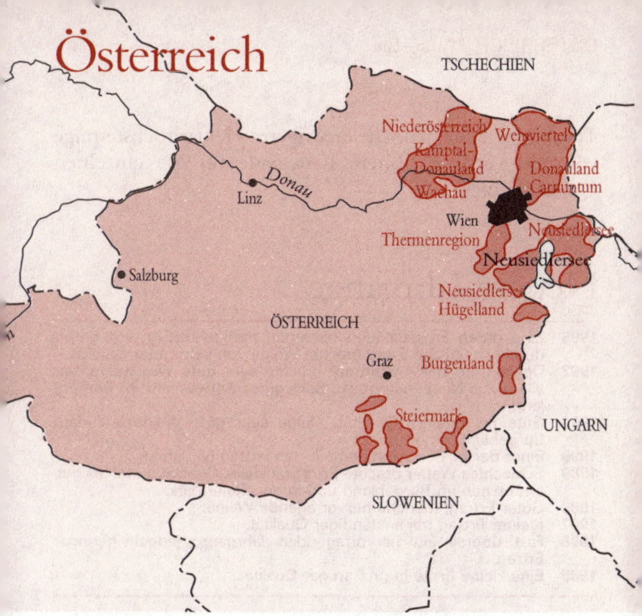

In Österreich hat sich nach dem heilsamen Schock des Weinskandals die Qualitätsphilosophie gegen das Mengendenken – hoffentlich endgültig – durchgesetzt. Immer weniger Produzenten und Händler suchen ihr Heil noch in der Erzeugung von billiger Massenware. Durch das Bemühen um immer bessere Weinqualität tritt einerseits die Eigenständigkeit der österreichischen Weine (einheimische Rebsorten, gebietstypische Ausbautraditionen) deutlicher hervor, anderseits werden auch zunehmend Weine internationalen Stils produziert, die sich dem weltweiten Vergleich stellen. Der größte Anteil der Produktion entfällt auf trockene Weißweine. Die Palette reicht von einfachen, herzhaft-spritzigen Tischweinen (Heuriger) bis zu eleganten, feinduftigen und gleichzeitig kraftvollen Klasseweinen mit hoher Lebenserwartung, u. a. aus den Rebsorten Riesling, Grüner Veltliner und Weißburgunder. Bei den edelsüßen Weinen (Prädikatsweine) zählt Österreich – vor allem aufgrund der idealen klimatischen Bedingungen rund um den Neusiedlersee, wo in etwa acht von zehn Jahren Edelfäule auftritt – mit zur Weltspitze, und in den letzten Jahren fanden sogar die Rotweine (nur etwa 20 % der gut 50 000 ha Rebfläche sind mit Rotweinsorten bestockt) internationale Anerkennung.

Mit beigetragen zur Qualitätssteigerung (und -sicherung) hat das recht strenge (1993 zuletzt novellierte) Weingesetz von 1985. Es ähnelt dem deutschen Gesetz (Klassifizierung der Weine entsprechend dem Reifegrad der

Trauben), sieht jedoch niedrigere Hektarhöchsterträge vor und verlangt höhere Reifegrade für die einzelnen Qualitätsstufen.

Neuere Jahrgänge

1993	Eine durch Frostschäden bedingte, mengenmäßig weit unterdurchschnittliche Ernte brachte Weine von sehr guter Qualität.
1992	Der extrem heiße Sommer brachte sehr gute Weißweine, vor allem aus Niederösterreich. Sehr gutes Rotweinjahr im Burgenland.
1991	Gute bis mittlere Qualität; einige sehr gute Weine aus dem Burgenland.
1990	Einer der besten Jahrgänge in den letzten 50 Jahren.
1989	Schlechtes Wetter brachte Ertragsausfälle. Qualität mittel bis gut, am besten im Burgenland und in der Steiermark.
1988	Guter Ertrag, manche hervorragende Weine.
1987	Kleiner Ertrag bei anständiger Qualität.
1986	Fast überall ein hervorragender Jahrgang; jedoch geringer Ertrag.
1985	Eine kleine Ernte in großartiger Qualität.

Ausbruch Prädikatswein mit mindestens 138° Öchsle, der ausschließlich aus edelfaulen und überreifen Beeren stammt, die auf natürliche Weise (am Stock) eingetrocknet sind. Die Tradition des Ausbruchs wird insbesondere in Rust gepflegt.

ausg'steckt Heurige sind nicht das ganze Jahr geöffnet. Um den Gästen anzuzeigen, daß Wein ausgeschenkt wird, wird ein grüner Buschen (Strauß von Zweigen) über das Haustor gesteckt, daher der Ausdruck «ausg'steckt».

Auslese Prädikatswein mit mindestens 21° KMW (105° Öchsle), der aus ausgelesenen vollreifen Trauben stammt. Großteils werden Auslesen süß ausgebaut, in den letzten Jahren jedoch auch halbtrocken bis trocken, die dann einen Alkoholgehalt von 14 % und mehr aufweisen und teilweise auch in *barriques* ausgebaut werden.

Banderole Seit 1986 müssen alle österreichischen Weine eine rot-weiß-rote (Nationalflagge) Banderole tragen, die der steuerlichen Mengenkontrolle dient.

Beerenauslese Prädikatswein mit mindestens 127° Öchsle, der aus überreifen, edelfaulen Beeren gewonnen wird.

Bergwein Gesetzlich definierter Begriff für Weine, deren Trauben auf Weinbergen mit über 26 % Hangneigung gelesen wurden. Darf auch dann in 0,75-l-Flaschen gefüllt werden, wenn er nicht den Anforderungen an einen Qualitätswein entspricht.

Blauburger Österreichische Rotweintraubenzüchtung. Kreuzung aus Blauem Portugieser und Blaufränkisch. Ergibt Weine mit tiefdunkler Farbe und weichem Körper.

Blauer Burgunder (Pinot noir) In Österreich eine Rarität mit großen Jahrgangsschwankungen. Am besten im Burgenland, im Kamptal und in der Thermenregion. Beste Erzeuger: Stiegelmar, Bründlmayer.

Blauer Portugieser Milde, fruchtige Weine, die jung, teilweise auch gekühlt getrunken werden. Großteils für den lokalen Konsum bestimmt.

Blauer Wildbacher Rebe für den Schilcher.

Blauer Zweigelt Österreichische Kreuzung aus Blaufränkisch und St. Laurent, die ursprünglich gezüchtet wurde, um ertragreiche Ernten und gleichzeitig farbintensive Weine zu erreichen. Heute hat der Zweigelt durch extreme Qualitätsbemühungen engagierter Winzer (Pfaffl, Heinrich, Pöckl) allgemeine Anerkennung erhalten.

Blaufränkisch (In Deutschland Lemberger, in Ungarn Kékfrankos) Österreichs bedeutendste Rotweinsorte mit Schwerpunkt im Mittelburgenland. Leuchtendes Rot, pikante Säure, fruchtige Kirscharomen. Oft auch in Cuvées mit Cabernet Sauvignon anzutreffen. Beste Erzeuger: Gesellmann, Igler, Krutzler, Nittnaus, Iby, Ernst Triebaumer, Weninger.

Bouvier Einheimische Traubensorte, liefert milden, weichen, aber aromatischen Wein, besonders für Beeren- und Trokkenbeerenauslesen.

Bründlmayer, Willi ★★→★★★★ Führendes Weingut in Langenlois/Kamptal. Exzellente Weine im österreichischen (Riesling, Grüner Veltliner) und internationalen Stil (Chardonnay, Rotweine).

Burgenland Bundesland und Weinbauregion (etwa 20 000 ha Weingärten) im Osten Österreichs an der ungarischen Grenze. Warmes (pannonisches) Klima. Im Norden vor allem durch den Einfluß des Neusiedlersees begünstigt. Unterteilt in die Weinbaugebiete Neusiedlersee, Neusiedlersee-Hügelland, Mittelburgenland und Südburgenland.

Buschenschank Bezeichnung für Heuriger.

Cabernet Sauvignon Wird in Österreich vermehrt angebaut und vor allem in Cuvées mit anderen, auch heimischen, Rotweinsorten eingesetzt.

Carnuntum r w; tr Seit 1994 eigenes Weinbaugebiet östlich von Wien, im Norden durch die Donau begrenzt. Benannt nach der römischen Stadt Carnuntum. Beste Erzeuger: Glatzer, Pitnauer.

Chardonnay Wird in Österreich wie weltweit in den vergangenen Jahren vermehrt, insbesondere in *barriques*, ausgebaut. Der klassische steirische → Morillon ist reduktiv ausgebaut, mit betonter Frucht und lebendiger Säure. Beste Erzeuger: Bründlmayer, Sattler, Stiegelmar, Wieninger.

Deutschkreutz r (w); tr Rotweinort im Mittelburgenland mit kalkreichen Böden. Wichtigste Sorte ist der Blaufränkisch. Beste Erzeuger: Igler, Gesellmann.

Donauland (r) w; tr Seit 1994 eigenständiges Weinbaugebiet westlich von Wien. Umfaßt Klosterneuburg, den Wagram, die Gebiete südlich der Donau bis St. Pölten und reicht bis an die Grenzen des Kamptales. Hauptsächlich Weißwein, vor allem Grüner Veltliner. Beste Erzeuger: Chorherren Klosterneuburg, Leth, Neumayer, Wimmer-Cerny, Zimmermann.

Dürnstein w; tr Weinzentrum der Wachau mit berühmter Burgruine. Hauptsächlich Grüner Veltliner und Riesling. Beste Erzeuger: Freie Weingärtner Wachau, Schmidl.

Eisenstadt r w; tr s Hauptstadt des Burgenlands und historischer Sitz der Familie Esterhazy. Beste Erzeuger: Barmherzige Brüder, Esterhazy, Erwin Tinhof.

Eiswein Prädikatswein aus Trauben mit mindestens 25° KMW (127° Öchsle), die am Stock gefroren sind und in gefrorenem Zustand geerntet und gepreßt werden müssen. Eisweine werden wegen ihrer exotischen Düfte vornehmlich jung getrunken, während andere Prädikatsweine meist länger gelagert werden.

Falkenstein w; tr Weinzentrum im östlichen Weinviertel nahe der tschechischen Grenze. Guter Grüner Veltliner. Beste Erzeuger: Jauk, Luckner, Salomon.

Federspiel Mittlere Qualitätsstufe der Vinea Wachau, entspricht in etwa dem Kabinett und steht für fruchtige, elegante Weine.

Fels am Wagram r w; tr Große Weinbaugemeinde mit Lößterrassen im Donauland. Beste Erzeuger: Leth, Wimmer-Cerny.

Freie Weingärtner Wachau ★→★★★ Bedeutende Winzergenossenschaft in Dürnstein. Große Erzeugung von exzellentem Grünen Veltliner und Riesling.

Gamlitz w; tr Größte und älteste Weinbaugemeinde der Südsteiermark. Beste Erzeuger: Lackner-Tinnacher, Sattler.

Gemischter Satz Alte, traditionelle Weinbauform. Um das Ertragsrisiko zu streuen, wurden verschiedene (meist weiße) Rebsorten in den Weingärten gemischt ausgesetzt, zumeist auch gemeinsam gelesen, gepreßt und vinifiziert. Traditionell wird der gemischte Satz auch heute noch beim Heurigen serviert.

Gesellmann, Engelbert ★★→★★★ Weingut in Deutschkreutz. Sehr gute Rot- und Weißweine in traditionellen und internationalen Varianten.

Gols r w; tr s Größte Weinbaugemeinde des Burgenlands; am Nordufer des Neusiedlersees gelegen. Beste Erzeuger: Matthias Beck, Heinrich, Matthias Leitner, Nittnaus, Renner, Stiegelmar.

Grinzing w; tr Stadtteil von Wien, berühmt für seine Heurigen.

Grüner Veltliner Die «nationale» Weißweinsorte Österreichs (36 % der gesamten Rebfläche). Hauptanbaugebiete sind Niederösterreich und Wien. Ergibt würzigen, rassigen und lebendigen Wein, kann als Spätlese auch ein Wein von außerordentlicher Klasse und Lagerfähigkeit sein. Beste Erzeuger: Aigner, Bründlmayer, Freie Weingärtner Wachau, Hirtzberger, Knoll, Mantler, F. X. Pichler, Pfaffl, Prager, Walzer.

G'spritzter Beliebtes Erfrischungsgetränk aus (zumeist) Weißwein, der mit Soda- oder Mineralwasser «aufgespritzt» wird. Wird insbesondere im Sommer und beim Heurigen gerne getrunken.

Gumpoldskirchen (r) w; tr s Ausflugs- und Heurigenort südlich von Wien; Zentrum des Weinbaugebiets Thermenregion. Einzigartige Weine aus den Sorten Zierfandler (Synonym Spätrot) und Rotgipfler. Beste Erzeuger: Biegler, Schellmann.

Heuriger Steht erstens für den Wein der letzten Ernte, der ein Jahr lang als «Heuriger» bezeichnet wird, dann wird er zum «Alten»; zweitens wird damit die Buschenschank bezeichnet, in der der «Heurigenwirt» seine Weine glas- und flaschenweise ausschenkt und selbstgemachte einfache Speisen anbietet. Das Buschenschankrecht wurde bereits 1784 durch Kaiser Josef II. gewährt. Der Heurige mit seiner gemütlichen Stimmung bei Wein und Musik wurde zur Institution, insbesondere in Wien.

Hirtzberger, Franz ★★★→★★★★ Spitzenerzeuger mit 9 ha in Spitz an der Donau, Wachau; Riesling, Grüner Veltliner, Neuburger.

Horitschon r; tr Rotweingemeinde im Mittelburgenland. Beste Erzeuger: Anton Iby, Weninger.

Igler, Hans ★★→★★★ Spitzenweingut in Deutschkreutz, das Pionierarbeit für den österreichischen Rotwein geleistet hat.

Illmitz (r) w; tr s Durch Beeren- und Trockenbeerenauslesen bekannter Weinort am Ostufer des Neusiedlersees im Seewinkel. Beste Erzeuger: Kracher, Alois und Helmut Lang, Opitz.

Jamek, Josef ★★→★★★ Bekanntes hervorragendes Weingut und Restaurant in Joching in der Wachau. In den 50er Jahren Wegbereiter des trockenen Weißweins in Österreich.

Jurtschitsch/Sonnhof ★→★★★ Das von drei Brüdern geführte Weingut erzeugt vor allem ausgezeichnete Weißweine (Riesling, Grüner Veltliner, Chardonnay), aber auch gefällige Rotweine.

Kabinett Nach österreichischem Weingesetz ein Qualitätswein mit mindestens 17° KMW (84° Öchsle), höchstens 12,8 % Alkohol, 9 g Restsüße und Aufbesserungsverbot.

Kamptal r w; tr Seit 1994 eigenständiges Weinbaugebiet entlang des Flusses Kamp bis hin zur Donau. Wichtigste Orte: Langenlois, Straß, Zöbing. Beste Erzeuger: Bründlmayer, Dolle, Ehn, Hiedler, Hirsch, Jurtschitsch, Loimer, Metternich-Sándor.

Kattus ★→★★ Traditionsreicher Sekterzeugungsbetrieb (Marke Hochriegel) in Wien.

Kellergassen Aus Preßhäusern und Kellern gebildete, ausschließlich der Erzeugung, Lagerung und dem Genuß von Wein dienende, außerhalb der Ortschaft liegende romantische Straßenzüge, chrakteristisch vor allem für das Weinviertel.

Klöch w; tr (s) Insbesondere für Traminer bekannter Weinort in der Südost-Steiermark. Bester Erzeuger: Stürgkh.

Kloster Und Weinkolleg und Degustationszentrum in einem restaurierten Kapuzinerkloster bei Krems, geleitet von Erich Salomon.

Klosterneuburg r w; tr Traditionsreiche Weinstadt, wenige Kilometer nordwestlich von Wien mit berühmtem Benediktinerstift und bereits 1860 gegründeter Weinbauschule. Beste Erzeuger: Chorherren Klosterneuburg, Zimmermann.

KMW Abkürzung für «Klosterneuburger Mostwaage», in Österreich gebräuchliche Maßeinheit für den Zuckeranteil im Most. 1° KMW entspricht 1 % Zucker im Most. Daumenrechnung: KMW × 5 = Öchslegrad.

Knoll, Emmerich ★★→★★★ Sehr traditionsbedachter Spitzenbetrieb in Loiben, Wachau, mit Paradeweinen von Grünem Veltliner und Riesling.

Kollwentz/Römerhof ★★→★★★ Innovativer Weinerzeuger in Großhöflein bei Eisenstadt. Sauvignon blanc, Eisweine und Rotweine.

Kracher, Alois ★★→★★★★ Kleiner Spitzenbetrieb in Illmitz; Spezialität: Prädikatsweine mit und ohne *Barrique*-Ausbau.

Krems (r) w; tr (s) Bedeutende alte Weinbaustadt an der Donau, östlich der Wachau, etwa 60 km westlich von Wien. Hauptort des Weinbaugebietes Kremstal. Beste Erzeuger: Aigner, Ditz, Salomon, Walzer, Weingut Stadt Krems, Winzer Krems.

Kremstal (r) w; tr Seit 1994 eigenständiges Weinbaugebiet mit rund 1500 ha Weingärten. Gutes Anbaugebiet für Grünen Veltliner und Riesling um den Hauptort Krems. Beste Erzeuger: Ditz, Geyerhof, Malat-Bründlmayer, Mantler, Nigl, Salomon, Weingut Stadt Krems.

Landwein Tafelwein, der nur aus einer einzigen Weinbauregion stammt.

Langenlois r w; tr Wichtigster Weinort des Kamptals und mit 20 000 ha größte Weinstadt Österreichs. Beste Erzeuger: Bründlmayer, Ehn, Hiedler, Jurtschitsch.

Lenz Moser ★→★★ Bedeutender Weinerzeuger im Rohrendorf bei Krems. Lenz Moser III. erfand die Reberziehung in Hochkultur. Zum Betrieb gehören auch das Schloßweingut Malteser Ritterorden in Mailberg/Weinviertel und der Klosterkeller Siegendorf im Burgenland.

Loiben w; tr Weinort im unteren, breiteren Teil des Donautals in der Wachau mit idealen Voraussetzungen für Riesling und Grünen Veltliner. Beste Erzeuger: Alzinger, Dinstlgut Loiben, Knoll, Mittelbach, F. X. Pichler.

Malat-Bründlmayer ★→★★★ Moderner Erzeuger (20 ha) in Furth im Donauland, erfolgreich mit «internationalen», aber auch traditionellen Weinen. Interessanter Schaumwein in Flaschengärung.

Mantler, Josef ★★→★★★ Traditionsreiches Spitzenweingut in Gedersdorf nahe Krems. Auf seinen Lößterrassen gedeihen sehr guter Riesling, Grüner Veltliner, Chardonnay und eine fast ausgestorbene Spezialität, der Rote Veltliner.

Mayer, Franz ★→★★ Mit 36 ha größter Erzeuger in Wien. Traditionsreicher Heuriger (Beethovenhaus), guter Riesling, Altweine.

Meßwein Wird in der heiligen Messe verwendet; kirchliches Plazet und naturbelassener Most sind Voraussetzung.

Metternich-Sándor Schloßweingüter ★→★★ Großes Weingut in Straß; mit den gemeinsam verwalteten Adelsgütern Starhemberg, Abensberg-Traun und Khevenhüller-Metsch, insgesamt 70 ha.

Mittelburgenland r (w); tr (s) Von drei Hügelketten geschütztes Weinbaugebiet an der ungarischen Grenze mit hohem Rotweinanteil, vor allem Blaufränkisch. Für diese Sorte gibt es Richtlinien im Stil einer Appellation durch den Verband Blaufränkisch-Mittelburgenland. Beste Erzeuger: Gesellmann, Igy, Igler, Weninger.

Mörbisch r w; tr s Weinort am Westufer des Neusiedlersees. Bester Erzeuger: Schindler.

Morillon In der Steiermark gebräuchliche Name für Chardonnay.

Müller-Thurgau Synonym für Riesling×Sylvaner.

Muskat-Ottonel Verwandter der Muskatellertraube, oft trokkener, pikanter und aromatischer Weißwein; auch interessante Prädikatsweine.

Muskateller Seltene, in letzter Zeit wieder als Aperitifwein nachgefragte aromatische Traubensorte. Am besten in der

Steiermark. Beste Erzeuger: Gross, Lackner-Tinnacher, Polz, Sattler.

Neuburger Einheimische Weißweinsorte, Verwandte der Burgunderfamilie, oft mit nußartigem Geschmack, ist vor allem in der Wachau (zartblumige, dezente Weine), in der Thermenregion (kräftig, mild) und in den nördlicheren Teilen des Burgenlandes anzutreffen. Beste Erzeuger: Alphart, Heinrich, Hirtzberger, Pöckl.

Neusiedlersee (1) r w; tr s Weinbaugebiet im Burgenland nördlich und östlich um den das Gebiet prägenden Neusiedlersee. Beste Erzeuger: Beck, Heinrich, Kracher, Nittnaus, Stiegelmar, Pöckl, Umathum.

Neusiedlersee (2) Sehr flacher, höchstens 1,5 m tiefer Steppensee im Burgenland an der ungarischen Grenze. Begünstigt durch Temperaturausgleich und die entstehenden Herbstnebel das Auftreten der Edelfäule. Voraussetzung für Beerenauslese, Ausbruch und Trockenbeerenauslese. Namensgebend für die um den See liegenden Weinbaugebiete Neusiedlersee-Hügelland und Neusiedlersee.

Neusiedlersee-Hügelland r w; tr s Weinbaugebiet westlich des Neusiedlersees mit den Hauptorten Oggau, Rust und Mörbisch entlang des Seeufers und Eisenstadt an den Ausläufern des Leithagebirges. Beste Erzeuger: Feiler-Artinger, Kollwentz, Mad, Prieler, Schröck, Ernst Triebaumer.

Niederösterreich Mit etwa 58 % der Rebfläche Österreichs die größte österreichische Weinbauregion. Charakteristisches geografisches Element ist die Donau. Ihr entlang reihen sich die Weinbaugebiete Wachau, Kremstal, Kamptal, Donauland, Weinviertel, Thermenregion und Carnuntum.

Nikolaihof ★→★★ Weingut in Mautern/Wachau mit erstklassigem Riesling und Grünem Veltliner.

Nußdorf Stadtteil von Wien mit bekannten Heurigen und der erstklassigen Ried Nußberg.

Oggau Weinort am Westufer des Neusiedlersees. Beste Produzenten; Mad/Haus Marienberg, Thometitsch.

Pichler, Franz X. ★★★→★★★★ Spitzenerzeuger von Riesling und Grünem Veltliner in Oberloiben/Wachau.

Portugieser Blauer Portugieser.

Prädikatswein Weine von der Qualitätsstufe Spätlese aufwärts (Spätlese, Auslese, Eiswein, Strohwein, Beerenauslese, Ausbruch und Trockenbeerenauslese) sind in Österreich Prädikatsweine.

Prager, Franz ★★→★★★ Mit Josef Jamek einer der Innovatoren des trockenen Weißweins in der Wachau. Sein Schwiegersohn Anton Bodenstein setzt den Weg der Neuerung mit neuen Sorten und hohen Prädikatsweinen fort.

Qualitätswein Die Bezeichnung umfaßt die Qualitätsstufen Qualitätswein und Kabinett.

Retz r w; tr Bedeutender Weinort im westlichen Weinviertel. Bester Erzeuger: Weinbauschule Retz.

Ried Österreichischer Ausdruck für «Lage».

Riesling Der Name bedeutet immer Rheinriesling. Der nicht verwandte Welschriesling wird (fast immer) auch als solcher bezeichnet. Beste Erzeuger: Bründlmayer, Freie Weingärnter Wachau, Hirtzberger, Knoll, Mantler, F. X. Pichler, Prager.

Riesling × Sylvaner Diese Bezeichnung für den Müller-Thurgau hat sich in Österreich fast überall durchgesetzt. Etwa 10 % der österreichischen Rebfläche sind damit bepflanzt. Bester Erzeuger: Hirtzberger.

Rotgipfler Einheimische aromatische Traubensorte der Thermenregion, ergibt zusammen mit dem Zierfandler einen interessanten lebendigen Wein. Beste Erzeuger: Biegler, Schellmann, Stadelmann.

Rust (r) w; tr s Bedeutendster Weinort im Burgenland, seit dem 17. Jahrhundert zu Recht berühmt für seinen Ausbruch. Zunehmend auch Rotwein und trockene Weißweine. Beste Erzeuger: Feiler-Artinger, Schandl, Heidi Schröck, Ernst Triebaumer, Paul Triebaumer, Wenzel.

Salomon-Undhof ★→★★ Sehr guter Erzeuger von Riesling, Weißburgunder und Traminer in Krems. Erich Salomon ist auch Besitzer und Leiter des Weinkollegs Kloster Und.

Salon Österreichischer Wein Jährlich neu gewählte Leistungsschau von zweihundert der besten Weine Österreichs, die auch die tatsächlich besten Weingüter («Kreis der Auserwählten») umfaßt.

Sattler, Willi ★★→★★★ Führender südsteirischer Erzeuger in Gamlitz. Berühmt für Sauvignon blanc und Morillon (Chardonnay).

Schilcher Roséwein aus der einheimischen Rebsorte Blauer Wildbacher mit hoher anregender Säure, Spezialität der Weststeiermark. Beste Erzeuger: Klug, Lukas, Reiterer, Strohmeier.

Schlumberger ★→★★ Bedeutendster österreichischer Schaumweinerzeuger, ausschließlich Flaschengärung nach eigener «Methode Schlumberger» in Wien.

Seewinkel Bezeichnung für den südlichen Teil des Weinbaugebiets Neusiedlersee mit den Gemeinden Apetlon, Illmitz und Podersdorf, mit idealen Voraussetzungen (Luftfeuchtigkeit) für Botrytis-Weine.

Smaragd Höchste Qualitätsstufe der Vinea Wachau, entspricht in etwa der Spätlese.

Spätlese Prädikatswein mit mindestens 19° KMW (94° Öchsle).

Weststeiermark r s; tr Kleinstes österreichisches Weinbaugebiet mit der Spezialität Schilcher. Beste Produzenten: Klug, Lukas, Reiterer, Strohmeier.

Wien (r) w; tr Die Hauptstadt Österreichs ist ein eigenes Weinbaugebiet mit rund 740 ha Weingärten in den Vororten. Zum Großteil werden einfache, aber lebendige Weine für den Heurigen erzeugt, jedoch zunehmend auch Spitzenweine. Beste Erzeuger: Breyer, Mayer, Schilling, Wieninger.

Wieninger, Fritz ★→★★★ Sehr guter Erzeuger in Wien-Stammersdorf, vor allem mit Chardonnay und Rotweinen.

Welschriesling Diese – nicht mit dem Riesling verwandte – Weißweinsorte ist in allen Weinregionen verbreitet und ergibt sowohl leichte, duftige, trockene jung zu trinkende Weine als auch anspruchsvolle Prädikatsweine.

Winzer Krems ★→★★ Winzergenossenschaft in Krems an der Donau mit guten Weißweinen.

Zierfandler Synonym für Spätrot. Fast ausschließlich in der Thermenregion vorkommende Weißweinsorte, ergibt vor allem zusammen mit dem Rotgipfler sehr kräftige, lebendige, auch langlebige Weine. Beste Erzeuger: Biegler, Schellmann, Stadelmann.

Zweigelt Siehe Blauer Zweigelt.

Spanien und Portugal

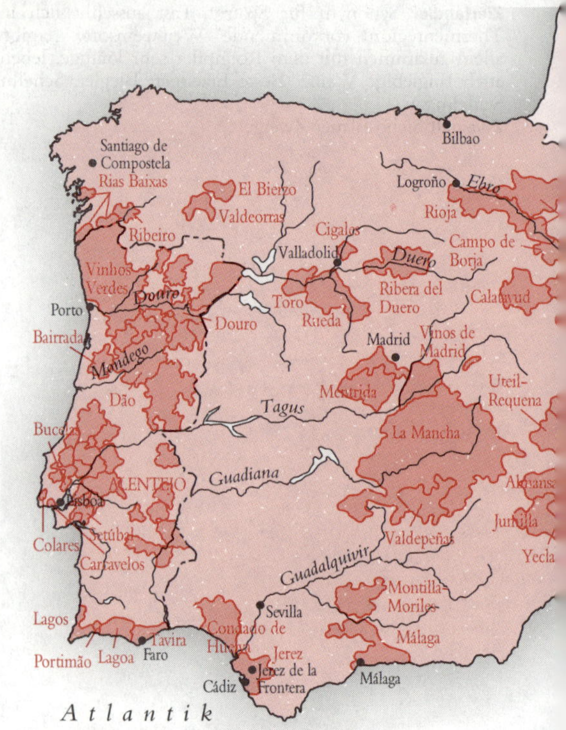

Im Text werden die folgenden Abkürzungen verwendet:

Alen	Alto Alentejo	Cas-Léon	Castilla-Léon	Nav	Navarra
Aig	Algarve	Est	Estremadura	R Alt	Rioja Alta
And	Andaluci	Ext	Estremadura	R Ala	Rioja Alavesa
Ara	Aragón	Gal	Galicia	R B	Rioja Baja
B Al	Beira Alta	Kat	Katalonien	Trás-os-M	Trás-os-Montes
B Lit	Beira Littoral	Lev	Levante	Gᵛ	Vino Generoso
Cas-La M	Castilla-La Mancha	Min	Minho	Res	Reserva

Spanien und Portugal haben seit dem Beitritt zur EG neun Jahre Zeit gehabt, ihren altehrwürdigen Weinbau zu modernisieren. Es ist bereits viel geschehen, aber es bleibt noch viel zu tun. Inzwischen hat sich ein zunehmend produktives Klima entwickelt, und so sind sowohl in den wenigen traditionellen Qualitätsweinbaugebieten als auch in den Bereichen einstigen Massenweinbaus einige herrliche neue Erzeugnisse ans Licht gekommen.

Heute dürfen in Spanien (abgesehen vom Sherry-Land) Katalonien, Rioja, Navarra, Rueda und Ribera del Duero noch immer das größte Interesse beanspruchen. In Portugal sind es (neben Port und Madeira) Bairrada, Douro, Ribatejo, Alentejo und Estremadura sowie Minho. Neu definierte Anbaugebiete («IPR») drängen vor allem in Portugal die alten Bezeichnungen wie z. B. Dão allmählich in den Hintergrund.

Die nachfolgende Aufstellung erfaßt die besten und interessantesten Typen und Regionen der beiden Länder, ganz gleich, ob sie gesetzlich festgelegte Grenzen besitzen oder nicht. Die geographischen Hinweise (siehe Landkarte) beziehen sich auf spanischen Autonomías und Denominaciones de Origen (DO) sowie auf die portugiesischen Provinzen. Sherry, Port und Madeira, nach wie vor die ruhmreichsten Weine der beiden Nationen, sind auf den Seiten 244 bis 253 in einem eigenen Abschnitt berücksichtigt.

Spanien

AGE, Bodegas Unidas R Alt; r (rs) w tr oder s Res ★→★★ 84 85 86 – Große Bodega mit reicher Auswahl; am besten sind die Rotweine Marqués de Romeral und Siglo Gran Reserva. Der rote Saco ist zwar nichts Besonderes, aber zuverlässig, das weiße Pendant jedoch nicht empfehlenswert.

Alavesas, Bodegas R Ala; r (w) Res ★★→★★★ 86 87 91 – Der hell-orangerote Solar de Samaniego war immer einer der feinsten unter den weichen, schnellreifenden Alavesas-Weinen. Stark schwankende Qualität, manche Weine sind übertrieben leicht.

Albariño Hochwertige, aromatische, feine weiße Traube in Galicien; auch ihr Wein. Siehe auch Rías Baixas.

Alella Kat; r (rs) w; tr oder s ★★ – Kleines Anbaugebiet nördlich von Barcelona. Angenehm fruchtige Weine. (Siehe Marfil, Parxet und Marquês de Alella.)

Alicante Lev; r (w) ★ – DO. Die Weine sind meist noch «erdig», alkoholreich und schwer.

Almendralejo Ext; r w ★ – Das Weinbauzentrum von Estremadura. Ein großer Teil des hiesigen Weins wird zu dem für das Spriten von Sherry benötigten Alkohol destilliert. Siehe Lar de Barros.

Aloque Cas-La M; r [★] BV – Leichte (freilich nicht schwache) Spielart des Valdepeñas, der durch gemeinsames Vergären von roten und weißen Trauben bereitet wird.

Alvear And; g [★★★] – Größter Erzeuger vorzüglicher sherryähnlicher Aperitifs und Dessertweine in Montilla-Moriles.

Ampurdán, Cavas del Kat; w rs r Res sch ★→★★ – Großer Erzeuger von weißem (Pescador) und rotem (Cazador) Tafelwein sowie Schaumwein in Tankgärung.

Ampurdán-Costa Brava Kat; r w rs tr ★→★★ – DO-Bereich, angrenzend an die Pyrenäen; v. a. Rosé- und Rotweine aus Genossenschaftsproduktion. Siehe auch Ampurdán, Cavas del.

Año 4° Año (oder Años) bedeutet, daß der Wein nach 4 Jahren Lagerung abgefüllt wurde. Diese früher gebräuchliche Angabe wird inzwischen durch die Jahrgangsbezeichnung bzw. den Begriff «Crianza» weitgehend verdrängt.

Aragonesa, Compañía Vitivinícola Ara; r w rs Res ★★→★★★ 89 91 – Neues Gut in Somontano. Sortenreine Weine der Marke Viñas del Vero: Chardonnay, Riesling, Gewürztraminer, Cabernet Sauvignon usw. Der Rebbestand ist noch jung, der Eichenfaßausbau überzogen; dennoch beobachtenswert.

Bach, Masía Kat; r rs w; tr s; Res [★★]→★★★ 85 – Spektakuläre Bodega bei San Sadurní de Noya im Besitz von Codorníu. Der früher üppige und eichenholzwürzige weiße Extrísimo ist jetzt trocken. Auch gute rote Reservas.

Banda Azul R Alt; r – Früher, zuverlässiger Crianza von Bodegas Paternina.

Baron de Ley RB; r (w) Res ★★★ 85 86 – Neuere, mit El Coto verbundene Bodega; feine Gutsweine.

Barril, Masia Kat; r br; Res ★★ 83 87 91 – Kleines Familiengut in der DO Priorato mit schweren, fruchtigen Rotweinen (der 83er hatte 18 %!); auch feiner *rancio*.

Berberana, Bodegas R Alt; r (w) Res ★→★★★ 85 86 – Am besten sind die fruchtigen, vollen Rotweine, junger Carta de Plata, Carta de Oro Crianza und samtige Reservas.

Berceo, Bodegas R Alt; w r rs; Res ★★→★★★ 87 – Kellerei in Haro. Besonders gut der Gonzalo de Berceo Gran Reserva.

Beronia, Bodegas R Alt; r w; Res ★★→★★★ 73 78 80 85 87 88 – Moderne kleine Bodega, erzeugt ausgezeichnete Rotweine im traditionellen Stil mit Eichenholzaroma sowie frische «moderne» Weißweine. Im Besitz von González Byass.

Bilbainas, Bodegas R Alt; r (rs) w; tr s oder sch; Res [★★] 80 82 85 87 88 89 – Große Bodega in Hareo, Erzeuger verschiedenartiger zuverlässiger Weine, u. a. dunkler Viña Pomal, hellerer Viña Zaco, Vendimia Especial Reserva; auch Cava «Royal Carlton».

Binisalem r w ★★ – Bekanntester DO-Bereich auf Mallorca. Siehe auch Ferrer, José L.

Blanco Weiß.

Bodega 1. Weinhandlung; 2. eine Firma, die sich mit der Herstellung, dem Verschnitt bzw. dem Versand von Wein befaßt, und 3. eine Kellerei.

Bodegas y Bebidas vormals Savin. Eine der größten spanischen Weinfirmen mit Kellereien im ganzen Land. Meist anständige Qualität, preiswerte Markenweine. Beteiligungen an mehreren renommierten Bodegas, z. B. Campo Viejo und Marqués de Puerto.

Campillo, Bodegas r Ala; r (rs) Res ★★★ 78 82 87 – Junge, mit Faustino Martinez verbundene Bodega; Weine in beständig hoher Qualität.

Campo Viejo, Bodegas R Alt; r (w) Res [★]→★★★ 70 82 85 87 88 – Produziert den beliebten, süffigen jungen San Asensio und einige große, fruchtige Reservas, v. a. Marqués de Villamagna. Siehe Bodegas y Bebidas.

Cañamero Ext; w ★ – Abgelegener Ort bei Guadelupe, dessen Weine Flor entwickeln und sich Sherry-ähnlich verhalten.

Can Rafols dels Caus Kat; r w ★★ 88 – Junge kleine Bodega in Penedès mit fruchtigem Cabernet Sauvignon und gefälligem weißem Verschnitt aus Chardonnay, Xarel-lo und Chenin Blanc; auch guter Cabernet/Merlot.

Caralt, Cavas Conde de Kat; sch r w Res ★★ 85 87 – Cava-Schaumwein von einer Zweigfirma von Freixenet, bes. gut der kräftige Brut oJ sowie angenehme nichtschäumende Weine.

Cariñena Ara; r (rs w) [★] – Von Genossenschaften beherrschtes Anbaugebiet; liefert starken Alltagswein in großen Mengen; jetzt durch moderne Techniken neu belebt; die Weine werden leichter.

Casar de Valdaiga Cas-Léon; r w; tr ★★ – Fruchtiger Rotwein, produziert von Pérez Carames in El Bierzo bei León.

Castellblanch Kat; sch [★★] 88 90 – Cava-Firma in Penedès, im Besitz von Freixenet. Der Brut Zero und der Gran Castell Gran Reserva ernten viel Beifall.

Castillo Ygay 25 34 42 59 62 68 Siehe Marquês de Murrieta.
Cava Offizielle spanische Bezeichnung für in Flaschengärung hergestellten Schaumwein und die DO für solchen Schaumwein in ganz Spanien.
Cenalsa Siehe Principe de Viana, Bodegas.
Cenicero Weinstadt in Rioja Alta, von den Römern gegründet.
Cepa Wein- oder Traubensorte.
Cervera, Lagar de Gal; w ★★★ BV – Erzeuger eines der besten Albariños: blumig und intensiv fruchtig, sanft spritzig mit langem Abgang.
Chacolí (r) w ★ BV – Auffällig scharfer, oft perlender Wein von der baskischen Küste; nur 9 bis 11 % Alkoholgehalt. Eigene DO für insgesamt 56 ha. Erzeuger: v. a. Txomín Etxaníz.
Chaves, Bodegas Gal; w ★★ 89 90 (BV) – Kleines Familienunternehmen, erzeugt guten, duftigen, etwas säuerlichen Albariño.
Chivite, Bodegas Julián Nav; r (rs) we tr oder s Res ★★ 85 87 88 89 90 – Größte Bodega in Navarra mit körperreichen, fruchtigen Rotweinen und einem blumigen, ausgewogenen Weißwein. Siehe Gran Feudo.
Cigales Cas-León; r rs ★→★★ – Neu festgelegter Bereich nördlich von Valladolid, v. a. leichte, traditionell als Claretes bezeichnete Rotweine.
Clarete Traditioneller Ausdruck für hellen Rotwein, manchmal auch dunklen Rosé; inzwischen durch die EG untersagt.
Codorníu, Kat; sch ★★→★★★ – Eine der zwei größten Firmen in San Sadurni de Noya. Produziert gute Cava in hochmoderner Technik; 10 Mio Flaschen reifen in den Kellern. Der Non Plus Ultra ist faßgereift. Viele bevorzugen den frischeren Ana de Codorníu, den Première Cuvée Brut (1986/87) und den Chardonnay (1988).
Compañía Vinícola del Norte de España (CVNE) R Alt; r (rs) w; tr s Res ★★→★★★ 82 85 86 87 89 – Rioja-Spitzenbodega. Gute Rotweine aus Haro: Die Crianza ist mit der beste junge rote Rioja, Monopole, früher einer der besten Weißweine mit leichtem Eichenaroma, enttäuscht neuerdings. Vorzügliche Rotweine: Imperial und Viña Real Reserva (CVNE wird «KUNE» gesprochen). Siehe auch Contino.
Conca de Barberá Kat; (r rs) w – Anbaugebiet für Parellada-Trauben zur Cava-Herstellung; soll in die DO Penedès eingegliedert werden. Spitzenmarke: Torres Milmanda Chardonnay.
Condado de Huelva DO Siehe Huelva.
Consejo Regulador Amtliche Organisation für Erhaltung, Kontrolle und Förderung einer Denominación de Origen.
Contino R Ala; r Res ★★★ 81 82 84 85 86 87 88 – Superber Rotwein aus einer Einzellage, von einem Tochterbetrieb der Compañía Vinícola del Norte de España.
Cosecha Ernte oder Weinlese.
Cosecheros Alaveses R Ala; r ★★ 87 88 89 91 92 – Aufstrebende Genossenschaft, v. a. mit gutem, jungem, nicht im Eichenfaß gelagertem Rotwein Artadi.
Costers del Segre Kat; r w rs sch ★★→★★★ – Kleiner DO-Bereich um die Stadt Lleida (Lérida); umfaßt das berühmte Weingut Raimat.

Criado y embotellado por ... Erzeugt und abgefüllt von ...
Crianza Die «Kinderstube», in der der Wein sich entwickelt. Neuer oder ungealterter Wein ist «sin crianza» oder «joven» (jung). Rotwein «Crianza» ist mind. 2 Jahre alt, davon 1 Jahr im Eichenfaß, und darf erst nach dem 3. Jahr freigegeben werden.
Cumbrero Siehe Montecillo, Bodegas.
De Muller Kat; (r w) br ★★→★★★ – Alterwürdige, auf Meßwein spezialisierte Firma in Tarragona, erzeugt guten Priorato und feine, im Solera-System gealterte Dessertweine, vielleicht die üppigsten in Spanien, u. a. Priorato Dulce und Paxarete; ferner duftigen Moscatel Seco.
Denominación de Origen (DO) Anerkannter Weinbaubereich (siehe Seite 221).
Denominación de Origen Calificada (DOCa) Herkunftsbezeichnung für Weine besonders hoher Qualität; bisher darf nur Roja sie tragen (seit 91).
Diaz e Hijos, Jesús Cas-La M; w rs r Res ★★ **86 87 90 91** – Die nicht im Eichenfaß ausgebauten Rotweine der kleinen Bodega bei Madrid sind mehrfach preisgekrönt.
Domecq R Ala; r (r) Res [★★→★★★] **76 78 81 82 83 85** 88 – Besitz der Sherry-Firma Domecq in Rioja. Preiswerter Viña Eguia und exzellenter Marquês de Arienzo als Crianzas und Reservas; duftig und mittelschwer.
Don Darias/Don Hugo r w [★] – Vielverkaufte, preiswerte Rioja-ähnliche Weine aus den nicht zu einer DO gehörenden Bodegas Vitorianas am Alto Ebro. Die Rot- und Weißweine sind beide sauber.
Dulce Süß.
El Bierzo Cas-León – Region nördlich von León, 1990 als DO-Bereich «Bierzo» festgelegt. Siehe Casar de Valdaiga, Palacio de Arganza.
El Coto, Bodegas R Ala; r (w) Res ★★ **78 82 85 89** – Am bekanntesten durch leichte, milde Rotweine El Coto und Coto de Imaz.
Elaborado y añejado por ... Erzeugung und Lagerung durch ...
Espumoso Schäumend (s. a. Cava).
Evena Nav – Staatlich finanzierte Weinbauforschungsstation; hat den Wein von Navarra revolutioniert. Leiter: Javier Ochoa.
Fariña, Bodegas Cas-León; r w; Res ★★ **86 87 89** – Aufsteigender Stern in der neuen DO Toro mit guten, würzigen Rotweinen. Gran Colegiata ist faßgereift, Colegiata nicht.
Faustino Martinez R Ala; r w; (rs) Res **82 83 85 86 87 88** – Gute Rotweine und der trockene, leichte, fruchtige neuartige Faustino V. Die Gran Reserva heißt Faustino I. Von der scheußlichen, auf antik zurechtgemachten Flasche darf man sich nicht abschrecken lassen.
Felix Solis Cas-La M; r [★★] – Die Bodega in Valdepeñas produziert robusten, eichenfaßgereiften Rotwein, Viña Albali, Reserva **(87 88)** und frischen Weißwein.
Ferrer, José L. Mallorca; r Res ★★ **84 85 86 87** – Die bekannteste Bodega in Mallorca in Binisalem. An 2. Stelle steht Vinos Oliver in Felanitx.
Fillaboa, Granxa Gal; w; tr ★★★ BV – Neue kleine Firma mit zartfruchtigen Albariño-Weinen.

Franco-Españolas, Bodegas R Alt; r w; tr oder s; Res ★→★★ 82 **85 87** – Zuverlässige Weine aus Logroño. Bordon ist ein fruchtiger Rotwein. Der liebliche weiße Diamante wird in Spanien gern getrunken. Auch charaktervolle weiße Gran Reserva.

Freixenet Cavas Kat; sch ★★→★★★ – Sehr großer Hersteller von guten Cavas, rivalisiert nach Neuerwerbungen mit Codorníu. Das Programm umfaßt den preiswerten Cordon Negro in schwarzen Flaschen sowie Brut Nature (88), Reserva Real und Premium Cuvée DS (87). Zum Besitz gehören: Gloria Ferrer in Kalifornien sowie das Champagner-Haus Henri Abelé in Reims. Preiswerte Marke: Paul Cheneau.

Galicia Regenreiche Region in Nordwestspanien mit beachtenswerten frischen, aromatischen Weißweinen, v. a. Albariño.

Generoso Alkoholstarker Aperitif oder Dessertwein.

Gonzalez y Dubosc, Cavas Kat; sch ★★ – Zweigbetrieb des Sherry-Giganten Gonzales-Byass. Gefällige Schaumweine, Exportmarke «Jean Perico».

Gran Feudo Nav; w; Res ★★ 89 – Markenname für duftigen Weißwein, erfrischenden Rosé und milden, pflaumenwürzigen Rotwein; die bekanntesten Weine von Julián Chivite.

Gran Reserva Siehe Reserva.

Gran Vas Drucktank (franz.: *cuve close)* zur Herstellung billiger Schaumweine; der Ausdruck dient auch als Bezeichnung dieser Schaumweine selbst.

Guelbenzu, Bodegas Nav; r Res ★★ 89 **90** – Neues 36-ha-Familienweingut in Cascante mit konzentrierten, vollen Rotweinen von Tempranillo, Cab. Sauvignon und Merlot.

Haro Die stilvolle alte Stadt ist das Weinzentrum von Rioja Alta.

Hill, Cavas Kat.; w r; sch; Res ★★ **87 89** – Altes Haus in Penedès mit frischem trockenem Blanc Cru, gutem rotem Gran Civet und Gran Toc und einer delikaten Reserva Oro Brut.

Huelva And; r w br ★→★★ – DO-Bereich («Condado de Huelva») westlich von Cádiz. Weiße Tafelweine und Sherry-ähnliche Generosos, die früher zur Verarbeitung nach Jerez geschickt wurden.

Irache, S. L. Nav; r rs (w); Res ★★ **78 81 82** 81 85 87 91 – Bekannte Bodega mit billigen Alltags-Rotweinen.

Jean Perico Siehe Gonzalez y Dubosc.

Jerez de la Frontera Die Hauptstadt des Sherry.

Joven (vino) Junger, nicht eichenfaßgereifter Wein.

Jumilla Lev; r (w; rs) ★→★★ – Anbaugebiet in den Bergen nördl. von Murcia. Die schweren Weine (bis zu 18 % Alkohol) werden jetzt durch frühere Lese und bessere Technik leichter bereitet, v. a. in der Bodega Vitivino (in franz. Besitz), z. B. für den Altos de Pío.

Juvé y Camps Kat; sch ★★→★★★ – Cava-Firma in Familienbesitz, mit Erfolg um Spitzenqualität bemüht; v. a. Reserva de la Familia (89) wird nur von feinstem Most erzeugt.

Laguardia – Malerische Stadt im Zentrum des Weindistrikts von La Rioja Alavesa.

Lagunilla, Bodegas R Alt; r ★★ **82** 85 **86 87** — Moderne Firma im Besitz der Grand Met. Gefällige, leichte Rotweine mit Eichenholzaroma, u. a. Viña Herminia und Gran Reserva.

Lan, Bodegas R Alt; r (rs w) Res ★★→★★★ 82 83 85 86 – Riesige moderne Bodega, großzügig ausgerüstet, erzeugt aromatischen roten Rioja, u. a. guten Lanciano und Lander sowie frischen weißen Lan Blanco.

Lar de Barros Ext; r; Res ★★ 84 87 – Die extraktreichen Reservas der Bodegas Inviosa haben als erste Weine aus Extremadura auch im Ausland Aufsehen erregt. Ferner Lar de Larres Gran Reservas.

La Rioja Alta, Bodegas R Alt; r (rs) w; tr (oder s) Res ★★★ 73 75 81 84 85 86 87 88 – Vorzügliche Weine, bes. der rote Crianza Viña Alberdi, der samtige Ardanza, die leichtere Araña Reserva, die herrliche Reserva 904 und die wunderbare Reserva 890. (Künftig nur noch Reservas und Gran Reservas.)

Léon Cas-León; r rs w; ★→★★ 82 85 86 88 91 – Ein beachtenswertes Gebiet im Norden. Die Weine sind oft fruchtig, trocken und erfrischend, v. a. von Viños de León (früher VILE), z. B. der junge Coyanza, der reifere Palacio de Guzman und der vollblütige Don Suero Reserva. S. a. El Bierzo.

Léon, Jean Kat; r w Res ★★★ 78 79 83 85 87 – Kleiner Betrieb, Eigentum eines Restaurantbesitzers aus Los Angeles, mit gutem, faßgereiftem Chardonnay und tiefen, körperreichen Cabernet-Weinen, die lange Lagerung lohnen; seit Jahrgang 1980 allerdings nicht mehr so sehr.

Logroño Wichtigste Stadt der Region Rioja. Haro hat mehr Charme und mehr Bodegas.

López de Heredia R Alt; r (rs) w; tr oder s; Res★★→ ★★★ 64 76 78 80 81 82 83 84 85 86 87 – Alteingesessene bekannte Bodega in Haro mit ausnehmend langlebigen, höchst traditionellen Weinen, seit 1985 etwas variabel. Viña-Tondonia-Rot- und -Weißweine sind delikat und fein; Viña Bosconia fein und vollmundig.

López Hermanos Malaga ★★ – Große Bodega mit kommerziellen Malaga-Weinen, u. a. den populären Malaga Virgen und Moscatel Gloria.

Los Llanos Cas-La M; r (rs w); Res ★★ 82 83 84 86 87 88 90 – Eine aus der wachsenden Zahl von Bodegas in Valdepeñas, die ihren Wein in Eichenfässern ausbauen. Das Angebot umfaßt eine Reserva, Gran Reserva sowie eine hochpreisige Pata Negra Gran Reserva sortenrein von Cencibel (Tempranilla). Ferner ein sauberer, fruchtiger Weißwein «Armonioso». Beobachtenswert.

Magaña, Bodegas Nav; r Res ★★★ 80 81 82 83 85 – Junge kleine Bodega mit exzellentem Merlot-Rotwein (die Reben wurden bei Pétrus gekauft) und Cabernet Sauvignon. Etwas variable Jahrgänge.

Málaga And; br; s ★★→★★★ – DO-Bereich um die Stadt Málaga. Die besten dieser Dessertweine stehen einem Tawny-Port kaum nach. Siehe Scholtz.

Mallorca Auf der Insel entsteht interessanter Wein nur von José Ferrer, Miguel Oliver und Jaume Mesquida. Ansonsten ist katalonischer Wein zu empfehlen.

Mancha, La Cas-La M; r w ★→★★ – Großes Anbaugebiet nördl. und nordöstl. von Valdepeñas. Vorwiegend Weißwein; den Rotweinen fehlt die Lebendigkeit besserer Valdepeñas, doch gibt es deutliche Anzeichen für Besserung. Beachtenswert.

Marfil Kat; r (rs) w ★★ – Zu deutsch «Elfenbein». Markenname für Alella Vinícola (Bodegas Cooperativas), dem ältesten Erzeuger in Alella; heute Erzeuger von lebendigen, aber recht teuren Weißweinen im neuen Stil.

Marqués de Alella Kat; w (sch) ★★ 91 93 (BV) – Leichte und duftige Alella-Weißweine von Parxet; z. T. Chardonnay in moderner Technik bereitet; ferner Cava.

Marqués de Cáceres, Bodegas R Alt; r rs w ★★→★★★ 82 85 86 87 89 – Guter roter Rioja, nach moderner franz. Methode aus Cenicero-Trauben (R Alt) bereitet; ferner ein leichter, duftiger (BV) und ein etwas übermäßig eichenfaßgereifter Weißwein.

Marqués de Griñon Cas-La M; r w ★★★ 87 88 – Unternehmungslustiger Aristokrat, Erzeuger von sehr feinem Cabernet aus Toledo, südl. von Madrid, einer sonst nicht für Wein bekannten Gegend. Fruchtige, ziemlich jung zu trinkende Weine; ferner in Rueda ein exzellenter Weißwein Selección Especial 91 von Verdejo-Trauben.

Marqués de Monistrol, Bodegas Kat; w r tr s sch Res ★★ 85 89 – Altehrwürdige Bodega, heute im Besitz von Martini & Rossi. Zuverlässige Cavas.

Marqués de Murrieta R Alt; r rs w; Res ★★★→★★★★ 34 42 52 59 62 68 70 78 83 85 – Hochangesehene, historische Bodega bei Logroño mit feinsten Riojas. Auch bekannt: Rotweine Etiqueta Blanca und Castillo Ygay, eichenfaßgereifter Weißwein im alten Stil und ein wunderbarer Rosado Reserva ebenfalls im alten Stil. Außer beim Rosado in letzter Zeit enttäuschende Qualität.

Marqués del Puerto R Al; r (rs w) Res ★★→ ★★★ 86 87 88 – Kleine Firma, vormals Bodegas López Agos; heute im Besitz von Bodegas y Bebidas. Ausgewogene, zuverlässige Weißweine.

Marqués de Riscal R Ala; r (p und w) Res ★★→ ★★★ 76 87 88 – Bekannteste Bodega von Rioja Alavesa. Relativ leichte und trockene Rotweine. Alte Jahrgänge sehr fein, danach kamen einige Enttäuschungen; jetzt wieder in Form. Der zu 50 % aus Cabernet Sauvignon bestehende Rotwein Baron de Chirel ist prachtvoll (neu seit 86). Weißweine aus Rueda, u. a. sehr guter Sauvignon Blanc sowie eichenfaßgereifte Reserva Limousin.

Martinez-Bujanda R Ala; r w rs; Res ★★★ 81 82 85 86 87 89 91 – 1985 wiedergegründete Familien-Bodega in Rioja mit guter Ausstattung. Vorzügliche Weine, u. a. fruchtiger «sin crianza» und unwiderstehlicher Rosado sowie noble Valdemar Reservas.

Mascaró, Cavas Kat; sch; r rs w ★★→★★★ – Hersteller eines der besten spanischen Brandys, von gutem Schaumwein, zitronenfrischem, trockenem weißem Vina Franc und gutem (85er) Anima Cabernet Sauvignon.

Mauro, Bodegas Cas-León; r ★★ 84 85 86 87 89 – Junge Bodega in Tudela del Duero bei Valladolid mit rundem, fruchtigem Rotwein Tinta del País (Tempranillo), der jedoch nicht als DO anerkannt ist, weil er von den Bodegas Sainz in Rueda produziert wird.

Méntrida Cas-La M; r w ★ – Anbaugebiet westlich von Madrid, liefert roten Alltagswein.

Milmanda ★★★ BV. Siehe Conca de Barberá, Torres.

Monopole Siehe Compañía Vinícola del Norte de España.

Montánchez Ext; r g ★ – Ort bei Mérida, die dortigen Rotweine entwickeln Florhefe wie Fino Sherry.
Montecillo, Bodegas R Alt; r w (rs) Res ★★ – Rioja-Bodega im Besitz von Osborne (siehe Seite ●●). Sehr ansprechende, jung zu trinkende Weine; neuere Jahrgänge sehr fragil.
Montecristo, Bodegas [★★] – Bekannte Marke von Montilla-Moriles-Weinen.
Monterrey Gal; r ★ – Bereich nahe der Nordgrenze von Portugal; kräftige Weine ähnlich wie die von Verín.
Montilla-Moriles And; [★★→★★★] – Weinbaugebiet bei Córdoba. Der frische, Sherry-ähnliche Fino und Amontillado enthält 14–17,5 % natürlichen Alkohol und bleibt ungespritet. Gute Beispiele sind auf besondere Art schmackhaft.

Der charakteristische Rioja-Stil

Für den Spanier bedeutet Wein mit dem Geschmack der amerikanischen Eiche eine herrliche Gaumenfreude. Eichenholz enthält Vanillin, daher zeichnen sich alle traditionellen spanischen Spitzenweine – z. B. die Reservas von Rioja (rote und weiße) – durch das charakteristische Vanillearoma aus. Eine Zeitlang hatte sich die Mode (vielleicht zu weit) vom eichenholzduftigen Aroma der alten Rioja-Weißweine abgewandt, doch nun schwingt das Pendel zurück, allerdings zu subtileren Eichenholztönen als früher. Beim roten Rioja wird die Verschwisterung von reifem Fruchtaroma und Eichengeschmack nach wie vor hoch geschätzt.

Muga, Bodegas R Alt; r (w) Res (sch) [★★★] 82 **85 86 87 88** – Kleiner Familienbetrieb in Haro, erzeugt mit die besten roten Riojas, und zwar streng nach der traditionellen Methode. Die Weine sind leicht, sehr würzig, mit langem, komplexem Nachgeschmack. Der beste ist Prado Enea (1982 hervorragend, dagegen 86, 87, 88 weit unter Form). Die Weiß- und Schaumweine sind nicht so gut.
Navajas, Bodegas R Alt; r w; Res [★★] 85 89 – Kleines Haus mit preiswerten fruchtigen und körperreichen Rotweinen, Crianzas und Reservas. Auch ausgezeichneter eichenfaßgereifter Viura-Weißwein sowie Rosado Crianza mit Kirschen- und Vanillenoten.
Navarra Nav; r rs (w) ★★ – Weinbaugebiet; v. a. fruchtige Rosés und robuste Rotweine, inzwischen auf gutem Weg mit stilvollen Tempranillo- und Cabernet-Sauvignon-Rotweinen und Reservas in Rioja-Qualität. Siehe Chivite, Magaña, Ochoa, Principe de Viana.
Nuestro Padre Jésus del Perdón, Coop. de Cas-La M; r w [★] → ★★ 85 86 88 91 BV – Preiswerter frischer weißer Lazarillo und überaus süffiger Yuntero, rein von Cencibel (alias Tempranillo), eichenfaßgereift.
Ochoa Nav; w rs r Res [★★→★★★] 88 **89** – Kleine Familien-Bodega mit exzellentem Weißwein, jedoch bekannter durch gute Rot- und Roséweine, darunter hervorragender reiner Tempranillo. Cabernet Sauvignon und Verschnitte weniger interessant.

Olarra, Bodegas R Alt; r (w rs) ★★ – Große, moderne Bodega bei Logroño, eines der Prunkstücke von Rioja. Vor 5 bis 6 Jahren v. a. durch seidige, ausgewogene Rotweine Cerro Añon von Interesse; heute enttäuschende Qualität.

Palacio, Bodegas R Ala; w rs r; Res ★★ 81 82 85 86 87 89 90 91 – Im Besitz von Seagram; inzwischen von einer Flaute erholt; v. a. Glorioso Reserva.

Palacio de Arganza Cas-León; r rs (w) Res ★★ 83 85 – Bekannteste Bodega in der neuen DO Bierzo zwischen León und Galicia. Der recht ungleichmäßige rote Almena del Bierzo ist sehr probierenswert.

Palacio de Fefiñanes Gal; w; Res ★★★ – Berühmt für untypischen Albariño-Wein: ohne Perlen und 3 bis 5 Jahre im Eichenfaß ausgebaut.

Parxet Kat; w rs; sch ★★ – Erzeuger von vorzüglicher, frisch-fruchtiger, überschäumender Cava, der einzigen aus Alella, und eleganten Marqués-de-Alella-Weißweinen aus Alella.

Paternina R Alt; r (rs) w; tr oder s; Res ★→★★ 73 – Bekannter Name, bes. für Banda Azul. Die Marke Conde de los Andes war fein – v. a. der 64er, 70er und 73er –, neuere Jahrgänge enttäuschen jedoch, wie bei anderen Riojas auch. Am beständigsten der saubere, kühl vergorene Weißwein Banda Dorada (BV).

Paxarete Traditionelle, dunkelbraune, intensiv süße, fast schokoladenartige Spezialität von Tarragona. Unbedingt probieren! Siehe De Muller.

Pazo Gal; r rs w [★★] BV – Markenname der Winzergenossenschaft Ribeiro, deren Weine den Vinhos Verdes ähneln. Lokalfavorit ist der rauhe Rotwein. Dagegen sind die gefälligen spritzigen Weißweine Pazo und Xeito sicherer, und der Viña Costeira hat echte Qualität.

Pazo de Barrantes Gal; w ★★★ 91 93 – Neuer Albariño aus Rias Baixas aus einem Weingut des Conde de Creixels von Murrieta. Delikat, exotisch, von untadeliger Qualität, aber sehr teuer und schwer zu bekommen.

Peñafiel Ort am Duero bei Valladolid. Siehe Bodegas Ribero Duero.

Penedès Kat; r w; tr sch ★→★★★ – Anbaugebiet mit Vilafranca del Penedés, San Sadurní de Noya und Sitges. Siehe auch Torres.

Perelada Kat; (r rs) w; sch ★★ – Im Bereich Ampurdan an der Costa Brava. Am bekanntesten durch Schaumwein in Flaschengärung (Cava) bzw. Tankgärung (Gran Vas).

Perez Pascuas Hnos. Cas-León; r (rs) Res ★★★ 87 88 89 91 – Winzige, mit Sorgfalt geführte Familienbodega in Ribera del Duero. In Spanien gilt ihr fruchtiger und komplexer roter Viña Pedrosa als einer der besten im Land.

Pesquera Cas-León; r ★★★ 85 86 87 88 89 90 91 – Ribera-del-Duero-Rotwein, in kleinen Mengen erzeugt von Alejandro Fernandez. Robert Parker beurteilte ihn als ebenbürtig mit Bordeaux Grands Crus. Janus ist eine noch teurere Spezialabfüllung.

Piqueras, Bodegas Cas-La M; r [★★] 82 83 85 87 – Kleine Familien-Bodega mit einigen der besten Rotweine von La

Mancha, u. a. Castillo de Almansa Crianza und Marius Gran Reserva.

Principe de Viana, Bodegas Nav; r w ★★ 89 90 91 – Großes Haus (vormals «Cenalsa») für den Ausbau von Genossenschaftsweinen; vertreibt verschiedene Navarra-Weine, u. a. blumigen Weißwein im neuen Stil und fruchtigen roten «Agramont».

Priorato Kat; br r ★★★ 83 85 87 88 89 91 – Enklave in Tarragona, bekannt für alkoholstarken «Rancio» und großartigen, fast schwarzen, körperreichen Rotwein, der oft zu Verschnitten verwendet wird, dessen beste Vertreter jedoch mit ihrer brombeerhaften Art zur Spitze Spaniens zählen. Leichterer Priorato wird in Barcelona als guter offener Wein verkauft. Siehe de Muller, Scala Dei, Barril.

Protos Siehe Ribero Duero, Bodega.

Raimat Kat; r w rs; sch ★★→★★★ (Cab.) 83 84 85 86 87 88 89 90 – Saubere, feste Weine aus der neuen DO Costers del Segre bei Lérida, von Codorníu mit Cabernet, Chardonnay und anderen ausländischen Rebsorten neu bepflanzt. Ferner gute Cava rein von Chardonnay. Formschwäche?

Rancio Maderisierter (braun gewordener) Weißwein.

Raventos i Blanc Kat; w sch ★★→★★★ 85 86 87 – Exzellente Cava der höchsten Preisklasse; ferner frischer Weißwein El Preludi (91).

Real Divisa, Bodegas R Alt; r Res ★★ 85 86 87 90 – Malerische Bodega in Abalos, eine der wenigen in Rioja, die nur Frucht aus eigenem Anbau verarbeitet. Bekannt durch Marqués de Legarda Reservas.

Remélluri La Granja R Ala; r Res ★★★ 85 87 88 89 – Der kleine Betrieb erzeugt seit 1970 sehr guten traditionellen roten Rioja, und zwar von Jahr zu Jahr besser.

René Barbier Kat: r w; Res ★★ 86 87 89 – Im Besitz von Freixenet. Bekannt durch frischen weißen Kraliner und rote R. B. Reservas sowie preiswerte Cava und «Mediterraneo»-Stillweine.

Reserva Über längere Zeiträume gereifter Wein guter Qualität. Rote Reservas müssen mind. 1 Jahr im Faß und 2 Jahre in der Flasche gelagert sein; Gran Reservas 2 Jahre im Faß und 3 Jahre in der Flasche. Manche reifen danach noch jahrelang.

Rías Baixas Gal; w ★★→★★★ – DO-Bereich mit den Unterbereichen Val do Salnés, O Rosal und Condado de Tea; hier entstehen mit die besten (und teuersten) kühlvergorenen Weißweine Spaniens, v. a. von der Albariño-Traube.

Ribeiro Gal; r (rs) w ★→★★ – Anbaugebiet an der Nordgrenze Portugals, u. a. mit Weinen in ähnlichem Stil wie portugiesischer Vinho verde.

Ribera del Duero Historisches Anbaugebiet östl. von Valladolid mit vielen anerkannt guten Tinto-Fino-(Tempranillo-)Rotweinen. Die Jahrgänge sind recht unterschiedlich und die Preise hoch. Siehe Vega Sicilia, Peñafiel, Torremilanos, Tinta Pesquera, Perez Pascua. Auch Mauro.

Ribera Duero, Bodegas Cas-León; r w Res ★★ → ★★★ 76 79 80 82 83 85 86 87 89 – Ehemals die Genossenschaft von Peñafiel und die zweitälteste Kellerei in Ribera del Duero; inzwischen privatisiert. Fruchtige junge Rotweine und geschmacksintensiver (nicht unbedingt gefälliger) Protos Reserva.

Rioja Santiago R Alt; r w; tr s Res ★→★★ **81** 87 90 – Bodega in Haro mit bekannten Marken, darunter die meistverkaufte Sangría in Flaschen. Ihre Rotweine Condal und Gran Enologica sind achtbar.

> **Rioja** Cas-León; r rs w; sch; **64 70 73 78 81 82** 89 90 91 – Aus dem Hochland am Ebro im Norden Spaniens kommen viele der besten spanischen Tischweine aus rund 60 Bodegas de Exportación. Die berühmten Rotweine bestehen vorwiegend aus Tempranillo; andere Traubensorten und Eichenholzaroma werden je nach Mode und Jahrgang hinzugefügt. Der Bereich ist in drei getrennten Verwaltungen unterstehende Gebiete unterteilt:
> **Rioja Alavesa** Nördlich vom Ebro. Aus diesem Teil kommen feine, zumeist helle und leichte, aber besonders würzige Rotweine.
> **Rioja Alta** Südlich vom Ebro und westlich von Logroño. Hier werden die meisten der feinsten und ausgewogensten Rot- und Weißweine und etwas Rosé erzeugt.
> **Rioja Baja** Erstreckt sich östlich von Logroño und liefert gröbere, alkoholreiche Rotweine, die oft für Verschnitte verwendet werden.

Riojanas, Bodegas R Alt; r w (rs) ★★→★★★ **64 70 73 75 78 81 82 83 85 86** 88 91 – Alte Bodega, produziert guten traditionellen Viña Albina **(78 85 86)** sowie große, milde Monte Real Reservas **(70, 82)**.

Rosado Rosé.

Rovellats Kat; sch ★★→★★★ **91** – Kleine Familienfirma; einziges Produkt eine gute (und teure) Cava, die in einigen spanischen Spitzenrestaurants angeboten wird.

Rovira, Pedro Kat; r rs w tr oder br Res ★→★★ – Große Firma mit Bodegas in den DO-Zonen Tarragona, Terra Alta und Penedès. Reiche Auswahl.

Rueda Cas-León; br w ★→★★ – Kleines historisches Anbaugebiet westlich von Valladolid mit traditionellen, Flor entwickelnden, Sherry-artigen Weinen mit bis zu 17 % Alkoholgehalt. Quelle frischer Weißweine, u. a. von Marquês de Riscal und Marquês de Griñon. Die Verdejo-Traube ist seine Geheimwaffe.

Ruiz, Santiago Gal; w ★★★ BV – Kleine, angesehene Bodega (jetzt im Besitz der Bodegas Lan) in der neuen DO Rias Baixas (Galicien), deren zitronenfrischer Albariños zu den besten seiner Art zählt.

Salceda, SA, Bodegas Viña R Ala; r Res ★★ **82 85 88** – Fruchtige, ausgeglichene, leichte Rotweine.

Sangre de Toro Markenname für einen vollaromatischen Rotwein von Torres.

Sangría Eine Art Rotwein-Cocktail mit Eis, Zitrusfrüchten, Brandy und Limonade. Leider sehr oft ein billiger Perlwein.

Sanlúcar de Barrameda Zentrum des Bezirks Manzanilla.

San Sadurní de Noya Kat; sch ★★→★★★ – Stadt südlich von Barcelona, unterhöhlt mit Kellern, in denen Dutzende von Firmen Schaumwein (Cava) produzieren. Der Qualitätsstand kann sehr hoch sein, der Geschmack (der Parellada- und anderer Trauben) unterscheidet sich deutlich vom Champagner.

San Valero, Bodega Cooperativa Ara; r rs (w) Res ★→★★ **85 87** 88 – Große Winzergenossenschaft in Cariñena mit modernen Weinen: guter roter Monte Ducay Crianza, frischer, spritziger Percebal Rosado und preiswerter Rot- und Weißwein «Don Mendo».

Sarría, Bodegas de Nav; r (rs) w ★★→★★★ **73 74 75 76 78 81 82** 84 **87 88 89** – Muster-Weingut und -Bodega bei Pamplona. Hier werden Weine produziert, die an Rioja-Standard heranreichen.

Scala Dei, Cellars de Kat; r Res ★★→★★★ **87 88** 89 92 – Eine von wenigen Bodegas in der kleinen DO Priorato. Körperreiche Rotweine (v. a. Gran Reserva), z. T. eichenfaßgereift, sowie der einzige Weißwein der Region, Scala Dei Blanco. Neuerdings nicht mehr so alkoholstark. Seit 1992 auch köstlicher Tavel-ähnlicher Rosado.

Scholtz, Hermanos And; br ★★→★★★ – Erzeuger von erstklassigem Málaga, u. a. trockener 10jähriger «Amontillado», ausgezeichneter Moscatel und traditioneller Dulce y Negro. Am besten ist der Dessert-Solera Scholtz 1885.

Seco Trocken.

Segura Viudas, Cavas Kat; sch ★★→★★★ – Cava aus Penedès (im Besitz von Freixenet). Empfehlenswert ist der Jahrgangs-Brut, Aria oder Reserva Heredad.

Serra, Jaume Kat.; r w; Res ★★ 86 88 91 – Firma in Penedès; erfrischende, sortenreine Weißweine, fruchtige, ausgewogene Rotweine und Cava.

Sin Crianza Siehe Crianza.

Sitges Kat; w; s ★★ – Badeort an der Küste südlich von Barcelona, früher bekannt für Dessertweine aus der Moscatel- und Malvasia-Traube. Heute gibt es nur noch einen Erzeuger: Celler Robert.

Somontana Weinbaugebiet in den Ausläufern der Pyrenäen. Am bekanntesten sind die Bodegas Lalanne, eine alte französische Gründung (v. a. der Rotwein Viña San Marcos von Tempranillo, Moristel und Cabernet Sauvignon sowie Weißwein von Maccabeo und Chardonnay), und Cooperativa Somontano de Sobrarbe (v. a. Montesierra-Programm sowie faßgereifter Señorío de Lazán) sowie die neue COVISA (Viñas del Vero).

Tarragona Kat; r w; tr s; br ★→★★★ – 1. Tafelweine aus dem gleichnamigen Bereich; nicht besonders bemerkenswert. 2. Dessertweine von de Muller.

Tinto Rot.

Toro Cas-León; r ★– Anbaugebiet, 200 km nordwestl. von Madrid; früher sehr schwere Rotweine (bis 16°), inzwischen aber auch mit leichterer, harmonischer Art. Siehe Bodegas Fariña.

Torremilanos Cas-León; r Res ★→★★ 86 87 88 – Etikett der Bodegas López Peñalba, eines aufstrebenden Familienbetriebs bei Aranda de Duero. Die Rotweine von der Tinto-Fino-

Traube (Tempranillo) sind leichter und Rioja-ähnlicher als die meisten anderen. Weiteres Etikett «Peñalba».

Torres, Bodegas Kat; r w; tr oder lbl rs Res ★★→★★★★ **83 85 86 87 88 89 90 91 93** – Weltberühmtes Familienunternehmen, Erzeuger hervorragender Weine aus Penedès und Bannerträger für ganz Spanien. U. a. blumiger weißer Viña Sol, Green Label Fransola (Sauvignon Blanc und Parellada), Gran Viña Sol, der in Eiche vergorene Milmanda-Chardonnay, der liebliche, würzige Esmeralda, Waltraud Riesling, die roten Tres Torres und Gran Sangre de Toro, die vorzüglichen Gran Coronas Reservas (Cabernet), der frische, milde Las Torres Merlot und der rote Santa Digna Pinot-Noir. Mas Borras ist ein neuer reiner Pinot Noir. Die Familie hat jetzt auch in Chile und Kalifornien Weinberge.

Utiel-Requena Lev; r (w) – Anbaugebiet westlich von Valencia. Kräftige Rotweine und robuster Vino de doble Pasta für Verschnitt und leichte und blumige Roséweine.

Valbuena Cas-León; r ★★★ **83 84 85 86 88** – Wird aus denselben Traubensorten gekeltert wie Vega Sicilia, kommt aber mit 3 bis 5 Jahren zum Verkauf. Manche mögen ihn lieber als seinen «großen Bruder»; mit etwa 10 Jahren ist er am besten.

Valdeorras Gal; r w; tr ★→★★ – Anbaugebiet östlich von Orense, trockene und (bestenfalls) erfrischende Weine.

Valdepeñas Cas-La M; r (w) ★→★★ – Anbaugebiet nahe der andalusischen Grenze. Trotz hohem Alkoholgehalt sind die Weine (v. a. Rotweine) überraschend mild im Aroma. Bessere Weine werden jetzt in Eichenfässern gealtert (z. B. Los Llanos und Felix Solis).

Valencia Lev; r w ★ – Weinbaugebiet, exportiert saubere süffige Tafelweine in großen Mengen; auch einige erfrischende Weißweine, v. a. Moscatel.

Vallformosa, Masia Kat; w rs; sch; Res ★ ★ **85 87 88** – Guter Penedès-Wein, u. a. frischer, trockener weißer Gran Blanc, guter roter Vall Fort und Vall Reservas.

Vega de la Reina Cas-León; w r Res ★ ★ **70 73 75 78 80 81 82** 85 – Rueda-Bodega mit komplexen, eichenholzduftigen Rotweinen im alten Stil und Anklängen an die Qualität des berühmten Vega Sicilia, auch mit einem charaktervollen weißen Verdejo.

Vega Sicilia Cas-León; r; Res ★ ★ ★ ★ **41 48 53 59 60 61 62 64 66 67 69 72 73 74 75** 76 **79 80 82** – Einer der allerbesten spanischen Weine, körperreich, fruchtig, pikant, rar und faszinierend. Bis zu 16 % Alkoholgehalt. Reserva Especial ist ein Verschnitt v. a. der Jahrgänge 62 und 79! Siehe auch Valbuena.

Vendimia Weinlese.

Verín Gal; ★– Stadt nahe der Nordgrenze Portugals. Die lokalen Weine sind die stärksten in Galicia, ohne Bläschenbildung, mit bis zu 14 % Alkoholgehalt.

Viña Weinberg. Weine wie Tondonia (Lopez de Heredia) bestehen jedoch nicht unbedingt nur aus Trauben vom genannten Weinberg.

Viña Pedrosa Siehe Perez Pascuas.

Viña Toña Kat; w ★★→★★★ 93 BV – Sauberer, frischer, fruchtiger Weißwein von Xarello-Trauben und Chardonnay ohne Eichenfaßausbau aus der kleinen Firma Celler R. Balada. Das in Spanien große Renommee ist gerechtfertigt.
Viñas del Vero Ara; w re r Res ★★→★★★ – Beachtenswerte Somotano-Weine der Compañia Vitivinícola Aragonesa.
Vinícola de Castilla Cas-La M; r rs w ★★ **83 84 87** 89 91 92 – Großer Betrieb in La Mancha. Schmackhafter roter und weißer Castillo de Alhambra. Spitzenweine: Cabernet Sauvignon und Cencibel (Tempranillo), Señorío de Guadianeja Gran Reservas **(84)**.
Vinícola Navarra Nav; w; rs r; Res ★★ 78 82 84 88 90 – Alteingesessene Bodega mit durch und durch traditionellen Navarra-Weinen. Am besten: Castillo de Tiebas und Las Campanas **(88)**.
Vinival, Bodegas Lev; r w ★ – Großes Unternehmen in Valencia, vertreibt den meistgetrunkenen Wein der Region: Torres de Quart (am besten als Rosé).
Vino común/corriente Einfacher Wein.
Vino Joven Siehe Joven.
Vitivino, Bodegas Lev; r ★★→★★★ **88 89** 91 – Der Franzose J.-L. Gadeau hat in Jumilla mit seinem lebendigen oder fleischigen Altos de Pío von der Lokaltraube Monastrell Aufsehen erregt.
Yecla Lev; r ★ – DO-Bereich nördlich von Murcia. Guter Rotwein aus den Bodegas Castaño.
Ygay Siehe Marqués de Murrieta.
Yllera Cas-León; r ★★ **86 88 89** – Preiswerter roter Ribera del Duero von Los Curos (da er jedoch in Rueda abgefüllt wird, fällt er nicht unter die DO).

Portugal

1990 wurden 31 neue portugiesische Weinbaubereiche eingerichtet, sogenannte IPR (Indicações de Proveniência Regulamentada). Ihre Weine, von der EG als VQPRD bezeichnet, erhalten nach 6 Jahren Probezeit vollen DOC-Status. Bereits bewährte Bereiche sind in dieser Ausgabe verzeichnet.
Sherry, Port und Madeira siehe Seiten 244 bis 253.

Abrigada, Quinta de Est; r w; Res ★★ 80 86 – Familienweingut mit charaktervollen leichten Weißweinen und kirschfruchtigem Periquita-Rotwein. Am besten die eichenfaßgereiften Garrafeiras.
Adega Keller, Weinkellerei.
Alenquer Est; r w – Granatrote, vollaromatische Rotweine und kräftige Weißweine aus einem neuen IPR-Bereich nördlich von Lissabon.
Alentejo r (w) ★→★★★ – Großes Gebiet in Südportugal mit nur wenig Weinbau an der spanischen Grenze, allerdings

tritt das Potential für vorzüglichen Wein schnell hervor. Die meisten Weine werden bisher von Genossenschaftskellereien erzeugt. Gutsweine von Rosado Fernandes, Herdade de Mouchao, Quinta do Carmo (jetzt Rothschild-Besitz) und Esporao zeigen Kraft und Stil. Die besten Genossenschaften befinden sich in Redondo, Borba und Reguengos de Monsarraz. Man darf immer mehr Interessantes erwarten.

Algarve Alg; r we ★ – Zurückgestuftes Weinbaugebiet in einer Touristengegend. In punkto Wein hat man mit wenigen Ausnahmen freilich zu Hause nicht viel zu erzählen.

Aliança, Caves; r w; sch; Res ★★→★★★ – Große Firma mit Sitz in Bairrada; Schaumwein in Flaschengärung und verschiedene Rot- und Weißweine, u. a. gute Bairradas und reife Dãos. Aliança Tinta Velha ist der meistverkaufte Rotwein Portugals.

Almeirim Ribatejo; r w – Großer neuer IPR-Bereich östlich von Alenquer. Die Genossenschaft produziert den bewundernswert fruchtigen, äußerst preiswerten Lezíria (alias Ramada).

Almodovar, Casa Agricola Alen; w r Res ★★ **84** 86 87 – Die in Vidigueira beheimatete Adega ist besonders durch Weißwein bekannt, aber auch die Rotweine sind probierenswert.

Amarante Teil des Vinho-verde-Gebiets. Die Weine sind hier schwerer und gehaltvoller als weiter im Norden.

Arrábida Est; bei Lissabon; r w – Neuer IPR-Bereich am Atlantik, westlich von Setubal. Angeblich verleiht das Arrabida-Gebirge den Weinen besonderen Charakter. Rotweine vorwiegend von Periquita (etwas Cabernet Sauvignon ist zulässig).

Arruda, Adega Cooperativa de B Al; r Res ★ – Besonders preiswert ist der Vinho Tinto Arruda; die Reserva ist jedoch nicht zu empfehlen.

Aveleda, Quinta da Douro; w; ★★ BV – Erstklassiger Vinho verde vom Gut Aveleda der Familie Guedes (zu Mateus gehörig). Wird in Portugal trocken verkauft, für den Export aber gesüßt.

Azeveda, Quinta de Min; w ★★ BV – Sehr guter Vinho Verde von Sogrape, rein von der Loureiro-Traube.

Bacalhoa, Quinta da Est; r Res ★★★ **81 82 83 84 85** 87 88 90 – Weingut bei Setúbal in amerikanischem Besitz; sein berühmter, harmonischer, fruchtiger, mittelschwerer Cabernet Sauvignon wird von J. P. Vinhos bereitet.

Bairrada B Lit; r w; sch ★→★★★ **78 79 82** 85 87 89 – DOC-Bereich mit ausgezeichneten roten Garrafeiras. Auch guter Schaumwein in Flaschengärung. Neuerdings große Exporterfolge.

Barca Velha («Ferreirinha») Trás-os-M; r; Res ★★★★ **78 81 82 83 84 85** – Der vielleicht beste Rotwein Portugals, von der Port-Firma Ferreira (jetzt im Besitz von Sogrape) am oberen Douro in kleinen Mengen bereitet – kraftvoll und nachhaltig, mit tiefem Bukett, von jüngeren Rivalen noch unerreicht.

Barrocão, Cavas do B Lit; r w; Res ★→★★★ – Firma in Bairrada mit gutem rotem Dão und erstklassigen Bairrada Garrafeiras **(60 64)**.

Basto – Teil des Vinho-verde-Gebiets am Tamega. Hier wird mehr herber Rotwein als Weißwein produziert.

Borba Alen; r ★→★★ – Kleiner VQPRD-Bereich bei Evora, liefert einige der besten Weine aus Alentejo.

Borba, Adega Cooperativa de r Res (w) ★→[★★] 82 84 87 88 89 – Führende Genossenschaftskellerei im Alentejo, mit Edelstahltanks und Eichenfässern aus EG-Mitteln modernisiert. Vollmundiger, fruchtiger roter Vinho de ano und sehr guter 82er Reserva.

Borges & Irmãs Port- und Tafelwein-Handelshaus in Vila Nova de Gaia. Marken: Gatão und Gamba Vinhos verdes (bessere Qualität). Ferner Fita-Azul-Schaumwein.

Braga Teil des Vinho-verde-Gebiets. Gute Rot- und Weißweine.

Branco Weiß.

Buçaco B Al; r (rs) w; Res [★★★★] r **51 53 57 58 60 63 67 70 72 75 77;** w **56 65 66 70 72** 75 **78** 82 – Legendäre Spezialität des Palace-Hotels in Buçaco bei Coimbra, sonstwo nicht anzutreffen. Oft phantastische Qualität.

Bucelas Est; w ★★★ **79 84** – Winziges Anbaugebiet nördlich von Lissabon; würzige Weißweine mit 11–12 % Alkohol von Caves Velhas. Zuverlässig, aber nicht überwältigend.

Camarate, Quinta de Est; r [★★] **82 83 84 85 86** 87 90 – Beachtlicher Rotwein von Fonseca in Azeitão, südlich von Lissabon, mit deutlichem Cabernet-Sauvignon-Anteil.

Campos da Silva Olivera, J. C. B Al; r; Res [★★] 84 85 – Kleine Adega mit sehr fruchtigem Dão-Gutswein Sete Torres Reserva.

Carcavelos Est; br; s ★★★ normalerweise oJ – Sehr kleiner Bereich westlich von Lissabon; vorzügliche süße, aber seltene Aperitif- und Dessertweine, fast wie Madeira mit Honigsüße (durchschn. Alkoholgehalt 19 %). Jahrelang war die Quinta do Barão der einzige Erzeuger; jetzt ist J. P. Vinhos dazugekommen.

Carmo, Quinta do Alen; w r Res ★★★ **86 87 88** 89 – Schöne kleine Adega im Alentejo, 1992 durch die Rothschilds von Château *lagars* Lafite übernommen. 50 ha sowie Korkeichenwälder. Die Weine gären in *lagars* aus Marmor. Frischer trockener Weißwein, am besten aber ist der fruchtige, harmonische Rotwein.

Cartaxo Rib; r w ★ – VQPRD-Bereich im Ribatejo bei Lissabon mit einfachen, in der Hauptstadt beliebten Weinen.

Carvalho, Ribeiro & Ferreira B Al; r w; Res [★★→★★★] – Großes Handelshaus, Abfüller von Serradayres und vorzüglichen Ribatejo Garrafeiras.

Casa da Insua B Al; r w ★★ – Einer der wenigen Gutsweine vom Dão (keine DO); mit einem gewissen Cabernet-Sauvignon-Anteil für den Erzeuger durch Fonseca ausgebaut.

Casa Ferreinrinha Trás-os-M; r Res ★★★ – Zweitetikett von Barca Velha aus nicht so idealen Jahren.

Casa de Sezim Minho; w ★★★ – Einer der besten Vinhos verdes in Erzeugerabfüllung von einem Mitglied der Privatwinzervereinigung APEVV.

Casal García Douro; w ★★ BV – Einer der meistverkauften Vinhos verdes in Portugal, aus Aveleda.

Casal Mendes Minho; w ★★ BV – Der Vinho verde von Caves Aliança.

Casaleiro Marke von Caves Dom Teodosio-João T. Barbosa, Erzeuger mehrerer Standardweine: Dão, Vinhos verdes usw.

Castelo Rodrigo B Al; r w – Neuer IPR-Bereich. Dão-ähnliche Rotweine; die Mischung enthält Portweintrauben.

Cepa Velha Minho; (r) w ★★★ – Markenname von Vinhos de Monção. Der beste Vinho verde dieser Firma ist der Alvarinho.

Chaves Trás-os-M; r w – Rotweine von Granitboden, auffallend säurehaltig, hell und perlend; geschmeidiger und runder von Schieferboden. Neuer IPR-Bereich.

Clarete Heller Rotwein.

Colares Est; r ★★★ – Möglichst alte Jahrgänge bevorzugen – Kleines Anbaugebiet an der Sandküste westlich von Lissabon. Die überaus tanninreichen dunklen Rotweine im alten Stil stammen von Reben, die nie von der Reblaus befallen waren. Je älter, desto besser, aber mind. 10 Jahre (S. Paulo da Silva).

Conde de Santar B Al; r (w) Res ★★→★★★ **78 85** 86 – Gutswein vom Dão, ausgebaut und verkauft durch die Port-Firma Cálem. Die Reserves sind fruchtig, körperreich und ungewöhnlich weich.

Consumo (vinho) Einfacher Konsumwein.

Coruche Ribatejo; r w – Großer neuer IPR-Bereich im Sorraia-Tal nordöstlich von Lissabon. Einziges Gewächs von Interesse: der Wein mit Edelfäule von J. P. Vinhos.

Corval, Quinta do Trás-os-M; r ★★ – Weingut bei Pinhão mit guten Claretes.

Côtto, Quinta do Trás-os-M; r w; Res ★★★ **82** 85 90 – Bahnbrechende Tafelweine aus dem Portweinland; Grande Escolha und Quinta do Côtto sind dunkle, fruchtige, gerbstoffreiche Rotweine, bei denen sich lange Lagerung lohnt. Auch Portwein.

Cova da Beira B Al; r w – Größter IPR-Bereich; an der spanischen Grenze. Am besten die leichten Rotweine.

Dão B Al; r w; Res [★★] **80 83 85** 87 88 89 – DOC-Bereich um die Stadt Viseu; liefert die bekanntesten, manchmal leider nichtssagenden portugiesischen Tafelweine: solide Rote mit Feinheit im Alter; kräftig trockene Weiße. Die meisten werden unter Markennamen verkauft. Siehe aber auch Duque de Viseu, Porta dos Cavalheiros, Casa da Insua, J. M. da Fonseca.

DOC (Denominação de Origem Controlada) Amtlich anerkannter Weinbaubereich. Es gibt im Mutterland Portugal bisher 12 DOC-Bereiche, u. a. Bairrada, Colares, Dão, Douro, Setubal, Vinho verde.

Doce (vinho) Süßwein.

Douro Fluß im Norden. Im Flußtal wachsen Port und überaus interessante Tafelweine. Siehe Barca Velha, Quinta de Cotto u. a. Beachtenswerter Bereich.

Duque de Viseu Dão r **90** – Hochwertiger Markenrotwein von Sogrape.

Encostas de Aire Est; r w – Fruchtige, alkoholstarke Weine aus einem großen IPR-Bereich in Mittelportugal.

Esporão, Heredade do Alen; w r ★★ 87 90 – Die Firma Finagra S.A. hat 10 Millionen $ in 360 ha Weinberge und in eine ultramoderne Kellerei investiert. Der leichte, frische Roupeiro-Weißwein und der 1987er Rotwein mit einer Spur Cabernet Sauvignon sind angenehm, aber recht teuer. Kellermeister ist der Australier David Baverstock.

Espumante Schaumwein.

Esteva Trás-os-M; m r ★→★★ BV – Sehr süffiger junger Douro-Rotwein der Portwein-Firma Ferreira, ähnlich einem Beaujolais nouveau.

Evelita Trás-os-M; r [★★] – Zuverlässiger mittelschwerer Rotwein aus Vila Real, erzeugt von Real Companhia Vinícola do Norte de Portugal. Gut haltbar.

Evora Alen; r w – Großer neuer IPR-Bereich südlich von Lissabon.

Fonseca, J. M. da Est; w tr; r Res; sch [★★→★★★] – Altehrwürdige Firma in Azeitão bei Lissabon mit einer Weinauswahl, wie man sie größer und reichhaltiger in Portugal kaum findet, u. a. weißer trockener Pasmados, Portalegre und Quinta de Camarate sowie roter Periquita, Pasmados, de Camarate, Terras Altas Dão und der berühmte Dessertwein Moscatel de Setúbal. Zum Fonseca-Besitz gehört auch Rosado Fernandes; ferner bereitet das Haus die Weine der Casa da Insua.

Fonseca Internacional, J. M. da Est; rs sch ★ – Früher zur obigen Firma gehörig, heute im Besitz von Grand Met Co. Erzeugt Lancers Rosé und den überraschend guten Lancers-Brut-Schaumwein nach dem in Rußland erfundenen Durchlaufverfahren.

Gaeiras Est; r ★★ – Trockener, körperreicher und ausgeglichener Rotwein aus der Nähe von Óbidos.

Garrafeira Etikettenbegriff. Der längere Zeit gereifte «Privat-Reserve»-Wein eines Händlers. Mindestausbauzeit 2 Jahre im Faß und 1 Jahr in der Flasche, oft aber viel länger; meistens die Spitzensorte des Hauses, wenn auch die Herkunft seit jeher oft unbestimmt ist.

Gatão Minho; w ★★ BV – Zuverlässiger einfacher Vinho Verde von Borges & Irmão, duftig, etwas gesüßt.

Gazela Minho; w ★★ BV – Ein neuer Vinho verde von Sogrape in Barcelos, seit das Weingut Alveleda auf einen anderen Zweig der Familie Guedes übergegangen ist.

Generoso Alkoholstarker Aperitif oder Dessertwein.

Grão Vasco B Al; r w; Res [★★] **82 83 85 87** 88 89 93 – Eine der besten Dão-Marken aus einer neuen High-Tech-Adega in Viseu. Feine rote Reservas; frischer junger Weißwein (BV). Im Besitz von Sogrape.

IRP Indicação de Proveniência Regulamentada. Siehe Seite 235.

J. P. Vinhos Est; w; r Res; sch ★★→★★★ – Einer der bestausgerüsteten und bestgeführten Weinbaubetriebe Portugals, u. a. mit köstlichem J. P. Vinhos Branco (Moscato), Catarina mit Chardonnay-Anteil, trockenem weißem und rotem Santa Marta, rotem Santo Amaro in Kohlensäure-

Maischtechnik, Tinto de Anfora, Quinta de Bacalhoa, Dessertwein Setubal, Schaumwein J. P. Vinhos Bruto (Flaschengärung) und nun auch Carcavelos.

Lafões B Al; r w – Neuer IPR-Bereich zwischen Dão und Vinho verde.

Lagosta Minho; w ★ BV – Bekannter Vinho verde der Real Companhia Vinícola do Norte de Portugal.

Lancers Est; rs w; sch ★ – Süßer, mit Kohlensäure versetzter Rosé und ein weißer Schaumwein; wird von Fonseca Internacional in großem Umfang nach den USA exportiert.

Leziria Siehe Almeirim.

Lima Teil des Vinho-verde-Gebiets, meist sehr herbe Rotweine.

Madeira br; tr/s ★★→★★★★ – Herkunftsbereich der berühmten Aperitifs und Dessertweine. Siehe Seiten 248/249.

Maduro (vinho) Gereifter Tafelwein – im Gegensatz zum Vinho Verde.

Mateus Rosé Trás-os-M; rs ★ – Der meistverkaufte mit Kohlensäure versetzte Rosé der Welt, halbsüß, wird von Sogrape in Vila Real und Anadia in Bairrada produziert.

Neuerdings ist es Mode geworden, weiße Tafelweine als Aperitif oder auch am Abend und zwischendurch zu jeder Tageszeit zu sich zu nehmen. Sie verdrängen in vielen Familien die «härteren Sachen». Diese neue Mode kommt deutschen Weinen sehr zugute. Übrigens ist in fast allen Ländern ein deutlicher Trend vom roten zum weißen Wein spürbar. Das Wort vom «Martini des denkenden Menschen» faßt die Argumente zugunsten des Weins gut zusammen: er erfrischt und belebt, ohne das Denken lahmzulegen.

Monção Nördlicher Teil des Vinho-verde-Gebiets am Minho. Hier entstehen die besten Weine dieser Art aus der Alvarinho-Traube.

Morgadio de Torre Min; w ★★ BV – Vinho verde der Spitzenklasse von Sogrape. Weitgehend Alvarinho.

Mouchão, Herdade de Alen; r; Res ★★★ **74 82** – Das vielleicht beste Alentejo-Weingut; während der Revolution von 1975 zerstört, inzwischen neu bestockt.

Moura Alen; r w – Neuer IPR-Bereich: Quelle des Rot- und Weißweins Santa Marta von J. P. Vinhos.

Obidos Est; r w – Neuer IPR-Bereich nahe der Küste südlich von Alcobaça. Ähnliche Weine.

Pacheca, Quinta da Trás-os-M; r w ★★ **82** – Hochwertige Douro-Tafelweine in Erzeugerabfüllung. Leider nicht frei von Mängeln.

Palacio de Brejoeira Minho; w ★★★ Hervorragender Vinho verde von Monção mit überraschend feinem Duft und vollem, fruchtigem Aroma.

Palmela r w – Neuer IPR-Bereich nordöstlich von Setubal. Weinberge auf Sandboden. Besonders langlebige Rotweine.

Pancas, Quinta de Est; r; Res ★★ 87 90 – Beachtenswerter Rotwein aus dem Bereich Alenquer nördlich von Lissabon.

Pasmados Sehr schmackhafter Fonseca-Rotwein aus dem Alentejo.

Paulo da Silva, Antonio Bernardino Est; (w) r Res ★★→★★★ **68 70 74 77 79 80 83** 84 85 – Sein Colares Chita ist einer der noch ganz wenigen Klassiker dieser Art (produziert in der Adega Regional).

Pedralvites, Quinta de B Lit; w ★→★★ **93** – Angenehmer Bairrada-Weißwein mit Apfel- und Aprikosennoten von der Maria-Gomes-Traube; aus dem Haus Sogrape.

Penafiel Unterbezirk im Süden des Bereichs Vinhos verdes.

Periquita Est; r [★★] **85 86 87** 88 – Einer der erfreulichsten robusteren Rotweine Portugals, durch Fonseca in Azeitão südlich von Lissabon von der in Alentejo verbreiteten Periquita-Traube produziert.

Pinhel B Al; r ★ – VQPRD-Bereich östlich vom Dão, vorwiegend Weiß- und Schaumwein.

Pires, Vinhos Joao Siehe J. P. Vinhos.

Planalto Duoro; w; tr ★★ 90 – Guter Weißwein von Sogrape.

Planalto Mirandês Trás-os-M; r w – Großer neuer IPR-Bereich nordöstlich vom Douro. Für Rotweine werden auch Portwein-Rebsorten mitverarbeitet (z. B. Touriga Nacional und T. Francesa); Verdelho für Weißwein.

Ponte de Lima, Cooperativa de Minho; r ★★ – Erzeugt einen der besten roten Vinhos verdes sowie einen erstklassigen, fruchtigen Weißwein.

Porta dos Cavalheiros B Al; ★★ **80 83 85** – Einer der besten roten Dãos, ausgebaut von Caves São João in Bairrada.

Portalegre Alen; r w – Neuer bedeutender IPR-Bereich an der spanischen Grenze. Kräftige, duftige granatrote Weine mit guter Haltbarkeit; markante, alkoholstarke Weißweine.

Quinta Weingut.

Raposeira B Al; sch ★★ – Bekannter Schaumwein in Flaschengärung aus Lamego; der Bruto verdient den Vorzug. Zweigbetrieb von Seagram.

Real Companhia Vinícola do Norte de Portugal Gigant im Portweinhandel (siehe Seite 250); produziert außerdem Evelita, Lagosta usw.

Redondo Alen; r w – Nahe der spanischen Grenze. In der Gegend seit langem beliebte Weine, jetzt mit neuem IPR-Status.

Reguengos de Monsaraz, Cooperativa de Alen; r Res (w) ★★ **86 87** – Große Genossenschaft, stetig besser werdende Weine; am besten sind die Roten, v. a. Terras d'el Rei Reserva 86.

Ribatejo Region am Tagus nördlich von Lissabon. Quelle guter Garrafeiras usw.

Ribeirinho, Quinta de B Lit; r sch ★★ **80** 85 – Luis Pato ist Erzeuger einer der besten Bairrada-Gutsweine: fruchtiger Rotwein und frischer Schaumwein in Flaschengärung.

Rosa, Quinta de la Douro; r ★★ – Fester, eichenfaßgereifter Rotwein aus ehemaligen Portweinlagen; ferner junger, pfefferiger Quinta das Lamelas. Kellermeister: David Baverstock aus Australien.

Rosado Rosé.

Rosado Fernandes, José de Sousa Alen; r Res ★★ **75 79 83 86** – Kleiner Betrieb, seit einiger Zeit im Besitz von Fonseca; Erzeuger eines höchst raffinierten, körperreichen Alentejo, der in irdenen *anforas* vergoren wird und in Eichenfässern heranreift.

Santarém Ribatejo; r w – Neuer IPR-Bereich. Fruchtige, alkoholstarke Rot- und Weißweine. Rotweine gut haltbar.

São Claudio, Quinta de Minho; w ★★★ BV – Gut in Esposende; vielleicht der beste Vinho verde außerhalb von Monção.

São João, Caves B Lit; r w sch Res [★★→★★★] **78 80 82 83** – Einer der besten Betriebe in Bairrada, bekannt durch fruchtige, körperreiche Rotweine sowie Porta dos Cavalheiros vom Dão und Schaumwein.

Seco Trocken.

Serradayres Est; r (w) Res ★ – Ribatejo-Tafelweine von Carvalho, Ribeiro & Ferreira, Lta.; meist sauber und süffig, neuerdings aber allzu streng.

Setúbal Est br (r w) s (tr) ★★★ – Kleines Anbaugebiet südlich des Tagus; hier erzeugt Fonseca einen 6 bzw. 20 Jahre alten, stark aromatischen Muskateller-Dessertwein.

Sogrape Sociedad Comercial dos Vinhos de Mesa de Portugal. Größte Weinfirma des Landes mit Vinhos verdes, Dão, Bairrada, Mateus Rosé, Vila-Real-Rotweinen usw.; jetzt auch Besitzer der Port-Firma Ferreira.

Solar das Boucas Vinho-verde-Gut (28 ha), von der Portweinfirma Quinta do Noval übernommen. Vorbildlicher, trockener, aromatischer Wein.

Terras Altas B Al; r w; Res ★★ **82 83 84 85 86 87** 88 89 – Gute Dão-Weine von Fonseca.

Terra Franca B Lit; r Res ★★ **85 87 88 90** – Guter roter Bairrada von Sogrape, auch als Garrafeira erhältlich.

Tinto (vinho) Rotwein.

Tinto da Anfora Est; r [★★] **84 85 86 87** – Verdientermaßen populärer saftiger und fruchtiger Rotwein von J. P. Vinhos. Lohnt mindestens 5 Jahre Flaschenlagerung.

Tomar Ribatejo; r w – Neuer IPR-Bereich mit frischsäuerlichen Weißweinen und geschmeidigen Rotweinen.

Torres Vedras Est; r w ★ – Gebiet nördlich von Lissabon, bedeutende Lieferquelle für Faßwein; mit einer der größten Genossenschaften Portugals.

Valpaços Trás-os-M; r – Weine ähnlich wie in Chaves (v. a. von Schieferboden).

Velhas, Caves B Lit; r w; Res ★★→★★★ – Einziger Erzeuger von Bucelas; außerdem guter Dão und Romeira Garrafeiras **(80)**.

Vidigueira Alen; w r – Berühmt für traditionell bereitete ungereifte Weißweine von vulkanischen Böden. Neuer IPR-Bereich.

Vila Real Trás-os-M; r ★→[★★] – Stadt im Anbaugebiet Douro, liefert heute einige gute rote Tafelweine.

Verde Grün (siehe Vinhos verdes).

Vinhos verdes Minho und Douro; r ★w ★→★★★ – Anbaugebiet zwischen dem Douro und der Nordgrenze zu Spanien. Von hier stammt der «grüne Wein», eine portugiesische Spezialität, die von nur knapp ausgereiften Trauben ursprünglich so bereitet wurde, daß durch Zweitgärung ein leicht perlender Wein entstand, während heute meist Kohlensäure unter Druck zugesetzt wird. Vinho verde kann weiß oder rot sein und ist im Frühjahr nach der Ernte genußreif.

Probierenswertes
Derzeit konzentriert sich in Portugal das Interesse der Weinliebhaber auf Bairrada wegen seiner preiswerten Weine sowie auf Alentejo und Douro als aufsteigende Sterne; darüber aber fällt der gute alte Dão der Vergessenheit, ja fast der Ungnade anheim. Dão-Rotweine brauchen viel Zeit zur Entfaltung – ein mustergültiger, heute schön ausgereifter Dão ist der Porta dos Cavalheiros 75 der Adegas São João.

Sherry, Port und Madeira

Die ursprünglichen echten Sherrys aus Spanien, Portweine aus Portugal und Madeiras aus Madeira sind nachstehend aufgeführt. Andere Weine, die unter diesem Namen laufen, haben keinen begründeten Anspruch darauf; auch halten sie allesamt weder in der Qualität noch im Gegenwert für ihren Preis den Vergleich mit guten Vertretern der Originalweine aus.

Die Karte auf Seiten 220/221 zeigt die genaue Lage der Port- und Sherry-Gebiete. Madeira ist eine Insel rund 650 km vor der Atlantikküste Marokkos, eine Zwischenstation für westwärts fahrende Segelschiffe; daher auch der traditionelle Absatzmarkt in Nordamerika.

Die meisten der folgenden Stichworte sind Händlernamen, jeweils mit einer kurzen Übersicht über deren Weine. Die Bezeichnungen der verschiedenen Weintypen sind mit in das alphabetische Verzeichnis aufgenommen.

Abad, Tomas Kleine Sherry-Bodega im Besitz von Lustau. Sehr guter leichter Fino.

Almacenista Individueller, ausgereifter, aber unverschnittener Sherry; hochwertige, meist dunkle trockene Weine für Kenner. Oft superb und sehr wertvoll; siehe Lustau.

Amontillado Fino, der zur Verstärkung seiner Farbe, seines Gehalts und seiner Ausdruckskraft über das normale Maß hinaus im Faß gealtert wurde. Am besten sind die naturtrockenen Versionen. Im allgemeinen Sprachgebrauch ein Medium-Sherry.

Amoroso Eine Art süßer Sherry, einem süßen Oloroso sehr ähnlich.

Barbadillo, Antonio Weitaus die größte Firma in Sanlúcar mit rund 50 in ihrer Art meist exzellenten Manzanillas und Sherries, u. a. Sanlucar Fina, superber Solera Manzanilla Pasada, Fino de Balbaina, trockener Principe Amontillado usw. Auch junge Tafelweine «Castillo de San Diego».

Barbeito Eine der letzten selbständigen Familienfirmen (jetzt mehrheitlich in japanischem Besitz) im Madeira-Handel; mit guten Weinen, u. a. dem Aperitif «Island Dry», der hochwertigen «Crown»-Serie und raren Jahrgangsweinen, z. B. Malmsey 1901. Neuzugang; Bual, 1960.

Barros Almeida Großes Portweinhaus in Familienbesitz mit mehreren Marken (u. a. Kopke, Feurerheerd) und exzellentem 20-y-o Tawny sowie vielen Colheitas.

Bertola Sherry-Firma, am bekanntesten durch Bertola Cream Sherry.

Blandy Historische Madeira-Firma in Familienbesitz und eine der beiden Spitzenmarken der Madeira Wine Co. Berühmtestes Erzeugnis des Hauses: Duke of Clarence Malmsey. Die Reservas (Verdelho, Bual, Malmsey) sind sehr gut. Viele herrliche alte Jahrgangsweine.

Blázquez Sherry-Bodega in Jerez (im Besitz von Domecq) mit hervorragendem Fino, Carta Blanca, sehr altem Solera

Oloroso Extra und Carta Oro Amontillado *al natural* (ungesüßt).

Bobadilla Große Bodega in Jerez, am bekanntesten – v. a. bei spanischen Kennern – durch sehr trockenen Victoria Fino sowie Brandy Bobadilla 103. Ferner ausgezeichneter Sherry-Essig.

Brown Sherry Englische Bezeichnung für eine preiswerte Art von dunklem, süßem Sherry.

Bual Eine der besten Traubensorten von Madeira, bringt einen weichen, rauchigen, süßen Wein, aber nicht so voll und süß wie Malmsey.

Burdon Von Engländern gegründete Sherry-Bodega, seit 1952 im Besitz von Caballero. Spitzenprodukte: leichter Fino, Don Luis Amontillado und rosinensüßer Heavenly Cream.

Burges, H. M. Selbständiges Madeira-Handelshaus mit gutem altem Ruf.

Burmester Kleines altes Portweinhaus in Familienbesitz mit feinem, mildem, süßem 20-y-o Tawny; sehr gute Auswahl an Colheita-Weinen. Jahrgänge **50 55 58 60 63 64 70 77** 80 84 85 89 91.

Caballero Bedeutende Sherry-Firma in Puerto de Santa Maria, am bekanntesten durch Pavon Fino, Oloroso, Mayoral, Cream, exzellente «Bourdon»-Sherries und «Ponche»-Orangenlikör.

Cálem Alter portugiesischer Familienbetrieb mit sehr gutem Ruf, v. a. für gute Jahrgangsweine; zum Besitz gehört die ausgezeichnete Quinta da Foz (**80 82** 84 87). Jahrgänge: **50 55 58 60 63 66 70 75 77** 80 83 **84** 85 86 87 88 89 91. Guter, leichter Tawny und eine ausnehmend gute Auswahl an Colheitas: **48 50 52 57 60 62 65 78 84** 85 86.

Churchill Die einzige neugegründete Portfirma, die sich bereits mit ausgezeichneten Jahrgängen 82, 85 sowie 83, 84, 86, 91 und mit sehr gutem «Crusted» ein hohes Ansehen verschafft hat. Der Quinta-Port von Churchill heißt Quinta da Agua Alta (87).

Cockburn Portfirma in englischem Besitz (Allied-Hiram Walker) mit einer Reihe von guten Weinen, u. a. sehr populärer, fruchtiger «Special Reserve». Feiner Jahrgangsport aus hohen Lagen, kann im Jungzustand leicht scheinen, hat aber große Haltbarkeit. Jahrgänge: **55 60 61 63 67 70 75 78** 82 83 87 91.

Colheita Jahrgangsport, der mindestens 7 Winter im Faß gelegen hat: also eigentlich ein Vintage Tawny. Das Abfülldatum ist ebenfalls auf dem Etikett angegeben. Gute Beispiele von Kopke, Cálem und Krohn.

Cortado Siehe Palo Cortado.

Cossart Gordon Führendes Madeira-Handelshaus (gegründet 1745), neben Blandy eine der beiden Spitzenmarken der Madeira Wine Co; nicht ganz so gehaltvoll wie Blandy. Am bekanntesten durch die Serie Good Company; produziert außerdem 5jährige Reservas, alte Jahrgänge (als letzter 1952) und Soleras (v. a. sehr guten Sercial Duo Centenary).

Côtto, Quinta do Einzellagenport von Miguel Champalimaud, dem bekanntesten aus einer neuen Generation von

Weinerzeugern und -abfüllern am oberen Douro. Sehr guter 82er (s. a. Portugal).

Cream Sherry Eine bernsteinfarbene, süße Sherryart, die durch Süßen eines Verschnitts aus gut abgelagerten Olorosos bereitet wird. Ihr Ursprung liegt in Bristol, England.

Croft Eines der ältesten für Vintage-Port bekannten Handelshäuser (seit 1673); jetzt im Besitz von Grand Met Co. Ausgezeichneter alter Tawny-Port «Particular». Gut ausgewogene Jahrgangsweine, meist früh reifend (seit 1966). Jahrgänge: **55 60 63 66 67 70 75** 77 **82** 85 91; leichtere Jahrgangsweine unter dem Namen Quinta da Roeda in noch weiteren Jahren (**78** 80 83 87). Der populärste Verschnitt heißt Distinction. Morgan ist eine kleine eigenständige Firma (s. a. Delaforce). Jetzt auch im Sherry-Handel tätig mit Croft Original (Pale Cream), Croft Particular (Medium), Delicado (Fino ebenfalls Medium) sowie gutem Palo Cortado.

Crusted Bezeichnung für einen jahrgangartigen, aber meist aus verschiedenen Jahrgängen verschnittenen Port, der jung abgefüllt und in der Flasche gelagert wurde, so daß sich eine «Kruste» bildet. Muß dekantiert werden.

Delaforce Besonders in Deutschland bekannte Portfirma im Besitz von Croft. «His Emminence's Choice» ist ein sehr angenehmer Tawny. «Vintage Character» ist ebenfalls gut. Jahrgangsweine sind sehr fein, gehören zu der leichteren Art: **55 58 60 63 66 70 74 75** 77 82 83 85. «Quinta da Corte» (**78 80** 84 87 91).

Delgado Zuleta Alteingesessene Firma in Sanlùcar, am bekanntesten durch vorzüglichen La Goya Manzanilla Pasada.

Diez-Merito, SA Aufstrebende Firma in Jerez, auf Sherry eigener Marken spezialisiert, im Besitz von Bodegas Internacionales. Eigentümerin von Zoilo Ruiz Mateus, die früher zu dem glücklosen Rumasa-Imperium gehörte. Der Fino Imperial und der Oloroso Victoria Regina sind ausgezeichnet, die Don-Zoilo-Weine hervorragend.

Domecq Sehr große Sherry-Bodegas in Jerez, Familienbetrieb, 1994 von Hiram Walker übernommen; auch berühmt durch Brandy Fundador. Double Century Original Oloroso ist die Hauptmarke, La Ina heißt der ausgezeichnete Fino. Weitere berühmte Weine: Celebration Cream, Botaina (alter Amontillado) und der hervorragende Rio Viejo (sehr trockener Amontillado) sowie Sibarita (Palo Cortado). Neu eingeführt: eine Serie wundervoller alter Solera-Sherries (Sibarita, Amontillado 51-1A und Venerable Oloroso). Auch in Rioja und Mexiko.

Don Zoilo Luxus-Sherry-Marke, u. a. tiefer, samtiger Fino; Vertrieb durch Diez-Merito.

Dow Von dem Port-Handelshaus Silva & Cosens benutzter alter Name, bekannt durch relativ trockene, aber ausgezeichnete Jahrgangsweine mit einem schwachen Zedernholzgeschmack. Außerdem sehr guter «Vintage Character» und «Boardroom», 15 y. o. Tawny. Quinta do Bomfim heißt der Quinta-Port. Jahrgänge: **55 60 63 66 70 72 75** 77 80 83 85 91. Dow, Warre, Graham, Gould Campbell, Quarles Harris und Smith Woodhouse gehören der Familie Symington.

Dry Sack Siehe Williams & Humbert.

Duff Gordon Durch El Cid Amontillado bekannt gewordene Sherryfirma im Besitz von Bodegas Osborne. Guter Fino Feria und trockener Olorosa Niña. Im Besitz der Bodegas Osborne.

Duke of Wellington Sherry in feinster Luxusqualität von Bodegas Internacionales.

Eira Velha, Quinta da Kleines Portgut mit Jahrgangsweinen alten Stils; Vertrieb durch Cockburn. Jahrgänge: **72** 78 80 82 85 87 91.

Ferreira Größter Porterzeuger und -händler, in portugiesischem Besitz (seit 1751), kürzlich von SOGRAPE übernommen; bekannt für alten Tawny und saftig-süßen, relativ leichten Jahrgangsport: **60 63 66 70** 75 77 78 80 82 83 85 8791. Auch Doña Antónia Personal Reserve, herrlich voller Duque de Bragança Tawny sowie Gutsweine Quinta do Seixo (83) und Quinta do Leda (90).

Fino Bezeichnung für den leichtesten und feinsten Sherry, völlig trocken, sehr blaßfarben und von großer Delikatesse. Klassisches Beispiel: Tío Pepe. Fino soll stets kühl getrunken und rasch verbraucht werden, da er nach dem Öffnen der Flasche schnell an Qualität verliert. Deshalb sind halbe Flaschen sehr zu empfehlen.

Flor Eine sich auf Fino Sherry und einigen ähnlichen Weinen auf der Oberfläche schwimmend bildende Hefeschicht, unter deren Einfluß der Wein allmählich oxidiert und seinen Geschmack positiv verändert.

Fonseca Guimaraens Hochangesehene Portfirma in englischem Besitz, verbunden mit Taylor. Robuste Jahrgangsweine von tiefer Farbe, allererste Klasse. Vintage Fonseca: **70 75 77 80** 83 85 86 87 88 92. Fonseca Guimaraens 76, 78. Quinta do Panascal 78 heißt ein neuer Quinta-Port. Auch köstlicher Vintage Character «Bin 27».

Forester Portfirma und Eigentümerin der berühmten Quinta Boa Vista, jetzt im Besitz von Martini & Rossi. Ihre Jahrgangsweine sind oft rund, «dick» und süß, gut für relativ frühen Verbrauch. Baron de Forrester ist ein sehr guter Tawny. Jahrgänge («Offley Forrester»): **55 60 62 63 66 67 70 72 75 77** 81 82 83 85 86 89.

Garvey Berühmte alte Sherryfirma in Jerez. Die feinsten Weine sind der tiefe Fino San Patricio, Tio Guillermo Dry Amontillado und Ochavico Dry Oloroso. Die populärste Marke ist San Angelo Medium Amontillado. Auch Bicentenary Pale Cream.

Gonzalez Byass Sehr große Familienfirma, liefert den berühmtesten Fino-Sherry der Welt und zudem einen der allerbesten: Tio Pepe. Weitere Marken: La Concha Medium Amontillado, Elegante Dry Fino, El Rocio Manzanilla Fina (neu), San Domingo Pale Cream, Nectar Cream und Alfonso Dry Oloroso. Der Amontillado del Duque steht auf höherer Stufe, ebenso Metusalem und Apostoles (alte Olorosos, süß bzw. trocken, von seltener Qualität). Jetzt mit Grand Met verbunden.

Gould Campbell Siehe Smith Woodhouse.

Graham Portfirma, berühmt durch einige der vollsten, süßesten und besten Jahrgangsports, der größtenteils aus der eigenen Quinta dos Malvedos stammt; ausgezeichnete

Marken sind auch «Six Grapes» Ruby, LBV und 10- bis 20jährige Tawnies. Jahrgänge: **55 57 58 60 62 63 64 65 66 68 70 75 76** 77 78 79 80 82 83 84 85 86 87 88 89 91.

Guita, La Berühmte alte Bodega in Sanlúcar (im Besitz von Perez Marin) und ihr sehr feiner Manzanilla Pasada. Außerdem sehr guter Essig.

Harvey's Die größte Sherry-Firma; sie besitzt Palomino und de Terry, hat Verbindungen mit Bobadilla und Garvey und befindet sich ihrerseits im Besitz von Allied-Hiram Walker. Weltberühmt durch die süßen Sorten Bristol Milk und Bristol Cream; ferner Club Amontillado und Bristol Dry (beide Medium); Luncheon Dry und Bristol Fino (nicht sehr trocken) und süßer «Tico» Fino. Sehr gutes Sherry-Programm «1796» sowie Adorno Oloroso. Cockburn gehört zum Harvey-Besitz.

Seit Januar 1993 müssen Madeiras, die als Sercial, Verdelho, Bual oder Malmsey bezeichnet werden, zu 85 % aus der jeweils genannten Traubensorte bestehen. Die Mehrzahl aller Madeiras wird jedoch von der vielseitigen Tinta Negra Mole bereitet, die je nach Verarbeitung ohne weiteres die obgenannten Traubensorten imitieren kann. Ihre Weine müssen jedoch die Bezeichnungen seco (trocken), meio seco (halbtrocken), meio doce (lieblich) oder doce (süß) tragen. Inzwischen wird durch Neuanpflanzungen das Angebot in den klassischen Rebsorten vermehrt.

Henriques & Henriques Heute die größte unabhängige Madeirafirma in Funchal. Große Auswahl an vollen, schmackhaften Weinen; ferner ein guter trockener Aperitif Monte Seco und sehr feine alte Reservas.

Hidalgo, Vinícola Alte Familienfirma in Sanlúcar; am bekanntesten durch den sehr guten hellen Manzanilla La Gitana, feinen Oloroso Seco und Jerez Cortado.

Internacionales, Bodegas Die Perle des ehemaligen Rumasa-Konzerns und Zentrale berühmter Häuser wie Bertola, Varela und Diez-Merito, bildet heute den Eckpfeiler eines neuen Imperiums, das auch Paternina und Franco Espanoles in Rioja einschließt. Das bekannteste Sherry-Programm ist Duke of Wellington.

Jerez de la Frontera Zentrum der Sherry-Industrie zwischen Cadiz und Sevilla in Südspanien. Das Wort Sherry ist eine Verballhornung des Namens Jerez. Französisch: Xeres.

Kopke Das älteste Portweinhaus, 1638 von einem Deutschen gegründet. Jahrgangsweine in anständiger Qualität (**55 58 60 63 65 66 67 70 74 75 77 78 80** 82 83 85 87 89 91) sowie exzellente Colheitas.

Late-bottled Vintage Portwein aus einem einzigen Jahrgang, der länger als Jahrgangsport (etwa 5 Jahre) in Holzfässern gelagert wird. Er ist dann beim Abfüllen heller und altert rascher. Ein echter «LBV» entwickelt wie Jahrgangsport eine «Kruste». Solche «nachträglichen» Jahrgangsportweine sind selten.

Leacock Eine der ältesten Madeira-Firmen, heute Marke der Madeira Wine Co. Die einfache Serie St. John ist sehr anständig. Ausgezeichneter 10jähriger Malmsey und 13jähriger Bual.

Lustau Einer der größten Familienbetriebe im Sherry-Geschäft in Jerez (jetzt mehrheitlich im Besitz von Caballero), beliefert andere Firmen, hat aber selbst mit «Dry Lustau» (v. a. Fino und Oloroso) und mit «Jerez Lustau»-Palo-Cortado sehr gute Sorten. Pionierleistungen mit ausgezeichnetem Almacenista und «Landed Age»; Amontillados und Olorosos vor dem Versand in eleganten Flaschen gereift. Siehe auch Abad.

Macharnudo Eine der besten Sherry-Lagen nördlich von Jerez, berühmt für Weine höchster Qualität, sowohl Fino als auch Oloroso.

Madeira Wine Company 1913 schlossen sich alle 26 britischen Madeira-Firmen zusammen, um die harten Zeiten bestehen zu können. Bemerkenswert ist, daß drei Generationen später ihre Weine, die doch gemeinsam gelagert und gepflegt wurden, den jeweiligen Stil des Hauses bewahrt haben. Blandy und Cossart Gordon sind die Spitzenmarken. Neue Investitionen durch Symington (siehe Dow) versprechen eine gute Zukunft.

Malmsey Die süßeste Form des Madeira; dunkel bernsteinfarben, voll und honigduftig, jedoch mit der für Madeira charakteristischen eigenartigen Schärfe.

Manzanilla Sherry, meist Fino, der durch Lagerung in Bodegas in Sanlúcar de Barrameda an der Guadalquivirmündung nahe Jerez einen eigentümlich salzigen Charakter annimmt.

Manzanilla Pasada Reifer Manzanilla, schon fast ein Amontillada. In Spitzenqualität (z. B. La Guita) einer der anregendsten Sherrys.

Marqués del Real Tesoro Altes, durch Manzanilla und Amontillado berühmtes Sherry-Haus, inzwischen von José Estevez übernommen, der trotz Umsatzrückgang eine funkelnagelneue Bodega – die erste seit Jahren – gebaut hat. Tío Mateo ist ein sehr guter Fino.

Martinez Gassiot Zweigfirma von Cockburns, bekannt v. a. durch den exzellenten, vollen und pikanten Portwein «Directors 20-y-o Tawny», «Crusted» und «LBV». Jahrgänge: **55 60 63 67 70** 82 83 85 87 91.

Medina Gutgehende Familienbodega in Sanlúcar; Verbindungen mit kleineren Firmen zum Aufbau eines größeren Exportgeschäfts.

Miles Vormals Rutherford & Miles; Madeira-Handelshaus, berühmt durch Old Trinity House Bual. Heute eine Marke der Madeira Wine Co.

Morgan Tochtergesellschaft von Croft, in Frankreich am besten bekannter Portwein.

Niepoort Kleine Portfirma (holländischer Familienbetrieb) mit einer langen Reihe feiner Jahrgänge (**45 55 60 63 66 70 75 77 78** 80 81 83 84 85 87) und ausnehmend guten Colheitas.

Noval, Quinta do Historisches Portweinhaus, heute in französischem Besitz (AXA); mit intensiv fruchtigem, festem und elegantem Jahrgangsport; eine kleine Zahl noch auf der Quinta vorhandener ungepfropfter Reben liefert kleine Mengen «Nacional» – überaus dunklen, vollen, langsam reifenden Wein. Ferner sehr guter 20-y-o Tawny. Jahrgänge: **55 58 60 62 63 64 66 67 70 75 78** 80 82 83 84 85 87 91.

Offley Forester Siehe Forester.

Oloroso Sherry-Art, in der Jugend schwerer und weniger brillant als Fino, reift aber zu größerer Fülle und Würze heran. Von Natur aus trocken, wird aber meist gesüßt und als Cream verkauft.

Osborne Sehr große spanische Firma. Bekannter Brandy, aber auch guter Sherry, z. B. Fino Quinta, Coquinero, trockener Amontillado, 10 R. F. Oloroso. Siehe auch Duff Gordon.

Pale Cream Beliebte helle Sherry-Art aus gesüßtem Fino, von Croft's eingeführt.

Palo Cortado Eine Form von Sherry, die Oloroso nahekommt, aber etwas vom Charakter eines Amontillado hat. Trocken, aber voll und weich. Nicht oft zu finden.

Palomino & Vergara Historische Sherry-Firma in Jerez, bekannt für Palomino Cream, Medium und Dry. 1986 von Harvey's übernommen.

Pasado Fino- und Manzanilla-Stil, ähnlich Amontillado; kräftigere, trockenere Art ohne Flor-Charakter.

Poças Junior Familienfirma, Spezialität: Tawny und Colheita-Portweine.

Ponche Ein würziger Magenbitter aus altem Sherry und Brandy, gewürzt mit Kräutern und Orangen; in prächtig silbrigen Flaschen angeboten. Siehe Caballero und de Soto.

Puerto de Santa Maria Zweitbedeutendste Hafenstadt des Sherry-Bereichs mit einer Reihe von bedeutenden Bodegas.

P. X. Kurz für Pedro Ximenez, die in Jerez zum Süßen von Verschnitten verwendete, teilweise sonnengetrocknete Traube.

Quarles Harris Eines der ältesten Porthäuser, gegr. 1680, heute im Besitz der Familie Symington (siehe Dow). Jahrgänge: **60 63 66 70 75** 77 78 80 83 85 91.

Quinta Portugiesisches Wort für «Weingut». Auch gebräuchlich als Bezeichnung für meist, jedoch nicht immer aus den Weinbergen des betr. Guts stammenden und in guten, aber nicht außergewöhnlichen Jahren bereiteten Jahrgangsport.

Rainwater In Nordamerika beliebter leichter, nicht allzu süßer Madeira-Verschnitt.

Ramos-Pinto Dynamische kleine Portfirma; Spezialität: Einzellagen-Tawnies mit Stil und Eleganz.

Real Companhia Vinícola do Norte de Portugal AKA Royal Oporto Wine Co. und «Real Companhia Velha»; das größte Porthaus mit langer politischer Geschichte. Viele Marken und mehrere Quintas, u. a. Q. dos Carvalhos, mit Tawnies und Colheitas. Jahrgangsweine meist nicht empfehlenswert.

Rebello Valente Name des Vintage-Port von Robertson; leicht, aber elegant und ausgeglichen ziemlich früh genußreif. Jahrgänge: **55 60 63 66 67 70 72 75** 77 80 83 85.

La Riva Vornehme Sherry-Firma (mehrheitlich im Besitz von Domecq) mit einem der besten Finos, Tres Palmas, und vielen weiteren guten Weinen.

Rivero, J. M. Die berühmte «C. Z.»-Marke des ältesten Sherry-Hauses ist jetzt Eigentum der Firma Antonio Niñez, die neben eigenen auch Rivero-Sherries erzeugt.

Robertson Tochterunternehmen von Sandeman, liefert den Jahrgangsport Rebello Valente sowie LBV, Game Bird Tawny und Robertson's Privateer Reserve; ferner Pyramid 10 Years Old und Imperial 20 Year Old Port. Jahrgänge: **63 66 67 70 72 75** 77 80 83 85.

Rosa, Quinta de la Feiner Einzel-Quinta-Port der Familie Bergqvist in Pinhão. Neuerdings hat hier eine Rückkehr zu althergebrachten Methoden und steinernen *lagars* stattgefunden. Besonders empfehlenswert: 85 88 90.

Rozes Portfirma in der Hand von Moët-Hennessy. Ihr Tawny ist in Frankreich sehr beliebt. Auch Ruby. Jahrgänge: **63 67 77 78** 83 85 87 91.

Sherry, Port und Madeira zu Tisch

Die Launen der Mode sind daran schuld, daß die Weine von Jerez und Madeira und in gewissem Maß auch der Portwein derzeit in unserer Welt, die sich wie hypnotisiert immer mehr um ein paar «Sortenweine» dreht, an den Rand gedrängt werden. Dennoch finden sich unter diesen drei Typen Weine mit allen Zeichen der Größe und mit weit mehr gastronomischen Möglichkeiten, als heute gemeinhin erkannt wird. Dabei weiß jedermann, daß für den Preis beispielsweise einer Flasche weißen Spitzenburgunders drei Flaschen des allerfeinsten Fino Sherry zu haben sind, der zu vielen Gerichten (siehe «Wein und Speisen») einen ebenso großartigen Begleiter abgibt. Reifer Madeira bildet wie kein anderer Wein einen überaus nachhaltigen Abschluß für ein genußreiches Diner. Tawny Port ist ein besonders vielseitiger Wein und auf See ganz herrlich. Vielleicht bleiben diesen Klassikern der Alten Welt die Schlagzeilen vor allem deshalb verschlossen, weil die Neue Welt ihnen nichts entgegenzusetzen hat.

Ruby Die jüngste (und billigste) Portweinsorte: einfach, süß und rot. Die besten dieser Art sind kräftig und bukettreich, andere eher dünn.

Sanchez Romate 1781 gegründetes Familienunternehmen in Jerez. In der spanischsprachigen Welt am bekanntesten, besonders durch den Brandy Cardinal Mendoza. Guter Sherry: Fino Cristal, Oloroso Don Antonio, Amontillado NPU («non plus ultra»).

Sandeman Gigant im Porthandel und bedeutende Firma im Sherry-Geschäft, im Besitz von Seagrams. Founder's Reserve heißt der bekannte Vintage Character; die Tawnies sind viel besser (neu: Partners' Ruby 1994), die Jahrgangsweine zumindest anständig; einige ältere waren hervorragend (**55 57 58 60 63 65 66 67 68 70 72 75** 77 80 80 82 85 88). Bei Sherry ist Medium Dry Amontillado der Bestseller, Don Fino ist besonders gut; sehr zu empfehlen: die Luxus-Sherry-Reihe mit Royal Ambrosante, Imperial Corregidor, Royal Esmeralda usw.

Sanlúcar Sherry-Stadt am Meer, rund 25 km von Jerez (siehe Manzanilla).

Sercial Die in Madeira für trockensten Wein der Insel – feinster Aperitif – angebaute Traube.

Shortridge Lawton Madeira-Firma (gehört zur Madeira Wine Co.) mit sehr trockener Reserva Sercial und sehr lebendigen 10jährigen Special Reservas.
Smith Woodhouse 1784 gegründete Portfirma, heute im Besitz der Familie Symington (siehe Dow). Gould Campbell ist eine Tochtergesellschaft. Relativ leichte, gefällige Weine: His Majesty's Choice 20 y. o., Old Lodge Tawny. Sehr feine Jahrgänge: **60 70 75** 77 80 82 83 85 88 91.
Solera Bei der Herstellung von Sherry und (in modifizierter Form) von Madeira, gelegentlich auch bei Port angewandtes System. Es besteht darin, daß Fässer mit reiferem Wein nach und nach mit etwas jüngerem Wein derselben Sorte aufgefüllt wurden. Auf diese Weise wird ein einheitliches Endprodukt angestrebt. Die meisten handelsüblichen Sherrys sind Verschnitte aus mehreren Solera-Weinen.
Soto, José de Die durch die Erfindung von Ponche berühmt gewordene Familienfirma erzeugt auch eine Reihe guter Sherries, v. a. trockener Oloroso.
Tawny Ein Portwein, der jahrelang in Holzfässern gelagert wurde (im Gegensatz zu Jahrgangsport, der in Flaschen gelagert wird), bis er eine bräunliche Farbe annimmt. Viele Spitzen-Tawnies sind «20-y-o». Billiger Tawny ist aus rotem und weißem Port gemischt.
Taylor, Fladgate & Yeatman («Taylor's») Eine der besten Portfirmen, besonders bekannt durch vollen, reichhaltigen langlebigen Jahrgangsport sowie Tawny mit Altersangabe (z. B. 40-year-old, 20-year-old usw.). Der charakteristische Veilchenduft soll bei Taylor vom Gut Vargellas stammen. Jahrgänge: **55 57 58 60 61 63 64 65 66 67 68 69 70 72 74 75** 76 77 78 80 82 83 84 85 86 87 88 92. Weniger gute Quinta-de-Vargella-Jahrgänge gehen unverschnitten in den Handel (**67 72 74** 76 78). Auch der LBV gehört zu den besseren seiner Art.
Terry, Fernando A. de Prächtige Bodega in Puerto de Santa Maria mit einer Reihe unbedeutender Sherrys, aber berühmte Brandies; 1986 von Harvey's übernommen.
Tio Pepe Der berühmteste Fino-Sherry (s. Gonzalez Byass).
Valdespino Berühmte Bodega in Jerez, Besitzer der Lage Inocente, mit hervorragendem, gealtertem Fino dieses Namens. Tio Diego heißt der trockene Amontillado, Solera 1842 ist ein Oloroso und Del Carrascal der Spitzen-Amontillado; Matador ist die populäre Marke.
Varela Sherry-Firma, bekannt durch Medium und Cream.
Vargellas, Quinta de Seit 1893 Kern des Taylor-Imperiums; erbringt die feinsten Portweine des Hauses. Marke für «Zwischenjahrgänge». Siehe auch Taylor Fladgate & Yeatman.
Verdelho Madeira-Traube für ziemlich trockenen, aber milden Wein, hat nicht die pikante Art der Sercial-Traube. Angenehmer Aperitif. Großartige alte Jahrgangsweine.
Vesuvio, Quinta de Sehr großes Ferreira-Gut aus dem 19. Jh., am oberen Douro. 1989 an die Familie Symington verkauft. 52 ha bestockt. Besonders empfehlenswert der 88er.
Vintage Port Der beste Port aus besonders guten Jahrgängen wird nach nur zweijähriger Faßlagerung abgefüllt und reift

dann sehr langsam über 20 Jahre und mehr in der Flasche. Er bildet dabei starke Ablagerungen und muß dekantiert werden.
Vintage Character Ein etwas irreführender Ausdruck für einen vollen und körperreichen Portwein guter Qualität, etwa einen nach einer Art von Solera-System hergestellten erstklassigen Ruby. Ihm fehlt der herrliche Duft des Vintage Port.

Port und die feine Lebensart

Vintage Port ist fast ebenso sehr ein Ritual wie ein Getränk. Er muß immer sorgfältig dekantiert werden (da er infolge seiner Bereitungsart ein starkes Depot in der Flasche bildet). Am sichersten ist es, ihn durch einen Kaffeefilter oder ein Stück Musselintuch in einen Dekanter oder eine sauber gespülte Flasche zu gießen. Mit Ausnahme sehr alter Exemplare kann Portwein wenigstens einen Tag, ja sogar eine ganze Woche, bevor er auf den Tisch kommen soll, dekantiert werden. Bei Tisch wird dann der Dekanter im Uhrzeigersinn herumgereicht. Jahrgangsport kann ungeheuer langlebig sein. Über die im Text genannten hinaus waren folgende ältere Jahrgänge besonders gut: 04, 08, 11, 20, 27, 34, 35, 45, 50.

Warre Die älteste Portfirma überhaupt (seit 1670), jetzt im Besitz der Familie Symington (siehe Dow); feine, elegante, lang reifende Jahrgangsweine, guter Tawny (Nimrod), Vintage Character (Warrior) und exzellenter LBV. Der Einzellagen-Port Quinta da Cavadinha ist eine Neuheit. Jahrgänge: **55 58 60 61 62 63 66 68 70 75** 77 78 79 80 82 83 84 85 86 87 88 89 91.
White Port Aus weißen Trauben hergestellter, daher goldfarbener Port. Wurde früher süß behandelt, heute wird er häufiger trocken bereitet: ein recht guter, aber schwerer Aperitif.
Williams & Humbert Berühmte erstklassige Sherry-Bodega, jetzt im Besitz von Antonio Barbadillo. Dry Sack (Medium Amontillado) ist der Bestseller, Pando ein ausgezeichneter Fino. Canasta Cream und Walnut Brown sind gut in ihrer jeweiligen Klasse. Dos Cortados ist der berühmte trockene alte Oloroso des Hauses.
Wisdom & Warter Alte Bodega mit gutem Sherry, v. a. feinem Manzanilla La Guapa.

England

Englands Weinbau erlebte nach einer Pause von 400 Jahren erst wieder in den 1950ern einen Neubeginn. Heute produzieren über 450 Weinbaubetriebe auf rund 1000 ha jährlich weit mehr als eine Million Flaschen, fast alles Weißweine, allgemein im deutschen oder Elsässer Stil (manche auch Loire-ähnlich), viele aus neuen deutschen Traubensorten, die auch bei kühlem Wetter gut reifen. Der oft hohe Säuregehalt verleiht guten Weinen Haltbarkeit oder verlangt sogar eine gewisse Reifezeit. Vier Jahre sind meistens, acht Jahre in manchen Fällen das rechte Alter. Experimente mit Eichenfaßausbau und vor allem mit Schaumweinen in Flaschengärung lassen sich vielversprechend an. Das Siegel der English Vineyards Association (EVA) darf auf qualitätsgeprüften Weinen angebracht werden. Seit 1991 dürfen englische Weine, die nicht von Hybridreben stammen, die Bezeichnung «Quality Wine» tragen und werden damit erstmals in die EG-Kategorie der Qualitätsweine aufgenommen. Da aber die (exzellente) Hybridrebe Seyval Blanc hier große Bedeutung hat, bekunden nur wenige Winzer Interesse.

NB: Vor «British Wine» sollte man sich hüten: Er ist weder britisch noch überhaupt Wein und hat mit dem, was hier folgt, nichts zu tun.

Adgestone Sandown (Isle of Wight) – Ein preisgekrönter, 3,4 ha großer Weinberg, der an einem Hang mit Kalkboden liegt. Gegründet 1968; Weine mit guter Struktur und Langlebigkeit.

Astley Stourport-on-Severn (Hereford und Worcester) – 1,8 ha erbringen ordentliche Weine, u. a. preisgekrönte Madeleine-Angevine und Kerner.

Avalon Skepton Mallet, Somerset – Organisch kultivierte Trauben von 1 ha.

Bagborough Shepton Mallet (Somerset) – Neuer, beachtenswerter Weinbaubetrieb; 1,2 ha.

Bardingley Staplehurst, Kent – 1 ha. Interessante Rotweine (z. T. faßgereift).

Barkham Manor Vineyard Piltdown (E-Sussex) – 13,5 ha, angelegt 1985; breite Palette, große, moderne Kellerei.

Barton Manor East Cowes (Isle of Wight) – 6 ha; prämierte, stets interessante Weine, u. a. mit Faßausbau, sowie Schaumwein in Flaschengärung. Seit 1991 neue Besitzer. Beträchtliche Neuinvestitionen.

Bearstead Maidstone (Kent) – 1,5 ha, angelegt 1986; stetig verbesserte Weine, v. a. Bacchus.

Beaulieu Abbey Brockenhurst (Hampshire) – 2 ha, organischer Weinbau; gegründet 1958 von der Familie Gore-Browne auf einem alten Klostergelände. Guter Rosé.

Beenleigh Manor Totnes (Devon) – 0,2 ha Cabernet Sauvignon und Merlot unter Plastikfolie. Weinbereitung bei Sharpham. Der 90er wurde mit der Trophy ausgezeichnet.
Biddenden Tenterden (Kent) – 8 ha, 1969 mit verschiedenen Rebsorten bestockt. Breite Palette, u. a. Ortega, Huxelrebe, Bacchus sowie Schaumwein in Flaschengärung. Auch guter Apfelwein.
Bishops Waltham Bishops Waltham (Hampshire) – 5 ha, Schönburger und Würzer.
Bookers Bolney (E-Sussex) – 1,5 ha Müller-Thurgau; 1992 weitere Sorten gepflanzt.
Boyton Stoke-by-Clare (Suffolk) – 0,8 ha Huxelrebe (der 90er ist gut) und Müller-Thurgau.
Boze Down Whitechurch-on-Thames (Oxfordshire) – 2,3 ha; breite Palette: Rotwein und lieblicher Weißwein inzwischen gut. Beobachtensert.
Breaky Bottom Lewes (Sussex) – Gute trockene Weine, v. a. prämierter Seyval Blanc (89 90) und Müller-Thurgau von 2 ha. Es hat sich eine gläubige Anhängerschaft gebildet. Demnächst steht Schaumwein auf dem Programm.
Brenchley Tonbridge (Kent) – 6,8 ha Seyval Blanc, Schönburger, Huxelrebe; bereits recht stilvoll. Beobachtenswert.
Bruisyard Saxmundham (Suffolk) – 4 ha Müller-Thurgau; seit 1976; u. a. Weine mit Eichenfaßausbau und Schaumwein.
Cane End Reading (Berkshire) – 5 ha, verschiedene Rebsorten; guter lieblicher 90er Bacchus Spätlese. Interessanter Stil.
Carden Park Chester (Cheshire) – 3,6-ha-Weinberg in einem Freizeitpark in der Nähe der Welsh Marches. Guter Seyval Blanc, z. T. eichenfaßgereift. Neue Schaumweine ab 1994.
Carr Taylor Vineyards Hastings (Sussex) – 8,4 ha, 1973 bestockt, v. a. mit Reichensteiner. Pionier für Schaumwein nach der klassischen Methode in England: Kerner-Reichensteiner (mit und ohne Jahrgang) und Pinot Noir Rosé. Lebendige, intensive und ausgewogene Weine.
Chapel Down Winery Burgess Hill (W-Sussex) – Neues Kellereiunternehmen; produziert von gekauftem Lesegut v. a. Schaumwein nach der klassischen Methode. Der faßvergorene Rotwein «Epoch I» ist gut, ebenso die Still- und Schaumweine «sur lie».
Chiddingstone Edenbridge (Kent) – 11 ha; vorwiegend trockene Weine im französischen Stil, z. T. mit Ausbau in *barriques.*
Chilford Hundred Linton (Cambridgeshire) – 8,4 ha; seit 1974 recht trockene Weine.
Chiltern Valley Henley-on-Thames (Oxfordshire) – 1,2 ha Eigenbesitz auf hochgelegenem Kreideboden; bezieht außerdem Trauben von benachbarten Anbauern; produziert u. a. eichenfaßgereiften, ungewöhnlich süßen Noble Bacchus Spätlese und guten Old Luxters Dry Reserve, beide preisgekrönt.
Crickley Windward Little Witcombe (Gloucestershire) – 2,2 ha mit bereits guten Resultaten, v. a. 91er Schönburger Reserve.
Denbies Dorking (Surrey) – 100 ha (Englands größter Weinbaubetrieb); erste Lese 1989. Eindrucksvolle neue

Kellerei und immer bessere Weine, v. a. 92er Dessertwein mit Edelfäule.

Elham Valley Canterbury (Kent) – Kleine Kellerei mit 0,8 ha Weinbergbesitz und eindrucksvollem, handgekeltertem, halbtrockenem Müller-Thurgau sowie Schaumwein von Kerner/Seyval Blanc.

Elham Park East Dereham (Norfolk) – 1,8 ha, gegründet 1966. Leichte, blumige Weine; bes. gut: Madeleine-Angevine. Auch Apfelwein.

Fonthill Salisbury (Wiltshire) – 3,6 ha. Breite Palette, u. a. guter Seyval, Dornfelder Rosé.

Hagley Court Hereford – 3 ha, 1985 angelegt; beachtenswerte Weine.

Halfpenny Green Stourbridge (W-Midlands) – 11 ha, v. a. gute Madeleine-Angevine-Weine.

Hambledon Petersfield (Hampshire) – Der erste moderne Weinberg Englands, 1951 mit Rat und Hilfe aus der Champagne angelegt.

Headcorn Maidstone (Kent) – 2 ha mit preisgekrönten Weinen: u. a. Seyval Blanc.

Helions Helion's Bumpstead, Haverhill (Suffolk) – 0,4 ha, halb Müller-Thurgau, halb Reichensteiner; guter trockener Wein (v. a. der 90er).

Hidden Spring Horam (E-Essex) – 3,6 ha. Erfolgreich v. a. mit faßgereiftem Dry Reserve und rotem Dark Fields.

High Weald Winery Lemham (Kent) – Kein eigener Weinbergbesitz, jedoch ein bedeutender Kellereibetrieb (Inhaber Christopher Lindlar) für mehrere Winzer. Verschnitt «English Vineyard» von gekauften Trauben.

Highfield Tiverton (Devon) – 0,5 ha. Gute Weine, v. a. Siegerrebe.

La Mare Jersey – Einziger, jedoch schon lange bestehender Weinbaubetrieb auf den Kanalinseln. Ordentliche Weine.

Lamberhurst (Kent) – Der führende Weinbaubetrieb Englands mit 21 ha Weinbergbesitz (1,5 ha in Horam, E-Essex), angelegt 1972. Beständige, große Auswahl; 1983, 85 und 90 mit der Gore-Browne-Trophy ausgezeichnet; Rot- und Schaumweine sowie faßgereifte Weißweine; bes. gut der halbtrockene 91er Bacchus. Verarbeitungsbetrieb für viele Winzer.

Leeford Battle (Sussex) – 10 ha; weitere Anpflanzungen geplant. Mehrere Marken: Saxon Valley, Battle, Conquest.

Llanerch S-Glamorgan (Wales) – 2,2 ha, 1986 angelegt. Weine der Marke Cariad mit sich entwickelndem, zu Recht preisgekröntem individuellem Stil. Guter Rosé.

Loddiswell Kingsbridge (Devon) – 2,4 ha sowie 0,4 ha unter Folientunnels.

Manstree Exeter (Devon) – 1,2 ha; v. a. Schaumwein: 90er «Essling» preisgekrönt.

Mersea Colchester (Essex) – Kleiner Betrieb mit zunehmend besser werdender Qualität.

Monnow Valley Monmouth (Wales) – 1,6 ha. Immer stärker beachtete Weine, v. a. 92er Huxelrebe/Seyval Blanc.

Moorlynch Bridgewater (Somerset) – 4,4 ha einer idyllischen Farm. Gute Weine, früher variabel, inzwischen immer besser.

New Hall Maldon (Essex) – 35 ha gemischter Anbau. Rebbestand: u. a. Huxelrebe, Müller-Thurgau, Pinot Noir. Weinbereitung z. T. außerhalb.

Northbrook Springs Bishops Waltham (Hampshire) – 5 ha junge Reben mit immer besser werdenden Weinen.

Nutbourne Manor Pulborough (W-Sussex) – 7,5 ha; eleganter, schmackhafter Schönburger und Bacchus.

Oatley Bridgewater (Somerset) – 1,8 ha junge Reben mit bereits guten Weinen. 92er Kernling probierenswert.

Partridge Blandford (Dorset) – 2 ha. Trockener 92er Bacchus mit der Trophy ausgezeichnet.

Penshurst Tunbridge Wells (Kent) – 5 ha seit 1972; u. a. guter Seyval Blanc und Müller-Thurgau. Schöner, moderner Betrieb.

Pilton Manor Shepton Mallet (Somerset) – 6 ha in Hanglage, 1966 angelegt. Weine allmählich wieder in Bestform, v. a. der 1992 preisgekrönte Westholme Late Harvest.

Plumpton Agricultural College bei Lewes, Sussex – 0,5 ha Versuchsgelände eines Weinbau-College.

Priory Vineyards Little Dunmow (Essex) – 4 ha; inzwischen recht gute Weine.

Pulham Diss (Norfolk) – 5 ha, 1973 angelegt; bester Wein: Müller-Thurgau.

Queen Court Faversham (Kent) – 3 ha im Besitz einer Brauerei; guter Müller-Thurgau und Schönburger.

Rock Lodge Haywards Heath (Sussex) – 3 ha; seit 1965. Empfehlenswert: Fumé (eichenfaßgereifter Ortega/Müller-Thurgau-Verschnitt) und Schaumwein Impresario.

St. George's Waldron, Heathfield (E-Sussex) – 6 ha, 1979 angelegt; u. a. Müller-Thurgau und Gewürztraminer. Stark publiziert; breite Palette, populäre Stile.

St-Nicholas Ash (Kent) – 7 ha; besonders guter Schönburger.

Sandhurst Cranbrook (Kent) – Gemischter Anbau: 6,5 ha Reben, 32 ha Hopfen, dazu Apfelplantagen, Schafzucht usw. Immer bessere Weine, v. a. 91er Seyval Blanc und 92er Bacchus (beide eichenfaßgereift). Ab 1994 Schaumweine von Pinot Noir und Seyval Blanc.

Scott's Hall Ashford (Kent) – 0,2 ha; Kleinstbetrieb mit eichenfaßgereiftem Weißwein und Rosé-Schaumwein.

Sharpham Totnes (Devon) – 2 ha; jetzt mit eigener Kellerei. Inzwischen interessante Weine.

Shawsgate Framlingham (Suffolk) – 7 ha; u. a. Chardonnay. Guter Seyval-Blanc/Müller-Thurgau-Verschnitt. Preisgekrönt.

Staple bei Canterbury (Kent) – 2,8 ha, 1977 angelegt. Exzellenter Müller-Thurgau und Huxelrebe besonders interessant.

Staplecombe Taunton (Somerset) – 1 ha mit recht guten Weinen.

Staverton Woodbridge (Suffolk) – 0,6 ha in immer besserem Zustand; v. a. Bacchus.

Tenterdon bei Tenterden (Kent) – 5 ha; 1979 angelegt. Weine von sehr trocken bis süß, u. a. Müller-Thurgau, eichenfaßgereifter Seyval Blanc (81 sehr gut, 91 mit der Gore-Brown-Trophy ausgezeichnet), Rosé und Schaumwein.

Thames Valley Twyford (Berkshire) – 10 ha; Weine aller Art; solider, eichenfaßgereifter Weiß- und Rotwein sowie Schaumwein nach der klassischen Methode, auch Spätlesen: die süße Clock Tower Selection mit Edelfäule errang 1992 die Gore-Browne-Trophy.
Three Choirs Newent (Gloucestershire) – 24 ha, 1974 angelegt (weitere Anpflanzungen geplant). Müller-Thurgau, Seyval Blanc, Schönburger, Reichensteiner in bereits erweiterten Weinbergen. Erfolgreiche Weine u. a. Bacchus Dry, Huxelrebe sowie populärer englischer «Nouveau». Neu eröffnet: eine für eine Million Pfund erbaute Kellerei.
Throwley Favesham (Kent) – 1,8 ha. Ausgezeichneter Schaumwein in Flaschengärung von Pinot Noir und Chardonnay. Auch sehr guter 91er Ortega.
Wickham Shedfield (Hampshire) – 3,8 ha (seit 1984). Beweist bereits Stil; Vintage Selection probierenswert, v. a. der 91er.
Wissett Halesworth (Suffolk) – 4 ha, bereits mit guten Erfolgen, v. a. mit Auxerrois/Pinot-Verschnittten und Müller-Thurgau.
Wooldings Whitchurch (Hampshire) – Junger Weinberg, 2,8 ha; guter Schönburger.
Wootton Shepton Mallet (Somerset) – 2,4 ha u. a. mit Schönburger, Müller-Thurgau, Seyval Blanc, Auxerrois. Seit 1971 beständig gute, frische, fruchtige Weine.
Wyken Bury-St-Edmunds (Suffolk) – 2,8 ha; breite Palette; macht bereits einen guten Eindruck, v. a. Bacchus.

Luxemburg

Luxemburgs Rebfläche von 1315 ha befindet sich auf Kalksteinböden auf dem linken Ufer der Mosel. Hier herrschen die ertragreichen Rebsorten Elbling und Rivaner (Müller-Thurgau) vor, aber es gibt auch größere Bestände an Riesling, Gewürztraminer und (meist am besten) Auxerrois, Pinot Blanc, Pinot Gris. Sie erbringen leichte bis mittelschwere (10,5–11,5 %) trockene Weine nach Elsässer Art. 70 % aller Weine Luxemburgs werden von der Genossenschaft Vins Moselle produziert und vertrieben. Der 1988 gegründete Weingüterverband Domaine et Tradition bemüht sich um die Förderung feiner Qualität von edlen Traubensorten. Die letzten fünf Jahrgänge sind allesamt gut, die 89er, 90er und 92er sogar hervorragend ausgefallen.
Spitzenerzeuger: M. Bastian, «Clos des Rochers» (Bernard-Massard), Aly Duhr et Fils, Caves, Gales, Clos Mon Vieux Moulin, Château de Schengen, Sunnen-Hoffmann.

Mittel- und Südosteuropa

Wer behauptet, Teile der auf dieser Karte verzeichneten Regionen befänden sich heute in mehr oder weniger provisorischem Zustand, untertreibt. Der Bildung neuer regionaler Autonomien und Staaten folgen jedoch anspruchsvolle Bestrebungen und neue internationale Beteiligungen und Investitionen im Weinbau auf dem Fuß. Bisher haben sich Ungarn und die ehemalige Tschechoslowakei und vielleicht auch Moldova sowie Bulgarien hierbei besonders hervorgetan. In anderen ehemals kommunistisch beherrschten Staaten liegt das Potential noch brach.

Die Stichwörter sind in diesem Kapitel nach Ländern geordnet, alle geographischen Hinweise beziehen sich auf die Karte auf dieser Seite.

In allen hier gezeigten Ländern mit Ausnahme von Griechenland und Zypern beruht das Etikettierungssystem weitgehend auf dem heute international gewordenen Schema aus Ortsnamen und Traubensorte. Darum sind neben den Bereichen und sonstigen Begriffen im alphabetischen Verzeichnis auch die wichtigsten Traubensorten aufgenommen.

Ungarn

Ungarn ist in der Tradition unbestritten führend in der Region, doch in der Qualität hat sich inzwischen Österreich an die Spitze gesetzt. Der Geschmack der Magyaren bevorzugt das Feurige, Erdige, Vollblütige im Wein, was denn auch durch die einheimischen (meist weißen) Traubensorten in schönster Vollendung zustande kommt. Inzwischen aber sind die «sichereren» internationalen Rebsorten auf dem Vormarsch. Seit dem Ende des kommunistischen Regimes haben französische, deutsche und sonstige Firmen hier Land gekauft oder sind vor allem in Tokaj, dem berühmtesten ungarischen Weinbaugebiet, Gemeinschaftsunternehmungen eingegangen. In Zukunft dürfte man hiervon wohl mehr hören. Inzwischen findet der Besucher eine Fülle von originellen Weinen im alten Stil vor.

POLEN
Prag
TSCHECHIEN
SLOWAK
DEUTSCHLAND
Bratislava
ÖSTERREICH
Budapest
Donau
SLOWENIEN
Ljubljana
Drava
KROATIEN
Zagreb
Sava
BOSNIEN-
HERZEGOWINA
Sarajevo
Split
ITALIEN
Dubrovnik
Adria

UKRAINE
MOLDAWIEN
Kishinev
Prut
NGARN
Tirnave
RUMÄNIEN
Olt
Belgrad
Donau
Bukarest
Donau
RBIEN
Varna
BULGARIEN
Sofia
Schwarz
Meer
Plovdiv
Euros
MAZEDONIEN
Skopje
Istanbul
Thessaloniki
IEN
Ägäis
GRIECHENLAND
TÜRKEI
Patras
Athen

Alföld Die Große Ungarische Ebene, Quelle für Alltagswein und bessere Qualitäten, v. a. Helvécia, Kecskemét, Kiskunhalas, Hajós, Szeged.

Aszú Entspricht dem österreichischen «Ausbruch», wird auf sehr süßen Wein (Tokajer) angewandt, der aus ausgelesenen edelfaulen Trauben gekeltert wird (vgl. auch Sauternes). Früher Bezeichnung sowohl für den süßen Wein als auch für die edelfaulen Beeren.

Aszú Eszencia, Tokaji br s ★★★★ **57 63** – Die Spitzenqualität des handelsüblichen Tokajers: ein superber, bernsteingoldener Wein, etwa wie Sauternes mit einem Anflug von Sherry.

Badacsony Plattensee; w; tr s ★★→★★★ – Berühmter 420 m hoher Berg am Nordufer des Plattensees, dessen Basaltboden volle, hocharomatische Weißweine hervorbringen kann, die zu den besten Ungarns gehören.

Balaton Plattensee; r w; tr s ★→★★★ – Größter europäischer Süßwassersee. Viele gute Weine führen seinen Namen. Die Endung «i» (z. B. Balatoni, Egri) entspricht der deutschen Endung -er an Ortsnamen.

Balatonboglár, Plattensee; r w rs ★→ ★★ – Fortschrittliche Kellerei mit sauberen, modernen Weinen, v. a. Weißweinen; auch Schaumwein nach dem Tankgärungsverfahren.

Balatonfüred Plattensee; (r) w; tr s ★★ – Ort am Südufer des Plattensees, Zentrum des Distrikts Balatonfüred-Csopak. Guter, aber weicherer, nicht so feuriger Wein.

Barsonyos-Csàszàr Gegend im Norden mit traditionell trockenen Weißweinen.

Bikavér Eger; r ★ – «Erlauer Stierblut»: der historische Name des meistverkauften Rotweins von Eger; gute Beispiele sind voll und ausgeglichen, aber die heutige Exportversion ist recht uneinheitlich. Ein Verschnitt von mindestens drei Traubensorten, v. a. Kêkfrankos und Cabernet. Wird heute auch in Szekszárd produziert.

Csarfas Königliches Weingut, noch Staatsbesitz, in Tarcal; vielleicht das feinste in Tokaj.

Csopak Ort bei Balatonfüred mit ähnlichem, aber trockenerem Weißwein, u. a. gutem Chardonnay, Sauvignon Blanc, Szürkebarát usw.

Debrő Mátraalja; w; s ★★ – Weinort in Mátraalja, berühmt durch den aromatischen, süßen Hárslevelü.

Diznókö Bedeutende Investitionen einer französischen Versicherung (AXA) in erstklassigem Gelände in Tokaj; über 40 ha.

Edes Süß (jedoch nicht so üppig süß wie Aszú).

Eger r w; tr s ★→ ★★ – Bekanntestes Rotweinzentrum Nordungarns: Schöne Barockstadt mit Kellern voll Bikavér. Außerdem frischer weißer Leányka (heute vielleicht der beste Wein dieser Gegend), Olaszrizling, Chardonnay und Cabernet.

Eszencia Die sagenumwobene Quintessenz des Tokajers (Tokaji): intensiv süßer Wein von edelfaulen Trauben. Früher war Eszencia so gut wie alkoholfreier Traubenmost, dem wundertätige Eigenschaften nachgesagt wurden; diese Art heißt heute «Nektar». Für die jetzige Eszencia sind 6 % Alkohol vorgeschrieben; sie ist damit eine Variante der Aszú Eszencia.

Etjek bei Budapest. Quelle für moderne Standardweine, v. a. Chardonnay, Sauvignon Blanc.

Ezerjó In Mór angebaute Traube, aus der der beste ungarische Weißwein erzeugt wird: eigenständig, duftig, fein.

Felsőbabád Regionalkellerei südl. von Budapest mit duftigem, echtem, in Ungarn jedoch amtlich nicht zugelassenem Pinot Noir (Blauburgunder).

François President 1882 von Franzosen gegründete Schaumweinkellerei in Budafok bei Budapest. Jahrgangssekt: President.

Furmint Die klassische Tokajertraube mit großem Aroma und Feuer, wird am Plattensee und in Somló auch für Tafelwein angebaut.

Gyöngyös Mátraalja; (r) w ★★ – Stadt im Norden von Mátraalja mit vielversprechenden trockenen Weißweinen von Szürkebarát, Chardonnay, Muskotály, Sauvignon Blanc usw. Neue Investitionen durch Frankreich und Australien.

Hajós Alföld; r ★ – Ort in Südungarn, hat sich einen Ruf als Zentrum für gute, lebendige, mittelschwere und recht haltbare Cabernet-Sauvignon-Rotweine und einen guten (allerdings amtlich nicht zugelassenen) Pinot Noir geschaffen.

Hárslevelű Einheimische Traubensorte, in Debrő für sanften, milden Wein und als zweite Sorte im Tokajer verwendet.

Helvécia (Kecskemét) Historische Kellerei im Alföld. Die Rebbestände sind ungepfropft, weil die Reblaus im Sandboden nicht vorankommt. Modernistische Weiß- und Roséweine; traditionelle Rotweine.

Hezölö Vornehmes, erstklassiges Weingut mit 46 ha in Tokaj, von Grands Millésimes de France und Suntory übernommen. Zweitetikett **Dessewffy**.

Hungarovin Weinhandels- und -erzeugerorganisation mit riesigen Kellereien in Budafok bei Budapest; bietet vorwiegend «westliche Sortenweine» sowie Schaumwein in Tank- und Flaschengärung und nach dem Transvasierverfahren an.

Izsak Bedeutender Schaumweinhersteller; vorwiegend Tankgärungsverfahren.

Kadarka Die in Ungarn verbreitetste Rotweintraube; im Süden in großen Mengen für leichten Wein angebaut, kann aber (z. B. in Szekszárd und Villány) schöne Würze und Langlebigkeit entwickeln. In Bulgarien Gamza.

Kecskemét Bedeutende Stadt im Alföld, Quelle für Alltags- und bessere Weine.

Kékfrankos Ungarisch für Blaufränkisch (angeblich mit Gamay verwandt). Liefert in vielen Gegenden, z. B. in Sopron an der österreichischen Grenze, gute leichte oder körperreiche Rotweine und gehört in Eger zum «Bikavér»-Rezept.

Kéknyelű Hocharomatische Weißweintraube, ergibt den besten und kräftigsten Wein vom Badacsony. Sollte feurig und würzig sein.

Kiskunhalas Riesige Kellereianlage in der Ebene, v. a. mit gutem Kadarka.

Különleges Minőség «Besondere Qualität» – höchste offizielle Qualitätsstufe.

Lang and Lauder Neue Partnerschaft im Ausland lebender prominenter Ungarn für die Tokajerproduktion in Mád.

Leányka oder Király Alte ungarische Weißweintraube, wird auch in Siebenbürgen angebaut; erbringt in vielen Gegenden überaus würzigen, leicht Muskateller-artigen trockenen Wein. Kiral Leányka heißt eine bessere Spielart.

Mátraalja Weinbaugebiet in den Ausläufern des Mátragebirges in Nordungarn, mit Debrő, Gyöngyös und Nagyrede.

Mecsekalja Distrikt in Südungarn, bekannt durch die guten Weißweine von Pécs.

Médoc Noir Die Merlot-Traube.

Minőségi Bor «Qualitätswein».

Mór Nordungarn; w; ★★→★★★ – Für frischen, trockenen Ezerjó bekannte Stadt. Jetzt auch Riesling und Sauvignon Blanc.

Muskotály Erbringt in Tokaj und Eger leichten, aber langlebigen Muskatellerwein. Wird gelegentlich in Tokaji Aszú mitverarbeitet.

Nagyburgundi Wörtlich «großer Burgunder», eine einheimische Traube und nicht, wie oft angenommen, Pinot Noir, liefert in Südungarn saubere, feste Weine, bes. um Villány und Szekszárd.

Nagyréde Mátraalja Kompetente, moderne Weinkellerei.

Nektar Nach den neuen Bestimmungen der Name des unvergorenen Traubenmosts, der früher Eszencia genannt wurde.

OBI In Budapest ansässiges amtliches Laboratorium, zuständig für Etikettierung, Qualitätskontrolle und Exportgenehmigungen sowie für die Modernisierung alter Begriffe.

Olaszrizling Ungarischer Name für italienischen oder Welschriesling.

Oporto Zunehmend angebaute Rotweintraube, erbringt milde, dickliche Weine, die jung getrunken sein wollen.

Oremus Altehrwürdiges Weingut der Gründerfamilie Rakoczi in Sárospatak (Tokaj); wird jetzt durch die Besitzer von Vega Sicilia wiederhergestellt.

Pécs Mecsek; (r) w ★→★★ – Größerer Weinort in Südungarn. Guter Olaszrizling, Pinot Blanc usw.

Pezsgő Schaumwein, meist nach der Transfermethode hergestellt, aber oft sehr schmackhaft.

Pinot Noir Wird oft mit Nagyburgundi gleichgesetzt (siehe jedoch Felsőbabád).

Puttony (Butte) Das Maß für den Süßgehalt des Tokajers. Dem Szamorodni (Grundwein) werden Aszú-Trauben (Ausbruch) in Butten zu je 20 bis 25 kg beigemischt. Eine Butte auf ein Faß (136 l) ergibt einen leicht süßen, 6 Butten einen sehr süßen Wein. Heute wird Tokajer mindestens dreibuttig und höchstens sechsbuttig bereitet.

Royal Tokay Wine Co Englisch-dänisch-ungarisches Gemeinschaftsunternehmen in Mád (Toaj), 60 ha, meist Erste und Zweite Klasse; der erste Wein eine Offenbarung.

Siklós Durch Weißwein bekannter Ort und Distrikt im Süden.

Somló Nordungarn; w ★★ – Kleines Weinbaugebiet in isolierter Lage nördlich vom Plattensee, liefert (ehemals hoch angesehene) Weißweine von der Furmint- und der alten Juhfark-Traube.

Sopron Westungarn; r ★ ★ – Kleine ungarische Enklave im Burgenland, südlich vom Neusiedlersee (siehe Österreich), auf leichten Kékfrankos-Rotwein sowie auf liebliche Weißweine nach österreichischer Art spezialisiert.

Szamorodni Auf deutsch: der Zufällige. Bezeichnung für Tokajer ohne zusätzliche Beimischung von Aszú-Trauben. Kann trocken oder (ziemlich) süß sein, je nachdem, wie viele Aszù-Trauben «zufällig» hineingeraten. Als Aperitif zu empfehlen.

Száraz Trocken, insbes. bei Tokaji Szamorodni.

Szürkebarát Wörtlich «grauer Klosterbruder»: Ungarisch für Pinot Gris, liefert u. a. am Badacsony volle (nicht unbedingt süße) Weine.

Szekszárd r [★★] – Distrikt im südlichen Mittelungarn mit Kadarka, der 3 bis 4 Jahre Reifezeit braucht. Auch gute Weine aus organischem Anbau sowie (jetzt) Bikavér.

Tokaji (Tokajer) w; tr s [★★] → ★★★★ – Der berühmte volle, süße Wein Ungarns, einem hocharomatischen, delikaten Sauternes vergleichbar, aus den Bergen an der Grenze zur Ukraine im Nordosten. Der Bereich umfaßt 5400 ha. Siehe Aszú, Eszencia, Furmint, Puttony, Szamorodni. Auch trokkener Tafelwein mit eigener Art.

Villány Siklós; r rs (w) [★★] – Ort im Süden Ungarns, bekanntes Rotweinzentrum. Villányi Burgundi ist zumeist Kékfrankos und durchaus gut. (Siehe auch Nagyburgundi.) Auch Cabernet Sauvignon und Franc eröffnen gute Aussichten.

Villány-Siklós Nach den zwei Städten benannte Weinbauregion.

Zweigelt In Südungarn heimische Rotweintraube; erbringt dunklen, würzigen, geschmachsintensiven Wein.

Bulgarien

Bulgarien hat sich in etwas mehr als einem Jahrzehnt aus dem Nichts zum zweitgrößten Flaschenwein-Exportland (nach Frankreich) entwickelt. 90 % der Produktion gehen ins Ausland. Einer alten, etwas verwitterten Weinbautradition wurden riesige neue Anbauflächen und eine rationelle Kellerei-Industrie aufgepfropft. Die früher staatlichen Weinbaubetriebe sind in der Neuen Welt in die Lehre gegangen und bieten heute Cabernet, Chardonnay und andere mehr zu äußerst günstigen Preisen an (wobei viele einheimische Rebsorten verdrängt werden). Zu den Qualitätsweinen aus 1985 eingeführten kontrollierten («Controliran») Anbaugebieten kommen

inzwischen auch faßgereifte «Reserve»-Abfüllungen, einfachere Weine aus «bestimmten Anbaugebieten» sowie Landweine. Bulgarien ist in fünf Hauptanbaugebiete aufgeteilt: die Donauregion, die Ostregion am Schwarzen Meer, Stara Planina, Haskovo und Harsovo.
Ein Absatzrückgang in Rußland hat in letzter Zeit zu erneutem Nachdruck auf Qualität, einem leichten Preisanstieg und einem Anbauverbot außerhalb der 27 Controliran-Gebiete geführt. 1990 wurde das Monopol Vinprom aufgelöst, und die einzelnen Kellereien erhielten Selbständigkeit (zunächst waren es 30, mit fortschreitender Privatisierung steigt die Zahl). Im frischen Wind des Wettbewerbs gedeihen nunmehr noch stärkere Bemühungen um Qualität.

Asenovgrad Bedeutende Kellerei in den Außenbezirken von Plovdiv. Mit der Einführung neuer Edelstahltanks können sich Mavrud und Cabernet gut halten.
Boyar, Domaine Seit 50 Jahren das erste unabhängige Weinhandelshaus Bulgariens, Sitz in Sofia; 1991 gegründet, Geschäftsschwerpunkt: Großbritannien.
Burgas Badeort am Schwarzen Meer. Hier entstehen gefällige Weißweine, u. a. ein Muskateller-Verschnitt.
Cabernet Sauvignon Die Bordeaux-Traube gedeiht in Bulgarien sehr gut (die Anbaufläche ist 4mal so groß wie in Kalifornien). Ihr Wein ist dunkel, kräftig, fruchtig und schön ausgewogen. Er trinkt sich schon jung sehr gut, Spitzenqualitäten reifen jedoch überraschend fein.
Chardonnay Bewährt sich hier nicht besonders. Sehr trockener, aber vollmundiger Wein, ein Jahr in der Flasche tut ihm gut. Einige neuere eichenfaßgereifte Beispiele versprechen Gutes.
Controliran Weine der höchsten Qualitätsstufe (sortenrein).
Damianitza Kellerei in Melnik mit gutem Strambolovo Merlot und Melnik-Cabernet.
Dimiat Die verbreitete einheimische Weißweintraube wird im Osten, zur Küste hin, angebaut. Gefälliger trockener Weißwein ohne eindrucksvollen Charakter.
Donau Kühle Region im Norden, v. a. mit Rotwein, einschl. Suhindol und Svishtov.
Euxinograd (Château) Kellerei an der Küste, ein Teil des ehemaligen Königspalastes. Ihre Weine sind für Staatsanlässe und für die Spitzenrestaurants reserviert.
Gamza Gute Rotweintraube, die ungarische Kadarka. Längere Zeit gereifte Weine, v. a. aus Suhindol, können vorzüglich sein.
Han Krum Bulgariens modernste Weißweinkellerei bei Varna im Osten, v. a. eichenfaßgereifter Chardonnay. Auch leichterer Chardonnay und Pinot Blanc.
Harsovo Region im Südwesten, v. a. mit Melnik.

Haskova Region im Süden. Bedeutendste Quelle von Merlot für den Export mit den Bereichen Oriachovitza, Stambolovo, Sliven, Asenovgrad und Plovdiv.

Iskra Schaumwein. Meist süß, aber von ordentlicher Qualität. Rot, weiß oder rosé.

Karlovo Stadt in Mittel-Bulgarien, berühmt durch das «Tal der Rosen» und einen sehr angenehmen weißen Misket.

Korten Unterbereich von Sliven. Korten-Cabernet hat festere Struktur als die meisten anderen.

Landwein Regionale Weine, oft Verschnitte von zwei Rebsorten mit eigener Geschmacksrichtung.

Lovico Suhindol Kellerei im Nachbarort von Pavlikeni; hier entstand 1909 die erste Genossenschaft Bulgariens. Gute Gamza-(Controliran-), Cabernet-, Merlot- und Pamid-Weine sowie Verschnitte. Sie erklärte sich nach dem Zusammenbruch des Staatsmonopols 1990 als erste unabhängig. 1922 privatisiert. Heute die größte Kellerei Bulgariens.

Mavrud Traubensorte und ihr dunkler Rotwein mit Pflaumenaroma aus Südbulgarien, v. a. Asenovgrad. 20 Jahre lagerfähig. Von alters her als der beste bulgarische Wein geschätzt.

Melnik Stadt im äußersten Südwesten und ihre vielgelobte Traube. Der dortige Rotwein ist so dick, daß es heißt, man könne ihn in einem Taschentuch mitnehmen. Braucht mindestens 5 Jahre Reifezeit und hält sich 15 Jahre. Auch reifer, entfaltungsfähiger Cabernet.

Merlot Die milde rote Sorte gedeiht vor allem im Distrikt Haskovo in Südbulgarien.

Misket Einheimische bulgarische Traubensorte; erbringt mild-aromatischen Wein, der oft zum Anreichern von Verschnitten verwendet wird.

Muscat Ottonel Eine in Ostbulgarien angebaute Muskatellersorte. Sie liefert liebliche, fruchtige Weißweine.

Novi Pazar Kellerei für Chardonnay mit kontrollierter Appellation bei Varna; feinere als die sonstigen Weine der Gegend.

Novo Selo «Controliran»-Gamza-Rotwein aus dem Norden.

Oriachovitza Bedeutender Bereich im Süden für «Controliran»-Cabernet/Merlot. Volle, saftige Rotweine, nach 4 bis 5 Jahren am besten. Neuere Reserve Cabernets, v. a. 84, 86, sehr gut.

Pamid Milder, leichter Alltagsrotwein aus Südwest- und Nordwestbulgarien.

Pavlikeni Weinort im Norden mit einem prestigeträchtigen, auf hochwertigen Cabernet und Gamza spezialisierten Weingut. Auch leichter Landwein-Verschnitt von Merlot und Gamza.

Petrich Warmer Bereich im Südwesten mit mildem, duftigem Melnik, auch im Verschnitt mit Cabernet.

Pleven Kellerei im Norden mit bedeutender Erzeugung von Pamid, Gamza und Cabernet. Zugleich Bulgariens Weinforschungsanstalt.

Plovdiv Stadt und Weinbaubereich im Süden von Haskovo mit gutem Cabernet und Mavrud. Die Weinbereitung erfolgt meist durch Asenovgrad.

Preslav Bulgariens größte Weißweinkellerei in der Nordostregion; v. a. Sauvignon Blanc und Chardonnay Reserve. Auch recht guter Branntwein.
Provadya Östlich von Shumen nahe der Küste; auch eine Gegend mit guten Weißweinen, v. a. trockenem Chardonnay.
Reserve Bezeichnung auf Etiketten für eichenfaßgereifte Auslesen. Reift 3 bis 4 Jahre in großen Fässern aus (oft amerikanischer) Eiche; z. T. Controliran.
Riesling Meist ist darunter Welschriesling zu verstehen. Rheinriesling wird ebenfalls, wenn auch weniger, angebaut und zu Weißweinen nach deutscher Art verarbeitet.
Rkatziteli Eine in Rußland sehr beliebte weiße Traube; sie liefert starken, süßen Wein. In NO-Bulgarien wird sie zu trockenen bis lieblichen Weißweinen verarbeitet.
Russe Weinstadt im Nordosten an der Donau. Frische, hochmoderne Weißweine, v. a. ein Welschriesling/Misket-Verschnitt sortenreiner lieblicher Welschriesling sowie Chardonnay, Muskateller und guter Aligoté. Jetzt auch Rotweine, bes. Controliran Cabernet Sauvignon aus dem Yantra-Tal.
Sakar Weinbaubereich im Südosten mit Controliran-Merlot, der zum besten Bulgariens zählt.
Sauvignon Blanc Wird in Ostbulgarien angebaut. Jetzt auch im Export.
Schumen Region im Osten, v. a. mit Weißwein.
Silvaner Gefälliger, trockener Silvaner wird unter dem Namen «Klosterkeller» exportiert.
Sliven Region im Süden, v. a. mit Cabernet. Auch Merlot und Pinot Noir, oft zu einem Landwein verschnitten. Außerdem Silvaner, Misket, Chardonnay.
Stambolovo Weinbaubereich in Haskovo, v. a. mit Controliran-Merlot.
Stara Planina Gebirgsgegend in Zentralbulgarien einschließlich Karlovo.
Sonnenküste Markenname eines in Deutschland vertriebenen lieblichen Weißweins.
Stara Zagora Südregion mit Cabernet und Merlot bis Reserve-Qualität.
Suhindol Siehe Lovico Suhindol.
Sungarlare Die Stadt im Osten gibt einem trockenen «Controliran»-Misket den Namen. Auch Chardonnay.
Svishtov Kellerei mit Controliran-Cabernet-Produktion an der Donau im Norden, Spitzenreiter unter den kontrollierten Appellationen Bulgariens.
Tamianka Süßer Weißwein von der gleichnamigen würzigen Traube (dieselbe wie Tamaioasa in Rumänien).
Targovichte Seit jeher selbständige Weißweinkellerei bei Shumen. Schwerpunkt: liebliche und süße Weine.
Tirnovo Starker, süßer, roter Dessertwein.
Varna Appellation an der Küste; bedeutende Erzeugung von Chardonnay (butterig, ohne Eichenholzwürze) und Sauvignon Blanc. Auch Aligoté und Ugni Blanc.
Yantra-Tal Bereich in der Donauregion, Controliran-Cabernet-Sauvignon.

Die ehemalige Tschechoslowakei

Seit Januar 1993 getrennt als Tschechische (Böhmen und Mähren) und Slowakische Republik. Zwar hat diese Region, in der vor allem Weißweine entstehen, so gut wie keine Tradition als Exportland, dennoch gibt es hier gute Weine. Aus den Etiketten geht hervor, ob es sich um Verschnitte oder Einzelsortenweine handelt, aber die Herkunft und auch die Rebsorten selbst sind nicht immer angegeben. Alle sind freilich probierenswert.

Mähren

Die mährischen Weine sind in Prag besonders beliebt. Die Anbaufläche erstreckt sich an den Donau-Nebenflüssen. Viele Weine kommen von der Grenze zu Österreich: dieselben Rebsorten – Grüner Veltliner, Müller-Thurgau, Sauvignon Blanc, Traminer, St-Laurent, Spätburgunder, Blauer Portugieser usw. – erbringen ähnliche Weine, z. B. aus Mikulov (Weiß- und Rotweine, trockene bis süße Schaumweine nach der traditionellen Methode in Flaschen aus Frankreich; v. a. Kellerei Valtice, gegründet 1430, und Vino Mikulov), aus Satov (modern, meist Weißwein, Trauben von Anbauern und Genossenschaften der Umgebung) und Znojmo (alte Weinberge auf idealem Kalkstein). Weitere Bereiche: Jaroslavice (faßgereifte Rotweine), Prímetice (vollaromatische Weißweine), Blatnice, Hustopece, Saldorf (alle mit sehr guten Kellereien) sowie Velkê Pavlovice (guter Schaumwein).

Böhmen

Weinbau seit dem 9. Jh. Gleiche geographische Höhe wie Deutschland, daher ähnliche Weine. Die besten Bereiche liegen nördlich von Prag im Elbtal und (am bekanntesten) bei Melník. – König Karl IV. brachte im 15. Jh. burgundische Reben hierher; heute herrschen Riesling, Ruländer und Traminer vor. Immer beliebter wird böhmischer Sekt, z. B. aus Stary Plzenec, meist in Tankgärung hergestellt, manchmal auch unter Verwendung von Eichenfässern, z. T. von Trauben aus der Slowakei und Mähren; französische Berater. Führende

Kellereien: Lobkowitz (in Melnik), Roudnice, Litomerice, Karlstein.

Slowakei

Hier wächst unter klimatisch günstigeren Bedingungen der größte Teil des Weins der ehemaligen Tschechoslowakei, vor allem im Osten, anschließend an die Tokajer-Rebfläche in Ungarn. Die Slowakei baut ungarische Rebsorten an und erzeugt auch einen Tokajer. Wichtige Bereiche: Malokarpatská Oblast (der größte Bereich, in den Ausläufern der kleinen Karpaten; v. a. Ruländer, Riesling, Traminer, Limberger usw.), Malá Trna, Nové Mesto, Skalice (kleiner Bereich, v. a. Rotwein) sowie Bratislava, Pezinok und Modra (in den Tatra-Ausläufern). Die besten neueren Jahrgänge: 71, 79, 81, 83, 89, 92.

Die ehemalige Sowjetunion

Mit über 1,2 Mio ha Rebfläche bilden die Republiken der ehemaligen UdSSR zusammengenommen das viertgrößte Weinanbaugebiet der Welt. Die Ukraine (einschließlich der Krim) trägt den größten Teil dazu bei, gefolgt von der Moldaurepublik, der Russischen Republik und Georgien. Die Verbraucher in diesen Ländern lieben das Süße, sowohl bei Tafel- als auch bei Dessertweinen.

Ukraine und Krim

Die Krim produziert erstklassige Dessertweine. Das gab das Auktionshaus Sotheby's 1990 bei Verkäufen aus den Zaren-Kellern in Massandra auf der Krim zu erkennen – es waren Muskateller sowie port- und madeiraähnliche Weine in feinster Qualität. Novi-Svet- und Grand-Duchesse-Schaumweine in Flaschengärung (letzterer aus einer 1896 von Louis Roederer gegr. Kellerei in Odessa) sind mehr als achtbar. Die Rotweine zeigen gutes Potential (z. B. Alushta aus Massandra). Alle werden noch als Staatsmonopol produziert. Die Ukraine hat guten

Aligoté sowie Artemosk-Schaumwein zu bieten; hier wachsen meist rumänische Rebsorten.

Moldaurepublik

Mit seinem sehr gemäßigten Klima (gleicher Breitengrad wie Nordfrankreich) und modernen Ideen bildet die Moldaurepublik ein großes Potential, v. a. mit Weißwein aus dem Zentrum, Rotwein aus dem Süden und gespritetem Rotwein aus dem Westen. Als Rebsorten werden Cabernet, Pinot Noir, Merlot, Saperavi (fruchtig), Riesling, Pinot Gris, Aligoté und Rkatsiteli kultiviert. Frühere Abfüllungen aus Moskau waren zwar katastrophal, aber der 1992 herausgekommene 63er Negru der Purkar ließ erahnen, was die Moldaurepublik bieten kann, und nachfolgende Jahrgänge brachten die Bestätigung (am besten von Cabernet Sauvignon/Saperavi/Rara Negre nach dem Vorbild des 63ers und 4 Jahren Ausbau im Eichenfaß). Purkar darf wohl als die beste Kellerei bezeichnet werden. Gut ist aber auch Krikova: Kodru «Claret», Krasny Reserve Pinot Noir/Merlot/Malbec. Die Kellerei Romanesti hat seit 1982 Wein von französischen Rebsorten sowie Yaloveni «Flor Sherrys» im Fino- und Oloroso-Stil. Abrodsov ist ein Schaumwein in Flaschengärung. Investitionen aus Australien (Penfolds), Deutschland, Italien und England verbessern Kellertechnik und Abfüllung. Der Fortschritt ist nicht reibungslos, aber beobachtenswert.

Rußland

Hier wird anständiger Riesling (Anapa, Arbau, Beshtau) und süßer Schaumwein Tsimlanskoye «Champanski» produziert, ferner Chardonnay, Sauvignon Blanc und Welschriesling (schwer, oft oxidiert).

Georgien

Die Republik bringt mit alten Methoden extrem gerbstoffherbe Weine für den Inlandsmarkt und mit etwas moderneren Techniken Verschnittweine für den

Export hervor (Mukuzani, Tsinandali); die Georgier sind jeder Modernisierung abhold. Kachetien (Ostgeorgien) ist seit jeher berühmt für Rot- und Weißweine mit starkem Gerbstoffgehalt. Aus Imeretien (Westgeorgien) kommen mildere, überaus originelle Weine. Georgischer Schaumwein ist sehr preiswert und süffig. Wenn die Ausrüstungen (einschließlich Flaschen und Korken) und die Techniken besser werden, kann Georgien zum Exportschlager werden.

Ehemals jugoslawische Staaten

Vor seiner Auflösung 1991 war Jugoslawien ein zuverlässiger Lieferant von Weinen internationalen Kalibers, wenn auch die Qualität nicht immer aufregend war. Heute reicht es kaum noch für den Export. Die derzeitigen politischen Wirren machen allerdings kommerzielle Kontakte schwierig, außer mit Slowenien, dessen «Riesling» als Pionier im Export fungierte, inzwischen gefolgt von Cabernet, Pinot Blanc, Traminer und anderen. Abgesehen vom zentralen Hochland Bosniens wird in allen Regionen Wein produziert, v. a. von großen Genossenschaften. An der dalmatinischen Küste und in Mazedonien gedeihen gute Lokalgewächse, die tief in der Antike verwurzelt sind.
In dieser Ausgabe bleiben die Weine aus Serbien, Bosnien-Herzegowina und Mazedonien unberücksichtigt.

Slowenien

Bela Krajina Bereich an der Sava mit Spezialität «Ledeno Laški Rizling» von spätgelesenen, gefrorenen Trauben (in besten Jahren).
Beli Pinot Pinot Blanc (Weißburgunder), eine sehr beliebte Traube.
Belo vino Weißwein.
Bizeljsko Sremic Bereich an der Sava. Volle Rotweine von Lokalrebsorten sowie Laski Rizling.
Crno vino Rotwein.
Cviček Traditioneller dunkler Rosé oder heller Rotwein aus dem Save-Tal.
Dolenjska Bereich an der Sava: Cvicek, Laški Rizling und Modra Frankinja (trockener Rotwein).

Drava-Tal (Podravski) Größtes Weinbaugebiet Sloweniens. V. a. gehaltvolle Weißweine, von aromatisch (Welschriesling, Muskat-Ottonel) bis spritzig (Riesling und Sauvignon Blanc).

Graševina Slowenisch für italienischen Riesling (auch Welschriesling, Laški Rizling genannt), den normalen Riesling der Region.

Jerusalem Der berühmteste slowenische Weinberg in Ljutomer. Die besten Weine sind Rajnski-Rizling- und Laški-Rizling-Spätlesen.

Kakovostno Vino Qualitätswein (Stufe unter Vrhunsko).

Kontrolinaro poreklo Herkunftsgarantie: Der Wein muß zu 80 % aus dem genannten Bereich stammen.

Koper Bereich im Littoral zwischen Triest und Piran. Die heißeste Gegend; gut für vollmundigen Merlot.

Kraški Wächst im Karstgestein an der Küste Sloweniens, eine für Refosco-Weine, z. B. Kraski Teran und eichenfaßgereiften Teranton, berühmte Gegend.

Laški Rizling Weiterer Name für italienischen Riesling. Liefert den bekanntesten, wenn auch nicht qualitativ wertvollsten slowenischen Wein; Exportspitzenmarke: «Cloburg» aus der Region Podravski.

Littoral Küstenregion an der Grenze zu Italien.

Ljutomer- (oder Lutomer-)Ormož Das bekannteste und wahrscheinlich beste Weißweingebiet Sloweniens im Nordosten, berühmt für seinen Laški Rizling: in seinen besten Vertretern bukettreich und sehr befriedigend. Die Exportqualität kann unterschiedlich sein. Die Kellerei Ormož bietet außerdem Schaumwein und Spätlesen.

Malvasija Weißweintraube, liefert in Westslowenien üppige, schwere Weine.

Maribor Bedeutendes Weinzentrum im Nordosten (Drava). Weißwein: Laški Rizling, Riesling, Sauvignon Blanc, Pinot Blanc, Traminer usw. Die Kellereien Slowenska Bistica und S. Konjice zeichnen sich mit gutem Laški Rizling aus.

Merlot Wird mit gutem Erfolg in Slowenien und in Kroatien (Istrien) sowie in Serbien angebaut.

Namizno vino Tafelwein.

Radgona-Kapela Bereich an der Drava unmittelbar an der österreichischen Grenze; v. a. Spätlesen, z. B. Radgonska Ranina, auch Schaumwein nach der klassischen Methode.

Radgonska Ranina Ranina ist die Bouvier-Traube (siehe Österreich). Radgona liegt bei Maribor. Der Wein ist süß und trägt die Handelsbezeichnung Tigrovo Mleko (Tigermilch).

Rajnski (oder Renski) Rizling Der Rheinriesling wird in Ljutomer-Ormož und Fruška Gora (Woiwodina, Serbien) in geringem Umfang angebaut.

Refosco In Ostslowenien und in Istrien (Kroatien) unter dem Namen Teran angebaute italienische Traube.

Renski Rizling Andere Schreibart für Rajnski Rizling.

Rizling Wenn keine nähere Bezeichnung dabei stand, war früher italienischer Riesling gemeint. Heute gesetzlich nur noch für echten (Rhein-)Riesling erlaubt.

Sava-Tal Zentral-Slowenien: leichte, trockene Rotweine, z. B. Cvicek. Auf dem Nordufer Weißwein, z. B. Laški Rizling, Silvaner und neuerdings Chardonnay und Sauvignon Blanc.

Sipon Name für die Furmint-Traube aus Ungarn.
Slamnak Riesling-Spätlese aus Lutomer.
Tigrovo Mleko Siehe Radgonska Ranina.
Tokaj Pinot Gris, liefert in Slowenien wie in Nordostitalien ziemlich schwere Weißweine.
Viapa Flachland in der Region Littoral; traditionell Export nach Österreich und Deutschland: guter Cabernet Sauvignon, Merlot, Barbera.
VINAG Sehr große Kellerei in Maribor. Spitzenwein: Cloburg Laški Rizling.
Vrhunsko Vino Wein in Spitzenqualität.

Kroatien

Babić Standardrotwein aus Dalmatien, besser haltbar als gewöhnlicher Plavac.
Banat Sandiger Bereich im Nordosten, zum Teil in Rumänien, mit modernen Weinkellereien, die anständigen Riesling liefern.
Baranjske Planote Slowenischer Bereich: guter Riesling und «weißer Burgunder» Bijeli Burgundac.
Bogdanuša Lokale Weißweintraube auf den Dalmatinischen Inseln, besonders Hvar und Brač. Angenehmer, erfrischender, leicht duftiger Wein.
Burgundac Bijeli Die in Slawonien und der Woiwodina (Nord-Serbien) angebaute Chardonnay-Traube.
Dalmacijavino Bedeutende Winzergenossenschaft mit Sitz in Split, vertreibt eine Vielzahl von Küsten- und Inselweinen.
Dalmatien Die Küste von Rijeka bis Dubrovnik. Hat eine bemerkenswerte Vielfalt an charaktervollen, meist alkoholstarken Weinen aufzuweisen.
Dingač Schwerer süßlicher Rotwein aus der einheimischen Plavac-Traube, Spezialität der mittleren dalmatinischen Küste.
Faros Gehaltvoller, lang haltbarer Rotwein von der Insel Hvar.
Grasevina Lokalbezeichnung für den weitverbreiteten Laški Rizling.
Grk Weiße Traube; eine Spezialität der Insel Korčula; liefert starken, sherryähnlichen und einen leichteren hellen Wein.
Istrien Halbinsel in der nördlichen Adria; der Hauptort ist Poreč mit verschiedenartigen Weinen, u. a. gutem Merlot. Der sehr trockene Teran schmeckt herrlich zu den Trüffeln der Gegend.
Maraština Starker, trockener Weißwein von den Dalmatinischen Inseln; der beste kommt von Čara Smokvica auf Hvar.
Opol Angenehm leichter, heller Rotwein aus der Plavac-Traube, um Split und Šibenik in Dalmatien.
Plavac Mali Dalmatiens heimische Rotweintraube; ergibt körperreiche, kraftvolle und langlebige Weine. Siehe Dingač, Postup, Opol usw. Gewöhnliche Rotweine werden oft als «Plavac» bezeichnet. Es gibt auch eine weiße Version namens Plavac Bijeli.
Portugizac Blauer Portugieser; einfacher Rotwein.

Pošip Gefälliger, nicht zu schwerer Weißwein von den Dalmatinischen Inseln, vor allem Korčula.
Postup Süßer und schwerer dalmatinischer Rotwein von der Halbinsel Pelješac bei Korčula. Er genießt dort hohes Ansehen.
Prosek Dessertwein aus Dalmatien; 15–16 % (oft fast portweinähnlich).
Slawonien Nordkroatien an der ungarischen Grenze zwischen Slowenien und Serbien (mit Teilen der Täler von Sava und Drava). Viele Standardweine, meist weiße, darunter auch Rieslinge.
Teran Kräftiger dunkler Rotwein aus Istrien von der italienischen Refosco-Traube.
Vugava Seltene weiße Traube auf Vis in Dalmatien, wenigstens der Legende nach mit der Viognier-Traube im Rhônetal verwandt.

Rumänien

Rumänien hat eine alte Weinbautradition und gutes Qualitätspotential, das jahrzehntelang damit verschwendet wurde, die Sowjetunion mit billigem süßem Wein zu beliefern. Die jetzige politische Lage erlaubt leider wenig Fortschritt. Nach wie vor ist Masse das Hauptziel (der Inlandsverbrauch ist groß). Doch mit mehr Sauberkeit in der Weinbereitung, früherer Abfüllung und Kohlensäuremaischung bestehen gewiß gute Aussichten, es dem Erfolg Bulgariens gleichzutun.

Alba Iulia Stadt im warmem Bereich Tîrnăve in Siebenbürgen. Bekannt für halbtrockenen Weißwein aus italienischem Riesling, Fetească und Muskat-Ottonel; auch Schaumwein in Flaschengärung.
Aligoté Die zweite weiße Burgundertraube liefert angenehm frischen Weißwein.
Babească («Großmuttertraube») Traditionelle Rotweintraube im Bereich Focsani: erfreulich säuerlicher Wein mit leichtem Nelkengeschmack.
Banat Ebene an der Grenze zu Serbien. Einfacher Welschriesling, Sauvignon Blanc, Muskat-Ottonel; leichter roter Cadarca, Cabernet und Merlot.
Cabernet Sauvignon Wird vor allem in Dealul Mare zunehmend angebaut, liefert dunklen intensiven Wein, der hier für westliche Gaumen manchmal zu süß ausfällt.
Cadarca Rumänische Schreibweise des ungarischen Kadarka.
Chardonnay Wird in Murfatlar zu süßem Dessertwein verarbeitet. Inzwischen gibt es ihn auch trocken und faßgereift.
Cotesti Teil des Bereichs Focsani mit Rotweinen aus Pinot Noir, Merlot usw. und trockenen Weißweinen, die dem Elsässer Wein ähnlich sein sollen.

Cotnari Bereich an der nördlichen Grenze des Weinbaus in Moldawien. Rumäniens berühmtester historischer Wein (selten geworden), ein leichter Dessert-Weißwein von Lokalrebsorten (Grasa, Feteasca, Alba, Tamaioasa). Schmeckt wie sehr zarter Tokajer.

Dealul Mare Bedeutendes, modern arbeitendes Weinbaugebiet in den südöstlichen Ausläufern der Karpaten. Rotweine aus Cabernet, Merlot, Pinot Noir usw. sowie Weißweine von der Tamaioasa-Traube.

Dobrudscha Sonnige, trockene Schwarzmeerregion um den Hafen Constanta, u. a. mit Murfatlar. Gute Qualität.

Drăgăsani Weinbaugebiet am Olt südlich der Karpaten. Hier werden traditionelle und «moderne» Traubensorten angebaut. Guter Muskat-Ottonel und Rotwein.

Feteascǎ Rumänische Weißweintraube mit würzigem, Muskateller-ähnlichem Aroma. Es gibt zwei Arten: F. Alba (entspricht der ungarischen Leányka und gilt als die einfachere Art und bildet die Grundlage für Schaumwein und süßen Cotnari) und F. Regala (eine Kreuzung F. Alba × Furmint) (gute Säure, daher für Schaumwein geeignet).

Feteascǎ Neagra Rote Feteascǎ. Leichte, etwas rauhe Weine, gereifte Versionen gut (tiefrot und mit einer Note von schwarzen Johannisbeeren).

Focsani Großes Weinbaugebiet in Moldawien; umfaßt die Bereiche Cotesti, Odobesti und Nicoresti.

Grasǎ Eine Form der ungarischen Furminttraube, die in Rumänien angebaut und u. a. im Cotnari verwendet wird; anfällig für Edelfäule.

Iasi Region mit frischen, säuerlichen Weißweinen (Feteasca Alba, Welschriesling, Aligoté, Muskat-Ottonel), z. B. «Bucium», «Copu», «Tomesti».

Istria-Babadag Neuere Weinbauregion nördlich von Murfatlar (Cabernet Sauvignon, Merlot, Feteasca Alba usw.)

Jidvei Weinbaubetrieb in den kühlen Karpaten (Tirnave) im nördlichsten Weinbaugebiet Rumäniens. Gute Weißweine: Feteascǎ, Furmint, Riesling, Sauvignon Blanc.

Lechinta Weinbaubereich in Siebenbürgen. Weine von Lokaltrauben mit schönem Bukett.

Moldawien Die Nordostprovinz. Größtes rumänisches Weinbaugebiet mit 12 Bereichen, u. a. Iasi und Focsani; gemäßigtes Klima, gutes Weinbaupotential.

Murfatlar Großes, modernes Weinbaugebiet beim Schwarzen Meer, spezialisiert auf süße Weine, u. a. Chardonnay (gute Voraussetzungen für Edelfäule. Jetzt auch volle trockene Rot- und Weißweine.

Muskat-Ottonel Der osteuropäische Muskateller ist in Rumänien eine Spezialität, v. a. im kühlen Siebenbürgen.

Nicoresti Der östliche Teil von Focsani, am bekanntesten durch den roten Babeascǎ.

Odobesti Der mittlere Teil von Focsani; Weißweine aus Feteascǎ- und Riesling-Trauben.

Oltenia Anbaugebiet einschl. Drǎgǎsani. Manchmal auch als Marke benutzt.

Perla Spezialität von Tîrnăve: ein gefälliger lieblicher Weißweinverschnitt aus Riesling, Feteascǎ und Muskat-Ottonel.
Pinot Noir Wird im Süden angebaut; überrascht oft durch Geschmacksfülle und Charakter. Als billige Alternative zu Burgunder zunehmend beliebt.
Pitesti Bedeutendste Stadt des Bereichs Arges, südlich der Karpaten. Traditionelle Weißweine aus Feteascǎ-, Tamaioasa- und Riesling-Trauben.
Premiat Zuverlässiges Programm an Qualitätsweinen für den Export.
Riesling D. h. italienischer Riesling. Sehr verbreitet; kein überragender Wein.
Sadova Stadt im Bereich Segarcea, exportiert lieblichen Rosé.
Sauvignon Blanc Der schmackhafteste Weißwein Rumäniens, vor allem in Verschnitten mit Feteascǎ.
Segarcea Südliches Weinbaugebiet nahe der Donau. Ziemlich süßer Cabernet.
Siebenbürgen Siehe Alba Iulia, Lechinta, Tarnave.
Tamaioasa Traditionelle Weißweintraube, ihres exotischen Buketts und Geschmacks wegen auch «Frankincense» genannt. Würzige, liebliche Weine, oft mit Edelfäule.
Tarnave Bedeutendes Weinbaugebiet in Siebenbürgen (das kühlste in Rumänien), bekannt durch Perla. Gute Gegend für trockene und aromatische Weine, z. B. von Jidvei. Auch Schaumwein in Flaschengärung.
Trakia Exportmarke. Besser auf den westlichen Geschmack abgestimmt als andere rumänische Weine.
Valea Cǎlugǎreascǎ «Das Tal der Mönche», Teil des Weinbaugebiets Dealul Mare mit einer bekannten fortschrittlichen Forschungsanstalt, die derzeit neue Bestimmungen nach dem AC-Vorbild in Vorschlag bringt. Bewundernswert der Cabernet (v. a. 85er Special Reserve), Merlot, Pinot Noir, Welschriesling und Pinot Gris.

Griechenland

Seit dem Eintritt Griechenlands in die EG hat sein antiker Weinbau auf raschere Gangart umgeschaltet. Ein großer Teil des griechischen Weins ist nach wie vor recht primitiv, aber inzwischen wurde ein neues Appellations-System eingerichtet, und in den letzten fünf Jahren ist kräftig in Ausrüstungen und fachliches Können investiert worden. Die modernen, doch immer noch authentisch griechischen Weine sind gut bereitet und probierenswert.

Achaia-Clauss Bekannter Weinhändler mit Kellern in Patras, Nord-Peloponnes, Produzent von Demestica usw.
Agiorgitiko In der Region Nemea verbreitet angebaute Rotweintraube.

Agioritikos Landwein-Appellation für guten halbtrockenen Weiß- und Roséwein von Agio Oros bzw. dem Berg Athos, der Kloster-Halbinsel in Chalkidiki. Herkunftsgebiet von Cabernet und anderen Trauben für Tsantali.

Amintalon Leichter Rot- oder Roséwein, oft perlend, aus Mazedonien.

Ankiralos Frischer Weißwein aus den zur Ägäis hin gelegenen Weinbergen Thessaliens.

Attika Region um Athen, Hauptanbaugebiet für Retsina.

Autocratorikos Neuer halbtrockener weißer Schaumwein von Tsantali.

Botrys Alteingesessene Weinfirma in Athen.

Boutari Handelshaus und Erzeuger von makedonischen und anderen Weinen, v. a. Naoussa und Santorin. Der Spitzenwein heißt Grande Réserve (84).

Cair Marke der Genossenschaft Rhodos, Hersteller des einzigen klassischen Schaumweins in Griechenland.

Calliga Moderner Weinbaubetrieb mit 320 ha auf Kefallenia. Robola-Weißwein und Monte-Nero-Rotwein von einheimischen Trauben; gut bereitet.

Cambas, Andrew Bedeutender Weinhändler und -erzeuger in Attika.

Carras, John Weingut in Sithonia, Chalkidiki, Nordgriechenland, das interessante Rot- und Weißweine unter der Appellation Côtes du Meliton produziert. Das Erstetikett Ch. Carras ist ein faßgereifter Rotwein nach Bordeaux-Art (75 79 81 83 84 85), der auch 10 bis 20 Jahre Flaschenlagerung lohnt. Domaine Carras ist das Zweitetikett. Ferner nicht unter die Appellation fallende Weine, z. B. Sauv. Blanc.

Castel Danielis Einer der besten trockenen Rotweine von Achaia-Clauss.

Cava Offizielle Bezeichnung für gealterte rote und weiße Verschnitte, z. B. Cava Boutari (Naoussa/Nemea) und Cava Tsantalis (Naoussa/Cabernet).

Côtes de Meliton Seit 1981 Appellation des Weinguts Carras für Rotwein (v. a. Cabernet und Limnio) und Weißwein (ebenfalls griechische und franz. Rebsorten), u. a. Château Carras.

Courtakis, D. Händler in Athen mit mildem Retsina und gutem dunklem nemeischem Rotwein.

Demestica Zuverlässige Marke für trockenen Rot- und Weißwein von Achaia-Clauss.

Emery Erzeuger von gutem Cava-Rotwein Emery und sehr gutem Weißwein Villare auf Rhodos.

Epirus Region in Zentralgriechenland mit Weinen aus hohen Lagen (1200 m). «Katoyi»-Cabernet ist ein hochgepriesener, teurer Rotwein.

Gamalafka Spezialität von Mykonos; erinnert erschreckend an Sherry-Essig.

Gentilini Neuer (seit 1984), erfolgreicher Weißwein aus Kefallenia. Ein milder, ansprechender Robola-Verschnitt. Jetzt auch in vielversprechender eichenfaßgereifter Version. Beachtenswert.

Goumenissa (Appellation) – Mittelschwerer, eichenfaßgereifter Rotwein in guter Qualität aus West-Makedonien. Beachtenswert: Boutari.

Hatzimichali Kleines Weingut in Atalante und seine Weine. Die Weißweine beruhen auf einheimischen Rebsorten, die Rotweine auf Cabernet Sauvignon.

Ilios Sehr süffiger, einfacher Wein auf Rhodos.

Kefallenia Ionische Insel im Westen mit gutem weißem Robola und rotem Thymiatiko. Siehe auch Calliga.

Kokkineli Retsina als Rosé, dem Weißen sehr ähnlich, kühl genießen.

Korfu Wunderschöne Insel mit Weinen, die ihrer kaum würdig sind. Der traditionelle Rotwein heißt Ropa.

Kouros Hochangesehener Weißwein von Kourtakis (Attika); auch Rotwein.

Kreta Die Insel gibt einigen guten griechischen Rotweinen ihren Namen. Die Appellationen lauten: Archanes, Daphnes und Peza (kräftige, trockene bis liebliche Rotweine) sowie Sitia (starker, aromatischer Rotwein). Auch der Weißwein kann hier erstaunlich gut sein.

Kretikos Weißwein der Firma Boutari von kretischen Traubensorten.

Lac des Roches Sauberer Weißweinverschnitt von Boutari.

Lemnos (Appellation) Insel in der Nord-Ägäis mit süßem, goldenem Muskateller-Retsina. Auch (rosé) Kokkineli.

Lindos Name des Rhodos-Weins besserer Qualität, ob er von Lindos selbst kommt oder nicht; recht einfach.

Macedonia Qualitätsweinbaugebiet im Norden für Xynomavro, v. a. Naoussa.

Malvasia Die berühmte Traube soll aus Monemvasia im Süd-Peloponnes stammen. Siehe Rhodos.

Mantinia (Appellation) – Frischer Peloponnes-Weißwein von Cambas.

Mavro «Schwarz»; steht für dunklen (oft süßen) Rotwein.

Mavrodaphne (Appellation) – Wörtlich «schwarzer Lorbeer»: dunkler, süßer, konzentrierter Rotwein, Port- oder Recioto-ähnlich; eine Spezialität der Region Patras, nördlicher Peloponnes (auf 15 % angereichert, braucht Reifezeit).

Mavroudi – Der Rotwein aus Delphi und von der Nordküste des Golfs von Korinth: dunkel mit Pflaumenaroma.

Metsovo Stadt in Epirus im Norden, Quelle eines Cabernet-Verschnitts namens Katoi.

Minos Populäre Marke auf Kreta; am besten ist der rote Castello.

Naoussa (Appellation) – Ausgesprochen starker, trockener Xynomavro-Rotwein aus Mazedonien, v. a. von Boutari, der Genossenschaft und Tsantali.

Nemea (Appellation) – Stadt auf dem östlichen Peloponnes, berühmt durch ihren Löwen (den Herkules erschlug) und ihren dementsprechend löwenstarken Mavro sowie durch die Agiorgitiko-Traube für einzigartig würzigen Rotwein (am besten von der Genossenschaft, v. a. Cava Nemea, und von Grand Palais).

Patras (Appellation) – Weißwein (z. B. trockener Rhoditis und seltenere Muskateller) und bedeutender Weinort am Golf von Korinth, Heimat des Mavrodaphne.

Pegasus, Château Naoussa-Weingut mit hochwertigem Rotwein (v. a. **81, 86,** 88).

Peloponnes Die südliche Landmasse des griechischen Festlands, trägt die Hälfte der gesamten Rebfläche Griechenlands, u. a. Nemea, Patras. Der größte Teil der Rebfläche entfällt auf Korinthen.

Rapsani Jung zu trinkender, etwas rauher Rotwein vom Berg Ossa in Thessalien.

Retsina Weißwein mit Zusatz von Harz der Aleppo-Kiefer, schmeckt nach Terpentin und paßt eigentümlich gut zu griechischen Speisen. Spezialität aus Attika. Der größte Teil des modernen Retsina ist enttäuschend mild (ebenso der kommerzielle Taramasalata).

Rhodos Östlichste griechische Insel mit dem besten griechischen Schaumwein; der Chevalier de Rhodes ist ein gefälliger Rotwein. Siehe auch Cair, Emery, Ilios.

Robola (Appellation) – Trockener Weißwein von der Insel Kefallenia vor dem Golf von Korinth, gefällig und mild, nicht ohne Charakter.

Samos (Appellation) – Insel vor der türkischen Küste, hat sich seit alten Zeiten mit ihrem süßen, blaßgoldenen Muskateller und Malvasier einen Namen gemacht. Am besten sind Athemis (gespritet) und Nectar (ungespritet).

Santorin Vulkaninsel nördlich von Kreta; hier wird süßer Vinsanto aus sonnengetrockneten Trauben sowie sehr trockener weißer Thira erzeugt. Santino und Atlantis sind trockene Rotweine. Das Potential ist noch nicht ausgeschöpft.

Semeli, Château Weingut bei Athen mit gutem Weiß- und Rotwein, v. a. Cabernet Sauvignon.

Strofilia Markenname für die Weine eines kleinen «Boutique»-Weinguts in Anavissos. Gute Weiß- und Rotweine, u. a. Cabernet Sauvignon.

Tsantali Erzeuger in Agios Pavlos. Großes Sortiment von Land- und Appellationsweinen aus Makedonien, von den Mönchen am Berg Athos, aus Nemea und Naoussa. Außerdem Muskateller von Samos und Lemnos. «Cava» ist ein Verschnitt.

Vaeni Vielversprechender Rotwein der Winzergenossenschaft Naoussa.

Xynomavro Die schmackhafteste der vielen einheimischen griechischen Rotweintrauben, obwohl der Name «sauer» bedeutet. Grundlage für Naoussa und andere Weine aus dem Norden.

Zitsa (Appellation) Region mit 6 Orten im gebirgigen Nord-Epirus. Delikater weißer Debina (Traubensorte) in stiller oder perlender Version.

Zypern

Die Insel exportiert 75 % ihrer Produktion, v. a. starke Weine in ordentlicher Qualität, am bekanntesten ist der sehr preiswerte Zypern-Sherry. Das feinste Produkt der Insel ist allerdings alter Commandaria, ein sirupartiger Dessertwein. Wie für Bulgarien war der Ausfall der alten UdSSR als Abnehmer ein schwerer Schlag. Bis vor kurzem wurden nur zwei Lokalrebsorten angebaut, inzwischen sind auch Versuche mit einem Dutzend weiterer einheimischer Sorten im Gang, und natürlich werden auch die internationalen Standardsorten angepflanzt. Von der Reblaus ist die Insel bisher verschont geblieben.

Afames Ort am Fuß des Olymp; zugleich Name eines trockenen säuerlichen Rotweins (Mavron) von Sodap.

Aklion Ein neuer milder, leichter trockener Weißwein von Keo (Xynisteri aus Limassol).

Aphrodite Die griechische Liebesgöttin leiht ihren Namen einem beständig guten, halbtrockenen Xynisteri-Weißwein von Keo.

Arsinoe Trockener Weißwein von Sodap, trägt den Namen einer bedauernswerten jungen Dame, die von Aphrodite in Stein verwandelt wurde.

Bellapais Spritziger mittelsüßer Weißwein von Keo, benannt nach der berühmten Abtei bei Kyrenia. Wichtigstes Erfrischungsgetränk für Urlauber auf Zypern.

Christoforou Weinfirma in Limassol, Familienbetrieb.

Commandaria Seit uralten Zeiten in den Hügeln von Limassol in 15 Orten erzeugter brauner Dessertwein hoher Qualität, benannt nach einem Kreuzritterorden. Er wird von sonnengetrockneten Xynisteri- und Mavron-Trauben im Solera-Verfahren produziert. Die besten Vertreter (bis zu 100 Jahre alt) sind ganz vorzüglich und unglaublich süß, duftig und konzentriert; das meiste aber ist normaler Meßwein.

Domaine d'Ahera Leichterer Gutsrotwein im modernen Stil, von Keo (Grenache – neu auf der Insel – und die Lokaltraube Lefkas).

Emva Cream Markenname für feinen Medium und Cream «Sherry».

Etko Siehe Haggipavlu.

Haggipavlu Bekannter Weinhändler in Limassol.

Keo Größte und zielbewußteste Firma in Limassol. Standard-Keo «Dry White» und «Dry Red» sehr empfehlenswert. Siehe auch Othello und Aphrodite.

Khalokhorio Bedeutender Commandaria-Weinort mit ausschließlich Xynisteri-Anbau.

Kokkineli Rosé; der Name ist verwandt mit Koschinelle (roter Farbstoff).

Kolossi Die Kreuzritterburg bei Limassol gibt roten und weißen Tafelweinen von Sodap den Namen.

Laona Die größte unter den kleinen unabhängigen Kellereien in der Gegend von Arsos. Gute Auswahl an Weinen, u. a. ein «nouveau» und ein eichenfaßgereifter Rotwein.

Limassol Weinhafen im Süden und seine Umgebung – das «Bordeaux von Zypern».

Loel Bedeutender Produzent. Markennamen Amathus und Kykko. Zypern-Sherry Command sowie guter Negro-Rotwein.

Mavron Die schwarze Traube von Zypern (und Griechenland) und ihr dunkler Wein.

Monte Roya Moderne Kellerei im Kloster Chryssoroyiatissa.

Mosaic Marke für Zypern-Sherry von Keo, u. a. ein feiner trockener Wein.

Muscat Alle größeren Firmen produzieren gefälligen, preiswerten Muskateller mit 15 % Alkohol.

Ophthalmo Nicht einheimische dunkle Traube für Rot- und Roséwein: leichter und säuerlicher als Mavron.

Othello Guter trockener Standard-Rotwein (Mavron- und Ophtalmo-Trauben aus Pitsilia); sauber, rundum befriedigend; von Keo. Mit 3 bis 4 Jahren am besten.

Palomino Milder, trockener Weißwein aus dieser (Sherry-) Traube, erzeugt von Loel. Eiskalt sehr süffig. Auch für Zypern-Sherry.

Pitsilia Region südlich vom Olymp mit den besten Commandaria- und Weißweinen.

Rosella Markenname für einen leichten, duftigen trockenen Rosé von Keo (Ophtalmo-Trauben aus Pitsilia).

Semeli Guter, traditioneller Rotwein von Haggipavlu. Im Alter von 3 bis 4 Jahren am besten.

Sherry Zypern erzeugt eine Reihe von sherryartigen Weinen, deren beste Vertreter (besonders die trockenen) anständige Qualität haben.

Sodap Bedeutende Weingenossenschaft in Limassol.

St. Panteleimon Markenname für lieblichen Weißwein von Keo.

Thisbe Fruchtiger, halbtrockener, leichter Wein von Keo (Xynisteri aus Limassol).

Xynisteri Die auf Zypern heimische Weißweintraube.

Yerasa Wichtigster Commandaria-Ort an den unteren Hängen des Troodos-Gebirges.

Zoopiyi Bedeutender Commandaria-Weinort mit Mavro-Anbau.

Israel

Seit dem Wiederaufbau der Weinwirtschaft in den 1880er Jahren durch Baron Edmond de Rothschild wurde zunächst überwiegend koscherer Wein produziert. Erst vor kurzem kamen Cabernet Sauvignon, Chardonnay, Merlot, Riesling, Sauvignon Blanc, Sémillon, Petite Sirah und Grenache in guter Qualität auf den Markt. Die Weine aus den kühleren Golan-Höhen sind durchweg gut bereitet. Drei Viertel der israelischen Jahresproduktion von 15 Millionen Flaschen entfallen auf Weißwein.

Ashkelon Familienfirma mit Weiß- und Rotweinen unter den Marken Segal's und Ben-Ami.
Baron Kleiner Familienbetrieb. Sehr gute Weißweine, v. a. trockener Muskateller und Sauvignon Blanc; ferner etwas Cabernet Sauvignon.
Carmel Winzergenossenschaft, gegründet 1882, mit den zwei größten Kellereien Israels (in Zichron-Yaacov und Richon-le-Zion). Spitzenweine: Rothschild-Serie, v. a. Cabernet Sauvignon und Emerald Riesling. Auch guter «Carmel Selected» Sauvignon Blanc und Chardonnay sowie Dry Muscat (zweite Serie) und Galil (dritte Serie).
Eilaz Mittelgroßer Weinbaubetrieb mit Rot- und Weißweinen in leichtem Stil.
Galiläa Region einschließlich Golan-Höhen (Israels bestes Weinbaugebiet).
Gamla & Golan Sanft fruchtiger Cabernet Sauvignon und Chardonnay sowie grasiger Sauvignon Blanc von Yarden.
Samson Weinbaugebiet in der Zentralküstenebene (zwischen Tel Aviv und Jerusalem).
Shomron Weinbaugebiet um Zichron-Yaacov bei Haifa.
Yarden Junger, moderner Weinbaubetrieb (gegr. 1983) auf den Golan-Höhen; setzt mit Hilfe kalifornischer Önologen die höchsten Maßstäbe in Israel. Über 20 Weine: an der Spitze der körperreiche, eichenfaßgereifte Galil Cabernet Sauvignon (85 89), guter Merlot, frischer Sauvignon Blanc und faßvergorener Chardonnay; neuerdings auch Schaumwein nach der klassischen Methode.

Asien und Nordafrika

ALGERIEN Mit vereinten Kräften haben der Islam und die EG es fertiggebracht, daß die einst umfangreiche Rebfläche Algeriens in den letzten zehn Jahren von 344 000 auf unter 80 000 ha zusammengeschmolzen ist. Viele Weinstöcke sind inzwischen über 40 Jahre alt und werden nicht mehr durch neue ersetzt. Rot-, Weiß- und v. a. Roséweine entstehen in einiger Qualität noch in den Küstenbergen von Tlemcen (kraftvoll), Mascara (guter Ruf für Rot- und Weißwein), Haut-Dahra (starker Rotwein und Rosé), Zaccar, Tessala, Médéa und Air Bessem (Bouira besonders gut). Sidi Brahim ist ein süffiger Markenrotwein. Der größte Teil geht in Verschnitten auf. In der Zeit als französische Kolonie hatten alle diese Weine VDQS-Status. Heute sind lokale Funde meist am besten.

CHINA Deutsche und Russen legten zu Anfang des 19. Jahrhunderts den Grundstein für den Weinbau auf der Halbinsel Shantung (heute Shandong). Seit 1980 bringt der moderne, von Rémy Martin eingerichtete Weinbau die ordentlichen Weißweine Dynasty und Tsingtao hervor (Tsingtao liegt auf dem gleichen Breitengrad wie Südfrankreich), und aufwendigere Neuanlagen in Shandong und weiter nördlich in Tianjin eröffnen interessante Aussichten. Tafelweine entstehen aus der Lokalsorte «Drachenauge» sowie aus der Muskat Hamburg (v. a. in Tianjin). In Qingdao (der einzigen Gegend Chinas mit maritimem Klima) produziert Huadong sehr schmackhaften Welschriesling und Chardonnay und experimentiert mit Cabernet, Syrah und Gewürztraminer. Die Dragon Seal Wines (seit 1987 bei Bejing) bieten Drachenauge und neuerdings Chardonnay (mit Eichenfaßausbau); weiteres ist geplant. Seit 1992 produziert Rémy Martin mit dem «Imperial Court» bei Shanghai den ersten Schaumwein Chinas nach der klassischen Methode.

INDIEN 1985 brachte eine französisch-indische Firma in Narayangoan bei Poona, südöstlich von Bombay, einen Schaumwein «Omar Khayyam» auf Chardonnay-Basis heraus, von dem bis zu 2 Millionen Flaschen exportiert werden sollen. Er zeigt beachtliche Qualität. Nach ihm kommt Pompadour und der etwas trockenere, unter Beratung durch das Champagnerhaus Charbaut von Thompson-Seedless-Trauben produzierte Princess Jaulke. Stillweine von Chardonnay und Cabernet sind ebenfalls geplant. Inzwischen entsteht auch bei Bangalore Cabernet, und zwar von Grover Vineyards in den Dodballapur-Bergen.

JAPAN Japan verfügt über einen kleinen Weinbau in der Präfektur Yamanashi, westlich von Tokio. Die meisten Weine sind mit Importen aus Südamerika, Osteuropa usw. verschnitten. Die besseren Weine aus der Sémillon-, der Chardonnay-, der Cabernet- und der lokalen weißen Traube, Koshu, sind jedoch die neue Überraschung. An der Spitze stehen als Erzeuger Mann's, Mercian und Suntory. Château Mercian und Suntory weisen mit gutem Chardonnay, Cabernet usw. den Weg. Am interessantesten sind der Sauternes-ähnliche Château Lion von Suntory sowie (seit 1985) der Kikyogahara Merlot und v. a. der Jyonohira Cabernet von Mercian in außerordentlicher Fülle und Qualität. Mann's hat nicht nur Chardonnay und Cabernet Sauvignon (in französischen Eichenfässern ausgebaut), sondern legt auch Nachdruck auf einheimische Rebsorten (Kôshû und Zenkôji, letzere das «Drachenauge» aus China) und Kreuzungen zwischen diesen und europäischen Reben (mit besonderer Eignung für regenreiches Klima). Leider haben es die Etikettierungsvorschriften lange Zeit ermöglicht, daß importierte Weine gewöhnlich als japanische ausgegeben werden konnten. Ein neues Gesetz verfügt nunmehr, daß auf dem Etikett angegeben werden muß, ob der Anteil an Importwein in einem Verschnitt über 50 % liegt.

LIBANON Der kleine libanesische Weinbau in der Gegend von Ksara, im Bekaa-Tal nordöstlich von Beirut, liefert Rotwein mit echtem Gehalt und guter Qualität. Es gibt 3 bedeutende Weinbaubetriebe. Château Musar (★★★) bringt großartigen, langgereiften, Bordeaux-ähnlichen Rotwein auf Cabernet-Sauvignon-Basis hervor; außerdem einen vollblütigen Weißwein, der überraschenderweise 10 bis 15 Jahre haltbar ist, und neuerdings einen leichteren Rotwein «Tradition» aus 75 % Cinsaut und 25 % Cabernet Sauvignon. Ksara (eine Jesuitengründung) ist der größte und älteste Weinbaubetrieb; Kefraya zeigt mehr Dynamik mit «Rouge de K», einem Cinsaut/Carignan-Verschnitt, und duftigem, nur in besten Jahren erzeugtem «Château Kefraya»; alle jung zu trinken.

MAROKKO Der beste nordafrikanische Wein kommt heute aus Marokko (zu 85 % Rotwein von Cinsaut, Grenache, Carignan) aus Weinbergen entlang der Atlantikküste (Rabat bis Casablanca; leicht, fruchtig; Spezialität «Vin Gris» von weiß gekelterten roten Trauben) sowie um Meknês und Fez (robust, körperreich), auch weiter im Osten um Berkane (kräftig, erdig) und in den Regionen Gharb und Doukkalas. In zehn Jahren ist die Rebfläche von 76 000 auf 14 000 ha zurückgegangen. Die Haupterzeuger sind Domaine de Sahari (bei Meknês, mit französischen Investitionen 1993 neu erbaute Kellerei; Cabernet Sauvignon, Merlot neben einheimischen Trauben), Claudsoleil, Meknês Vins und Sincomar. Chantebled, Tarik und Toulal heißen drei gefällige Rotweine. Als Erfrischungsgetränk ist Vin Gris (v. a. de Boulaoune) am besten.

TUNESIEN Die Rebfläche Tunesiens umfaßt heute 8800 gegenüber 48 000 ha vor zehn Jahren. Spezialität des Landes ist süßer Muskateller; aus Carthage, Mornag, Têbourba, Tunis und Cap Bon kommen anständige Rotweine und Rosés. Am besten sind die staatlichen Genossenschaftsweine.

TÜRKEI Der größte Teil der türkischen Rebfläche von 600 000 ha produziert Tafeltrauben. Und doch sind die Weine aus Thrakien, Anatolien und von der Ägäis bemerkenswert süffig. Einheimische Rebsorten wie Emir und Narince (für Weißwein) und Bogazkere und Oküzgözü (für Rotwein) werden neben Riesling, Sémillon, Pinot Noir und Gamay verarbeitet. Trakya-Weißweine (leicher Sémillon) und ostanatolische Buzbag-Rotweine sind die bekannten Standardsorten der staatlichen Weinkellerei Tekel, Doluca, Karmen, Taskobirlik und Kavaklidere sind Privatfirmen mit gutem Qualitätsstand. Der rote Villa Nera und der Villa Doluca von Doluca aus Thrakien sind ebenfalls gut. Kavaklidere produziert schöne, leichte Primeurs («Cankaya» weiß und «Yakut» rot) von Lokalrebsorten. Der Originellste der Türkei ist der Buzbag.

Nordamerika

Kalifornien

Der Weinboom führte Kalifornien in den 1970er und 80er Jahren auf schwindelnde Höhen. In den 90er Jahren kam dann ein Rückschlag, begleitet von einer überaus kostspieligen Reblausplage. Zugleich hat das alte puritanische Denken im Verein mit der nicht einmal nur latent zu nennenden amerikanischen Hypochondrie und der Rezession 1992/93 die Kreditgeber abgeschreckt. Die Expansion ist gebremst, der Fortschritt aber geht weiter, ganz zu schweigen von den Veränderungen in Besitzverhältnissen, Firmenleitungen und Stilen. In dieser Ausgabe sind etwa 260 von insgesamt rund 600 Weinbaubetrieben aufgeführt. Daß es dabei aus praktischen Gründen auf Kürze ankommt, darf nicht als Abwertung gedeutet werden. Die meist für Chardonnay und Cabernet Sauvignon angegebenen Jahrgangsdaten beruhen auf Lagerbedingungen, wie sie etwa in Restaurants bestehen. Sicher ist, daß auch viel ältere Flaschen noch immer gut sind, falls sie unter idealen Verhältnissen aufbewahrt wurden. Chardonnays halten sich ohne weiteres zehn und Cabernets zwanzig Jahre lang.

Eine bedeutende Neuerung sind in Kalifornien die Appellationsgebiete. Ihre Zahl wächst rasch; es sind inzwischen über fünfzig, davon allein neun im Napa Valley. Noch ist es zu früh, ihnen eine Leitfunktion im Hinblick auf den Stil zuzubilligen. Nachstehend sind die meistgenannten Regionalnamen aufgeführt. Den Schlüssel zum kalifornischen Wein bilden nach wie vor Rebsorten und Markennamen.

Bedeutende Weinbaugebiete

CENTRAL COAST

Langer Küstenstreifen mit verstreutem, aber wachsendem Weinbau, von der San Francisco Bay bis Santa Barbara.

Hecker Pass Paß über das Gebirge bei Santa Cruz südlich der San Francisco Bay mit einem Häuflein kleiner Weinbaubetriebe im alten Stil.

Livermore Tal östlich der San Francisco Bay, lange berühmt durch Weißweine, heute weitgehend Baugebiet.

Monterey Siehe Salinas Valley.

Salinas Valley/Monterey Das Salinas Valley zieht sich südöstlich von Monterey landeinwärts. Nach hemmungsloser Expansion in den 70er Jahren sind inzwischen viele Weinberge wieder gerodet worden. Was noch besteht, liefert Wein mit

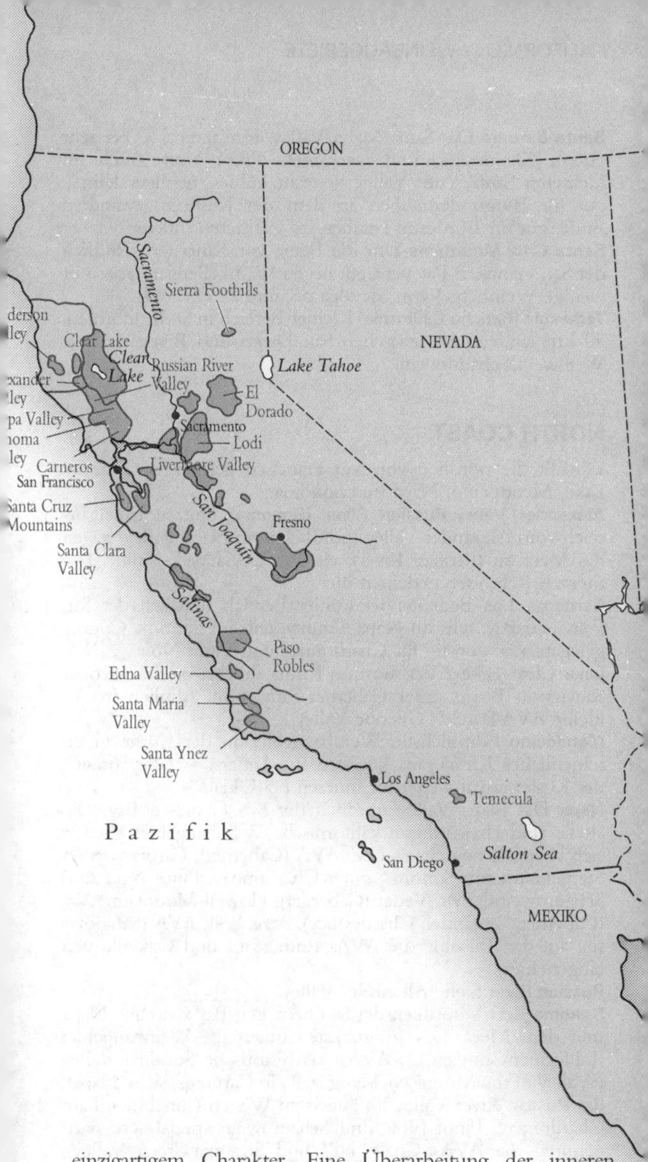

einzigartigem Charakter. Eine Überarbeitung der inneren Aufteilung ist im Gang: Arroyo Seco AVA (v. a. Chardonnay und Riesling), Santa Lucia Highlands AVA (Chardonnay; gute Aussichten für Pinot Noir), San Lucas AVA (beständige kommerzielle Weine) und Carmel Valley an der Küste (sehr kleiner Bereich, manchmal eindrucksvoller Cabernet und Chardonnay).

San Luis Obispo Das Edna Valley südlich von San Luis Obispo (400 ha, v. a. Chardonnay) und neu angelegte, ziemlich verstreute Weinberge bei Paso Robles (2400 ha, v. a. Zinfandel).

Santa Barbara Das Santa Maria Valley dominiert v. a. bei sehr gutem Chardonnay und markantem Pinot Noir. Auch im kleineren Santa Ynez Valley herrscht kühles, nebliges Klima: gut für Burgundertrauben an dem der Küste zugewandten Ende, gut für Bordeaux-Trauben im wärmeren Inneren.
Santa Cruz Mountains Um die Berge von Santa Cruz südlich der San Francisco Bay verstreut liegen Weinkellereien (aber nur wenige Weinberge) von Saratoga bis zum Hecker Pass.
Temecula (Rancho California) Kleiner Bereich in Südkalifornien, 40 km landeinwärts zwischen San Diego und Riverside; v. a. Weißwein/Schaumwein.

NORTH COAST

Umfaßt die nördlich von San Francisco gelegenen Counties Lake, Mendocino, Napa und Sonoma.
Alexander Valley/Russian River (Sonoma) Spitzenqualitätsbereich vom Alexander Valley (nördlich vom Napa Valley) gegen das Meer zu (Russian River); einschl. Dry Creek Valley. Die meisten Rebsorten gedeihen hier.
Carneros, Los Bedeutender kühler Bereich nördlich der San Francisco Bay, teils im Napa County, teils im Sonoma County gelegen; v. a. günstig für Chardonnay und Pinot Noir.
Lake Clear Lake AVA: warmes Klima, höchst eindrucksvoller Sauvignon Blanc, guter Cabernet Sauvignon. Ähnlich ist der kleine AVA-Bereich Guenoc Valley.
Mendocino Nördlichstes Weinbaugebiet an der Küste; unterschiedliches Klima, am kühlsten im Anderson Valley unweit der Küste; warm weiter im Inneren bei Ukiah.
Napa Das Napa Valley nördlich der San Francisco Bay. Das älteste und ehrwürdigste kalifornische Weinbaugebiet gliedert sich ebenfalls neu: Stag's Leap AVA (Cabernet), Carneros AVA (gemeinsam mit Sonoma; guter Chardonnay, Pinot Noir und Schaumweine), Mt. Veder (Cabernet), Howell Mountain AVA (Cabernet, Zinfandel, Chardonnay), Atlas Peak AVA (Sangiovese); auf der Talsohle die AVAs Rutherford und Oakville neu eingerichtet.
Russian River Siehe Alexander Valley.
Sonoma Bezirk nördlich der San Francisco Bay zwischen Napa und dem Meer. Das am stärksten unterteilte Weinbaugebiet Kaliforniens umfaßt als AVAs das historische Sonoma Valley («Valley of the Moon», vielseitig, z. T. in Carneros, siehe Napa); das Russian River Valley im äußersten Westen (zunehmend auf Chardonnay, Pinot Noir und Schaumwein spezialisiert; dazu gehören die AVAs Chalk Hill und Sonoma-Green Valley); sowie die im wärmeren Inneren gelegenen AVAs Alexander, Dry Creek und Knights Valley (Cabernet Sauvignon, Zinfandel, zunehmend Rhône-Rebsorten).

DAS LANDESINNERE

Amador Bezirk in den Sierra-Ausläufern östlich von Sacramento mit sehr gutem Zinfandel, v. a. im Shenandoah Valley. AVA.

Lodi Stadt und Distrikt am nördlichen Ende des San Joaquin Valley; eine westwärts gerichtete Luftströmung mildert das heiße Klima.

San Joaquin Valley Das große, fruchtbare und heiße Haupttal, Herkunftsland der meisten Konsum- und Dessertweine Kaliforniens (mit den AVAs Lodi und Clarksburg im Sacramento-River-Delta).

Sierra Foothills Umfaßt Amador (AVAs Shenandoah und Fiddletown), El Dorado (mit AVA gleichen Namens) Calaveras usw. Haupttraube: Zinfandel, außerdem sind italienische und Rhône-Rebsorten immer häufiger anzutreffen.

Neuere Jahrgänge

Das Klima in Kalifornien ist bei weitem nicht so beständig wie sein Ruf. Zwar kommen alles in allem die Trauben mit Regelmäßigkeit zur Reife, doch gibt es in vielen Gegenden strenge Frühlingsfröste, manchmal auch eine verregnete Lese und nur allzuoft Dürre.

Die Weine aus dem San Joaquin Valley fallen meist von einem Jahr zum anderen am gleichmäßigsten aus. Bei ihnen sagt der Jahrgang, sofern einer angegeben ist, mehr über das Alter des Weins aus als über seinen Charakter.

Die Weinberge im Bereich Central Coast sind so weit verstreut, daß sich kaum ein einheitliches Bild ergibt. Nur für Napa und Sonoma läßt sich zumindest über das letzte Dutzend Jahrgänge der Spitzensorten Cabernet Sauvignon und Chardonnay Genaueres aussagen:

Chardonnay
Die Entwicklungsannahmen beruhen auf wohlausgewogenen Weinen mit dominierender Fruchtigkeit. Vollmundige Weine mit starkem Eichenholzaroma sind oft sehr kurzlebig: höchstens zwei Jahre. Namen, die für lange Lebensdauer Gewähr bieten, sind u. a.: Chappellet, Freemark Abbey, Shafer, Silverado, Trefethen, Clos du Bois-Calcaire, Dehlinger, Matanzas Creek, Simi, Sonoma-Cutrer . . .

1993 Großer Ertrag; unterbrochene Lese führte zu Ungleichmäßigkeiten; zumindest saubere, kurzlebige Weine.
1992 Ein angenehmes Jahr; gefällige Weine mit schöner Frucht; gut, jedoch nicht für lange Dauer ausgewogen.
1991 Reichliche, aber späte Ernte. Inzwischen mehr Konturenschärfe; viele beginnen sich zu entfalten.
1990 Gesund und problemlos. Entwickelt sich zu einem makellosen, aber nicht großen Jahrgang.
1989 Nach Regen zur Lesezeit große Höhen und Tiefen, aber die Höhen erreichen mit die höchsten Gipfel des Jahrzehnts. Manche der Besten noch immer etwas Besonderes.
1988 Volle, milde, sich rasch entwickelnde Weine. Vielen fehlt es an Konturenschärfe. Bald austrinken.
1987 Ideales Wetter; sehr gute Weine jetzt trinkreif.
1986 Viele solide, würdige Weine. Weitere Entfaltung ist nicht zu erwarten.
1985 Großer Ertrag, guter Säuregehalt; vorzüglich; schöne Entfaltung, zumeist genußreif.
1984 Nichtssagender Jahrgang, meist schon vorüber.
1983 Gute Weine, aber nur die allerbesten entfalten sich noch.
1982 Kühle Lese; die besten haben sich gut entwickelt.

Cabernet Sauvignon
Wie beim Chardonnay geht es mit allzu vollen und eichenholzaromatischen Weinen oft rasch zu Ende. Die für die nachstehenden Angaben als typisch herangezogenen Weine sind keine Reserves, sondern feine Standard-Cabernets von Beaulieu, Beringer-Knights Valley, Caymus, Chappellet, Clos du Val, Freemark Abbey, Louis Martini-Monte Rosso, Raymond, Shafer, Silverado, Jordan, Laurel Glen, Fetzer-Barrel Select, Parducci usw.

1993	Die Erzeuger reden von früh ansprechenden Weinen.
1992	Zumindest charmante Frucht. Oft gute Ausgewogenheit für mittlere Lebensdauer. Vielleicht dem 90er sehr ähnlich.
1991	Langer, kühler Sommer, idealer Herbst. Ungewöhnliche Tiefe bei Subtilität und Finesse, die schöne Entfaltung versprechen.
1990	Wunderbar vollmundige, geschmacksintensive Weine nach der Art des 78ers, der sich trotz schon zu Anfang unwiderstehlicher Frucht doch sehr gut hielt. Keine Eile.
1989	Viele schön dunkle, geschmacksintensive Weine mit solider Haltbarkeit, obwohl manche vom Regen überrascht wurden.
1988	Wo es an Charme fehlt, herrscht eher Leere.
1987	Entwickelt sich durchweg zum vielleicht besten des Jahrzehnts.
1986	Ansprechender Jahrgang, der Babyspeck wird fester.
1985	Karg, fest bis hart, tiefes Aroma. Langsam reifend, jedoch eindrucksvoll.
1984	Schon früh ausdrucksvoll: reif unde duftig. Wahrscheinlich jetzt und in den nächsten drei Jahren auf dem Höhepunkt.
1983	Einige ungefüge, harte Weine. Die besten haben Tiefe, brauchen aber noch Zeit, um sie zur Geltung zu bringen.
1982	Inbegriff eines charmanten Jahrgangs; jetzt und (bei den besten) noch für eine Weile auf dem Höhepunkt.
1981	Rechtzeitig gelesene Weine zeigen Substanz und Tiefe. Wahrscheinlich jetzt auf dem Höhepunkt.
1980	Großes Renommee, aber lediglich gut und solide, überaus tanninreich; genußreif.
1979	Augenscheinlich recht leicht, die besten halten sich robust.
1978	Ausgezeichnet, allgemein genußreif; viele lassen schon nach.
1977	Attraktive Weine, jetzt überwiegend im Verblassen.
1976	Hochkonzentrierte Weine durch Dürre. Gute Beispiele sind jetzt sehr reif und wuchtig.
1975	Delikat, charmant: reif.
1974	Dem 84er sehr ähnlich; nur wenige verfügen über genug Ausgewogenheit für weitere Entfaltung.
1970	Einer der besten Jahrgänge überhaupt. Reif.

Weinbaubetriebe in Kalifornien

Acacia Napa; ★★★ Chardonnay **81 83 87 89** 90 91 Pinot Noir **85 87 88** 90 91 92 – Spezialisiert auf Carneros Einzellagen-Chardonnay (Marina) und Pinot Noir (Iund, St. Clair, Madonna) mit Tiefe und Haltbarkeit. Im Besitz von Chalone. 25 000 Kisten.

Adelaida Cellars San Luis Obispo; ★★ – Milder Chardonnay, geschmeidiger Cabernet aus Paso Robles. 4500 Kisten.

Aldeerbrook Sonoma; [★★] Chardonnay **86 87 88 89 90** 91 – Langlebiger Dry Creek Sémillon mit unverwüstlichem Aroma, frischer Chardonnay, Sauvignon Blanc. 20 000 Kisten. Seit kurzem neue Besitzer.

Alexander Valley Vineyards Sonoma; [★★] – Obenan ein langlebiger, gehaltvoller sortenreiner Cabernet. Ferner dunkler, robuster Pinot Noir, milder Riesling. Neuerdings wegen technischer Probleme nicht in Form. 40 000 Kisten.

Almaden San Joaquin; ★ – Berühmter Pionierbetrieb, jetzt eine Marke im Besitz von Heublein für Alltagsweine aus der Kellerei Madera. Über 1 Mio Kisten.

S. Anderson Vineyard Napa; ★★→★★★ Chardonnay **87 88 89 90 91 92** – Robuster Chardonnay und noch robusterer klassischer Schaumwein. Der Cabernet Sauvignon aus einem Nachbarweinberg hatte ein großartiges Debüt. 15 000 Kisten.

Arrowood Sonoma; ★★→★★★ Chardonnay **86 88 89 90** 91 92 Cabernet Sauvignon 87 88 89 90 – Dick A., der langjährige Kellermeister von Chateau St-Jean, bringt unter dem eigenen Namen kargeren Wein hervor. 15 000 Kisten.

Atlas Peak Napa – Großes internationales Unternehmen (u. a. mit Beteiligung von Antinori) in den Bergen im Osten. Sangiovese sowie Sangiovese/Cabernet Sauvignon «Consenso» höchst vielversprechend.

Au Bon Climat Santa Barbara; ★★→★★★ Chardonnay **87 88 90** Pinot Noir 87 88 89 90 – Chardonnay mit sehr kräftiger Toastnote; ferner Pinot Noir mit viel Holzaroma. Im Sta. Maria Valley produziert der dynamische, experimentierfreudige kleine Betrieb Weine der Marken Qupé und Vita Nova. 5000 Kisten.

Beaucanon Napa; ★★ – Die Besitzer von Ch. Legegue in Bordeaux bringen hier von eigenen 100 ha beständig geschmeidigen, stilvollen Cabernet Sauvignon, Merlot und Chardonnay. Angestrebt werden gefällige Weine.

Beaulieu Vineyard Napa; [★★★] Cabernet Sauvignon **36 45 49 58 65 70 80 83 85 89 90** – Bewährter Erzeuger des zu Recht berühmten Georges Delatour Private Reserve Cabernet Sauvignon (87 88 89 nicht so besonders). Ferner sehr guter Rutherford Cabernet Sauvignon, ansprechender Beautour Cabernet Sauvignon und äußerst trockener Sauvignon Blanc ohne Eichenholzaroma. Über 400 000 Kisten.

Bel Arbors Zweitetikett von Fetzer.

Belvedere Sonoma; [★★] – Chardonnay, Cabernet Sauvignon und Zinfandel mit viel Charakter aus Einzellagen bilden die Spitze des Programms; empfehlenswert die «Grove-Street»-Serie. 250 000 Kisten.

Benziger Weine aus Sonoma – Die Marken Glen Ellen Private Reserve und M. G. Vallejo wurden an Heublein verkauft. Frucht steht bei Cabernet, Merlot, Chardonnay, Sauvignon und Sémillon im Vordergrund. Auch rote und weiße Meritage-Verschnitte «A Tribute».

Beringer Napa; ★★→★★★ Chardonnay **79 82 83 87 89 90 91** 92 Cabernet Sauvignon **78 79 81 82 84 85** 87 88 89 90 – Alteingesessener Betrieb, jetzt wieder in vorderster Reihe. Reserve Chardonnay und v. a. Reserve Cabernet Sauvignon sind überaus zuverlässig. Solider Fumé, Zinfandel, Knights Valley Cabernet Sauvignon 1,4 Mio Kisten. Alltagsmarke: Napa Ridge.

Black Mountain Sonoma; ★★ – Chardonnay, Sauvignon Blanc, Zinfandel. 20 000 Kisten. Zweitetikett: J. W. Morris.

Boeger El Dorado; ★★ – Beständiger Cabernet Sauvignon, Merlot, Zinfandel, Sauvignon Blanc aus den Sierra-Ausläufern. 12 000 Kisten.

Bonny Doon Santa Cruz Mountains; ★★★ – Vorkämpfer für die Rhône-Rebsorten-Mode, v. a. mit rotem Cigare Volant (Grenache/Mourvèdre-Verschnitt) und weißem Cuvée des Philosophes (Marsanne/Roussanne-Verschnitt) sowie Le Sophiste und Viognier. Der Abwechslung halber probiert er es jetzt mit italienischen Traubensorten. Alle beachtenswert. 8000 Kisten.

Bouchaine Napa; ★★ Chardonnay **89 90** 91 – Spezialist für Carneros Chardonnay, Pinot Noir mit viel Holzaroma. Ferner Versuche mit knochentrockenem, bislang eindrucksvollem Gewürztraminer **(88, 89)**. 15 000 Kisten.

Brander Vineyard Santa Barbara; ★★ – Eindrucksvoller, intensiver Sauvignon Blanc **(90)** aus dem Santa Ynez Valley. Guter «Bouchet» (Cabernet-Franc/Cabernet-Sauvignon-Verschnitt) **84 85 86 87,** Merlot **87**. 8000 Kisten.

Bronco Wine Company Kellerei mit großer Kapazität. Die Marken Laurier, Grand Cru, Hacienda, Napa Creek und z. T. Montpellier sowie Forest Glen (preiswerter Chard. und Cabernet aus Lodi) gehören zum Besitz. C. C. Vineyard und J. F. J. Cellars sind Marken für Gattungs- bzw. Sortenweine.

David Bruce Santa Cruz Mountains; ★★ Chardonnay **91** Pinot Noir 85 87 88 89 90 91 – Altbekannte Quelle für schweren Chardonnay, hat sich inzwischen etwas gemäßigt, Pinot Noir ist eine besondere Stärke (v. a. 87 89 91). 32 000 Kisten.

Buehler Napa; ★★ 87 89 90 – Der eindrucksvolle Betrieb (20 000 Kisten) in den Bergen hat eine scharfe Wendung vollzogen; die neueren Cabernets und Zinfandels sind beachtenswert. Sehr guter Pinot Blanc.

Buena Vista Sonoma; [★★] Chardonnay **86 87 88 89 90** 91 92 Cabernet Sauvignon **81 83 85 86** 88 89 90 – Historischer Name, jetzt in deutschem Besitz; eine überaus zuverlässige Quelle für Chardonnay, Sauvignon Blanc, Cabernet Sauvignon, Merlot, Gewürztraminer, Riesling, die alle nach der Traube schmecken; v. a. aus eigenem Weinbergbesitz (440 ha) in Carneros. 110 000 Kisten.

Burgess Cellars Napa; ★★ Chardonnay **87 88 89 90 91** 92 Cabernet Sauvignon **80 81 82 83 84 85 86 87** 88 90 Z **81 82 83 85** 86 87 – Der Nachdruck liegt auf dunklen, wuchtigen Rotweinen mit kräftigem Eichenholzaroma. 30 000 Kisten.

BV Auf dem Etikett benutzte Abkürzung für Beaulieu Vineyard.

Davis Bynum Sonoma; [★★] Chardonnay **87 89 90** 91 Pinot Noir **84 87** 90 91 – Zuverlässige, manchmal stilvolle Weine über Chardonnay, Cabernet-Sauvignon-Auslesen hinaus bis zu korrektem Pinot Noir und verlockendem trockenem Gewürztraminer. 28 000 Kisten.

Byron Vineyards Santa Barbara; ★★★ Chardonnay **91** Pinot Noir **84 85 86 87 88** 90 – Quelle für schmackhaften, eleganten Pinot Noir und sehr guten Chardonnay aus eigenen Lagen, im Besitz von Robert Mondavi. Ferner kleinere Mengen von Cabernet Sauvignon und Sauvignon Blanc aus der Umgebung. 15 000 Kisten.

Cain Cellars Napa; ★★ (Cain Five) **85** 86 **87** 89 90 – Im Brennpunkt steht Cain Five, ein Verschnitt der beiden Cabernet-Sorten aus eigenen Lagen am Spring Mountain. Cain Cuvée ist Cain Five 2. Wahl; der Weißwein ist Sauvignon Musqué aus Monterey. 30 000 Kisten.

Cakebread Napa; ★★ Chardonnay 90 **91** Cabernet Sauvignon **80 81 82 85** 87 88 89 90 – Kräftige Art, ist kennzeichnend für den denkwürdigen Sauvignon Blanc sowie den exzellenten Chardonnay und Cabernet. 40 000 Kisten.

Calera San Benito; ★★★ **87 88 89 90 91** Pinot Noir **82 84 85 87** 89 90 91 – Die dunklen, oft gerbstoffreichen und schweren

Pinot Noirs des Weinguts sind groß in Mode; sie sind jeweils nach einem Teil des hügeligen, kalkreichen Weinbergs benannt (Jensen, Selleck, Reed). Ferner rauchiger, wohlgebauter Chardonnay; jetzt auch Viognier. 10 000 Kisten.

Callaway Südkalifornien; ★★ Chardonnay **88 89 90** 91 – Milde, gefällige Weißweine, u. a. auf der Hefe gereifter Chardonnay und im Eichenfaß gereifter Fumé. 150 000 Kisten. Rotweine im Kommen.

Cambria Santa Barbara – Zweigbetrieb von Kendall-Jackson, produziert stark rauchigen, recht lieblichen (inzwischen jedoch trockeneren) Chardonnay und eichenholzaromatischen Pinot Noir von eigenen Trauben. 18 000 Kisten mit rasch steigender Tendenz.

Carey Cellars Santa Barbara; [★★] Chardonnay **87 88 89 90** 91 – Seit der Übernahme durch Firestone eine eindrucksvolle kleine Kellerei mit eigenem Traubenanbau. Sehr guter Chardonnay, Merlot, Sauvignon Blanc.

Carmenet Sonoma ★★→★★★ Cabernet-Sauvignon-Verschnitt 88 89 90 – Die Kellerei im Besitz von Chalone mit Weinberglagen oberhalb der Stadt Sonoma produziert hochklassigen, pflaumenwürzigen Verschnitt auf Cabernet-Basis; ferner einen Weißwein aus dem Edna Valley auf Sauvignon-Blanc-Basis. 27 000 Kisten.

Carneros Creek Napa; ★★★ Chardonnay **89 90** 91 92 Pinot Noir **78 80 85 87** 90 91 92 – Konsequente Versuche mit Klima und Klonen in Carneros mit Nachdruck auf Pinot Noir. Eichenholzduftige Reserve, zuverlässiger Estate und munterfruchtiger Fleur. Ferner ein Chardonnay mit feinem Eichenholzaroma. 25 000 Kisten.

Caymus Napa; ★★★ Cabernet Sauvignon **78 79 80 81 85** 86 87 88 89 90 – Der dunkle, feste, kräuterwürzige Cab. Sauv. «Special Selection» aus eigenem Weinbergbesitz ist das vielgepriesene Kernstück; der etwas leichtere Napa Valley steht ihm zur Seite. Ferner dunkler Zinfandel und hochreifer Pinot Noir. 35 000 Kisten. Empfehlenswerte Zweitmarke: Liberty School.

Chalk Hill Sonoma; ★★ – In den Bergen bei Windsor entsteht in einer wiederbelebten Kellerei stärker eichenholzwürziger Chardonnay, Sauvignon Blanc und Cabernet Sauvignon aus großem eigenem Weinbergbesitz. 65 000 Kisten.

Chalone Monterey; ★★★→★★★★ Chardonnay **89** 90 91 92 Pinot Noir **82** – Einzigartiges Weingut hoch oben in den Gavilan Mountains; Quelle für rauchig-holzaromatischen, langsam reifenden Chardonnay mit Feuersteinduft und (neuerdings) dunklem, gerbstoffreichem Pinot Noir, beide Burgund nachempfunden. Ferner Pinot Blanc und Chenin Blanc nach dem Vorbild des Chardonnay. 25 000 Kisten. Zum Besitz gehören außerdem Acacia, Carmenet, Edna Valley, Gavilan. Verbindungen mit den Rothschilds (von Lafite).

Chappellet Napa; [★★★] Chardonnay **82 86 87 91** Cabernet Sauvignon **75 76 78 82** 84 86 **87** 88 89 90 – Schöne Weinberge in Form eines Amphitheaters erbringen kargen, rassigen Cabernet Sauvignon, verhaltenen Chardonnay sowie den besten trockenen Chenin Blanc in ganz Kalifornien – alle langlebig. 30 000 Kisten.

Château De Baun Sonoma; ★★ – Junger Betrieb mit gutem Chardonnay und Pinot Noir aus einem Weingut am Russian River.

Château Montelena Napa; ★★★ Chardonnay **79 82 85 88** **90** 91 – Verhaltener, fester, langlebiger Chardonnay und gerbstoffreicher, kraftvoller, unendlich haltbarer Cabernet Sauvignon. 28 000 Kisten.

Château Potelle Napa ★★→★★★ – In französischem Besitz; neuer Erzeuger von ausgewogenem, auf stille Art eindrucksvollem Napa Chardonnay (mit fruchtigen und toastwürzigen Reserve-Versionen) sowie Cabernet Sauvignon und Mt. Veeder Zinfandel. In französischem Besitz. 22 000 Kisten.

Château St-Jean Sonoma; ★★★ Chardonnay **88** **90** 91 – Intensiver, extraktreicher Einzellagen-Chardonnay (Robert Young, Belle Terre, McCrea), Fumé Blanc (Petite Etoile) und lieblicher Riesling und Traminer mit Edelfäule (Robert Young, Belle Terre). Rotweine (Cabernet Sauvignon, Pinot Noir) sind wieder im Programm. Aus einer getrennten Kellerei kommt ein eigenwilliger klassischer Schaumwein. Im Besitz von Suntory. 10 000 Kisten.

Château Souverain Sonoma; ★★ Chardonnay **86 88** **91** Cabernet Sauvignon **85** 87 **89 90** – Zuverlässige, ansprechende Weine. Preiswerter Chardonnay und Cabernet Sauvignon Reserve sowie Dry Creek Zinfandel, alle eigenständig und nicht überzogen. 150 000 Kisten.

Château Woltner Napa; ★★★ Chardonnay 90 91 92 – Die ehemaligen Eigentümer von Ch. La-Mission-Haut-Brion haben sich jetzt auf einem Berghang in Napa niedergelassen und erzeugen dort 4000 Kisten teuren Chardonnay aus drei getrennten eigenen Lagen.

Chimney Rock Napa; ★★ Cabernet Sauvignon **86** 87 88 89 90 91 – Chardonnay und Cabernet Sauvignon aus dem Stags-Leap-Distrikt. 12 000 Kisten.

Christian Brothers Madera (San Joaquin Valley) ★★ – Seit 1989 von Heublein übernommen, am unteren Ende der Preisskala angesiedelt. Saubere Weine; wachsende Produktion.

Cline Cellars Carneros (Sonoma) – Der «Rhône Ranger» bietet Mourvèdre usw. 5000 Kisten.

Clos du Bois Sonoma; ★★→★★★ Chardonnay **85 88** 90 91 Cabernet Sauvignon **81 85** 87 89 90 – Die große, zu Allied-Hiram Walker gehörende Firma in Healdsburg bietet beständigen Cabernet Sauvignon, Chardonnay, Gewürztraminer, Einzellagen-Chardonnay (Calcaire, Flintwood), Cabernet Sauvignon (Briarcrest), Cabernet-Sauvignon-Verschnitt (Marlstone), alle aus dem Alexander und Dry Creek Valley, sind oft denkwürdig. 320 000 Kisten.

Clos du Val Napa; ★★★ Chardonnay **87 88 89** 90 91 Cabernet Sauvignon **72 74 75 77 78 79 80 81 82 83 85 86** 87 88 89 90 91 – Unter französischer Leitung. Geschmeidiger, eleganter Cabernet Sauvignon, Merlot und ausdrucksvoller Zinfandel aus dem Stags-Leap-Distrikt; zunehmend besserer Chardonnay und Pinot Noir aus Carneros. Joli Val ist die Marke für nicht gutseigene Weine (Chardonnay, Cabernet Sauvignon, Sémillon). 55 000 Kisten.

Clos Pegase Napa; ★★→★★★ Chardonnay **87 88** **90** 91 92 Cabernet Sauvignon **86** **87** 89 90 91 92 – Kellerei und Museum in postmodernem Stil mit zunehmend besseren, elegant verhaltenen Weinen. 40 000 Kisten.
Codorníu Napa ★★★ – Der Carneros-Zweig der berühmten Cava-Firma konkurriert erfolgreich mit hiesigen Niederlassungen von Champagnerhäusern.
Concannon Livermore; ★★ – Die historisch berühmte Quelle für Sauvignon Blanc befindet sich im Besitz der Firma Wente Bros. Auch Chardonnay und Cabernet Sauvignon. 85 000 Kisten.
Conn Creek Napa; ★★→★★★ Chardonnay **88 89** **90** 91 Cabernet Sauvignon **83 85** **87** 88 89 90 – Am bekanntesten durch geschmeidigen, fast saftigen Cabernet Sauvignon. Der Chardonnay hat wachsendes Renommee. 30 000 Kisten. Im Besitz von Ste-Michelle (Staat Washington).
Cooks «Cooks Champagne» Siehe Guild.
Corbett Canyon San Luis Obispo; [★★] Chardonnay **89 90** **91** Pinot Noir (Reserve) **85 86** **87** **89** 90 91 – Der neuerdings denkwürdige Pinot Noir Reserve hält die Spitze. Reserve-Bestände nur klein; die preiswerte «Coastal-Classics»-Serie ist reichlich vorhanden. Über 300 000 Kisten.
Corison Napa Valley; ★★★ – Langjährige Kellermeisterin von Chappellet produziert auf eigene Rechnung einen geschmeidigen, geschmacksintensiven Cabernet Sauvignon, der sich lange zu halten verspricht.
Crichton Hall Napa – Erzeuger in Yountville mit tiefem, charaktervollem Napa-Chardonnay. 4000 Kisten.
Culbertson Temecula; ★★ – Schaumweinspezialist, verarbeitet Trauben aus der Umgebung sowie aus Santa Barbara und gewinnt damit Medaillen. Neuerdings auch Tafelweine. 40 000 Kisten.
Cuvaison Napa; ★★★ Chardonnay **83 86 89** **90** 91 Cabernet Sauvignon **84 85** **87** 88 89 90 – Karger, frischer Carneros-Chardonnay, beständig in der Spitzenklasse. Der dunkle, reife Merlot und der Cabernet Sauvignon aus dem oberen Tal eifern diesem Beispiel nach. Pinot Noir neu hinzugekommen (recht erfolgreiches Debüt 91). 65 000 Kisten.
Dehlinger Sonoma; ★★→★★★ **85 88** **90** 91 Pinot Noir **84 85 86** **87** 89 90' 91 92 – Fester, vollfruchtiger Chardonnay (nach Flaute nun wieder besser) und v. a. dunkler, vollmundiger, komplexer Pinot Noir (Standard und Reserve) aus dem Russian River Estate. Beide langlebig. 9000 Kisten.
DeLoach Vineyards Sonoma; ★★★ Chardonnay **87 88** **90** 91 92 Zinfandel **81** **87** **88** 89 90 92 – Der ölige, überwältigend fruchtige Chardonnay und der dunkle, langsam reifende Pinot Noir sind sehr bekannt. Der ausdrucksstarke, oft schwere Zinfandel (und der ungewöhnlich feine White Zinfandel) hätten es ebenfalls verdient. Ferner solider Gewürztraminer und Sauvignon Blanc. 70 000 Kisten.
deLorimier Sonoma; ★★ – Noch auf der Suche nach einem Stil, aber der Alexander Valley Chardonnay von eigenem Lesegut und der Sauvignon/Sémillon-Verschnitt sowie der Verschnitt der beiden Cabernet-Sorten lassen sich sämtlich vielversprechend an. 5000 Kisten.

Diamond Creek Napa; ★★★ Cabernet Sauvignon **76 78 79 80 81 82 83** 84 85 86 87 89 90 – Die herben, langlebigen Cabernets aus Berglagen bei Calistoga tragen Einzellagennamen wie Gravelly Meadow und Volcanic Hill. 3000 Kisten.
Domaine Carneros Napa; (★★★) – Der spektakuläre Vorposten von Taittinger in Carneros orientiert sich am herben Stil des Haupthauses in der Champagne. Rund 25 000 Kisten.
Domaine Chandon Napa; ★★→★★★ – Der kalifornische Vorposten von Moët & Chandon ist weithin bekannt für zuverlässigen Brut und Blanc de Noirs; am höchsten gepriesen werden die Reserve und die Club Cuvée sowie die Luxus-Cuvée Etoile. Shadow Creek ist eine Zweitmarke, nicht aus Napa. 500 000 Kisten.
Domaine Napa Napa; ★★→★★★ Chardonnay **87 89** 90 91 Cabernet Sauvignon **83** 85 **86 87** 89 90 – Der französische Besitzer konzentriert sich auf beständig geschmeidigen, ausgewogenen Chardonnay, Cabernet Sauvignon und Sauvignon Blanc. 10 000 Kisten.
Dominus Napa; (★★★★) **83 84 85** 86 **87** 88 89 90 91 92 – Zusammenarbeit zwischen Christian Moueix aus Pomerol und den Erben von Inglenook für zunehmend intensiven, massiv gerbstoffreichen Verschnitt auf Cabernet-Basis. Die Weine sind noch längst nicht genußreif. Der 89er läßt sich prachtvoll an.
Dry Creek Vineyard Sonoma; ★★ – Untadelige Weißweine, v. a. Chardonnay und Fumé Blanc, aber auch Chenin Blanc; Cabernet Sauvignon und Zinfandel etwas unterbewertet. Die Marke David Stare steht für recht wuchtigen Reserve-Cabernet-Verschnitt, Sauvignon-Verschnitt und Chardonnay. 80 000 Kisten.
Duckhorn Vineyards Napa; Cabernet Sauvignon **81 82 83** 84 85 86 87 88 90 – Sehr bekannt für dunkle, gerbstoffreiche, fast pflaumenhaft reife Rotweine, v. a. Einzellagen-Merlot (Three Palms, Vine Hill). Ferner Sauvignon Blanc. 18 000 Kisten.
Dunn Vineyards Napa; (★★★) Cabernet Sauvignon **80 81 82** 83 84 85 86 87 88 89 90 91 92 – Randall Dunn, der ehemalige Kellermeister von Caymus, produziert dunkle, gerbstoffreiche, herbe Cabernets vom Howell Mountain und etwas mildere von der Talsohle. 4000 Kisten.
Durney Vineyard Monterey; ★★ Cabernet Sauvignon **83** – Besitzung im Carmel Valley. Dunkle, robuste Cabernets. Chardonnay ist neu im Programm. 15 000 Kisten.
Eberle Winery San Luis Obispo; ★★ – Eichenholzwürziger, geschmeidiger extraktreicher Chardonnay und Cabernet aus Paso Robles. 12 000 Kisten.
Edna Valley Vineyard San Luis Obispo; ★★→★★★ Chardonnay **86 87** 90 91 – Charaktervoller Chardonnay aus einem Gemeinschaftsunternehmen eines Traubenanbauers mit Chalone. Der Pinot Noir ist anfänglich gut, verblaßt aber in den meisten Jahrgängen ziemlich rasch. 48 000 Kisten.
Estancia Siehe Franciscan Vineyard.
Etude Napa – Eigene Kellerei des Kellermeisters Tony Soter (lange bei Chappellet, jetzt angesehener Berater). Carneros Pinot Noir der Spitzenklasse (87 89 90 91), exzellenter

Cabernet Sauvignon – beide hochelegant, geschmeidig. 4000 Kisten.

Far Niente Napa; ★★★ Chardonnay **91** Cabernet Sauvignon **85** **87** 89 90 – Extrem eichenholzaromatischer Chardonnay und verhaltenerer Cabernet zu hohen Preisen. 36 000 Kisten.

Ferrari-Carano Sonoma; ★★★ Chardonnay **88** **90** 91 Cabernet Sauvignon **87** **88** 89 – Stilvoller Chardonnay (die Reserve übermäßig eichenholzaromatisch), Fumé Blanc und neuerdings auch Merlot und Cabernet Sauvignon von 400 ha noch in der Erschließung befindlichem Weinbergland im Alexander, Dry Creek und Knights Valley. 50 000 Kisten.

Fetzer Mendocino; ★★→★★★ Chardonnay **89** **90** **91** Cabernet Sauvignon **85** 88 89 90 – Rasch expandierender Weinbaubetrieb mit stets zuverlässiger (Sun Dial Chardonnay, Valley Oaks Fumé), manchmal denkwürdiger (Barrel Select Chardonnay, Cabernet Sauvignon und Reserve Zinfandel) Auswahl. Bel Arbors ist eine preiswerte Zweitmarke. 1,5 Mio Kisten.

Ficklin San Joaquin; ★★★ Verarbeitete als erster in Kalifornien Traubensorten vom Douro. Noch immer der beste «Port» des Landes: Tinta, manchmal mit Jahrgang. 10 000 Kisten.

Field Stone Sonoma; ★★ – Robust, zunehmend beständig. Besonders interessant ist Petite Sirah. Auch Cabernet. 12 000 Kisten.

Firestone Santa Barbara; ★★★ Chardonnay **86** **89** **90** **91** Merlot **86** **89** **90** 91 – Chardonnay mit zunehmender Finesse überstrahlt den köstlichen Riesling, ohne ihn in den Schatten zu stellen. Guter Merlot; der Cabernet zählt zu den besten in Santa Barbara; Sauvignon Blanc und Gewürztraminer ebenfalls sehr gut. 75 000 Kisten. Zum Firestone-Besitz gehört auch der nahe gelegene Betrieb J. Carey.

Fisher Sonoma; ★★ – Weingut in den Bergen mit oft feinem Chardonnay; im beständigen Cabernet dominieren Trauben aus Napa. 10 000 Kisten.

Flora Springs Wine Co. Napa; ★★★ Chardonnay **87** **90** **91** Cabernet Sauvignon **80** **81** **85** **87** 88 89 90 – Altes Steingebäude. Feiner Sauvignon Blanc «Soliloquy» als Parallele zum eichenfaßvergorenen Chardonnay, zum geschmacksintensiven Cabernet und zum luxuriösen Cabernet-Verschnitt «Trilogy»; alle zusammen bilden die Flora-Springs-Spitzenserie. Einfachere Weine tragen das Etikett Floréal. 18 000 Kisten.

Fogarty, Thomas Santa Cruz Mts.; ★★ – Feiner Gewürztraminer von Ventana gibt das Tempo an; das gesamte Programm ist sauber bereitet.

Folie à Deux Napa; ★★ – Untadelige Chardonnays; unerwartet feiner Chenin Blanc. Neuerdings auch Cabernet. 8000 Kisten. Derzeit finanzielle Probleme.

Foppiano Sonoma; ★★ – Alteingesessene Winzerfamilie, bringt Jahr für Jahr feine Rotweine hervor, v. a. ausgefeilten Petite Sirah. Die Marke für Chardonnay und Cabernet (85 87 fein) ist Fox Mountain; die preiswerte Zweitmarke heißt Riverside Farms. Rund 50 000 Kisten.

Forman Napa; ★★★ – Der Kellermeister, der in den 60er Jahren den Ruhm von Sterling begründete, produziert jetzt exzellenten Cabernet und Chardonnay auf eigene Rechnung. 15 000 Kisten.

Foxen Santa Barbara; ★★★ – Kleiner Erzeugerbetrieb mit denkwürdigem Pinot Noir, Cabernet Sauvignon, Chardonnay und anderen Weinen von Trauben aus Santa Maria.

Franciscan Vineyard Napa; ★★ Chardonnay **84 89** **90** 91 Cabernet Sauvignon **79 80** **85** **86 87** 88 89 90 – Großer Weinbaubetrieb in Oakville mit zunehmend stilvollem Chardonnay, Cabernet und Cabernet-Verschnitt «Meritage». Das Schwester-Etikett «Estancia» steht für empfehlenswerten Sauvignon Blanc sowie Chardonnay aus Monterey. Drittetikett: Pinnacles (Trauben aus Monterey). 100 000 Kisten.

Franzia San Joaquin; ★ – Preisgünstige Alltagsweine der Marke Franzia u. a.; sortenreine Weine der Marke William Bates. Auf allen steht «Made and bottled in Ripon». 5 Mio Kisten.

Freemark Abbey Napa; ★★★→★★★★ Chardonnay **81 84 85 87 89** **90** 91 Cabernet Sauvignon **67 70 73 74** **75** **77 78 79 80 81 85 87** 88 90 91 – Unverwüstliche Cabernets (v. a. Einzellagen Bosché, Sycamore) mit viel Tiefe und Stil. Ziemlich ausdrucksstarke Chardonnays, u. a. aus der Einzellage «Carpy». Riesling-Spätlese-«Edelwein» gehört stets zu den feinsten. 33 000 Kisten.

Fritz, J. Sonoma; ★★ – Prachtvoller Dry Creek Zinfandel, feiner Russian River Chardonnay aus einer 12 000-Kisten-Kellerei, die größeren Ruhm verdient.

Frog's Leap Napa; ★★→★★★ – Kleiner Weinbaubetrieb, so charmant wie sein Name. Vollmundiger Zinfandel (**81** **85** **86 87 88 89** 90), solider Cabernet (**82 84** **85** 87 88 89 90 91). Auch der Chardonnay und der Sauvignon Blanc sind einen zweiten Schluck wert. 16 000 Kisten.

Gainey Vineyard, The Santa Barbara; ★★ – Chardonnay, Cabernet und neu zugelegt: Sauvignon Blanc und Merlot. Pinot Noir aus der Lage Benedict. Auch guter Riesling. 12 000 Kisten.

Gallo, E. & J. San Joaquin Sonoma; ★→★★★ Cabernet Sauvignon **80 81 82** Zinfandel **81 84** – Der größte Weinbaubetrieb der Welt, Pionier in Quantität und Qualität. In Familienbesitz. Herzhafter Burgundy und Chablis Blanc setzen Maßstäbe im ganzen Land. Der Cabernet mit Jahrgang hat weithin Beifall gefunden. Sortenreine Weine zur Erstürmung höherer Preisklassen kommen aus den umfangreichen eigenen Weinbergen in Sonoma. Ferner Schaumwein «André» und weitere große Auswahl. Über 40 Mio Kisten. Weine der «Superklasse» sind im Kommen.

Gan Eden Sonoma; (★★) – Erzeuger von seriösem, koscherem Chardonnay und Cabernet, fand mit den ersten Jahrgängen verbreitet Anerkennung. 25 000 Kisten.

Gary Farrell Sonoma; (★★→★★★) – Kellermeister-Marke für brillanten Pinot Noir mit kräftigem Eichenholzaroma und großer Geschmacksfülle (Howard Allen Ranch, Russian River Valley). Ferner sehr guter Chardonnay und Sauvignon Blanc und immer besserer Zinfandel aus dem Russian River Valley.

Geyser Peak Sonoma; ★→★★ – Nach kurzem Zusammengehen mit Penfolds, Australien, bringen Henry Triones umfangreiche Weinberge im Alexander und Russian River Valley (herrliche Trauben) eichenholzwürzige Weine im australischen Stil hervor. Zweitetikett für preiswerte Sortenweine: Canyon Road. 500 000 Kisten.

Giumarra San Joaquin; ★ – Preisgünstige Alltagsweine. Über 500 000 Kisten.

Glen Ellen Sonoma; ★★→★★★ – Expandierende Marke, von Benziger aufgebaut; jetzt im Besitz von Heublein. Preiswerte Serie einfacher, süffiger Weine unter dem anspruchsvollen Namen «Proprietor's Reserve». Etwas höher auf der Preisskala steht der M. G. Vallejo.

Gloria Ferrer Sonoma; ★★ – Die große klassische Schaumwein-Kellerei von Freixenet aus Spanien hat sich v. a. mit Cuvée Royale und Cuvée Carneros allgemeinen Beifall errungen. 65 000 Kisten.

Green and Red Napa; ★★ – Winziger Weinbaubetrieb. Kraftvoller, fast italienisch anmutender Zinfandel. 2000 Kisten.

Greenwood Ridge Mendocino; ★★ Pinot Noir 89 **90 91 92** – Alteingesessener Spezialist für Anderson-Valley-Riesling, findet jetzt auch mit Cabernet **(83 84 90)** Sauvignon Blanc **(88 92)** und Zinfandel **(92)** viel Interesse. 3000 Kisten. Jetzt sehr guter Chardonnay und Pinot Noir aus Mendocino.

Grgich Hills Cellars Napa; ★★★ Chardonnay **82** 89 90 91 Cabernet Sauvignon **80** 83 **84** 87 88 – Der Kellermeister Grgich und der Traubenanbauer Hills arbeiten gemeinsam an seriösem Chardonnay, beeindruckend vollem Cabernet, Sauvignon Blanc und zu wenig beachtetem, spätleseartig lieblichem Riesling. Ferner pflaumig-dicker Sonoma Zinfandel. 40 000 Kisten.

Groth Vineyards Napa; ★★★ Chardonnay **87** 90 91 92 Cabernet Sauvignon **82 83 84** 85 87 88 89 90 – Das Weingut in Oakville schiebt sich insbesondere mit elegantem, ausgefeiltem Cabernet (als Reserve wuchtiger, mit mehr Holzaroma) in die Spitzengruppe vor. Ferner sehr guter Chardonnay. 30 000 Kisten.

Guenoc Vineyards Lake County; [★★] – Ehrgeiziges Weinbauunternehmen unmittelbar nördlich vom Napa County. Beachtenswert: Zinfandel (**81 84 85** 88), Petite Sirah und andere Rotweine. Der Chardonnay macht sich gut. Der Besitz gehörte einst Lillie Langtry, daher das Etikett Reserve Langtry für Meritage (rot und weiß). 75 000 Kisten.

Guild San Joaquin; ★ – Ehemalige Genossenschaft im Besitz von Canandaigua, New York. Das Hauptetikett für Tafelwein ist B. Cribari; Cooks American Champagne heißt ein erfolgreicher, durch Tankgärung gewonnener Schaumwein. Zum Besitz gehört ferner Dunnewood Vineyards (früher Cresta Blanca) in Mendocino. Etwa 3 Mio Kisten.

Gundlach-Bundschu Sonoma; ★★→★★★ Chardonnay **85 87** 90 91 92 Cabernet Sauvignon **82** 86 87 89 90 – Ein in jüngster Generation mit Elan wiedererweckter Name aus der Pionierzeit. «Rhinefarm Vineyard» als Marke weist auf würdigen Gewürztraminer, Cabernet und Chardonnay hin. 50 000 Kisten.

Hagafen Napa; ★★ – Der erste und wahrscheinlich auch beste Erzeuger von seriösem koscherem Wein. Cabernet, Chardonnay, J. Riesling. 8000 Kisten.

Handley Cellars Mendocino; [★★] Chardonnay **87 89** 90 91 92 – Kellermeister-Marke, kleiner Erzeugerbetrieb mit feinem Chardonnay und Gewürztraminer **(90)**, klassischem Schaumwein und erfrischendem «Brightlighter» (auf Gewürztraminer-Basis). 12 000 Kisten.

Hanna Winery Sonoma – 240 ha im Russian River und Alexander Valley; die Produktion kommt mit vielversprechendem Chardonnay, Cabernet und Sauvignon Blanc in Schwung.

Hanzell Sonoma; ★★★ Chardonnay **87 88 89** 90 91 Pinot Noir **86 87 88 89** 90 91 92 – Der verstorbene Gründer revolutionierte in den 60er Jahren den kalifornischen Chardonnay und Pinot Noir. Nach zweifachem Besitzerwechsel ist Hanzell wieder zum ursprünglichen Stil voll Reife und Tiefe zurückgekehrt. 2000 Kisten.

Haywood Vineyard Sonoma; ★★ – Intensiver Zinfandel und konventioneller Chardonnay. In deutschem Besitz (Racke). 34 000 Kisten «Vintner Select» ist ein zugekaufter Wein.

Heitz Napa; ★★★★ Cabernet Sauvignon **68 69 70 73** 74 **75 78 79 81 84 85** 88 89 90 – Individualistischer Erzeuger mit sehr hohen Maßstäben in Form dunkler, tiefer, ausdrucksvoller Cabernets, v. a. Martha's Vineyard, aber auch Bella Oaks und Napa Valley. Die übrigen Weine sind zumindest exzentrisch. 40 000 Kisten.

Hess Collection Napa; [★★]→★★★★ Chardonnay 90 91 Cabernet Sauvignon **85** 87 89 90 – Weinkellerei und Museum eines Schweizer Kunstsammlers im ehemaligen Kellereigebäude Mont La Salle der Christian Brothers. Immer besserer Cabernet und Chardonnay. Das Etikett Hess Selection steht für preiswertere Weine. 50 000 Kisten.

Heublein Großer Getränkekonzern mit vielschichtigen Weinbeteiligungen (siehe Almaden, Beaulieu, Christian Brothers, Glen Ellen, Inglenook, Niebaum Collection).

Hidden Cellars Mendocino-Lake ★★ – Erzeuger von beständigem, eichenholzwürzigem Zinfandel (am besten «Pacini») und Chardonnay im Ukiah Valley. 20 000 Kisten.

Hill Winery, William Napa; ★★★ Chardonnay 92 Cabernet Sauvignon **81 83 85** 87 88 89 90 – Weinberge hoch droben in den Mayacama Mountains erbringen beständig guten Chardonnay sowie stilvolle Cabernets. 12 000 Kisten. Gleiche Besitzer wie Callaway und Clos du Bois.

Hop Kiln Sonoma; ★★ – Guter, glänzend bereiteter Petite Sirah und Zinfandel. Auch der Gewürztraminer ist vollmundig und substanzreich. 10 000 Kisten.

Husch Vineyards Mendocino; ★★ – Zuverlässiger Chardonnay, Sauvignon Blanc, Cabernet; manchmal hervorragender Pinot Noir und Gewürztraminer aus dem Anderson Valley. 15 000 Kisten.

Inglenook Napa; ★★→★★★ Chardonnay **86** 90 91 Cabernet Sauvignon **55 56 62 68 78 81** 87 88 89 – Großer, alter Weinbaubetrieb im Napa Valley im Besitz von *Heublein*; drei getrennte Serien, vom Billigwein bis zum unterbewerteten, inzwischen stark verbesserten Napa, u. a. geschmeidiger Cabernet, herzhafterer Cask (Reserve) Cabernet und gerbstoffreicher Reunion Cabernet Auch Merlot, Gravion (Sauvignon Blanc/Sêmillon) und Reserve Chardonnay. 60 000 Kisten Napa.

Iron Horse Vineyards Sonoma; ★★★ Chardonnay 90 **91** Cabernet Sauvignon **88** 89 90 – Großer Besitz am Russian River, zunehmend auf höchst erfolgreichen klassischen Schaumwein mit echter Finesse konzentriert, jetzt aber auch auf Chardonnay und Pinot Noir aus denselben eigenen Weinbergen erweitert. Der Cabernet und der Sauvignon Blanc aus einem unter Vertrag stehenden Weinberg im Alexander Valley sind oft denkwürdig. Gemeinschaftsunternehmen mit Laurent-Perrier läuft an. 40 000 Kisten.

Jekel Vineyards Monterey; ★★ Chardonnay **88** **90** 91 – Jekels reifer, saftiger Riesling ist der erfolgreichste Wein aus den Weinbergen im Salinas Valley. Ferner guter Chardonnay und intensiv regionstypischer fruchtiger Cabernet. 60 000 Kisten.

Jepson Vineyards Mendocino; ★★ – Chardonnay, Sauvignon Blanc, klassischer Schaumwein sowie Brandy von Weinbergbesitz im Bereich Ukiah. 30 000 Kisten.

Jordan Sonoma; ★★★ Chardonnay 90 **91** Cabernet Sauvignon **80** **81** **82** **83** **85** **86** **88** 89 90 – Extravaganter Weinbaubetrieb im Alexander Valley, nimmt feinsten Bordeaux zum Vorbild für seine sehr lange haltbaren Cabernets. Der Chardonnay ist nicht so erfolgreich. Der separate, kurz «J» benannte Schaumwein in Flaschengärung ist herzhaft, mild, üppig. 75 000 Kisten.

Karly Amador; ★★ – Ambitiöse Quelle für Zinfandel aus den Sierra-Ausläufern. 12 000 Kisten.

Keenan Winery, Robert Napa; ★★ Chardonnay **89** **90** 91 Cabernet Sauvignon **82** **85** **86** **87** 88 89 90 – Der Weinbaubetrieb am Spring Mountain hat sich von überwuchtigen, eichenholzgeschwängerten Weinen ab- und verhaltenerem Cabernet, Merlot und Chardonnay zugewandt. 12 000 Kisten.

Kendall-Jackson Lake County; ★★ Chardonnay **89** **90** **91** **92** **93** Cabernet Sauvignon **86** **87** 90 – Dynamischer Erzeuger von populärem, lieblichem Chardonnay, Sauvignon Blanc und stark eichenholzaromatischem Cabernet (Vinwood Winery (Sonoma), Cambria, Durrell (denkwürdiger Einzellagen-Syrah aus Sonoma), Edmeades, La Crema (nur Marke), J. Stonestreet und ein ehemaliger Weinberg der Hill Winery (für Cardinale und Einzellagen-Cab. Sauv.) gehören zum Besitz. Über 1 Mio Kisten.

Kenwood Vineyards Sonoma; ★★→★★★ Chardonnay **88** **90** **91** 92 Cabernet Sauvignon **87** 88 89 90 – Großer Erzeugerbetrieb mit ansprechendem Sauvignon Blanc und Zinfandel, solidem Chardonnay (u. a. aus der Einzellage Beltane) und Cabernet Sauvignon (aus der Einzellage «Jack London» durchaus Spitzenklasse). 150 000 Kisten.

Kistler Vineyards Sonoma; ★★★ Chardonnay **88 89 90** 91 – Chardonnay von der rauchigen und butterigen Art. Neuerdings auch Pinot Noir und Cabernet. 9000 Kisten.

Konocti Cellars Lake County; [★★] Sehr empfehlenswerter Sauvignon Blanc, Chardonnay und Cabernet aus einer kleinen Winzergenossenschaft. Vielversprechende neuere Meritages (rot und weiß). 40 000 Kisten.

Korbel Sonoma; [★★] – Alteingesessener Spezialbetrieb für klassischen Schaumwein mit besonderem Nachdruck auf starker Frucht und viel Schaum. Am besten sind Natural, Brut und Blanc de Blancs. 1,5 Mio Kisten.

Krug, Charles Napa; ★★ Chardonnay **90** 91 92 Cabernet Sauvignon **64 73 74 78 79 81 84 85** 88 89 90 91 – Historisch bedeutende Kellerei mit stets sauberen Weinen. An der Spitze steht Cabernet; C. K. – Mondavi ist eine Konsumweinmarke. 200 000 Kisten.

Kunde Estate Sonoma; ★★ – Langjähriger Traubenanbauer, seit 1988 auch Weinerzeuger. Anfangserfolge gut (Chardonnay) bis brillant (Sauvignon Blanc). Cabernet, Cabernet Reserve, Merlot und Zinfandel ähnlich vielversprechend.

La Crema Sonoma; Chardonnay **88 89 90** 91 Pinot Noir **86 88 89** 90 91 – Chardonnay mit elegantem Eichenholzaroma und an Pinot Noir mit oft tiefer Geschmacksfülle. Jetzt im Besitz von Kendall-Jackson. 80 000 Kisten.

Lakespring Napa; ★★ – Merlot, Cabernet, Chardonnay, Sauvignon Blanc. 18 000 Kisten.

Landmark Sonoma; Chardonnay **83 85 87 89 90** 91 92 – Auf Chardonnay spezialisierter, immer beständiger werdender Erzeuger bietet drei Weine (Sonoma County, einfach; Sonoma Valley Two Williams; Alexander Valley Damaris), von frisch bis «Toast mit Butter». 15 000 Kisten.

Laurel Glen Sonoma; ★★★ Cabernet Sauvignon **81 82 85 86** 89 90 91 – Feiner, eindeutig von der Region geprägter Cabernet aus steilen Lagen im Bereich Sonoma Mountain AVA. 5000 Kisten.

Laurier Sonoma; ★★★ **90** 91' 92 – Feinste Marke der zu Franzia gehörenden Bronco Wine Co. Früher wundervolle Weine. Heute hohe Ambitionen mit Chardonnay. Jahrelang kein Cabernet Sauv.; Pinot Noir seit 1993.

Lazy Creek Mendocino; [★★] – Das Ruhestandhobby eines früheren Kellners erbringt seriösen Gewürztraminer und Chardonnay aus dem Anderson Valley. Ferner Pinot Noir. 2000 Kisten.

Leeward Winery Ventura; Chardonnay **89 90** 91 – Chardonnay mit starker Toastnote von der Central Coast ist die Hauptstütze. 18 000 Kisten.

Lohr, J. Central Coast; ★★ – Große Auswahl an beständigen, sortenreinen Weinen aus Kellereien in San José und Paso Robles (San Luis Obispo); Weinberge in Paso Robles und Clarksburg. 200 000 Kisten.

Long Vineyards Napa; ★★★ Chardonnay **89** 90 91 92 93 Cabernet Sauvignon **79 80 81 82 83 84 85 86 87** 90 – Kleiner Nachbarbetrieb von Chappellet bringt üppigen Chardonnay und schmackhaften Cabernet Sauvignon hervor. 3000 Kisten.

Lyeth Vineyard Sonoma; ★★ – Früher ein Weinbaubetrieb, heute eine Marke im Besitz von J. C. Boisset aus Burgund. Christophe lautet die Marke für bescheidenere, zugekaufte Weine.

Lytton Springs Sonoma; ★★ – Jetzt im Besitz von Ridge. Tintendunkler, harter, schwerer Zinfandel. 15 000 Kisten.

MacRostie Sonoma; ★★ – Altgedienter Kellermeister; produziert seidige Chardonnays aus Carneros, zunehmend buttertoastwürzig. Neuerdings auch Pinot Noir und Merlot.

Madrona El Dorado; ★★ Hochgelegene Weinberge in den Sierra-Ausläufern; u. a. guter, beständiger Chardonnay. 10 000 Kisten.

Maison Deutz San Luis Obispo; ★★★ – Der kalifornische Zweig des Champagnerhauses Wm. Deutz zeigt klaren Sinn für Stil; die Trauben stammen aus Weinbergen an der Grenze zum Santa Barbara County. 25 000 Kisten.

Marimar Torres Sonoma – Die Schwester des großen Katalanen produziert ultrabutterigen Chardonnay; ein Besitz im westl. Russian River Valley verspricht feinen Pinot Noir.

Mark West Vineyards Sonoma; ★★ – Sehr erfreulicher Gewürztraminer aus Lagen im kühlsten Teil des Russian River Valley. Ferner robuster bis rustikaler Chardonnay, Pinot Noir und gelegentlich klassischer Blanc-de-Noirs-Schaumwein. 22 000 Kisten. Jetzt im Besitz der Marion Wine Group; preiswertere Weine laufen unter der Marke Marion.

Markham Napa; ★★→★★★ Chardonnay **87 89** **90** 91 92 Cabernet Sauvignon 88 **89** 90 – In japanischem Besitz. Neuerdings gut bis exzellent, v. a. Merlot und der Bordeaux-Verschnitt «Laurent». 20 000 Kisten.

Martin Bros. San Luis Obispo; ★★ Chardonnay **87 88 89 90** – Feiner, trockener Chenin Blanc, guter, eichenholzwürziger Chardonnay. Der Familienbetrieb möchte in Paso Robles mit Nebbiolo ein kalifornisches Piemont errichten und erweitert das italienische Thema mit Aleatico, «Vin Santo», Cabernet/Sangiovese usw.

Martini, Louis M. Napa; ★★→★★★ Chardonnay **89 90** **91** 92 Cabernet Sauvignon **52 55 59 64 68 70 74 76 78 79 80** **83** **85 87** 88 89 90 – Familienbetrieb mit hohem Qualitätsstand auf allen Ebenen, v. a. bei Einzellagen-Cabernet (Monte Rosso), Merlot (Los Vinedos del Rio); feiner, leichter, frischer Napa-Chardonnay. Zweitetikett: Glen Oaks. 235 000 Kisten.

Masson Vineyards Monterey; ★→★★ – Chardonnay, Riesling, Cabernet, Pinot Noir in großem Maßstab.

Matanzas Creek Sonoma; ★★★ Chardonnay **87** **89** 90 91 Merlot **88** **89** – Feiner, reif-fruchtiger, zunehmend toast- und eichenholzwürziger Chardonnay und Sauvignon Blanc; angesehener Merlot. 27 000 Kisten.

Maurice Carrie Temecula ★★ – Schrittmacher in seiner Region mit zuverlässigem, entgegenkommendem Chardonnay, Sauvignon u. a.

Mayacamas Napa; ★★★ Chardonnay **76 79 85 87** **90** Cabernet Sauvignon **69 73 78** **81** 85 87 88 89 90 – Erstklassiger kleiner Weinbaubetrieb mit gehaltvollem Chardonnay und festem (nicht mehr stahlhartem) Cabernet. Gelegentlich Sauvignon Blanc und Zinfandel. 5000 Kisten.

McDowell Valley Vineyards Mendocino; ★★ – Obligatorischer Chardonnay und Cabernet, doch das Herz des Besitzers hängt an den Rhône-Rebsorten; er gewinnt Syrah von alten Weinstöcken sowie Grenache (Etikett Les Vieux Cépages). 40 000 Kisten.

Meridian San Luis Obispo; [★★→★★★] – Weinbaubetrieb im Besitz von Nestlé. Eindrucksvoller Einzellagen-Chardonnay (**87 89 90** 91) aus dem Edna Valley; auch guter Pinot Noir (88) und Paso-Robles-Syrah (88). 300 000 Kisten.

Meritage Geschützter Name für Rot- oder Weißweine von Bordeaux-Rebsorten. Eigener Sortenstatus wird angestrebt; der Begriff setzt sich immer stärker durch.

Merry Vintners Sonoma; [★★] – Kellermeister-Marke; Erzeugerbetrieb mit stark eichenholzgewürzten einfachen und Reserve-Chardonnays; auch Pinot Noir. Derzeit finanzielle Probleme.

Merryvale Vintners Napa ★★ – Partnerschaft in St-Helena mit solidem Chardonnay und besserem Cabernet. Am besten ist der White Meritage (Sauvignon/Sémillon). 12 000 Kisten. Zweitetikett: Sunny St-Helena.

Mill Creek Sonoma; ★★ – Cabernet, Merlot, Chardonnay, Sauvignon Blanc. 15 000 Kisten.

Mirassou Central Coast; [★★] – Winzer in der 5. Generation in Santa Clara, Wegbereiter in Monterey (Salinas Valley). Empfehlenswert: Cabernet, Chardonnay, Sauvignon Blanc, Gewürztraminer, Pinot Noir sowie höchst angenehmer klassischer Schaumwein. 350 000 Kisten.

Mondavi, Robert Napa; [★★]→★★★★ Chardonnay **79 81 82 85 90** 91 Cabernet Sauvignon **71 73 75 77 79 81 84 85** 87 88 89 90 – Weinbaubetrieb mit 25jähriger brillanter Geschichte innovativen Wirkens in Stil, Ausrüstung und Technik. Berühmte Erfolge u. a. mit Cabernet, Sauvignon Blanc (vertrieben unter dem Namen Fumé Blanc), Chardonnay und sogar mit Pinot Noir. Die «Reserves» sind wahre Wunder und zählen regelmäßig zu den Spitzenweinen aus Napa. 500 000 Kisten. Das Etikett Mondavi-Woodbridge steht für nicht gar so teure sortenreine Weine mit der Herkunftsbezeichnung Kalifornien. Siehe auch Opus One.

Monterey Peninsula Monterey; ★★ – Kleiner Betrieb in der Stadt Monterey, produziert extraktreiche, langlebige Rotweine, v. a. Zinfandel und Cabernet von Trauben aus Salinas usw. 12 000 Kisten.

Monterey Vineyard, The Monterey; ★★ – Marke im Besitz von Seagram für Chardonnay, Pinot Noir und Cabernet der Serien Classic und (teurer) Limited Release. 550 000 Kisten.

Monteviña Amador – Treibende Kraft bei der Wiederbelebung des herzhaften Zinfandel-Stils in den Sierra-Ausläufern. Inzwischen im Besitz von Sutter Home; es werden nun verstärkt italienische Rebsorten erprobt. 50 000 Kisten.

Monticello Cellars Napa; ★★→★★★ Cabernet Sauvignon **83 85 86 87** 88 89 90 – Ultramoderner Weinbaubetrieb bei der Stadt Napa. Hervorragender Gewürztraminer (nur noch sehr beschränkt verfügbar) erregte zuerst Aufmerksamkeit. Heute konzentrieren sich die Bemühungen auf Cabernets – feiner Jefferson und dunkler, gerbstoffreicher Corley Reserve

– sowie auf seriösen Chardonnay mit Eichenholzwürze. 25 000 Kisten.

Mont St. John Napa; ★★ – Alter Familienbetrieb in Napa, produziert empfehlenswerten Pinot Noir und Chardonnay aus eigenen Weinbergen in Carneros; die Trauben für soliden Cabernet werden zugekauft. 20 000 Kisten.

Morgan Monterey; ★★→★★★ Chardonnay **89 90** 91 92 – Kellermeister-Marke; beständiger Chardonnay aus Monterey und feiner Sauvignon Blanc aus dem Alexander Valley. Auch sehr guter Pinot Noir. 20 000 Kisten.

Mount Eden Vineyards Santa Cruz Mountain; ★★ Chardonnay **87 88 89 90 91** 92 – Teurer, gewichtiger Chardonnay aus alten Martin-Ray-Weinbergen sowie sanfterer aus Monterey. Ferner Pinot Noir und Cabernet. 4000 Kisten.

Mount Veeder Napa; ★★ Chardonnay **89 90** 91 Cabernet Sauvignon **74 81 87** 89 90 – Die einst eichenholzgeschwängerten Chardonnays und kargen Cabernets sind seit der Übernahme durch Franciscan Vineyards sanfter und ausgewogener geworden. Jetzt Meritage (88 89 90). Rund 8000 Kisten.

Mumm Napa Valley ★★★ – Schneller Start eines Gemeinschaftsunternehmens von G. H. Mumm und Seagram: feiner Brut mit **(85 86)** und ohne Jahrgang. Ferner eine charaktervolle «Winery Lake» Cuvée als Einzellagen-Schaumwein. 125 000 Kisten.

Murphy-Goode Sonoma ★★ – Größerer Besitz im Alexander Valley. Interessanter Pinot Blanc, bedeutender Sauvignon Blanc. 40 000 Kisten.

Nalle Sonoma; ★★→★★★ Zinfandel **85 86 88 89** 90 91 – Kellermeister-Marke; Betrieb im Dry Creek Valley, versteht sich hervorragend auf Zinfandel: Wundervolles Beerenaroma in der Jugend, ebensolches und noch mehr im Alter. Ein Schuß Cabernet wird beigemischt. 2500 Kisten.

Navarro Vineyards Mendocino; ★★→★★★ Chardonnay **83 85 86 88 89 90** 91 – Fester, feiner Chardonnay, hervorragender trockener Gewürztraminer und Riesling aus dem kühlen Anderson Valley. Der Pinot Noir faßt allmählich Fuß. 12 000 Kisten.

Newton Vineyards Napa; ★★★ Chardonnay **91** Cabernet Sauvignon **83 85 86** 88 89 90 – Zunehmend luxuriöses Weingut; der früher gravitätische Stil bei Chardonnay, Cabernet und Merlot hat sich inzwischen zu Opulenz gewandelt. 15 000 Kisten.

Niebaum Collection Napa; ★★→★★★ – Etikett im Besitz von Heublein für kleinere Posten Wein aus Weinbergen der Spitzenklasse, die zusammen mit Beaulieu und Inglenook übernommen wurden. Sehr hochwertiger Chardonnay (Reference, Laird, Bayview), Sémillon (Chevrier) und guter Cabernet aus der Hand der Kellermeisterin Judy Matulich-Weitz. 20 000 Kisten.

Niebaum-Coppola Estate Napa ★★★ – Francis Ford Coppolas luxuriöses Hobby. «Rubicon» ist ein Cabernet-Verschnitt aus alten Inglenook-Weinbergen, inzwischen durch Tony Soter (siehe Etude) technisch stark verbessert.

Opus One Napa; ★★★★ Cabernet Sauvignon **80 81 83 85 86** 87 88 89 90 – Gemeinschaftsunternehmen von Robert

Mondavi und der Baronin Philippine de Rothschild. Spektakuläre neue Kellerei, 1992 eröffnet. Auch die Weine sind Prunkstücke. 10 000 Kisten.

Parducci Mendocino; [★★] Cabernet Sauvignon **80 85** 87 89 90 – Alteingesessener Weinbaubetrieb mit hochzuverlässigem Cabernet, Cabernet-Merlot, Zinfandel und Barbera; Chardonnay ohne Eichenholzaroma und fast trockener Sauvignon Blanc. 350 000 Kisten.

Pecota, Robert Napa; ★★ – Cabernet, Sauvignon Blanc, Chardonnay, Gamay. 18 000 Kisten.

Pedroncelli Sonoma; [★★] Chardonnay **89** 90 91 Cabernet Sauvignon **83 85 88** 89 90 91 – Alter Familienbetrieb mit überdurchschnittlichem robustem, weinigem Cabernet und Zinfandel (v. a. Reserves). Chardonnay und Sauvignon Blanc gewinnen an Stil. 125 000 Kisten.

Pepi, Robert Napa; ★★→★★★ Chardonnay **87 89** 90 91 Cabernet Sauvignon **84** 85 **87** 89 90 – Gegründet als Spezialbetrieb für Sauvignon Blanc. Bedacht verhaltener Chardonnay, Cabernet und ansprechender Sangiovese Grosso «Colline di Sassi» **(89)** sind hinzugekommen. 20 000 Kisten.

Phelps, Joseph Napa; ★★★ Chardonnay **87 88** 90 91 92 Cabernet Sauvignon **75 81 85** 87 88 89 90 91 – Luxus-Weinbaubetrieb mit makellosem Qualitätsstand. Sehr guter Chardonnay und Cabernet (v. a. «Backus Vineyard», sehr guter 90er), Rhône-Rebsorten (unter dem Etikett Vin du Mistral) und prachtvolle Riesling- und Gewürztraminer-Spätlesen. Der Cabernet Reserve «Insignia» hat gezähmtes Tannin und ist jetzt beständig eindrucksvoll. 60 000 Kisten.

Philippine Neue Marke der Baronin P. de Rothschild (siehe auch Opus One).

Philips, R. H. Yolo ★★ – Großer Erzeuger, empfehlenswert v. a. wegen seiner der Rhône nachempfundenen Weine, die mit zu den stilvollsten Kaliforniens zählen.

Pine Ridge Napa; ★★→★★★ Chardonnay 90 **91** 92 Cabernet Sauvignon **80 81 82 84 85 86** 87 88 89 90 91 – Weinbaubetrieb bei Stags Leap mit beständigem, eichenholzwürzigem Chardonnay, Cabernet (mehrere Versionen) und Merlot. 50 000 Kisten.

Piper Sonoma Sonoma; ★★★ – Das Piper-Heidsieck-Unternehmen verarbeitet vorwiegend Trauben aus dem Russian River Valley zu klassischem Schaumwein. Flaschenreife wirkt sich günstig aus. 125 000 Kisten.

Preston Sonoma; ★★★ Cabernet Sauvignon **86** 87 89 90 – Kleiner Weinbaubetrieb mit besten Lagen im Dry Creek Valley, v. a. für Zinfandel, Cabernet sowie Syrah und andere Rhône-Rot- und Weißweine. Auch Sauvignon Blanc «Cuvée du Fumé». 25 000 Kisten.

Quady Winery San Joaquin; ★★ – Phantasievolle Dessertweine aus Madera, u. a. vielgepriesene «Muscat Essencia» mit Orangenaroma, dunkler Muskateller «Elysium» und als Neuerscheinung der an Moscato d'Asti orientierte «Electra». Portähnlicher «Starboard» aus Amador. 15 000 Kisten.

Quail Ridge Napa; ★★ Chardonnay 90 91 – Spezialisiert auf faßvergorenen Chardonnay; ferner Cabernet. Neuerdings auch sehr guter Sauvignon Blanc und Merlot. Im Besitz von Heublein. 15 000 Kisten.

Quivira Sonoma; ★★ – Feiner, melonenhafter Sauvignon Blanc und intensiv beerenfrischer Zinfandel stehen obenan. Cabernet Cuvée ist ein Meritage-ähnlicher Verschnitt; neuerdings mehr Eichenholz. 12 000 Kisten.

Qupé Sta. Barbara ★★→★★★ – Kapriziöser Kellergefährte von Au Bon Climat. Marsanne, Pinot Blanc und Syrah – alle sehr probierenswert.

Rafanelli, A. Sonoma; ★★ Cabernet Sauvignon **84** 88 **89** 90 Zinfandel **82 86 87** 89 90 – Herzhafter, etwas rustikaler Zinfandel aus dem Dry Creek Valley; Cabernet mit auffallender Intensität. 8000 Kisten.

Rancho Sisquoc Sta. Barbara ★★ – Sehr persönlicher kleiner Weinbaubetrieb, beweist die Qualität der Trauben aus dem Sta. Maria Valley, u. a. Riesling, Chardonnay, sogar Sylvaner.

Ravenswood Sonoma; ★★ – Bekannt durch dunklen, robusten Zinfandel. 15 000 Kisten.

Raymond Vineyards and Cellar Napa; ★★★ Chardonnay **85 86 89 90** 91 Cabernet Sauvignon **75 77 80 82 83 84 87** 88 89 90 – Familienbetrieb der alten Schule im Napa Valley, jetzt mit japanischen Partnern. Betont fruchtiger Chardonnay und Sauvignon Blanc; dunkler, robuster haltbarer Cabernet, v. a. Reserve. 110 000 Kisten.

Ridge Sta. Cruz Mountains; ★★★★ Cabernet Sauvignon **83 85** 86 87 88 89 90 – Bei Kennern hochangesehener Weinbaubetrieb, verarbeitet Trauben aus Napa, Sonoma, San Luis Obispo und eigenen Berglagen zu konzentriertem, sehr tanninreichem Cabernet und Zinfandel, die lange Flaschenreife benötigen. Besondere Bemühungen gelten den Einzellagenweinen, v. a. Monte Bello, York Creek (Spring Mountain), Cabernet sowie Geyserville und Dusi Zinfandel. Jetzt auch extrem rauchiger Chardonnay. 40 000 Kisten.

Rochiolo, J. Sonoma; ★★ – Die Besitzer einer für besten Pinot Noir berühmten Lage produzieren nun auch selbst ein sehr gutes Beispiel. Auch feiner Sauvignon Blanc.

Roederer Estate Mendocino; [★★★] – Zweigniederlassung des Champagnerhauses aus Reims, seit 1988 im Anderson Valley. Der füllige Roederer-Stil macht sich bemerkbar. Kapazität: 90 000 Kisten.

Rombauer Vineyards Napa; ★★ – Eichenholzgewürzter Chardonnay, dunkler Cabernet (v. a. die Reserve-Version «Meilleur du Chai»). 15 000 Kisten.

Roudon-Smith Sta. Cruz Mountains; ★★ – Chardonnay, Cabernet. 10 000 Kisten.

Round Hill Napa; ★★ – Ehemals umfangreiches Programm, jetzt eingeschränkt auf Cabernet, Chardonnay, Merlot und Sauvignon Blanc, jedoch in drei Preisklassen: preiswerter «California», mittlerer «Round Hill» und schließlich die Spitzensorte «Rutherford Ranch». 350 000 Kisten.

Rutherford Hill Napa; ★★→★★★ Chardonnay **88 89 90** 91 Cabernet Sauvignon **82 85 87** 88 89 90 – Größerer Stallgefährte von Freemark Abbey. Gute Weine: vollmundiger Chardonnay (Jaeger, XVS), robuster Cabernet (XVS);

Merlot soll mit 80 % der Produktion künftig die Hauptrolle spielen. 100 000 Kisten.

Rutherford Ranch Siehe Round Hill.

Rutherford Vintners Napa; [★★] Chardonnay **87** Cabernet Sauvignon **77 79 81** – Subtile, überaus schön reifende Cabernets bilden die Hauptstütze; «Château Rutherford» ist eine Reserve-Version. 12 000 Kisten.

St. Andrews Napa; ★★ Chardonnay **85 90** 91 92 Cabernet Sauvignon **83 84** 85 86 87 88 90 – Exzellenter Chardonnay-Erzeugerbetrieb am Silverado Trail bei Napa City. Cabernet Sauvignon wurde aufgegeben. Vor kurzem von Clos du Val übernommen; steht jetzt wieder zum Verkauf. 15 000 Kisten.

St. Clement Napa; ★★→★★★ Chardonnay **90** 91 Cabernet Sauvignon **77 79 86 87** 89 90 – Charaktervoller Sauvignon Blanc, lohnt längere Lagerung. Herber Chardonnay, robuster Cabernet und Merlot. In japanischem Besitz. 15 000 Kisten.

St. Francis Sonoma; ★★ Chardonnay **89 90 91** 92 Cabernet Sauvignon **86** 88 89 90 – Nach langsamem Start kommt der Betrieb in Fahrt. Fester, sehr schmackhafter Chardonnay (v. a. der 90er) von eigenem Lesegut aus dem Sonoma Valley; beständiger Merlot; ferner Cabernet; Gewürztraminer läuft aus. 34 000 Kisten.

St-Supery Napa; ★★ – In französischem Besitz; Lesegut aus einem eigenen, 200 ha großen Weinberg im Pope Valley. Guter Sauvignon Blanc, ansprechender Cabernet. Ferner Chardonnay, jetzt auch Merlot. 25 000 Kisten, Erweiterung auf das Zehnfache möglich.

Saintsbury Napa; ★★★ Chardonnay **81 85 89** 90 91 Pinot Noir **85 86 87 89** 90 91 92 – Erzeugerbetrieb mit dem feinsten und am langsamsten reifenden Pinot Noir in Carneros. Auch der leichtere Pinot Noir Garnet und der inzwischen nicht mehr so stark eichenholzgewürzte Chardonnay sind sehr gut. 35 000 Kisten.

Sanford Sta. Barbara; ★★★ Chardonnay **88 89 90** 91 Pinot Noir **81 84 85 86 87** 89 90 91 – Spezialbetrieb für sauber-fruchtigen, intensiven, langlebigen Pinot Noir (v. a. Barrel Select). Ungewöhnlich ausdrucksstarker Chardonnay; regionstypischer Sauvignon Blanc und ein wenig Pinot Noir «Gris». 30 000 Kisten.

Santa Barbara Winery Santa Barbara; ★★ Chardonnay **86 87 89 90** 91 Pinot Noir **87 89** 90 91 – Ehemals ein Erzeugerbetrieb von Konsumwein, jetzt in der Spitzenklasse der Region, v. a. mit Chardonnay Reserve. Ferner: Pinot Noir, Zinfandel, Cabernet. 28 000 Kisten.

Santa Cruz Mountain Vineyard Sta. Cruz Mtn.; ★★ – Gewaltiger, gerbstoffreicher, schwerer Pinot Noir und Cabernet dominieren. 2500 Kisten.

Santa Ynez Valley Winery Sta. Barbara; ★★ – Sauvignon Blanc, Chardonnay, Merlot. 20 000 Kisten.

Santino Amador; ★★ – Stilvoller Zinfandel aus den Sierra-Ausläufern (Diffletown, Grand Père); ferner ein trockener White Zinfandel. Experimente sind auch mit italienischen Rebsorten im Gang. Derzeit Geldprobleme. 30 000 Kisten.

Scharffenberger Mendocino; ★★ – Der Betrieb versuchte es als erster in Mendocino mit klassischem Schaumwein. Jetzt im Besitz von Clicquot, und das Geschäft geht gut. 25 000 Kisten.

Schramsberg Napa; ★★★★ – Ehrgeiziger Spezialbetrieb, produziert in historischen Höhlen den besten Schaumwein Kaliforniens. «Reserve» vorzüglich. «Blanc de Noirs» hervorragend, zwei bis zehn Jahre Reifezeit lohnen sich. Die Luxus-Cuvée J. Schram von 1992 ist «Amerikas Krug». 50 000 Kisten.

Schug Cellars Sonoma; Chardonnay 89 90 91 – Der in Deutschland geborene und ausgebildete Eigentümer und Kellermeister erzeugt hochfeinen Chardonnay und Pinot Noir aus Carneros. 1991 Umzug von der Napa-Seite zur Sonoma-Seite von Carneros. 10 000 Kisten.

Sebastiani Sonoma; ★★ – Umfangreicher alter Familienbetrieb, arbeitet auf verschiedenen Ebenen des Markts. Die Sonoma-Appellationen bilden die Spitze (v. a. Reserve); die Sortenweine von der North Coast stehen in der Mitte; die August-Sebastiani-Country-Konsumweine und die Billigmarke Vendange vertreten die untere Preisklasse. 4 Mio Kisten.

Seghesio Sonoma; [★★] Chardonnay 87 **89** 90 91 92 Zinfandel 85 **86 88 90 91** – Langjähriger Erzeugerbetrieb von Massenware, füllt neuerdings mit Erfolg eigene Weine ab. Sehr guter Chardonnay, Pinot Noir; oft ausnehmend feiner Zinfandel (v. a. Dry Creek, Alexander Valley Reserves). 85 000 Kisten.

Sequoia Grove Napa; ★★→★★★ Chardonnay 91 Cabernet Sauvignon **82** 87 88 89 90 – Sehr guter, entwicklungsfähiger Chardonnay. Dunkle, feste Cabernets aus dem Napa Valley (2 Etiketten). 16 000 Kisten.

Shadow Creek Siehe Domaine Chandon.

Shafer Vineyards Napa; ★★→★★★ Chardonnay **89 90** 91 92 Cabernet Sauvignon **78 80 84 85 86** 87 **88** 89 – Eleganter Chardonnay (davon 32 ha Neuanpflanzungen in Carneros), stilvoller Cabernet (v. a. Hillside Select) und Merlot aus eigenem Weinbergbesitz; Kellerei für 20 000 Kisten im Stag's-Leap-Distrikt.

Sierra Vista El Dorado; ★★ – Beständiger Chardonnay, Cabernet Sauvignon, Zinfandel und Syrah von Trauben aus den Sierra-Ausläufern. 6000 Kisten.

Silver Oak Napa; ★★→★★★ – Die Cabernets übermäßig mit amerikanischer Eiche gewürzt, u. a. der teure «Bonny's Vineyard». 24 000 Kisten.

Silverado Vineyards Napa; ★★★ Chardonnay **83 85 87** 90 91 Cabernet Sauvignon **82** 85 **86 87** 88 89 90 91 – Stattlicher Weinbaubetrieb auf einem Berg im Stag's-Leap-Distrikt. Cabernet, Chardonnay und Sauvignon Blanc beständig fein ausgebaut; Cabernet ab Jahrgang 81 reift schön heran. 75 000 Kisten.

Simi Alexander Valley; ★★★ Chardonnay **80 84 85 88** 90 91 Cabernet Sauvignon **74** 81 85 **87** 90 91 – Restaurierter historischer Weinbaubetrieb, blüht und gedeiht unter der Leitung von Zelma Long. Wundervoll langlebiger Chardonnay und Sauvignon Blanc; sehr guter Cabernet. Fruchtiger Chenin Blanc und verführerischer Cabernet Rosé für

Sommerfeste. Cabernet neuerdings sehr karg; neuer Sauvignon Blanc, Sémillon Sendal. 130 000 Kisten.

Smith & Hook Monterey; ★★ Cabernet Sauvignon **83** **86** 88 90 – Spezialbetrieb mit dunklem, regionstypischem Cabernet – so kräuterwürzig, daß man wahrhaftig Dill herausschmeckt. Ferner Merlot. Lone Oak ist eine Zweitmarke für Cabernet und Chardonnay. 10 000 Kisten.

Smith-Madrone Napa; ★★ – Milder, runder, aber haltbarer Spring-Mountain-Riesling. Ferner Cabernet und Chardonnay. 6000 Kisten.

Sonoma-Cutrer Vineyards Sonoma; ★★★→★★★★ Chardonnay **81 84 87 88** **90** 91 – Hochspezialisierter Chardonnay-Betrieb, arbeitet mit modernsten Techniken, um den Charakter verschiedener Lagen wie in Burgund herauszustellen. Bislang führt «Les Pierres» in punkto Entwicklungsfähigkeit; «Russian River Ranches» spricht früh an. 75 000 Kisten.

Spottswoode Napa; ★★★→★★★★ Cabernet Sauvignon **83** **85** **86 87** 89 90 – Verlockender, ausdrucksvoller Luxus-Cabernet aus kleinen, eigenen Lagen mitten in der Stadt St. Helena. Auch geschmeidiger, ausgefeilter Sauvignon Blanc. 3500 Kisten.

Stag's Leap Wine Cellars Napa; ★★★→★★★★ Chardonnay **85 88** **90** 91 Cabernet Sauvignon **75 77 78 82 83** **84** **86** 88 89 90 91 – Vielgepriesener Weinbaubetrieb mit verschiedenen Cabernets (Napa, Stag's Leap Vineyard und Spitzensorte Cask 23), neuerdings umstritten. Ferner sehr guter Chardonnay, Riesling und immer besserer Sauvignon Blanc. 40 000 Kisten.

Stag's Leap Winery Napa ★★ – Nachbarbetrieb von Stag's Leap Wine Cellars; tanninreicherer, herberer Cabernet und muskulöser Petite Sirah. 25 000 Kisten.

Sterling Napa; ★★★ Chardonnay **84 85 88** **90** 91 Cabernet Sauvignon **78 80 81 85** **87** 88 89 90 – Leistungsfähiger (und auch malerischer) Weinbaubetrieb im Besitz von Seagram. Starker, herber Sauvignon Blanc und Chardonnay; stämmiger Cabernet. Reserve (auf Cabernet-Basis) und Merlot aus der Lage Three Palms. Der Winery Lake Vineyard Pinot Noir verspricht nach wie vor mehr, als er hält. Sehr guter Merlot. 150 000 Kisten.

Stony Hill Napa; ★★★ Chardonnay **73 75 76 81 85 88** **90** 91 – In den vergangenen 30 Jahren sind viele der besten Weißweine Kaliforniens in diesem Weinbaubetrieb im Hügelland entstanden. Der Gründer Fred McCrea starb 1977, seine Witwe Eleanor 1991; jetzt führt der Sohn Peter die Familientradition weiter. Der Chardonnay ist nicht mehr so stahlig, dafür fleischiger als früher. Riesling und Gewürztraminer mit einem Hauch Eichenholzwürze wirken verhalten, lohnen aber dennoch längere Lagerung. 4000 Kisten.

Stratford Napa; ★★ – Händlermarke für zuverlässigen Cabernet, Merlot und Chardonnay. 20 000 Kisten.

Strong Vineyard, Rodney Sonoma; ★★ Chardonnay **86 87 89 90** **91** Cabernet Sauvignon **87** **88** 90 – Früher Sonoma Vineyards, verarbeitet hauptsächlich Trauben aus dem Russian River Valley zu beständigem Chardonnay (v. a. Chalk Hill

Vineyard) und Pinot Noir; sowie Lesegut aus dem Alexander Valley zu Cabernet (v. a. aus der Einzellage Alexander's Crown) und Sauvignon Blanc. 375 000 Kisten.

Sutter Home Napa; ★★ Zinfandel **68 73 77 83** 85 89 90 91 – Bekannt für lieblichen White Zinfandel; am meisten bewundert wegen des manchmal schweren Amador Zinfandel. Auch preiswerter Cabernet und Chardonnay. 3 Mio Kisten.

Swan, Joseph Sonoma; ★★ Zinfandel **77 78 79 80 81 82 83 84 85 86** – Der ausdrucksstarke Stil bei Zinfandel und Pinot Noir des verstorbenen Joe Swan wird unter der Leitung seines Schwiegersohns weitergepflegt. 2000 Kisten.

Swanson Napa; ★★→★★★ – Schätzens- und aufhebenswerte Chardonnays stehen obenan; Cabernet und Merlot bereits beachtenswert. Auch Bemühungen um Rotweinrebsorten aus Italien (v. a. Sangiovese) und von der Rhône.

Taft Street Sonoma; [★★] – Nach gemütlicher Gangart schlägt der Betrieb jetzt mit preiswerten Chardonnays vom Russian River ein scharfes Tempo an. Ferner guter Sauvignon Blanc. 18 000 Kisten.

Talbott, R. Monterey – Gutsituierter Besitzer; bemüht sich erfolgreich um Chardonnays aus dem AVA-Bereich Santa Lucia Highlands sowie aus dem Carmel Valley.

Trefethen Napa; [★★]→★★★ Chardonnay **79 81 82** 83 **85 86 87 90** 91 Cabernet Sauvignon **75 78 79 80 82 84** 85 **87** 88 89 90 – Hochangesehener Familienbetrieb im schönsten alten Holzgebäude von ganz Napa. Sehr guter, trockener Riesling. Straffer Chardonnay für lange Lebensdauer (die spät freigegebenen «Library»-Weine beweisen es). Cabernet zeigt zunehmende Tiefe. Empfehlenswerte preisgünstige Verschnitte Eshcol Red und White. 70 000 Kisten.

Tudal Napa; ★★ Cabernet Sauvignon **80 82 84** 86 88 89 – Kleines Weingut nördlich von St. Helena; beständige Quelle für dunkle, feste, langlebige Cabernets. 2500 Kisten.

Tulocay Napa; ★★ Pinot Noir **82** 85 89 90 – Sehr kleiner Weinbaubetrieb in Napa City. Chardonnay und v. a. Pinot Noir von wohlgelungener Art; auch der Cabernet Sauvignon ist beachtenswert. 2400 Kisten.

Turnbull Wine Cellars Napa ★★ Cabernet Sauvignon **81 82 83 84** 85 **86** 87 88 89 90 – Reichhaltige, füllige, minzewürzige Cabernets aus einem Weinbaubetrieb gegenüber der Robert Mondavi Winery. Chardonnay von Trauben aus Sonoma. 10 000 Kisten.

Ventana Monterey; ★★ Chardonnay **87 89** 90 – Weinbaubetrieb von 1978 mit großem Weinbergbesitz, verändert das Programm immer wieder, doch die Chardonnays (frischfruchtiger Gold Stripe und stärker eichenholzwürziger Barrel-Fermented) liegen stets vorn; der Sauvignon Blanc (Sauvignon-Musqué) ist zunehmend beachtenswert. 42 000 Kisten.

Viader Napa – Die Argentinierin Delia Viader floh nach Kalifornien, um dort in den Hügeln über St. Helena zu schaffen, was ihr vorschwebte: einen feinen Verschnitt auf Cabernet-Basis.

Viansa Sonoma; ★★ Chardonnay – Zuverlässige Quelle für Chardonnay, Sauvignon Blanc und Cabernet aus Napa/Sonoma; konzentriert sich jetzt auf Italienisches: Nebbiolo, Sangiovese, Sangiovese/Cabernet («Thalia»). Kein 91er.
Vichon Winery Napa; ★★→★★★ Chardonnay **85** 90 91 Cabernet Sauvignon **82** 85 88 89 90 91 – Im Besitz von Robert Mondavi. Subtiler, angenehmer Chevrignon (Sauvignon-Blanc/Sémillon-Verschnitt), steht ebenbürtig neben hochwertigem Cabernet. Ferner seriöser, eichenholzwürziger Chardonnay. 50 000 Kisten.
Villa Mt. Eden Napa; ★★ Chardonnay **88 89** 90 91 Cabernet Sauvignon **75** 85 **86** 88 89 90 – Vollmundiger, fast pflaumenhafter Cabernet begründete den Ruf des kleinen Weinbaubetriebs in Oakville. Von der Château-Ste-Michelle-Gruppe (Staat Washington) übernommen, seither stetig verbessert. Zwei Serien: Grand Reserve (Cab. Sauv., Chardonnay, Pinot Noir) und Cellar Select. 24 000 Kisten bei wachsender Tendenz.
Vine Cliff Napa – Gutgestellter Familienbetrieb in den Bergen östlich von Oakville. Gefälliger erster Chardonnay, tanninreicher, gravitätischer Cabernet.
Vita Nova Sta. Barbara – Etikett aus dem Stall Au Bon Climat. Beobachtenswert.
Weibel Alameda und Mendocino; ★→★★ – In erster Linie Spezialbetrieb für Schaumweine in Tankgärung, daneben jedoch ein Programm an ansprechenden Tafelweinen. 200 000 Kisten. Ernste Geldschwierigkeiten.
Wente Bros. Livermore und Monterey; ★→★★ – Historischer, auf Weißwein spezialisierter Betrieb, v. a. Livermore Sauvignon und Sémillon. Die lieblichen Monterey-Rieslinge sind oft ausnehmend gut. Wachsende Bedeutung bei klassischem Schaumwein. 300 000 Kisten.
Whitehall Lane Napa; ★★ – Ehemals japanischer Besitz, vor kurzem von einer Familie aus San Francisco übernommen. Obligatorischer Chardonnay, Cabernet und wuchtiger Merlot aus dem Knights Valley; auch noch frischer, lebendiger Pinot Noir. 20 000 Kisten.
White Oak Sonoma; ★★ Chardonnay **85 88 89** 90 91 92 Zinfandel 87 **88** 90 91 – Quelle für unterbewerteten, lebhaft fruchtigen Chardonnay und Sauvignon Blanc aus dem Alexander Valley. 11 000 Kisten.
Wild Horse Winery San Luis Obispo; ★★→★★★ Pinot Noir **84 86 87** 89 90 – Verarbeitet auch Trauben aus Santa Barbara zu eindrucksvollem Pinot Noir; konzentriert sich auf Merlot. Ferner Chardonnay und Cabernet 15 000 Kisten.
Wiliams & Selyem Sonoma; ★★★→★★★★ Pinot Noir **85** 87 **88** 89 90 91 – Intensiver, rauchiger und hochpreisiger Pinot Noir mit betontem Charakter, v. a. aus Weinbergen von Rochioli und Allen.
William Wheeler Sonoma; ★★ – Französischer Besitzer (J. C. Boisset). Seit jeher auf betont dunklen, gerbstoffreichen Cabernet und lebendigen Sauvignon Blanc aus dem Dry Creek Valley konzentriert. Auch angenehmer «RS Reserve» nach Rhône-Art. 19 000 Kisten. Jetzt nur noch Markenname; der Betrieb steht zum Verkauf.

Zaca Mesa Santa Barbara; ★★ Chardonnay **87 89 90** 91 Pinot Noir **88** 90 – Mit Bedacht von 80 000 auf 35 000 Kisten verkleinert und neu auf butterigen Chardonnay und kräftig holzgewürzten Pinot Noir abgestellt. Größerer Nachdruck auf Syrah.

ZD Napa; ★★→★★★ Pinot Noir **86** 89 90 91 – Massiver Chardonnay mit kräftiger Würze von amerikanischer Eiche ist typisch für ZD. Der Pinot Noir ist oft feiner. 18 000 Kisten.

Der pazifische Nordwesten

Die Region der USA, die es im Qualitätsweinbau am ehesten mit Kalifornien aufnehmen kann, ist Oregon und Washington; sie liegt an der Pazifikküste auf dem gleichen Breitengrad wie Frankreich am Atlantik. Wie in Kalifornien geht der moderne Weinbau hier auf die 1960er Jahr zurück. Inzwischen entwickeln die Staaten Oregon, Washington und Idaho eine jeweils eigene Identität. Die kleine Produktion von British Columbia fügt sich hier gut ein.

Die Rebfläche Oregons (etwa 2400 ha) befindet sich vorwiegend im kühl-gemäßigten Willamette Valley und im wärmeren Umpqua Valley zwischen der Küste und den Cascade Ranges in einem vom Meer gemilderten Klima, das dem französischen nicht unähnlich ist und daher zartes Aroma begünstigt.

Die Rebfläche des Staates Washington (etwa 6000 ha) liegt größtenteils östlich der Cascades in einem trokkenen, strengen, durch den Yakima und den Columbia River kaum gemilderten Klima, während sich die Rebfläche von Idaho östlich von Oregon am Snake River befindet. In diesen Regionen sind die Tage heiß und die Nächte kalt, wodurch schöne Säure und intensiver Geschmack gefördert werden.

Oregon verfügt über 85 meist kleine und höchst individuelle Weinbaubetriebe; die Jahrgänge fallen ebenso ungleichmäßig aus wie im Burgund, dessen Traube Pinot Noir hier den meisten Beifall findet (aber auch auf Widerspruch trifft). Eine seltene Folge guter Jahre für Pinot Noir – 88, 89 und 90 – erbrachte aber auch beachtlichen Chardonnay und Pinot Gris.

Der Weinbau im Staat Washington weist mit seinen rund 100 Betrieben bemerkenswerte, weitgehende Beständigkeit auf. Cabernet und Merlot gedeihen hier ausgezeichnet, ebenso die klassischen weißen Rebsorten. Eine Reihe guter Jahrgänge – 88, 89, 90 und 91 – trifft mit dem Heranwachsen kellertechnischer Talente günstig zusammen. Trotz geringer Erträge 1990 und 1991 bleiben die meisten Weine überaus preiswert.

OREGON

Adelsheim Vineyard Willamette; Chardonnay 90 Merlot 88 92 Pinot Noir 88 **90** 91 92 – Schön eichenholzgewürzter Pinot Noir; Chardonnay oft jung am besten. Pinot Gris und Pinot Blanc sauber und ausdrucksstark.

Alpine Vineyards Willamette – Kleiner Weinbaubetrieb mit Glanzpunkten, u. a. Pinot Noir und Riesling. Qualität ungleichmäßig.

Amity Vineyards Willamette (w) **90 91 92** – Charaktervoller Pinot Noir in mehreren Versionen, exzellenter, trockener Gewürztraminer und trockener Riesling.

Argyle (Dundee Wine Company) Willamette (w) **90** (schl) **87 88** – Seit 1987 Australiens Vorposten, geleitet von Brian Croser. Trockener Riesling, Chardonnay und sehr guter Schaumwein nach klassischer Methode.

Beaux Freres Willamette – Voller, extraktreicher, eichenholzgewürzter, umstrittener Pinot Noir (91 92). (Teilweise im Besitz des Weinpublizisten Robert Parker.)

Bethel Heights Willamette; Pinot Noir **88 90** 91 92 – Feiner Pinot Noir, ein aufsteigender Stern (Early Release, Vintage und Selected) aus einem Weinbaubetrieb bei Salem; auch achtbarer Chardonnay.

Bridgeview Vineyards Rogue Valley; (w) 91 Pinot Noir **91 92** – Beginnt vor allem mit Weißwein (gutem Gewürztraminer und Chardonnay), aber auch mit Pinot Noir Aufmerksamkeit zu erregen.

Cameron Willamette; Pinot Noir **85** 91 – Nachbar von Knudsen-Erath. Anspruchsvoller Erzeuger von Pinot Noir und Chardonnay; manche großartig, andere liefern Gesprächsstoff. Sehr guter Pinot Blanc.

Château Benoit Willamette – Sehr gleichmäßige Erfolge mit Müller-Thurgau und Riesling. Pionier für Schaumwein. Derzeit solide, aber nicht aufregend.

Chehalem Nord-Willamette; Pinot Noir 90 91 92 – Kleiner, hochwertiger Weinbaubetrieb, seit 1990. Voller Pinot Noir; auch Chardonnay, Pinot Gris und «Cerise» (Gamay/Pinot Noir im Passetoutgrain-Stil).

Cristom Nord-Willamette; (r) **92** – Erster Jahrgang 1990. Sehr guter Pinot Noir und Chardonnay.

Domaine Drouhin Willamette – Kühne Unternehmung eines der Großen aus Beaune (seit 1988); superbe Qualität. Feiner Pinot Noir (88 89 **90** 91 92) und Chardonnay-Gutswein in sehr kleinen Mengen.

Elk Cove Vineyards Willamette – Der Pinot Noir aus dem kleinen Betrieb war bisher etwas unbeständig, hat sich jetzt aber gefestigt und kann es mit den besten aufnehmen (v. a. «La Boheme» 88 89 90 91 92 von eigenem Lesegut). Auch frischer Riesling (sowie Spätlese 86 92), eichenholzwürziger Chardonnay und Pinot Gris.

Eola Hills bei Salem (Willamette) – Beständig gute Chardonnays (4 mit Lagennamen) und Pinot Noir.

Evesham Wood Willamette – Kleiner Familienbetrieb bei Salem; v. a. Pinot Gris, oft auch sehr guter Pinot Noir (91).

Eyrie Vineyards, The Willamette – Pionierbetrieb (1965) mit burgundischen Überzeugungen. Oregons berühmtester und am beständigsten guter Pinot Noir sowie stark eichenholzgewürzter Chardonnay. Ferner Pinot Gris (unvergleichlich zu Lachs) sowie Pinot Meunier und trockener Muskateller.

Foris Vineyards Süd-Oregon – Empfehlenswerter Pinot Noir, Chardonnay und Gewürztraminer aus dem wärmeren Rogue Valley.

Henry Estate Umpqua Valley – Markanter Pinot Noir (amerikanische Eiche), guter Gewürztraminer.

Hinman Vineyards Süd-Willamette – Qualitätsorientierter Weinbaubetrieb in Eugene: Pinot Gris, Gewürztraminer, Riesling – alle sehr gut. Spitzenetikett: Sliven Ridge.

King Estate Süd-Willamette – Sehr großer Betrieb bei Eugene; erste Weine 1992: Pinot Gris, Chardonnay.

Knudsen-Erath Willamette; Pinot Noir 86 91 – Der zweitgrößte Weinbaubetrieb Oregons (gegründet 1972). Große Wende in den drei letzten Jahren: empfehlenswerter, immer besserer Pinot Noir, sehr feiner, trockener Riesling und Gewürztraminer; Chardonnay noch unbeständig; seit 1991 auch Pinot Gris.

Lange Winery Yamhill County (Willamette) – Kleiner Familienbetrieb; gelegentlich brillanter Pinot Noir und Pinot Gris.

Laurel Ridge Winery Willamette – Betrieb im Washington County mit Weinbergen in Yamhill. Zuverlässiger Schaumwein nach der klassischen Methode sowie Sauvignon Blanc.

Montinore Vineyards Willamette – Ehrgeiziger Weinbaubetrieb mit für die Verhältnisse in Oregon riesiger Rebfläche von 186 ha bei Forest Grove. Neuer französischer Kellermeister seit 1992. Verbesserter Chardonnay und Pinot Noir.

Oak Knoll Willamette – Beginn mit Obstwein; inzwischen zu einem der größeren Pinot-Noir-Erzeugerbetriebe Oregons herangewachsen. In letzter Zeit unbeständig.

Panther Creek Willamette; Pinot Noir **89** 90 91 92 – Kleiner Weinbaubetrieb in McMinnville; exzellenter, vollmundiger Pinot Noir, üppiger Melon de Bourgogne.

Ponzi Willamette; Pinot Noir **88** **89** 90 91 92 – Kleiner Weinbaubetrieb, fast in Portland; für Riesling bekannt. Auch Pinot Gris, Chardonnay und delikater, voller, mit französischer Eiche gewürzter Pinot Noir mit langer Lebensdauer.

Rex Hill Willamette; Pinot Noir **83** **88** **90** 91 92 – Wohlfinanzierte Attacke auf die oberste Qualitäts- und Preisspitze bei Pinot Noir und Chardonnay: beständiger, guter Erfolg, v. a. aus Einzellagen. Auch Riesling.

St-Innocent Willamette – Junger, aufstrebender Weinbaubetrieb in den Eola Hills mit Chardonnay und Pinot Noir.

Shafer Vineyard Cellars Willamette – Kleiner Erzeuger von oft gutem Pinot Noir und delikatem Chardonnay. Derzeit etwas unbeständig.

Sokol Blosser Willamette: Pinot Noir **90** 91 92 – Einer der größten Weinbaubetriebe Oregons; zielt mit ansprechendem Chardonnay und Pinot Noir (sehr guter 91er und 92er) auf den volkstümlichen Geschmack. Auch Riesling, Sauvignon Blanc und Merlot (in Oregon selten angebaut): in letzter Zeit rauh.

Tempest Vineyards Willamette; Pinot Noir **89** Chardonnay **90** – Familienbetrieb in der Nähe von Amity; exzellenter Pinot Gris und Chardonnay, manchmal feiner Pinot Noir.

Tualatin Vineyards Willamette; Pinot Noir **92** Chardonnay **91 92** – Bedeutender Weinbaubetrieb: Chardonnay, Gewürztraminer und Riesling in immer beständigerem Stil. Pinot Noir derzeit schwach.

Tyee Willamette – Neuer Familienbetrieb, jetzt fest etabliert. Die ersten Jahrgänge von Gewürztraminer, Chardonnay und Pinot Noir sind gut gelungen.

Valley View Vineyards Süd-Oregon – Weinbaubetrieb im Rogue Valley seit 1990. Im Brennpunkt feinster Cabernet Sauvignon (90 91 92), Merlot, Chardonnay **(90)**, Sauvignon Blanc **(91)**; ständige Verbesserungen.

Van Duzer Eola und Amity Hills (Nord-Willamette) – Im Besitz von William Hill (siehe Kalifornien). Hochinteressanter Riesling, sehr guter Pinot Noir, seit 1990 auch Chardonnay.

Veritas Vineyard Nord-Willamette – Unbeständig, doch die neueren Pinot Noirs und Chardonnays machen einen guten Eindruck.

Willamette Valley Vineyards – Neuer, großer Betrieb bei Salem. Mittlere bis hohe Qualität. Chardonnay, Riesling, Pinot Noir; am besten: Founders' Reserve.

Yamhill Valley Vineyards Willamette – Junger Betrieb nahe der Universitätsstadt McMinnville mit Nachdruck auf Pinot Gris, Chardonnay und Pinot Noir (91er und 92er nicht empfehlenswert).

WASHINGTON/IDAHO

Arbor Crest Spokane, Washington. Nach viel Auf und Ab expandierender Weinbaubetrieb; mit Chardonnay **(88)**, Sauvignon Blanc und Riesling Spätlese **(86)** geht es aufwärts.

Barnard Griffin Prosser, Washington – Kleiner Erzeuger von gut bereitetem Merlot **(89)**, Chardonnay (v. a. faßvergoren, **92**) und Sauvignon Blanc.

Caterina Nordost-Washington – Neuer, vielversprechender Erzeuger in Spokane (Cabernet Sauvignon, Merlot, Chardonnay, Sauvignon Blanc).

Château Ste. Michelle In Washington weit verbreitet. Der Gigant der Region wächst immer weiter. Château Ste. Michelle und Columbia Crest produzierten bereits 750 000 Kisten, bevor der Konzern 1991 von der zweitgrößten Erzeugergruppe in Washington die Kellereien und Marken von Snoqualmie kaufte. Großer Weinbergbesitz, erstklassige Ausstattung und tüchtige Kellermeister gewährleisten für Chardonnay (**91** 92), Sémillon, Sauvignon Blanc, Riesling,

Cabernet (83 85 87 89) und Merlot einen Platz in der vordersten Reihe. Erste ernsthafte Versuche mit Schaumwein sind ansprechend ausgefallen. Die neuesten Rotweine und Chardonnays sind hochinteressant.

Chinook Wines Yakima Valley (Washington) – Die Besitzer und Kellermeister Kay Simon und Clay Mackey kaufen im Yakima Valley Trauben auf und produzieren davon robusten Chardonnay, Sauvignon Blanc und Merlot. Auch exzellenter Sémillon (90).

Columbia Crest Columbia Valley, Washington. – Getrennt geführte Marke von Château Ste. Michelle für gut bereitete, ansprechende Weine einer einfacheren Preisklasse, zumeist aus dem großen Bereich River Run. Die Serie Reserve steht für den besten Cabernet, Merlot (88) und Chardonnay. Rotweine besonders empfehlenswert.

Columbia Winery Woodinville (Washington); Cabernet 79 85 87 88. Pionierbetrieb (1962 als Associated Vintners) und noch immer führend. Ausgewogene, stilvoll verhaltene Einzellagenweine, v. a. Merlot «Milestone», Cabernet «Otis» und «Red Willow». Der faßvergorene Chardonnay «Woodburne», der elegante Pinot Noir und der fruchtige, langlebige Sémillon sind eindrucksvoll. Die Rotweine zählen beständig zu den feinsten des Landes.

Covey Run Yakima Valley, Washington; Chardonnay 90 91 92 – Meist Erzeugerabfüllungen. Beständig interessanter Aligoté und Caille de Fumé (Sauvignon), intensiver, oft schwerer Merlot und Cabernet, am besten ist aber der Chardonnay.

De Stefano Siehe Whittlesey-Mark.

Gordon Brothers Columbia Valley, Washington. Kleine Kellerei für beständig guten Chardonnay (Reserve 91), Merlot und Cabernet (89).

Hedges Cellars Puget Sound (Washington) – Sehr guter Cabernet-Sauvignon-Merlot-Verschnitt (die erste erfolgreiche Kombination dieser Art in Washington). Anfänglich nur Weinhandel, jetzt auch eigener Weinbergbesitz.

Hogue Cellars Yakima Valley, Washington; Cabernet 85 **87** 88 89 90 91 92 – Führend in der Region, zunächst mit fast trockenen Weißweinen (v. a. Riesling, Chenin Blanc, Sauvignon Blanc), in letzter Zeit jedoch mit denkwürdigem Chardonnay, Cabernet und Merlot bekannt geworden. Empfehlenswert.

Kiona Vineyards Yakima Valley, Washington; Cabernet **83** 85 **86** – Kräftiger Cabernet und Lemberger (Traubensorte aus Österreich) aus guten Lagen; auch reichfruchtiger Chardonnay, Riesling (aus sehr feiner Spätlese, **88**) und Gewürztraminer.

Latah Creek Spokane, Washington. Kleine Kellerei, v. a. mit halbtrockenem Chenin und Riesling. Trockenere, im Eichenfaß ausgebaute Weine sowie Rotweine ungleichmäßig.

Leonetti Walla Walla, Washington; (r) 83 85 **86** **87** 88 – Harmonischer, aber individualistischer Cabernet und gewichtiger Merlot: ausdrucksvoll, köstlich, langlebig.

McCrea Seattle (Washington) – Kleiner Weinbaubetrieb mit köstlichem Chardonnay und Grenache. Experimente mit Rhône-Verschnitten sind im Gang.

Neuharth West-Washington. Weinbaubetrieb auf der Olympic Peninsula verarbeitet Trauben aus dem Yakima Valley zu geschmeidigem, ausgewogenem, verhaltenem Cabernet. Guter, den Rotweinen jedoch nicht ebenbürtiger Chardonnay.

Preston Wine Cellars Columbia Valley, Washington. Bewährter Weinbaubetrieb mit großer Auswahl an Weinen – manche exzentrisch, manche sauber und konventionell. Gelegentlich wundervoller Cabernet und Merlot.

Quilceda Creek Vintners Puget Sound (Washington) Cabernet 83 85 **86 87** 88 89 90 91 92 – Spezialität: reifer, stark eichenholzwürziger Cabernet Sauvignon der Spitzenklasse von Trauben aus dem Columbia Valley.

Ste. Chapelle Caldwell, Idaho. Bei Boise. Erstklassige Kellertechnik sorgt dafür, daß der geschmacksintensive, tadellos ausgewogene Chardonnay und Riesling aus Weinbergen in Washington und Idaho im Nordwesten zur Spitze zählen. Rotweine sind im Kommen. Ansprechende, empfehlenswerte Schaumweine.

Salishan Vancouver, Washington. Vielversprechender Pinot Noir und manchmal brillanter, trockener Riesling; nahe beim Willamette Valley.

Silver Lake bei Seattle, Washington – Feiner Chardonnay und Sauvignon Blanc in einfacher und Reservequalität. Auch feiner Cabernet und Merlot.

Snoqualmie – Gleichmäßige Qualität; Weißweine am besten.

Staton Hills Yakima Valley, Washington. Unbeständige, aber manchmal hervorragende Quelle für Cabernet; auch gut bei halbtrockenen Weißweinen, v. a. Riesling, Chenin Blanc und Gewürztraminer. Ferner Schaumwein.

Stewart Vineyards Yakima Valley, Washington. Besonders für Weißwein geeignete Lagen, v. a. für Chardonnay und Riesling. Neuerdings auch vielversprechender Cabernet.

Paul Thomas Bellevue, Washington. Anfangs (z. T. auch heute noch) eine Obstweinkellerei, jetzt aber auch mit vollmundigem Chardonnay, Sauvignon und Chenin Blanc sowie mit vielversprechenden Rotweinen.

Thurston Wolfe Kleiner, anspruchsvoller Betrieb im Yakima Valley. Exzellenter Lemberger (Rotwein), Sauvignon-Blanc-Spätlese und Black Muscat.

Washington Hills Cellars Yakima Valley (Washington) – Neu errichteter Betrieb. Kellermeister Brian Carter bringt soliden, ansprechenden Sémillon, Fumé Blanc und Cabernet Sauvignon hervor. Empfehlenswert. Apex ist die hochwertige Marke für Sauvignon, Cabernet und Spätlesen.

Waterbrook Walla Walla, Washington (r) **85 87 89** 90 91 92 – Junger Betrieb; hat seinen Stil gefunden: beständig kräftiger, eichenholzwürziger Cabernet, Merlot, Sauvignon Blanc. Weine mit Charakter.

Whittlesey-Mark Seattle (Washington) – Kleine Kellerei mit Schaumwein nach der klassischen Methode. Ab Ende 1994 neue Marke De Stefano.

Will, Andrew Seattle – Hochinteressanter Cabernet und Merlot von Trauben aus Ost-Washington.

Woodward Canyon Walla Walla, Washington (r) **81 82 83 84 85 86** 87 **88** 89 90 91 92 – Kleine erstklassige Kellerei mit eichenholzwürzigem, ausdrucksstarkem Cabernet und butterigem Chardonnay. Auch Charbonneau-Verschnitte (Merlot/Cabernet und Sauvignon/Sémillon) sowie Riesling Spätlese.

British Columbia

Ein kleiner, lokal aber doch bedeutsamer Weinbau hat sich seit den 1970er Jahren im Okanagan Valley, 150 Meilen östlich von Vancouver, in einem Klima entwickelt, das sich von dem im Osten des Staates Washington nicht stark unterscheidet.

Gray Monk Der nördlichste Weinberg Nordamerikas (Okanagan Valley). Guter Kerner und Pinot Blanc.
Summerhill Spektakulärer Auftritt in British Columbia. Hohe Investitionen; charmante Resultate in Gestalt von Riesling-Schaumwein und Eiswein.

New Mexico u. a.

Derzeit beruht der Ruhm **New Mexicos** allein auf dem Schaumwein Gruet, aber auch andere Schaumweine von Mont Jallon und Domaine Cheurlin sowie Sortenweine der Anderson Valley Winery beweisen, welches Potential im Rio Grande Valley steckt. **Colorado** und **Arizona** werden in unserer Ausgabe 1996 bestimmt eine Rolle spielen.

Der Osten der USA und Ontario

Die Erzeuger in New York (es sind jetzt 97) und anderen Staaten im Osten sowie in Ohio, aber auch in der Provinz Ontario in Kanada produzierten früher Wein von den widerstandsfähigen Rebsorten der Gattung *Vitis labrusca,* dessen starker «Fuchsgeschmack» den daran nicht gewöhnten Gaumen abschreckt. Um dem Labrusca-Geschmack zu entgehen, wandten sich die Weinerzeuger dann zunächst den franko-amerikanischen Hybridreben zu; inzwischen aber ist der Trend weitgehend über diese Züchtungen hinweggegangen; nur Seyval Blanc und Vidal ist eine treue Gefolgschaft geblieben. Europäische

Rebsorten, v. a. Chardonnay und Riesling, sind derzeit im Trend. Der Erfolg ist unterschiedlich, doch von Virginia bis Ontario werden die Fortschrittte immer schneller.

Allegro Etablierter Erzeugerbetrieb in Pennsylvania (Lancaster Valley AVA) mit bemerkenswertem Chardonnay, Cabernet und Seyval Blanc Spätlese.

Aurora (Aurore) Eine der besten weißen französisch-amerikanischen Hybriden, in New York am verbreitetsten angebaut. Gut für Schaumweine.

Baco Noir Eine der besseren roten französisch-amerikanischen Hybriden. Hoher Säuregehalt, gibt aber sauberen, dunklen Wein, der meist Alterung braucht.

Banfi Weinbaubetrieb bei Old Brookville auf Long Island mit gutem Chardonnay.

Bedell Weinbaubetrieb auf Long Island, bekannt durch erstklassigen Merlot.

Brights-Cartier Größter kanadischer Weinbaubetrieb in Ontario. Wein von kanadischen und fremden Trauben. Marke Sawmill Creek, u. a. anständiger Chardonnay (die ersten in den 50er Jahren waren Mißerfolge), Fumê Blanc, Baco Noir und Merlot-Baco-Noir-Verschnitt. Auch in British Columbia.

Canandaigua Wine Co. Weinbaubetrieb an den Finger Lakes. Bedeutender Erzeuger (nach Gallo zweitgrößter in den USA) mit Labrusca-Tisch- und -Schaumweinen. Zum Besitz gehört auch Manischewitz mit den meistverkauften koscheren Weinen. 1986 Übernahme von Widmers.

Catawba Alte einheimische Traube, vermutlich die zweitmeist angebaute Rebsorte. Hellrot mit «Fuchsaroma». Populäre Weine in trockener, halbtrockener und lieblicher Ausführung.

Cave Spring Boutique in Ontario: ausgefeilter Chardonnay und Riesling.

Cayuga An der Cornell University gezüchtete weiße Hybridrebe; erbringt zarten, fruchtigen, halbtrockenen Wein.

Chaddsford Erzeugerbetrieb in Pennsylvania (Lancaster Valley AVA), seit 1982; die Reputation beruht auf Chardonnay im Burgunderstil.

Chamard Bester Weinbaubetrieb in Connecticut, im Besitz des Generaldirektors von Tiffany. Erstklassiger Chardonnay.

Chambourcin Dunkle Traubensorte französischen Ursprungs; unterbewertete Bordeaux-ähnliche Rotweine und gefällige Rosês.

Château des Charmes Mittelgroßer Betrieb in Ontario. Guter Chardonnay. Aligoté, Cabernet.

Chautauqua Weinbaubereich in Ohio; ermutigende Anfänge mit Vinifera-Rebsorten. Das beste Potential haben die Seeinseln bei Sandusky.

Chelois Beliebte rote Hybride. Liefert trockenen, mittelschweren Rotwein im Burgunderstil.

Clinton Vineyards Betrieb am Hudson River mit sauberem, trockenem Seyval Blanc und munterem Seyval-Schaumwein.

Concord *Labrusca*-Rebe; die in New York bei weitem am meisten angebaute Sorte liefert schwere, fuchsige, süße Rotweine, wird aber größtenteils zu Traubensaft und Konfitüre verarbeitet. Lange Zeit auch Grundlage für koschere Weine.
Debonné Vineyards Populäres Weingut in Ohio; Hybriden, z. B. Vidal und Chambourcin, sowie *Vinifera*, z. B. Chardonnay, Riesling.
De Chaunac Franko-amerikanische Hybride, wird in New York und Kanada angebaut. Ihr meist voller, dunkler Wein ist leider allzuoft unerfreulich.
Erie-Chautauqua Der größte von 6 AVA-Bereichen im Staat New York reicht teilweise nach Ohio hinein. Bester Erzeuger: Woodbury.
Finger Lakes Schöne, historische Weinbaulandschaft im Staat New York mit kühlem Klima; Quelle der meisten besseren Weine der Region (48 Erzeuger). Hier wurde die «*Vinifera*-Revolution» in New York eingeleitet. Der bedeutendste Betrieb ist Canadaigua.
Firelands Weingut in Ohio auf der Isle St. George im Erie-See mit Chardonnay und Cabernet; im Besitz des größten Weinerzeugers von Ohio, Meier's Wine Cellars.
Frank, Dr. Konstantin (Vinifera Wine Cellars) Kleiner, aber einflußreicher Weinbaubetrieb. Der inzwischen verstorbene Dr. Frank leistete Pionierarbeit im Anbau europäischer Reben im Finger-Lakes-Distrikt. Oft gute, aber ungleichmäßige Weine. Der neue Schaumwein Chateau Frank ist sehr gut.
Gehringer Bros Okanagen Valley, BC – Erfolgreicher Riesling, Ehrenfelser, Müller-Thurgau.
Glenora Wine Cellars Bewährter Erzeugerbetrieb an den Finger Lakes mit hervorragendem Schaumwein und gutem Chardonnay.

Die Reblaus ist ein Insekt, das von den Wurzeln der Weinrebe lebt. Als sie in den 60er Jahren des vorigen Jahrhunderts von Nordamerika nach Europa eingeschleppt wurde, löste das eine internationale Katastrophe aus. Fast der gesamte Rebenbestand des Kontinents wurde vernichtet, ehe man entdeckte, daß die einheimische amerikanische Rebe gegen Reblausbefall immun ist. Die einzige Abhilfe bestand darin, daß man europäische Reben auf amerikanische Rebstöcke aufpfropfte. Heute sind praktisch alle Weingärten Europas mit so gepfropften Reben bepflanzt. Ob nun der heutige Wein noch so gut ist wie in den Tagen vor dem Einfall der Reblaus, ist eine Lieblingsstreitfrage unter Weinliebhabern der alten Schule.

Gristina Vielversprechender junger Weinbaubetrieb im North Fork AVA auf Long Island.
Hamptons (auch South Fork) AVA auf Long Island. Beste Weinbaubetriebe: Le Rêve, Sag Pond.
Hargrave Vineyard Etablierter Pionierbetrieb auf der North Forke von Long Island. Guter Cabernet und Chardonnay.

Hillebrand Estates Aggressiver Erzeuger in Ontario, erregt Aufmerksamkeit mit Chardonnay, Vidal-Eiswein und Riesling.

Hudson River Region Amerikas ältestes Weinbaugebiet (21 Erzeuger); auf beiden Flußufern, 2 Autostunden von Manhattan entfernt.

Inniskillin Führender Weinbaubetrieb in Ontario bei Niagara-on-the-Lake. Ausgefeilter Chardonnay und Pinot Noir im Burgunderstil sowie Riesling, bemerkenswerter Vidal-Eiswein (der 91er preisgekrönt) und guter Maréchal Foch.

Knapp Vielseitiger Betrieb an den Finger Lakes. Schmackhafter Cabernet, Riesling und Schaumwein Blanc de Blancs.

Lake Erie Der größte Traubenanbaudistrikt im Osten; 10 000 ha an der Küste des Erie-Sees, einschließlich Teilen von New York, Pennsylvania und Ohio. 90 % Concord, am stärksten im Chautauqua County.

Lamoureaux Landing Neues Haus an den Finger Lakes; vielversprechender Chardonnay und Riesling.

Lancaster Vallery AVA in Pennsylvania nahe der Grenze zu Maryland (Vinifera- und Hybridrebsorten). Weinbaubetriebe u. a. Allegro, Chaddsford, Naylor, Twin Brook.

Lenz Erstklassiger Weinbaubetrieb im North Fork AVA. Guter Chardonnay, Gewürztraminer und Merlot.

Long Island Die meistdiskutierte neue Weinbauregion östlich der Rocky Mountains; noch auf der Suche nach einem eigenen Stil: derzeit 520 ha nur Vinifera-Reben (47 % Chardonnay) und 2 AVAs (North Fork und Hamptons). Die meisten der 17 Weinbaubetriebe liegen auf der North Fork. Beste Rebsorten: Chardonnay, Cabernet, Merlot. Lange Wachstumsperiode.

Maréchal Foch Dunkle französische Hybridsorte; liefert je nach Verarbeitung ausdrucksstarke oder *nouveau*-ähnliche Weine.

Michigan Guter Chardonnay, Riesling, Merlot und Gamay. Vereinzelte Weinbaubetriebe, von Tabor Hill (nahe der Grenze zu Indiana) bis Chateau Grand Travers (am Michigansee).

Millbrook Erstrangiger Weinbaubetrieb am Hudson River. Reichhaltige finanzielle Ausstattung gewährleistet die Spitzenstellung im Staat New York. Prachtvoller Chardonnay, oft köstlicher Cabernet Franc.

Niagara Grünlich-weiße *Labrusca*-Traube *par excellence,* manchmal auch «weiße Concord» genannt. Liefert leichten, aromatischen, süßen Wein; besonders gut als Tafeltraube.

North Fork Einer von zwei AVA-Bereichen auf Long Island. Beste Weinbaubetriebe: Bedell, Bidwell, Gristina, Lenz, Palmer, Pindar.

Ontario Riesling, Chardonnay, Gewürztraminer, Auxerrois, Gamay, Pinot Noir und Cabernet, z. B. von Brights, Chateau Gai, Inniskillin. Eiswein ist der größte Erfolg hier.

Palmer Hervorragender Erzeuger auf Long Island (North Fork); in New York schon fast sprichwörtlich. Guter Chardonnay und Cabernet.

Pindar Vineyards Großer Weinbaubetrieb (100 ha) auf der North Fork (Long Island). Große Auswahl an populären

Weinen, u. a. Chardonnay, Merlot, sowie ein besonders guter Rotwein nach dem Bordeaux-Rezept namens Mythology.

Ravat (Vignoles) Weiße franko-amerikanische Hybridrebe, liefert Weine mit intensivem Aroma und kräftiger Säure; wird oft in schmackhafter Spätleseart bereitet.

Rivendell Weinbaubetrieb am Hudson River mit zahllosen Auszeichnungen für Chardonnay, Seyval Blanc und markengeschützte Verschnitte.

Sakonnet Größter Weinbaubetrieb in Neu-England, Sitz in Little Compton, Rhode Island. Seit 1985 gutes Renommee durch Chardonnay, Vidal und trockenen Gewürztraminer.

Stonington Geruhsamer Weinbaubetrieb in Connecticut mit saftigen Weinen.

Swedish Hill Beachtlicher Riesling von den Finger Lakes. Außerdem Chancellor sowie Vignoles Spätlese.

Tomasello Fortschrittlicher Weinbaubetrieb in New Jersey. Guter Blanc-de-Noirs-Schaumwein und Chambourcin.

Treleaven Vielversprechender Weinbaubetrieb an den Finger Lakes. Guter Riesling und Chardonnay.

Vidal Viel angebaute weiße franko-amerikanische Hybridrebe; erbringt körperreiche, eigenständige trockene Weine.

Vineland Estates Guter Erzeuger in Ontario mit vielbewundertem Vidal-Eiswein, trockenem und halbtrockenem Riesling und Riesling-Eiswein.

Vinifera Wine Cellars Spitzenbetrieb an den Finger Lakes mit Schaumwein «Chateau Frank» als Zweig.

Wagner Vineyards Ein Juwel von einem Weinbaubetrieb an den Finger Lakes – wohl der beste im Staat New York – mit saftigem, faßvergorenem Chardonnay, trockenem und liebli-

---

Die Mode, Wein mit Eichenholz zu würzen, kam in den 1960er Jahren in Kalifornien auf. Früher wurden Eichenfässer lediglich als robuste, transportable Behälter geschätzt, die dank ihrer Porosität eine überaus langsame Oxidation des Inhalts zuließen. Neue Fässer wurden für Transportzwecke gebraucht, für Lagerung von Wein wurden sie dagegen nur für die allerfeinsten, konzentriertesten Gewächse benutzt, deren Lebenserwartung sich nach Jahrzehnten bezifferte – bis dahin war dann jeder Eichenholzbeigeschmack verflogen.

Je langsamer eine Eiche wächst, desto günstigere Eigenschaften besitzt ihr Holz und um so weniger scharf ist sein Eigenaroma. Amerikanische Eiche gibt im Gegensatz zu baltischer Eiche sehr kräftigen Geschmack ab. Von den berühmten Eichenwäldern Frankreichs liefern die im Westen (Limousin) relativ starkaromatisches, grobporiges Holz, das sich nur für Rotwein eignet; aus der Mitte stammt das delikateste, für Weiß- und Rotweine beste Faßholz (Allier, Nevers und als Spitzensorte Tronçais); im Osten (in Burgund, der Champagne und den Vogesen) wächst dazwischenliegende Qualität.

Beim Faßbau wird das Holz über einem Feuer erhitzt, damit sich die Dauben biegen lassen. Wie stark dabei das Eichenholz angekohlt («geröstet») wird, hat ebensosehr Einfluß auf den Wein wie die Herkunft.

---

chem Riesling, Ravat-Eiswein und Niagara- sowie andere Nicht-Vinifera-Weine.

Widmer's Großer Weinbaubetrieb an den Finger Lakes, spezialisiert auf einheimische Rebsorten, u. a. feinen Niagara-Schaumwein.

Wiemer, Hermann J. Kreativer Weinerzeuger an den Finger Lakes; gebürtiger Deutscher. Interessanter Riesling, auch in Schaumwein- und Spätlese-Versionen.

Woodbury Spitzenweinbaubetrieb im Bereich Lake Erie-Chautauqua. Guter Chardonnay, Riesling und Schaumwein.

Sonstige Staaten im Osten

VIRGINIA

Der bedeutende Weinbau in Virginia (seit 1972) macht sich einen Namen, wobei der Weißwein, v. a. Chardonnay, den Vorreiter spielt. 43 Weinbaubetriebe mit einer Rebfläche von insgesamt 536 ha bringen auch guten Sauvignon Blanc, Riesling, Cabernet Sauvignon, Cabernet Franc und Merlot hervor und machen damit Virginia zu einem der vielseitigsten neuen weinbautreibenden Staaten. Es gibt hier jetzt 5 AVA-Bereiche. In Monticello befinden sich die bedeutendsten Erzeuger: Prince Michel Vineyards (der größte, mit besonders gutem Cabernet «Le Ducq»), Barboursville (ausgezeichnete Malvaxia Reserve), Montdomaine Cellars, Piedmont Vineyards und Rapidan River. Weitere Betriebe: Ingleside Plantation, Linden, Naked Mountain, Meredyth, Oasis (mit «Champagne»), Tarara und Williamsburg Winery.

MISSOURI

Ein blühender Weinbau mit 30 Betrieben. Am besten sind die Seyval-Blanc- und Vidal-Weine sowie die süßen Vignoles. Die Spitze bildet Stone Hill (gegründet 1847) in Hermann mit einem vollmundigen Rotwein von einer amerikanischen Traubensorte namens Norton (oder Cynthiana). Am gleichen Ort erregt der Hermannhof (gegründet 1852) mit derselben Traubensorte Aufsehen. Mount Pleasant in Augusta erzeugt einen vollen Port-ähnlichen Wein und einen schönen Schaumwein. Beobachtenswert: Augusta Winery, Blumenhof, Les Bourgeois, Montelle, Röbller Vineyards, St. James.

MARYLAND

Hier gibt es 9 Weinbaubetriebe: Basignani produziert guten Merlot, Chardonnay und Riesling. Catoctin, ein

Kleinbetrieb mit Berglagen, baut sich mit solidem, preiswertem, tanninherbem Cabernet Sauvignon, Chardonnay und Riesling ein Renommee auf. Elk Runs Chardonnay erweist sich als achtbar. Der bekannteste Erzeuger, Boordy Vineyards, sammelt mit Seyval, Vidal und Cabernet Sauvignon Pluspunkte. Woodhall bewährt sich mit Seyval. Catoctin Valley AVA ist der bedeutendste Bereich für Cabernet und Chardonnay.

Der Südwesten (Texas, New Mexico usw.)

In den letzten 15 Jahren hat sich in Texas der Weinbau recht geräuschvoll neu etabliert. Inzwischen hat er das Stadium der Experimente hinter sich gebracht, denn er zählt inzwischen 450 Anbau- und 25 Kellereibetriebe (10 im Hill Country mit 3 neuen AVAs). Die Weine zeigen bereits einige Form; die besten sind mit Nordkalifornien vergleichbar.

Bell Mountain AVA im Hill Country mit nur einem Weinbaubetrieb.

Bell Mountain Vineyards Betrieb im Texas Hill Country bei Fredericksberg. 21 ha. Uneinheitlich, aber bekannt guter Cabernet Sauvignon.

Cordier Estates (Ste. Genevieve Vineyards) Bei weitem der größte Erzeuger mit 400 ha Pachtland für Sauvignon Blanc und sonstige Rebsorten. Verbindungen mit Cordier in Bordeaux.

Fall Creek Vineyards 26-ha-Betrieb im Texas Hill Country mit feinem Sauvignon Blanc und Chardonnay. Ferner Cabernet Sauvignon.

Fredericksburg AVA im Hill Country.

Llano Estacado Pionierbetrieb bei Lubbock, 88 ha, davon 84 ha Pachtland. Bekannt durch Chardonnay und Cabernet Sauvignon.

Leftwich Kleine Mengen an gutem Chardonnay aus Lagen bei Lubbock; Kellerei bei Austin.

Texas Hill Country Einer von 3 AVAs im Hill Country (südlich von Lubbock, westlich von Austin).

Südamerika

ARGENTINIEN

Argentinien ist das fünftgrößte Weinerzeugerland der Welt. Was es hervorbringt, wird fast alles unkritisch in Südamerika getrunken. Doch nun ist einiges in Bewegung geraten. Der Goldmedaillensegen, den Argentinien seit 1987 auf der Vinexpo in Bordeaux errungen hat, überraschte allgemein. In der Provinz Mendoza liegen in den Ausläufern der Anden in etwa 600 m Höhe hochwertige Weinberge, die allerdings nicht ohne Bewässerung auskommen. San Juan im Norden ist das zweitgrößte Weinbaugebiet. San Raphael, 210 km südlich von Mendoza City, ist etwas kühler. Auch aus Salta im Norden und Rio Negro im Süden kommen interessante Weine. Vorschriften zu den Herkunftsbezeichnungen sind in Vorbereitung. Malbec ist die meistangebaute Rebsorte; Cabernet, Pinot und andere französische Trauben sind im Kommen – die Rotweine fallen generell besser aus als die Weißweine. Die Modernisierung macht rasche Fortschritte, und der Export hat sich gegenüber dem letzten Jahrzehnt mehr als vervierfacht, während auf dem Inlandsmarkt die Qualitätsanforderungen steigen.

Bianchi, Bodegas Sehr bekannter Produzent von feinen Weinen in San Rafael. In der Hand von Seagrams. «Don Valentin» Cabernet, Bianchi Borgoña und Malbec/Barbera-Verschnitt sind Bestseller. «Particular» ist der Spitzen-Cabernet. Auch Sauvignon Blanc.

Bosca, Bodegas Luigi Kleiner Betrieb in Mendoza (Maipu) mit ausgezeichnetem Malbec, Cabernet Sauvignon und Syrah; außerdem interessanter Chardonnay, Sauvignon Blanc, Pinot Noir und Riesling.

Canale, Bodegas Erstklassiger Betrieb im Tal des Rio Negro; errang in Bordeaux Goldmedaillen mit Cabernet und Sémillon. Auch guter Merlot. Weißwein, v. a. Torrontes, gelingt hier ebenfalls.

Catena Moderner, von Kalifornien beeinflußter Weinbaubetrieb in Mendoza, einer der besten in Argentinien.

Crillon, Bodegas Im Besitz von Seagrams; nur für Schaumwein in Tankgärung.

Esmeralda Erzeuger eines guten Cabernet und Chardonnay, St. Felician, in Mendoza.

Etchart Betrieb in Salta mit typischem, würzigem, aber trockenem Torrontes-Weißwein (Goldmedaille in Bordeaux 1987) und einer gediegenen Auswahl an Rotweinen (v. a. Cabernet Sauvignon) aus Salta und Mendoza.

Finca Flichman Altes Unternehmen in Mendoza, jetzt im Besitz einer Bank, die stark in Wein investiert. Spitzenmarke «Caballero de la Cepa» (Cabernet und Chardonnay), ferner Syrah, Merlot und andere Sortenweine.

Goyenechea, Bodegas Baskischer Familienbetrieb in San Rafael, der Weine im alten Stil produziert (v. a. Cabernet,

Syrah, Malbec, Merlot und Aberdeen-Angus-Rotwein); wird jetzt modernisiert.

Lopez, Bodegas Familienbetrieb, am bekanntesten durch roten und weißen «Château Montchenot» sowie Cabernet «Château Vieux».

Martins Neuerdings ausgezeichneter Merlot und Malbec aus Mendoza.

M. Chandon Erzeuger von Schaumwein «Baron B» und «M. Chandon» in Lizenz von Moët & Chandon. Außerdem auch stille Rot- und Weißweine, u. a. der sehr gute Castel Chandon, der nicht so aufregende Kleinburg (weiß) und die eleganten Comte de Valmont, Beltour und Clos du Moulin (rot). Demnächst auch sortenreine Weine.

Nacari, Bodegas Kleine La-Rioja-Genossenschaftskellerei. Ihr Torrontés-Weißwein hat auf der Vinexpo 1987 in Bordeaux eine Goldmedaille und einen Oscar gewonnen.

Navarro Correas 3 Weinbaubetriebe mit sehr gutem Malbec, Schaumwein und Riesling im Spätlesestil.

Norton, Bodegas Alte, ursprünglich englische Firma, jetzt in österreichischem Besitz; wird gründlich modernisiert. Die Rotweine sind am besten, v. a. der Malbec. Die Spitzenmarke heißt «Perdriel». Auch gute Schaumweine.

Orfila, José Alteingesessene Bodega in St. Martin, Mendoza. Spitzenweine: Cautivo Cabernet und weißer Extra Dry (Pinot Blanc). Produziert in Frankreich Schaumwein für den Inlandsmarkt.

Peñaflor Das größte Weinunternehmen Argentiniens und – wie es heißt – das zweitgrößte der Welt. Massenweine, daneben aber auch mit die feinsten argentinischen Spitzenweine, u. a. Trapiche (bes. «Medalla»), Andean Vineyards, Fond de Cave Chardonnay und Cabernet. Auch Sherry «Tio Quinto». Bemühungen um preisgünstigen Export.

Perez Cuesta Kleiner neuer Weinbaubetrieb mit hervorragenden Rotweinen, v. a. Syrah (Goldmedaille auf der Vinexpo 1991) und Malbec.

H. Piper Schaumweinherstellung in Lizenz des Champagnerhauses Piper-Heidsieck.

Rureal, Bodegas La («San Felipe») Familienweingut in Coquimbito (Mendoza), erzeugt mit die besten Rieslinge und Gewürztraminer Argentiniens sowie gute Rotweine. Hübsches Weinmuseum.

San Telmo Moderner Weinbaubetrieb mit fast kalifornischer Atmosphäre; hervorragender, frischer, vollmundiger Chardonnay, Merlot, Chenin Blanc und v. a. Malbec sowie Cabernet «Cruz de Piedra-Maipu». 230 ha.

Santa Ana, Bodegas Angeblich das größte Weinunternehmen Südamerikas. Alteingesessener Familienbetrieb in Guaymallen, Mendoza. Breite Palette, u. a. guter Syrah, Merlot/Malbec, Pinot Gris und Schaumwein (Chardonnay/Chenin Blanc) «Villeneuve».

Suter, Bodegas Von Schweizern gegründete Firma im Besitz von Seagram. Der Bestseller ist der weiße «Etiqueta Marron» und der Rotwein-Klassiker «JS».

Toso, Pascual Altes Mendoza-Weingut in San José, bereitet einen der besten Rotweine Argentiniens, den Cabernet Toso.

Außerdem Riesling und Schaumweine (davon einer in Flaschengärung).

Trapiche Spitzenmarke von Peñaflor und Speerspitze des technischen Fortschritts. Das Programm an Sortenweinen umfaßt u. a. Merlot, Malbec, Cabernet Sauvignon, Pinot Noir, Chardonnay und Torrontes. Ferner «Oak-Cask»-Auslese, Cabernet Rosé und Weine von einheimischen Trauben.

Weinert, Bodegas Kleiner Betrieb mit kräftigen Rotweinen nach alter Art (an der Spitze der gute Cabernet/Merlot/ Malbec «Cavas de Weinert») und vielversprechendem Sauvignon Blanc.

CHILE

Die Bedingungen sind in Zentralchile, im Maipo-Tal bei Santiago und etwa 200 km nach Süden hin für den Weinbau ideal, aber die Möglichkeiten konnten in den letzten sieben Jahren erst wenig genutzt werden.

Die Weine sind bisher gut – allerdings noch nicht fein. Bewässerung wird überall eingesetzt. An der Spitze stehen die chilenischen Cabernets mit ihrem eigenständigen Geschmack; ihre Qualität nimmt rasch zu. Andere Rebsorten, v. a. Sauvignon Blanc und Chardonnay, eröffnen inzwischen ebenfalls gute Aussichten. Edelstahltanks und neue Eichenfässer bringen den Qualitätsstand auf internationales Niveau. Als neue Region bewährt sich Casablanca, zwischen Santiago und Valparaiso an der Küste, v. a. mit Chardonnay. Die besseren Weinbaubetriebe, viele davon sind anschließend aufgeführt, sind Mitglieder der Asociación de Exportadores y Embotelladores de Vinos AG. Viele alteingesessene Erzeuger beliefern nicht mehr nur die großen Bodegas, sondern betätigen sich auch eigenständig, sogar im Export.

Agricola Aquitania Gemeinschaftsunternehmen von Paul Pontallier und Bruno Prats aus Bordeaux mit Felipe de Solminihac bei Cousiño-Macul. Nur Rotwein ab 1994.

Bisquertt Weinbaubetrieb in Colchagua (422 ha); seit Generationen im Besitz derselben Familie. Begann 1991 im Export tätig zu werden.

Caliterra Früheres Gemeinschaftsunternehmen von Errazuriz und Franciscan Vineyard (Kalifornien). Preiswerter Chardonnay, Cabernet.

Canepa, José Chiles modernste und größte Bodega (italienischen Ursprungs), verarbeitet Weine aus verschiedenen Gegenden. Sehr guter, frischer und fruchtiger Cabernet aus Lontué, Curico, 160 km südlich; neuerdings besonders guter Chardonnay (z. T. faßgereift), Riesling und Sauvignon Blanc. Spitzenweine von der Domaine Caperana.

Carta Vieja 310 ha in Maule; seit sechs Generationen im Besitz der Familie Pedregal.

Casablanca Zweite Bodega der Viña Santa Carolina. Weine der gehobenen Preisklasse.

Château Los Boldos Weinbaubetrieb in französischem Besitz am Fuß der Anden in Requinoa. 247 ha. Cabernet Sauvignon, Sauvignon Blanc und etwas Chardonnay unter dem Etikett Los Boldos de Santa Amalia.

Concha y Toro Die größte und weitblickendste Weinfirma mit mehreren Bodegas und Weinbergbesitz über ganz Chile verstreut, v. a. in Maipo und Rapel; insgesamt 2350 ha. Bemerkenswerter dunkler und tiefer Cabernet, Merlot, Petit Verdot. Marken: Marques de Casa Concha, Casillero del Diablo. Chardonnay und Sauvignon Blanc haben sich inzwischen durchgesetzt. Der neue Spitzenwein ist Don Melchor Cabernet. Banfi (USA) hat eine Minderheitsbeteiligung.

Cousiño Macul Feines und schönes altes Weingut bei Santiago. Sehr trockener Sémillon und Chardonnay. Leichter Don Luis und dunkler, herber Don Matias: beides gute Cabernet-Rotweine. Antiguas Reservas heißt der Spitzen-Cabernet für den Export.

Domaine Oriental Moderner Betrieb im Maule-Tal, Talca, in französischem Besitz.

Domaine Rabat Seit 1927 in Maipo und Colchagua; Cabernet, Chardonnay, Sauvignon Blanc. Verschiedene Marken für die einzelnen Weingüter, u. a. Dom. Rabat, Santa Adela. Gemeinschaftsunternehmen mit Grand Marnier seit 1994.

Echeverria Erzeuger in Curicó; produziert jetzt guten Sauvignon Blanc.

Errazuriz Modernisiertes historisches Gut im Aconcagua-Tal nördlich von Santiago mit überaus vollmundigen Weinen, v. a. Cabernet Don Maximiano.

Exposición Marke der Genossenschaftskellerei Talca. Die Mitglieder verfügen über 650 ha.

Lomas de Cauquenes Eine von den Erzeugern in Cauquenes nach dem Erdbeben 1939 gebildete Genossenschaft. Lesegut von 260 ha.

Los Robles Marke der Genossenschaft Curico. Weine u. a. Cabernet und Merlot. Önologischer Berater: Peter Bright.

Montes 80-ha-Gut, qualitativ führend in Curico mit gutem, frischem Sauvignon Blanc, Chardonnay und Fumé Blanc, in amerikanischer Eiche gereift; leichter Merlot, guter Montes Cabernet Sauvignon sowie exzellenter Montes Alpha (89) aus französischen Eichenfässern. Nogales und Villa Montes sind preiswertere, nicht im Eichenfaß ausgebaute Weine.

Saint Morillon Bodega in Lontüé mit Sauvignon Blanc, Chardonnay, Cabernet und Cabernet Reserva. Vorrang hat jetzt die Marke Valdivieso mit einem populären Schaumwein.

San Pedro Seit langem in Lontué, Curico, ansässig. Einer der größten Exporteure mit einer Reihe guter bis sehr guter Weine; die Bestseller heißen Gato Negro und Gato Blanco. Castillo de Molina ist die Spitzensorte (1040 ha in Molina). Partnerbetrieb: Santa Helena. Berater: Jacques Lurton aus Bordeaux.

Santa Ema 220-ha-Gut in Maipo; seit 1955 im Besitz der Familie. V. a. Cabernet, Merlot, Sauvignon und Chardonnay.

Der ganze Stolz gehört der Reserva Cabernet 88 (französische Eiche).

Santa Emiliana Im gleichen Besitz wie Concha y Toro. Populäres Zweitetikett für Kanada und für die USA: Walnut Crest.

Santa Ines Erfolgreicher kleiner Familienbetrieb in Isla de Maipo. Marken: De Martino und Santa Ines.

Santa Monica Weinbaubetrieb in Rancagua mit Wein in guter Qualität. Spitzenmarke: Tierra del Sol.

Segu-Olle Weingut in Linares, eines der am weitesten südlich gelegenen (163 ha), im Besitz von zwei katalanischen Familien. Marken: Caliboro und Doña Consuelo.

Tarapaca Ex Zavala In Chile hochgeschätzter Rotweinerzeuger. Neue Anpflanzungen und Umstellung auf importierte Eichenfässer.

Torreon de Paredes Ziemlich neue Bodega, in Familienbesitz (100 ha). Modern, Kosten wurden nicht gescheut. Guter Cabernet Reserva.

Torres, Miguel Betrieb eines alteingesessenen katalonischen Familienunternehmens (siehe Spanien) in Lontüé mit modernem Standard. Guter Sauvignon (faßgereifter «Bellaterra») und Chardonnay, sehr guter Riesling. Der Cabernet ist eleganter als in Chile sonst üblich und hält sich gut.

Undurraga Berühmter Familienbetrieb, nahm als einer der ersten den Export nach den USA auf. Weine alten und modernen Stils: guter, sauberer Sauvignon Blanc und nach Eichenholz schmeckender gelber «Viejo Roble».

Vascos, Los Familienbetrieb in der Provinz Colchagua (160 ha); erzeugt einen der besten Cabernets Chiles. Der Einfluß von Bordeaux und Kalifornien ist unverkennbar. Ferner stilvoller Sauvignon/Sémillon. Eine Verbindung mit Château Lafite-Rothschild (50%ige Beteiligung) machte 1988 Schlagzeilen. Seit 1987 exzellente Weine.

Villard Neueres Unternehmen des Franzosen Thierry Villard.

Viña Carmen Früher zweite Bodega von Santa Rita, heute mit eigener Kellerei und eigenen Weinbergen.

Viña Porta Neuerrichteter Weinbaubetrieb in Rancagua. Die Cabernets sind vielversprechend.

Viña Portal del Alto Kleine Bodega mit vorzüglichem Cabernet/Merlot-Verschnitt, 48 ha, halb in Maipo, halb in San Fernando.

Viña Santa Carolina – Die architektonisch prachtvolle alte Bodega in Santiago bietet eine Reserva de Familia in konservativem Stil. Vor kurzem weitgehend modernisiert; konzentriert sich jetzt auf Qualität aus dem Casablanca-Tal. Weitere Marken: Casablanca, Ochagavia.

Viña Santa Rita Alteingesessene Bodega im Maipo-Tal südlich von Santiago. Cabernet Medalla Real und «120» sind Bestseller im Ausland. Neuer Spitzenwein: exzellenter Casa Real Cabernet.

Vinicola Montealegre – Zweit-Bodega von Canepa mit den Marken Rowan Brook und Peteroa.

BRASILIEN

Der brasilianische Wein erlebt durch die Anpflanzung europäischer Rebsorten eine Verwandlung. Es werden bedeutende internationale Investitionen getätigt, v. a. in Rio Grande do Sul und Santana do Liuramento, insbesondere aus Frankreich (z. B. Moët & Chandon). Der Export kommt in Gang. Auch großer Inlandsmarkt. Weinberge am Äquator (z. B. bei Recife) können jährlich zwei Ernten liefern.

MEXIKO

Der älteste Weinbau auf amerikanischem Boden erholt sich wieder. Die besten Weine entstehen in Baja California (85 % der Gesamtproduktion) und in Aguascalientes. Zu den besseren Erzeugern in Baja California gehören: L. A. Cetto (in Valle de Guadeloupe, der größte Betrieb, v. a. Cabernet Sauvignon, Nebbiolo und Syrah), Bodegas Santo Tomas (seit 1888, ältester Betrieb in Mexiko), Monte Xanic (in Napa preisgekrönter Cabernet), Bodegas San Antonio und Cavas de Valmar.

PERU

Vina Tacama bei Ica; exportiert vielversprechende Weine, v. a. den weißen Gran Vino Blanco; ferner Cabernet Sauvignon und Schaumwein nach der klassischen Methode. Schwere Reblausprobleme.

URUGUAY

Weinbau seit dem 18. Jh., seither beeinflußt durch Frankreich, Spanien, Deutschland und Italien. Mit Beratung und Rebsorten aus Frankreich werden nun große Anstrengungen unternommen, um den Wein von 12 000 ha Rebfläche in warmem und feuchtem Klima zu verbessern (z. B. am Rio de la Plata und der Grenze zu Brasilien, v. a. durch Bella Unión). Derzeit ist er nur lokal und für Touristen von Interesse. Rebbestand zu 50 % Hybriden.

Australien

Der Weinbau Australiens ist heute der dynamischste, kreativste und selbstkritischste in der Welt. Nicht nur sind sich alle Importländer der Qualität und Preisgünstigkeit australischer Weine bewußt, sondern andere weinbautreibende Nationen – sogar Frankreich – nehmen inzwischen Anregungen von ihm auf. Dabei ist es erst gut 20 Jahre her, seit die moderne Technik in Australien die Bereitung von Weinen in feinster Qualität ermöglicht. Der alte Stil erbrachte einst plumpe Shiraz-Rotweine oder Sémillon- und Riesling-Weißweine aus warmen Klimazonen. Eine allmähliche Verlagerung in kühlere Gegenden, zu Gärungs- und Reifeprozessen in neuen Holzfässern und zu Traubensorten wie Cabernet, Pinot Noir, Chardonnay und Sauvignon Blanc hat eine radikale Stiländerung gebracht, die noch immer an Schwung zuzunehmen scheint. Von Australien erwartet die Welt heute «Süffiges». Dabei haben seine besseren Weine größeren Charakter denn je und entfalten sich im Lauf der Zeit oft ganz herrlich.

Der Exporterfolg ist überwältigend: In acht Jahren gab es einen Anstieg von 8 Millionen auf 125 Millionen Liter – der Hauptabsatzmarkt ist England. Unter solchen Umständen ist es eine schwierige Aufgabe, den einzelnen Weinen auf den Fersen zu bleiben. Derzeit gibt es rund 700 Weinbaubetriebe. Die Etikettensprache ist weniger weitschweifig (aber auch weniger informativ) geworden, dafür wird der australische Verbraucher immer anspruchsvoller. Was an Information gegeben wird, ist verläßlich, und Auszeichnungen, die gegen scharfen Wettbewerb errungen wurden, bedeuten viel. In einem Land, das über keine amtlich festgelegten Qualitätsklassen verfügt, ist der Käufer für jede Hilfestellung dankbar.

Weinbaugebiete

Die hier verzeichneten Jahrgänge entsprechen den für Rotweine der betreffenden Gebiete als gut bis ausgezeichnet qualifizierten Jahrgängen. Vorzügliche neuere Jahrgänge sind mit einem Apostroph gekennzeichnet.

Adelaide Hills S.-Austr. – Unter der Führung von Petaluma entstanden 22 Weinbaubetriebe in sehr kühlen Lagen (450 m Höhe) in den Mount-Lofty-Bergen und kommen jetzt in Ertrag.

Adelaide Plains S.-Austr. – Kleiner Bereich nördlich von Adelaide, früher als Angle Vale bekannt. Erzeuger u. a. Lauriston, Minton Grove, Primo Estate.

Barossa S.-Austr. – Der Bereich Australiens mit den bedeutendsten Kellereien, aber keinem eigenen Weinbau. Hier werden Trauben verschiedener Herkunft verarbeitet (aus der Umgebung, dem Murray-Valley, aus kühlen Regionen mit bester Qualität, z. B. den nahegelegenen Bergen und Coonawarra im Süden). Der Stil der Weine ist jeweils entsprechend.

Bendigo/Ballarat Vict. – Verstreute kleine Lagen bester Klasse; sie lassen die Glorie des vorigen Jahrhunderts neu erstehen. 19 Betriebe, u. a. Ch. le Amon, Balgownie, Heathcote und Passing Clouds.

Canberra District 18 Betriebe mit Direktverkauf an Ortsansässige und Touristen. Die Qualität ist so unterschiedlich wie der Stil.

Clare Watervale S.-Austr. – Kleiner Bereich mit guten Lagen, rund 150 Kilometer nördlich von Adelaide; am bekanntesten durch Riesling, aber auch Anbau von Shiraz und Cabernet. 23 Betriebe reichen bis in den Nachbarbezirk Polish Hill River hinein.

Coonawarra S.-Austr. – Südlichster und großartigster Weinbaubereich Südaustraliens. Hier entsteht der größte Teil des besten australischen Cabernet Sauvignon. Neuerdings auch Erfolge mit Chardonnay und Shiraz. Viele Neugründungen, u. a. Balnaves, Parker Estate, Penley Estate.

Geelong Vict. – Einst ein berühmter Bereich, durch die Reblaus vernichtet und in den 60er Jahren wiedererstanden. Ein sehr kühles, trockenes Klima bringt feste Tafelweine von erstklassigen Sorten hervor, u. a. Idyll, Bannockburn, Scotchman's Hill.

Goulburn Valley Vict. – Alteingesessene (z. B. Ch. Tahbilk) und relativ neue (z. B. Mitchelton) Betriebe in einer Gegend mit gemäßigtem Klima, erzeugen vollaromatische Tafelweine.

Granite Belt Queensland – Rasch wachsende, hochgelegene und relativ kühle Weinbauregion an der Grenze zu NSW mit 15 Weinbaubetrieben. Spezialitäten: würziger Shiraz und voller Sémillon/Chardonnay.

Great Western Vict. – Bereich mit gemäßigtem Klima im mittleren Westen des Staats. Beste Tafel- und Schaumweine. Jetzt 9 Betriebe, davon 7 neu.

Hunter Valley NSW – Der große Name in NSW. Tiefer, kräftiger, milder, erdiger Shiraz-Rotwein und weißer eigenständiger Sémillon. Neuerdings auch Cabernet und Chardonnay, bei viel Wandel im Charakter.

Margaret River W.-Austr. – Anbaugebiet mit gemäßigtem Klima, 280 km südl. von Perth, liefert superb elegante Weine. 30 bereits tätige Betriebe; weitere sind geplant.

Mornington Peninsula Vict. – 28 kommerzielle Kellereien in Puppenhausgröße mit anspruchsvollen Weinen aus einer kühlen Küstengegend 40 km südl. von Melbourne. Insgesamt 160 ha, v. a. Dromana, Elgee Park, Merricks.

Mount Barker/Frankland River W.-Austr. – Vielversprechendes neues, sehr ausgedehntes Anbaugebiet im äußersten Süden W.-Australiens; die besten und größten Betriebe sind Goundrey und Plantagenet.

Mudgee NSW – Kleines, ziemlich abgelegenes Gebiet, 270 km nordwestl. von Sydney. Große Rotweine, voll in Farbe und Geschmack, und vollmundige Chardonnays von 23 Betrieben.

Murray Valley S.-Austr., Victoria u. NSW; Jahrgangszahlen nicht von Bedeutung – Bewässertes Weinbaugebiet nahe Swan Hill, Mildura (NSW und Vict.), Renmark, Berri, Loxton, Waikerie und Morgan (S.A.). Hauptsächlich «Faß»-Tafelweine. 40 % der Gesamterzeugung Australiens.

NO-Victoria – Historischer Bereich mit Rutherglen, Corowa, Wangaratta. Meist schwere Rotweine und vorzügliche süße Dessertweine; 25 Betriebe.

Padthaway S.-Austr. – Großes Anbaugebiet (keine Kellereien), das von großen Gesellschaften als Ableger von Coonawarra entwickelt wird. Kühles Klima: einige gute

Pinot-Noir-Rotweine sowie exzellente Chardonnays, v. a. von Lindeman's und Hardy's, und Chardonnay/Pinot-Noir-Schaumweine.

Perth Hills W.-Austr. – Junges Weinbaugebiet 30 km von Perth, mit 11 Kellereien und einer größeren Anzahl Anbauer in milden Berglagen.

Pyrenees Vict. – Region in Central Victoria mit 8 Weinbaubetrieben; volle, minzenduftige Rotweine, einige interessante Weißweine, v. a. Fumé Blanc.

Riverina NSW – Großmengenerzeugungsgebiet bei Griffith; gute Faßweine, v. a. Weißwein sowie großartiger süßer Sémillon mit Edelfäule.

Southern Vales S.-Austr. – Umfaßt das McLaren Vale und die Hanglagen von Reynella südl. von Adelaide. Rotweine im großen Stil, die immer mehr verfeinert werden; vielversprechender Chardonnay.

Swan Valley W.-Austr. – Die Wiege des Weinbaus im Westen Australiens, am Nordrand von Perth. Sehr warmes Klima, bringt starken Wein mit wenig Säure hervor. Gute Dessertweine.

Tasmania – Inzwischen bringen 38 Weinbaubetriebe ihre Erzeugnisse auf den Markt; Gesamterzeugung über 700 000 l. Großes Potential v. a. bei Chardonnay und Pinot Noir.

Upper Hunter NSW – Besteht seit Anfang der 60er Jahre. Die bewässerte Rebfläche produziert hauptsächlich Weißwein, der leichter ist und sich schneller entwickelt als der aus dem Lower Hunter Valley. Oft sehr empfehlenswert.

Yarra Valley («Lilydale») – Das historische Weinbaugebiet bei Melbourne wird jetzt von Enthusiasten mit 33 kleinen Betrieben rasch wieder aufgebaut. Wachsende Erfolge mit Pinot Noir. Ein hervorragendes Anbaugebiet mit fast 800 ha Edelreben.

Weinbaubetriebe

Alkoomi Mount Barker ★★→★★★ Riesling **80' 82'** 84 **86'** 87' 88' 90' 92' 93' Cabernet Sauvignon 77' **80'** 83 **84'** 86' 87 90' – 25 Jahre alter Weinbaubetrieb; produziert 15 000 Kisten feinen, stahligen Riesling und kraftvolle, langlebige Rotweine, u. a. seltene Malbec.

All Saints NO-Victoria ★→★★ – Einst berühmter, alter Weinbaubetrieb in Familienbesitz; 1992 von Brown Brothers übernommen.

Allandale Hunter Valley ★→★★ – Kleine Kellerei ohne eigenen Anbau; kauft ausgewählte Trauben aus der Umgebung. Unterschiedliche, manchmal gute Qualität: v. a. Chardonnay.

Allanmere Hunter Valley ★★→★★★ Chardonnay **85' 86' 88'** 90' 91' **93'** – Kleiner Betrieb unter der Leitung eines ehemaligen englischen Arztes. Ausgezeichneter Sémillon, Chardonnay sowie milde Rotweine.

Angove's Riverland ★→★★ – Alteingesessener Familienbetrieb in Adelaide und Renmark im Murray Valley. Sehr beachtliche Cabernet sowie Chardonnay und andere Weißweine.

Arrowfield Upper Hunter ★★ – Große Anbaufläche auf bewässertem Land. Leichter Cabernet, saftiger Chardonnay «Reserve»; auch «holzgereifter» Sémillon. Mehrheitlich im Besitz einer japanischen Firma.

Bailey's NO-Victoria ★★→★★★★ – Volle altmodische Rotweine von großem Charakter, v. a. Bundarra Hermitage sowie vortreffliche Muskateller- und Tokay-Dessertweine. Heute im Besitz der Rothbury Group.

Balgownie Bendigo/Ballarat ★★★ Cabernet Sauvignon **73' 74'** 75' **76'** 78' **80'** 85' 86' 88' 90' 91' – Feine Rotweine, v. a. sortenreiner Cabernet. Erzeugt manchmal auch ausnehmend guten Chardonnay. Heute im Besitz von Mildara.

Bannockburn Geelong ★★★ Chardonnay **80'** 85' 86' 87' **89'** 90' 91' 92' Pinot Noir **81' 86'** 87' **89'** 90' 91' – Erzeugt mit Burgundertechnik intensiven und komplexen Chardonnay und Pinot Noir. 6000 Kisten.

Basedow Barossa Valley ★★→★★★ – Mittelgroße Kellerei, keltert aus gekauften Trauben zuverlässigen Rot- und Weißwein; bes. gut Sémillon «White Burgundy».

Berri-Renmano Coop. Riverland, S.-Austr. ★→★★ – Siehe Renmano.

Best's Great Western ★★→★★★ Shiraz **62' 64' 70' 77'** 78' **84'** 85' 87' 88' 90' 91' 92' – Konservativer alter Familienbetrieb in Great Western mit gutem, mittelschwerem Rotwein und auch nicht schlechtem Chardonnay.

Blass, Wolf (Bilyara) Barossa ★★★ Cabernet-Verschnitt **75 78 80 82 83** 84 86 87 **88** 90 – Der vor Eifer übersprudelnde deutsche Weinerzeuger verschmolz 1991 sein Unternehmen mit Mildara. Blendende Etiketten, außerordentliche Erfolge bei Weinprämierungen, Meisterschaft im Mischen der Traubensorten und Herkunftsgebiete, kraftvoller Einfluß von frischem Eichenholz – alles das bleibt erhalten, doch die Anzeichen deuten auf weniger starke Extreme in der Zukunft.

Botobolar Mudgee; ★★ – Wundervoll exzentrischer kleiner Betrieb mit organischem Anbau; exportiert mit Erfolg nach England.

Bowen Estate Coonawarra ★★★ Shiraz **78 81** 82 **84 87** 90 91 Cabernet Sauv. **79** 80 **82** 84 86 90 91 – Kleiner Betrieb in Coonawarra; intensiver, aber nicht schwerer Cabernet und würziger Shiraz.

Brand Coonawarra ★★→★★★ Shiraz **77' 78'** 82 **84** 85 87 90 91 Cabernet Sauv. **70 71 74 79** 81 82 84 87 90 91 – Familienbetrieb, jetzt zur Hälfte im Besitz von McWilliams. Feiner, kräftiger Chardonnay, Cabernet und Shiraz von besonderer Art unter dem Namen Laira. Einige Qualitätsmängel Ende der 70er/Anfang der 80er Jahre sind inzwischen beseitigt.

Bridgewater Mill Adelaide Hill ★★★ – Zweitetikett von Petaluma; sanfte Weine, am besten Sauvignon Blanc und Shiraz.

Brokenwood Hunter Valley ★★★ Shiraz **75 79 80** 82 83 86 87 89 91 Cabernet Sauv. **75** 77 **80 81** 83 86 87 89 91 – Cabernet und Shiraz von aufregender Qualität seit 1973; hervorragend der Graveyard Shiraz. Eine neue Kellerei (1983) steuert Chardonnay und Sémillon in hoher Qualität bei.
Brown Brothers Milawa ★→★★★ Chardonnay **80 82 84 86 88** 90 91 Noble Riesling **70 72** 74 76 78 82 84 85 – Altes Familienunternehmen mit neuen Ideen; reiche, zuverlässige Auswahl an recht delikaten sortenreinen Weinen, viele aus kühlen Berglagen. Chardonnay, Riesling und trockener weißer Muskateller, beide stets ganz hervorragend. Siehe auch All Saints.
Buring, Leo Barossa ★★→★★★ Riesling **70 71 73 75** 79 82 84 86 87 88 90 91 – «Château Leonay», alter Weißweinerzeugerbetrieb, heute im Besitz von Lindemans. Vorzüglicher «Reserve-Bin»-Riesling, im Alter großartig.
Campbells of Rutherglen NO-Victoria ★★ – Milde, reife Rotweine und gute, jugendlich fruchtige Dessertweine.
Cape Clairault Margaret River, WA ★★ – Fortschrittlicher Erzeuger von Sémillon, Sauvignon Blanc und Cabernet in einiger Quantität und zunehmender Qualität.
Cape Mentelle Margaret River ★★→★★★★ Zinfandel **81 83 84** 87 88 **90** 91 Cabernet Sauv. **78 81** 82 **83** 86 88 90 91 – Exzentrischer, robuster Cabernet, ganz anderer Stil als hier üblich, kann aber großartig sein; ferner Zinfandel und sehr populärer Sémillon. David Hohnen gründete auch Cloudy Bay, Neuseeland; beide wurden 1990 von Veuve Clicquot übernommen.
Capel Vale S.W.W.-Austr.; ★★★ Riesling **84 86** 88 89 90 91 93 Chardonnay **85 86 87** 89 90 91 93 – Hervorragende Auswahl an Weißweinen, u. a. Riesling Gewürztraminer. Auch sehr guter Cabernet.
Cassegrain Hastings Valley, NSW ★★→★★★ – Neuer Betrieb an der Küste, verarbeitet Trauben aus der Umgebung und aus dem Hunter Valley.
Chambers' Rosewood NO-Victoria ★★→★★★ – Gute preiswerte Tafel- und großartige Dessertweine, v. a. Tokay.
Chapel Hill McLaren Vale, S.-Austr. ★★→★★★★ Shiraz, Cabernet Sauv. 90 91 – Früher kleiner, inzwischen expandierender Erzeuger von überaus vollem, fruchtigeichenholzwürzigem Chardonnay, Shiraz und Cabernet, alles große Ausstellungserfolge.
Château Le Amon Bendigo ★★ – Stilvoller, minzenduftiger Cabernet und pikanter Shiraz. In letzter Zeit herrscht Stille.
Château François Hunter Valley; ★★ – Eigenwilliges Unternehmen eines früheren Fischerei-Direktors. Saubere Rotweine, milde Weißweine und großartige Oliven.
Château Hornsby Alice Springs, N. Territory; ★ – Eine charmante Besonderheit und ein Touristenmagnet für Ayer's Rock.
Chateau Reynella S Vales ★→★★★★ «Vintage Port» **67 70 71** 72 75 77 79 81 82 87 88 – Historischer Weinbaubetrieb, heute Hauptquartier der BRL-Hardy-Gruppe. Gefällige Tischweine, superber «Vintage Port».

Château Rémy Great Western/Avoca ★★ Cabernet Sauv. **82 84** 86 88 90 91 – Im Besitz von Rémy Martin. Schaumwein auf Chardonnay- und Pinot-Noir-Basis stark verbessert. Auch guter Cabernet Sauvignon «Blue Pyrenées».
Château Tahbilk Goulburn Valley ★★→★★★ Marsanne **70 72 74 75 80** 82 86 88 89 90 92 Shiraz **68** 71 76 79 80 81 84 86 88 91 92 Cabernet Sauv. **62 64 65** 66 **71 76** 79 81 83 86 88 90 – Schöner, historischer Familienbesitz mit langlebigem Cabernet, Shiraz, Riesling und Marsanne. «Private Bins» sind vorzüglich und preiswert. Leider starb Eric Purbrick 1991. Sein Enkel macht weiter.
Chateau Yaldara Barossa ★→★★ – Tüchtiger Erzeuger mit einer Fülle von Marken, u. a. Acacia Hill, Lakewood, Robert Thumm und Chateau Yaldara; eichenholzwürzig, lieblich, billig.
Coldstream Hills Yarra Valley ★★★→★★★★ Chardonnay **86** 88 90 91 92 Pinot Noir **87** 88 **90** 91 92 Cabernet Sauv. 85 86 88 90 91 92 – Bekannter Weinbaubetrieb, 1985 von dem Weinpublizisten James Halliday aufgebaut. Internationaler Beifall für vielfach preisgekrönten Pinot Noir, sehr guten Chardonnay (v. a. Reserve) und delikaten Cabernet.
Conti, Paul Swan Valley ★★ – Eleganter Swan Valley-Hermitage, ferner feiner Chardonnay und weitere Weißweine.
Coriole S-Vales ★★→★★★ Shiraz **70 74 75** 77 80 84 88 89 90 91 – Shiraz (v. a. Lloyd Reserve) von alten Reben in eigenen Weinbergen; am besten mit schöner Eichenholzwürze, ansonsten solide.
Craigmoor Mudgee ★★ – Älteste Kellerei des Bezirks; gehört heute zur Orlando-Gruppe. Sehr guter Chardonnay und Sémillon sowie Verschnitt aus beiden und Cabernet/Shiraz.
Croser, Adelaide Hills ★★★→★★★★ 87 88 90 92 93 – Heute der beste Chardonnay/Pinot-Noir-Schaumwein Australiens. Ableger von Petaluma mit Bollinger als Partner. Karg, fein, mit kräftigem Pinot-Noir-Rückgrat.
Cullens Willyabrup Margaret River ★★★ Chardonnay **81 82 85 86** 87 88 90 92 93 Cabernet Sauv./Merlot **80 81** 82 84 86 87 89 90 91 – Ein Mutter-Tochter-Team erbrachte in der Region Pionierleistungen mit derbem, aber gefälligem Cabernet/Merlot, kräftigem, aber subtilem Sauvignon Blanc und ausdrucksvollem Chardonnay – alles echte Charaktere.
Dalwhinnie Pyrenees ★★→★★★★ Chardonnay **80 82 84 86** 88 90 91 92 Cabernet Sauv. 80 82 85 86 88 90 91 – Erzeuger mit 3500 Kisten konzentriertem, vollem Chardonnay, Shiraz und Cabernet Sauvignon, wohl dem besten in Pyrenees.
d'Arenberg Southern Vales ★→★★ – Familienbetrieb alter Art. Ein strammer und rustikaler Rotwein sowie Riesling.
De Bortoli Griffith, NSW ★→★★★ Noble Sémillon 82 84 85 87 88 90 91 – Weinbaubetrieb in einem Bewässerungsbereich. Einfache Rot- und Weißweine, aber herrliche süße «botrytisierte» Sémillons im Sauternes-Stil.
De Bortoli Yarra Valley ★★→★★★ Chardonnay **88** 90 91 92 Cabernet Sauv. 88 90 91 92 – Das frühere Ch. Yarrinya

wurde von De Bortoli übernommen und ist jetzt der größte Erzeugerbetrieb in Yarra. Die Hauptmarke ist gut bis ordentlich, das Zweitetikett Windy Peak sehr preiswert.

Delatite Central Vict. ★★★ Riesling **82 83 86** 87 **90** 92 93 – Rosalind Ritchie bringt aus einer sehr kühlen Berglage schön geschmeidigen und angemessen femininen Riesling, Gewürztraminer, Pinot Noir und Cabernet hervor.

Diamond Valley Yarra Valley ★★→★★★ Pinot Noir **81 82 85 86 87** 88 90 **91** 92 – Erzeuger von hervorragendem Pinot Noir in bedeutenden Mengen. Die übrigen Weine sind eher gut als groß zu nennen.

Domaine Chandon Yarra Valley – Das Prunkstück im Yarra Valley. Schaumweinkellerei aus nur in kühlen Gegenden Australiens gewachsenen Trauben unter genauer Anleitung der Besitzer Moët & Chandon. In England auf Anhieb Erfolg mit der Marke Green Point.

Drayton's Bellevue Hunter Valley, NSW ★★ Hermitage **73** 75 **79** 81 85 86 87 91 – Traditionelle Hunterweine: Hermitage und Sémillon. Manchmal auch guter Chardonnay. Nach einer Flaute wieder bessere Qualität.

Dromana Estate Mornington Peninsula ★★★ Chardonnay **86 88** 90 91 **92** Cabernet Sauv./Merlot **85 86 88** 90 92 – Größter und bester Erzeuger der Gegend. Sorgfältig ausgebauter, leichter, duftiger Cabernet, Pinot Noir und Chardonnay. Zweitetikett: Schinus Molle.

Eaglehawk Clare Watervale ★→★★ – Früher Quelltaler. Einst bekannt durch «Granfiesta»-Sherry. Neuerdings guter Riesling und Sémillon. 1987 an Mildara/Blass übergegangen.

Elgee Park Mornington Peninsula ★★ – Der älteste Weinbergbesitz der Region mit gutem Cabernet/Merlot, Chardonnay, Riesling und ein wenig Viognier.

Evans and Tate Swan Valley ★★→★★★ Sémillon **82 83 84** 88 **89** 91 92 93 Cabernet Sauv. 81 82 **84** 86 88 90 91 – Feiner, eleganter Sémillon, Chardonnay, Cabernet und Merlot aus den Bereichen Margaret Richer und Redbrook. Aus Gnangara im Swan Valley kommt brauchbarer Cabernet/Shiraz.

Evans Family Hunter Valley ★★★ Chardonnay **82 84 86 87** 88 **91** 93 – Exzellenter, in neuen Eichenfässern vergorener Chardonnay aus dem kleinen Weinberg der Familie Len Evans; wird im Rothbury Estate bereitet. Lohnt Aufbewahrung.

Forest Hills Mount Baker, W.-Austr. ★★→★★★ – Pionierweingut; heute Gemeinschaftsbesitz mit Vasse Felix. Riesling und Chardonnay sind meist ausgezeichnet.

Freycinet Tasmania ★★→★★★ Pinot Noir **90** 91 **92** 93 – Weinbaubetrieb an der Ostküste mit üppig-vollem Pinot Noir, gutem Chardonnay und Cabernet.

Geoff Merrill S-Vales ★→★★★ Sémillon/Chardonnay **82 84** 86 87 88 **89** 90 91 Cabernet Sauv. **80 82** 84 85 **86** 88 90 91 – Rühriger Erzeuger von manchmal eleganten, manchmal etwas dünnen Weinen namens Geoff Merrill, Mount Hurtle und Cockatoo Ridge.

Giaconda Central Vict. ★★★ Chardonnay **86 88** 90 **91** 92 Pinot Noir **88** 89 91 **92** – Sehr kleiner, aber äußerst modischer

Betrieb bei Beechworth mit gesuchtem Chardonnay und Pinot Noir.

Goundrey Wines Great Southern, W.-Austr. ★★★ Riesling **82 85** 88 **90** 91 93 Cabernet Sauv. **77 81** 83 **85** 87 88 89 90 – Neuerdings erweitert und verbessert. Jetzt mit bes. gutem Cabernet und faßgereiften Weißweinen in der Spitzengruppe.

Grange Siehe Penfold's.

Grant Burge Wines Barossa; ★★→★★★ – Rasch wachsende Produktion von seidig-zarten Rot- und Weißweinen (sehr guter 93er Chardonnay) vom besten Lesegut aus eigenem Weinbergbesitz. Burge war Gründer von Krondorf. 70 000 Kisten.

Green Point Siehe Domaine Chandon.

Hanging Rock Macedon ★→★★★ Shiraz 87 **88** 90 91 – Gut zusammengestelltes Programm, u. a. preiswerter Picnic White und Red, wuchtiger Heathcote Shiraz, komplexer Schaumwein.

Hardy's Southern Vales, Barossa, Keppoch usw. ★→★★★ Eileen Chardonnay **85 86 89** 90 **91** «Vintage Port» **56 65 69 71 75** 76 80 81 82 87 88 – Historischer Betrieb mit Weinen aus verschiedenen Bereichen, auch in Verschnitten. Am besten sind die Weine der Serien Eileen Hardy und Thomas Hardy sowie die «Vintage Ports» (die großartigsten in ganz Australien). Hardy hat inzwischen Houghton und Ch. Reynella sowie neuerdings auch Stanley erworben. Die schön restaurierten Gebäude von Chateau Reynella sind jetzt Unternehmenssitz. Seit 1992 nach Fusion mit Berri-Renmano und Umwandlung in eine AG (BRL Hardy) das zweitgrößte Weinbauunternehmen Australiens.

Heathcote Bendigo ★★ – Stilvoller, fachgerechter Erzeuger erlesener Weine mit großer Geschmacksfülle; jedoch Tendenz zu dicklichem Chardonnay.

Heemskerk Tasm. ★★★ Riesling **84 86 88** 90 91 92 93 Chardonnay **82** 84 **86** 87 88 90 **91** 92 – Größerer kommerzieller Betrieb. Kräuterwürziger Cabernet, vielversprechender Chardonnay, ferner Pinot Noir und Riesling. In Partnerschaft mit Louis Roederer wurde der Schaumwein «Jansz» produziert.

Heggies Adelaide Hills ★★ Riesling **79 80 82** 84 86 **88** 90 91 Chardonnay **85** 87 88 **90** 91 Botrytis Riesling **84 85 88** 90 91 92 – Lage in 500 m Höhe in den östlichen Barossa Ranges im Besitz von S. Smith & Sons; Riesling und Botrytis Riesling, beide exzellent, kommen getrennt auf den Markt.

Henschke Barossa [★★★] → ★★★★ Shiraz **52 56 59 61 62** 66 67 72 78 80 82 84 86 88 90 91 Cabernet Sauv. **78** 80 81 84 85 86 88 90 91 – 125 Jahre alter Familienbetrieb, vielleicht der beste Australiens, bekannt für köstlichen Shiraz (v. a. Hill of Grace), sehr guten Cabernet und Rotweinverschnitte. Neue hochgelegene Weinberge in den Adelaide Hills bringen Abwechslung und Vielfalt.

Hill-Smith Estate Adelaide Hills ★★ – Eine weitere Marke von S. Smith & Sons; Sauvignon Blanc und Cabernet/Shiraz oft sehr zu empfehlen.

Hollick Coonawarra ★★★ Chardonnay **84 86** 87 **90** 91 Cabernet Sauv./Merlot 84 85 **86** 89 90 91 – Die Familie

Hollick und der frühere Kellermeister von Tollana, Tocaciu, produzieren zusammen guten Chardonnay und Riesling sowie vielbewunderte Rotweine unter den Marken Whilga und Ravenswood.

Houghton Swan Valley ★→★★★ Supreme **81 82** 84 86 **87** 89 91 93 – Der berühmteste alte Weinbaubetrieb in Westaustralien. Spitzenwein: weicher, reifer Supreme Chardonnay – ein nationaler Klassiker. Auch vorzüglicher Cabernet, Verdelho usw. Siehe Hardy's.

Huntington Estate Mudgee ★★→★★★ Cabernet Sauv. **75 77 79** 81 **83** 84 86 89 91 – Kleines Weingut, das beste in Mudgee. Feine Cabernets und sauberer Sémillon und Chardonnay. Der Preis liegt immer unter dem Wert.

Idyll Geelong, Vict. ★★ – Kleiner Betrieb mit Gewürztraminer und Cabernet in individuellem Stil. Ferner ein Rosé «Blush». Pionier im Export.

Jim Barry Wines Clare ★★ → ★★★ Armagh 85 87 88 89 90 – Tüchtiger Familienbetrieb; bes. erfolgreich mit Riesling; der Armagh ist ein spektakulärer (und teurer) Anwärter auf den Thron des Grange Hermitage.

Kaiser Stuhl Barossa ★→★★ – Gehört jetzt zu Penfolds; eine sehr große Kellerei, verarbeitet Trauben verschiedenster Herkunft. Schwindende Bedeutung als Marke.

Katnook Estate Coonawarra ★★★ Chardonnay **80 82** 84 86 **90** Cabernet Sauv. **80** 81 **82** 85 86 90 91 – Vorzüglicher, aber teurer Cabernet und Chardonnay, ferner Sauvignon Blanc, Pinot Noir, Riesling.

Krondorf Wines Barossa Valley ★★→★★★ – Teil der Mildara-Gruppe mit Weinen für Marktnischen; Show Reserve ist am besten.

Lake's Folly Hunter Valley ★★★★ Chardonnay **81 82 85 86 87** 89 **91** 92 93 Cabernet Sauv. **69 72 75 77 78 81** 83 85 87 89 91 – Das Werk eines enthusiastischen Arztes aus Sydney. Sehr feiner und komplexer Cabernet, interessanter, haltbarer Chardonnay.

Lark Hill Canberra Distr. ★★→★★★ – Bester, gleichmäßiger Erzeuger mit besonders ansprechendem Riesling.

Leasingham Clare ★→★★★ – Bedeutender, mittelgroßer Qualitätsweinbaubetrieb, 1987 von Hardy's übernommen. Guter Riesling, Sémillon, Chardonnay und Cabernet/Malbec-Verschnitt Marke Domaine.

Leconfield Coonawarra ★★→★★★ Riesling **84 86 88 90** 91 Cabernet Sauv. 80 **82** 84 88 90 91 – Coonawarra-Cabernet großen Stils. Riesling und Chardonnay gelingen unter dem früheren Kellermeister von Tyrell immer besser.

Leeuwin Estate, Margaret River ★★→★★★★ Chardonnay **80 82** 83 **85** 86 87 **89** Cabernet Sauv. **79** 81 82 84 **85** 87 88 89 – Hervorragend ausgestattetes Weingut mit superben (und sehr teuren) Chardonnays, in Westaustralien führend, entwickelt jetzt auch feinen Pinot Noir, sehr guter Riesling, Sauvignon Blanc und Cabernet.

Lehmann Wines, Peter Barossa ★★→★★★ – Hüter der Barossa-Tradition. Zum Teil Massenproduktion, aber auch sehr gute Spezial-Cuvées unter eigenem Etikett. Jetzt eine blühende Aktiengesellschaft.

Lindemans Früher Hunter Valley, jetzt überall ★→★★★ Hunter Sémillon **66 67 70 72 75 79** 80 86 87 91 92 Hunter Shiraz **59 65** 66 **70 73** 75 79 82 83 86 87 Padthaway Chardonnay **83 85 86 87 88 90** 91 92 Coonawarra Red **76 78 80 82** 85 **86** 88 90 91 – Eine der ältesten Firmen, heute ein Gigant im Besitz von Penfolds. Besitzer von Burings in Barossa und Rouge Homme in Coonawarra; bedeutende Weinberge in Padthaway liefern ausgezeichneten Chardonnay und Coonawarra-Rotweine. Pioniere in der Modernisierung des Weinstils, trotzdem auch Erzeuger öliger Hunter-Weine der alten Art. Die Klassiker mit Bin-Nummern sind oft sehr gut. Beherrschende Rolle bei Weinprämierungen.
Little's Hunter Valley ★★ – Populärer kleiner Weinbaubetrieb. Reiche Auswahl, aktiv im Export.
McWilliams Hunter Valley und Riverina ★→★★★ Elizabeth Sémillon **74 79** 80 **81 82** 84 86 87 88 89 91 – Berühmter Erzeugerbetrieb in Mount Pleasant (Hermitage und Sémillon). «Elisabeth» ist der einzige flaschengereifte (6 Jahre) Sémillon im Programm; sehr preiswert. Pioniere in Riverina mit edlen Sorten, u. a. Cabernet und süßem weißem «Lexia». Die Qualität hat sich deutlich gebessert.
Marsh Estate Hunter ★★→★★★ – Bedeutender Erzeuger von immer besserem Sémillon, Shiraz und Cabernet.
Mildara Coonawarra, Murray Valley, S.-Austr.; ★→★★★ Coonawarra Cabernet **63 64 68 70 71 78 79 80** 82 **85** 86 88 90 – Sherry- und Brandy-Spezialisten in Mildura am Murray River; außerdem feiner Cabernet und Riesling in Coonawarra. Heute gehören auch Balgownie, Blass, Krondorf und Yellowglen dazu.
Miramar Mudgee ★★→★★★ – Mit die besten Weißweine der Gegend, v. a. Chardonnay.
Mitchells Clare Valley ★★★ Riesling **82 85 86 87** 90 91 93 Cabernet Sauv. **76 77 80 82** 85 87 90 91 92 – Kleiner Familienbetrieb mit großartigem Riesling und Cabernet.
Mitchelton Goulburn Valley, Vict. ★★→★★★ – Großer, moderner Betrieb. Reiche Auswahl, u. a. sehr guter faßgereifter Marsanne, Cabernet und Shiraz aus Coonawarra sowie klassischer Riesling (einer der besten Australiens) aus dem Goulburn Valley. Bes. empfehlenswert: Zweitetikett Thomas Mitchell.
Montrose Mudgee, NSW ★★→★★★ – Zuverlässiger, unterbewerteter Erzeuger von sehr gutem Chardonnay und von Cabernet-Verschnitten. Jetzt Teil der Orlando-Gruppe.
Moondah Brook Estate Gingin, W-Austr. ★★ – Weinberg im Besitz von Houghton, 80 km nordwestlich von Perth; milder, geschmacksintensiver Chardonnay, Chenin Blanc, Verdelho und Cabernet.
Moorilla Estate Tasm. ★★★ Riesling **81 82 83 88** 89 90 91 93 – Älterer Betrieb am Rand von Hobart am Derwent River, produziert sehr guten Riesling, Traminer und Chardonnay. Enttäuschender Pinot Noir.
Morris NO-Vict. ★★→★★★★ – Alter Weinbaubetrieb in Rutherglen mit den besten Dessert-Muskatellern und -Tokajern Australiens. Neuerdings auch sehr gute, preiswerte Tafelweine.

Moss Wood Margaret River ★★★ Sémillon **80 81 82 83** 85 86 87 88 91 92 93 Chardonnay **80 85 89** 90 92 93 Cabernet Sauv. **74** 77 **80** 81 83 86 87 90 91 92 – Für viele der beste Weinbaubetrieb dieser Gegend (mit nur 12 ha). Sémillon, Cabernet, Pinot Noir und Chardonnay mit reichem fruchtigem Bukett – erstklassigen Kaliforniern nicht unähnlich.

Mountadam Barossa ★★★ Chardonnay **82** 84 **87** 89 90 91 92 – Weinbaubetrieb von David und Adam Wynn in High Eden. Gehaltvoller, üppiger, nachhaltiger Chardonnay. Weitere Marken u. a. David Wynn und Eden Ridge.

Mount Avoca Pyrenees ★→★★ – Solide, alkoholstarke, manchmal ausgesprochen rustikale Weine von beträchtlicher Wucht; die besten entfalten sich mit der Zeit schön.

Mount Helen Strathbogie Ranges, Vict. ★→★★★ – Hochgelegener Weinberg im Besitz von Tisdall mit eigener Marke; komplexe, geschmacksintensive Weine, die ihr volles Potential nicht immer erreichen.

Mount Langi Ghiran Great Western ★★→★★★ Shiraz **82 84** 85 86 88 89 90 91 92 – Erzeuger von sehr feinem, pfefferigem, Rhônewein-ähnlichem Shiraz, sehr gutem Cabernet und nicht ganz so erfreulichem Riesling.

Mount Mary Yarra Valley ★★★ Pinot Noir **78 79 82** 83 85 86 87 89 90 91 Cabernet Sauv./Cabernet Franc/Merlot 76 78 **79 80** 82 84 85 86 88 90 91 – Dr. John Middleton ist Perfektionist; er bringt in sehr kleinen Mengen sanften Chardonnay, lebhaften Pinot Noir und vor allem feinsten Cabernet Sauvignon/Cabernet Franc mit Merlot hervor. Alle sehr haltbar.

Murray Robson Wines Hunter Valley ★★ – Die Reinkarnation von Murray Robson in einer Kellerei bei Rothbury.

Orlando (Gramp's) Barossa Valley ★★→★★★ St. Hugo Cabernet Sauv. **80 82 84 85** 86 88 90 91 – Großer Pionierbetrieb. Seit 1988 im Besitz des Managements, jetzt im Besitz von Pernod-Ricard. Reiche Auswahl, vom Bestseller Jacob's Creek Claret bis zu ausgezeichnetem Jacaranda Ridge Cabernet aus Coonawarra. Siehe auch Wyndham Estate.

Parker Estate Coonawarra ★★★ – Neues Weingut mit außergewöhnlichem Cabernet, v. a. Terra Rossa First Growth.

Penfold's Früher Adelaide, heute überall ★→★★★★ Grange **55 62 63** 66 67 71 75 76 80 83 85 86 88 90 Bin 707 64 65 66 78 80 83 84 86 88 90 91 Bin 389 **66** 70 71 82 83 86 87 88 90 91 – Weitverzweigte, ausgezeichnete Firma in Barossa, Riverina, Coonawarra, im Clare Valley usw. Kaufte 1990 Lindemans Penfold's Grange Hermitage (**78' 80** 82'), hat verdientermaßen ★★★★; der Cabernet Bin 707 steht ihm nicht viel nach, und die übrigen Weine mit Faß-Nummern (z. B. Cabernet/Shiraz 389) sind ebenfalls oft hervorragend. Beständig das Haus mit den besten Rotweinen Australiens. Auch der Grandfather-«Port» kann ganz exzellent sein. Ende 1990 wurde die Penfolds/Lindemans-Gruppe von der South Australian Brewing Co. übernommen, in deren Besitz sich bereits Seppelts befindet.

Penley Estate Coonawarra ★★→★★★ – Anspruchsvoller, vor keinen Kosten zurückscheuender Neuling; voller, substanzreicher, eichenholzgewürzter Cabernet; auch Shiraz/ Cabernet Sauvignon und Chardonnay.

Petaluma S.-Austr. ★★★★ Riesling **79** **80** **82** **84** 86 87 90 91 93 Chardonnay **77** **78** **82** **85** **86** **87** 88 90 91 92 Cabernet Sauv. **79** **82** 85 86 88 90 91 – In den 80er Jahren Durchbruch mit Cabernet aus Coonawarra, Chardonnay aus den Adelaide Hills und Riesling aus Clare, verarbeitet in einer Kellerei in den Adelaide Hills. Seit 1984 sind die Rotweine voller geworden: der 88er und der 90er ganz hervorragend. Weiteres Etikett: Bridgewater Mill; der Besitz umfaßt jetzt auch Tim Knappstein Wines. Siehe auch Croser.

Petersons Hunter Valley ★★→★★★ – Eine Zeitlang der vielversprechendste kleine Betrieb im Hunter Valley mit ausnehmend gutem Chardonnay und sehr gutem Sémillon; in letzter Zeit ungleichmäßig.

Piper's Brook Tasm. ★★★ Riesling **79** **82** **84** **85** 89 91 92 93 Chardonnay **82** **84** 86 87 88 91 92 – Pionier in einem kühlen Bereich mit sehr gutem Riesling und Pinot Noir sowie exzellentem Chardonnay aus dem Tamar Valley bei Launceston. Schöne Etiketten.

Pirramimma Southern Vales, S.-Austr. [★→★★] – Große Erzeugung in guter Qualität; die Rotweine sind am besten.

Plantaganet Mt. Barker W.-Austr. ★★→★★★ Chardonnay **86** **88** 89 **90** 91 92 93 Shiraz **77** **79** 82 83 85 86 88 90 91 Cabernet Sauv. **77** **79** 81 83 85 86 87 89 90 – Größter Erzeuger der Region mit großer Auswahl, v. a. vollem Chardonnay, Shiraz und lebendigem, kräftigem Cabernet.

Primo Estate Adelaide ★★ – Erfolgreiche Weine: u. a. Riesling mit Edelfäule, pikanter Colombard und voller Joseph Cabernet.

Quelltaler Siehe Eaglehawk.

Redman Coonawarra ★→★★ Cabernet Sauv. **70** **71** **76** **79** 87 90 91 93 – Der berühmteste alte Name in Coonawarra. Zwei Weine: «Claret» und Cabernet. Wieder erholte Qualität nach einer enttäuschenden Zeit.

Renmano Murray Valley ★→[★★] – Großer Genossenschaftsbetrieb, gehört jetzt zur Hardy-BRL-Gruppe (siehe Hardy's). Besonders preiswert: «Chairman's Selections». Ungeheuer üppiger Chardonnay.

Reynold's Yarraman Estate Upper Hunter Valley ★★ – Das ehemalige Gefängnis macht sich vielversprechend als Kellerei von Jon Reynolds, früher Kellermeister bei Houghton's und Wyndham.

Rockford Barossa Valley [★★]→★★★ – Kleiner Erzeuger mit einem reichhaltigen Programm in völlig individuellen Stilen, oft gewonnen von Trauben aus sehr alten, ertragsschwachen Weinbergen. Schaumwein «Black Shiraz» mit Super-Kult-Status.

Rosemount Upper Hunter und Coonawarra ★→★★★ – Voller, öliger Hunter-Chardonnay und Coonawarra-Cabernet stehen an der Spitze des reichhaltigen Programms und sind internationale Erfolge.

Rothbury Estate Hunter Valley [★★★→★★★★] Cowra Chardonnay **81** **86** 90 91 92 Shiraz **73** **75** **79** **80** 81 **83** 89 91 – Ein echtes Weingut mit über 200 ha Rebfläche. Jetzt eine AG mit Len Evans als Vorstandsvorsitzendem. Traditioneller Hunter-Shiraz und ungeheuer langlebige Sémillons. Sehr guter, gehaltvoller und preiswerter Cowra-Chardonnay; Hunter-Chardonnay jetzt faßgereift. Neu: Chardonnay- und Sauvignon-Blanc-Weinberge in Marlborough/Neuseeland. Bailey's und St. Huberts gehören zum Besitz.

Rouge Homme Coonawarra ★★ Shiraz/Cabernet Sauvignon **78 79 80 81** 85 **86** 90 91 – Unter eigener Marke geführter Zweig von Lindemans; an der Spitze stehen Chardonnay und Shiraz/Cabernet zu scharf kalkulierten Preisen.

Rymill Riddoch Run Coonawarra ★★→★★★ – Die Nachkommen von John Riddoch führen das gute Werk des Gründers von Coonawarra fort. Besonders beachtenswert: starker, vollmundiger Shiraz und Cabernet.

St. Hallett Barossa [★★★] Old Bock **80** 82 **83** 84 86 88 90 91 – Verjüngter Weinbaubetrieb; 100jährige Reben liefern den prachtvollen Old Block Shiraz. Das übrige Programm zeichnet sich durch milde, stilvolle Art aus.

St. Huberts Yarra Valley, Vict. ★★→★★★ Chardonnay **82** 84 **86 87 88** 90 91 92 Cabernet Sauv. **77 79 82** 84 86 88 90 91 92 – Ende 1992 von Rothbury übernommen; der Akzent liegt auf vollem, butterigem Chardonnay und mildem, beerenfruchtigem Cabernet. Zweitetikett: Rowan.

St-Leonards NO-Vict. [★★] – Ausgezeichnete, sortenreine Weine; Verkauf nur im Haus oder im Direktversand, u. a. seltene Sorten wie Orange Muscat.

Saltram Barossa ★→★★★ – Ende 1993 mit Rothbury verschmolzen. Spitzenwein: «Pinnacle Selection»; weitere Marke «Mamre Brook».

Sandalford Swan Valley ★→★★ – Schönes altes Weingut mit kontrastreichen Stilrichtungen sortenreiner Rot- und Weißweine vom Swan- und Margaret-River. Wundervoller alter gespritzter Verdelho.

Schinus Molle Siehe Dromana Estate.

Scotchman's Hills Geelong [★★] – Neuling mit sehr stilvollem Pinot Noir, gutem Chardonnay und Cabernet Franc zu mäßigen Preisen und in großen Mengen.

Seaview S. Vales [★★→★★★] – Im Besitz von Penfolds. Chardonnay, Shiraz/Cabernet und Cabernet Sauvignon wachsen oft über sich selbst hinaus; die Schaumweine, jetzt auf Pinot-Noir- und Chardonnay-Basis, gehören zu den besten Australiens.

Seppelt Barossa, Great Western, Keppoch usw. ★→★★★ Hermitage **70 78 81** 84 85 86 89 90 91 Salinger **84 86 88 90 91** – Überall anzutreffender Erzeuger des populärsten australischen Schaumweins (Gt. Western Brut), guter Dessertweine und einiger sehr guter Verschnittweine aus Gt. Western und Drumborg in Victoria sowie Pedthaway und Barossa in S.-Australien. Der Spitzen-Schaumwein heißt «Salinger». Jetzt mit Penfolds/Lindemans/Buring usw. zum größten Weinunternehmen Australiens verbunden.

Seville Estate Yarra Valley, Victoria ★★→★★★ Chardonnay **82 86 87** 90 91 92 Shiraz **85 86** 88 90 91 92 – Winziger Betrieb mit hervorragendem Chardonnay, Riesling Spätlese, Shiraz, Pinot Noir und sehr gutem Cabernet.

Shaw & Smith S-Vales ★★★ – Modische neue Unternehmung des «reisenden Kellermeisters» Martin Shaw und des ersten australischen Master of Wine, Michael Hill-Smith. Frischer Sauvignon Blanc und komplexer, faßvergorener Chardonnay.

S. Smith & Sons (alias Yalumba) Barossa ★→★★★ – Großes altes Familienunternehmen mit beträchtlichem Schwung. Es arbeitet mit Computern, Mostanalyse usw. und bringt damit ein volles Spektrum an hochwertigen Weinen zuwege (v. a. «Hill-Smith Estate»). Am besten sind Heggies und Yalumba Signature Reserve. Der preiswerte Schaumwein Angas Brut und der Oxford Landing Chardonnay sind heute Weltmarken.

Stanley Abfüllung unter der Marke Stanley-Leasingham. Siehe Leasingham.

Stanton & Killeen NO-Victoria ★★ – Kleiner alter Familienbetrieb mit vollem Muscat und schwerem Moodemere-Rotwein.

Stoniers Mornington Peninsula ★★★ Chardonnay **88** **90** 91 92 Pinot Noir **86** **88** **89** **90** **91** 92 – Ernsthafter Herausforderer für Dromana Estate um die Führung auf der Halbinsel. Beständig sehr guter Chardonnay und Pinot Noir; auch Cabernet.

Taltarni Great Western/Avoca ★★★ Shiraz **78** **79** **81** 82 **84** 86 88 89 90 91 Cabernet Sauv. **79** 81 82 84 86 88 89 90 91 – Dominique Portet, Bruder von Bernard (Clos du Val, Napa), Sohn von André (Ex-Château Lafite), produziert wuchtige, aber ausgewogene, lang haltbare Rotweine, guten Sauvignon Blanc und ordentliche Schaumweine.

Tarrawarra Yarra Valley ★★★ Chardonnay **87** 88 89 91 92 Pinot Noir **88** **91** 92 – Millionenprojekt, erzeugt in begrenzten Mengen eigenwilligen, teuren Chardonnay und robusten, langlebigen Pinot Noir. Zweitetikett: Tunnel Hill; Drittetikett: Ryrie.

Taylors Wines Clare Valley ★→★★ – Großer Betrieb mit reicher Auswahl an preiswerten Tafelweinen.

Terrace Vale Hunter Valley ★★ – Kleiner Weinbaubetrieb im Besitz eines Syndikats. Französischer Kellermeister. Guter Sémillon und Chardonnay.

Tim Knappstein Wines Clare ★★★ – Tim Knappstein, ein höchst begabter Kellermeister, produziert Riesling, Fumé Blanc, Gewürztraminer und Cabernet. Neue Lenswood-Serie aus den Adelaide Hills mit markantem Sauvignon Blanc und Pinot Noir. Siehe Petaluma.

Tisdall Wines Goulburn Valley ★★→★★★ – Großer Weinbaubetrieb in Echuca mit derben Landweinen («Rosbercon»), aber auch feineren Erzeugnissen aus dem Zentralgebirge Victorias (Mount Helen Cabernet, Chardonnay, Riesling). 1993 von Mildara Blass übernommen.

Tollana Barossa, S.-Austr. ★★→★★★ – Alte, früher durch Brandy berühmte Firma, befaßt sich neuerdings mit der Erzeugung feiner Cabernets, Chardonnays und Rieslinge; 1987 von Penfolds übernommen.

Tulloch Hunter Valley ★→★★ – Alter Name in Pokolbine mit gutem trockenem Rotwein, Chardonnay und Verdelho.

Jetzt im Besitz der Penfolds-Gruppe. Nur noch ein Schatten seiner selbst.

Tyrrell Hunter Valley ★★→[★★★] Sémillon Vat 1 **70 73** 77 79 **83** 86 87 90 91 Chardonnay Vat 47 **72 73 77 79 82** 84 **85** 89 90 92 Shiraz Vats **73** 75 77 **79 80** 83 85 87 89 91 – Erzeugt mit die besten traditionellen Hunter-Weine, Hermitage und Sémillon. Leistete mit seinem großen, vollmundigen Vat 47 Pionierarbeit für Chardonnay. Auch delikater Pinot Noir.

Vasse Felix Margaret River ★★→★★★ Cabernet Sauv. **76 78 79** 83 85 88 89 91 – Neben Cullens Pionier am Margaret River. Elegante Cabernets mit beachtlicher mittelschwerer und ausgewogener Art. 1987 von Robert Holmes à Court (†) übernommen.

Virgin Hills Bendigo/Ballarat ★★★★ **74 75 78** 79 **80** 82 **83** 85 87 88 90 91 – Rotweinverschnitt (Cabernet/Shiraz/Malbec) in sehr kleinen Mengen, aber legendär in Stil und Harmonie.

Wendouree Clare ★★★ 83 86 89 90 91 – Hochgeschätzter Erzeuger eines der kraftvollsten, konzentriertesten Rotweine Australiens (in kleinen Mengen) auf der Basis von Shiraz, Chardonnay und Malbec.

Westfield Swan Valley ★→[★★] – John Kosovich's Cabernet, Chardonnay und Verdelho zeichnen sich trotz heißem Klima durch besondere Finesse aus. Auch guter «Port».

Wirra Wirra Southern Vales ★★→★★★ Riesling 76 79 **81** 84 86 89 91 92 93 Chardonnay **82 84** 88 90 91 92 Cabernet Sauv. **77** 80 **84** 87 90 91 – Unter Petaluma-Einfluß wird mit hochwertigen, schön präsentierten Weiß- und Rotweinen viel Erfolg erzielt.

Woodleys Barossa, S.-Austr. ★★ – Sehr bekannt für preiswerte Marke «Queen Adelaide». 1985 von Seppelt's übernommen.

Wyndham Estate Branxton, NSW [★]→★★ – Rührige, große und neue Hunter- und Mudgee-Gruppe mit Richmond Grove, Hunter Estate, Hollydene, Montrose, Craigmoor und Saxonvale als Marken. 1990 Übernahme durch Orlando.

Wynns Coonawarra, Southern Vales [★★]→★★★ Shiraz **53 54 55 63 65 70** 82 85 86 88 90 91 Cabernet Sauv. **57 58 59 60 62** 82 85 86 88 90 91 – Seit der Übernahme durch Penfolds 1985 werden die Weine noch besser; Riesling, Chardonnay, Shiraz und Cabernet sehr gut, bes. John Riddoch Cabernet.

Yalumba Siehe S. Smith & Sons.

Yarra Burn Yarra Valley ★★ – Weinbaubetrieb mit Sémillon, Sauvignon Blanc, Chardonnay, Pinot-Noir-Schaum- und Stillwein und Cabernet. Hält trotz der Ungunst der Verhältnisse tapfer durch.

Yarra Ridge Yarra Valley [★★→★★★] – Expandierender junger Weinbaubetrieb, sehr erfolgreich mit Chardonnay, Cabernet, Sauvignon Blanc und Pinot Noir – alle mit Aroma und Finesse zu mäßigen Preisen. 1993 Mehrheitsbeteiligung durch Mildara-Blass.

Yarra Yering Yarra Valley ★★★→★★★★ Dry Reds **78 79** 80 81 82 83 84 85 87 90 91 – Die bekannteste der Lilydale-Weinbau-Boutiquen; v. a. rassiger, kraftvoller Pinot, tiefgründiger Cabernet (Dry Red No 1) und Shiraz (Dry Red No 2).

Yellowglen Bendigo/Ballarat ★→ ★★ – Schaumweinerzeuger mit großem Elan, im Besitz von Mildara. Der Umsatz beeindruckt mehr als die Qualität.
Yeringberg Yarra Valley ★★★ Marsanne **83** **84** 86 88 90 91 92 Cabernet Sauv. **74** **75** 76 79 **80** **81** **82** 84 86 87 88 90 91 92 – Traumhaftes historisches Weingut, noch immer im Besitz der Gründerfamilie; erzeugt jetzt wieder Marsanne, Chardonnay, Cabernet, Pinot Noir in kleinen Mengen und bester Qualität.

Neuseeland

In den letzten 10 Jahren hat sich Neuseeland vor allem mit weißen Tischweinen in erstaunlicher Qualität, die sich gegenüber australischen und kalifornischen Erzeugnissen sehr wohl behaupten können, weltweit einen guten Namen gemacht. 1982 belief sich der Export auf 12 000 Kisten, 1992 auf rund 403 000. Heute gilt es unter den neueren Weinbauländern der Erde als die führende Region mit kühlem Klima.

Weiße Traubensorten herrschen vor. Der früher am meisten angebaute Müller-Thurgau wird rasch verdrängt von anderen, im Ausland mehr gefragten Rebsorten: 1993 verdrängte ihn Chardonnay von der Spitze. Dann folgen Sauvignon Blanc, Cabernet Sauvignon und Pinot Noir, und auch der Riesling gewinnt an Prestige.

Intensive Frucht, Geschmacksfülle und frische Säure sind die Kennzeichen des neuseeländischen Weins. Nirgendwo auf der Welt wächst so pikanter Sauvignon Blanc wie hier. Gärung und Ausbau im Faß erhöhen noch die Komplexität (oder wenigstens die Geschmacksintensität). Aus Marlborough kommen auch sehr feine liebliche Rieslinge mit Edelfäule. 1989 war wohl das erste Jahr, in dem wirklich bemerkenswerte Rotweine entstanden.

Die wichtigsten Bereiche und Weinerzeuger sind:

Allan Scott Blenheim. Gegründet 1990. Chardonnay Riesling und Sauvignon Blanc (erster guter Jahrgang 92). Nachbar des berühmten Weinbaubetriebs Cloudy Bay.

Ata Rangi Martinborough. 1980 vorwiegend für Rotwein eingerichtet, heute auch exzellenter Chardonnay. Sehr guter Pinot Noir; auch Cabernet/Merlot/Petite Syrah (Célèbre).

Auckland (r) **89 90 91** 92 93 (w) **89 91** 92 93 – Größte Stadt Neuseelands, Geschäftssitz bedeutender Kellereien, mit vielen mittleren und kleinen Weinbaubetrieben in der Umgebung.

Babich Henderson, bei Auckland. Großer alter Familienbetrieb, in Neuseeland wegen gleichmäßiger Qualität und reichem Angebot hoch angesehen. Verarbeitet auch Trauben aus Marlborough, Gisborne und von der Hawkes Bay. Guter Chardonnay (v. a. «Irongate», «Stopbank»), Sauvignon Blanc (der 92er ist ein großer Medaillengewinner zu günstigem Preis), Sémillon-Chardonnay, Gewürztraminer, Cabernet Sauvignon und Cabernet/Merlot. Pinot Noir noch nicht so gut.

Brajkovich Siehe Kumeu River.

Brookfields Hawkes Bay. Einer der besten Weinbaubetriebe der Gegend: Chardonnay, Sauvignon Blanc, Cabernet Sauvignon, Cabernet/Merlot (hervorragend).

Cellier Le Brun Renwick bei Blenheim. Kleiner Weinbaubetrieb, gegründet von einem Mitglied eines Champagner-Hauses. Mit die besten neuseeländischen Schaumweine in Flaschengärung mit und ohne Jahrgang, Rosé (**89, 90** sehr gut), Blanc de Blancs (**90** exzellent).

Chifney Wines Martinborough – Sehr guter Cabernet Sauvignon und guter Chardonnay.

Church Road Hawkes Bay – Im Besitz von Montana, jedoch selbständig geführt: erstklassiger Chardonnay und Cabernet Sauvignon aus altem Weinbergbesitz.

Clearview Estate Hawkes Bay – Kleiner Erzeuger, seit 1992. Bereits guter Chardonnay und Cabernet Sauvignon.

Cloudy Bay (Blenheim) Ableger von Cape Mentelle in Westaustralien, beide 1990 von Veuve Clicquot übernommen. Absolute Spitze bei Sauvignon Blanc und Chardonnay. Der vollmundig-subtile Cabernet/Merlot von 1989 eröffnet ebenso gute Aussichten. Der neu herausgekommene Pelorus, ein Schaumwein in Flaschengärung, ist reichhaltig und gehaltvoll (87 88 89).

Collard Henderson, bei Auckland. Kleiner Familienbetrieb, verarbeitet Trauben aus allen vier Hauptanbaugebieten und erzielt aus jedem preisgekrönte Chardonnays. Ferner Sauvignon Blanc (v. a. Rothesay), Chenin Blanc, Riesling, Cabernet/Merlot, Sémillon. Beständige Qualität, v. a. von der Hawkes Bay.

Cooks Hawkes Bay. Großes, 1985 mit Corbans und McWilliams zusammengeschlossenes Unternehmen. Gute, beständige Chardonnays (v. a. Winemakers Reserve). Auch Cabernet Sauvignon/Merlot und Sauvignon Blanc/Sémillon-Spätlese. Empfehlenswert.

Cooper's Creek Huapai Valley, nordwestl. von Auckland. Kleiner Weinbaubetrieb, ergänzt die eigene Ernte durch Trauben aus Gisborne, Marlborough und von der Hawkes Bay. In den Export gehen guter Chardonnay, Sauvignon Blanc, Riesling (trocken und Spätlese); auch Cabernet Sauvignon/Merlot sowie die populären Verschnitte «Coopers Dry» (weiß) und «Coopers Red».

Corbans Henderson, bei Auckland. Alteingesessene Firma; starkes Wachstum führte zur Übernahme von Cooks, McWilliams und (neue Marke der oberen Preisklasse) Stoneleigh (in Marlborough) sowie Longridge (Hawkes Bay). Sauvignon, Chardonnay, Riesling und Cabernet – alle sehr gut; die Reihe Corbans White Label bietet guten, preiswerten Wein. In die höhere Preisklasse gehören auch die Marke Robard & Butler und der Schaumwein Amadeus nach der klassischen Methode.

De Redcliffe Mangatawhiri, südöstl. von Auckland. Kleiner, fortschrittlicher Betrieb mit zugehörigem «Hotel du Vin»; erzeugt guten Chardonnay, Riesling, Sauvignon Blanc, Sémillon und Cabernet/Merlot.

Delegat's Henderson, bei Auckland. Einer der größten Familienbetriebe Neuseelands; Weinbergbesitz an der Hawkes Bay. Guter Chardonnay, Sauvignon Blanc; Cabernet «Proprietor's Reserve», Merlot (**89 90** 91 93) hervorragend. «Oyster Bay» ist eine erfolgreiche Marke für Chardonnay und Sauvignon Blanc aus Marlborough.

Deutz Das Champagner-Haus in einem Gemeinschaftsunternehmen mit Montana. «Classic Method» frisch, lebendig und sehr gut.

Esk Valley Bayview, Hawkes Bay. Großes ehemaliges Familienunternehmen, jetzt zusammengeschlossen mit Villa Maria/Vidal; auf ein kleines Programm an hochwertigen Weißweinen konzentriert, v. a. sehr guter trockener Chenin Blanc, hat aber auch mit die besten Rotweine Neuseelands zu bieten: Cabernet Sauvignon/Merlot (Privat Bin) sowie Merlot und Merlot/Cabernet Franc (v. a. 90).

Giesen Estate Burnham, südl. von Christchurch, Canterbury; Südinsel. Weinbaubetrieb einer deutschen Familie. Guter Chardonnay (Reserve School Road), Sauvignon Blanc, Riesling mit Edelfäule und Cabernet Sauvignon/Merlot aus eigenen Weinbergen sowie von Lesegut aus Marlborough.

Gisborne (r) **89' 90 91 92** (w) **89 90 91** – Sitz von drei großen Weinbaubetrieben, Montana, Corbans und Penfolds, und Zentrum eines umfangreichen Weinbaugebiets mit Matawhero und Tolaga Bay.

Goldwater Waiheke Island im Hauraki Golf, bei Auckland. Kleiner Betrieb an der Küste, durch Cabernet/Merlot bekannt geworden; außerdem Marlborough Chardonnay, v. a. hervorragender Delamore (92 93) aus eigenem Lesegut.

Grove Mill Blenheim. Ausgezeichneter Weinbaubetrieb, erschien mit 89er Chardonnay urplötzlich auf der Szene; 90er Lansdowne noch besser, auch der 91er. Sehr guter Blackbirch Cabernet Sauvignon, Drylands Sauvignon Blanc mit Edelfäule. Ferner Gewürztraminer, Sauvignon Blanc, Riesling und Pinotage.

Hawkes Bay (r) **89 90 91' 92** (w) **89 91' 92** 93 – Großes Weinbaugebiet an der Ostküste der Nordinsel, südlich von Gisborne, bekannt für Obst und Trauben hoher Qualität, v. a. Chardonnay und Cabernet Sauvignon.

Highfield Estate Marlborough. Erzeuger mit preisgekröntem Sauvignon Blanc (im Eichenfaß ausgebaut), Chardonnay, Riesling, Merlot.

Hunters Marlborough. Fest etablierter, kleiner, fortschrittlicher Betrieb, verarbeitet nur Trauben aus Marlborough; hoch angesehen für hervorragenden Sauvignon Blanc (im eichenholzduftigen «Fumé»-Stil) und Chardonnay. Seit 1989 Riesling; auch Cabernet Sauvignon.

Jackson Estate Blenheim. Großer Weinbaubetrieb. Erster Jahrgang 1991; sehr eindrucksvoller Sauvignon Blanc (91 92); ferner Chardonnay, Riesling (die liebliche Version mit Edelfäule gehört zu den besten Neuseelands).

Kumeu River Kumeu, nordwestl. von Auckland. Familienbetrieb (Sohn Michael ist der erste Master of Wine Neuseelands). Hervorragender Sauvignon im Fumé-Stil, auch Chardonnay und sehr guter Cabernet/Merlot. Zweitwein unter dem Familiennamen Brajkovich.

Landfall Wines Gisborne. Neuer Weinbaubetrieb mit organischen Methoden und gutem Chardonnay Revington Vineyard (89 90). Auch sehr guter Gewürztraminer, Pinot Noir und Sauvignon Blanc.

Lincoln Vineyards Henderson b. Auckland. Mittelgroßer Familienbetrieb, v. a. mit Chardonnay, Chenin Blanc und Cabernet (vielversprechender 88er, 90er); weitere Sortenweine: Sauvignon Blanc, Riesling, Müller-Thurgau, Merlot.

Marlborough (r) **89 91** (w) **89 91 92** – Im Export führendes Weinbaugebiet (inzwischen das größte Neuseelands) am Nordende der Südinsel auf einer vom Wairau River gebildeten steinigen Ebene. Besonders geeignet für Weißweintrauben (Chardonnay, Sauvignon Blanc und Riesling), aber auch Cabernet Sauvignon und Pinot Noir gedeihen gut. Potential für sehr guten Schaumwein ist vorhanden.

Martinborough (r) **89 90 91** (w) **89, 90 91** – Neue kleine Appellation in Süd-Wairarapa, Nordinsel (nördl. von Wellington). Steiniger Boden, ähnlich wie in Marlborough.

Martinborough Vineyards Martinborough. Der größte unter den kleinen Betrieben dieser Gegend; bekannt für Pinot Noir (89 91); auch gut gelungener Chardonnay, «Fumé» Sauvignon Blanc, Riesling, Gewürztraminer.

Matawhero bei Gisborne. Kleiner Betrieb mit besonders bekanntem Gewürztraminer, konzentriertem, aromatischem Chardonnay sowie Sauvignon Blanc/Sémillon. Rotweine: Cabernet/Merlot, Pinot Noir, Syrah.

Matua Valley nordwestl. von Auckland. Einer der besten und beständigsten Weinbaubetriebe Neuseelands; erbringt Pionierleistungen mit neuen Rebsorten. Zum eigenen Lesegut wird Frucht von der Hawkes Bay, aus Giborne und Marlborough hinzugekauft. Breite Palette, u. a. Chardonnay (von Ararimu & Judd Estate, Gisborne), Sauvignon Blanc und Fumé Blanc; erstklassiger Cabernet Sauvignon (sehr feines

Lesegut von Ararimu); sehr gute Weine unter dem Etikett Shingle Peak.

Merlen Wines Marlborough. Die aus Deutschland gebürtige Almuth Lorenz produziert ausgezeichneten Chardonnay und Riesling (90 91 92); mit langer Lebenserwartung; auch Sauvignon Blanc und Gewürztraminer.

Mills Reef Bay of Plenty. Kleiner Erzeuger (seit 1989) von erstklassigem Chardonnay in Spitzenqualität; auch Sauvignon Blanc von Trauben von der Hawkes Bay sowie Riesling, Cabernet Sauvignon und Merlot.

Milton bei Gisborne. Kleiner Erzeuger mit organischen Methoden. Guter Chardonnay (89er Clos de Ste-Anne hervorragend) und Riesling (sowohl trocken als auch Spätlese) (v. a. der 91er). Prachtvoller faßvergorener Chenin Blanc **87** 90 wie ein feiner Anjou.

Mission Greenmeadows, Hawkes Bay. Der älteste noch arbeitende Weinbaubetrieb Neuseelands, gegründet von französischen Missionaren und noch immer unter der Leitung der Society of Mary. Guter Sémillon/Sauvignon Blanc und Cabernet/Merlot; der Cabernet Sauvignon Reserve ist bei weitem der beste Wein.

Montana Auckland und Hawkes Bay. Größtes Weinbauunternehmen Neuseelands mit Betrieben in Gisborne und Marlborough; benutzt die Marke Penfolds (nur in Neuseeland). Weinbaupionier in Marlborough, verarbeitet aber auch Trauben aus Gisborne und von der Hawkes Bay. Aus Marlborough kommen Sauvignon Blanc und Chardonnay (hervorragende Show Reserves) sowie Sauvignon Blanc, Riesling, Cabernet Sauvignon und Pinot Noir, und aus Gisborne stammt ein viel verkaufter sauberer Chardonnay. Zum bisherigen «Lindauer»-Schaumwein kommt jetzt die exzellente Cuvée Deutz hinzu. Das im Gemeinschaftsunternehmen mit Cordier zugeflossene französische Know-how dürfte sich günstig auf die Hawkes-Bay-Rotweine auswirken.

Morton Estate Tauranga (Bay of Plenty). Expandierender Betrieb, 1989 von Mildara (Australien) übernommen, mit exzellentem Chardonnay: Die beste Sorte hat ein schwarzes Etikett, es folgen ein weißes bzw. ein gelbes. Ferner Fumé Blanc mit schwarzem und weißem Etikett sowie Gewürztraminer, Riesling und guter Schaumwein in Flaschengärung (89 90 91).

Nautilus bei Auckland. Junger Weinbaubetrieb im Besitz von Yalumba (Australien); produziert sehr guten Chardonnay aus Marlborough und Sauvignon Blanc von der Hawkes Bay.

Neudorf Nelson. Charmanter kleiner Weinbaubetrieb; preisgekrönter, extraktreicher, starkduftiger Chardonnay (89 90 91), guter Riesling, Sauvignon Blanc und Pinot Noir.

Ngatarawa bei Hastings, Hawkes Bay. Weinbau-Boutique in früh. Stallgebäuden, gehört einer alteinges. Familie. Guter Cabernet/Merlot unter dem Etikett «Glazebrook»; auch sehr guter Chardonnay (Alwyn) und guter Sauvignon Blanc.

Nobilo Hupai Valley, nordwestl. von Auckland. Der größte neuseeländische Weinbaubetrieb in Familienbesitz, verarbeitet eigene sowie zugekaufte Trauben aus Gisborne, Marlborough und von der Hawkes Bay. Guter Chardonnay (v. a. aus

Marlborough und Dixon Vineyard); sehr guter, pikanter Sauvignon Blanc, Sémillon; alter, guter Ruf für langlebige Rotweine, z. B. Cabernet Sauvignon und Pinotage.

Palliser Estate Martinborough. Neuer, ambitionierter Weinbaubetrieb; erster Jahrgang 1989. Guter Chardonnay, Sauvignon Blanc, Riesling; auch sehr voller, intensiver Pinot Noir.

Pask, C. J. Hawkes Bay. Aufsteigender Stern im Anbaugebiet; seit 1991 hervorragender Chardonnay und Sauvignon Blanc. Auch guter Cabernet Sauvignon, Pinot Noir und Cabernet/ Merlot.

Robard & Butler Siehe Corbans.

Rongapai Waikato, südl. von Auckland. An deutschen Vorbildern orientierter Betrieb, bekannt für Chardonnay und Riesling mit Edelfäule; jetzt auch Pinot Noir, Merlot, Cabernet und Cab./Merlot.

St. Nesbit Karaka, bei Papakura, südl. von Auckland. Expandierende Weinbau-Boutique, spezialisiert auf einen einzigen aus Cabernet Sauvignon, Cabernet Franc und Merlot gemischten, gut bereiteten und in kleinen Fässern gereiften Rotwein (v. a. der 91er), der als Rosé produziert wird, wenn das Lesegut den Qualitätsanforderungen nicht genügt.

Seifried Estate Upper Moutere, bei Nelson. – Kleiner, von einem Österreicher gegründeter Weinbaubetrieb; v. a. Chardonnay, Sauvignon, Riesling (trocken und Spätlese), Pinot.

Selak's Kumeu, nordwestl. von Auckland. Kleine, stilvolle Familienfirma mit gutem Ruf im Export für feinen, frischen, säuerlichen Sauvignon Blanc, Chardonnay (Founders Selection ist am besten) sowie Schaumwein in Flaschengärung. Lesegut aus der Umgebung, aus Marlborough, Gisborne und von der Hawkes Bay.

Shingle Peak Siehe Matua Valley.

Stoneleigh Siehe Corbans.

Stonyridge Waiheke Island b. Auckland. Weinboutique mit zwei Rotweinen im Bordeaux-Stil; Larose ist einer der besten Neuseelands (v. a. 87 93, aber auch 91 92), Airfield der sehr gute Zweitwein.

Te Kairanga Martinborough. Größter Weinbaubetrieb der Region; unterirdische Keller. Chardonnay, Sauvignon Blanc, Pinot Noir, Cabernet Sauvignon.

Te Mata Havelock North, Hawkes Bay. Restaurierter Weinbaubetrieb, erzeugt guten Chardonnay (v. a. Elston) und Sauvignon Blanc aus Lagen in der Umgebung sowie einen der besten Cabernet-Verschnitte Neuseelands, Cabernet/ Merlot «Coloraine» (91 92) aus eigenem Weinbergbesitz.

Vavasour Awatere Valley, bei Blenheim. Erster Jahrgang 89. Die 91er Chardonnays erreichen Spitzenqualität; Chardonnay Marke Dashwood ebenfalls gut. Sehr feiner Fumé Blanc und Sauvignon Blanc; auch Cabernet/Merlot und Cabernet Sauvignon/Cabernet Franc.

Vidal Hastings, Hawkes Bay. Romantischer alter Weinbaubetrieb, mit Villa Maria zusammengeschlossen; gehört inzwischen zur absoluten Spitze. Feinste Chardonnays von der Hawkes Bay **(90 91)**. Auch hervorragender Cabernet Sauvignon, Cabernet Sauvignon/Merlot und Fumé Blanc.

Villa Maria Mangere, südl. Vorort von Auckland. Große Firma, jetzt mit Vidal und Esk Valley vereinigt; verarbeitet Trauben aus Ihumatao (beim Flughafen Auckland) und Gisborne sowie von der Hawkes Bay. Große Auswahl an Weinen, v. a. faßvergorener Chardonnay, Sauvignon Blanc (und eichenholzgewürzte «Fumé»-Variante), Gewürztraminer, Cabernet Sauvignon und Cabernet./Merlot.
Waipara Springs North Canterbury — Neuer Erzeuger von vorbildlichem Sauvignon Blanc, Chardonnay und Pinot Noir (90 91 gut). Beobachtenswert (hoher Exportanteil).
Wairau River Marlborough. Neuer kleiner Weinbaubetrieb mit mild-aromatischem Sauvignon Blanc und Chardonnay.

Südafrika

Die Qualität der südafrikanischen Tafelweine hat einen Aufschwung genommen, seit die Weinbaubetriebe etwa um 1975 begannen, ihre bereits bewährten Cabernet-Sauvignon-Anpflanzungen mit den anspruchsvolleren Sorten Chardonnay, Sauvignon Blanc und sogar Pinot Noir zu ergänzen. Die 1973 erlassenen neuen Vorschriften, mit denen die Wines of Origin definiert wurden, förderten neue kleine Betriebe, deren Erfolg in den 80er Jahren auch andere zum Ankauf von Eichenholzfässern in Frankreich ermutigte. Es wird jetzt auch mehr Sorgfalt bei der Lese und beim Ausbau im Keller geübt, so daß sich der Qualitätsstand stetig erhöht. Außer den hier aufgeführten Weinbaubetrieben füllen auch mehrere Genossenschaftskellereien Qualitätswein ab.

Jahrgangsempfehlungen gelten jeweils für den in Klammern vorangestellten Wein.

Allesverloren r ★→★★ (Cabernet Sauvignon) **86 87 89** 91 – Altes Familiengut (158 ha), am bekanntesten für «Port» **86**. Auch eichenholzgewürzter, aber nicht immer langlebiger Cabernet und Shiraz **88 89** aus dem heißen Weizenanbaugebiet Malmesbury.

Alphen ★ – Gilbey-Marke für Wein aus dem Bereich Stellenbosch.

Alto r ★★→★★★ (Cabernet Sauvignon) **86 87** 89 – Hochgelegene Weinberge (100 ha) in Stellenbosch, mit Blick auf den Atlantik. Solider Cabernet sowie Verschnitt von Cabernet mit Merlot und Shiraz. Seit Mitte der 80er Jahre am besten (durch neue französische Eichenfässer).

Altydgedacht r w ★→★★ (Cabernet Sauvignon) **85 86 87** 88 89 – Gut in Durbanville, am besten der Cabernet; auch schmackhafter Barbera-Shiraz-Verschnitt «Tintoretto».

Avontuur r w ★★ (Rotwein) **87 89** 90 **91** – 80-ha-Weingut in Stellenbosch, seit 1987 eigene Abfüllung. Milder Verschnitt Avon Rouge nach dem Bordeaux-Rezept; achtbarer Cabernet Sauvignon, Merlot, vielversprechender Chardonnay.

Backsberg r w [★★]→★★★ (Rotwein) **84 87 88 89** 91 **92** Merlot **90** Chardonnay **86 88 89 90 91 92** – Häufig preisgekröntes 158-ha-Weingut in Paarl. Mitte der 80er Jahre Pionier für Chardonnay mit Beratung aus den USA. Am besten der köstliche Verschnitt «Klein Babylonstoren» nach dem Bordeaux-Rezept; auch guter eichenfaßgereifter Sauvignon Blanc. John Martin. Sydney Back, der Besitzer, ist noch immer kräftig am Werk.

Bellingham r w ★ – Bestsellermarke von DGB. Saubere Rotweine, populäre Weißweine, v. a. lieblicher, milder Johannisberger (im Export «Cape Gold») auf Cape-Riesling-Basis.

Bergkelder Große Weinfirma in Stellenbosch, Mitglied der Oude-Meester-Gruppe, Erzeugung und Vertrieb vieler Marken- (Fleur du Cap, Grünberger) und von 17 Gutsweinen. Die erste Kellerei, die in kommerziellem Umfang französische Eichenfässer verwendet hat; inzwischen ist sie mit 10 000 Fässern konkurrenzlos im Ausbau feiner Rotweine.

Bertrams r ★★ (Cabernet) **84 87 88 89 90** 91 **92** (Shiraz) **86 89** – Marke von Gilbeys für gute bis sehr gute sortenreine Rotweine, v. a. Shiraz und Pinotage. Ferner Verschnitt Robert Fuller Reserve nach dem Bordeaux-Rezept.

Beyerskloof r ★★★ (Cabernet Sauvignon) **89** 90 **91** – Neues kleines Gut in Stellenbosch, auf sehr guten, gerbstoffreichen Cabernet Sauvignon mit großer Geschmackstiefe spezialisiert.

Blaauwklippen r w ★★→★★★ (Rotwein) **84 86 87 88 89** 90 91 – Weinbaubetrieb in Stellenbosch, erzeugt mit die besten, ausdrucksvollsten Rotweine vom Cap, v. a. Cabernet Reserve, aber auch den besten Zinfandel Südafrikas **(88 89)**, einen noch ungleichmäßigen, aber immer besseren Chardonnay und guten halbtrockenen Riesling.

Bloemendal r w ★→★★ (Cabernet Sauvignon) 88 89 91 (Chardonnay) **90 91** 92 – Junges, vom Meer gekühltes Weingut in Durbanville. Duftiger, leichter Cabernet; Chardonnay wird aufgegeben. Schaumwein in Vorbereitung.

Boberg Kontrollierte Herkunftsbezeichnung für gespritete Weine aus den Regionen Paarl und Tulbagh.

Bon Courage w s ★→★★ – Gut in Robertson; sehr schöne Dessert-Weißweine, u. a. Gewürztraminer, Riesling und achtbarer Chardonnay.

Boplaas r w ★★ – Weingut im trockenen, heißen Bereich Karoo. Erdiger, tiefer «Vintage Reserve Port» – seit 87 am besten **(91)** – und gespritete Muscadels. Verbindungen zu Grahams in Portugal.

Boschendal w sch ★★→★★★ (Chardonnay) **89 91** – 247-ha-Gut bei Franschhoek im Bereich Paarl. Guter Chardonnay und Schaumwein Méthode Cap Classique; auch der erste «Blush» vom Kap, ein halbtrockener Blanc de Noirs. Jetzt immer bessere Rotweine: Merlot **(91)**, interessanter, voller Pinot Noir. Im Besitz eines anglo-amerikanischen Konzerns.

Bouchard-Finlayson w r (★★★) (Chardonnay) **91 93** (Pinot Noir) **93** – Erste Partnerschaft zwischen Frankreich und dem Kap, d. h. zwischen Paul Bouchard in Burgund und Peter Finlayson aus Hermanus, Walker Bay. Die ersten Weine kamen 91 heraus, v. a. Pinot Noir.

Breede River Valley Bereich mit gespriteten und Weißweinen östlich vom Drakenstein-Gebirge.

Buitenverwachting r w sch ★★★ (Chardonnay) **89 90 91** – Außergewöhnliches, mit deutscher Finanzierung neu bepflanztes Weingut in Constantia. Hervorragender Sauvignon Blanc, sowohl einfach als auch eichenfaßgereift (Blanc Fumé), und Chardonnay. Sehr guter Rotwein nach dem Bordeaux-Rezept (88 **89**) sowie Merlot **(91)**. Lebendiger, sauberer Schaumwein Méthode Cap Classique von Pinot Gris und Pinot Blanc. Zum Besitz gehört ein Restaurant, das einen Michelin-Stern verdient hätte.

Cabernet Sauvignon Die großartige Bordeaux-Traube gedeiht in den Küstenregionen am besten und liefert Weine verschiedenster Art, von robust und langlebig bis elegant und fruchtig. Seit 82 bringt zunehmende Verwendung neuer französischer Fässer Verbesserungen im Ausbau. Die besten Jahrgänge der letzten Jahre: **82 84 86 87** 89 91.

Cape Independent Winemakers Guild Junge Gruppe mit avantgardistischer Qualität und ohne direkte Bindung an bedeutende Großhändler. Jährlich werden Auktionen mit Wein in progressivem Stil veranstaltet.

Cape Riesling Siehe Riesling.

Cathedral Cellars Siehe KWV.

Cavendish Cape ★ ★ – Bemerkenswert gute Sherries von der KWV.

Chardonnay Klassische Weißweintraube, in Südafrika infolge staatlicher Beschränkungen noch selten. Neu herausgekommene gute Weine haben einen Qualitätssprung nach vorn gebracht. Gute Aussichten. Inzwischen gibt es über 100 Chardonnay-Marken; vor 10 Jahren waren es erst drei.

Chateau Libertas ★ – Vielverkaufter Cabernet-Sauvignon-Markenwein von SFW.

Chenin Blanc Jede dritte Weißwein-Rebe am Kap ist eine Chenin Blanc. Anpassungsfähig, manchmal vorzüglich. KWV erzeugt einen guten, konkurrenzfähig preisgünstigen Wein dieser Sorte. Siehe auch Steen.

Cinsaut Höchst ertragreiche französische Rotweintraube, wurde früher in Südafrika Hermitage genannt. Selten unter dem eigenen Namen anzutreffen.

Claridge r w ★ ★→ ★ ★ ★ (Rotwein) **91** (Chardonnay) **91** 92 **93** – Guter faßvergorener Chardonnay und Cabernet/Merlot aus einem kleinen neuen Weinbaubetrieb in Wellington bei Paarl.

Clos Malverne r ★ ★ **89** 90 **91** – Kleiner Weinbaubetrieb in Stellenbosch. Individueller, voller Cabernet Sauvignon und Pinotage aus eigenem und zugekauftem Lesegut.

Coastal Region Abgegrenztes Weingebiet, umfaßt Paarl, Stellenbosch, Durbanville, Swartland, Tulbagh, Constantia.

Colombard Französische Weißweintraube, am Kap so populär wie in Kalifornien. Frischer, lebendiger, blumiger, aber meist kurzlebiger Wein; wird oft in Verschnitten und zu Brandy verarbeitet.

Constantia Der einst berühmteste süße Wein auf Muskateller-Basis (rot und weiß) kommt vom Kap. Siehe Klein Constantia.

Delaire Vineyards r w ★ ★ (Chardonnay) **89 91 92** (r) 90 **91** – Vollmundiger Chardonnay, Bordeaux-Verschnitt namens «Barrique» und eleganter, halbtrockener Rhine Riesling aus einem jungen Weinbaubetrieb bei Helshoogte Pass über Stellenbosch.

Delheim r w tr s ★★→★★★ (Rotwein) **86 87 88 89 91** – Großer Weinbaubetrieb mit hochgelegenen Weinbergen in Driesprong bei Stellenbosch. Eleganter, faßgereifter Verschnitt Grand Reserve **(88 91)** von Cabernet Sauvignon, Merlot und Cabernet Franc. Preiswerter Cabernet **(89 91)**, Pinotage und Shiraz; ungleichmäßiger Pinot Noir; stetig verbesserter Chardonnay und Sauvignon Blanc. Hervorragende süße Weine, u. a. Gewürztraminer und Steen mit Edelfäule.

De Wetshof w s ★ ★→ ★ ★ ★ (Chardonnay) **87 88 89 91 93** – Pionierbetrieb in Robertson mit wuchtigem Chardonnay (mehrere Marken, unterschiedliche starke Eichenholzwürze: «Finesse» leicht, «Bataleur» kräftig) und frischem, trockenem Rhine Riesling. Ferner Dessertwein von Gewürztraminer und Rhine Riesling Marke Danie de Wet. Außerdem Hausmarken-Chardonnays für den Export.

Die Krans Estate ★★ – Weinbaubetrieb in der Karoo-Steppe mit gehaltvollem «Vintage Reserve Port»; der 91er ist am besten. Außerdem traditionelle, süße, gespritete Muscadels.

Dieu Donné Vineyards r w ★★ – Weingut in Franschhoek. Guter 92er Chardonnay.

Douglas Green ★→★★ – Handelshaus in Kapstadt, vertreibt ein Programm an sauberen Weinen, auch «Sherry» und «Port», meist von der KWV.

Drostdy ★ – Gutes Sherryprogramm von Bergkelder.

Drostyhof r w ★ – Preiswerte Serie, u. a. Chardonnay aus Kellereien in Tulbagh.

Edelkeur ★★★★ – Ausgezeichneter, intensiv süßer Weißwein von edelfaulen Trauben durch Nederburg.

Eikendal Vineyards r w ★★→★★★ (Merlot) **87** 88 90 **91 93** (Chardonnay) **91 92 93** – 100-ha-Weingut und Kellerei in Stellenbosch, in Schweizer Besitz. Sehr guter Chardonnay sowie Cabernet Sauvignon/Merlot-Verschnitt «Classique». Frische Weißweine, u. a. lieblicher Chenin Blanc.

Estate Wine Amtliche Bezeichnung für Weine aus registrierten Gütern, die ihre Trauben selbst anbauen und verarbeiten, wobei die Abfüllung auch anderswo stattfinden kann.

Fairview Estate r w tr s ★★→★★★ (Rotwein) **88** 90 91 (Chardonnay) **90 91 92 93** – Unternehmungsfreudiges Gut in Paarl mit großer Auswahl. Am besten sind Reserve Merlot **(89 91)**, der Bordeaux-Verschnitt «Charles Gerard» **(90)** und Shiraz Reserve **(90 91)**. Ferner lebendiger Gamay, guter Chardonnay sowie süßer Chenin Blanc.

Fleur du Cap r w s [★★]→★★★ (Rotwein) **86 87 88 90 91 92** – Preiswerte Serie von Bergkelder in Stellenbosch, v. a. exzellenter Cabernet Sauvignon **(89)** in guten Jahren seit 86. Auch Merlot **(90 92)**, Shiraz **(86 88)**, immer besserer Chardonnay **(93)**, feiner Gewürztraminer und Chenin Blanc mit Edelfäule.

Gewürztraminer Die berühmte würzige Traube aus dem Elsaß. Besonders gute Weine von Nederburg und Simonsig. Der von Natur aus geringe Säuregehalt bringt am Kap Schwierigkeiten.

Glen Carlou r w ★★→★★★ (Rotwein) **89 90 91** (Chardonnay) **90 91 92** – Weingut in Paarl, produziert sehr gute Bordeaux-Verschnitte «Grande Classique» **(90 91)** und «Les Trois» sowie Merlot und feinen Chardonnay **(91 92)**.

Graça ★ – Vielverkaufter, leicht perlender weißer Verschnitt in Flaschen nach portugiesischem Vorbild.

Graham Beck Winery w sch ★★ – Avantgardistischer Weinbaubetrieb in Robertson mit 23 ha. Der erste Schaumwein Brut Royale oJ, Méthode Cap Classique, und der Chardonnay sind gut angekommen.

Grand Cru (oder Premier Grand Cru) Bezeichnung für völlig trockenen Weißwein, keine Qualitätsklassifizierung. Meist nicht empfehlenswert.

Groot Constantia r w ★★→★★★ – Historisches Gut, heute in Staatsbesitz, nahe Kapstadt. Zu Anfang des 19. Jh. Herkunftsort überragender Muskatellerweine. Jetzt ist eine Renaissance im Gang, bislang mit feinem Cabernet (v. a. Verschnitt Gouverneurs Reserve 89), Shiraz (89), Merlot (90), Weisser (Rhine) Riesling, Gewürztraminer, Botrytis Blend (92), Dessert Muscat.

Grünberger ☒ – Marke von Bergkelder mit einer Reihe trockener und lieblicher Weißweine von Steen-Trauben.

Hamilton Russell Vineyards r w ★★★→★★★★ (Pinot Noir) 85 86 87 89 90 91 (Chardonnay) 86 87 89 90 91 93 – Das beste «Burgunder»-Weingut mit Kellerei am Kap. Kleine Erträge und französisch inspirierte Kellertechnik im kühlen, sehr weit südlich gelegenen Bereich Walker Bay. Häufig preisgekrönte Weine, die teuersten Südafrikas. Ab 1993 auch Chardonnay/Sauv.-Blanc-Verschnitt.

Hanepoot Am Kap gebräuchlicher Name für die süße Muscat-of-Alexandria-Traube.

Hartenberg r w ★★ – Vor kurzem modernisiertes Weingut in Stellenbosch; voller, ausgereifter Shiraz.

J. P. Bredell ★★★ – Weinbaubetrieb in Stellenbosch. Voller, dunkler «Vintage Reserve Port» von Tinta-, Barocca- und Souzão-Trauben.

Kanonkop r ★★★ (Rotwein) 84 86 89 90 91 – Hervorragendes Weingut im nördlichen Stellenbosch. Individueller, wuchtiger Cabernet Sauvignon (89 91) sowie Bordeaux-Verschnitt «Paul Sauer» (86 89). Vorbildlicher Pinotage (89 91), seit 89 faßgereift und dramatisch verbessert.

Klein Constantia r w s ★★★ (Rotwein) 86 87 88 89 (Chardonnay) 90 91 92 – Ausdrucksvoller Chardonnay, Sauvignon Blanc und feiner kraftvoller Cabernet Sauvignon, ein 1988 herausgekommener Bordeaux-Verschnitt «Marlbrook» (88 89) und ein Shiraz. Ein 86er Muscat Frontignan «Vin de Constance» läßt den legendären Constantia aus dem 18. Jh. wiederaufleben. Ein hervorragender, trockener Sauvignon «Blanc de Blancs» (87 93) mit Edelfäule ist die Antwort des Kaplands auf den Ygrec. Das seit Anfang der 80er Jahre wieder instandgesetzte Gut war früher ein Teil des berühmten Nachbarn Groot Constantia. Die Weine erringen bei nationalen Wettbewerben oft Preise.

KWV Die Kooperatieve Wijnbouwers Vereeniging, Südafrikas nationale Winzergenossenschaft, wurde 1917 vom Staat zum Ankauf von Produktionsüberschüssen gegründet. Heute erzeugt sie in großen, hervorragend ausgerüsteten Anlagen in Paarl eine Reihe guter Weine, v. a. roten Cathedral Cellars, Rieslinge und Sherries sowie süße Dessertweine. 1992 wurde die vielkritisierte, durch Quotenzuteilung ausgeübte Macht über die nationale Weinproduktion aufgegeben und damit der Weg für die Erzeuger freigemacht, ihre Weinberge nach eigenem Ermessen zu bestocken.

Laborie r w ★→★★ – Muster-Gut im Besitz von KWV im Distrikt Paarl; weiße und rote Verschnitte.

La Bri ★★ – Weißweine aus der Genossenschaftskellerei Franschhoek; Sauvignon Blanc, Rhine Riesling und Sémillon. Am besten ist der Sauvage de la Bri.

La Motte r w ★★★ (Rotwein) **86 87 88 89 91** – Verschwenderisch eingerichtetes neues Weingut der Familie Rupert bei Franschhoek mit kargen, aber stilvollen und intensiv aromatischen Rotweinen: Cabernet Sauvignon **(89 91)**, Shiraz **(86 89)**, Merlot, Bordeaux-Verschnitt «Millennium» **(90 91)**. Ferner rassiger Sauvignon Blanc.

Landgoed Afrikaans für Weingut; erscheint auf amtlichen Siegeln und oft auch auf Etiketten von «Estate Wines».

Landskroon r w ★→★★ – Familienbetrieb von Paul und Hugo de Villiers. Gut trockene Rotweine, bes. Shiraz/ Cabernet Sauvignon/Cabernet Franc.

Late Harvest Bezeichnung für einen milden, süßen Wein. «Special Late Harvest» muß von Natur aus süß sein (ohne Beifügung von Süßreserve). Der «Noble Late Harvest» bildet die höchste Qualitätsstufe bei Dessertwein.

Le Bonheur r w ★★★ (Rotwein) **84 86 87** – Weingut in Stellenbosch, produziert oft klassischen, gerbstoff- und mineralreichen Cabernet Sauvignon; körperreicher Sauvignon Blanc 1993 neu belebt.

J. C. Leroux ★★ – Alte Marke, als Schaumweinfirma von Bergkelter neu erstanden. Erzeugung: Sauvignon Blanc (Tankgärung) und hervorragender, langgereifter Pinot Noir (Méthode Cap Classique) sowie Chardonnay.

Lievland r w ★★→★★★ (Rotwein) **87 89 90** – Weingut in Stellenbosch mit erstklassigem Shiraz **(89 90)**, sehr gutem Cabernet Sauvignon und Merlot. Auch eine Reihe Weißweine, u. a. intensiver Riesling und halbtrockene, vielversprechende Dessertweine nach Sauternes-Art.

L'Ormarins r w s ★★★ (Rotwein) **84 86 87 89** (Chardonnay) **89 90** – Eines von zwei Weingütern der Familie Rupert bei Franschhoek. Cabernet Sauvignon **(86 89)** und sehr guter Bordeaux-ähnlicher Optima **(87 89)**; auch Shiraz **(87)**. Zitronenfrischer Chardonnay, aufgeschlossener eichenfaßgereifter Sauvignon Blanc und hervorragender Dessertwein von Gewürztraminer und Bukettraube mit Edelfäule.

Louisvale w ★★ **90 91 92 93** – Weinbaubetrieb in Stellenbosch, erzeugt ausschließlich ansprechenden Chardonnay.

Meerlust r w ★★★ (Rotwein) **84 86 87 89 90 91** – Schöner alter Familienbesitz südlich von Stellenbosch; einziger italienischer Kellermeister am Kap (Giorgio Dalla Cia). Hervorragender Rubicon (ein Verschnitt nach Médoc-Art) **(86 89)**, Cabernet **(86 91)**, Merlot **(87 89)** und Pinot Noir **(87 89)**. Chardonnay im Kommen.

Méthode Cap Classique In Südafrika gebräuchlicher Ausdruck für das klassische Flaschengärungsverfahren zur Schaumweinherstellung.

Middelvlei r ★★ (Rotwein) **89 90** – Stellenbosch-Weingut mit gutem Pinotage **(90)** und Cabernet **(86 89)**. Vertrieb durch Bergkelder.

Monis ★→★★ – Bekannter Weinkonzern in Paarl; feiner «Jahrgangsport».

Morgenhof r w tr lbl ★ – Neubeginn in diesem großartig neuausgestatteten Weingut in Stellenbosch. Neue französische Besitzer und Wechsel des Kellermeisters (ab 92). Verbessertes

Rotweinprogramm, trockener, exzellenter Sauvignon Blanc (93) und liebliche Weißweine, «Port».

Mulderbosch Vineyards w ★★→★★★ – Begeisterung über neuen eindrucksvollen Sauvignon Blanc aus Berglagen bei Stellenbosch; der eine im Eichenfaß vergoren, der andere frisch und ausdrucksstark. Der nicht eichenholzgewürzte **93er** ist außerordentlich gut.

Muratie – Altes Gut im nördlichen Stellenbosch, am bekanntesten durch seinen Port. Vor kurzem verkauft. Hohe Zukunftserwartungen.

Nederburg r w rs tr s lbl sch ★★→★★★★ (Rotwein) **82 84 86 87 89** 91 (Chardonnay) **89 90 91 92** – Vermutlich die bekannteste Marke in Südafrika; großer, moderner Weinbaubetrieb in Paarl (Jahresproduktion 650 000 Kisten von rund 50 Weinen). 1992 wurde das 200jährige Bestehen gefeiert. Verarbeitet werden Trauben verschiedenster Lieferanten sowie aus eigenen Weinbergen (v. a. in Paarl und Stellenbosch). Sauberer Cabernet Sauvignon, Shiraz, Chardonnay, Riesling sowie Verschnitte im regulären Programm. Limited Vintages und Private Bins sind oft hervorragend. Neuer Anfang mit Spitzenrotweinen vom Ende der 80er: Nachdruck auf vollerem, fruchtigerem Geschmack und Faßausbau macht sich inzwischen bemerkbar. In den 80er Jahren Pionierarbeit in Dessertweinen mit Edelfäule, z. B. von Chenin Blanc, Gewürztraminer, Sauvignon, Muscat, sogar Chardonnay – alle beständig gut. Veranstalter des größten jährlichen Weinmarkts in Südafrika, der Nederburg Auction. Siehe auch Edelkeur.

Neethlingshof r w s ★★→★★★ (Rotwein) **87 89 90** 91 (Chardonnay) **91** – Aufstrebendes Weingut, mit klassischen Rebsorten neu angepflanzt, die Keller seit 1985 mit hohen Kosten durch einen deutschen Investor neu ausgestattet. Gemeinsam mit den nahegelegenen Stellenzicht-Weinbergen erreicht die Produktion 250 000 Kisten. Sehr guter Cabernet Sauvignon **(89 90)**, Merlot und Chardonnay kommen allmählich zu einem frischen Sauvignon Blanc, einem exzellenten Gewürztraminer **(91 93)** und einem Blanc de Noirs hinzu. Preisgekrönte Dessertweine mit Edelfäule von Riesling **(92)** und Sauvignon Blanc.

Neil Ellis Wines r w ★★★ (Rotwein) **86 87 89 90 91 92** (Chardonnay) **89 91 92 93** – Gute Weine, produziert im Devon Valley bei Stellenbosch aus 16 weit auseinanderliegenden Weinbergen an der Küste. Würziger, gut strukturierter Cabernet Sauvignon, exzellenter Whitehall Sauvignon Blanc, vollmundiger, ausdrucksstarker Chardonnay.

Nuy Cooperative Winery r w tr s sch ★★ – Kleine Genossenschaft in Worcester, häufig preisgekrönt. Hervorragende Dessertweine, gespritete Muscadels **(91)** und stets ausgezeichneter Colombard; guter südafrikanischer Riesling.

Oak Valley Wines ★ – Neue Exportmarke, Verschnitt guter Genossenschaftsweine aus Stellenbosch, u. a. Cabernet/Shiraz, Sauvignon Blanc/Chenin Blanc.

Overgaauw r w ★★ (Rotwein) **84 86 87 89 90** 91 – Altes Familiengut westlich von Stellenbosch; Chardonnay, Cabernet Sauvignon, Merlot **(90)** und Bordeaux-Verschnitt Tria

Corda **(88)**. Auch «Vintage Crusted Port 85» von fünf portugiesischen Traubensorten.

Paarl Stadt, 50 km nordöstlich von Kapstadt, und das sie umgebende Weinbaugebiet – eines der besten Südafrikas, v. a. für Jahrgangsport und Sherry.

Paul Cluver w ★★ – 1992 herausgekommene Marke. Guter Sauvignon Blanc und Rhine Riesling aus der hochgelegenen, kühlen Elgin Coastal Region. Weinbereitung bei Nederburg.

Pierre Jourdan sch ★★★ – Feiner Schaumwein oJ, Mèthode Cap Classique, im Weingut Clos Cabriere, Franschhoek, hergestellt. Höchst beachtenswert: Brut Sauvage und Cuve Belle Rose (reiner Pinot Noir).

Pinot Noir Wie in Kalifornien und Australien bemühen sich die Erzeuger um Burgunder-ähnliche feine Komplexität, und das bereits mit einigem Erfolg. Am besten sind Hamilton-Russell, Blaauwklippen und Meerlust, Rustenberg.

Pinotage Südafrikanische Rotweintraube, Kreuzung zwischen Pinot Noir und Cinsaut, sehr ertragreich und widerstandsfähig. Der Wein ist oft köstlich, leider aber häufig durch aufdringliche Ester beherrscht. Neuere Experimente mit Faßbau weisen auf mögliche Finesse hin.

Plaisir de Merle r w ★★★ – Neue Kellerei bei Paarl im Besitz von SFW; produzierte 1993 die ersten Rotweine von eigenem Lesegut. Hervorragender, geschmeidiger Cabernet/Merlot. Paul Pontallier von Château Margaux fungiert als Berater.

Pongracz ★★→★★★ – Erfolgreicher, preiswerter Schaumwein, Mèthode Cap Classique, von Pinot Noir (75 %) und Chardonnay, hergestellt von Bergkelder und benannt nach einem im Exil lebenden ungarischen Ampelographen, der viele Kap-Weinberge verbessert hat.

Premier Grand Cru Siehe Grand Cru.

Rhebokskloof r w ★→★★ (Rotwein) **90** (Chardonnay) 92 – 80-ha-Gut hinter dem Paarl Mountain mit kleinem Programm an sauberen Weinen; besonders vielversprechend der Cabernet. Erster amerikanischer Kellermeister in Südafrika.

Rhine-Riesling Liefert trockene und halbtrockene Weine von großer Geschmacksfülle. Meist sind mindestens zwei Jahre Flaschenlagerung erforderlich, erreicht jedoch höchste Vollendung als lieblicher «Noble Late Harvest». Auch als «Weißer Riesling» bezeichnet.

Riesling Südafrikanischer Riesling (eigentlich Cruchen Blanc) hat mit dem Rhine-Riesling nichts gemein. Bringt neutralen und süffigen Wein. Mancherorts auch «Cape Riesling» genannt.

Rietvallei w s ★★ – Gut in Robertson, erzeugt ausgezeichneten gespriteten Muscadel, auch Chardonnay.

Robertson Anbaugebiet landeinwärts östlich vom Kap. Vorwiegend weißer Dessertwein (v. a. Muscat); weißer Tafelwein ist auf dem Vormarsch. Wenige Rotweine. Einschl. Bonnievale. Bewässerte Weinberge.

Roodeberg ★ – Sauberer Rotwein der KWV: Mischung aus Pinotage, Shiraz, Tinta Barocca und Cabernet Sauvignon zu etwa gleichen Teilen.

Rooiberg Cooperative Winery ★ – Erfolgreiches, vielverkauftes Programm aus Robertson mit über 30 Marken. Guter Chenin Blanc und Colombard.

Rozendal r ★★★ (Rotwein) **83 84 86 87 89** 91 – Kleiner Weinbaubetrieb in Stellenbosch mit ausgezeichnetem Cabernet-Merlot-Verschnitt.

Ruiterbosch ★★ – Individuelle Weine von außerhalb der traditionellen Kap-Anbaugebiete, der Mossel Bay am Indischen Ozean. Auffallender Sauvignon Blanc und Rhine Riesling. Bereitet durch die Kellerei Boplaas in Calitzdorp.

Rustenberg r w ★★★→★★★★ (Rotwein außer Pinot Noir) **80 82 84 86 87 88 89 91** (Chardonnay) **86 87 89 90 91** – Das schönste alte Gut in Stellenbosch, gegründet vor 300 Jahren, erzeugt Wein seit 100 Jahren ohne Unterbrechung. Großartige feine Rotweine, v. a. Rustenberg Gold Cabernet **(86 89)** sowie Verschnitte im Médoc-Stil, aber auch leichterer Cabernet-Cinsaut-Merlot-Verschnitt und Cabernet **(82 89)**. Ungleichmäßiger Pinot Noir **(91)**, am besten der 88er. Individueller Chardonnay.

Rust en Vrede r ★★→★★★ (Rotwein) **86 87** 89 – Bekanntes Gut östlich von Stellenbosch, produziert nur Rotwein. Guter Cabernet Sauvignon, Shiraz und sehr guter Verschnitt «Rust en Vrede» (86 89).

Sauvignon Blanc Paßt sich gut an das warme Klima an. Weithin angebaut und in verschiedenen, z. T. sehr süßen Versionen mit und ohne Faßausbau angeboten.

Saxenburg Wines r w tr s ★★ (Rotwein) **91** – Weinbaubetrieb in Stellenbosch, kann in letzter Zeit viele preisgekrönte Weine vorweisen, u. a. robusten Pinotage mit großer Geschmackstiefe; auch Cabernet und Shiraz.

Simonsig r w sch s ★★→★★★ (Rotwein) **84 86 87 89 90 91** (Chardonnay) **88 89 90 91 92** – Gut der Familie Malan in Stellenbosch mit großer Weinauswahl, u. a. sehr guter Cabernet, Shiraz, **(86 89)**, Chardonnay, Pinotage **(89 92)**, Gewürztraminer (Dessertwein) **(90 92)**. 1992 kam ein weithin gelobter Cabernet-Merlot-Verschnitt Tiara **(90 91)** heraus. Auch populärer, faßgereifter, trockener weißer Vin Fumé und der erste Schaumwein Méthode Cap Classique (immer besser, v. a. der 1991er).

Simonsvlei r w rs s sch ★ – Eine der bekanntesten Genossenschaftskellereien Südafrikas nahe bei Paarl. Holt sich Auszeichnungen mit Pinotage.

Spier r w ★ – Weingut mit fünf Farmen westlich von Stellenbosch, wo Rot- und Weißweine produziert werden. Pinotage ist vermutlich am besten.

Steen Die meistangebaute weiße Traube Südafrikas, angeblich ein Klon der Chenin-Blanc-Rebe. Liefert kräftigen, süffigen, lebendigen Wein, süß oder trocken, meist besser als südafrikanischer Riesling. Die trockene Version ist kurzlebig, die halbtrockene und liebliche hält länger.

Stein Für kommerzielle halbtrockene Weißweinverschnitte gebräuchlicher Name. Nicht unbedingt zu verachten.

Stellenbosch Stadt und Weinbaugebiet rund 50 km östlich von Kapstadt, erstreckt sich an der False Bay bis zum Ozean. Hier ist das Herz des Weinbaus mit den drei größten Firmen.

Die besten Weingüter, bes. für Rotwein, liegen in den zur Region gehörenden Vorgebirgen.

Stellenbosch Farmers' Winery (SFW) Der fünftgrößte Weinbaukonzern der Welt, nach KWV der größte in Südafrika; vertreibt jährlich 14 Mio Kisten. Mehrere Markenweine, u. a. Nederburg; Spitzenmarke Zonnebloem. Große Auswahl an Weinen der unteren und mittleren Preisklasse.

Stellenryck Collection ★★★ – Bergkelder-Spitzensorten. Rhine-Riesling, Fumé-Blanc, Cabernet (87 89) zählen zu den besten Südafrikas.

Swartland Cooperative r w tr lbl s sch [★] – Große Auswahl an vielverkauften, preisgünstigen Weinen, vorwiegend Chenin Blanc und trockener, halbtrockener bis lieblicher, neuerdings auch aufdringlicher Sauvignon Blanc sowie kräftiger, robuster Pinotage, aus dem trockenen Weizenanbaugebiet, eine der heißesten Gegenden am Kap.

Talana Hill r w ★★ (Rotwein) 88 89 (Chardonnay) **89 90 91** 92 – Neuer Weinbaubetrieb in Stellenbosch; guter Chardonnay und Bordeaux-Verschnitt «Royale» **(91)**.

Tassenberg ★ – Populärer Verschnitt auf Pinotage-Basis von SFW, liebevoll «Tassies» genannt. Traditioneller Wein für Studenten- und Grillparties (*braaivleis*). «Oom Tas», ein trockener Muscat, ist das Pendant in Weiß.

Thelema r w ★★★ (Cabernet Sauvignon) **89 90 91 92** (Chardonnay) **88 89 90 91 92 93** – Hervorragender Weinbaubetrieb in Helshoogte über Stellenbosch. Eindrucksvoller Cabernet mit Minzenote, ab 91 sehr guter Bordeaux-Verschnitt, exzellenter Chardonnay sowie Sauvignon Blanc.

Theuniskraal w ★ – Gut in Tulbagh, produziert Weißweine, u. a. südafrik. Riesling und Gewürztraminer.

Tulbagh Anbaugebiet nördlich von Paarl, am bekanntesten durch die Weißweine seiner berühmten Güter Theuniskraal und Twee Jongegezellen und die Dessertweine von Dorstdy. Siehe auch Boberg.

Twee Jongegezellen w sch ★★ – Altes Gut in Tulbagh, noch immer im Besitz der Familie Krone, die es im 18. Jh. gründete. Leistete Pionierdienste in der kühlen Gerätetechnik in den 60er Jahren und in nächtlicher Weinlese in den 80er Jahren. V. a. Weißweine: am bekanntesten ist der populäre trockene «TJ89», eine Mischung aus einem Dutzend Traubensorten, sowie der halbtrockene Verschnitt «Schanderl» auf Muscat-Gewürztraminer-Basis. Neu hinzugekommen ist der Schaumwein «Cuvée Krone Borealis Brut» von Chardonnay und Pinot Noir, Méthode Cap Classique.

Uiterwyk r w ★ (Rotwein) **86 87** 89 – Altes Gut westlich von Stellenbosch mit gutem Cabernet Sauvignon und angenehmen Weißweinen.

Uitkyk r w ★★ (r) 86 87 89 – Altes Weingut (160 ha) westlich von Stellenbosch, berühmt für Carlonet (kräftiger Cabernet, **87 89**) und weißen Carlsheim (Sauvignon Blanc). Neu hinzugekommen: Chardonnay.

Van Loveren r w s sch ★★ – Aufstrebender Weinbaubetrieb in Robertson; große Auswahl an Weißweinen: muskulöser Chardonnay **(90 91)**, guter Pinot Gris **(92)**, aber auch seltenere Sorten, z. B. Fernão Pires, Hárslevelü.

Vergelegen w ★★ – Eine der ältesten Weinbaufirmen am Kap (gegründet 1700), Sitz in Somerset West. Lange vernachlässigt, jetzt prächtig restauriert: neue Reben und achteckige, versenkt in einen Hügel gebaute Keller. Die Serie Les Enfants erlebte 1992 einen Neubeginn mit Wein von zugekauften Trauben. Guter Chardonnay (93) und Sauvignon Blanc.

Vergenoegd r w s ★→★★ – Alter Familienbesitz im südlichen Stellenbosch, liefert hochwertigen «Sherry» an die KWV und füllt selbst Cabernet Sauvignon und Shiraz ab. Ab 1990 neuer Verschnitt nach Bordeaux-Rezept.

Villiera r w ★★★ – Weingut in Paarl mit populärem Schaumwein oJ «Tradition», Méthode Cap Classique. Erstklassiger Sauvignon Blanc (93), guter Rhine Riesling; feiner Bordeaux-Verschnitt «Cru Monro» Cabernet/Merlot (90 91). Neuerdings außergewöhnlich guter Merlot (89 91).

Vredendal r w tr s – Die größte Genossenschaftskellerei Südafrikas, in der heißen Region Olifants River. Große Auswahl: meist Weißwein, aber auch Rotwein, u. a. Ruby Cabernet.

Vriesenhof r w ★★→★★★ (Cabernet Sauvignon) **82 84 86 88 89 91** (Chardonnay) **88 89 91 92** – Hoch eingeschätzter, langsam reifender Cabernet Sauvignon sowie Bordeaux-Verschnitt «Kalista» (89 91). Seit 88 exzellenter Chardonnay; auch Pinot Blanc.

Warwick r w ★★→★★★ (Rotwein) **86 87 89** 91 – Weinbaubetrieb in Stellenbosch unter der Leitung einer (am Kap seltenen) Kellermeisterin. Cabernet und sehr guter Verschnitt «Trilogy» im Médoc-Stil (89 90), Cabernet Franc (89 90) und Chardonnay (92).

Weißer Riesling Siehe Rhine Riesling.

Welgemeend r ★★→★★★ (Rotwein) **86 87 89** – Sehr kleines Weingut in Paarl mit Verschnitten nach Médoc-Art (87 90), delikatem Cabernet sowie Amadé, einer Mischung aus Grenache, Shiraz und Pinotage.

Welltevrede w tr s ★→★★ (Chardonnay) **89 90 91** – Fortschrittliches Gut im Robertson-Bereich. Weiße, gespritete und Verschnittweine; sehr guter Chardonnay, Gewürztraminer (93) und White Muscadet (91).

Wine of Origin Das südafrikanische Gegenstück zur Appellation Contrôlée, jedoch ohne die französischen Ertragsbeschränkungen. Die amtlich abgegrenzten Bereiche sind auf diesen Seiten verzeichnet.

Woolworths Wines Beste südafrikanische Supermarktweine, viele davon für die Ladenkette speziell zubereitet. An der Spitze junge Rotweine, u. a. Merlot, Bordeaux-Verschnitte sowie Chardonnay.

Worcester Amtlich abgegrenzter Weinbaubereich um die Flußtäler von Breede und Hex, östlich von Paarl. Viele Genossenschaftskellereien erzeugen hauptsächlich Dessertwein, Brandy und trockene Weißweine.

Zandvliet r ★→★★ (Shiraz) **86 87 89** – Gut im Gebiet Robertson mit feinem, leichtem Shiraz sowie neuerdings Cabernet Sauvignon und Chardonnay.

Zandwijk – Neues Weingut im Distrikt Paarl mit hochwertigem koscherem Wein.
Zevenwacht r w ★★→★★★ (Cabernet Sauvignon) **84 86 87 88 89** – Großes Gut in Stellenbosch. Die Weine werden nur an Aktionäre und an Restaurants abgegeben. Eindrucksvoller Cabernet Sauvignon; auch guter Rhine Riesling **(93)**.
Zonnebloem r w ★★ (Cabernet Sauvignon) **82 84 86 87 89** (Chardonnay) **90 91** – Auswahl in guter Qualität von SFW, u. a. Cabernet Sauvignon, Merlot **(88)**, Bordeaux-Verschnitt «Laureat» **(89)** (92 herausgekommen), Shiraz, Pinotage **(87 91)**, Sauvignon Blanc und Chardonnay **(91)**.

Hallwag

DIE
WEINBIBLIOTHEK

«ES SIND DIE
WISSBEGIERIGEN,
DIE DEN MEISTEN GENUSS
AM WEIN HABEN.
DAS SCHÖNSTE AN DER SACHE
IST JA DIE ABWECHSLUNG:
MAN KÖNNTE
EIN GANZES LEBEN LANG
JEDEN TAG EINEN ANDEREN
WEIN PROBIEREN
UND WÜRDE DOCH IMMER
NOCH DAZULERNEN.»

HUGH JOHNSON

GAD = Gastronomische Akademie Deutschlands.
Sie zeichnet jedes Jahr einige inhaltlich hervorragende Bücher mit Medaillen aus.

Hallwag

Preisänderungen vorbehalten

DIE ATLANTEN

Hugh Johnson

Der neue Weinatlas NEU

Länder • Lagen • Qualitäten

Trauben • Traditionen • Produzenten • Etiketten

25. Auflage, 1994
Vollständig überarbeitete Neuauflage des bisherigen «Großen Weinatlas»
320 Seiten, Lagenkarten, grafische Darstellungen, Etiketten, Zeichnungen, durchgehend farbig illustriert, Leinen, Format 23,5 x 30 cm, in Schuber.
DM 138.-/sFr. 124.-/öS 1077.-

Das Pionierwerk von Hugh Johnson
- in den frühen 70ern ein Paukenschlag der Weinkartographie und -publizistik -
liegt nun nach zweijähriger Vorarbeit total überarbeitet und neugestaltet vor.
In der Neuauflage bietet Hugh Johnson Laien wie professionellen Kennern eine Summe önologischen Wissens an,
die in ihrer Fülle, in der Klarheit und im Reiz der Darstellung einmalig ist.
Er hat einen großen Teil des Textes neu geschrieben, damit er auch den jüngsten Entwicklungen in der Weinwirtschaft gerecht wird.
Karten, Statistiken, Zeichnungen, Fotos - alles wurde revidiert, überarbeitet, in vielen Fällen ersetzt oder erweitert.
Der neue Weinatlas
- Klassiker unter den Weinbüchern -
macht Weintrinker zu Kosmopoliten.

DIE ATLANTEN

Die Weinatlanten sind kompetente Reiseführer und reichbebilderte Nachschlagewerke in einem.
Jeder Atlas informiert über Bodenbeschaffenheit und klimatische Besonderheiten, beschreibt die zahlreichen Rebsorten und die feinsten Weine, die Größe und Qualität der einzelnen Lagen.
Mit genauen Straßen- und Weinlagenkarten, Reiseinformationen zu vorgeschlagenen Routen, empfehlenswerten Hotels und Restaurants, lokalen Küchen, Kulturdenkmälern und Weinmessen.

Hugh Johnson / Hubrecht Duijker
Atlas der französischen Weine
280 Seiten, 160 Farbfotos, 83 Farbzeichnungen, 56 großformatige Karten, zahlreiche Grafiken, Linson, Format 23,5 x 30 cm.
DM/sFr. 89.- / öS 694.-
Goldmedaille GAD

«Der sehr sorgfältig gestaltete Atlas weckt drei Lüste: kaufen - einpacken - wegfahren.»
Vinum

Hugh Johnson
Atlas der deutschen Weine
Mit einem Vorwort von Dr. Franz Werner Michel, Direktor des deutschen Weininstituts, Mainz
232 Seiten, 35 Farbfotos, 40 Farbzeichnungen, 17 doppelseitige Straßenkarten, 22 Lagekarten, zahlreiche Grafiken, Linson, Format 23,5 x 30 cm.
DM/sFr. 79.- / öS 616.-
Silbermedaille GAD

«Ganz einfach gesagt: Das Buch macht Freude.»
Die Weltwoche

Hubrecht Duijker
Atlas der spanischen Weine
240 Seiten, 35 großformatige Farbkarten, 149 Farbfotos, Linson, Format 23,5 x 30 cm.
DM/sFr. 89.- / öS 694.-
Goldmedaille GAD

«Endlich ein zuverlässiger spanischer Weinatlas. Das Buch ist Nachschlagewerk und Weinreiseführer zugleich, wie gewohnt kompetent, umfassend und informativ.»
Vinum

Burton Anderson

Atlas der italienischen Weine

320 Seiten, 120 farbige Karten, 130 Farbfotos, zahlreiche Grafiken, Linson, Format 23,5 x 30 cm.

DM/sFr. 89.- / öS 694.-

Silbermedaille GAD

«Burton Andersons 'Atlas der italienischen Weine' gehört zum Besten, was es an Gedrucktem über die italienische Weinwelt in deutscher Sprache gibt.»

Alles über Wein

Bob Thompson

Atlas der kalifornischen Weine NEU

Mit Oregon und Washington

240 Seiten, 199 Farbfotos, 34 großformatige Farbkarten, 33 Klimakarten, Linson, Format 23,5x30 cm.

DM/sFr. 89.- / öS 694.-

DIE HANDBÜCHER

Hugh Johnson wurde 1939 in London geboren und an der Rugby School und am King's College in Cambridge erzogen.

Er trat als junger Journalist in die Fußstapfen des legendären André Simon als Herausgeber von *Wine and Food*. Zudem redigierte er die Reiseseiten von *Sunday Times* und *Queen*.

In den folgenden zwanzig Jahren intensiver Beschäftigung mit den Weinen aus aller Welt schrieb er eine lange Reihe von Bestsellern und produzierte auch Weinvideos.

Heute gilt er weltweit als der führende Weinautor.

«Der Engländer Hugh Johnson ist der wichtigste Weinexperte der Welt. Sein Buch "Der große Johnson" gilt als das Standardwerk der Weinliteratur.»
Capital

Sein «Großer Weinatlas» wurde in mehr als ein Dutzend Sprachen übersetzt und millionenfach verkauft.

Der «Große Johnson» und der jährlich überarbeitete Taschenführer «Der kleine Johnson» gehören regelmäßig zu den bestverkauften Weinbüchern der Welt.

1987 wurde Hugh Johnson mit dem begehrten Literaturpreis der Akademie von Bordeaux ausgezeichnet.

«Sein enzyklopädisch ausgebreitetes Weinwissen hat Hugh Johnson weltweit zum populärsten Wein-Sachbuchautor gemacht. Legionen von interessierten Weinkäufern holen sich bei ihm ihr Grundwissen. Seine beiden Standardwerke (Der große Johnson, Der kleine Johnson) ergänzen sich in Aufbau und Systematik vortrefflich.»
Alles über Wein

«Würde man den Verfasser Hugh Johnson mit einem Wein vergleichen, müßte es ein Premier Cru aus Bordeaux sein.»
Martin Kilchmann, CASH

Hugh Johnson

Hugh Johnsons Weingeschichte

Von Dionysos bis Rothschild

480 Seiten, 157 farbige, 40 schwarzweiße Abbildungen, 11 Übersichtskarten, Linson, Format 18,5 x 26 cm. DM/sFr. 98.- / öS 765.-
Silbermedaille GAD

Von den mythischen Anfängen unserer Zivilisation bis in die Gegenwart hinein verfolgt Hugh Johnson die Geschichte des Weins, der ihn wie ein roter Faden durch die Jahrhunderte und durch die Kulturen führt. Auf Schritt und Tritt enthüllen sich dem Leser faszinierende Fakten und Geschichten, die - zu einem Mosaik zusammengefügt - die Geschichte der Menschheit und eines ihrer nobelsten Produkte lebendig werden lassen.

«Die Geschichte des Weins, zwar nicht zum ersten Mal, aber umfassend und kompetent geschrieben, eignet sich dank dem ausführlichen Stichwort-Index auch als Nachschlagewerk und gehört zum Besten, was es in dieser Kategorie gibt.»
Vinum

Hugh Johnson

Der große Johnson

Die neue Enzyklopädie der Weine, Weinbaugebiete und Weinerzeuger der Welt

624 Seiten, 16 Farbtafeln, zahlreiche Karten und Zeichnungen, Halbkunstleder, Format 18,5 x 26 cm. DM/sFr. 89.- / öS 694.-
Silbermedaille GAD

«Wir leben heute im goldenen Zeitalter eines der schönsten Lebensgenüsse: Es gab noch nie eine Zeit, in der soviel guter Wein und auch soviel verschiedene gute Weine erzeugt worden sind.»

So beginnt Hugh Johnson dieses wirklich umfassende Werk, in dem er sein eigenes Bild von den Weinbaugebieten der ganzen Welt entwirft und alle Erzeuger präsentiert, von deren Gewächsen er jemals angesprochen wurde.

Wer dieses Buch zu Rate zieht, wird nicht nur die schönsten Ausflüge und Reisen in alle Weingegenden der ganzen Welt planen und im Geiste nachvollziehen können, sondern wird auch sicher Wege finden, einzelne Flaschen aus bevorzugten Regionen in seinen Keller zu bringen.

DIE HANDBÜCHER

Hugh Johnson
Wein genießen mit Hugh Johnson

144 Seiten, 85 vierfarbige Fotos und Illustrationen, ausführliches Weinglossar und Register, Paperback, Format 13x23 cm. DM/sFr. 29.80 / öS 233.-

Hat Ihr Weinhändler genug Zeit und Geduld, um jederzeit alle Fragen zu beantworten?
Falls nicht, dürfte dieser Titel besonderen Spaß bereiten und die Leser überzeugen, daß der berühmte Hugh Johnson ebenso leicht wie gekonnt, ebenso spielerisch wie sachkundig über Wein schreiben kann, in dem vertraulichen und entspannten Stil, für den er seit langem bekannt ist.
Hugh Johnson erläutert, wie man Wein einkauft, beurteilt, lagert, serviert, bestellt, trinkt und - vor allem - genießt.
Ein Geschenk für jede Jahreszeit und für alle, die Wein mögen.

«Ein praktisches und feines Geschenk für Weineinsteiger wie Kellerprofis. Klug, knapp, amüsant - echt britisch.»
Der Feinschmecker

Mein Weinkeller NEU
Ein persönliches Tagebuch mit Ratschlägen von Hugh Johnson

4., aktualisierte und ergänzte Auflage, 1994
224 Seiten, zahlreiche Strichzeichnungen, Leinen,
Format 27,2 x 23,6 cm, in Schuber.
DM/sFr. 58.- / öS 453.-

Der eigentliche Sinn eines Kellerbuches besteht darin, daß man sich mit seiner Hilfe - durch Aufzeichnungen über Kauf, Lagerung und Verbrauch - eine aktuelle Übersicht seines Kellers bewahrt. Jede Flasche erhält den ihr gebührenden Platz.
Ergänzt wird das Werk durch wertvolle Ratschläge des Kenners Hugh Johnson zu verschiedenen Fragen der Weinlagerung und zum Weingenuß sowie durch nach Regionen gegliederte Jahrgangstabellen. So kann dieses Buch zu einem Porträt seines Besitzers und seiner Freunde und zu einer lebendigen Erinnerung an schöne Stunden beim Wein werden.

«Für Weinfreunde, die mit Liebe und Sorgfalt ihren Kellerbestand ausbauen, eine hervorragende Hilfe und geradezu ein ideales Geschenk.»
Freude am Essen

Hugh Johnson
James Halliday
Wie Wein entsteht
Von den Göttern geschenkt - von den Menschen gemacht

232 Seiten, 178 Farbfotos, 17 doppelseitige Schemata, Glossar, Register, Linson, Format 20,3x27,2 cm.
DM/sFr. 68.- / öS 531.-

Wein ist nicht einfach ein Produkt der Natur, sondern entsteht in der Zusammenarbeit mit dem Menschen.
Winzer und Weinverarbeiter müssen die Bedeutung von Tradition und neuen technischen Möglichkeiten richtig einschätzen, wenn sie im schonungslosen Konkurrenzkampf mitreden wollen.
In diesem Buch kommen die wichtigsten Vorstellungen der führenden Weinerzeuger und -verarbeiter auf jedem Kontinent zur Sprache. Detailliert wird darüber aufgeklärt, wie die großen Weine der Erde zustande kommen und was die Kriterien der Winzer und Kellermeister bei ihren grundsätzlichen Entscheidungen sind.

Jancis Robinson
Reben - Trauben - Weine
Ein Führer durch die Rebsorten der Welt

280 Seiten, davon 196 vierfarbig, 26 Karten, über 100 Abbildungen, Leinen, Format 21 x 28 cm, in Schuber.
DM/sFr. 98.- / öS 765.-
Silbermedaille GAD

Die Rebe bestimmt weitgehend das Wesen, den Duft und den Geschmack eines Weines.
In diesem Buch wird die Weinproduktion der ganzen Welt nach den Rebsorten geordnet und betrachtet. Der Weinliebhaber wird hier kaum je vergeblich nach einer Rebe suchen, die er kennt und die ihm etwas bedeutet.

«Das Werk setzt, liebevoll farbig illustriert, in jeder Beziehung Maßstäbe.»
Stuttgarter Nachrichten

DIE HANDBÜCHER

Michael Broadbent, Jahrgang 1927, durchlief eine Ausbildung zum Weinhändler, die er 1960 mit dem Titel eines *Masters of Wine* abschloß.

Seit 1966 ist er Direktor des Departementes Weinauktionen bei Christie's in London. Seine ungewöhnlich weitgespannte Erfahrung gründet auf vier Jahrzehnten kontinuierlichen Studiums und praktischen Umgangs mit den Weinen der Welt.

Als ehemaliger Leiter des *Institute of Masters of Wine* war er lange Zeit eng verbunden mit der Ausbildung des Nachwuchses im Weinhandel.

Der Autor ist Präsident der *International Wine & Food Society* sowie Ehrenmitglied der *Académie du Vin de Bordeaux* und etlicher Weinbruderschaften in Frankreich, wo ihm auch der *Ordre National du Mérite* verliehen wurde. 1984 erhielt er als erster englischer Schriftsteller den *Grand Prix de l'Académie Internationale du Vin.* 1989 wurde Broadbent mit der Goldmedaille der Stadt Paris dekoriert.

Seit langem arbeitet er am englischen Weinmagazin *Decanter* mit. Er schreibt auch für andere englische und amerikanische Zeitschriften.

«Für mich ist jede Degustation eine Offenbarung. Eigentlich ist es der Wein, der redet. Ich besorge bloß die Übersetzung.»
Michael Broadbent

Notizbücher von Michael Broadbent

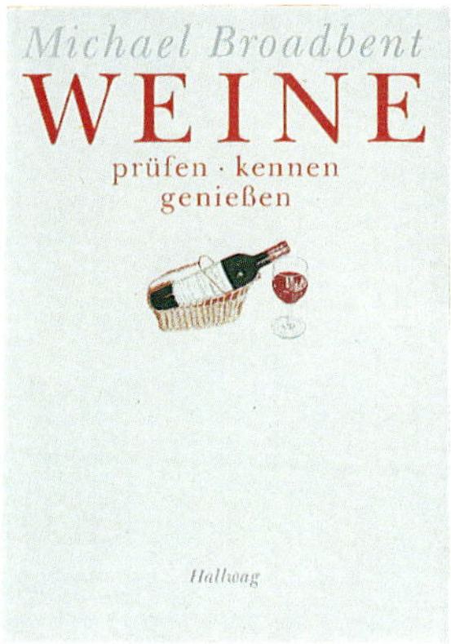

Michael Broadbent
Weine prüfen, kennen, genießen
Deutsche Bearbeitung:
Hanspeter Reichmuth

384 Seiten, 31 Farbtafeln, Muster- und offene Seiten für Degustations- und Kellerbuchnotizen, ausführliche Weinbibliographie und Register, Linson, Format 18,5 x 26 cm.
DM / sFr. 48.- / öS 375.-
Silbermedaille GAD

Michael Broadbent schreibt nicht nur klug, weil er über ein wirklich fundiertes Wissen verfügt, sondern auch weil er den Wein für sich sprechen läßt. Er vertritt eine Haltung, die jeder Weinfreund einnehmen kann und die entdecken läßt, wie guter Wein sich mitteilt und wie gelöst und heiter man sich um die edlen Gewächse bemühen kann.

Michael Broadbents Klassiker eignet sich bestens zum Lesen und vor allem Lernen, dank einem Stil, der Sachverstand, Witz und jenes Quentchen Lebensweisheit so miteinander verknüpft, daß jeder Expertismus verfliegt.

NEU

Broadbents Weinnotizen
Michael Broadbent beschreibt und bewertet große Weine und Jahrgänge aus drei Jahrhunderten
Vorwort und deutsche Bearbeitung: Hanspeter Reichmuth

804 Seiten, mit Originalskizzen des Autors, ausführlichem Glossar und detailliertem Register, Leinen, Format 18,5x26 cm.
DM/sFr. 148.-/öS 1155.-

Seit vier Jahrzehnten zeichnet Michael Broadbent die Sinneseindrücke seiner Weinproben nach immer der gleiche Methode in speziellen kleinen Notizbüchern auf. Diese disziplinierten vergleichenden Wahrnehmungen trugen ihre Früchte: präzis und lebendig beschriebene, dem zeitlichen Verblassen entrissene Erinnerungen von Zehntausenden bei den unterschiedlichsten Gelegenheiten verkosteten Weinen.
Diese Neuausgabe von Michael Broadbents Weinnotizen beruht im Kern auf der zweiten englischen Ausgabe von 1991, wurde vom Autor aber durch Hunderte von Nachträgen und neuen Weinnotizen auf den Stand von Mitte Januar 1994 gebracht.

DIE HANDBÜCHER

Deutscher Wein

Atlas der Anbaugebiete, Bereiche und Lagen

Herausgeber: Deutsches Weininstitut, Mainz
100 Seiten, durchgehend vierfarbig illustriert, mit sechsfarbigen Karten, Format 24x33 cm, Pappband.
DM/sFr. 29.80 / öS 233.-

Seit bald 2000 Jahren wird in Deutschland Wein angebaut. Die Vielfalt der erzeugten Weine ist überwältigend. Ohne zuverlässigen Wegweiser findet sich kaum jemand darin zurecht.

Das Buch umfaßt die aktuellsten Weinkarten der alten und neuen Bundesländer, Orientierungskarten im Maßstab 1:200 000, vielfältige Hinweise für (Wein-)Touristen: Weinstraßen, Weinfeste, Sehenswürdigkeiten, ein ausführliches Register aller Einzel- und Großlagen... und alles, was den Weinfreund sonst noch interessiert: Rebsorten, Etikettenkunde, Weingesetzgebung, Klimakunde und vieles mehr.

Horst Scharfenberg

Sekt

Perlendes Deutschland

400 Seiten, durchgehend illustriert mit Farb- und Schwazweißabbildungen, Linson, Format 23,5x30 cm.
DM/sFr. 98.- / öS 765.-

Wer schöne Stunden zu genießen versteht, weiß, wie wundersam sie durch Sekt beschwingt werden.

Horst Scharfenberg berichtet von Wein und köstlichen Perlen und davon, wie sie hineinkommen. Sein Buch umspannt die gesamte Geschichte der deutschen Sekterzeugung bis hin zur jüngsten, zweifellos bedeutsamsten Phase: der Herstellung von Winzersekt.

NEU

Joanna Simon
Wein entdecken mit Joanna Simon
Mit einem Vorwort von Michael Broadbent

160 Seiten, 189 Farbfotos, 11 Karten, Linson, Format 20,3x27,2 cm.
DM/sFr. 48.- / öS 375.-

Die Vertreterin einer neuen Generation von Weinprofis schreibt für eine neue Generation von Weingenießern: frisch, spritzig, unverkrampft, aber immer kenntnisreich und kompetent.

Das ideale Weinbuch für wißbegierige Einsteigerinnen und Einsteiger, aber auch für gestandene Weinkenner, die an einer neuen Interpretation ihres Lieblingsthemas interessiert sind.

Robert M. Parker, Jr.
Bordeaux

1096 Seiten, 12 Karten, 409 zweifarbige Übersichtstexte, zahlreiche Schmuckelemente, detailliertes Register, Leinen, Format 18,5 x 26 cm.
DM/sFr. 138.- / öS 1077.-
Goldene Feder GAD

Parker geht auf alle wichtigen Aspekte des Bordeaux ein.
Der Schwerpunkt liegt jedoch bei den über 2700 Weinen aus 677 Châteaux, die der Autor aufgrund von jahrzehntelangen seriösen Geschmacksproben und detaillierten Degustationsnotizen beschreibt, analysiert und bewertet.
Parker liefert aber auch eine Vielzahl von praktischen Tips, so daß neben dem Weinkäufer auch der Reisende im Bordelais auf seine Rechnung kommt.

«Um es gleich rundheraus zu sagen: Dieses neue Standards setzende Werk darf in keiner vinophilen Bibliothek fehlen: Es ist ein Vielfaches von dem wert, was der Verlag dafür verlangt! Das kann man nur anders, kaum aber besser machen!»
Alles über Wein

DIE TASCHENFÜHRER

Horst Scharfenberg
Deutschlands Weine
Ausgabe 1993/94
Über 1000 Weine aus allen Regionen

232 Seiten, 26 Karten, Pappband.
DM/sFr. 29.80 / öS 233.-
Silbermedaille GAD

Mit sicherem Urteil führt Horst Scharfenberg - ausgewiesener Kenner deutscher Küchen und Keller - den Weinfreund durch das vielfältige und reizvolle Angebot der Weine Deutschlands.

Burton Anderson **NEU**
Italiens Weine
Ausgabe 1994/95
Über 2000 Weine und Produzenten
Vorwort von Hugh Johnson
Bearbeitet von Andreas März

304 Seiten, 16 Karten, Pappband.
DM/sFr. 29.80 / öS 233.-
Silbermedaille GAD

Ein hervorragender Führer zu Italiens Weinen, der in geraffter Form alles Wissenswerte über die interessantesten und beliebtesten Weine vermittelt.
Mit Hinweisen auf gastronomische Spezialitäten, Vinotheken und Restaurants.

Jan Read
Spaniens Weine
Ausgabe 1993/94
Über 900 Weine aus allen Regionen
Vorwort von Hugh Johnson

214 Seiten, 27 Karten, 24 Abbildungen, Pappband.
DM/sFr. 29.80 / öS 233.-

Hunderte von Bodegas und ihre vielfältigen Erzeugnisse, präzise Qualitätsbewertungen, typische Speisen, praktische Reisetips und vieles mehr, vermittelt von einem exzellenten Wein- und Spanienkenner.

«'Italiens Weine' von Burton Anderson ist eine Art Guide Michelin des Weines, eine wahre Fundgrube von Weinen, Produzenten, Jahrgangsempfehlungen, Bewertungen und Tips für Gastronomie und Gastronomen."
Vinum

Bob Thompson
Kaliforniens Weine
Über 700 Produzenten aus 26 Regionen
Vorwort von Hugh Johnson

256 Seiten, 10 Karten, Kunstleder, Format 9,5 x 19,5 cm.
DM/sFr. 27.80 / öS 217.-
Silbermedaille GAD

Kalifornische Weine sind auch in Europa im Kommen. Das Nachschlagewerk in Taschenformat erlaubt einen schnellen Zugriff auf alle wichtigen Informationen über kalifornische Weine und Weinbaugebiete.

Roger Voss
Frankreichs Regionalweine 1992/93
Elsaß · Savoyen · Jura · Loire · Provence · Midi · Rhône · Südwesten · Korsika

204 Seiten, 9 Karten, Kunstleder.
DM/sFr. 27.80 / öS 217.-
Silbermedaille GAD

Auch außerhalb der weltberühmten Regionen Bordeaux, Burgund und Champagne gibt es in Frankreichs Weinbaugebieten viele lohnenswerte Entdeckungen zu machen.

Serena Sutcliffe / Michael Schuster
Burgund
Ausgabe 1993/94
Vorwort von Hugh Johnson

256 Seiten, 6 Karten, Kunstleder.
DM/sFr. 27.80 / öS 217.-
Silbermedaille GAD

Eine kompetente Einführung in die Vielfalt der Burgunderweine. Mit vielen Informationen über Lagen, Reben, Erzeuger und Weine. Neu mit Adressen und Telefonnummern der Produzenten.

David Peppercorn
Bordeaux NEU
Ausgabe 1994/95
1000 Châteaux und ihre Weine
Vorwort von Hugh Johnson

240 Seiten, 4 Karten, Pappband.
DM/sFr. 29.80 / öS 233.-
Silbermedaille GAD

David Peppercorn hat seinen bewährten Taschenführer vollständig aktualisiert und um etliche neue Weingüter erweitert. Über 600 Châteaux stellt er ausführlich vor, zu rund 400 weiteren liefert er die wichtigsten Stichworte.

DIE TASCHENFÜHRER

NEU

Hugh Johnson
Der kleine Johnson für Weinkenner 1995
Informationen über 6000 Weine, zu Jahrgängen und Trinkreife

334 Seiten, 8 Karten, viele Tabellen, Kunstleder.
DM/sFr. 29.80 / öS 233.-

Der kleine Johnson erscheint jedes Jahr in einer gründlich überarbeiteten, aktualisierten Neuausgabe. Die verschiedenen Abschnitte werden von unabhängigen Fachleuten durchgesehen und auf den neusten Stand gebracht. Neue Weine, Erzeuger und Lagen werden so laufend berücksichtigt. Diese jährliche Neubearbeitung macht den Weinführer zu einem Standardwerk, das seinesgleichen sucht.

Der elektronische Kleine Johnson 1994
Jetzt auf 3,5 Zoll-Diskette.
DM 39.80/sFr. 38.80/öS 355.-
Rossipaul Verlag, München

«Dem Kenner ist er nur anzuzeigen, dem Neuling zu empfehlen: jenes schmale Taschenbuch hochkant, das man zur Weinkarte oder im Laden mehr oder weniger heimlich zu Rate ziehen kann - Der kleine Johnson.»
Süddeutscher Rundfunk

Jane MacQuitty
Champagner, Sekte, Schaumweine
Über 500 Produzenten aus 22 Ländern

224 Seiten, Kunstleder.
DM/sFr. 27.80 / öS 217.-

Die Autorin befaßt sich mit den einzelnen Produzenten und Firmen und beurteilt kritisch über 1000 prickelnde Weine aus der ganzen Welt.

«Ich trinke Champagner, wenn ich froh bin, und wenn ich traurig bin. Manchmal trinke ich davon, wenn ich allein bin; und wenn ich Gesellschaft habe, dann darf er nicht fehlen. Wenn ich keinen Hunger habe, mache ich mir mit ihm Appetit, und wenn ich hungrig bin, lasse ich ihn mir schmecken. Sonst aber rühre ich ihn nicht an, außer wenn ich Durst habe.»
Madame Lily Bollinger

Roger Voss
Aperitif- und Dessertweine
1500 Weine aus aller Welt

192 Seiten, 9 Karten, Kunstleder.
DM/sFr. 27.80 / öS 217.-

Roger Voss erkundet die noch weitgehend unbekannte Welt der Aperitif- und Dessertweine. Von klassischen Jahrgangs-Portweinen und Sherry über Sauternes bis zu den Muscats aus Australien.

Jim Ainsworth
Weißwein von A bis Z

224 Seiten, Kunstleder,
Format 9,5x19,5 cm.
DM/sFr. 27.80 / öS 217.-
Silbermedaille GAD

Jim Ainsworth
Rotwein von A bis Z

232 Seiten, Kunstleder,
Format 9,5 x 19,5 cm.
DM/sFr. 27.80 / öS 217.-
Silbermedaille GAD

Zwei alphabetische Taschenführer durch die Vielfalt des Angebots an Rot- und Weißweinen nach dem Prinzip «Wenn Sie diesen Wein mögen, versuchen Sie doch auch einmal jenen...»

«Ob Sie nun wissen möchten, was eigentlich Retsina genau ist oder einfach wie das Burgund und dessen Weine heute einzuschätzen sind, diese beiden Taschenführer geben umfassend Auskunft und werden Ihnen stets hilfreiche Begleiter sein.»

Schweiz. Zeitschrift für Obst- und Weinbau

NEU

Wein-Einkaufsführer 1994

Ein Führer durch die Weinregale des Schweizer Handels
500 Weine unter 15 Franken
getestet und empfohlen von
Andreas Keller

150 Seiten, 500 Weinetiketten,
zweifarbig, Paperback,
Format 10,2x20,4 cm.
DM/sFr. 19.80 / öS 155.-

Der ausgewiesene Weinfachmann Andreas Keller liefert dem qualitätsbewußten Weinkäufer mit seinem Buch eine Orientierungshilfe im nur noch schwer überblickbaren Angebot. Er charakterisiert die besten Tropfen und garantiert mit seiner Erfahrung und seiner Unabhängigkeit vom Weinhandel für ein unbestechliches und qualifiziertes Urteil.
Alle empfohlenen Flaschenweine sind mit ihrem Etikett abgebildet und mit Preis und Bezugsquelle aufgeführt.

GAMBERO ROSSO

«Der Fuchs, der Kater und Pinocchio wanderten und wanderten. Als es schließlich Abend wurde, erreichten sie völlig erschöpft das Gasthaus

ZUM ROTEN KREBS.

'Rasten wir hier eine Weile', schlug der Fuchs vor, 'um ein Maulvoll zu essen und ein paar Stunden auszuruhen...'»

So beginnt das 13. Kapitel des berühmten Kinderbuches *Die Abenteuer Pinocchios*.

Der auf Gastronomie spezialisierte Verlag Gambero Rosso (Roter Krebs) in Rom hat sich bei seiner Namensgebung von dem Florentiner Schriftsteller Carlo Collodi aus dem 19. Jahrhundert inspirieren lassen.

Gambero Rosso
Vini d'Italia 1993/94

Deutsche Ausgabe
782 Produzenten - 4000 Weine

514 Seiten, 21 geografische Karten, Pappband, Format 15 x 28,5 cm.
DM/sFr. 58.- / öS 453.-
Silbermedaille GAD

1988 erstmals erschienen, heute bereits eine allseits anerkannte Institution. Der Ariadnefaden durch den labyrinthisch unübersichtlichen Weinbau Italiens. Die besondere Qualität: Unabhängigkeit, Objektivität und hohe Fachkompetenz einerseits und lebensvoll geschriebene Porträts von 782 Produzenten andererseits.
Mit Kanton Tessin.

«Der Gambero Rosso ist für den italienischen Wein so etwas wie der Michelin für Hotels und Restaurants.» Süddeutscher Rundfunk

«Für Liebhaber italienischer Weine sind die "Vini d'Italia"-Führer aus dem Hause Gambero Rosso *schon lange* ***das*** *Nachschlagewerk par excellence.»* Die Zeit

Gambero Rosso
Italien bittet zu Tisch
1994/95

Deutsche Ausgabe
1081 Restaurants und Trattorien

616 Seiten, Pappband, Format 13,8x23,5 cm.
DM/sFr. 49.- / öS 382.-

Ein unbestechlicher Führer durch das Land der Ristoranti und Trattorien. Anonym und unter Begleichung sämtlicher Rechnungen hat eine Gruppe von 30 Leuten, alles Experten in Sachen Gastronomie, in ganz Italien Lokale - von der einfachen Trattoria bis zum luxuriösen Ristorante - besucht, beurteilt und ausgewählt.

«Es ist ein regelrechtes Vergnügen, sowohl die Begeisterung über ein besonders gelungenes Essen als auch die offene, teils höchst ironische Schilderung eines enttäuschenden Besuches zu lesen. Daß auch noch das jeweilige Preis-Leistungs-Verhältnis beurteilt wurde, erspart manche unliebsame Überraschung beim Bezahlen der Rechnung.»
Wiesbadener Kurier

GAMBERO ROSSO

«Der Appetit
kommt beim Lesen:
Reisen und Einkaufen in Italien
wird durch die grünen Führer
von Gambero Rosso
erst richtig schön.»

Der Feinschmecker

Gambero Rosso Toskana

Reisen und genießen

336 Seiten, durchgehend vierfarbig illustriert, Pappband, Format 15 x 28,5 cm.
DM/sFr. 49.- / öS 382.-

Viele Wege führen durch die Toskana. Das Team von *Gambero Rosso* hat sie alle durchstreift: die Straßen und Gassen der weltberühmten Städte und Dörfer ebenso wie die unbekannten Wege zwischen den Hügeln. Und sie fanden viel: natürlich idyllische Hotels, verträumte Weingüter und lauschige Trattorien, aber auch Althergebrachtes vom Hof des Bauern und aus den Ateliers der Handwerker; sie fanden den Laden mit Schafskäse, den lokalen Schnitzer und Keramiker und vieles mehr.

«Auch wenn er in keine Jackentasche paßt: Der Gambero Rosso Toskana *muß mit, denn er führt Genußsüchtige kenntnisreich zu guten Betten und Tischen, Wein- und Ölproduzenten, Vinotheken und Delikateßläden und zu Kunsthandwerkern.»*

Der Feinschmecker

Gambero Rosso
Südtirol

Reisen und genießen

204 Seiten, durchgehend vierfarbig illustriert, Pappband, Format 15 x 28,5 cm.
DM/sFr. 39.- / öS 304.-

Das Team von *Gambero Rosso* hat sich erneut auf die «Straße der Düfte und Aromen» begeben, um - dieses Mal in Südtirol - Orte und Menschen aufzuspüren, wo es sich zu verweilen lohnt und wo Reisen zum Genießen wird. All diese Begegnungen und Erfahrungen sind eingeflossen in einen umfassenden, originellen und liebevoll gestalteten Reise- und Einkaufsführer, der beweist, das es auch in einer der meistbereisten Regionen Italiens noch viel Unbekanntes zu entdecken gibt.

«Bewaffnet mit diesem Buch und mit etwas Unternehmungslust wird man Südtirol sicherlich auf eine Art und Weise erleben, die den modernen Massentourismus weit hinter sich läßt.»

Münchner Merkur

Gambero Rosso
Trentino
Oberer Gardasee

Reisen und genießen

228 Seiten, durchgehend vierfarbig illustriert, Pappband, Format 15x28,5 cm.
DM/sFr. 39.- / öS 304.-

Der dritte Italien-Streifzug unter dem Motto *Reisen und genießen* führt in die Region Trentino, das Gebiet rund um die südlich heitere Stadt Trient, und an den oberen Gardasee. Wer den Namen Trentino hört, denkt unweigerlich an die Dolomiten, welche diese Landschaft prägen. Dem Expertenteam von *Gambero Rosso* gelang es einmal mehr, viel Unbekanntes zu entdecken.

«Das Trentino ist die erste, faszinierende Begegnung mit dem Süden, mit Magnolien und Palmen, mit Weinen, die es mit der französischen Konkurrenz aufnehmen können (...). Wer dieses Land kennenlernen möchte, sollte das Buch "Reisen und Genießen Trentino/Oberer Gardasee" *lesen und mit auf die Reise nehmen.»*

Deutsche Welle, Reisejournal

DIE GASTRONOMISCHEN

Reiseführer, gastronomisches Brevier, Sprachhilfe und Kulturvermittler in einem. Für Restaurantbesucher, Frankreich- oder Italienreisende sowie Hobby- und Berufsköche.

Die Taschenführer sind in drei Teilen aufgebaut: Cédric Dumont gibt den Auftakt mit einer kurz gefaßten, kompetenten Einführung in die kulinarischen Provinzen Frankreichs oder Italiens und der italienischen Schweiz.

Der Hauptteil, *«Kulinaria von A bis Z»*, führt die vielen Ausdrücke, Begriffe und Wendungen lexigraphisch, in alphabetischer Anordnung auf. Der Leser findet eine umfassende Darstellung der Sprache der Küche und der Köche, der Speisekarte und des Marktes, der Weinkunde und der Destillate.

Der letzte Teil, *«Sprachschatz und Redewendungen»* samt phonetischer Umschrift, nach Sachgebieten geordnet, erleichtert es dem Besucher, sich in der Landessprache verständlich zu machen und zurechtzufinden.

Cédric Dumont
Sprachführer für Gourmets
Französisch/Deutsch
Küche · Keller · Menüs · Märkte

352 Seiten, Kunstleder,
Format 10,5 x 21 cm.
DM/sFr. 29.80 / öS 233.-

Cédric Dumont
Sprachführer für Gourmets
Italienisch/Deutsch
Küche · Keller · Menüs · Märkte

408 Seiten, Kunstleder,
Format 10,5 x 21 cm.
DM/sFr. 29.80 / öS 233.-

*«Einen so guten Sprachführer hatten wir noch nie in der Hand. Die französischen Begriffe sind einfach meisterlich erklärt: kurz, knapp und präzise...
Fazit: Der Autor weiß alles, kennt alles, und das offensichtlich nicht nur aus Büchern.»*
essen & trinken, Hamburg

REISEFÜHRER

Hubrecht Duijker
Weinstraßen Frankreichs
45 Routen
Produzenten · Hotels · Restaurants

192 Seiten, 48 vierfarbige Karten, Kunstleder, Format 10,5x21 cm. DM/sFr. 29.80 / öS 233.-

Auf Haupt- und Nebenstraßen durch Frankreichs Weinregionen von Bordeaux bis ins Elsaß, von der Champagne bis zu den Pyrenäen und nach Korsika. Mit vielen Empfehlungen für Restaurants und Hotels, preisgünstige bis luxuriöse (Klassifizierung A bis C).

«Praktisch, handlich und auch noch velofreundlich; die Touren führen nämlich meist auf Nebenstraßen und eignen sich vorzüglich für kurze Veloausflüge.»
Neue Zürcher Zeitung

Burton Anderson
Weinstraßen Italiens
38 Routen
Produzenten · Hotels · Restaurants

240 Seiten, 44 vierfarbige Karten, Kunstleder, Format 10,5x21 cm. DM/sFr. 29.80 / öS 233.-

Italien entdecken oder wiederentdecken, und zwar unter einem besonderen Aspekt seiner großartigen Kultur: jenem des Weinbaus!

NEU

Hubrecht Duijker
Weinstraßen Spaniens
41 Routen
Produzenten · Hotels · Restaurants

208 Seiten, 37 vierfarbige Karten, Pappband, Format 10,5x21 cm. DM/sFr. 29.80 / öS 233.-

Die 41 vorgeschlagenen Weinstraßen führen durch sämtliche Anbaugebiete - vom hohen Norden über die zentralen und östlichen Bereiche bis in den äußersten Südwesten und auf die Balearischen und die Kanarischen Inseln. Die genaue Beschreibung der Routen und die detaillierten, übersichtlichen Karten ermöglichen es dem Reisenden, jede dieser Gegenden in Muße kennenzulernen.